ラインホルト哲学研究序説

田端信廣●著

萌書房

ラインホルト哲学研究序説——＊目次

引用に際しての略記法一覧

はじめに　3

第一章　ウィーンからの逃亡者（一七八〇～八三年）……15

第一節　ウィーン逐電　15
第二節　ヨーゼフ二世統治下の啓蒙主義的文学者サークル　17
第三節　『現実新聞』での書評活動　19
第四節　ウィーンのフリーメイソン運動と「真の和合」ロッジ　24
第五節　『フリーメイソン雑誌』での評論活動　28
第六節　逃亡劇の背後にあったもの　36

第二章　ラディカル啓蒙思想と「批判」の精神の結合（一七八四～八七年）……49
――「カント哲学についての書簡」――

第一節　「カント哲学についての書簡」の意義　49
第二節　『書簡』の各版について　51
第三節　「書簡」の元来の狙い――フォン・フォイクト宛て書簡から　54

第四節　スピノザ論争の三層の論点　60
第五節　「理性批判」の実践的帰結――「第一書簡」と「第二書簡」　64
1　係争の「共通の根源」たる「理性の誤認」――「第一書簡」　64
2　「時代の欲求」に適ったカントの解答の意義――「第二書簡」　66
第六節　道徳と宗教の「再統合」――「第三・第四・第五書簡」　70
1　カントの実践哲学の先取り　70
2　宗教と道徳の統合――「純粋心情の宗教」から「純粋理性の宗教」へ　73
3　「理性の自己認識」の最終成果としての「道徳的認識根拠」　79
第七節　「書簡」の著者は「カント主義者」か　88
第三章　ラインホルトのイェーナ招聘と最初期の美学講義（一七八七～八八年）……103
第一節　イェーナへの招聘と教授活動　103
1　イェーナ招聘　103
2　ラインホルトの教授活動　107
第二節　美的感受能力 - 趣味の洗練の効用論――就任講義演説と「オーベロン」講義　113
1　就任講義演説（一七八七年一〇月）　113
2　「オーベロン」講義（一七八八年四月）　116
第三節　「満足」概念の分類論　119

第四章　批判的「認識理論」の「前提」としての「表象」（一七八九年）……133
——その一元論的体系の構想——
第一節　批判哲学との対決の段階的深化　133
第二節　『試論』の成立背景とその構成　136
第三節　「遍く認められた原理」の不在——「序文」と「第一篇」　139
第四節　「表象」の概念と表象能力——「第二篇」　144
第五節　表象の自己関係的累乗化としての「認識」——「第三篇」　150
1　「表象」と「意識」の不連続性と連続性　151
2　「意識」と「認識」の連続性と不連続性　156
3　「感性」論－「悟性」論－「理性」論　162
第六節　「自発性」の三階梯論とその問題点　166
第七節　批判的批評にさらされる『試論』　171
1　「物自体」問題　171
2　表象概念の「根源性」　179
第五章　「厳密な学としての哲学」——根元哲学の構想——（一七九〇～九一年）……195
第一節　「根元哲学」とは　196

1　「学」の「原理論」としての「根元哲学」　196
2　批判哲学と「根元哲学」の関係　198
第二節　「意識律」――「第一根本命題」としての「意識の事実」　200
1　「意識律」の本源的特性とその両義性　201
2　「意識」の「三つの構成要素」の導出　206
3　不徹底な関係の第一次性論　210
第三節　「根元哲学」の原理論の内的編成　212
1　「厳密な学」としての「哲学」構想　212
2　第一根本命題と後続諸命題　217
第四節　『試論』から『寄稿集Ⅰ』への進展　220
1　「表象」から「意識」へ、「表象能力」から「主観」へ　220
2　なお対象論的な「自己意識」論　223
3　「知的直観」論　229
第六章　「根元哲学」の「運命」（一七九二～九四年）……239
第一節　根元哲学に対する批判的書評　240
1　レーベルクの『寄稿集Ⅰ』書評（一七九一年一月）　240
2　シュミートの『基底』批評（一七九二年四月）　241
第二節　『エーネジデムス』の根元哲学批判（一七九二年）　245

1　著者と著作の構成、その反響
　　2　「第一根本命題」としての「意識律」批判　245
　　3　§II〜§XXXVIへの批判的注解　248
　第三節　一七九二年夏の「体系の危機」？　253
　　1　一七九二年六月書簡　257
　　2　ディーツの批判の論点　258
　第四節　ラインホルト vs マイモン（一七九一年夏〜九四年）　260
　　1　公表された往復書簡（一七九三年）　265
　　2　フィラレーテスの「第二書簡」（一七九四年）　266
　　3　フィラレーテスの「第四書簡」（一七九四年）　274
　第五節　根元哲学再編の構想——『寄稿集II』（一七九二〜九四年）　280
　　1　「健全な常識」と「哲学的理性」の相補性　283
　　2　二つの次元に基づく根元哲学——方法論的二元論の放棄　284
　　3　刷新された「自己意識」論と「超越論的意識」　287
　　　　　　　　　　　　　　　　　　　　　　　　　　　　　288

第七章　意志の自由をめぐる諸論争と『カント哲学についての書簡』第二巻（一七八八〜九二年）　303
　第一節　意志の自由をめぐる論争の背景　304
　第二節　レーベルクの第二批判書評（一七八八年八月）　308

第三節　『試論』での衝動‐欲求‐意志‐自由論（一七八九年一〇月）　314
1　「選択の自由」としての実践的自由　315
2　「衝動」と「欲求」　317
3　経験的意志と純粋意志、あるいは相対的な自由と絶対的な自由　319
4　総括と問題点　323
第四節　シュミートの叡知的宿命論（一七九〇年以降）　325
第五節　分離論へのラインホルトの道筋　331
1　バッゲセン宛て書簡（一七九二年三月二八日）　331
2　シュミート『経験的心理学』書評（一七九二年四月二一・二三日）　332
3　「寄与」論文（一七九二年六月）　334
第六節　「第八書簡」での実践理性と意志の分離論（一七九二年一〇月）　336
1　意志、純粋意志、経験的意志　336
2　意志の自由　340
3　新旧両方の決定論の誤り　342
第七節　カントvsラインホルト――中間総括　343
1　「立法の自由」と「執行の自由」　343
2　意志における「否定的‐媒介」機能　345

第八章　「意志の自由」をめぐる論争の継続・展開とその波及（一七九三～九七年）……357
第一節　『啓示批判』第二版、「クロイツァー書評」でのフィヒテの批判（一七九三年一〇月）　357
第二節　『人倫の形而上学』「序論」におけるラインホルト批判（一七九七年）　363
第三節　「いくつかの所見表明」におけるラインホルトの反論（一七九七年）　368
第四節　シェリングの調停的介入（一七九七年）　372
第五節　小　括　380
第九章　「根元哲学」から「知識学」へ（一七九四～九八年）……389
第一節　フィヒテのラインホルト読解および批判（一七九三～九四年）　390
第二節　ラインホルトのフィヒテ評価（一七九三～九六年）　393
第三節　一連の書簡での「知識学」支持表明（一七九七年二月）　397
第四節　『混成論文選集』第二部での「全面的自己批判宣言」（一七九七年四月）　402
1　「序文」での「転向」表明　402
2　「根元哲学」と「唯一可能な立脚点」理論　406
3　「知識学」の優位　410
4　超越論哲学の現在　412
第五節　『一般学芸新聞』での「知識学」書評（一七九八年一月）　414

1 「自然的な理性使用」と「作為的な理性使用」 414
2 「純粋な自我」の「自らへと還帰する働き」と「哲学者」の「知的直観」 419
第六節 『一般学芸新聞』での『自然法の基礎』書評（一七九八年一一月） 425
1 「権利概念」とその「適用可能性」の超越論的演繹 426
2 「婚姻の演繹」と「愛」 428

第十章 「信」と「知」、あるいは「生の立場」と「思弁の立場」（一七九九年）……439
第一節 「非知」の自覚としての「非哲学」——ヤコービのフィヒテ宛て書簡（一七九九年三月） 441
1 フィヒテ宛て書簡執筆の背景と動機 441
2 無神論というフィヒテ非難をめぐって 445
3 ニヒリズムとしての知識学 447
4 「真なるもの」の「非知」としての「非哲学」 449
5 ラインホルトの関与 452
第二節 思弁哲学の「運命」としての「逆説」（一七九九年三月） 454
1 ヤコービとフィヒテの「間の立場」 454
2 「思弁的理性の運命」としての「逆説」 456
3 特別な「自然な確信」としての「良心の確信」 460
第三節 「信」と「知」の区別——ラインホルトのフィヒテ宛て書簡（一七九九年三～四月） 462
1 「信」と「知」、あるいは「人間」と「哲学者」 463

2 「私の自由」、「絶対的自由」、「根源的自由」 465
3 「根源的感情」としての「良心」 467
第四節 フィヒテのラインホルト、ヤコービ宛て書簡（一七九九年四～五月） 470

第十一章 ラインホルトとフィヒテの決裂（一八〇〇年）
――『第一論理学要綱』評価をめぐって―― ……………… 485

第一節 『第一論理学要綱』の概要 486
第二節 ラインホルトの『要綱』理解――「往復書簡」と『要綱』書評から（一七九九年一一月～一八〇〇年九月） 493
1 『要綱』の革新的意義――「第一書簡」から 494
2 知識学と「論理的実在論」を連携させる試み――「第三書簡」から 496
3 哲学的思惟に不可欠な特性としての超越論的反省をめぐって――「第六書簡」から 499
4 「認識」における「概念」と「言葉」――「第一〇書簡」「第一二書簡」から 501
5 ラインホルトの『要綱』書評（一八〇〇年五月） 504
第三節 フィヒテによる『要綱』批判（一八〇〇年一～一〇月） 509
1 ラインホルト宛て書簡から（一八〇〇年一～七月） 509
2 『エアランゲン学芸新聞』での『要綱』書評（一八〇〇年一〇月） 513
第四節 フィヒテの『要綱』書評に対するラインホルトの反論（一八〇〇年一一月） 516
第五節 「絶対的なもの」の「予感」から「思惟」へ――ヤコービ「信仰」論からの離脱 519

第十二章　合理的実在論の新たな展開（一八〇一～〇二年）……527
第一節　「認識の実在性」の「実在論的」根拠究明（一八〇一年）　528
1　「超越論的革命の終焉」宣言　528
2　「真なるもの」と「根源的に真なるもの」の相関関係　530
3　「認識の実在性」の「実在論的」究明　533
第二節　超越論的哲学による思惟の「主観化」批判（一八〇一年）　539
1　「自らのうちに還帰する働き」の「絶対化」の「秘密」　539
2　「心理的錯覚」の産物としての「自律」の原理　541
第三節　合理的実在論の「現象学」の構想（一八〇二年）　543
1　純粋な理性的認識における「上昇」の働きと「下降」の働きの相即構造　543
2　自然における「神」の「顕現の制約」の分節化　546
3　実在論の体系における「現象学」　548
第四節　二つの現象学――一八〇二年のラインホルトと一八〇四年のフィヒテ　552
1　一八〇四年の「知識学」における「真理論」と「現象論」　552
2　「上昇」と「下降」、あるいは「統一の原理」と「分離の原理」　556
3　高次な知識学の「現象学」の独自性　558
4　「確実性」論の背景　561
5　二つの「現象学」の決定的相違　564

第十三章　シェリングvsラインホルト（一八〇〇～〇三年）……573
第一節　チュービンゲン時代のシェリングのラインホルト受容と批判（一七九〇～九五年）　574
1　シュティフトにおける習作（一七九〇～九四年）　574
2　『哲学の形式』と『自我』論文（一七九四～九五年）　575
第二節　軋轢と対立の先鋭化（一七九六～一八〇〇年）　579
1　『自我』書評をめぐって　579
2　ラインホルトによる『超越論的観念論の体系』書評　582
第三節　「絶対的同一性」をめぐって（一八〇一年）　589
1　『超越論的観念論の体系』と「わが哲学体系の叙述」の相違　589
2　「絶対的同一性の体系」と合理的実在論の関係　592
3　「差別」と「無差別」の関係、あるいは「絶対的同一性」成立の「秘密」　596
4　「無」としての「絶対的同一性」　599
第四節　激しい相互非難の応酬（一八〇二～〇三年）　600
第十四章　ヘーゲルvsラインホルト（一八〇一～〇三年）……609
第一節　「差異」の看過という批判について　610
第二節　「絶対的同一性」の理解をめぐって　613
1　悟性的「抽象的同一性」批判について　613

2　「二元論」批判について　617
3　「哲学」の「論理学」への還元という批判について　621
第三節　「哲学」の端緒の「蓋然性」、あるいは「学」への「導入」問題をめぐって　624
おわりに　637
*
ラインホルト関連事項年表　639
あとがき　663
文献一覧
人名索引

引用に際しての略記法一覧

以下、本文および注において、引用に際して以下のような略記法を用いた。

●ラインホルトのテキスト

Auswahl I（『混成論文選集Ⅰ』）：*Auswahl vermischter Schriften. Erster Theil,* Jena: bey Johann Michael Mauke 1796.

Auswahl II（『混成論文選集Ⅱ』）：*Auswahl vermischter Schriften. Zweiter Theil,* Jena: bey Johann Michael Mauke 1797.

Beyträge I（『寄稿集Ⅰ』）：*Beyträge zur Berichtigung bisheriger Missverständnisse der Philosophen. Erster Band, das Fundament der Elementarphilosophie betreffend,* Jena: bey Johann Michael Mauke 1790.

Beyträge II（『寄稿集Ⅱ』）：*Beyträge zur Berichtigung bisheriger Missverständnisse der Philosophen. Zweitter Band, die Fundamente des philosophischen Wissens, der Metaphysik, Moral, moralischen Religion und Geschmackslehre betreffend,* Jena: bey Johann Michael Mauke 1794.

Beyträgen-U.（『概観－寄稿集』）：*Beyträge zur leichtern Uebersicht des Zustandes der Philosophie beym Anfange des 19. Jahrhunderts,* Hamburg: bey Friedich Perthes, 1.–3. Heft, 1801; 4. Heft, 1802; 5.–6. Heft, 1803.

Briefe I（『書簡Ⅰ』）：*Briefe über die Kantische Philosophie. Erster Band,* Leipzig: bey Georg Joachim Göschen 1790.

Briefe II（『書簡Ⅱ』）：*Briefe über die Kantische Philosophie. Zweiter Band,* Leipzig: bey Georg Joachim Göschen 1792.

Fundament（『基底』）：*Ueber das Fundament des philosophischen Wissens, nebst einigen Erläuterungen über die Theorie des Vorstellungsvermögens,* Jena: bey Johann Michael Mauke 1791.

Paradoxien（『逆説』）：*Ueber die Pradoxien der neuesten Philosophie,* Hamburg: bei Friedrich Perthes 1799.

Versuch（『試 論』）：*Versuch einer neuen Theorie des menschlichen Vorstellungsvermögens.* Mit Churfürstl. Sächs. gnädigsten Privilegio, Prag und Jena: bey C. Widmann und L.M.Mauke 1789. (2. Aufl., Jena 1795)

●書簡、書評紙、雑誌などの関連文献

ALZ : *Allgemeine Literatur-Zeitung,* Leipzig und Jena 1785ff.

Aus Baggesen I, II : *Aus Baggesen's Briefwechsel mit Karl Leonhard Reinhold und Friedrich Heinrich Jacobi. Erster Theil und Zwweiter Theil,* Leipzig 1831.

Briefwechsel : *C. G. Bardilis und C. L. Reinholds Briefwechsel über das Wesen der Philosophie und das Unwesen der Spekulation,* München, bey Joseph Lentner 1804.

Fichte im Gespräch 1, 2 : *J. G. Fichte im Gespräch. Bericht der Zeitgenossen,* hrsg. v. Erich Fuchs, Stuttgart-Bad Cannstatt 1978ff.

***GA,* III/2, 3, 4** : *J. G. Fichte-Gesamtausgabe der Bayerischen Akademie der Wissenschaften,* hrsg. v. Reinhard Lauth und Hans Jacob. Briefeband, Stuttgart-Bad Cannstatt 1970ff.

***KA,* X, XI** : *Kant's gesammelte Schriften* Bd. X, XI, Kant's Briefwechsel, hrsg. v. der KoniglichPreussischen Akademie der Wissenschaften, Berlin und Leipzig 1922.

Korrespondenz 1, 2, 3 : *Karl Leonhald Reinhold, Korrespondenzausgabe der Österreichischen Akademie der Wissenschaften,* hrsg. v. R. Lauth, E. Heller und K. Hiller, Stuttgart-Bad Cannstatt, Wien 1983ff.

***NA,* 26** : *Schillers Werke.* Nationalausgabe, Bd. 26. Schillers Briefe 1790–1794, hrsg. v. Edith Nahler und Horst Nahler, Weimar 1992.

PJ : *Philosophisches Journal einer Gesellschaft teutscher Gelehrten.* Hrsg. v. J. G. Fichte und F. I. Niethammer, Jena und Leipzig 1797ff.

Sendschreiben : *Sendschreiben an J. C. Lavater und J. G. Fichte über den Glauben an Gott,* Hamburg: bei Friedrich Perthes 1799.

●ラインホルト以外の哲学者の全集

AA : *Friedrich Wilhelm Joseph Schelling Historisch-Kritische Ausgabe,* hrsg. v. Hans Michael Baumgartner, Wilhelm G. Jacobs,

Hermann Krings und Hermann Zeltner, Stuttgart 1976 ff.

GA：*J. G. Fichte-Gesamtausgabe der Bayerischen Akademie der Wissenschaften,* hrsg. v. Reinhard Lauth und Hans Jacob, Stuttgart-Bad Cannstatt 1964ff.

GW：*Georg Wilhelm Friedrich Hegel Gesammelte Werke,* hrsg. im Auftrag der Deutschen Forschungsgemeinschaft, Bd. 4, Hamburg 1968ff.

Jacobi Werke：*Friedrich Heinrich Jacobi Werke,* Gesamtausgabe, hrsg. v. Klaus Hammacher und Walter Jaeschke, Hamburg 1998ff.

KA：*Kant's gesammelte Schriften* Bd. III, IV, V, VI, hrsg. v. der KoniglichPreussischen Akademie der Wissenschaften, Berlin und Leipzig 1911ff.

引用にあたって邦訳のあるものはなるべく参照し、訳書を注記するように努めたが、引用の訳文は「地」の文との整合性等の理由から、必ずしも邦訳書に従っていない。訳者に寛容のほどお願いする次第である。

ラインホルト哲学研究序説

はじめに

一七八四年五月初め、複雑な過去を背負った一人の青年が、ウィーンから――ライプツィヒを経由して――ワイマールのヴィーラント（Christoph Martin Wieland 1733-1813）のもとに転がり込んできた。まだ五〇過ぎとはいえワイマール宮廷を取り巻く文化人たちの長老格であり、『ドイツ・メルクーア（*Der Teutche Merkur*）』誌の編集者として、また同誌に連載された社会的・政治的風刺小説『アブデラの人々』（一七七四～八一年）や叙事詩の傑作『オーベロン』（一七八〇年）の作者として、すでにドイツ文芸・評論界の大立者であったヴィーラントは、なぜか初対面のときからこの青年が大いに気に入り、以後、公私両面にわたって彼を重用することになる。この二六歳の無名の青年こそ、その二年後に著した「カント哲学についての書簡」によって、いまだ定まっていなかったカント（Immanuel Kant 1724-1804）批判哲学の革新的・実践的意義を広く世に知らしめ、「書簡」の大好評とともにイェーナ大学の哲学員外教授に招聘されることになるカール・レオンハルト・ラインホルト（Karl Leonhard Reinhold 1757-1823）である。

「書簡」は、これまでそれにふさわしい注目と評価を受けてこなかったカントの批判哲学に対する生き生きとした関心を、学者たちの間に改めて呼び起こしただけではない。平明な美文調の「書簡」は当時飛躍的に増大しつつあった「読書する公衆」の間にも、広く批判の精神の何たるかを浸透させるのに成功した。ラインホルトは一年遅れてイェーナに着任したシラー（Friedrich Schiller 1759-1805）にカント哲学を手ほどきし、彼にその意義を知らしめる。(1)「書簡」によってラインホルトの名声が高まるとともに、哲学を志す学生たちはケーニッヒスベルクではなく、イェーナに押し寄せることになる。かくして、彼の着任とともに、小国ザクセン-ワイマール公国の大学街イェーナは、カント哲学の拠点としての地歩を固め、後にドイツの「知と学問の枢軸都市」と称されるようになる栄光の発展過程の決定的な第一歩を踏み出すことになる。われわれは、この「書簡」が純粋に学理的な探求の成果であるというよりも、むしろラインホルトがウィーン時代以来一貫して、それを求めて格闘してきた国民的啓蒙の構想に根差した「時代の切迫した道徳的欲求」の産物であったことを、後にで見るであろう(第二章参照)。

だが、ラインホルトはカント哲学の単なる普及者にとどまってはいなかった。彼はイェーナ大学哲学部に着任して間もなく、最初の哲学的主著『人間の表象能力の新理論試論』(一七八九年、以下『試論』と略記)を公刊する。彼のこの最初の学術的主著は、いわば、ポスト・カント期の体系的哲学的思惟の発端をなし、初期ドイツ観念論の展開過程で様々な形態を採って展開される哲学体系の最初の礎石を形成している。ここで彼は、カントの批判的認識論が誤解にさらされ続けている原因の一つを、この認識論には誰もが承認する根本「前提」が欠けている点にあると考え、その「前提」を「表象(Vorstellung)」に見定めた上で、感性的「直観」、悟性的「概念」、理性的「理念」等を、「表象」を基礎とする特殊な複合的表象とみなす表象一元論を展開する。しかし、『試論』は反カント主義者からだけではなく、いく人かの有力なカント主義者からの批判も惹き起こした。批判の多くは、「素材」と「形式」という「異なった構成要素」からなる「純然たる表象(die bloße Vorstellung)」の概念に、とりわけその「素材」の「所与性」に向けられていた(第四章参照)。

各誌の書評の酷評に一時は意気消沈したラインホルトは、気を取り直し『哲学者たちのこれまでの誤解を是正するための寄稿集』第一巻(一七九〇年、以下『寄稿集I』と略記)と『哲学知の基底について』(一七九一年、以下『基底』と略記)で反撃に出る。だが、これらは前著での自説の弁明や弁護にとどまっていなかった。ここで、ラインホルトの思索はより広く、より深くメタレベルへと旋回する。彼はこう宣言する。哲学はいまだ「学」の名にふさわしい地位にまで高まっていない哲学を、「厳密な学」にまで高めなければならない、そのためには「遍く認められた(allgemeingeltend)第一根本命題」に基づく後続諸命題の必然的連関の体系として哲学を構築しなければならない。その体系としての哲学の原理論が「根元哲学（Elementarphilosophie）」と称され、その「第一根本命題」が「意識の事実」を表現している「意識律（der Satz des Bewusstseins）」と称される。『試論』の第一バイオリンを弾いていたのが「純然たる表象」であったとすれば、「根元哲学」では「意識」がそれに取って代わる。『試論』に含意されていた体系への志向性は、ここでより明確に表現され、多くの議論を惹き起こすことになる（第五章参照）。

「根元哲学」も数多くの激しい批評の嵐にさらされたが、哲学が「第一根本命題」から出発しなければならないという主張や「厳密な学としての哲学」という理念は、その後の初期ドイツ観念論における「哲学」像を広く規定していくことになる。この理念は、フィヒテ（Johann Gottlieb Fichte 1762-1814）の綱領的論文「知識学の概念について」などに明瞭に刻印されている。ただ、「第一根本命題」が「意識律」であるという主張には、異口同音の批判が噴出した。フィヒテがそれを「意識の事実」にではなく、「事行（Tathandlung）」に求めたのは周知のところである。「根元哲学」に対して伝統的な独断論や懐疑論の陣営だけでなく、またカント学派をも含む、様々な立場から実に多彩な批判が繰り広げられたということは、逆に見れば、この時期学界では、ラインホルトの「根元哲学」が批判哲学の最新形態だと広く認められていたことを意味している。チュービンゲンのシュティフト（神学院）では「根元哲学」経由の批判哲学が講じられ、シュルツェ（Gottlob Ernst Ludwig Schulze 1761-1833）が『エーネジデムス』[6]でラインホルトとカントを一緒に批判したのは、そうした事実を反映している。つまり、一七九〇年代前半には、「カントによって引き起こされた哲学の革命」をさらに推し進めようとする様々な哲学的議論は、「根元哲学」が設定した問題機制を軸に展開されていたことを忘れてはならないだろう。

だが、一七九二年の夏頃、ラインホルトは「根元哲学」の当初の構想を修正せざるをえない状況に追い込まれる。修正の誘因をなしたのは、イェーナの同僚で著名なカント学者シュミート（Carl Christian Erhard Schmid 1761-1812）らによる批判のほかに、ラインホルトの講義を聴くために彼の周りに集まっていた優秀な「ラインホルト学徒たち」から出されていた疑念や異論であった。彼らの異論は、「第一根本命題」から後続諸命題を直線的に導出すると想定された「根本命題‐哲学（Grundsatz-Philosophie）」の体系構想に向けられていた。それらの批判や異論を取り入れた「根元哲学」の修正版は、『哲学者たちのこれまでの誤解を是正するための寄稿集』第二巻（一七九四年、以下『寄稿集Ⅱ』と略記）の第一論文に認められるが、ここでは、ただ一つの根本命題から後続諸命題を直線に導出せんとする企ては実質上放棄されている。さらに、ここでは、彼の哲学的思索にもっと重要な変化、深化が起こっている。『試論』では「純然たる表象」に求められていた「知の基底」は、『寄稿集Ⅰ』では「意識」（「主観」）へと深められたが、それが『寄稿集Ⅱ』ではさらに「純粋な自己意識の内的経験」に求められるに至る。表象能力理論における、事象の純粋に記述的（その限りで「現象学的」）な方法論的態度が、その事象を可能にする「主観」の根源的能作の探求へと、そしてそこに含まれる超越論的な自己連関の探求へと深化していることが、ここに読み取れる（第六章参照）。その限りでは、ラインホルトはすでに一七九二年には、[8] その二年後にフィヒテが辿り着く哲学的立場に接近していたのである。

ラインホルトはこのようにカント理論哲学との批判的対決を一歩一歩進めることと並行して、その実践哲学の批判的検討を推し進めていた。その検討の帰結は、最終的に『カント哲学についての書簡』第二巻（一七九二年、[9] 以下『書簡Ⅱ』と略記）に結実する。ここで彼は、カントの実践哲学における実践理性と意志の同一視、ないしは混同を批判し、両者の概念上の分離を主張する。この刺激的な主張の背後にあるのは、シュミートによって一七九〇年以降唱えられた「叡知的宿命論」という、最も徹底した「意志決定論」であった。ラインホルトは、人間の行為一般の「帰責」問題を廃絶しかねないこの「宿命論」の根源が、カントの「理性の因果性」論に根差した「意志」理解にあるという思いを強め、かの分離論を提唱するに至るのである（第七章参照）。

しかし、「意志」を「感性」とも「理性」とも異なった独立の審級として、「選択意志」の無制約的自由を宣揚するこの「意志の自由」論もまた、重大な論争の的になった。「意志の自由」をめぐる係争は、一七九七年、カントが『人倫の形而上学』への「序論」（一七九七年）で、ラインホルトの度重なる実質上のカント批判に公然と応酬したことによって、再燃する。そして、この「論争」に、まずフィヒテが（一七九三年）、次いでシェリング（Friedrich Wilhelm

Joseph von Schelling 1775–1854）が（一七九七年）介入する。そして批判的観念論と一線を画した彼らの超越論的観念論が、この介入を一つの契機に彫琢されていくことになる（第八章参照）。

一七九四年三月二八日、『寄稿集Ⅱ』の出版と相前後するように、ラインホルトは満員のグリースバッハ講堂でイェーナ最終講義を行い、翌日、別れを惜しむ多くの学生、市民の温かい眼差しに見送られながらキールへと出立する。員外教授という不安定な身分を脱して、キールの哲学正教授に転身するためである。イェーナを離れた後もなおしばらく、ラインホルトは初期ドイツ観念論の展開を支えた輝かしい「星座」の一角を占め続けた。彼は一七九四年以降、自らの後任者としてイェーナに招かれたフィヒテの新しい哲学、「知識学」の諸原理の批判的検討を迫られ、ついに一七九七年二月には「知識学」を超越論哲学の完成形態として支持することを公然と表明するに至る（第九章参照）。

さらに、一七九八年晩秋、フィヒテに対する無神論の告発事件に発する「無神論論争」を契機にして生じた、「ヤコービ-フィヒテ論争」に際しては、「知」に対する「信」の優位を主張するヤコービ（Friedrich Heinrich Jacobi 1743–1819）に与して、「実的な無限なもの」は「知」によっては捉えられず、「根源的な感情」としての「良心」によってしか覚知されないと主張するようになる。この時期、ラインホルトは「作為による」「思弁的な知」の限界を認め、「自然な確信」に基づく「良心」を地盤に実在的に把握された「実在する無限なもの」への連接を企てることを通して、次第に実在論的傾向を強め、フィヒテとの亀裂が再び生じ始める（第十章参照）。さらに両者の亀裂は、バルディリ（Christoph Gottfried Bardili 1761–1808）の『第一論理学要綱』（一七九九年秋公刊）の評価をめぐって決定的になる。一八〇〇年には、バルディリの「論理実在論」に与し、この実在論を哲学の究極的立場だと宣言することによって、フィヒテと完全に袂を分かつことになる（第十一章参照）。

その結果、彼は一八〇一年には、カントに始まった「超越論的哲学の革命の終結」を宣言し、自ら「合理的実在論」と称する立場に立って、フィヒテ-シェリングの超越論哲学と全面対決するに至る。「哲学の第一課題」である「認識の実在性の根拠究明」は、フィヒテ的「絶対的自我」によっては果たされず、「実的な無限者」（一切の実在性の究極の根拠としての神）を前提にし、これに依拠しなければならないというのが「合理的実在論」の基本的立場であった。この立場から彼は、超越論的主体の「自ら自身へと還帰する行為」と「自律」の原理を、主観を絶対化する「秘密」として厳しく批判する一方で、合理的実在論の新展開を目指して実に興味深い「合理的実在論の現象学」（「自然における神の顕現」の段階論的究明）を構想、展開している（第十二章参照）。

一八〇一年の後半に入ると、当時フィヒテの「主観的観念論」と距離を置き、「絶対的同一性の哲学」体系を提唱し始めていたシェリングとの対決が顕在化してくる。ラインホルトとシェリングは、主に両者の個人雑誌を使って、ときには人格攻撃も含めて激しい応酬を繰り返すことになる。ラインホルトはシェリングの「知的直観」を「無」の直観にすぎぬと論難し、彼の思弁的哲学が「主観的なものと客観的なものの同一性」という「根源的仮象」を「原理」にまで昇華させたPhilodoxie（臆見信奉）の極致だと批判するまでに至る（第十三章参照）。

ちょうどこの頃哲学者としてデビューしたてのヘーゲル（Georg Wilhelm Friedrich Hegel 1770-1831）もこの戦線に加わることになる。ヘーゲルは、そのデビュー作『フィヒテ哲学体系とシェリング哲学体系の差異について』で、ラインホルトの「認識の実在性の根拠づけ」が「哲学する前に哲学しようとする」ような馬鹿げた「予行演習」、「助走のための助走」だと批判する。そして、そのことによってラインホルトは「哲学」を単なる悟性の「論理学」に還元してしまっていると批判する。だが、ヘーゲルはこの当時批判の対象としていたラインホルトの存在論的「論理学」の構想と哲学への「導入」の問題機制を、後には彼自身の思想の展開うちに一部取り込んでいくことになる（第十四章参照）。

上述したようなラインホルトの知的キャリアの素描を一瞥するだけでも、ドイツ初期観念論の展開を貫いて、彼がその展開の局面、局面で重要な（肯定的、否定的）触媒の役割を演じ続けてきたことは明白であろう。その役割の詳細な評価抜きにしては、ドイツ初期観念論の展開の全体像を見通すことはできないとさえいえるだろう。

ところが、ラインホルトは、初期ドイツ観念論内部での哲学の第一原理あるいは根本的立場をめぐる論争過程において、自らの立場を二転三転させたことから[10]、長い間、首尾一貫しない、軟弱な通俗的哲学者と評価されてきたきらいがある。そのため彼は、せいぜいカントとフィヒテとの哲学史上の取るに足りない媒介項、初期ドイツ観念論の展開の序幕に登場する（名前だけは知られているが、その哲学的意義に乏しい）脇役としてのみ取り扱われてきた傾向が支配的であった。それゆえ、きわめて詳細かつ厳密な注を付した『ラインホルト往復書簡集』の第一巻が一九八三年に公刊されたとき、その「序文」はこう述べざるをえなかった。「カール・レオンハルト・ラインホルトに人々が寄せる関心は、ザロモン・マイモンやフリードリッヒ・ハインリッヒ・ヤコービの場合に似て、彼のなした業績に比してあまりにも希薄なように思える[11]」。近年の研究によれば、そうしたラインホルト哲学の意義の過小評価ないし「忘却」の一因は、「ラインホルトが、カントやヘーゲルに源を発し、もっぱらヘーゲルを継承した哲学史記述を通して、あるいは新カント派にその責が帰せられるような哲学史記述を通して、強められ、普及させられたような哲学上の神話造りの犠牲者になったという事実[12]」にある。

かの『往復書簡集』「序文」が述べているように、「たしかにこの一等星はすぐにその輝きを曇らせていったとはいえ、一八世紀の九〇年代の初め頃、この哲学者がドイツ古典哲学の発展の頂点に立っており、彼が哲学史の偉大な体系的組織者の一人であることに異論の余地はない[13]」。そればかりか、この時期の彼の諸著作に認められる方法論的進展を少し仔細に追うならば、初期ドイツ観念論の生成にとってラインホルトが果たした重要な触媒的役割が無視できぬものであることが明らかになるであろう。この『往復書簡集』第一巻刊行から三十数年を経て、今や研究状況は大きく変化し、彼に寄せる関心の大きさは彼が達成した業績にふさわしいものになりつつある。この三〇年の間の、とりわけ二一世紀に入ってからのラインホルト研究の活況には、眼を見張るものがある。次々と原典の新版や翻訳、当時の書評資料の復刻などが公刊され、優れたモノグラフィや研究論文集が続々と出版されつつある[14]。「ラインホルト・ルネッサンス」との声も聴かれる研究状況の中、ついに二〇〇七年からは『ラインホルト全集』の刊行が開始された[15]。

そのような世界的な研究状況とは対照的に、わが国でのラインホルト研究は相変わらず低調なままであるように見える。彼の哲学的著作がまともに取り上げられるのはごく稀でしかない。とくに、国民的啓蒙を焦眉の課題としていた「時代」の只中で、「時代」の課題を正面から誠実に受けとめ、その実現に向けて格闘を続けたラディカル啓蒙主義者ラインホルトの生涯を貫く多面的で実践的な活動には、ほとんど光が当てられてこなかった。また、キールへの転身後、ラインホルトが自らの「根元哲学」に対する「知識学」の決定的優位を認めるに至った思想的経緯も、「知」には把握不可能な実在的な無限なものの把捉をめぐって、再びフィヒテ、シェリングとの対立を深め、実在論的立場を採るに至る経緯も、さらに初期観念論の展開の裏面史ともいえる彼の「合理的実在論」の新たな展開の内実も、わが国ではほとんど論究の対象になってこなかった。

本書は、そうした研究状況を勘案して、わが国でももう少しラインホルトに対する関心が高まるのを期待して、彼の思想的キャリアや史実的側面をやや詳しく描写しながら、その哲学的主要書著作の概要を紹介、検討しようと思う。とくに彼が「いつ」「どこで」「誰に対して」「何を」主張し、いかなる理由から前の自説を修正あるいは撤回するに至ったのかを、やや詳しくトレースしたいと思う。そうすることを通して、初期ドイツ観念論の展開に及ぼしたラインホルト哲学の意義を多様な角度から明らかにしたいと思っている。

注

（1）一七八七年八月、初めてイェーナを訪れたシラーは、一週間ほどラインホルトの許に滞在した。彼はイェーナの街の様子やラインホルトの思想と人格について、友人ケルナー（Christian Gottfried Körner 1756-1831）に長い手紙を書き送っている。「ラインホルトと比べれば、君なんかまだカントの軽蔑者だね。なぜならラインホルトは、一〇〇年経てばカントはイエス・キリストほどの声望を得るに違いないと主張しているのだからね。僕といえども、彼〔ラインホルト〕がそのことについて思慮深い態度で語ったこと、そして僕を『ベルリン月報』に載ったカントのいくつかの小論文に手を着けてみようかという気にさせたことは白状しなければならない。それらの論文の中でも、普遍史についての考えは僕を非常に満足させたものだ。僕がいずれカントを読むことになる、いやむしろ研究することになる、このことはほぼ間違いのないことのように思える。簡潔にいうと、ラインホルトは僕にこう語ったのだよ。カントは実践理性の批判、つまり意志に関する批判を出版し、次いで趣味の批判も出版することになると。君もそれを楽しみにしておけよ」(*Schillers Werke.* Nationalausgabe Bd. 24, Schillers Briefe 1785-1787, Weimar 1989, 143)。「イエス・キリストほどの名声」という言葉は、ラインホルトが「カント書簡」の「第三書簡」(『ドイツ・メルクーア』一七八七年一月号に掲載)で、イエスの宗教を「純粋心情の宗教」、カントの宗教構想を「純粋理性の宗教」という用語で対比し(S. 11)、両者の教説をそれぞれ「純粋心情の福音」「純粋理性の福音」と呼んでいる(S. 39)ことに関連している。ラインホルトはシラーにこのことを説いて聞かせ、シラーがこう受けとめた(あるいは、皮肉を込めてこう表現した)のであろう。詳しくは、本書第二章第六節参照。

(2) N. Hinske/E. Lange/H. Schröpfer (Hrsg.), *Der Aufbruch in der Kantianismus. Der Frühkantianismus an der Universität Jena von 1785-1800 und seine Vorgeschichte.* Stuttgart-Bad Cannstatt 1995は、すでにラインホルトのイェーナ着任以前から、全ドイツの大学では例外的にイェーナではカント哲学の積極的受容が始まっていたことを強調し、カント哲学の普及に関してラインホルトがイェーナで果たした役割を相対化している。

(3) K. L. Reinhold, *Versuch einer neuen Theorie des menschlichen Vorstellungsvermögens.* Prag und Jena 1789. 本書の新版としてErnst-Otto Onnasch編の「哲学文庫(PhB)」版599a (2010)、599b (2012) が公刊されているが、その他最近刊行が開始された『全集』版第一巻〔書誌的データは、下記注(14)の(xv)〕が、本書を収めている(これら両版には初版の頁も記入されている)。

(4) K. L. Reinhold, *Beyträge zur Berichtigung bisheriger Missverständnisse der Philosophen. Erster Band, das Fundament der Elementarphilosophie betreffend.* Jena 1790, 278. 本書の最新版として、Faustino Fabbianelli編の「哲学文庫(PhB)」版554a (Hamburg 2003) があり、これには初版の頁も付されている。

(5) C. L. Reinhold, *Ueber das Fundament des philosophischen Wissens.* Jena 1791. 本論文は、Wolfgang H. Schrader編の「哲学文庫(PhB)」版299 (Hamburg 1978) で再版されていたが、最近刊行が開始された『全集』版第四巻〔下記注(14)の(xii)〕が、本書を収めている(『全集』版には初版の頁も記入されている)。

(6) *Aenesidemus oder über die Fundamente der von dem Herrn Professor Reinhold in Jena gelieferten Elementar-Philosophie. Nebst einer Vertheidigung des Skepticismus gegen die Anmassungen der Vernunftkritik.* (ohne Druckort) 1792. この最新版として、Manfred Frankの編集の「哲学文庫(PhB)」版489 (Hamburg 1996) がある。

(7) K. L. Reinhold, *Beyträge zur Berichtigung bisheriger Missverständnisse der Philosophen. Zweiter Band, die Fundamente des philosophischen Wissens, der Metaphysik, Moral, moralischen Religion und Geschmackslehre betreffend.* Jena 1794. 本書の最新

版として、Faustino Fabbianelli編の「哲学文庫（PhB）」版554b（Hamburg 2004）があり、これには初版の頁も付されている。

（8）ラインホルトは『寄稿集Ⅱ』の「序文」で、方法論的観点から見て明瞭な前進を刻印している「第一論文」が、実はフィヒテのいわゆる「エーネジデムス書評」（一七九四年二月）の「一年半前には」出来上がっていた、と述べている（vgl. Vorrede, v）。この言を信じるならば、「第一論文」は少なくとも一七九二年中には書かれていたことになる（詳しくは、第七章参照）。

（9）*Briefe über die Kantische Philosophie.* Von Carl Leonhard Reinhold. Zweiter Band. Leipzig: bey Georg Joachim Göschen 1792. この最新版は、下記の注（14）の（x）に挙げた『全集』版である。

（10）ラインホルトはほぼ一七九一年には「根元哲学」を最高の哲学的立場として確立したが、一七九七年初めにはフィヒテの「知識学」が「根元哲学」の構想の完成した形態だと認め、フィヒテに与する（第十章参照）。しかし、フィヒテとヤコービの間で「思弁」と「生」の対立をめぐる論争が起こると、彼はフィヒテに両者の「間の立場」を採ることを伝え、フィヒテに拒否され（第十章参照）、さらにその一年足らず後の一八〇〇年初頭にはバルディリの「論理的実在論」こそが最高の哲学的立場だと宣言するに至る（第十一章参照）。このような優柔不断な立場の変転を、シェリングがフィヒテに宛てて「風になびく葦」と酷評したことはよく知られている。

　一八〇〇年以降、シェリングとヘーゲルがラインホルトを標的に厳しい批判を展開したことが、それ以降今日まで続く哲学史上でのラインホルトの低い評価ないしは無視に少なからぬ影響を及ぼしている。

（11）Karl Leonhard Reinhold. Korrespondenzausgabe der Österreichischen Akademie der Wissenschaften. Bd. 1. *KORRESPONDENZ 1773-1788*, hrsg. v. R. Lauth, E. Heller und K. Hiller. Stuttgart-Bad Cannstatt, Wien 1983（以下*Korrespondenz 1*と略記）, ix.

（12）Alexander von Schönborn, *Karl Leonhard Reinhold. Eine annotierte Bibliographie.* Stuttgart-Bad Cannstatt 1991, 25.

（13）*Korrespondenz 1*, ix.

（14）まず、二〇〇〇年以降に限って、テキストの新版および外国語への翻訳を刊行年順に列挙すれば、以下のごとくである。

（i）The Foundation of Philosophical Knowledge, trans. by George di Giovanni, in: George di Giovanni and H. S. Harris (ed.), *Between Kant and Hegel: Texts in the Development of Post-Kantian Idealism.* Indianapolis 2000.

（ii）*Die Hebräischen Mysterien oder die älteste religiöse Freymaurerey*, hrsg. und kommentiert v. Jan Assmann. Neckargemünd 2001.

（iii）Sul fondamento del sapere filosofico di C. L. Reinhold con alcune delucidazoni sulla Theoria della facoltá rappresentiva. Jena, presso Johann Michael Mauke 1791. In: *Karl Leonhard Reinhold: Concetto e fondamento della filosofia.* A cura di Faustino Fabbianelli. Roma 2002.

(iv) *Beyträge zur Berichtigung bisheriger Missverständnisse der Philosophen. Erster Band, das Fundament der Elementarphilosophie betreffend*, hrsg. v. Faustino Fabbianelli. Hamburg 2003 [PhB 554a].

(v) *Beyträge zur Berichtigung bisheriger Missverständnisse der Philosophen. Zweiter Band, die Fundamente des philosophischen Wissens, der Metaphysik, Moral, moralischen Religion und Geschmackslehre betreffend*, hrsg. v. Faustino Fabbianelli. Hamburg 2004 [PhB 554b].

(vi) *Letters on the Kantian Philosophy*, ed. by Karl Ameriks, trans. by J. Hebbeler. Cambridge 2005.

(vii) *Lettere sulla filosofia kantiana*, traduzione, introduzione e note di Paolo Grillenzoni. Milano 2005.

(viii) *Sggio di una nova teoria della facoltá umana della rapprezentazione*, ed. by Faustino Fabbianelli. Florence 2006.

(ix) *Briefe über die Kantische Philosophie. Erster Band*, hrsg. v. Martin Bondeli. Basel 2007. K. L. Reinhold, Gesammelte Schriften. Band 2/1.

(x) *Briefe über die Kantische Philosophie. Zweiter Band*, hrsg. v. Martin Bondeli. Basel 2008. K. L. Reinhold, Gesammelte Schriften. Band 2/2.

(xi) *Versuch einer neuen Theorie des menschlichen Vorstellungsvermögens. Teilband 1: Vorrede, Erstes Buch*, hrsg. v. Ernst-Otto Onnasch. Hamburg 2010 [PhB 599a].

(xii) *Ueber das Fundament des philosophischen Wissens, nebst einigen Erläuterungen über die Theorie des Vorstellungsvermögens*, hrsg. v. Martin Bondeli. Basel 2011. K. L. Reinhold, Gesammelte Schriften. Bd. 4.

(xiii) *Essay on a New Theory of the Human Capacity for Representation*, trans. by Tim Mehigan and Barry Empson. Berlin 2011.

(xiv) *Versuch einer neuen Theorie des menschlichen Vorstellungsvermögens. Teilband 2: Zweites und Drittes Buch*, hrsg. v. Ernst-Otto Onnasch. Hamburg 2012 [PhB 599b].

(xv) *Versuch einer neuen Theorie des menschlichen Vorstellungsvermögens*, hrsg. v. Martin Bondeli. Basel 2013. K. L. Reinhold, Gesammelte Schriften. Band 1.

また、当時の書評の復刻、書簡集としては、以下のものが挙げられる。

Faustino Fabbianelli (hrsg.), *Die zeitgenössischen Rezensionen der Elementarphilosophie K. L. Reinholds*. Hildesheim 2003.

Karl Leonhard Reinhold, *KORRESPONDENZ Bd. 2 1788-1790*, und *Bd. 3 1791*, hrsg. v. F. Fabbianelli, E. Heller, K. Hiller, R. Lauth, I. Radrizzani und W. H. Schrader. Stuttgart-Bad Cannstatt 2007 und 2011. (以下*Korrespondenz 2, 3*と略

記）

さらに、二〇〇〇年以降だけでも、国際ラインホルト学会の研究発表などの成果として、六編の研究論文集が編まれ、出版されている。

（a） M. Bondeli/Wolfgang H. Schrader (hrsg), *Die Philosophie Karl Leonhard Reinholds, Fichte-Studien-Supplementa 16*. Amsterdam-New York 2003.

（b） Martin Bondeli/Alessandro Lazzari (hrsg.), *Philosophie ohne Beynamen. System, Freiheit und Geschichte im Denken Karl Leonhard Reiholds*. Basel 2004.

（c） Pierluigi Valenza (hrsg.), *K. L. Reinhold. Am Vorhof des Idealismus. Biblioteca dell Archivo di Filosofia* 35. Pisa/Roma 2006.

（d） W. Kresting/D. Westerkamp (hrsg.), *Am Randes Idealismus. Studien zur Philosophie Karl Leonhard Reinhold*. Paderborn 2009.

（e） George di Giovanni (ed.), *Karl Leonhard Reinhold and Enlightenment*, in der Reihe: Studies in German Idealism, vol. 9. Springer-Verlag 2009.

（f） Violetta Stolz/Marion Heinz/Martin Bondeli (hrsg.), *Wille, Willkür, Freiheit. Reinholds Freiheitskonzeption im Kontext der Philosophie des 18. Jahrhunderts*. Bern/Boston 2012.

（15） Martin Bondeli (hrsg.), *Karl Leonhard Reinhold, Gesammelte Schriften. Kommentierte Ausgabe*. Basel 2007ff. は、現在、詳細な注釈を伴う「カント哲学についての書簡」「第一巻」と「第二巻」を収録した二冊〔上記注（14）の（ix）（x）〕、および「人間の表象能力の新理論試論」と「哲学知の基底について」〔注（14）の（xii）と（xv）〕が出版されている。

第一章　ウィーンからの逃亡者（一七八〇〜八三年）

第一節　ウィーン逐電

K・L・ラインホルトは、一七五七年一〇月二六日、ウィーンの軍需品倉庫の監督官エジディウス・カール・J・N・ラインホルト（Ägidius Karl Johannes Nepomuk Reinhold 1724-79）を父に、七人兄弟の長兄として生まれた。後の彼自身の回想によれば、「父の教育によって、宗教が彼の幼年期の最初の関心事であっただけでなく、ほとんど唯一の関心事であった」(1)。故郷のギムナジウム修了後、彼は一七七二年の晩秋満一四歳でイエズス会の聖アンナ修道院に入るが、この修道院は教皇クレメンス一四世（Clemens XIV 1706-74）のイエズス会廃止令を受けて翌年九月には閉鎖に追い込まれる(2)。だが、その二カ月後には彼は、今度はバルナバ会の修道会に入会を申し込み、ミステルバッハの聖マルチン修道院に配属される。その後、この修道院やウィーンの聖ミカエル修道院で六年以上の修業と勉学を重ねて、彼が司祭に叙せられたのは一七八〇年八月である。一七八二年九月には修練士の長に昇進し、翌年からは同修道院の哲学教師になった。彼は教師として「この三年間、ライプニッツの体系に沿った哲学の講義をした」(3)と後に報告しているが、ほかにこの修道院で論理学、形而上学、倫理学、聖職者の弁論術、さらに数学、物理学まで教えねばならなかった。

後年彼は、この修道院の「理性的態度を重んじ、学問への貢献を重視する反修道生活的な雰囲気」を称賛し、自分の「精神形成に際して、このわが精神の母胎〔修道院生活〕のうちにいかなる外的障害も見出さなかったばかりか、むしろ逆にまったく望み通りの余暇を得、いかなる迫害も受けず、むしろ逆に励ましとねぎらいの言葉を得られたのは、この修道会のおかげだ」と述懐している(4)。

この勤勉なカトリック司祭にして修道院の哲学教師が突然バルナバ会を脱走し、ウィーンから逐電するという事件が起きるのは、司祭に叙せられてから三年目の一七八三年一一月一八日のことである。すなわち、彼はウィーンの修道院からモースにある聖マルガレーテ修道院に派遣された機会を捕えて、当地の修道院をひそかに脱走する。そして翌日、ライプツィヒの神学、論理学教授であるCh・F・ペツォルト(Christian Friedrich Petzold 1743-88)(5)とともに、彼の馬車でひそかにライピツィヒへと向かったのである。ライピツィヒ大学で一学期を過ごした後(6)、——水面下の人脈を使って——ワイマールのヴィーラントのもとに到着したのが一七八四年五月初めである。

逐電の背景は当時からいろいろ取り沙汰されていたようである。たとえば、ラインホルトのワイマール到着から三年ほど後に、シラーは友人ケルナー(Christian Gottfried Körner 1756-1831)に宛てて、逐電の誘因がある恋愛沙汰にあったことを示唆している。ラインホルトが結婚を望んでいたウィーンのある外科医の娘が「聖職者の身分から彼を奪った」のだが、彼女は両親の猛反対にあって、彼との関係を断ったことに絡んでいるというわけである(7)。この「話」は、すでに有名になっていたラインホルトの「過去」にまつわる噂話の一つとして流布していたのだろう。

逐電のもっと根本的な動機としては、聖職者としての義務感や修道院内のものの考え方と彼の思想的立場との軋轢、葛藤が当時ラインホルトの内部で限界点にまで達していたとの推測も挙げられる。しかしこの解釈は、先に引用したバルナバ会修道院の精神的環境についてのラインホルト自身の肯定的評価と相容れない側面がある。それゆえR・ラウトは、伝えられてきたこれらの「逐電の理由はどれもみな満足のいくものでない。決定的な役割を果たした別の事情を見つけなければならない[8]」として、当時のウィーンでのラインホルトの交友圏を詳細に探り、より深刻な逐電の動機を明らかにしようとした。われわれもまた、その謎を解く鍵を求めて、同じ途を辿らねばならない。

第二節　ヨーゼフ二世統治下の啓蒙主義的文学者サークル

ラインホルトは、修道院で彼の神学と哲学の教師であったペパーマン（Johannes Jakob Nepomuk Pepermann 1745–88[9]）の感化もあって、若い時期からポエジーに強い関心を寄せ、自らも詩作を試みていた。その彼が詩作の手本として傾注していたのが、当時数々の頌歌の作者として名をなしていたM・デーニス（Johann Cosmas Michael Denis 1729–1800）であった[10]。このデーニスの家に出入りするうちに、ラインホルトは、聖アンナ修道院での修道仲間J・A・ブルーマウアー（Johann Aloys Blumauer 1755–98[11]）、ギムナジウム時代からの知り合いであるJ・F・ラッシュキー（Joseph Franz Ratschky 1757–1810[12]）、フォン・アルクスィンガー（Johann Baptist Edler von Alxinger 1755–97[13]）などと再会し、交友を深める。ラッシュキーは一七七七年に『ウィーン詩人年鑑（*Wienerischen Musenalmanach*）』を編集・創刊し、一七八〇年からはブルーマウアーと共同編集に当たっていた。これら二〇代半ばの青年詩人たちは、すでに一七八〇～八二年にはそれぞれ最初の個人詩集を公刊しており、文学史上、後に「ウィーンの仲間たち（Wiener Freunde）」と呼ばれた緊密な交友圏を形成していた。後年ラインホルトは、イェーナでこの友人たちの個人詩集や「年鑑」を積極的に紹介する書評の労を取ることになる[14]。つまり、ウィーンで育まれたラインホルトと彼らとの人格的、思想的結合は、その後もかなりの間持続したのである。

彼らの思想を支配していた時代の精神的風土は、一七八〇年、母マリア・テレジア（Maria Theresia 1717–80）没後単独統治を開始したヨーゼフ二世（Joseph II 1741–90）によっていっそうテンポを速め、より急進的に推進されつつあった「ヨーゼフ主義（Josephinismus）」と呼ばれる、啓蒙的絶対主義の特殊オーストリア的ヴァリアントであった。ヨーゼフ主義とは、民族混成国家にして領邦複合国家であるハプスブルク帝国を政治的、社会的そして文化的にも統一された近代国家たらしめようとする意図に発する、絶対主義体制下での啓蒙主義的改革運動とこれに付随する特異な政策的、思想的潮流を特質づける用語である。この「上からの」改革運動は、単に行政組織の改革や司法・財政・経済政策上の改革にとどまらず、教会および宗教政策、さらには教育・文化政策に及んでいる。[15] したがって、それは単なる行政上の改革運動にとどまらず、まさに新たな時代思潮の創出運動と呼ばれるべきものであった。ここでは、司祭ラインホルトの逐電事件に関連深い、いくつかの教会・宗教政策と文化政策だけに触れておこう。

一七七三年、クレメンス一四世のイエズス会解散命令を受けて、オーストリアでも同会の全面廃止とその財産没収が行われた――その結果として、ラインホルトの所属していた聖アンナ修道院も廃止されることになったのである――のは、マリア・テレジア時代の後期のことであった。ヨーゼフ二世はより急進的に、ローマ教会や修道院の握っていた世俗的権力や特権の制限、あるいはその全面的排除に乗り出す。集権的統一国家体制を整備・強化するためには、国家の中の国家のごとき存在であったローマ教皇を頂点とする教会・修道院勢力を抑止することは必須の課題であった。[16] まずその第一弾として、彼は一七八一年一〇月、非カトリック教徒に信仰の自由を認め、彼らに対する政治的・社会的差別待遇を撤廃することを命じた「寛容令」を公布する。[17] 引き続き、社会的活動に関与しない修道院、女子修道院の廃止、その財産の没収を布告し（一七八二年一月）、「最高宗務委員会」を設置し（同年六月）、国家による教区の再設定、教会管理体制の強化を推進する。彼の教会改革政策は教会内部の慣例・慣習にまでも及び、不必要、不合理で虚礼的な行事・作法、すなわち説教や礼拝の形式、聖職者の服装、歌唱のあり方にまでメスが入れられることになる。また「婚姻勅令」では、教会の結婚仲介を禁止し、婚姻は国法にのみ基づく純然たる市民的契約であることを明言した。こうした一連の反教権主義的改革は、明らかに啓蒙主義的精神に合致するものであった。その限り、かの青年詩人たちもこの改革を――少なくとも一七八四年末頃までは――熱烈に支持し、しばしばその作品においてヨーゼフの精神を賛美した。

文化政策で特筆されるべきは、出版検閲制度の緩和政策である。とくに学問的な書物の検閲が大幅に緩和され、「検閲法」(一七八一年六月)に基づく「教育ならびに出版検閲に関する宮廷委員会」の創設によって、教会による検閲が廃止された。その結果、言論出版の自由が飛躍的に拡大され、ウィーンでは市民の政治的関心や世俗的好奇心を刺激するような小冊子の氾濫状況(一般に、Broschürenflut と称される)が生じるほどであった。ブルーマウアーは一七八二年のある評論でこの小冊子の氾濫を詳細に分析しながら、それが一方では出版物の質の低下をもたらしたことを嘆きつつも、「出版の自由の拡張、およびそれによって著述家たちに反論や意見表明の場が開かれたことによって、啓蒙思想全般にかなり実り豊かな収穫物が約束された[18]」と評価している。それは、広く国民に啓蒙主義を普及させる精神の発酵のプロセスを準備したのである。

こうした出版活動の活性化の中で、ウィーンの啓蒙主義の機関誌と化しつつあったのが『現実新聞(*Realzeitung*)[19]』である。一七八二年から友人ブルーマウアーが新編集長に就任したこの週刊新聞で、若きラインホルトは最初の文筆・評論活動を開始することになる。

第三節 『現実新聞』での書評活動

ラインホルトは一七八二年一〇月から翌年の一一月すなわちウィーン逐電の時点まで、オーストリア国内だけでなく外国でもかなりの評判を得ていた週刊新聞『現実新聞』紙上で、きわめて精力的な書評・評論活動を展開している。彼はこの一年あまりの間に、《Dr》という署名[20]で八八篇の書評を書いている[21]。それらのほとんどは、ブルーマウアーによって同新聞に新たに設けられた「神学と教会活動(Theologie und Kirchenwesen)」欄に掲載されたが、ときには「哲学」欄や「政治」欄、その他の欄にも寄稿している。多いときには同一号に四篇も、五篇もラインホルトの手になる書評が載ることもあった。この一連の書評からは、ラインホルトの最初期の思索の輪郭と、彼のウィーン逐電を誘発した背景が明らかになってくる。

以下に言及する諸書評を特質づけているのは、何よりもまず、カトリック教会や修道院によってキリストの教えと結びつけられてきた盲信と狂信に対する厳しい批判である。ラインホルトはこう弾劾している。そのような「超自然的なもの」への信仰や崇拝は、イエスの教えから逸脱した「坊主どもの頭」を介して生み出された「一切の魂の病のうちでも最も有害な病」にほかならない。

次に、諸書評を貫く第二の特徴は、信仰と理性の統合を企てる「新教義〈Neologie〉」派的な企てに同調して、ラインホルトが——「超自然主義」との対決から——「自然的なるもの」を高く評価し、その意義を回復しようとしている点に認められる。この場合「自然」はいうまでもなく特定の対象領域を指すのではなく、むしろ認識、現実把握の一定の地平を意味する。「自然」のうちには、「自然の光」の視界にあるものすべてが含まれる。彼はしばしば、この意味での「自然」と「理性」とそして「真の宗教」との一致を強調している。これは、ラインホルトのその後の思想の発展を貫き、終生変わらなかった根本視点であった。したがって彼によれば、自然と理性に合致しないものはすべて、本来の宗教にとって有害な影響を及ぼす恣意的な副産物として批判されるべきである。彼にとっては、この有害な副産物からイエスの教えを純化し、「原始キリスト教」に体現されていたかの一致を現代に回復することが、啓蒙の最も重要な課題でもあった。その際、国民精神の陶冶という観点からキリスト教が果たすべき道徳的機能が重要視されている。

第三に、啓蒙の促進、それも国民・民衆的レベルでのその促進という点で、彼の立場はヨーゼフの精神〈Josephismus〉と合致している。啓蒙の国民的普及という観点から、彼はヨーゼフの治世を「最も好ましい時代」として賛美する。

第四には、人類史の発展過程で一旦失われた〈自然と理性と宗教との一致〉を、啓蒙の促進、国民精神の道徳的陶治を介して現代に実現しようとする際、彼は独特の歴史哲学的パースペクティヴを開陳している。このパースペクティヴは、後にラインホルトの「出世作」となる「カント哲学についての書簡」の「第三書簡」から「第五書簡」における、道徳と宗教の「再統合」のための歴史哲学的叙述に見事なかたちで結実することになる（第二章第六節参照）。以下、主だった書評に限定して、上記の諸特徴を跡づけてみよう[22]。

一七八二年一〇月二九日付けの第四四号に載ったラインホルトのデビュー作は、「最初のキリスト者たちの習俗」と題された、あるフランス語の著作からの自由な改作についての、本文わずか二一行の書評である。彼は、改作者が「この最初のキリスト者たちの習俗から現代にも有効に適用できる」教訓を引き出せると請負ながら、実はそれが羊頭狗肉に終わっていることに苦言を呈している[23]。ただそれだけの書評であるが、すでにここから、本来のキリスト教、原始キリスト教を現代に再興するというモチーフが読み取れる。

第二番目の書評は、「善良で誠実な多くの市民」が、盲信やいかがわしい蒙昧さに発する哀願を「坊主ども」によって、あたかも「キリスト教的精神の嘆き」であるかのように思い違いさせられている点を指摘した上で、「最近まで分厚く堆積したまま放置されてきた」この非合理的な「盲信の泥土」が、啓蒙的精神という「混じり気のない澄み切った大河」によって洗い流されるだろうとの期待を表明している[24]。啓蒙主義者にとって——とくにフランスやオーストリアのようなカトリックの国の場合——「信仰に対する根本的な対極は、不信仰ではなく盲信である。なぜならば、それは信仰の根を掘り崩し、真の宗教心が湧き出る源泉を涸らしてしまうからである」。盲信こそ「認識と信仰の共通の敵」なのである[25]。第四八号でも、ラインホルトは「坊主神学者ども」が自分たちの「超自然的証明」を「まったく自然な人間の感受性と混ぜ合わす」ことに心を砕いていることを非難しつつ、宗教の必然性を「理性から証明する」ことを要求している[26]。

こうして超自然的なものへの信仰、迷信を厳しい口調で非難しながら、他方で彼は道徳性の退化や野蛮化を招来するだけの不信仰とも一線を画している。「解放された理性がその権利を主張する際に当今見られるような旺盛な熱意」、すなわち「自分がいったい何を建設し、何を植えつけようとしているかをよく考えもしないで、ただ建物を打ち壊し、土台を根こそぎにするだけに」専心しているような熱意がはらんでいる危険性に注意を呼びかけ、「ねこかぶりの小心者に代わって野放図な耽溺者が、迷信深い市民に代わって信仰を持たない自堕落な連中が、われわれに与えると称している啓蒙思想なるもの」に警告を発している。(27)

年が改まっても書評の論調に基本的な変化はない。「前世紀の中頃パリに現れ、その後〔中略〕ドイツに移植された正真正銘の坊主道徳の断片」を「健全な悟性の道徳の敵」として激しく非難しながら、彼は「自然」と「恩寵」、「人間性」と「キリスト教」、「理性」と「啓示」の一致を力説している。これらが本来「完全に一つであるにもかかわらず、互いに対立し合うことを余儀なくされているのは」、啓蒙の進展がいまだなお不十分なためである、と彼は嘆く。(28)「自然」と「恩寵」、「理性」と「啓示」との完全な一致を説く点において、ラインホルトは、両者を別の源泉と認めた上で両者が矛盾なく調和することを説くヴォルフ的立場を超えて、「新教義」派的立場に立っているといえる。(29)かくして彼にとって、啓蒙の第一義的課題は、現行のキリスト教、カトリシズムから非合理的・神秘主義的外縁を取り除き、人間の「自然」と「理性」に合致する「真の」、「正真正銘のキリスト教」の合理的核心を露わにすることにある。

その際にも、「自然主義」ともいうべき、興味深い彼の思想性向が随所に表明されている。たとえば、原罪論に基づいて、身体は罪で汚れているゆえに魂はこれから完全に切り離されて保持されねばならないと説く原著者に対して、それの書評でラインホルトは逐条的に批判を加えながら、「人間的自然・本性論」に味方する。(30)人間の自然的本性を肯定するこの性向は、啓蒙の進展を阻んでいる「狂信主義」の牙城たる修道院内の諸制度、すなわち司祭の誓願制度、聖職者独身制度などに対する批判に際しても、度々顔をのぞかせている。五月六日の第一九号に載ったかなり長文の書評で、彼はこう述べる。聖職者独身制は「偉大かつ重要な人々に対して、人間がけっして欠くことのできぬ権利の一つを行使することを禁ずるもの」である。そもそも「自然の創造者」は、「それをまったくないがしろにする方が、それを理性的に使用するよりも良いことであり、より神の意に適うようなそんな衝動を」けっして人間に授けなかったはずである。[31] 結婚せんとする衝動、願望は、これを抑えることが「人間の道徳的完成」だと思い違いしている「坊主道徳」の主張とは裏腹に、人間の「自然」に適っているだけでなく、神の意にも適っているのである。

また彼はこの書評（一七八三年五月六日付け）で、翌年発表されることになるカントの有名な「普遍史の理念」論文を思い起こさせるような、一種の自然の目的論的見解を表明していることも注目に値する。すなわち、この書評はこう語っている。「自然が啓蒙のより高次な段階の実現を後世に取っておいたのは、ひとえに自然にとって好ましいわずかなものをより豊かに感受・享受させるためであり、自然は、最終的には全体の利益のうちに解消されるような、一貫した私的諸利益の衝突をその計画のうちに織り込み済み」なのである。[32]

さらに、ラインホルトの啓蒙主義的歴史観および彼の歴史的センスがよく表れているのが、一七八三年三月の第一〇号に掲載されたある書評である。ここで、原著者が「公的な神事の典礼に際してはラテン語を使用する」必要があると述べているのに反対して、彼はまずこう述べる。歴史的事象のうちには「それを根拠づけていた事態が変化したことによって、もうとっくの昔にその理性的原因が失われてしまっているのに、依然として現存しているような」事象がある。神事におけるラテン語の使用もその典型である。そうした古い言葉の使用は、今や「その根拠をまったく喪失してしまっている」ばかりか、「実際には有害な誤用」になっている。超歴史的な観点からヘブライ語、ギリシャ語、ラテン語といった古い言葉に「威厳」を認め、その尊重を説いている「著者は、威厳という語が使用される際の真意をまったく理解していない」。ラインホルトは、「新約聖書の諸巻が、当時の民衆の言葉であった民衆語で書かれている」点を強調し、聖書が「およそ何らかのことを示そうとしたとき、民衆の言葉の側に立って初めて」可能となったのだと主張する。[33] 若きヘーゲルがチュービンゲンやベルンで、もはや抑圧的権威と化し既成的（positiv）になってしまった制度的キリスト教による宗教的疎外状況を見据えながら、その既成化の歴史的原因とその克服の途を探り、ひからびた教義に依拠した「客体的宗教」に代えて感性と想像力に働きかけ、民衆の心に訴える生き生きとした「主体的宗教」を構想するのは、この十数年後のことである。若きヘーゲルが構想した主体的な「国民宗教」の目的もまた、宗教を介して国民の「道徳心・道義心」を陶冶、促進することにあった。

最後に、ラインホルトが国民的啓蒙の促進という観点からはっきりとヨーゼフ主義に賛意を示している点も確認しておこう。彼はおそらく「寛容令」の意義をふまえながら、こう述べる。「宗教の自由の容認に賛意を表すこと抜きに、行為の自由を擁護することはできない」。というのも「およそ宗教なるものが人間の道徳的特性を介して行為に重大な影響を及ぼし」うるのは、市民がある宗教に「確信を抱いている」場合に限られるが、そうした「確信」は、彼が信じている「宗教を自ら選択する自由」によってのみ保証されるからである。「そのときには、そのような自由は義務と一致し、人間の諸行為の道徳的原則と一致するに違いない(34)」。別の書評ではもっと明確にヨーゼフの統治を賛美する。すなわち「多くの実践的真理が、聖なる秘儀を授けられたごくわずかな人々にしか明らかでなかったような高処から、それを民衆の世界にまで引きずりおろすには、現在の時代環境ほど好ましい環境はおそらくほかにないだろう(35)」。

かくしてこの時期(一七八二~八三年)、ラインホルトはカトリックの司祭という立場に身を置きながら、その裏で反カトリック的な真の啓蒙主義の普及のために精力的な評論活動を展開していたのである。つまり、彼は「二足のわらじ」を履いていたのである、それも相対立する「二足のわらじ」を。それゆえ、自らを育んできた「超自然主義」からの離反は、後年彼自身が告白しているようなある種の内面的危機を醸成しつつあったのである(36)。

第四節　ウィーンのフリーメイソン運動と「真の和合」ロッジ

ヨーゼフ二世統治下のかの青年詩人たちの交友圏は、実は強力な精神的・思想的指導者を中心にして形成されていた。それは、一七八〇年代前半のウィーンの啓蒙運動を代表する両人物、イグナッツ・フォン・ボルン(Ignaz Edler von Born 1742-91）とヨゼフ・フォン・ゾンネンフェルス（Joseph von Sonnenfels 1733-1817）である。

若き日に一時、ラインホルトのいた聖アンナ修道院に身を置いたこともあるボルンは、その後鉱物学を研究し、七〇年代からはプラハやウィーンで帝国の鉱物鋳造部局の要職に就いていた。『プラハ学芸報知』を中心に専門の学術論文のみならず、幅広い領域にわたる評論活動を展開していた彼を有名にしたのは、低コストの合金術の発見であり、その偉業は国際的にも高く評価されていた。(37) しかし、彼をウィーンの思想界の中心に押し上げたのは、何よりもフリーメイソンリーのロッジ「真の和合（*Zur wahren Eintracht*）」での目覚ましい活動であった。彼が、モーツァルトの「魔笛」の主人公ザラストロのモデルとなったことはよく知られている。そしてラインホルトにとって、ボルンがいかに重要な人物であったかは、彼の最初の哲学的主著『人間の表象能力の新理論試論』が、ヴィーラント、カントと並んでボルンに捧げられていることから推察できよう。

他方、マリア・テレジアに招かれて、一七六三年以降ウィーン大学に新設された行政学・官房学（Polizey-Kameralwissenschaft）教授の地位にあったゾンネンフェルスは、女帝時代以来の行政・司法改革を推進した進歩的学者、官僚グループの中心的人物であり、彼の書いた教科書はオーストリア国家官僚必携の書とされており、一八一九年まで毎年版を重ねた。彼は行政、文化政策関連の要職を歴任する一方で、批評雑誌『偏見なき人（*Der Mann ohne Vorurteil*）』（一七六五年九月以降、週二回）や『ウィーンの舞台に関する書簡（*Briefe über die Wienerische Schaubüne*）』（一七六七年末から一七六九年二月）を自ら編集・発行し、政治から芸術にわたる広い分野で啓蒙主義的批評活動を繰り広げていた。一七七七年四月から九月までは『現実新聞』の編集にも携わっている。彼もまた「真の和合」ロッジの指導的メンバーであった。

ラインホルトはかくして詩と美学への関心からかの青年詩人たちとの交友を深め、それを通路として当時のウィーンの知的エリートによって担われていたフリーメイソンリーの活動に深く関与するようになっていた。彼は『現実新聞』での約一年間の評論活動の中頃、聖ヨハネスロッジ「真の和合」の有力な構成員になる。

一八世紀の初めにイギリスで成立したフリーメイソンリーは、イギリスとフランスを経て三〇年代後半にはドイツにも拡がっていた。ドイツではフリードリッヒ大王（der Grosse Friedrich II 1712-86）ほかの諸侯の入会によって社会的名望を得て、ほぼ一〇年で主要な都市に五〇ものロッジが建設され、七〇年代中頃には新に創設されたロッジの数は二〇〇を超えた。[38] その後、メイソンリー内部の各派の分派形成と相互の角逐、他の秘儀結社のメイソンリー内部への浸透・潜入など錯綜した過程を経ながらも、[39] 一八世紀の終盤には全ドイツにおよそ二五〇から三五〇のロッジが存在し、その会員総数は一万五〇〇〇人から二万人に上った。[40] ウィーンに最初のロッジ「三つの規範（Aux trois Canons）」が創設されたのは一七四二年、[41] それ以降自らもメイソンであったフランツ一世（Franz I 1708-65）の統治下でメイソンリーの運動は急速に拡大を見た。その後マリア・テレジアのメイソンリー禁止令（一七六二年）もこの運動を完全に抑えることができず、一七八〇年には運動は新たな全盛期を迎えていた。

フリーメイソンリーの精神と運動には、合理主義的要素と「非合理主義」的要素とが、啓蒙主義的要素と神秘主義的要素とが奇妙なかたちで結合されている。たしかに、その秘儀的特性や諸儀礼が、宗教上の奇跡や神秘、権威の喪失によって人々の間に生じていた心理的空白感を満たし、好奇心を刺激したという側面はあろう。しかし、そのような非合理主義的・神秘主義的要素をなお残存させつつも、この世紀におけるフリーメイソンリーは、基本的には啓蒙の推進の方向に広く影響力を行使した「道徳的世界の最も強力な社会的機関」とみなしうる。それゆえにローマ教会は、この運動が信仰箇条の軽視に結びつき、宗教的寛容を促進するという理由で、すなわちあらゆる宗教を等しく認めることを原理上含んでいるがゆえに、フリーメイソンに所属する者を（公式には発表しなかったとはいえ）破門にすることを内々には決定していた。

その運動は、旧い封建的‐絶対主義的社会・国家体制に満足を見出せなかった有力な社会諸階層——啓蒙的貴族、経済力を持った市民、学者・知識人など——の自己実現、自己解放の要求に沿うかたちで、宗教的「寛容」や「兄弟愛」に基づく「自由で平等な社会」を、もっぱら人間の道徳的陶冶と人類の教育を手段にして理念的に投企したのだといえる。[42] そして建前の上では「非政治的」であったはずのこの運動も、それが「人間同士のあるべき秩序を問題にし、およそかくあるべきこと一般の根本原則を定式化し、そのことによって現実の欠陥を示し、社会と国家の現状を道徳的観点から手厳しく批判する可能性を切り拓いた」[43] 限り、その運動はまたすぐれて政治的でもあった。たとえ理念的にであれ、身分制国家の内部で、職業・信仰・社会的地位に関わる一切の区別を乗り越えようとするこの企ては当然のことながら、早晩挫折を運命づけられていた。だがこの運動とその精神が多くの知識人や思想家を惹きつけたのは、彼らがそこに、宗教的-政治的封建体制に対抗して実現されるべき近代「市民社会の根源」を見て取ったからにほかならない。したがって、この時代にある人がメイソンであったということは、彼が啓蒙思想の信奉者であったということを含意していたことを忘れてはならない。

さて一七八〇年当時、ウィーンには四つのロッジが活動していた。[44] 各々数十名から一〇〇名を超す会員を擁していた各ロッジは、その構成員の社会的階層別の割合や他の秘儀結社の影響という点から見ても、それぞれかなり異なった性格を持っていたが、[45] 一七八一年三月には、それらのうち最古のロッジ「桂冠の希望」から別れて「真の和合」ロッジが創設される。同年一一月、ボルンがこのロッジに入会し、翌年三月にはその指導権を握るとともに、「真の和合」は次第にウィーンのメイソンリーと啓蒙的精神の中核となっていく。

ボルンは――かつて自分がプラハで「ボヘミア学術協会 (Böhmische Gelehrte Privatgesellschaft)」を創設したのと同じように――最初からこのロッジを「諸学芸のアカデミー」に改造したいという強い願望を持っていた。彼はそれを、ウィーンにまだ存在しなかった学術アカデミーの代替物たらしめようとした、といってもよい。このような意図のもとに、ゾンネンフェルス (八二年七月)が、そしてかの文学サークルの面々、ブルーマウアー (同年五月)、ラツシュキー (同年八月)、アルクスィンガー (八五年二月)がこのロッジに結集する。

ラインホルトがブルーマウアーの推挙で正式に入会したのは、一七八三年四月三〇日のことである。その後、ウィーン大学哲学部のヴォルフ理論の代表者であるJ・E・マイヤー (Joseph Ernst Mayer 1751-1822) やA・フォン・シャルフ（Anton von Scharf 1753-1815）もこのロッジに加わる。[46]「真の和合」はボルンの主導権のもと、急速にその勢力を拡大していく。八二年に四一名であった会員数は、八三年三月には八三名に、八五年には一七六名に膨れ上がる。[47]その中には、宰相コロフラート＝クラコフスキー伯爵（Leopold Reichsgraf von Kolowrat-Krakowsky 1727-1809）をはじめ、ウィーン宮廷の最高級官僚たちも名を連ねていた。一七八四年に自らもこのロッジに加わったゲオルグ・フォルスター（Johann Georg Adam Forster 1754-94）が語っているように、「真の和合は、啓蒙のために最も広汎に活動を展開しているロッジである。〔中略〕ウィーンの最高の頭脳がその会員になっている。ここでは事柄を秘密にすること一切が嘲笑され、ロッジ全体が、学問的啓蒙精神を愛好し一切の偏見から自由な人々の団体に改造された[48]」。

このエリートロッジを支配していた精神的雰囲気は、他のロッジよりかなりラディカルな啓蒙主義的精神であった。その学者、インテリゲンチャを中心とするメイソンたちは、ロッジの機関誌『フリーメイソン雑誌（*Journal für Freimaurer*）』などを舞台にメイソンリーの合理主義的核心を宣伝し、当時改革政策によって芽生えつつあった良心の自由と思惟の自由をいっそう推進すべく、また旧来のメイソンリーからその神秘的、オカルト的要素を取り除くべく、迷信や狂信との思想的闘いを展開した。

この『フリーメイソン雑誌』がラインホルトの第二番目の言論活動の舞台となる。

第五節　『フリーメイソン雑誌』での評論活動

ロッジを学問と芸術のアカデミーに改造したいというボルンの願望は、一七八二年一〇月二一日に会員たちに対するある提案として表れた。それは、旧いメイソンリーの源泉に由来するような諸儀礼や無味乾燥な朗読に費やされてきたロッジの日常活動を、少なくともその一部を、一種の「学問的演習の場」に転換しようという提案であった。会員たちは月に一度、メイソン精神に直接、間接に関連する諸主題について自分自身の論文を読み上げるのであるが、ボルンの提案では「この演習の素材は、――神学上の論争や法律家の仕事および国家体制に関わる政治的事柄を除き――自由七学科や道徳や最広義の自然法、それに数学からさえも採られるべきである」とされていた(49)。ボルンの提案の意図は明らかであった。それは、ロッジを一種のアカデミーに、「学識者の共和国」に改造しようという提案であった。提案は全会員の討議に付された。おおむね肯定的意見が多数を占めたが、最後の採決の段階でボルンは一定の「妥協」を余儀なくされる。すなわち、一七八二年一〇月二九日の議事録の確認事項はこう記している。「一一月四日に開始され、毎月第一月曜日に開催予定の「演習」(Übungloge)には、親方(Meister)だけが参加を許される。その場ではメイソンリー的主題しか論じてはならず、会員以外による論文については前もって、尊敬する棟梁の閲覧に供すべきものとすること(50)」。参加者と主題の制限という点において、またロッジの外部への公開性という点において、ボルンの意図は重大な制約を蒙った。しかし、このÜbunglogeで論じられた諸主題が『フリーメイソン雑誌』に掲載され、この雑誌の発刊の機縁を与えることになる。

この雑誌は、一七八四年から「真の和合」ロッジが廃止される一七八五年末まで、年四回合計一二冊刊行され(一二冊目の刊行は実際には、八六年中には出ず八七年にずれ込んだ)、毎号一〇〇〇部発行された(51)。当時の出版状況下で一〇〇〇部の発行部数は、このロッジの影響力の大きさと広がりを物語っている。創刊号に掲載された、編集者であるボルンとゾンネンフェルスの手になる「本誌の動機、目的、本来の使命」に関する「序文」は、次のような書き出しで始まっている。「人類の優れた部分が様々な宗教的、世俗的偏見の抑圧的重荷から理性を解放しようと苦闘している現代には、これまでは理性の権限を否認することが最高の勝利だとみなされてきた領域においても、理性の権限を主張しようとすることはおそらくそんなに奇異な企てでもなかろう(52)」。問題にされている「領域」とは「信仰の領域」にほかならない。理性の浸透を拒みこれと最も鋭く対立してきたこの最後の領域において「理性の権限」を貫徹させること、そのために盲信や狂信というかたちで現れる偏見を糾し、偏見の後ろ盾である教権制度、修道院制度と闘うこと、これが雑誌の基本姿勢となる。

この「序文」の論調は、二年ほど前に別の場所で、別の人間によって書かれたある文章をわれわれに思い起こさせる。それは、一七七九年詩学および修辞学の教授としてイェーナに着任し、〈イェーナの栄光〉に決定的なかたちで寄与した『一般学芸新聞』の編集長として活躍したシュッツ（Christian Gottfried Schütz 1742-1832）が、まだハレにいた頃、そして出版されたばかりの『純粋理性批判』の真意がまだ公衆に定かでなかった頃、書いた文章である。すなわち「最近現れた重要な著作の洞察力鋭い著者＊が語っているように、現代はまさに批判の時代であり、すべてのことが批判に服さねばならない。ところが一般に〈宗教〉はその〈神聖さ〉のゆえに、そして〈立法〉はその〈尊厳〉のゆえに批判を免れようとしている。しかし、そのうちそれらは、自らに対するもっともな嫌疑を惹き起こし、自らに対する真の尊厳を要求できなくなるであろう。というのも理性は、理性の自由で開かれた吟味に耐えることのできるものだけに偽りなき尊敬を裁可するものだから（＊純粋理性批判のカント）」[53]。実はシュッツのこの文章は、『純粋理性批判』初版の「序文」の一節からの抜粋である。先の『フリーメイソン雑誌』の「序文」と、この『純粋理性批判』の「序文」の思想的同調性は明白であろう。特権を維持してきた宗教は、今や理性の「権限」と「批判」に服さねばならない。両文章はこの点で軌を一にしている。この点を考慮に入れれば、数年後ラインホルトが批判哲学の実践的真髄をいち早くつかみ取り、「カント哲学についての書簡」においてラディカル啓蒙主義と「批判」の精神を見事に結合するのもけっして不思議なことではなく、むしろ当然のことであった。

「序文」はさらにこう続けている。「不可思議なものに惹かれる性癖」を「人間に生来的」とみなし、「ありとあらゆる超自然的なもの、不可解なものに対する畏敬の念」を「自然な」感情と考えることも、理性の展開を阻んでいる偏見にほかならない。多くの修道会や秘儀結社はこうした偏見を「利用」している。それはメイソン精神のうちにも浸透してきているのに、しばしばメイソン自身はこのことに無関心である。したがって「非常に立派な会員たちにさえ見受けられるその無関心がメイソン精神にもたらす不幸な結末を未然に防止すること、わが結社を、その最も本来的にして最も望ましい姿でメイソンの読者たちに具現すること、〔中略〕つまりメイソン精神にその目的の誠実な共同者を与え、それによって人類に対して多くの善行を施すこと、――これがわがメイソン雑誌の目的である」[54]。

この「序文」によれば、「異質な付加物が除去された」真のメイソン精神は、「理性的人間のすべての要求」に合致するものであり、ゆえにそれは多様に表現されうる。すなわち、真のメイソン精神は「人間的本性の愛しい養い親」であり、「人間のうちに存する善きもの、尊いもの、偉大なもの一切を育む母体」であり、また「すべての学問と芸術の親密な賛助者」でもあり、さらに「もはや世界から消え去ってしまい、ただ神聖なるものの内にしか保持されていない二つの良きもの、つまり自由と平等の保管所」でなければならない[55]。われわれはここに、ラインホルトの『現実新聞』書評の論調との基本的一致を容易に確認できるであろう。すなわち真の宗教、あるいは真のメイソン精神は自然と理性とに、そして自由と平等とに完全に一致する。彼はこの革新的メイソン精神に則って、かの諸書評を展開していたのである。

さて、ラインホルトの最初の寄稿は、「不可思議なものに惹かれる性癖について。同志Rの講話」(八四年度第三分冊掲載)と題されている。彼はこの講話を一七八三年一一月三日、すなわち彼の最後のロッジ参加の四日前、ウィーン逐電の半月前にロッジで行っている[56]。これは、その表題からして、創刊号「序文」に謳われたかの「使命」を忠実に実行せんとするものである。彼はまずこう述べる。「不可思議なものに惹かれるこの性癖は、おそらくメイソンの世界にも多大な害悪をもたらしてきた精神の病である」。この病は、「超自然的なものを好むというかたちで現れ」、「まだ知られてないことと不可解なこととをごちゃ混ぜにする」ことによって、「霊的世界を創案する」[57]。こうした「不可解なことへの愛着とともに、合理的に把握可能なことへの無関心が増大し、一切の学問と芸術への無関心が増大する。こうして不可思議なものに惹かれる性癖は、尊い一切の知識欲を飲み込み、そのことによって、善行を通して人類に貢献せんとするもっと尊い衝動を飲み込んでしまうのである」[58]。つまり「かの性癖」は総じて「人間の理性を活動不能にする」[59]。

これに対して真のメイソンは、「自然の忠実な息子」である。そもそも「学問と芸術が含んでいる一切の秘密と驚異は、自然の秘密と驚異以外の何ものでもなく」、「人間のうちに認められる優れた点は、自然の優れた点以外の何ものでもない」。それゆえ真のメイソンは、「認識の総体を自然という母体から引き寄せ、善の総体を自然という母体のうちで産出」しなければならない[60]。「自然」のうちには「不可思議なもの」、「不可解なこと」は何一つ存在せず、真のメイソンは自然を認識することによって、「真の秘密」と「真の驚異」を把握するのである。

ここでは、ラインホルトの「自然主義」はいっそう急進化しているように見える。それは、ほとんどドルバック(Paul Henri Thiry d'Holbach 1723-89)やラ・メトリ(Julien Offroy de La Mettrie 1709-51)の唯物論と同じ地平に立っている[61]。一八世紀フランスの唯物論もその「思想的核心」を「単なる自然哲学」のうちにではなく、「倫理学」のうちに有していた点に留意しておかねばならない。すなわち、フランスでも唯物論が「超自然的な神学的精神主義」を不倶戴天の敵としてこれと最も激しく闘ったのは、これが自然の合理的理解のみならず、「政治的・社会的制度の真に自律的な規制すべてを妨げ」、そのことによって「人間の持つ知識をことごとく破壊し」、「道徳的秩序の形成」と「人間の幸福そのものの基礎を危うくするものだからである[62]」。つまり、自然の領域における唯物論の徹底は、道徳と幸福のための行為の「規範」を確立するための前提であったのである。ラインホルトがドルバックと共有しているのはこの観点である。だがラインホルトの場合、その「自然」概念が——後にもっと詳しく見るように——歴史的、目的論的性格を帯びていることによって、ドルバックが遭遇した、機械的絶対的必然性と「規範」の可能性との矛盾を辛うじて回避しているように思える。

次号(八四年度第四分冊)の講話「修道院精神とメイソン精神」では、ラインホルトは「すべてを包括している自然の計画(der alles umfassenden Plan der Natur)」について語っている。この計画は、自然が「一つひとつの個別的善と悪」から「相互に従属し合っている諸目的の連鎖の全体を介して、最も普遍的な最高の目的」に到達するまでの全プロセスを覆っている。たしかに、「こうした自然の秘密の内奥」を透見し、「自然の慈悲深い意図のすべてを(alle ihre wohltätigen Absichten)」把握できるのは、ただ「無限な悟性」のみである。しかしよく目を凝らせば、ときには「有限な悟性」も、「創造の計画においては、善と同様に悪もまた生けるものの至福を促進するはずだという偉大な真理を、理論的推理によって証明できるばかりか、反駁しがたい多くの経験的事実によっても確証できる」[63]。さて、最高の「目的」を実現するための「自然の計画」という着想において、すなわち一見害悪をもたらすだけに見えるものもまた「人類の福祉」を促進する「手段」たりうるように仕組んだ「自然の慈悲深い意図」に基づくという着想において、明らかにラインホルトは、この年の一一月に発表されたカントの「普遍史の理念」論文に見られるような目的論的歴史観の問題機制を先取りしている[64]。そして彼が次のように語るとき、この自然の目的論は人類史的位相において考察されていることが分かる。すなわち「自然は、己れの教え子〔人間〕を教育する際に自らが講じた措置について人間を啓発し、それを悟らせる」という「特権」を、「この教え子が十分成熟するまで留保してきた」のである[65]。

しかし、ここからラインホルトはいささか強引な解釈を展開していく。「自然」はその「計画」を展開する「衝動力」を強化するべく、「人間精神を刺激してその怠惰な状態から目覚めさせるためのはなはだしい害悪を必要としたのだが、それと同時に他方では、人間精神が生き生きと活動するのを容易にするための同じく慈悲深い措置を必要とした」。前者すなわち「はなはだしい害悪」は「啓蒙への欲求を増進させるための措置」にほかならず、後者すなわち「慈悲深い措置」は「この欲求を満足させるための措置」にほかならない。ここまでは、カント流の目的論的歴史観と軌を一にしている。しかし、ラインホルトはさらにこう付け加えている。前者こそ「修道院精神〔制度〕」であり、後者が「メイソン精神〔運動〕」なのである。だからこそ「修道院制度にわが結社を対置した最高の建築士の意図を、わが結社の精神と組織のうちに見出す」ことがぜひとも必要なのである[66]。

このシェーマに従えば、「人間本性に対する坊主精神の不自然な憎悪」というものも、「自然の意図」を実現する「衝動力」を活性化する手段として、目的論的歴史観からはそれなりに根拠づけうることなのである。ほかでもなくこの「憎悪」によって増進された要求を満足させるべく、真のメイソンは「人間的本性を、無限者が創り上げた、われわれに周知の作品一切のうちでも最高の傑作と認め」、この「至高の建築士の意図」と「自然の一切の素質」に従って「人間的本性の理性的要求のすべてを満たす」よう活動しなければならない[67]。ラインホルトは相変わらず、(人間的)自然と理性と真のメイソン精神の一致という確信に基づいて、この一致の実現を啓蒙の歴史的課題として掲げている。

ラインホルトの最後の寄稿は、一七八五年の第三分冊に載った論文「カバラの秘儀について」と「学問的メイソン精神について」である。前者は、この雑誌の課題の一つであるフリーメイソンの起源に関する学問的探求という線に沿ったものであるが、彼はこれを、フェニキアの秘儀に関する同志K・ミカエラー(Karl Joseph Michaeler 1735-1804)の論文に手を加えてほしいというボルンの要請に従って執筆した[68]。このかなり大部の論文のほとんどは、古今の文献を駆使した、カバラの秘儀の起源探索に充てられているが、ラインホルトはここでも神秘主義に与しているわけではなく、かの起源の探索を通して神秘主義の発生に関する本末転倒した理解を糾そうとしている。

「今日われわれはとかく秘儀を自然宗教のひそかなる温床とみなしがちであるが、たいていの場合事態はまったく逆である」。逆だという事情はこうである。そもそも太古の「原始宗教」はみな豊饒な産出力を持ち、かつ様々な神々によって産み出されたと考えられていた「自然」に対する「崇拝」を本質としていた。ところが神性を「体現している」とされる「象徴や象形文字文書」などが発生するに至って、「人々はこれらのものに熱中するあまり、おのが父たる神を忘れてしまった」。そればかりか、人間は「坊主と専制者」によって、「策略と暴力、迷信と抑圧、内面的強制と外面的強制」を背負わされたため、「自分たちの神的な生みの親を誤認し、憎むように」なってしまった[69]。かくしてラインホルトによれば、様々な非合理的な秘儀なるものも、こうした「自然宗教」からの堕落過程での倒錯した副産物の一つであり、坊主と権力者による「自然」の神性剥奪の有害な産物なのである。

もう一つの論文「学問的メイソン精神について」は、「神の秘密一切を授けられており」、「古代の内密の学の所有者」であったと思われる古代エジプトの聖職者教団のあり方を手がかりに、真のメイソン精神のありようを探ろうとする。しかしここではラインホルトは、秘められた内奥の知と「自然」の合理的把握との関連づけに苦労しているように見える。

さて、以上のラインホルトの講話、論文の思想的立脚点について、われわれは先に『現実新聞』書評の評価に際して言及してきた諸特徴以上に付加すべき点を必要としない。ただ、この雑誌の基本姿勢と「真の和合」ロッジの思想的立場を理解するためには、いくつかの補足的背景説明を必要とするだろう。

第一に、この雑誌を貫いている「盲信と狂信」との闘いという課題は、フランスやオーストリアのようなカトリック諸国にのみ特有の課題であったのでなく、当時ドイツのプロテスタント諸国においても事態は同様であったという点である。たとえば、プレッシング（Friedrich Victor Plessing 1749-1808）が一七八三年一〇月から八四年四月にかけてかつての師カントに送った数通の手紙の中で、彼はフリーメイソンのロッジを拠点にした「専制主義、盲信と狂信が今や」ドイツ各地のみならず、「全ヨーロッパを圧倒し」啓蒙的精神を脅かしている事態に繰り返し注意を促している。(70)「盲信と狂信」との闘いという課題が、当時全ヨーロッパにおいて「理性と人間性」に与する啓蒙家たちにとって切迫した最重要課題であったことがここからも窺い知れる。

第二に留意すべきことは、かのロッジの掲げた思想的課題の遂行が、その制度、儀式および思想的立脚点において多種多様に分岐していたフリーメイソンリー内部の一種の思想闘争、「ヘゲモニー争い」という性格を持っていた点である。すでに注記したように、かなりのロッジには神秘主義的、オカルト的教義を持つ秘儀結社「アジア兄弟会」や「薔薇十字団」が潜入し、強い影響力を行使していた。これらの結社は明らかに反啓蒙の側にあった。「真の和合」が、もっぱら他のロッジの会員に配布された『フリーメイソン雑誌』で合理主義的、啓蒙主義的な「真のメイソン精神」の宣伝に努めたのは、まさにこのような事情のためである。

第六節　逃亡劇の背後にあったもの

さて、話を元に戻して、改めて問おう。ラインホルトのウィーン逐電の原因はいったいどこにあったのか。まず、バルナバ会の僧衣をまといながら同時にメイソンであったことそれ自体は、現代の眼から見るほどには奇異なことでも、異様なことでもなかったことを指摘しておかねばならない。現に「真の和合」ロッジには、およそ一〇人のカトリックの教区司祭や他の聖職者たちがいた(71)。だから、この点をめぐって「現代的」に解釈された、思想的葛藤や矛盾が逐電の直接の原因とはみなし難い。カトリックの司祭にしてかなりラディカルな啓蒙主義的批評家というこれまた「現代的」矛盾も、同様に逐電の直接的原因としては説得力を欠いているように思える。原因はもっと深刻で、切羽詰まった何かでなければならない。

ここで、後年ラインホルト自身が告白している彼の急激な思想的立場の変転を解明の手がかりとして手繰り寄せてみよう。彼は一七八七年一〇月一二日付けのカントに宛てた最初の手紙で、自分が「盲信と不信仰」という両方の「魂の病」を「自らの経験を通して、稀に見るほど深く見知っていた」と述べ、「私の不信仰の病を『純粋理性批判』が癒してくれました」と告白している(72)。この「私の不信仰の病」という言葉は、単に修辞的に使用されているのではなく、その厳密な意味において受け取られねばならないように思う。その二年ほど後にも彼はF・ニコライ（Christoph Friedrich Nicolai 1733-1811）に宛てた手紙で、この一〇年間に自分が四つの思想的立場を遍歴してきたことを告白している。すなわち「私は、自分がその中に生まれ、その中で教育を受けた超自然主義、イエズス会の会士たちがそれを擁護する術をまったく意図的に教え込んだ超自然主義から出発しましたが、次には唯物論的無神論に賛同して超自然主義を放棄し、さらにその後ライプニッツ哲学によって有神論に回心させられ、最後にはヒュームの懐疑論が私に有神論を失わせたのです(73)」。

この文言を字句通りに受け取ると、ごく短い期間ではあるが、彼には「唯物論的無神論」の時期、「不信仰の病」に冒されていた時期があった、そしてそれはちょうどウィーン逐電に前後する時期だと推定されるのである。[74] 彼のキャリアに鑑みれば、「超自然主義」からの離脱はまだしも、ウィーン時代の最終期に彼を襲った無神論は、きわめて深刻な内面的危機をもたらしたことは容易に推察される。では、何が彼を無神論、不信仰に駆り立てたのか。その直接の要因とは同定できないにしても、少なくともそれと密接に連関していたと想定されるのが、かの「真の和合」ロッジの複雑な内情とそれを取り巻く政治的状況であった。

ウィーンのこのエリートロッジは、実は、メイソン運動よりはるかに過激、急進的な秘密結社「啓明会（Illuminatenorden）」の「前庭」であった。とくにボルンがその覇権を掌握した一七八二年春から少なくとも二年間ほど、啓明会の会士がロッジの中核を占め、ロッジ全体をこの秘密の組織の目的に沿って改造しようと活発な活動を展開していた。つまり、ロッジは実質的に二重組織、メイソンリーの「合法性」を隠れ蓑にした啓明会の「偽装組織」になっていたといえる。ラインホルトも多くの友人メイソンたちとともに、啓明会の会士となっていた。

一七七六年五月に、バイエルン唯一の大学であったインゴルシュタットの教会法・実践哲学の教授であった二八歳の青年、アダム・ヴァイスハウプト（Adam Weishaupt 1748-1830）がこのきわめて厳格な秘密結社を創設した直接の目的は、イエズス会の牛耳る宗教界の反啓蒙主義勢力に組織的、効果的に対抗することにあった。結社創設から三年を経ても、彼の教え子を中心に三〇～四〇名ほどの構成員しか擁せず、確固とした組織体系も確立していなかったこの結社も、まずミュンヘンのロッジに潜入し、次にフリーメイソンリー内の「厳格な服従」派の崩壊に乗じて、北・中部ドイツでも次々と多くのメイソンを結社内に獲得していった。

しかし、「わが敵方は秘密裏に組織されている、われわれもそうしなければならない」をモットーに、当初から政治的指向の強い少数エリート主義と秘密主義に定位されたこの結社は、次第に組織内部に多くの序列的位階を設け、上部統制的秘密主義を徹底していく。[75] 各位階にはそれぞれに特有のふさわしい任務と活動が割り振られていたとはいえ、結社の究極の目的――領主や諸侯も含めて各界の指導者層を「洗脳」することで、あらゆる社会的権力を掌握し、地上に理性と徳の王国を樹立するという目的――は、下位位階の会士には打ち明けられず、ごく限られた最高位階の会士たちにのみ知らされていた[76]。ヴァイスハウプトと新たな指導者たちとの意見対立、主導権争いを繰り返しながらも、啓明会は一七八三年頃最盛期を迎え六〇〇名もの会士を抱えるに至る。その中には、多くのエリート知識人や有力貴族、それに諸侯も含まれていた[77]。

当時のヴァイスハウプト自身の思想的立場を、急進的啓蒙思想の一つの帰結たる「唯物論的汎神論」とただちに同定できないにせよ、彼がドルバックやエルヴェシウス（Claude Adrien Helvetius 1715–71）の「無神論的唯物論」に精通しており、それを「結社の最高の智」として賞賛していたのは確かである[78]。また彼が、伝えられているように「あらゆる宗教は等しく根拠のないものであり、野心家によってつくられたまったくの虚構である」と実際に述べたか否かは定かではないにしても、教会を「人間の完全化のための制度とみなすことは問題外」と見ていたことは確かである[79]。ラインホルトの無神論、不信仰はこの結社の精神的風土の中で醸成されていたと想定するのが最も自然である。この無神論との内面的葛藤が、ウィーン逐電の背景にあったと推測される。

だがそれにしても、あわただしい、明らかに無計画で突然のウィーン脱出劇は、この思想的立場だけでは説明がつかず、別の特別な要因を必要とする。実は一七八三年の秋は、「真の和合」ロッジ内部で啓明会によって国家の安全に危機をもたらすような活動が活発化しているという評判が、ウィーンの政府にまで達した時期である。啓明会の側も対応を迫られ、その対応策として、確定できない何らかの理由でラインホルトが「ロッジから逃亡するよう〔組織から〕指示されたという印象を強くする、少なくとも逃亡を勧告されたのだという印象を受ける」。ラウトは綿密な考証を踏まえて、そう推定している[80]。たしかに、結社の会士たちが逐電を斡旋し、その手助けをしたこと、またライプツィヒに一時滞在していたラインホルトに、ボルンがワイマールのヴィーラントに庇護を求めるよう指示し、「全力でその面倒を見る」、「金の心配はさせない」とまで書き送っていること[81]、さらにラインホルトが会士たちの「推薦状」を携えてヴィーラントを訪ねたことなど、[82] これら一連の事実はかの逃亡の直接的誘因が個人的理由というよりも、何らかの組織的理由が絡んでいたことを十分に裏打ちしている。それにしても、逃亡劇が啓明会の陰謀の噂の流布と結びついているのならば、なぜウィーン退去の「指示」ないし「勧告」を、他の有力会士ではなく、（組織の首謀者であったとは推定しがたい）ラインホルトが受けねばならなかったのかという謎は、ラウトやその他の研究者の考証によっても未解明のままである。

一七八三年一一月一八日、ペツォルトの誘いに応じて彼を聖マルガレーテ修道院から脱出させた直接的あるいは外的誘因は、たしかに複合的（例の恋愛沙汰や啓明会活動の危機など）であり、その核心を同定することは容易ではない。しかし、ラインホルトの生涯にとって一大事件であるこの逃亡劇はそれらの外的誘因だけでは説明困難であろう。本章で述べてきたように、彼の確信的使命は国民的啓蒙の推進に貢献することに定められていた。その推進過程で、唯物論的無神論という内面の危機が彼を襲った。この「魂の病」を克服し、本来の使命の実現を可能にする新天地を切り拓こうとする欲求が、逃亡劇の内的誘因をなしていたと考えるのが自然であろう。そこには、カトリックの司祭職とカトリックの国、オーストリアを捨てることが初めから含意されていた。それゆえ、ボルンが彼を無罪のままオーストリアに帰還させることを慮って、プロテスタントの大学に長くとどまるべきでないと忠告していた[83]にもかかわらず、彼はライプツィヒ大学に学籍登録をした。そして、逃亡先を一時避難所と想定していたボルンの思惑に反して、新たな活動の新天地としてワイマールに赴いた。そして、そこですぐヘルダー（Johann Gottfried Herder 1774-1800）によってプロテスタントに改宗するのである。詰まるところ、かの逃亡劇は、ラインホルトの置かれていた環境に起因する様々な複合的な外因を介して、自らの魂の再生および、もっと広い視野と条件のもとで真の啓蒙の実現に寄与したいという内因が発動したことで、ライプツィヒへの、そしてワイマールへの逃亡が引き起こされたと考えるほかないのである。[84]

注

（1） K. L. Reinhold, *Versuch einer neuen Theorie des menschlichen Vorstellungsvermögens.* Prag und Jena 1789（以下*Versuch*と略記する）, 52. ラインホルトはこの著の「序文」で自らの思想的経歴に触れている。この「序文」はもともと、同年に『ドイツ・メルクーア』誌上に Ueber das bisherige Schicksal der Kantischen Philosophieという表題で発表された独立の論文であった。現在ではErnst-Otto Onaschが詳細な「序論」と「注釈」を付した新版が、PhB版599a（2010）、599b（2012）として出版されているが、最近Martin Bondeliの編集による『ラインホルト全集』の刊行が始まり、その第一巻（Basel 2013）が本書を収めている。引用の頁数は、新しい両版にも記されている初版の頁数である。

（2） 彼はこのときの様子を、父に宛てた（現存する最初の）手紙でこう活写している。各派の修道会は廃止が決まった修道院に多くの高位聖職者を派遣し、宗旨替えを望む者になら誰にでも、「自分たちの会派の修道服を即座に提供する」と申し出たが、院長神父は修道士たちに「イエズス会の根本規則により、他の会派の修道服を一度でも着た者は誰であれ、再入会させない」といった。それで彼は「この勧告に従おう」と思っている（Karl Leonhald Reinhold, Korrespondenzausgabe der Österreichischen Akademie der Wissenschaften. Bd. 1. *KORRESPONDENZ 1773-1788,* hrsg. v. R. Lauth, E. Heller und K. Hiller. Stuttgart-Bad Cannstatt, Wien 1983［以下*Korrespondenz 1*と略記］, 7）。

（3） *Versuch,* 51.

（4） K. L. Reinhold, *Ehrenrettung der Lutherischen Reformation gegen zwey Kapitel in des K. K. Hofrats Herrn I. M. Schmids Geschichte der Teutschen nebst einigen Bemekungen über die gegenwärtige katholische Reformation im Österreichschen.* Jena 1789［実際の出版年は、おそらく一七八八年］への頁づけのない「前書き」。

（5） ペツォルトはこの年の夏から私用でウィーンに来ていたが、ラインホルトやその友人たちと知り合いになり、ラインホルトと哲学的テーマについて議論をしていた。最終的に彼が自分と一緒にライプツィヒに来るようラインホルトを誘ったようである。

（6） 彼は当地の大学に正式に学籍登録をして、一七八三年の秋から半年間、当時講壇哲学者として有名であったE・プラットナーの『哲学的箴言集（*Philosophische Aphorismen*）』（Leipzig 1776 und 1782）に基づく「論理学、形而上学、道徳学」の講義を聴いている。Gerhard W. Fuchs, *Karl Leonhard Reinhold — Illuminat und Philosoph.* Frankfurt am Main 1994は、その後のラインホルトの思想に対するプラットナーの感化に言及している（vgl. 33ff.）。

（7） Vgl. *Schillers Werke.* Nationalausgabe Bd. 24. *Schillers Briefe 1785-1787.* Weimar 1989, 143

（8） Reinhard Lauth, Reinholds Weg durch Aufklaerung, in: ders, *Transzendentale Entwicklungslinien von Descartes bis zu Marx und Dostojewski.* Hamburg 1989, 77.

（9） バルナバ会出身の彼は、一七七〇年一〇月にラインホルトのいる聖ミカエル修道院に哲学の講師としてやってきた。一七七二年以降は神学の講師にもなり、ラインホルトの哲学と神学の教師であった。ラインホルトは数々の昇進許可試験――副助祭職（一七七九年五月）、助祭職（同年一二月）、司祭職（一七八〇年八月）――の度に、ペパーマンの試問試験を受けた。彼は非常に親しくしていたこの教師から、詩、とくにイギリスの詩と経験論的思想への関心を植えつけられた。こうした事情から、ラインホルトに最初に啓蒙主義的、反教権主義的な感化を与えたのは、ペパーマンであると推定される。

（10）彼は本名の文字を逆転させたSinedというペンネームを使っていた。彼もイエズス会の出身者であり、イエズス会廃止以降はいくつかの官職を経て、一七九一年には宮廷顧問官に任命された。ラインホルトは聖ミカエル修道院時代から彼をよく知っていた。ラインホルトは『文芸月報（*Litterarischen Monaten*）』一七七七年三月号に、デーニスへの崇拝を謳った頌歌「ラインホルトのリート、Sinedのリートを初めて詠んだ折に」を掲載している。Vgl. *Korrespondenz 1*, 177, 396. Vgl. auch Gehard W. Fuchs, op. cit., 147 Anm. 26.

（11）彼は故郷のイエズス会のギムナジウムを修了後、一七七二年にイエズス会に入会し、ウィーンの聖アンナ修道院修道士になり、そこで修道兄弟としてラインホルトと知り合う。一七七三年の同修道院の廃止とともにイエズス会から離れ、しばらく臨時職を転々とした後、一七八二年四月に、ヨーゼフ二世の改革によって設置された「教育ならびに出版検閲に関する宮廷委員会」の委員長であったファン・スヴィーテン（Gottfried Freiherr van Swieten 1734-1803）の推挙で、出版検閲部の検閲職に就く。同年一〇月からは、『現実新聞』の編集にも携わり、同新聞でのラインホルトの評論活動に力を貸すことになる。Vgl. *Korrespondenz 1*, 9.

（12）ウィーンのイエズス会ギムナジウム、ウィーン大学を卒業後、帝国関税局の官吏、旧「宮廷検閲委員会」の検閲職にあった彼は、『ウィーン詩人年鑑』を創刊し、ブルーマウアーと共同で編集するとともに、ホラチウスなどローマ詩人の詩を多数翻訳していた。Vgl. *Korrespondenz 1*, 24.

（13）イェーナ大学で学んだ後、ウィーン宮廷職員、宮廷＝国立劇場事務官になった彼は、早くから『ドイツ・メルクーア』誌、『ドイツ・ムゼーウム』誌、『ウィーン詩人年鑑』などの寄稿者であり、ブルーマウアーと並んでヴィーラントの熱烈な信奉者であった。Vgl. *Korrespondenz 1*, 31.

（14）たとえば、一七八五年にはアルクスィンガーの『全詩集』（Leipzig 1784）とラッシュキーの『詩集』（Wien 1785）を、一七八六年には『ウィーン詩人年鑑　一七八六年版』とブルーマウアーの『フリーメイソン詩集』（Wien 1786）を、さらに一七八八年にはブルーマウアーの『ヴェルギリウスのアエーネーイス』（Wien 1788）、レオンの『詩集』（Wien 1788）、アルクスィンガーの『全詩集』第一部、第二部（Wien 1788）を、それぞれすべて『ドイツ・メルクーア』誌の「告知欄（Anzeiger）」で紹介、論評している。Vgl. Alexander von Schönborn, op. cit., 119-124.

（15）Der *Josephinismus. Ausgewählte Quelle zur Gesichte der theresianisch-josephinischen Reorm*, hrsg. v. Harm Klueting. Darmstadt 1995には、この改革の全原典資料が収録されている。この改革の全容を論じた邦語文献としては、丹後杏一『オース

トリア近代国家形成史』（山川出版社、一九八六年）がある。また丹後杏一「ヨーゼフ主義とその歴史的意味」（L・アルムブスター、C・ツェーリック編『大ハプスブルグ帝国』南窓社、一九九四年所収、六九‐九七頁）も参照。

(16) Vgl. *Der Josephinismus*, hrsg. v. H. Klueting, 228. この点と関連して、ヨーゼフ二世が一七八一年三月の宮廷命令において、「司教は、ひたすら原始キリスト教の精神にのっとって、そのふさわしい権力を下級聖職者に及ぼすべきである」と述べている（丹後、前掲書、六九頁）点は、この時期のラインホルトの原始キリスト教への共感を探る上で興味深い。

(17) Vgl. ibid., 261. 丹後、前掲書、六六‐七六、二二二‐二五四頁も参照。

(18) Aloys Blumauer, Beobachtungen über Österreichs Aufklärung und Literatur (In :*Literatur der Aufklärung 1765-1800*. Hrsg. v. Edith Rosenstrauch-Königsberg. Wien 1988), 192.

(19) 正式名称 *Realzeitung, oder Beyträge und Anzeigen von gelehrten und Kunstsachen* は、一七八三年以降は、表題が単に *Realzeitung* と改められる。この新聞は一七七〇年に超教派的雑誌として創刊されたが、イエズス会の廃止以降、次第に文化的主題一般を取り扱うようになり、一七八〇年からは、ファン・スヴィーテンやフォン・ボルンのような著名な「大物」啓蒙主義者が編集の任に当たり、啓蒙主義的論調を強めていた。

(20) このDrという署名は、詩人Denisのペンネーム Sinedにならって、ラインホルトの本名の最初と最後の文字を逆転させて合成したものである。Vgl. Gerhard W. Fuchs, op. cit., 26.

(21) これらの書評すべての書誌的記録一覧は Alexander von Schönborn, op. cit., 101-118に収められている。また、*Korrespondenz 1*, 399ff.も参照のこと。

(22) 現在、これらの書評は復刻されて、*Karl Leonhard Reinhold, Schriften zur Religionskritik und Aufklärung 1782-1784*. Hrsg. v. Zwi Batscha. Bremen 1977（以下、*RuA*と略記する）に収められている。

(23) Nr. 44 vom 29. 10. 1782, in: *RuA*, 114f.

(24) Nr. 46 vom 12. 11. 1782, in: *RuA*, 116f.

(25) E・カッシーラー『啓蒙主義の哲学』中野好之訳、紀伊国屋書店、一九六二年、一九七頁。

(26) Nr. 48 vom 26. 11. 1782, in: *RuA*, 121f.

(27) Nr. 49 vom 3. 12. 1782, in: *RuA*, 128.

(28) Nr. 7 vom 11. 2. 1783, in: *RuA*, 173.

(29) 「ドイツにおける真の神学的『革新者』たち――すなわちゼムラー、ザック、シュパルディング、イェルザレムのような人々を中心とする『新教義』派」は、「もはや、別の源泉によって与えられる信仰内容の補強および形式的な証明として理性を使用するにとどまらず、理性を通じてほかならぬこの内容の定義づけを遂行しようとした。彼らは教義のうちから、この定義に基づいていないすべての構成要素を除去した。そして彼らは教義史の研究によって、これらの構成要素がいずれも本来の純粋な信仰の教えに対する後世の異質的な添加物であることを証明しようとした」（E・カッシーラー、前掲書、二二六頁）。

（30）Nr. 7 vom 11. 2. 1783, in: *RuA*, 170f. 以下にも言及されている。こうした「自然」への性向は、一七五四年にマリア・テレジアによってウィーン大学の自然法講座に招聘されたK・A・v・マルティーニ（Karl Anton von Martini 1726-1800）に代表される、当時の自然法理解に沿っていると考えられる。「自然法は、ヴォルフの場合と同様、マルティーニの場合にも一種の応用倫理学である。人間の行為は、それが人間的本性の本質目的に合致している場合には善であり、それに矛盾する場合には悪なのである」（Werner Sauer, op. cit., 24）。

（31）Nr. 19 vom 6. 5. 1783, in: *RuA*, 235.

（32）ibid.

（33）Nr. 10 vom 4. 3. 1783, in: *RuA*, 176ff.

（34）Nr. 15 vom 8. 4. 1783, in: *RuA*, 208f.

（35）Nr. 13 vom 25. 3. 1783, in: *RuA*, 192.

（36）彼は一七八九年一〇月一二日にベルリンのF・ニコライに宛てた書簡で、自分が一七七九年以降、四つの思想的立場を順に遍歴してきたことを告白している。その立場とは、彼を生み育んだ「超自然主義」、これを放棄させた「無神論的唯物論」、そして「ライプニッツ的有神論」、最後に「ヒューム的懐疑論」である（Karl Leonhard Reinhold, *KORRESPONDENZ Bd.2 1788-1790.* Hrsg. v. F. Fabbianelli, E. Heller, K. Hiller, R. Lauth, I. Radrizzani und W. H. Schrader. Stuttgart-Bad Cannstatt 2007, 169）。『現実新聞』での活動期は、第一の立場から第二の立場への移行期に当たる。R・ラウトは、この「唯物論」の時期をウィーン時代の最後のごく短い時期と想定している（Vgl. Reinhard Lauth, op. cit., 90f.）。

（37）Vgl. Helmut Reinalter (hrsg.), *Die Aufklärung in Österreich. Ignaz von Born und seine Zeit.* Frankfurt am Main 1991. この論集に収められた各論文は、「フリーメイソンにして啓明会会士」、「啓蒙の評論家」、「地質学者、鉱物学者」など、ボルンの多彩な活動を詳しく紹介している。その他、ボルンについては、Helmut Reinalter, Ignaz von Born — Aufklärer, Freimaurer und Illuminat. In: ders. (hrsg.), *Aufklärung und Geheimgesellschaften.*（Ancien Regime, Aufklärung und Revolution Bd. 16）München 1989, 151-171も参照。

（38）Richard van Dülmen, *Die Gesellschaft der Aufklärer.* Frankfurt am Main 1986 に付されたドイツ語圏での各ロッジ創設一覧表（S. 155-165）参照。

（39）最初（一七三七年）にハンブルクに創設されたロッジがそうであったように、当初ドイツの各ロッジは、イギリス風の三位階制度（「徒弟」「職人」「親方」）を採る単純な組織体制を特徴とし、比較的合理主義的 - 啓蒙主義的綱領を持っていた。しかし一八世紀の中頃フランスから、三位階の上にさらに四つの位階を設けているより秘教的な「高位階」制度のメイソン運動が流入した。その上ドイツでは、高位の騎士位階をテンプル騎士団の修練士の後継とみなし、「知られざる長」の存在を信じる「厳格な服従」派が形成され、この派が一七六一年にブランシュビック侯のもとに組織的に統括され大きな勢力をなしていた。この派は、一七八二年のヴィルヘルムバート大会を契機に凋落するが、さらにドイツでは（そしてオーストリアでも）各ロッジは、他の様々な秘儀結社の潜入を受け、フリーメイソンリーとしての組織的統一性を失っていた。そうした潜入結社のうち「左翼」に位置したのが「啓明会」であり、「右翼」に位置したのが「薔薇十字団」である。Vgl. Rudolf Vierhaus, Aufklärung und Freimaurerei in Deutschland. In: Helmut Reinalter (hrsg.), *Freimaurer und Geheimbünde im 18. Jahrhundert in Mitteleuropa*. Frankfurt am Mein 1983（以下、*FuG*と略記する）, 116f.

（40）Richard van Dülmen, op. cit., 57.

（41）このロッジの創設の経緯、およびハプスブルク帝国内諸国における初期のフリーメイソンリーの動向についてはErnest Krivanec, Die Anfänge der Freimaurerei in Österreich, in: *FuG*, 177–195を参照。

（42）一八世紀のフリーメイソンリーの理念と社会的機能についてはRichard van Dülmen, op. cit., 55–66やRudolf Vierhaus, op. cit., 125–128、さらにHelmut Reinalter, Freimaurerei und Demokratie im 18. Jahrhundert. In: ders. (hrsg.), *Aufklärung und Geheimgesellschaften*, 41–62が啓発的である。

（43）Rudolf Vierhaus, op. cit., 126.

（44）Eva Huber, Zur Sozialstruktur der Wiener Logen im Josephinischen Jahrzehnt. In: H. Reinalter (hrsg.), *Aufklärung und Geheimgesellschaften*, 174. これに対してH. Reinalter, Die Freimaurerei zwischen Josephinismus und frühfranziszeischer Reaktion. (In: *FuG*) は、「ウィーンでは一七八〇年に、約二〇〇人の構成員を擁する六つのロッジが存在していた」(ibid., 40) と述べている。

（45）Eva Huber前掲論文によると、「桂冠の希望」ロッジは一七八〇年の時点で一一一名の会員を擁していたが、そのうち六五名は貴族であり、職業別では軍人が三五％で最大、次いで国家官僚が一六％を占めている。このロッジには「アジア兄弟会」や「薔薇十字団」がとくに強い影響力を持っていた。「厳格な服従」派に連なるロッジ「三羽の鷲」の一七八二年の会員数は一〇四人であり、その約六〇％が貴族であった。職業別には軍人が四〇％に対して、官吏が一二％と低く、また商人の比率が相対的に高い。

これらに比して「聖ヨーゼフ」ロッジの構成比は大きく異なっている。一七八一年の会員七五名のうち貴族はわずか一七名であり、職業別には商工業者が三〇％で最大を占め、次いで官吏、軍人の順である。

（46）Gerhard. W. Fuchs, op. cit., 147. Anm. 18. この両者の理論的立場については、Werner Sauer, op. cit., 45ff. を参照。

（47）別の資料によれば、ロッジの構成員の最大数は二二五名である。Hans-Josef Irmen (hrsg.), *Die Protokolle der Wiener Frei-*

maurerloge "Zur wahren Eintracht" (1781-1785). Frankfurt am Main 1994には、同ロッジの構成員二二五名とその略歴一覧が収められている（S. 320-341）。この「記録集」によれば、その構成比は、教育者・文化人が最大で六一名（約二四％）、次に官僚層が五三名（二四％）、軍人が三六名（一六％）、外交官・顧問官一七名（八％）であるのに対して、職人層は一五名（七％）、商人七名（三％）である（ibid., 13）。このロッジが「首都の知的エリート」ロッジであったことがよく分かる。

（48） Vgl. Reinhard Lauth, op. cit., 79.

（49） Vgl. Alexander Giese, Freimaurerisches Geistesleben im Zeitalter der Spätaufklärung am Beispiel des "Journal für Freimaurer". In: Friedrich Gotschalk (hrsg.), *Bibliotheca Masonica, Dokumente und Texte zur Freimaurerei.* Bd. II-Teil 2. Graz-Austria 1988, 17-22. Vgl. auch Hans-Josef Irmen, op. cit., 16f.

（50） ibid., 19f.

（51） この雑誌に掲載された諸論文は、現在はFriedrich Gotschalk (hrsg.), *Bibliotheca Masonica, Dokumente und Texte zur Freimaurerei.* Bd. I. Graz-Austria 1988に完全復刻版で読むことができる。以下この雑誌からの引用は、この復刻版にしたがって、*JFM*の略題で号数／年度、論文表題、原頁の順に示す。

（52） Christian Gottfried Schütz, Über Gotthold Ephraim Lessings Genie und Schriften. Halle 1782, 119f.（zitiert nach: Horst Schröpfer, Christian Gottfried Schütz — Initiator einer wirkungsvollen Verbreitung der Philosophie Kants, in: N. Hinske/E. Lange/H. Schröpfer (hrsg.), *Der Aufbruch in den Kantianismus.* Stuttgart-Bad Cannstatt 1995).

（53） *JFM*, 1/1784, Vorerinnerung über die Veranlaßung,den Zweck,und die eigentliche Bestimmung dieses Journals, 3.

（54） ibid., 9f.

（55） ibid., 10f.

（56） *JFM*, 3/1784, Ueber den Hang zum Wunderbaren. Eine Rede von Br. R., 125.

（57） ibid., 125.

（58） ibid., 136.

（59） ibid., 133.

（60） ibid., 136ff.

（61） Gerhard W. Fuchsは、ラインホルトがこの時期、ドルバックの『自然の体系』の結論を最も崇高なものとみなしていたことを伝えている（Vgl. Gerhard W. Fuchs, op. cit., 38）。ラインホルトが告白している、ある時期の自分の思想的立場「唯物論的無神論」は、このドルバック的唯物論の影響を受けていると考えられる。

（62） カッシーラー、前掲書、八四 - 九〇頁参照。

(63) *JFM*, 4/1784, Mönchthum und Maurery. Eine Rede, von Br. R. 167f.

(64) ラインホルトとカントの論文は、主題こそ異なるとはいえ、「自然の合目的性」という論旨だけでなく、それを説く際の用語においても注目すべき一致が見出される。たとえば、ラインホルト論文でもカント論文と同様に「自然の計画（Plan）」、「自然の意図（Absicht）」、「自然の素質（Anlage）」などの用語が多用されている。両論文の影響関係を想定すると、当然両論文のPrioritätと影響関係が問題になってくるが、カント論文が『ベルリン月報』に掲載されたのが一七八四年一一月、一説にこの論文執筆の機縁を与えたといわれているヘルダーの『人類史の哲学の理念』の出版が同年四月である。

ところが、当時ライプツィヒにいたラインホルトに宛てた一七八四年四月一九日付けのボルンからの書簡（Vgl. *Korrespondenz 1*, 18f.）からは、この論文が少なくとも四月以前にボルンに送られていたことが判明している。それは同年六月一八日に「真の和合」ロッジでラインホルト不在のまま、ロッジの儀典長であったシットラースベルク（Augustin Veit von Schittlersberg 1751-1811）によって代読されている（Vgl. *Korrespondenz 1*, 19, 396）。以上のような時間的経緯からして、この論文はカントの影響を受けて執筆されたのではなく、両論文はまったく独立に書かれたものと推定される。

(65) *JFM*, 4/1784, 168.

(66) ibid., 169f.

(67) ibid., 174.

(68) Vgl. *Korrespondenz 1*, 16f.

(69) *JFM*, 3/1785, Ueber die kabilischen Mysterien. 208.

(70) Vgl. *Kant's gesammelte Schriften*, hrsg. v. Königlich Preußischen Akademie der Wissenschaften（以下*KA*と略記）, Bd. X, 359, 364, 371f.（『カント全集21　書簡I』岩波書店、二〇二-二〇三、二〇六-二〇九頁参照）

(71) Vgl. Reinhard Lauth, op. cit., 90f.

(72) *KA*, X, 497ff.（前掲邦訳書、二八五-二九〇頁参照）

(73) *Korrespondenz 1*, 169.

(74) 注（61）参照。彼は一七九二年にも「自分が哲学だとみなしていたものによって、宗教を失った」時期があったことを、デンマークの畏友バッゲセン（Jens Immanuel Baggesen 1764-1826）に告白している（*Aus Jens Baggesen's Briefwechsel mit K. L. Reinhold u. F. H. Jacobi, erster Theil.* Leipzig 1831, 197）。

ラインホルトは一七八三年初め頃にはまだヨーゼフ主義的・啓蒙改革的カトリックの立場にあり、一七八五年夏以降はカント哲学の本格的研究に向かうのだから、この間の二年半に「唯物論的無神論」、「有神論」、「ヒューム的懐疑論」の三つの立場がこの順序で継起したことになるが、すると一七八三年の晩秋の逐電事件に一番近接しているのは無信仰、「唯物論的無神論」の時期である。

(75) その秘密主義は、この結社では機密保持のためメンバー全員が秘密の「会士名」を持ち、その名前で連絡を取り合っていたことにも表れている。たとえばヴァイスハウプトは「スパルタクス」、ラインホルトは「デキウス」、ゲーテは「アラビス」が「会士名」である。また地名も、ウィーンは「ローマ」、ワイマールは「ヘロポリス」、オーストリアは「エジプト」、オーバーザクセンは「イオニア」という「隠語」で呼ばれたり、書かれたりしていた。

(76) メイソンロッジへの潜入工作の手法について、ヴァイスハウプトは一七七八年一一月にミュンヘンの指導者ツヴァク（Franz Xaver von Zwack 1755-1843）のノートに次のように書き記している。「一、われわれは改革をけっして放棄してはならないこと。二、われわれは自分たち自身のメイソンロッジを保持すべきこと。三、われわれはこのロッジを苗木育成学校とみなすべきこと。四、これらのメイソンの若干の者には、われわれがメイソンリーより多くのものを持っていることをけっして明かしてはならないこと。五、いついかなるときも、われわれのことを覆い隠すこと。〔中略〕七、われわれの活動に向いていないものはみな、より進んだ組織については知らせないまま、メイソンのロッジに留め置き、そこで昇級させること」（Richard van Dülmen, *Der Geheimbund der Illuminaten*. Stuttgart-Bad Cannstatt 1975, 41, Anm. 67）。

(77) たとえば、ザクセン-ゴータ公エルンスト二世（Ernst II 1745-1804）やワイマールのカール・アウグスト公（Carl August 1758-1828）も啓明会に入会している。ゲーテ、そしてヘルダーも主君と同じ時期の一七八三年夏に入会している。後にラインホルトのイェーナ招聘に尽力するフォン・フォイクト（Christian Gottlob von Foigt 1743-1819）もそうであった。その他、ベルリンのニコライ、『ベルリン月報』編集者ビースター（Johann Erich Biester 1749-1816）なども会士に名を連ねている。かくも多くの各界の指導者たちがこの秘密結社に関与したことは、現代の常識的判断からは測りがたいところがあるのだが、ただ、彼らの入会の動機はもとより単純ではなく、その同定には慎重であらねばならない。W. Daniel Wilson はその著作、*Geheimräte gegen Geheimbünde. Ein unbekanntes Kapitel der klassische-romantischen Geschichte Weimars*. Stuttgart 1991 において、ワイマール公とゲーテの入会の真の動機を「会に加入することによって、政治的に怪しげなこの新しい秘密結社を監視すること」にあったと解釈している。「それゆえ、彼らは潜入者たちの中に潜入したのだ。彼らは公国の中で危険な展開を遂げる可能性のある動きを統制下に置きたいと考えていた」（ibid., 66）のである。

(78) Vgl. Richard van Düllmen, *Der Geheimbund der Illuminaten. Darstellung, Analyse, Dokumentation*. Stuttgart-Bad Cannstatt 1875, 25.

(79) Vgl. ibid., 112.

(80) Reinhard Lauth, op. cit. 92. ラウトは逐電劇の原因を一つに特定することを慎重に避けながら、逐電劇を「外科医の娘」との恋愛沙汰、啓明会による政治的転覆策動という噂の広まり、この「二つの事件がラインホルトの信仰の完全な喪失の時期と重なって」起こった、複合的事件と見ている。

（81）ボルンからまだライプツィヒにいたラインホルトに宛てた一七八四年四月一九日付けの手紙参照（*Korrespondenz 1*, 15ff.）。この手紙でボルンは「貴兄のワイマール滞在を私たちは全力で支えます。そして私は貴兄が生活必需品にけっして困ることがないように望んでいます」(S. 17) と書いている。

（82）ラインホルトは、啓明会のメンバーでウィーンの別のロッジの長であるフォン・ゲミンゲン男爵（Otto Heinrich Freiherr von Gemmingen-Hoffenheim 1775-1836）と友人ブルーマウアーの推薦状を携えていたのであるが、ゲミンゲンはラインホルトのワイマール到着から四カ月後に、ヴィーラントに宛ててこう書いている。「親愛なる友よ、期待に違わず貴殿がラインホルトを温かく迎え入れてくれたことに感謝しています。私は貴殿のお気持ちに対して全幅の信頼を持って一通の手形を振り出しましたが、それは彼のためにわれわれが困ったことになったときのためです」（*Korrespondenz 1*, 18, Anm. 18）。

（83）Vgl. *Korrespondenz 1*, 16, Anm. 7.

（84）Yun Ku Kim, *Religion, Moral und Aufklärung. Reinholds philosophischer Werdegang*. Frankfurt am Main 1996 は逃亡劇の内因の解明に一節を割き、とくにこの点を強調している（Vgl. ibid., 48-53）。

第二章　ラディカル啓蒙思想と「批判」の精神の結合（一七八四〜八七年）
――「カント哲学についての書簡」――

第一節　「カント哲学についての書簡」の意義

カトリックの司祭にして、最も急進的な秘密結社のメンバー、そして唯物論的啓蒙思想家、この三役を同時に兼ねたウィーンでの波乱万丈の人生を脱して、一七八四年五月初め、ラインホルトはワイマールのヴィーラントのもとに到着した。彼はすぐさまヴィーラントに気に入られて、彼の主宰する月刊誌『ドイツ・メルクーア』の常連寄稿者になり、新しい舞台で精力的な評論活動を再開する。(1) そして、彼は翌一七八五年の五月一六日、ヴィーラントの長女と結婚する。そのラインホルトが『一般学芸新聞（*Allgemeine Literatur-Zeitung*）』のある書評記事に触発されてカント批判哲学の本格的な研究に手を染めるのは、一七八五年秋以降のことである。その記事とは、同紙七月の第一六二号から第一七九号に断続的に掲載された、J・シュルツ（Johann Friedrich Schulz 1739-1805）の『解明』書評にかこつけた、Ch・G・シュッツによる一種の〈カント哲学ハンドブック〉ともいえる書評記事である。

『メルクーア』誌の一七八六年八月号に「カント哲学についての書簡」（以下「書簡」と略記）の「第一書簡」と「第

二書簡」が同時に掲載されることになるのは、それからわずか一年後のことである。以降、一七八七年九月号まで断続的に掲載されたラインホルトの一連の「書簡」は、すでにその連載中からドイツの思想界に「この上なく強烈なセンセーションを巻き起こした」(2)。当時、カント批判哲学の普及のためのシュッツやシュルツの奮闘にもかかわらず、第一批判の「いかんともしがたい曖昧さと難解さにほとんど誰もが苦情をいう」(3)という状況は、まだ完全には克服されていなかった。あるいは、カントはバークリー的観念論やヒューム的懐疑論の変奏曲を奏でているのだという誤解は、まだ一掃されていなかった。こうした受容状況の改善を狙って公刊された『プロレゴーメナ』も、その所期の目的を効果的に果たせなかった。

そのような状況を一新したのが、この「カント書簡」であった。華麗な文体と分かりやすい語り口によって、「書簡」は広範な読者に批判哲学の意義を理解する通路を提供し、その著者に対する「まったく生き生きとした関心」(4)を改めて呼び起こすことによって、この批判哲学の普及の企ては大成功を収めた。かくして、批判哲学の普及に「書簡」が果たした決定的役割を評して、——いささか修辞的誇張を含むとはいえ——こう語ることすらできる。「彼の『カント哲学についての書簡』は、カントの『プロレゴーメナ』が数年かかってもなしえなかったことを、ほとんど一夜にしてなしとげたのである」(5)。

しかし、「書簡」初出時のコンテキスト全体、すなわち著者の特殊な自己形成史との関連、「書簡」を生み出した背景としての「時代の欲求」、そして「書簡」初出時のテキストの内実等々、これらの文脈の立ち入った検討を欠いたままに、後世の文献による「書簡」の名声だけを鵜呑みにすると、「書簡」評価にある種の誤解を誘発しかねない。たとえば「書簡」の連載開始時には『道徳形而上学の基礎づけ』こそすでに出版されていたとはいえ、『実践理性批判』は未公刊であったことを勘案すれば、また『純粋理性批判』初版の不評ぶりを考慮に入れれば、「書簡」が——シュッツの書評やシュルツの解説本と同様に——理論哲学の領域を中心に批判哲学の基本的概念や内的構成、あるいはその問題機制を平易に解説したものと想定されても不思議ではない。だが、「書簡」を実際に手にすればそのような想定はまったく覆される。まず、「書簡」は「批判書」の要約的解説書ではない。次に、その重点は理論哲学の部門には置かれていない。一連の「書簡」全体の中心主題は、もっぱら宗教と道徳の問題をめぐって、緊急かつ切実な「時代の欲求」に対して「理性批判」というカントの企てが持っている「実践的」意義、その「有用性」を明らかにすることに決定的に定位されている。

ラインホルトによれば時代が提起している切迫した「欲求」とは、ちょうどこの時期に公然化したスピノザ論争に体現されていたような、神の存在をめぐる「狂信家」と「独断論的形而上学者」との不毛な対立、つまり「盲信」と「不信仰」との「不幸な二者択一」を克服することにほかならない。これはウィーン時代からの彼の一貫した思想的課題であったことを、すでにわれわれはよく知っている（前章参照）。そして彼の確信するところ、「理性批判」の「諸帰結」は、かの対立を最終的に止揚し、宗教と道徳を再統合する――そして、「第三書簡」以降に明確に述べられるように、理性的道徳宗教を「再建」する――展望を切り拓いたのである。「書簡」全体の究極の狙いは、まさにこの点を明らかにすることに定められている。こうして「書簡」は、この「時代の欲求」と最新の批判哲学の実践的「帰結」とを巧みに結びつけることによって、多くの読者を獲得したといえるのである。

以上のような観点から、まず「第一・第二書簡」を対象にして、「書簡」の内実をスピノザ論争の提起した問題文脈の中に位置づけ、「時代の欲求」に対してカントの理性批判が持つ実践的「帰結」と「有用性」がどこにあるのかを明らかにする。続いて「第三～第五書簡」を対象にして、カントのそれを先取りしたともいえるラインホルトの理性的道徳宗教の特徴的な構想を紹介する。

第二節　『書簡』の各版について

本題に入る前に、近年まで後世の読者から「書簡」を遠ざけ、またその元来の執筆動機や、上述したような狙いを後世の読者に理解困難にしてきた要因とも関わる、この作品各版のやっかいな公刊事情に触れておかねばならない。

その事情とはこうである。ラインホルトは『ドイツ・メルクーア』誌に初出の一連の「書簡」を、一七九〇年に『カント哲学についての書簡』の第一巻として公刊したが（第二巻は一七九二年に出版）、この第一巻は実は、初出「書簡」の大幅な改訂増補版であった。「書簡」の数が八から一二に増やされた上、いくつかの「書簡」には表題そのものの変更や段落の改変が施され、そして、本文の部分的な字句修正にとどまらない――この間に自らの哲学的立場として確立されるに至った「表象能力」論と「根元哲学」への言及を含む――内容に関する大幅な加筆修正が施された。この大幅加筆・修正によって、たしかに「時代の欲求」に対する批判哲学の「帰結」の実践的意義を明らかにするという当初の基本線にこそ変更はないものの、著者のカント哲学評価に微妙な変化がもたらされ、初出版「書簡」とスピノザ論争との関連も、――したがって「時代の欲求」との関連も――単行本版では、かなり後景に退くことになった。つまり、初出版「書簡」を書かせた、したがってその内容と密接不可分である「時代の欲求」というコンテクストが、単行本版ではかなり後退するのである。

そして後にこの単行本の唯一の再版としてレクラム文庫に加えられた『書簡』も、この単行本二巻を底本としており、初出版との内容上の異同には言及していない。したがって、単行本『書簡』のいずれの版からも、『メルクーア』初出版「書簡」そのものの叙述を正確に窺い知ることは困難なのである。後世に初出版「書簡」の狙いが伝わりづらかった原因はここにある。ところで、初出「書簡」の大評判のゆえに、ラインホルト自身の単行本出版に前後して、初出版を底本にした二種類のいわゆる「海賊版」が出回っていた。「海賊版」が出回ることは、当時の出版界では特別珍しいことではなかったのだが、きわめて短期間に二種類の「海賊版」が現れたことは異例中の異例といえよう。このことは、「書簡」が、それほどの反響を呼んだことの証左である。その結果、――同じ表題を持ちながら実質的には別物である二巻本の第二巻を除けば[6]――「カント哲学に関する書簡」には、近年まで以下のような①から⑤までの各版が存在してきた。すなわち、

①『ドイツ・メルクーア』誌上の初出版（一七八六年八月〜一七八七年九月）[7]。

②①の最初の「海賊版」単行本（*Briefe über die Kantische Philosophie* von Hrn. Karl Leonhard Reinhold Rat und Professor der Philosophie zu Jena. Zum Gebrauch und Nuzen für Freunde der Kantischen Philosophie gesammelt. Mannheim: bei Heinrich Valentin Bunder 1789）[8]。

③ラインホルト自身が編集した単行本第一巻（*Briefe über die Kantische Philosophie*. Von Carl Leonhard Reinhold. Erster Band. Leipzig: bey Georg Joachim Göschen 1790）[9]。

④①の第二の「海賊版」単行本（*Auswahl der besten Aufsäzze über die Kantische Philosophie*. Frankfurth, Leipzig [de facto Marburg: Krieger] 1790）。

⑤レクラム版（*Briefe über die Kantische Philosophie*. Von Carl Leonhard Reinhold. Hrsg. v. Dr. Raymund Schmidt. Leipzig: Verlag von Philipp Reclam jun. 1923）。

②の版は段落の区切り方に①の版とかなり異同が認められるものの、「正書法と印刷技術上のごくわずかな変更を除けば」、①と「内容は同一である」。④の版も同様の問題にならない変更以外は、①の版と「内容は同一である」[10]。そして最近になって、ついに本格的な『ラインホルト全集』の刊行が始まり、まず「書簡」第一巻と第二巻が公刊されている[11]。だが、『全集版』第一巻も初出『メルクーア』版に依拠するのでなく、③の単行本版を底本としており、単行本版の頁数は振られているものの、初出版の頁数は振られていない。本章は、以下において、初出版「書簡」の理解に不可欠な時代的背景を明瞭にし、何よりも「書簡」執筆当時の元来の意図をより正確に再現するために、①の版[12]をテキストとして用いることにする[13]。

第三節　「書簡」の元来の狙い――フォン・フォイクト宛て書簡から

さて、ラインホルトはまだ「書簡」連載中の一七八六年一一月に、ワイマール宮廷政府の参事官として、とくにイェーナ大学の行政・運営に大きな影響力を行使していたフォン・フォイクト（Christian Gottlob von Foigt 1743-1819）に、興味深い未完の書簡を送っている(14)。この手紙は、実はラインホルトのイェーナ招聘問題に絡んで、急進民主主義的秘密結社・啓明会の人脈的繋がりも含めた両者の親密な関係を根拠に、「イェーナ大学教授の資格証明のために」前もって談合済みの作為的「試験答案」ではないかとの嫌疑がかけられてきたいわくつきの書簡なのであるが(15)、今はその点はさておき、ここにきわめて簡明かつ直截に表明されている「カント書簡」の当初の執筆動機と狙いをまず確認しておこう。

フォイクト宛ての書簡は、「カント哲学が学問の啓蒙一般に対してどのような影響を与えたのか」というフォイクトの出した「問い」ないし「課題」に返答するという体裁を採っている。冒頭の私的近況報告を除けば、短い七つ（実質上は六つ）の節に分けられたこの書簡で、まずラインホルトは「理性の批判がこれまでほとんど予想すらされなかった、意見の食い違いの中心点を発見した」ことを強調する（強調は原文のまま、以下同じ）。この中心点こそ「宗教的事柄における理性の使用に関する、最も広い意味での正統派と異端派との係争すべての根底にあり、――すなわち、神の存在と属性に関しては、有神論者、理神論者、無神論者の〔相違の〕根底にあり、人間の精神に関しては、唯心論者、唯物論者、観念論者の〔相違の〕根底にあり、意思の自由に関しては、均衡論者、決定論者、宿命論者の〔相違の〕根底にあり、――人間の認識の確実性に関しては、懐疑論者と独断論者の〔相違の〕根底にある(16)」ものなのである。つまり、理性批判の理論的成果はありとあらゆる哲学的主題にまつわる深刻な対立の秘密を一気に解き明かしたのだ、というわけである。その上でこの「書簡」の筆者は、「並外れてたくさんの重要なことを果たすと約束している」この「新たな学への通路」を見出すには、「何を（Was）」叙述するかと並んで「どのように（Wie）」叙述するかが重要になっていることを強調している。

次いで、当代一流と目されている哲学者たちが「理性の批判ということをまったく理解していない」ばかりか、誤解によって「純粋理性という新たな福音」の「普及を困難にしている」状況を報告した後、こう語る。そういうわけで「私自身の凡庸な才能」の果たすべき「使命」とは、「この学がとてつもない有用性と現実性を有していると私が心から確信したその根拠を、私と同類の人々すなわち哲学書を読む人々のうちの大多数の人々に呈示すること」にあった。「私が『カント哲学ついての書簡』（『ドイツ・メルクーア』一七八六年八月号）を書き始めた立ち入った狙いは、理性批判にもっと多くの読者を確保すること、そのための準備をすることにありました」。その際、「非常に多くの名の通った連中が好意的でない判断評価を次々に公にしてきた必然的結果として、多くの人々が理性批判に良くない印象を抱いていることが十分予想された」状況の中で、私が心を配ったのは「理性批判に対して広く知れ渡っている疑念や異論を解消したり論駁したりするのに、成果のない議論を長々と展開すること」を避けること、また一般の読者を「カント哲学の深部にまで招き入れようとすること」を慎むことであった[17]。

「そういうわけで、私のなすべきこととして残っているのは」――ここで、彼は「カント書簡」の狙いとそれにふさわしい叙述の仕方について注目すべきことを述べる――「理性批判の最も顕著な帰結（Resultate）を抜き出して、この帰結を、けっしてカントの著作からは引き出されず、むしろ哲学の現在的状況や現代の最も緊急の学問的、道徳的欲求（Bedürfniß）から引き出された外的根拠（äusseren Gründen）とともに披瀝することでした。これに反してその本来的にして内的根拠（inneren Gründen）については、すなわちカント的体系の内的編成それ自身については、まったく容易に理解できる際立った構成要素だけを叙述する」にとどめることにした[18]。

では、その「現代の最も緊急の学問的、道徳的欲求」とは何か。彼はこの書簡の第六節で[19]、それを一六箇条にパラフレーズして列挙している。ここには、ラインホルトの特徴的なカント理解を規定している私的「欲求」もまた「時代の欲求」と重ね合わされて明瞭に表明されている。いささか長くなるが、まず本章の主題との関係で重要なI条からⅦ条までを全文引用しておこう。(20)

Ⅰ　理性の批判の必要性。一般庶民の間では、盲信と不信仰とが競い合うようにいっそう盛んに、ますます顕著になりつつあること、そして学問の世界では、形而上学と超自然学のこれまでの体系的学説すべてが、ますます激しく動揺をきたしてきていること――いわゆる正統派と異端派との論争を調停すると従来想定されてきた基本的諸概念ではもはや不十分であること――理性の権利要求が過度に誇張されたり、切り縮められたりしていることが今日非常に明白になっていること――したがって、そもそも理性の本質が誤認されていること、およそこうした事情が〔中略〕本来の理性は何をなしうるのかという問いに改めて答えることを不可欠にしている。

Ⅱ　神の存在の確信に対する理性の関与に関する論争に最終決着をつける必要性。唯一カントのいう理性的信仰のみが、一方で正当な要求を満たし、もう一方で論争中の双方の過度な権利要求を却下することができる。それは、理性的信仰こそが一方の側には、彼らが知と自称しているものの見せかけの根拠を放棄することを余儀なくさせ、もう一方の側には、逆に彼らの信仰の本当の根拠をただ理性のうちに探し求めることを余儀なくさせるからである。――一切の信仰を抑圧する異端派の従来の理性的証明は、庶民向きではなかったし、一切の理性的根拠を排除する正統派の従来の信仰は、深い思索力を持つ人向きではなかった。――ヤコービとメンデルスゾーンの論争は、宗教の形而上学的な認識根拠も、超自然主義的な（あるいは、ヤコービの呼び方では）史実的（historisch）認識根拠も、ともに不十分であることを白日のもとにさらした。

Ⅲ　神性の存在と特性を認識する唯一にして、第一の普遍妥当的根拠の必要性。――宗教と道徳の再統合は、かの認識根拠が実践理性からつまり道徳法則から導出されることによって初めて可能になる。――超自然的な啓示信仰の史実的認識根拠なるものは、道徳によって宗教を純化することを妨げ、通常の理神論の唱える形而上学的認識根拠は、宗教によって道徳を活性化することを妨げている。

Ⅳ　これまでのすべての反論を凌駕する普遍妥当的な、来世の存在を確信させる根拠の必要性。霊魂の不死性に対する従来の証明の主要欠陥。——それらはすべて、カントのいう理性的信仰によって除去される。

本章の第五節以降に考察する初出版「第一〜第五書簡」に直接対応しているのは、以上のⅠ〜Ⅳであるが、初出版「第八書簡」までを射程に入れると、以下のⅤ〜Ⅶも「書簡」の論述内容と密接に連関している。

Ⅴ　唯心論者と唯物論者の旧来からの論争に最終的判定を下す必要性。この両理説が道徳と哲学上の啓蒙一般に及ぼしているゆゆしき悪影響。両党派間の誤解の根拠は、次のことによってしか除去されえない。すなわち、精神と物質の間の区別の名目的認識を理性の批判を用いて完全に放棄すること、また物質（それ自身）を外的直観の知られざる対象にほかならないとみなし、精神を内的直観の同じく知られざる対象とみなすこと。

Ⅵ　霊魂と身体の共同に関して最終的判定を下す必要性。従来のすべての体系や懐疑論的な態度の未決定性に由来する、多方面にわたる甚大な損害が、道徳や心理学の領域に増大している。カントによって定められ、またあらゆる異論を克服した超越論的観念論という理説——（われわれは、われわれにとっては＝Xである物自体をではなく、ただ現象のみを認識するという理説）は、こうした難点すべてに対処する。この理説以外のいかなる理説もこうした難点にまったく対処できない。

Ⅶ　概念の起源に関する問いに最終的解答を与える必要性。ライプニッツ的意味での先天的概念についての従来の理説の欠点、およびロック的意味での概念の経験論的起源についての理説の欠点。カントはライプニッツとロックの両方の理説の誤りを正し、かつ両理説の正しい点を統合している。カントは、従来は誤認されてきた人間の認識の最も重要な源泉、純粋な感性を発見し、これが従来から知られていた悟性と理性を厳密に規定していることを示し、またそれらの相関関係を明瞭に提示している。

フォイクト宛て書簡は、ラインホルトが「時代の欲求」と呼んでいるもの、すなわち理性批判の企ての「とてつもない有用性と現実性」がそれとの関係において際立って明瞭になってくる時代の思想的課題を、このように以下XVI条までパラフレーズしているが、初出版「書簡」の主題と密接に連関・対応しているのはこのⅦ条までである。ちなみに、Ⅷ〜XIは四つの宇宙論的アンチノミーについて、XIIとXIIIは独断論と懐疑論の関係について、そしてXIVとXVは道徳、宗教、自然法の「最高原則」について、その解明の必要性を提起している。

本章の以下の論述に密接に関わるのがⅠ〜Ⅳ条である。このⅠ〜Ⅳ条の連接のうちに、ラインホルトがカント批判哲学の最も重要な意義をどこに見出していたかが、はっきり読み取れる。すなわち、「理性批判」による「理性の権限要求」の正確な確定（Ⅰ条）が、神の存在証明に関する合理論的神学と正統派神学の不毛な対立を止揚する（Ⅱ条）だけでなく、同時に「宗教と道徳の再統合」＝道徳宗教の樹立に途を拓き（Ⅲ条）、民衆に「来世の存在を確信させる根拠」を唯一提供できる（Ⅳ条）。これこそ、初出『メルクーア』版「書簡」の最も根本テーマであることは、いくら強調してもしすぎることはない。実際、初出版各「書簡」はこれらの主題を、対句を多用した流麗、平明な文体で、読者公衆に説得力あるかたちで説いている。

各「書簡」の表題（本章注（7）参照）からも推定されるように、上記のⅠは「第一書簡」の内容に、Ⅱは「第二書簡」に、Ⅲは「第三・第四書簡」に、Ⅳは「第五・第六書簡」の内容にそれぞれ密接に対応している。Ⅴ〜Ⅶには、「第七・第八書簡」との内容上の連関をなお認めうるが、Ⅷ以降はむしろ、理論哲学的、認識論的論点を列挙しており、実際に書かれた『メルクーア』初出版「書簡」の内容とは直接の連関を有していない。いい換えれば、フォイクト宛て書簡のⅧ〜XVIの論点は、『メルクーア』版「書簡」では、少なくとも本格的に展開されないまま残っているの

である。(21)

さて、ここに例示された時代の緊急の「欲求」とは、同時にラインホルト自身の切実な私的「欲求」と関心事にほかならなかったことに留意しなければならない。というのも、少年時代からカトリックの修道院で長く修行と勉学を重ねた司祭でありながら、オーストリア啓蒙主義の最も急進的潮流の影響下で、啓明会の精神を通してドルバック流の唯物論、無神論に傾斜したキャリアを背負った青年ラインホルトの内面の葛藤は、かの「盲信と不信仰」という二つの「魂の病」の間の「不幸な二者択一」からの脱出路を求めた葛藤であったからである。

すでに『実践理性批判』公刊以前から宗教と道徳の問題に重点を置いていた、ラインホルトの最初期のカント理解の特異性は、彼自身のこの葛藤をはらんだ内面の形成史に強く規定されている。彼がカントに告白しているように、『一般学芸新聞』紙上でのシュッツによる第一批判初版の長文の連載書評（一七八五年七月一二日〜七月三〇日）のうち、「唯一理解できた箇所」が「宗教の根本真理の道徳的認識根拠」に関する箇所であったのも(22)、こうした彼自身の切実な関心と「欲求」から初めて了解されうることである。さらに付け加えれば、実はこのシュッツの書評を契機にカント哲学を研究するようになる以前から、かの脱出路を求めるラインホルトの探求は道徳神学への傾向を明瞭に示していた。少なくとも一七八五年三月以前に書かれたある論文で、すでにラインホルトは「宗教の上に道徳を基礎づけるのではなく、道徳の上に宗教を基礎づけねばならない(23)」と書いていたのである。

したがって、フォイクト宛て書簡に見られる非常に特徴的な文脈に定位された—すなわち、理性信仰を基礎とする道徳宗教の樹立に焦点を当てた——カント哲学理解は、時代の流行の話題におもねて「純粋理性批判の内実」を「実利的観点から歪めた(24)」結果ではなく、ラインホルト自身の内発的欲求に発するものであったといわねばならない。そしてカント哲学体系の内的構成・編成については、あれこれ学理的な解説をするのを避け(25)、ただその「実践的帰結」だけを、国民的啓蒙という現実の思想的課題と結びつけて説くという叙述スタイルが、批判哲学の不幸な受容状況を十分考慮した自覚的戦略であったことも、フォイクト宛て書簡から明瞭になる。数年後にも彼は、『メルクーア』版「書簡」の執筆がカント哲学の「諸帰結をカントの諸前提とは独立に立てられた企てであり、その諸帰結をすでに現存しているような確信と結びつけ、その諸帰結が現代の最も主要な学問的、道徳的欲求と連関していることを理解させる企て」であったと述べ、その執筆に際しては「『ドイツ・メルクーア』誌の読者に推定できるような部類の大切な多数の公衆を念頭に置いていた(26)」と回想している。

第四節　スピノザ論争の三層の論点

そのラインホルトに、自ら自身の最大の関心事にしてかつ最も切実な欲求が同時に「時代」の欲求でもあることを悟らせ、また自らの内面的葛藤と重なっている「時代」の思想的諸対立を解決する途が、道徳神学を基礎づけるカントの「理性的信仰」に求められねばならないことを意識させ、そして「理性の批判」こそ「時代」の「魂の病」に対する根本的治療薬であることを明瞭に認識させる契機となったもの、それが「書簡」執筆開始時にピークを迎えていたいわゆるスピノザ論争であった。

ラインホルトは――フォイクト宛て書簡でも触れているように――初出版の「第一書簡」の冒頭や「第二書簡」の最終部分、「第三書簡」の中間部と最終部分で、このヤコービ－メンデルスゾーン（Moses Mendelssohn 1729-86）論争に論及しており、さらに「第四・第五書簡」の一部でも言及している。それに比べ、「第七・第八書簡」は「思惟する単純実体」という概念についてのギリシャ以降の哲学史的叙述の様相を深めており、「理性批判」の帰結の実践的・現実的意義の解明という当初の狙いは不鮮明になっているとはいえ、かの論争の提出した諸論点は、「書簡」全体を貫く通奏低音をなしている。したがって、かの論争の代表者の名を挙げないまま、「書簡」の随所で挙げられている「形而上学者」と「超自然主義者」、「必当然的証明」と「盲目の信仰」、神の「形而上学的認識根拠」と「史実的（historisch）認識根拠」等の対比も、かの論争を背後に想定してこそその意味が明瞭になる。

さてここでは、一八世紀後半のドイツ思想界全体を巻き込むことになった一大事件、スピノザ論争の実に興味深い、そして思想の党派的利害関係の入り組んだドラマティックな展開過程[27]に深入りすることは避け、その主要争点だけを確認しておくにとどめなければならない。

ヤコービの『スピノザの教説について』(一七八五年九月公刊)とメンデルスゾーンの『朝の時間』(一〇月公刊)の出版競争を引き起こしたかの論争の争点は何であったのか。その真の争点は——メンデルスゾーンに代表されるベルリンの啓蒙主義者たちの関心とは裏腹に——かの『賢者ナターン』の著者が晩年スピノザ主義者であったのか否か、にあったのではない。スピノザ主義とはいかなる教説であるかということでさえ、実は真の争点ではない。さしあたりきわめて一般的にいえば、論争の核心は神の存在の確信に根拠を与えるのは「知」か「信」か、という点にあった。そしてF・バイサー(Frederick C. Beiser 1949-)の巧みな比喩を援用すれば、スピノザ論争は「レッシングのスピノザ主義という伝記的問題」を「外殻」としながら、「スピノザを正しく解釈するという釈義的問題」を「内層」としており、そしてさらに「理性の権威の問題」をその「隠された内なる核」に持った重層的論争であった[28]。最後の内核的「問題」は、正確にいえば理性の「権限と権能」の問題であり、それは、ラインホルトが多用している表現に従えば、「宗教の根本的真理と道徳の最高原則」に対して、「理性が何をなしうるのか」「何をなしえないのか」という問題にほかならない。

かの論争の実際の経緯はその時間的進展とともに、この三つの層を順次露わにしてきた。事件の発端を形成したエリーゼ・ライマルス(Elise Reimarus 1735-1805)のヤコービ宛て書簡[29]から、ヤコービによるレッシング(Gotthold Ephraim Lessing 1729-81)との会話の暴露[30]までの期間(一七八三年三月二五日〜一一月一四日)では、双方が展開した「心理戦」の争点は、まだ「外殻」的問題に限られていた。その後、一時的な「表面上の休戦」を装いながらその実執拗に継続されていた水面下の闘いは、不可避的にかの「内層」問題を争点に押し上げていった。そしてついに、一七八五年秋の双方の著作公刊以降は、とくにシュヴァーベンの敬虔主義者Th・ヴィツェンマン(Thomas Wizenmann 1759-

87）が匿名の論稿『ヤコービの哲学とメンデルスゾーンの哲学の帰結』（一七八六年五月公刊）によって論争に介入するに及んで、誰の眼にも明らかになったのは、かの論争の「内なる核」が、神性の確信に対する理性の「権限と権能」の問題にあるということであった。

　この三つの層の内的連関は、論争当事者双方の理解に従えばおおよそ以下のように要約できる。まず、ヤコービにとってスピノザ主義は、すべての哲学が首尾一貫すれば必然的にそこへと到達する、最も徹底した合理論の体系である。この体系は、世界のすべてを無限の因果関係の必然的連鎖のうちに説明するがゆえに「宿命論」であり、この体系は「世界の第一原因」を、「それ自体としては、顕在的には知性も意志も持たない無限な世界内在的原因(31)」とは同定しても、世界の外にある「理知的で人格的原因(32)」を容れる余地を持たないがゆえに「無神論」にほかならない。かくしてヤコービは端的にこう定式化する。「論証の道はどれも宿命論に行き着く」、「スピノザ主義は無神論である(33)」。さらに彼が「ライプニッツ－ヴォルフ哲学は、スピノザ主義の哲学に負けず劣らず宿命論であり、不断に道を探求する人々を後者の原則へと連れ戻す(34)」と続けるとき、彼は理性の宗教（理神論）を唱導しているベルリンの啓蒙主義の哲学的基礎が「宿命論」と「無神論」を本質とするスピノザ主義と同根であることを告発しているのである。ヤコービの標的は、レッシングを精神的支柱に仰ぎながら、理性的論証に基づく一切の哲学が行き着く必然的帰結を承認する徹底性と誠実さを持っていた（とヤコービが思い込んでいる）レッシングとは対照的な、「ベルリンのエスタブリッシュメント」の旧弊固陋な精神にある。かくして、彼が「レッシングのスピノザ主義」を暴露した目的は、これをいわば「トロイの木馬」として不徹底にして不誠実なベルリンの啓蒙主義的精神を自爆させる導火線に火を着けることにあったといえる。

　これに対して、この論争におけるメンデルスゾーンの関心は、一貫して「レッシングのスピノザ主義」なるものが、宗教や道徳の原則と調和する「無害な」もの（「純化されたスピノザ主義」あるいは「純化された汎神論」）であることを論証することにあった。「汎神論者たちとの論争の続き。接近、――彼らとの一致点。――純化された汎神論の無害性、

――汎神論者たちが実践的である限り、宗教や道徳とうまく折り合うこと」と題された『朝の時間』第一四講[35]は、そのための論証に費やされている。

最後の「内なる核」の問題は、「論証」すなわち「根拠」に基づく理性的推論に対する双方の側の正反対の評価と直結している。ヤコービにとって、証明はみな所詮かの無限の連鎖の一項にすぎない以上、本性上「証明はどれもすでに証明されたものを前提にしており[36]」、いつも「間接的確実性」しかもたらさない。それに対して究極の「真なるもの」の把握は、間接知の連鎖を断ち切る「死の跳躍」によって開かれる「直接的確信」、つまり「信」に依拠しなければならない。この「直接的確信はいかなる〔理性的〕根拠も必要としないだけでなく、端的に一切の〔理性的〕根拠を排除している[37]」。そればかりか「理性的諸根拠に基づく確信それ自身は信〔仰〕から生じ、確信の力を唯一信〔仰〕から受け取るのでなければならない[38]」。この場合、ヤコービの主張する信〔仰〕は、世界の「理知的で人格的原因」に対する直接的確信に限定されていない。「われわれが身体を持っていること、われわれの外に他の身体や他の思惟する実在が現に存在していること」も、「われわれは信〔仰〕によって知るのである[39]」。それゆえ彼は「人間のすべての認識と活動の元素は信〔仰〕である[40]」と主張する。そして、この直接知の根拠を彼は「啓示」と呼ぶ。それゆえ、「証明されたものの第一原理は啓示である[41]」と彼は断言する。ただし、ヤコービの場合「啓示」は、後にヴィツェンマンが「実定宗教」の真理根拠として持ち出す「史実的」で外的な「啓示」と異なり、内面的「啓示」であるといわねばならない。

こうしてヤコービが、神の存在確証に関してのみならず人間の認識と活動一般に関する理性の「権限と権能」を決定的に切り縮め、「啓示」に基づく「信仰の哲学」に訴えたのに対して、「ナターン」のモデルであった老哲学者は、相変わらず旧来の思弁的理性の「権限と権能」に一片の疑いも抱かず、実に『純粋理性批判』初版公刊の四年後になお――カントの名前を挙げずに、しかし意識的にカントに抗して――「完全無欠で必然的にして自立的な実在の存在を証明するア・プリオリな根拠[42]」を呈示しようと、つまり死亡宣告済みの神の存在論的証明を蘇生させようと時代遅れの蛮勇を揮っていたのである。

フォイクト宛ての書簡で、ラインホルトが「理性の本質が誤認され」ており、「理性の権利要求が過度に誇張されたり、切り縮められたりしていることが今日非常に明白になっている」と述べ、また「神の存在の核心に対する理性の関与に関する論争に最終決着をつける必要性」を訴えたのは、このような脈絡においてである。

第五節　「理性の批判」の実践的帰結――「第一書簡」と「第二書簡」

1　係争の「共通の根源」たる「理性の誤認」――「第一書簡」

「書簡」はある友人から寄せられた手紙への返書という体裁を採って、書き進められている。まず「第一書簡」は、理性の発展の現状についてこの友人が抱いている懐疑的、悲観的考えに答えながら、その背後にある諸問題を――スピノザ論争に見られた神の存在確証をめぐる「知」と「信」の対立、その先鋭化およびその原因を――解き明かし、「理性によって何が可能であるか」という問いに答えることが「時代」の課題であることを導こうとしている。そして、それがすでに『純粋理性批判』によって原理上は解決されている問題であることを示唆する。

ラインホルトはさしあたり友人の悲観的見方に同調して、こう語る。「当今、激情的な熱狂家と冷徹なソフィストたちが、この学〔形而上学〕の残骸を支えに盲信と不信仰の旧来の体系を新たに立ち上げようと、以前よりいっそう熱心に駆けずり回っており」、「彼ら相互の闘いを通して、学問の世界では無用な争い事で人間精神の力を消耗させ、道徳の事柄では悟性と心情との矛盾を永続化させるような新たな勢いが」(1786/8, 101f.: 13)[43] いっそう強まっている。こうした状況のもと、「理性は人間の最も重要な関心事に関して平和の攪乱者としてますます大声で告発され」るようになっている。すなわち、ある連中は、「理性を人類に対する反逆罪の廉で公然と責めたてており、理性が神の啓示とは反対のことを論証しているとの証拠を突きつけては、〔中略〕盲信と不信仰という使い古された武器を同時に研ぎ澄ましている」(ibid., 102; 13)(44)。いうまでもなく、このある連中とはヤコービやヴィツェンマンのことである。
だが、現今のこうした係争事はみな「宗教の問題における理性の権利と能力を誤解している」という「共通の根源を有している」(ibid., 105; 53)。ラインホルトの――すぐ後に明らかになる――特徴的な歴史理解によれば、そもそも「理性こそが、その発展の最初期の段階から不断にこの〔神の存在に関する〕問いを提起してきた当のものであるのに」(ibid.)、現在では「信心深い人」も「不信心な人」も、理性がそのような問いを提起しうるとも、しなければならないとも思ってもみない。

事態が深刻な退廃的状況を示している点では、同じ問いをめぐる学問的世界の対立の場合でも同様である。一方で形而上学者はもはやこの問いに答えを与えられなくなっているのに対し、他方では「形而上学の敵対者、軽蔑者たちも問いの全体に対して固く沈黙を守るか、ほの暗い感情の迷宮のうちをほっつき回るしか打つ手がない」(ibid., 108; 56)。彼らのなしうることは、せいぜい「哲学者たちの意見の不一致を都合よく利用し、相手方が自ら倒壊させた理性の体系の残骸の上に自分の建物を建てる」(ibid., 112; 58) ぐらいのことである。この一文は、『帰結』におけるヴィツェンマンの論じ方を揶揄したものであろう。

それだけではない。形而上学者の側にも、超自然主義者の側にも内部分岐が進行し、それぞれの立脚点の「動揺」はいっそう激しくなっている。そして、この動揺の激化が「哲学者の側には理性の危機、神学者の側には信仰の危機」をもたらしている。かくして「窮地に陥った両派は極端に走り、論争が過熱化するにつれて自分たちの権利要求をますます誇張し、ついにはその要求を弁護するのに、相手方の攻撃ですら暴かなかったような己れの弱点を自らさらす始末である」(ibid., 113; 59)。その結果、「理性の擁護者が不信仰のために闘い、信仰の保護者が盲信のために闘う」というようなきわめて不幸な状況が出現し、それだけに「相対立するこの二つの病」がいっそう深刻になっているのである (ibid.: 59)。

このような不毛な係争に対して、健全な「懐疑」的精神は、「神の存在問題に関して遍く満足のいく解答ははたして可能なのか」(ibid., 115; 60) と問い始め、「理性のまだ知られていない領域」(ibid., 116; 61) を探し求めている。だが、この問いは結局のところ「本来の理性によって何が可能になるのか、という第二の新たな問題」(ibid.; 61) に行き着く。というのも、かの係争は万事、両派がともに自分たちの言い分を通すために、一方は「理性に過大な要求を」他方は「過小な要求をしている」ことに起因し、かくして「理性」の本質が「誤認」されていることに起因しているのだから (ibid., 122; 66)。

こうしてラインホルトは時代の精神を支配している思想の対立状況を延々と説明した後、この長い「第一書簡」の末尾近くに至って初めてカントの名前と『純粋理性批判』を挙げ、「この哲学的精神の傑作」によって、かの問題は「実際には解決されている」のだと語る。しかし、解決の内実の開陳は次の書簡に委ねられる。

2 「時代の欲求」に適ったカントの解答の意義——「第二書簡」

比較的短い「第二書簡」は、フォイクト宛て書簡に要約されていたように、もっぱら神の存在確証に対する「理性の関与」問題を中心に据えている。とくにこの問題に関するカントの解答が、いかに「時代の欲求」に適ったものであるかが強調される。そして終盤では、かの論争でのヤコービとメンデルスゾーンの論点が具体的に検証される。

「書簡」の著者は前書簡の帰結を受けて、もう一度こう確認している。「神の存在の確信根拠」を示すに際して、対立している両派の「一方はあまりにも莫大な請求書を理性に突きつけ、他方はあまりにも些少の請求書を突きつけている」(ibid., 129; 77)。すなわち「一方の側は、いたずらに論証を盾に取っているが、その論証は常識の諸能力を超えている反面、それは熟練した思索者の眼には矛盾だらけのものなのである。もう一方の側は、いたずらに事実を盾に取っているが、この事実なるものがどうも本当とは思えないことは今日では常識にも意識され始めている」(ibid., 130; 77)。つまり、神の存在を確信させる根拠として持ち出されてきた理性的「論証」も史実的「事実」としての「奇蹟」も、もはや説得力を持っていない。だから「一方の側が、一切の信仰を不必要にするはずの自分たちの必当然的確実性を救済したいのならば、相手方が否認している、かの確実性に対する理性の関与を〔論証抜きに〕断固として主張するほかないのである」。同じく「他方の側も、一切の理性的根拠を不必要にするはずの自分たちの信仰を正当化したいのならば、相手方が主張している、神の存在の普遍的信仰に対する理性の関与を理性の本質自身に基づけて論駁しなければならない」(ibid.: 77) のである。

ここでラインホルトは、通常「理性」対「反理性」の対立とみなされがちな対立を、明らかに「理性の枠組みの中」に引き戻している。それは、問題のカント的解決を念頭に置いてのことである。また、引き合いに出されている対立がここでもメンデルスゾーンとヤコービ(より正確にはヴィツェンマン)の対立[45]であるのは明白である。

さて、上記のような双方の主張を考え合わせれば、「時代の欲求が課している問い、神の存在の確信に対して理性はどのように関与しうるのかという問いは、別々の二つの問いに分解される」。すなわち、「理性は、一切の信仰を不要とするような、神の存在の必当然的証明を含んでいるのか」という問いと、「いかなる理性的根拠も必要としないような、神の存在に対する信仰は存在するのか」という問いとに分解される (ibid.: 130f.; 77)。『純粋理性批判』は、この二つの問いにノーと答える。というのもカントは、「神の存在の必当然的証明がみな不可能であることを思弁的理性の本質に基づけて示し、道徳的信仰の必然性を実践理性の本質に基づけて示している」(ibid.: 131; 78) からである。そのことによってカントは「自然主義者には、知に対する彼らの根拠なき要求を理性的信仰と引き換えに断念することを余儀なくさせ、また超自然主義者には、彼らの信仰を理性によって受け入れることを余儀なくさせ」たのである (ibid.: 78)。

こうしてラインホルトは、カントが「実践理性」という「まだ知られざる領域」を開示し、「理性によって命じられた信仰のうちに真の確信根拠を」(ibid.: 132; 89) 示すことによって、かの問題に決着をつけたことを「親愛なる友」に教示しながらも、その実践理性の教説それ自身には深入りしようとはしない。彼はフォイクト宛て書簡に書いた指針を遵守するがごとく、架空の受信者にこう述べる。「このカントの解答の正しさおよびその根拠の正しさをまったく確実に判定するには、私たちはさしあたりこの解答自身を、新しい解答をぜひとも必要とした時代状況や、この状況がその解答に指定している条件と突き合わせてみるだけで十分なのです」(ibid., 130: 89)。この解決策の正しさは、理論内在的に、つまり「内在的根拠」から演繹されるのではなく、「新しい解答を是非とも必要とした時代状況」という「外在的根拠」から導出される、というわけである。

かくして「書簡」は、カントの「理性批判」が「時代の欲求」に対して有する実践的意義を、改めて以下のように列挙する。

「新しい解答は、実践理性によって命じられる信仰を確立することによって、必当然的証明と盲目の信仰という双方の学説を覆し、そして両学説の精錬された主要根拠をみごとに統合することによって、新しい体系を打ち立てた、すなわち理性が尊大であることを止め、信仰が盲目的であることを止め、永遠の協調を保ちながら互いに支え合うような新しい体系を打ち立てた」(ibid., 134f.: 90)。

新しい解答は、単に「両派の不当な権利要求を永久に葬り去る」だけでなく、また「両派の理性的要求を十分に満たし」てもいるのであり、「両派の誤解の根拠を告示」するだけでなく、また「両派の見解の一致点を告示」してもいるのであり、「したがってこれまでの係争事すべてに永久に終止符を打った」のである(ibid., 133f.: 90)。ここには、これ以降もラインホルトが保持し続ける批判哲学の意義に関する特徴的理解が明確に示されている。すなわちそれは、批判哲学が、超自然主義と独断論的合理論双方の誤りの根拠だけでなく、同時に双方の部分的正当性の根拠をも一挙に提示し、かくして「両派の見解の一致点を告示」し、そのことで思弁哲学の領域に「永遠の平和」の約束――「純粋理性の福音」――をもたらした、という理解である。

以上の結論的確認を踏まえて、「第二書簡」は終盤部分(最後の六頁分)をヤコービ-メンデルスゾーンの検討に費やしている。だがわれわれはその細部に立ち入るに及ばないであろう。一つには、その内実は、これまで論争代表者の名前を挙げないまま叙述されてきた様々な係争の論点の事例的再確認にほかならないからであり、もう一つには、すでに結論は明快になっているからである。結論はこうである。「ヤコービとメンデルスゾーンとのかの有名な論争は、〔中略〕それが実際に勃発した数年前に、すでに決着がつけられている」（ibid., 137f.; 93f.）。第一批判初版の公刊は一七八一年のことであった。

この結論に沿って、論争の両当事者とカントとの関係はこう要約されている。「メンデルスゾーンがヤコービの精神を知らなかったことが、彼がこのヤコービの信仰を神学者のいう正統派の信仰とみなす誘因となったとすれば、それに負けず劣らずヤコービがカントの精神を知らなかったことが、彼が自分の史実的信仰と、純粋理性批判が論証しているような哲学的信仰とを混同して、『カントはこの六年来自分と同じことを説いてきたではないか』と考えるに至った誘因であったように思われる」（ibid., 140; 95）。たしかにヤコービは、メンデルスゾーンへの反論書でこう異議申し立てをしていた。「神についてはただ信じることができるだけであり、ただ実践によってのみこの信仰のうちで自らを不動のものとできる。――私はこう主張してきたがゆえに、狂信家であり、盲目の信仰、いや奇跡信仰促進の手助けをしている〔と非難されている〕。だとするならば、カントは六年以上も前から同じことを説いているのに、なぜ彼は理性の悪口をいったことにならず、けっして狂信家でもなく、盲目の信仰や奇跡信仰促進の手助けをしてい〔ると非難され〕ないのか」[46]。ラインホルトは先の文章で、ヤコービの用いたこのレトリックに言及しているのである。

最後に、スピノザ論争を通して鮮明になる批判哲学の意義は、形而上学の進歩という観点からも承認されねばならない。「メンデルスゾーンが論証による理神論を防護、弁護し、これをすべての他の体系の中で唯一実証可能なものと考え」、「これに対してヤコービが〔スピノザ的〕無神論をすべての体系の中で最も断固たる体系とみなす」場合、両者はこの反対の見解の根拠をともに「同一の形而上学――われわれの従来の形而上学」のうちに見出しているのだが、この点に留意すればかの論争には、「われわれの従来の形而上学の弁証法的両義性を際立たせ、かつ広くそれを注目させたという功績は」残される（ibid., 140f.; 95）。「両者が同一の形而上学のうちに反対の主張の根拠を求めたというこの奇妙な事実は、われわれの時代の深い思索力を持つ人々に、理性の批判がもっと優れた形而上学のために提出している提言に耳を貸すようどれほど強く促していることか！」(ibid., 141; 96)。「第二書簡」の最後はそう結ばれている。

第六節　道徳と宗教の「再統合」――「第三・第四・第五書簡」

1　カントの実践哲学の先取り

『ドイツ・メルクーア』誌一七八六年八月号に、「カント哲学についての書簡」の最初の二つ（「第一書簡」と「第二書簡」）を掲載した後、ラインホルトはしばらく間を置いて、同誌一七八七年一月号に「第三書簡、道徳と宗教との必然的連関に関する理性の批判の帰結」、同二月号に「第四書簡、宗教の根本的真理についての確信の基本、およびこれまでのその進展について」を発表し、さらに五月号には「第五書簡、来世に関する理性の批判の帰結」を掲載する。「道徳と宗教との必然的連関に関する理性の批判の帰結」という表題からも明らかなように、「第三書簡」は、道徳と宗教との「再統合」という、ラインホルトにとって最も重要な主題を取り上げている。その際、彼はこの「再統合」が批判哲学の帰結・成果によっていかに可能になったか、また「現代」の学問と文化にいかなる発展にもたらすかについて論じているだけでなく、さらに興味深いことに、この「再統合」に至るまでの歴史的過程を――宗教と道徳の原初的統一、両者の分裂、両者の再統合という図式のもとに――叙述している。

さて「第三書簡」以降でも「書簡」叙述の目的あるいは狙いに変化はない。すなわち、「第一・第二書簡」で見てきたように、ラインホルトはカント批判哲学の「内的編成」やその主要概念を解説ないし説明したりすることを避け、むしろ理性批判という企てのもたらした帰結が「現代の最も緊急の学問的、道徳的欲求」に対していかなる「実践的意義」を有しているかを際立たせようとしている。その意義を浮き彫りにするために、神の存在確証をめぐるヤコービ－メンデルスゾーン論争の諸論点が直接、間接に引証されるという事情も前の書簡と同じである。

そうして批判哲学の「内的編成それ自身」には深入りしない代わりに、「第三書簡」以降の三つの書簡では、それぞれの論述主題に関する歴史的考察が随所に導入されてくる。たとえば、批判哲学の趣旨に沿って「道徳と宗教の必然的連関」を論じるのに、ラインホルトは驚くべきことに「要請」や「最高善」の概念をほとんど持ち出さない(47)。その代わりに道徳と宗教の関係の歴史的過程や「宗教の普遍史」を素描することで、両者の「必然的連関」を説明しようとする。ここに、〈イエスによる宗教と道徳の統合の創建――長期にわたる両者の分離――理性批判による両者の再統合の樹立〉という特徴的な図式的解釈が導入されてくる。

また、神の存在と魂の不死性の「認識根拠」に関して、「史実的認識根拠」、「形而上学的認識根拠」、そして両者を統合的に止揚する「道徳的認識根拠」の成立についての段階的展開論が呈示される。これはいわば、スピノザ論争の論点を、歴史哲学的パースペクティヴのうちに配置し直したものであるともいえる。このような宗教の歴史的諸形態の発展の根底に、ラインホルトが理性に根差した「道徳的欲求」の段階的実現を看取し、しかもこの歴史的過程を「理性の自己認識(48)」の展開過程と重ね合わせて理解している点はとりわけ注目に値する。彼によれば、人類史はこの「道徳的欲求」の様々な発現と、それのよりいっそう明瞭な自覚の歴史ともみなされる。この「欲求」は、理性批判という歴史的企てによって初めて「宗教の唯一にして最高の哲学的認識根拠にまで高められたのである」(1787/2, 120; 123)。

したがって、「書簡」での宗教と道徳の連関解明は、カントの場合のように事柄の理論的・内的連関の解明というよりも、道徳と宗教の歴史必然的連関の呈示に解消されてしまっているともいえる。だが、そうした史的叙述を導入する著者の意図は、国民的レベルでの啓蒙の推進という観点から、批判哲学の帰結が「現代」の現実的「欲求」に適っているだけでなく、文化、道徳、宗教の諸領域で人類が辿ってきた長いプロセスの最高の成果にほかならないことを読者に説得的に示すことにあったという積極的意義を看過してはならないだろう。ラインホルトはここで、カント的理性批判の諸帰結を道徳と宗教の領域で人類史が展開してきた「理性の自己認識」の究極かつ必然的成果とみなそうとしているのである。

最後に、批判哲学の成果に沿った道徳と宗教の「必然的連関」をそのように呈示するラインホルトの企てが、カント自身によるこの主題の本格的展開に先行してなされているという点に注目しておく必要がある。ラインホルトがこれらの「書簡」を書く際に利用できたカントの関連文献は、『純粋理性批判』初版、『道徳形而上学の基礎づけ』そして「思考における方向」論文だけであった。『実践理性批判』はまだ出版されておらず、「宗教論」の公刊は一七九三年を待たねばならなかった。たしかに、道徳と宗教の「必然的連関」は、原理上はすでに第一批判初版の「弁証論」第三章「純粋理性の理想」や「超越論的方法論」第二章「純粋理性の基準」などに窺い知ることはできるとはいえ(49)、カントがそれを本格的に展開し「このようにして道徳的法則は、純粋実践理性批判の対象および究極目的としての最高善を通じて宗教へと導く(50)」と明瞭に表現するのは「第二批判」(一七八八年)においてであり、有名な「道徳は必然的に宗教に至る」という言葉が書きつけられるのは「宗教論」序文である。一七八七年に書かれた「書簡」と一七八八年以降のカントのテキストとの時間的前後関係に留意しておく必要がある。

カント宗教論の部分的先取りということは、術語の使用法についてもいえる。すなわち、この「書簡」執筆時期までのカントの諸著作にはほとんど使用されておらず、『実践理性批判』や「宗教論」でようやく多用されるようになる「理性信仰(Vernunftglaube)」や「道徳的信仰(moralischer Glaube)」、あるいは「理性の宗教(Religion der Vernunft)」や「道徳的宗教(moralische Religion)などの術語(51)を、ラインホルトはすでに「書簡」において本来の信仰と宗教を特質づけるのに度々使用している(52)。

かくして「第三書簡」~「第五書簡」は、カントの精神に従いながらカント自身による本格的展開に先行して、後期啓蒙主義の影響の強いラインホルト自身の歴史観に基づいて構想された独自の道徳-宗教連関論とみなすことができるのである。

2　宗教と道徳の「統合」――「純粋心情の宗教」から「純粋理性の宗教」へ

その目的からすると一連の「書簡」の核心部ともみなせる「第三書簡」もまた、ヤコービ-メンデルスゾーン論争を背景にして書き起こされている。「書簡」の架空の受信者である「親愛なる友」が、真の信仰の主たる阻害要因をヤコービに代表される超自然主義者の説く「盲目の信仰」に見ており、メンデルスゾーンに代表される理神論者による神の存在の「形而上学的証明」にむしろ好意的であるのに対して、「書簡」の著者はその友に、諭すようにまずこう語る。「理性批判は理性信仰を確立することによって、両方の側の熱狂家たちを敵にまわしたのですから、〔中略〕論証による神の存在証明の一切を廃棄することで、メンデルスゾーンと一緒になってこのような証明を宗教の根本的真理とみなしているような啓蒙された宗教の擁護者すべてと対抗しなければならないのです」(1787/1, 4: 97f.)。ラインホルトは『ドイツ・メルクーア』の読者の多くが、おそらくこの「親愛なる友」と同様の評価をしているであろうことを考慮して、さらにこう続けている。「あなたは前の書簡で、こう問うておられます。『著名な人もそうでない人も、かなり多くの人々が〔宗教的〕信念の力をもっぱらかの証明に認めており、また不信仰な連中の懐疑癖に対して宗教が勝利を収めてきたのは大いに証明のおかげであるのに、〔中略〕その証明を覆すことで宗教はいったい何を獲得するというのでしょうか』。――だが、この問いに私は確信を持ってこう答えることができます。『理性批判が詳述しているようなこの証明の除去によって宗教が獲得するのは、唯一の揺るぎなき普遍妥当的な〔神の存在の〕認識根拠にほかなりません。そしてこの根拠こそ、かつてキリスト教が心情を通路として導入していたような宗教と道徳の統合を、今度は理性を通路として完成させるものなのです』。以下、この点について満足のいくように説明したいと思います」(ibid., 4f.: 98)。

「書簡」の著者によれば、「両方の側の熱狂家」たちの持ち出している誤った「認識根拠」を排して、その「中間」にカントが打ち立てた「理性信仰」は、イエスによって創建されながら久しく破壊されたままであった「宗教と道徳との美しい絆」(ibid., 9: 101)を現代に再建する途を拓いたのである。原始キリスト教における宗教と道徳の統合の創建──その後の長期にわたる両者の分離──理性批判によって切り拓かれた道徳と宗教の再統合の展望、この壮大な歴史哲学的図式のもとに、「第三書簡」は、読者に批判哲学の成果の歴史的意義を説こうとしている。

(1)「道徳的宗教」としてのイエスの宗教

ラインホルトによれば、イエスの説いた教説の本質は、元来人々の純粋な「道徳的心術」に依拠した道徳的信仰にあり、その宗教は道徳的宗教であった。そしてその目的は、国民の道義心の育成、人間性の陶冶に置かれていた。「宗教と道徳との分離が最高に達していた時代に」、すなわち「同時代の大多数の大衆にあっては宗教が道徳を欠いたままの状態にあり、また若干の哲学的党派にあっては道徳が宗教を欠いたままの状態にあった」時代に、イエスは「宗教と道徳の統合」を根拠づけ、「新しい道徳的体系の基礎」を据えたのである（ibid., 5f.; 98f.）。「キリスト教の崇高な創始者の意図は、当時の哲学を刷新することでも、当時の神学を刷新することでもなかった。〈中略〉むしろ彼は宗教の持つ最も純粋で最も威力ある諸動因を取り出して、それらを人倫との必然的連関のうちに呈示し、このようにしてかの実践的にして純粋な宗教を基礎づけたのである。だからこそこの宗教は、人間性の道徳的教養一般ばかりか、道徳の学問的教養育成をも大いに促進したのである」（1787/2, 121; 123）。かくしてラインホルトによれば、「宗教の関心事とくにキリスト教の関心事は、理性批判の諸成果と完全に一致している」（1787/1, 21; 108）のである[53]。

同様の見解は、後にラインホルト自身が編集・公刊した単行本『書簡Ⅰ』の「第二書簡」でも繰り返し強調されている。すなわち「キリストは宗教を政治と完全に分離し、それを直接に道義心（Moralität）と結びつけることによって、宗教をその本来的で自然な形式で打ち立てた最初の人である」[54]。あるいは「キリストは宗教を道義心と結合し、宗教をそれ本来の二つの根本的真理に連れ戻したのである」[55]。イエスが打ち立てた「新しい法は、外部から権力によって押しつけられるのではなく、誰の理性的意志のうちにも含まれているものであり、またそれはある国家全体、あるいはその国民の外面的裕福を目的としたものではけっしてなく、人間性の醇化を目的とするものであった」[56]。

イエスの登場以前には「宗教」はもっぱら「政治」と結合していた。というのはユダヤ教の厳格な律法遵守の指令は、信徒の道徳的・内的心術に媒介されておらず、したがって――ラインホルトによれば――それはこの民族の内面的統合というよりも、もっぱらその外的・政治的統合として機能していたにすぎないからである[57]。およそ法や掟なるものには、「政治的・公民的な法」、「道徳的な法」そして「神の命じる法」があるとすれば、イエスの教説は当時のユダヤ社会で「外的強制」という点で通底していた前二者の結合を打ち破り、「道徳的心術」ないし「道義心」を媒介項に後二者の間に必然的な結合を確立し、よって初めて宗教をそれ「本来の」姿で打ち立てたのだといえる。

この「第三・第四書簡」のほぼ一年後、カントも『実践理性批判』でキリスト教の道徳論と自らの道徳理論の帰結との基本的一致をはっきりと主張し[58]、彼が自らの「宗教論」で、あたかもラインホルトのこの見解を敷衍するかのように、イエスの教説、イエスの宗教の道徳的本質を取り上げ、次のように語ることになるのは、なおその五年後のことである。すなわち、イエスは「人間を神の意に適ったものにできるのは、外的、市民的な義務の遵守や法規的な教会義務の遵守ではなく、純粋な道徳的心術だけである[59]」ことを説き、「唯一道徳的信仰だけが〔略〕人間を聖なるものにし、善き生き方を通してその真正さを証明するがゆえに、道徳的信仰こそ唯一人間を浄福にする信仰だと宣言した[60]」。「キリスト教宗教は、その最初の教師の語ったことからそれが法規的な宗教ではなく、道徳的宗教であることが判明し、そのようなものとして思い描かれるという点で、ユダヤ教より断然勝っているのである[61]」。こうしてカントは「かつて存在してきたすべての公の宗教の中では、キリスト教だけが」「道徳的宗教」であると宣言し[62]、イエスの教説と聖書の教えの本質が道徳的信仰にあることを強調している。

さらに、この「宗教論」に決定的に刺激され、若きヘーゲルが民族の道徳的啓蒙家にして「徳の教師」たるイエスの生涯とその道徳的教説について様々な構想を草稿に書きつけたこともよく知られている。ヘーゲルもまた、ラインホルトやカントとまったく同じ調子でこう書きつけている。イエスは「有徳な心術が価値あるものであることを民衆の面前で公然と説き」、「道徳法の遵守にのみ価値を与えることが神の意である」と説いた。かくしてイエスは「宗教と徳行とを道徳性にまで高め、その本質をなしている道徳性の自由を再興しようとした」のであり、「この国民の宗教心に道徳性を植えつけようとした[63]」のである。イエスのこの純粋な道徳的信仰が弟子たちによって、またとくに原始キリスト教団の設立以降、いかに疎外され「堕落」させられたかを、三人の哲学者はこれまた異口同音に語っている。若きヘーゲルが信仰の「実定化」と特質づけたこの疎外過程は、ラインホルトにとっては何よりも純粋な「心情」のうちにいわば無媒介に結合されていた宗教と道徳との「分離」の歴史的過程であった。

ちなみに、この「書簡」のほぼ一〇年前の一七七四年から一七七八年にかけて、レッシングが『ある無名氏の断章』として断続的に公刊した『ヴォルフェンビュッテル断章』、その中でも、とくに一七七八年の第七断章「イエスとその弟子たちの意図について」の中で、その名を伏せられた著者ヘルマン・サムエル・ライマルス（Hermann Samuel Reimarus 1694–1768）は、イエスの教説が人間の自然な心情に宿る道徳的特性に向けられた「道徳的教説」にほかならないことを指摘していた[64]。当時のドイツでは最もラディカルな啓示宗教批判、「理性的宗教」の「擁護書」として、正統派神学者の側から激しい非難を浴びた[65]この『断章』で、イエスは大胆に脱神格化・世俗化され、民衆の徳の「教師」として登場している。彼の教説は、「歴史的（教会）信仰」を説いた使徒たちやその後のキリスト教会の教説と決定的に区別されている。ラインホルトの興味深いイエス論は、このライマルスのイエス論の延長線上に自分自身の早くからの道徳神学的確信を重ね合わせ、さらにカント理性批判の成果を先取り的に接合したところに成立しているといえるだろう。

(2) 「純粋心情の宗教」から「純粋理性の宗教」へ――その歴史哲学的図式

「書簡」はこうして、イエスの教説と理性批判によって必然的になった道徳的信仰との基本的一致を強調する一方で、当然ながら両者の相違にも言及している。すなわち、イエスの宗教とカント理性批判が必然化した宗教は、それぞれ「純粋心情の宗教」と「純粋理性の宗教」という用語で対比され（1787/1, 11: 102）、両者の教説はそれぞれ「純粋心情の福音」と「純粋理性の福音」と表現される（ibid., 39; 119f.）。この特徴的な対比によってラインホルトは、イエスの時代における宗教と道徳の統合と「現代」における統合との重大な相違を、歴史哲学的観点から際立たせようとしているのである。その相違は、詰まるところ、イエスがその時代的制約のゆえに「宗教から出発」しながら、かつ「心情を通路として（auf dem Wege des Herzens）」民衆を道徳へと導かねばならなかったのに対して、現代における「時代の欲求」としての「純粋宗教」は、「道徳から出発」しながら、あくまで「理性を通路として（auf dem Wege der Vernunft）」宗教を根拠づけねばならないという点にある（vgl. ibid., 4, 13, 21, 39; 98, 103, 108, 119）。

宗教と道徳の統合の両方のあり方についての歴史的対比は、こう定式化されている。「キリスト教が宗教と道徳の統合を導入するに際してその基礎を据えたとき、最も肝要なことは純粋道徳を確立し、普及させることであったのだが、それとまったく同様に、現代において宗教と道徳を再統合するに際して、つまりキリスト教を再興するに際して、最も肝要なことは純粋理性に根拠づけられた神-認識を確立し、普及させることである。一八〇〇年前には純粋道徳が時代の欲求であったのと同じ意味で、現代では純粋宗教が時代の欲求なのである」（ibid., 11f.; 102f.）。「時代の欲求」を満たすために、かつてイエスが「当時、現在よりも広く行き渡っていた宗教的気質（Disposition zur Religion）を利用したのと同じように、キリスト教を再興せんとする者は、現在では当時より広く行き渡っている道徳的気質（Disposition zur Moral）を利用しなければならない。つまりキリストが宗教から出発したように、彼は道徳から出発しなければならない」（ibid., 12; 103）。

当時「道徳は、少なくともその普及と効力を宗教に負わねばならなかった限り、道徳は宗教に依存していた。宗教による裁可こそが、道徳のより洗練され、より崇高な指図に、それまで庶民の粗野で無教養な知性にはけっして見られなかったような広範な始まりをもたらしたのである」（ibid., 6; 99）。[66] この端緒を開くために、すなわち「当時ほとんど馴染みのない、それゆえ支配的慣習と非常に対立していた道徳への通路を切り拓くために」、イエスは「人間の心情の最も一般的で最も効力のある推進力の一つであった宗教心に働きかけ、それを動かさねばならなかった」（ibid., 12; 103）。いい換えれば、イエスは民衆の旧来の宗教心を道徳性へと高めるのに、徹底して人々の「心情」に訴え、「心情」に依拠した。またそうせざるをえなかったのである。これが「心情を通路として」と語られる所以である。

先に引いた単行本の「第一二書簡」では、イエスの宗教が「純粋心情の宗教」であった所以は次のように説明されている。「キリスト教の本来の正統信仰とは、私には心情の純粋さの帰結としてしか考えられない〔中略〕。イエスの教説によれば、神を直観することは唯一心情にのみ留保されていることなのであり、心情には道徳法則のうちに神の意志を知るだけで十分なのである。心情は天上の父の実体についてあれこれ思い煩わされることなく、道徳法則に即して天上の父を認識するのである(67)」。

それに対して、現代では哲学が「理性を通路として道徳から宗教へと人々を導かねばならない。すなわち、かつてキリスト教が道徳を普及させ活性化させた誘因を宗教から汲み出したように、今や哲学は、誤認され懐疑にさらされている宗教の証明根拠を、遍く承認されている道徳の諸原則から導出しなければならない」(ibid., 13: 103) のである。批判哲学は、まさにこの歴史的課題を成就する途を拓いたのである。

かくして、後期啓蒙主義に特徴的な、「心情」と「理性」(あるいは「心胸」と「頭脳」) の対立と調和の問題は、「書簡」の場合、理論的問題としてより、むしろこのような歴史的展開の図式的解釈のもとに解決が図られているといえる。ラインホルトが「純粋理性の宗教のキリスト教に対する関係、すなわち純粋心情の宗教に対する関係は、理論的な道徳理説の実践的な道徳理説に対する関係と同じである」(ibid., 11: 102) と書き記し、「理性」と「心情」の対比を「理論」の事柄と「実践」の事柄の対比に連接するときも、問題は同様に処理されている。この定式がいわんとしているのは、「心情」に基づく「実践」は、人間精神の長い発展を経てようやくその「理論」的根拠を、「理性」批判によって開示されえたということにほかならないからである。

しかし他面では、イエスにおける「統合」もカントにおける「再統合」も、ラインホルトによれば「心情」(感性) と「理性」(思弁) との媒介ないし宥和を不可欠の要素としていた。というのもイエスの教説が普及したのは、彼が「人間の最も精緻な思弁と最も感覚的な表象様式の両者をいとも容易に連接しうる中間的概念を確定し」(ibid., 6: 99)、「理性の道徳的要求を、一方では庶民に理解できるように感性化し、もう一方では思索的な人にはその道徳的要求を心に刻むよう求め」(ibid., 7: 99f.) たからであり、またカントの理性信仰も「心情と頭脳に等しく重要な関心を与えた」(ibid., 39: 120) ことによって初めて「時代の欲求」を満たすことができたのである。そもそも「理性と切り離された感性、理性を欠いた感性、盲目の信仰、これらが止め処もなく増大するとついに狂信主義に至るのであり、感性と切り離された理性、冷たい思弁、規律なき野放図な欲求、これらが昂じると冷酷で頭でっかちで無為な理神論に至るのである。それに対して、理性と感情が統合されると、道徳的信仰を生み出す」(ibid., 33: 116)。ここに認められる、理性と感性の相互補完的、媒介的統合の構想、これは生涯ラインホルトの思想の核心を形成していたものである。「書簡」公刊から五年も経ずに、ラインホルトがカントの道徳論と袂を分かつとき、その誘因の一つが、カントの実践理性が「感性」と切断されているとの彼の思いであったことは間違いない(本書、第七章第六節参照)。

以上のように「心情」と「理性」の関係は、一つには通時的に、また一つには共時的に捉えられている。いずれにせよ、「心情」(感性)と「理性」(思弁)の媒介・宥和の問題は、ラインホルトの場合、単に知的関心事にとどまらず、国民的規模での啓蒙の成就に不可欠な「大衆」と「知識人」との「媒介」という彼の生涯を貫いている具体的、実践的課題に基づいて構想されている。

3 「理性の自己認識」の最終成果としての「道徳的認識根拠」

さて、「宗教を道徳の基に根拠づけるためには、哲学はまず、神性の存在とその諸特性の認識根拠を道徳法則の諸原理から導出しなければならず、第二に、この道徳的認識根拠こそ唯一の根拠であることを明らかにしなければならない」(ibid., 17: 106)。「第一の点については、哲学がこれまで以上にうまくやり遂げることはないであろう。だが、第二の点に関しては、もし哲学が他の不当な両認識根拠を同時に取り除かないと、したがって超自然的認識根拠に対してそれが理性の権能の侵害であることを証示したのと同じように、形而上学的認識根拠に対してはそれが理性の乱用であることを明瞭に暴かないと、第二の点はまったく主張できなくなる」(ibid.: 106)。

「第一の点については」、ラインホルトはおそらくこう考えていたのであろう。すなわち、これは「実践」の問題であり、「かの実践的にして純粋な宗教」（1787/2, 121: 123）であったイエスの宗教においても実質上すでに「うまく」実行されていたことである。だが「理論」の問題である「第二の点に関しては」、「わが国の哲学はこの問題を理性批判の出現以前には、解決してこなかった」（1787/1, 17: 106）のであり、理性批判が、神の存在確証をめぐるヤコービ（「超自然的認識根拠」）とメンデルスゾーン（「形而上学的認識根拠」）の論争に決着をつけることによって、初めて第二の問題を解決したのである。

かくして「第三書簡」は、すでに「第二書簡」で明らかにされているこの問題に関する理性批判の「最も卓越した成果」を、かの論争に即して[68]もう一度確認し、「道徳的認識根拠」の「卓越した長所」を説いている、すなわち「この認識根拠は、理性から導出されており、自然な経験にも、超自然な経験にも訴える必要がない」（ibid., 21: 109）ことを、カントの「思考における方向」論文を長々と引用しながら説いている。

かくして「第三書簡」はこう結ばれている。「純粋理性の福音」は「理性を通路として道徳から宗教を導く唯一の〔道徳的〕認識根拠を確定することによって、宗教と道徳を統合し、そのことで宗教を救い出すのである。この唯一の根拠こそ、従来の史実的証明や形而上学的証明がさらされてきた一切の反論を超えた地平に神の存在を高め、またすべての宗教的伝統の誤りを訂正すると同時にその真理を保存し、神についての形而上学的観念すべてに、頭と心とに等しく重要な連関と態度と関心を与え、そして〔中略〕キリスト教の純粋な教説概念が道徳に得させたのと同じような普及を、理性の純粋宗教に約束するものである」（ibid., 39: 120）。

こうして「第三書簡」では「時代の欲求」という観点から、「超自然的」（ないしは「史実的」）認識根拠と「形而上学的」（ないしは「哲学的」）認識根拠は、「道徳的認識根拠」の確立によって、ともに許されざる「不当な」根拠として廃却されねばならないことが繰り返し強調されている。それに対して「第四書簡」に入ると、これら三つの「認識根拠」は人間精神の発展史あるいは歴史的「理性の自己認識」という観点から、改めて歴史必然的な発展の相のもとに考察される。そしてそこでは、誤った両根拠も精神の一定の発展段階では「不可避的」であったばかりか、「不可欠」でもあり、それぞれ「宗教の根本的真理」への関心の増大と普及に寄与した点も強調される。以下では、これら三つの根拠の歴史的、継起的展開のうちにラインホルトが何を読み取ろうとしているのかを見ていこう。

⑴神性および魂の不死性の「認識根拠」の歴史的展開

「書簡」は神性の存在と魂の不死性という「二つの信仰箇条」を繰り返し「宗教の根本的真理」と呼んでいる。ラインホルトによれば、かの諸根拠が正しく認識されるまでに長い歴史的、継起的展開を経てこなければならなかったのだが、その理由は、「この根本的真理の本性」そのものに起因する。すなわち、それは「この真理が、概念からすれば必然的であるのにどんな直観にも適しておらず、理性には不可避的であるのに感性にはまったく接近不可能であり、われわれの認識能力の一方とは緊密に編み合わされているのにもう一方とは疎遠であり、一方には完全に理解可能（begreiflich）であるのにもう一方にはまったく不可解（unbegreiflich）である」（1787/2, 123; 124）という事情に由来する。

この事情を踏まえて、まず超自然的・史実的根拠の成立の必然性が以下のように説かれる。「理性はその幼年時代には、〔中略〕直観を欠いた概念をどれも直接経験と結びつけることができたし、またそうしなければならなかった。理性がそうできたのは、神学的理性概念が余すところなく展開される以前には、この概念と一切の経験の不可欠な制約である直観との矛盾はまったく顕在化していなかった、もしくは十分顕著になっていなかったからである。また理性がそうしなければならなかったのは、そうしないと理性はこの直観なき概念そのものを保持することができなかったであろうからである」（ibid., 123f.; 124）。それゆえ「理性の幼年時代」には、神の存在確証を直観に接近可能な「奇跡的な出来事や事実」に基づける「史実的認識根拠」が成立してくるのだが、超感性的な理性概念を直観のもとに繋ぎ止めようとするこの誤った企ても、歴史的に見ればまた不可避であった企てなのである。それどころか「かの〔史実的〕根拠によって、宗教の根本的真理は、理性では与えることのできなかった、広範で生き生きとした関心を獲得したことは誰も否定できないであろう」(ibid., 125; 125)。「とにかく、その時代には史実的認識根拠の利点は決定的であった。それは一面では、宗教への関心を高めるために感性と空想力の威力すべてを提供できたし、またそうしなければならなかった」(ibid., 126; 126)のである。

しかし「他面では、人々の注意が可視的なものより、不可視的なものに向けられるはずだとすれば、前者よりも後者を重視することによって、宗教が思索力ある人々の探求の最初にして最古の対象になるに違いないということも、これまたまったく自然な成り行きであった」(ibid., 126)。だから、この側面からすれば「史実的認識根拠は哲学的認識根拠を準備するものとして、不可欠であった」(ibid., 126)のだとも、ラインホルトはいう。

だが哲学的理性の台頭も、そう簡単に上記の両根拠の矛盾を顕在化するに至らなかった。「書簡」の歴史的記述によると、「新プラトン主義」のもとで「腐敗した」哲学的理性は、長い間「盲目の信仰を支える理論へと堕落した」(ibid., 130; 128)ままであった。「この期間全体を通して、抑圧された理性のなすべき仕事として残されていたのは、自分の専制君主のためにあくせく働くことでしかなく、かくして理性は不謬性の一大宗教体系を仕上げたのである」(ibid., 131; 129)。スコラ哲学の成立根拠をこのように記述した後、ラインホルトは「書簡」の架空の「受信者」が依然として理神論者の形而上学的証明に肩入れしていると想定して、彼にこう呼びかけている。「親愛なる友よ、あなたが警護しなければならないと思い込んでいるシオンは、こうした〔スコラ的〕構築物の残骸からなっているのだ」(ibid., 132; 129)。

両根拠の矛盾がようやく顕在化してくるのは、「宗教改革」を最初の契機に「理性の自由な使用」がわずかながら取り戻され、諸学芸の再活性化を背景に「哲学が宗教の認識根拠に関して長らく中断していた関わりを再開させるようになって」(ibid., 135; 131)からのことである。だがデカルトもスピノザも、神学的理性概念と感性的直観とのかの「矛盾」を適切に解決できなかった[69]。「神学的理性概念の諸徴標の一致」を示すことができるのは「最も厳密な証明」のみであるという確信に基づいて、数々の「形而上学的認識根拠」が形成されてきた(ibid., 132)が、この形成過程で生じたのはラインホルトによれば以下のような事態であった。すなわち証明の「明証性に幻惑されて、人々は理念のうちにある神性の属性から客体のうちにある神性の現実存在を推論し、信仰の対象を知の対象とすり替えて、本来知の対象についてだけいえることを、信仰の対象についても証明したつもりになったのである」(ibid., 129; 127f.)。その結果「かつて人々は史実的認識根拠によって一切の知を放棄しなければならないと思い込んだのと同じように、今度は宗教においても証明のゆえに一切の信仰が免除されていると思い違いをした」(ibid., 136; 132)。しかし、こうして「ますます知の対象に依拠するようになった空虚な知の哲学的認識根拠も、史実的認識根拠がそうであったように、理性が道徳的認識根拠に向かう途上では避けがたいものであった」(ibid., 129; 128)。

だが、この「空虚な知」による根拠づけにもこれまた、歴史的に見ればそれなりの意義があった。なぜならばこの企ても、とくに第二の信仰箇条である魂の不死性に即してより明瞭なように、「その証明の外見的明証性によって宗教的確信を流布させ、一方では懐疑家の攻撃から自らを防衛し、他方では史実的な認識根拠ならば完全に奪い去ってしまったであろう、宗教的確信に対する影響力を理性に確保した」(1787/5, 176; 148) からである。その上「形而上学的認識根拠は、それが引き起した論争を通して、思弁的理性の発展と理性の自己認識を促進しもした」(ibid.; 148)。

かくして「実践的、思弁的理性のこれまでの形成段階を考慮するならば、真実でない両認識根拠といえども、それらは不可欠で不可避的であった。それと同じように、実践的、思弁的理性のこれからの使用を考慮するならば、両根拠を取り除くこともまた不可欠で不可避的なことなのである」(ibid., 178; 149) と結論づけられる。

「第四書簡」の終盤でラインホルトは、この両根拠の対立が道徳的根拠によってしか止揚されない理由を、純粋な「宗教的確信」を構成している「三つの要素」の相互関係から改めて説明している。その三つとは「第一に神性の必然的である理性概念、つまり神性の形而上学的理想、第二に神の存在が概念的には把握不可能なこと (Ungreiflichkeit)、第三に道徳的信仰を必然化する実践理性の命令」(1787/2, 139f.; 135) である。かの「両認識根拠がそれらだけでは、統合もされず、またどちらも他方を排除できない理由は、最初の両要素の本性にある」(ibid., 141; 136)。というのも、かの両認識根拠は実はこれらの最初の二つ要素に由来するのだが、この両要素は、先に見たように神性が理性にとって完全にbegreiflichであることと、感性的直観にとってunbegreiflichであることにほかならない以上、「両要素は第三番目の要素の介入がなければ、互いに相手を排除したまま」だからである。いい換えれば「神の存在が概念的には把握不可能なことは、実践理性の抗いがたい命令が承認されない限りは、神性の必然的な理性概念と同一の表象において折り合いがつけられないのである。この実践理性の命令こそが、証明されえない存在という概念を、完全に証明されねばならない理性概念と結合するように迫るのである」(ibid.: 136)。

かくして、「かの両認識根拠の成立様式、その自然の意図、それらの運命ならびに宗教的確信が歩んできた行程」に対する考察の結論を「第四書簡」はこう結んでいる。「超自然的認識根拠と形而上学的認識根拠は、道徳的認識根拠を準備しなければならなかった。超自然的宗教と自然的宗教は、道徳的宗教のうちに解消されるはずである。盲信と不信仰は、理性信仰を引き寄せるであろう」(ibid., 142; 137)。

(2)「道徳的欲求の感情」と「理性の自己認識」

最後に、「書簡」は上述したような二つの認識根拠の歴史的展開や宗教的確信の進展の根底に、実践理性に根差した「道徳的欲求」の存在を認めていること、そしてかの展開や進展は理性がこの自ら自身の欲求をより明瞭に、より精確に把握するに至る「理性の自己認識」の進展にほかならないと解釈していることを強調しておかねばならない。「第四書簡」はすでにその二段落目で、「二つの信仰箇条」に対する人間の確信の「根拠」が「道徳的欲求の感情(Gefühle des moralischen Bedürfnisses)に存する」ことを明言し、ほかでもなく「この感情が理性批判によって明瞭な諸概念のうちに解きほぐされ、宗教の唯一にして最高の哲学的根拠にまで高められたのだ」と宣言している(ibid., 120; 122f.)。根拠が帰結に先行しているように、当然ながらこの欲求とその感情は、宗教的確信とその様々な「認識根拠」の歴史的成立にはるかに先行して存在していた。それは或る歴史的段階においては明瞭に意識されてこなかっただけで、常に前提にされてきたのである。「書簡」はそう主張している。この「確信の根拠」と「帰結」をめぐる

「書簡」の歴史的把握によれば、「かの欲求を明瞭に認識することが人間にとって必ずしも不可欠ではなく、また人間がそれを明瞭に認識する感受性を持っていなかったような時代が以前にはあったはずであり、またかの欲求の単なる感情が宗教の根本的真理についての確信を生じさせたのだが、その際にもその確信の根拠を認識することよりも、確信の帰結を道徳のために利用することの方にはるかに重点が置かれていた時代があったはずである」(ibid., 121; 123)。

すると、その後成立してきたかの誤てる両認識根拠もまた、その生みの親ともいえるこの「欲求の感情」自身が、それぞれの時代に正当に把握されてこなかったことの帰結であったと解釈できる。「人間の精神が曖昧な感情を脱し、道徳的な欲求を明瞭に意識するようになるために必要とした長い期間の間は、かの感情が間違った理解によって説明されることは避けがたかった」(ibid., 122; 123f.) のである。『メルクーア』初出版にしたがって[70]、かの「道徳的欲求の感情」が「実践理性の不明瞭な表出」(1787/5, 169; 140) にほかならないと理解するならば、その「道徳的感情」もまた「実践」理性に根差している。しかし、理性はその一定の発展段階においては、この自らの「表出」を「自らの」表出とは捉えることができず、誤認せざるをえなかった。ここに「理性の自己誤認」が生じ、かの二つの誤てる認識根拠が発生した。だがかの誤認も、人間精神の一定の段階においては不可避であった。というのも――ラインホルトはお得意の対句的対照表現法を駆使してこう表現している――「宗教の真理は、概念からすれば必然的なのにすべての感性に適しておらず、理性には不可避的なものであるのに感性にはまったく到達不可能なものであり、われわれの認識能力の一方とはまったく緊密に編み合わされているのにもう一方とは疎遠であり、かくして一面ではまったく理解可能であるのに、他面ではまったく理解不能で」あったからである (1787/2, 122f.; 124)。

だから「理性はその一定の発展段階では、自分の抱いている確信について釈明することを迫られ、どこから押しつけられたのか分からないのにとにかく押しつけられた真理のための根拠を探すことを迫られ、またこの根拠を、それが当時の状態下で理性に提示されえたような形式で受け入れることを余儀なくされた」(ibid.: 124) のである。そして、こうしたことは「理性が完全に自己を認識するようになる以前には、理性には解決不能な問題なのである」(ibid.;

124)。ラインホルトがこのような理性の自己誤認と自己認識について語るとき、当然彼は理性を「主観的意味において」だけでなく「客観的意味において」も使用している。彼はこの箇所への注記で、読者に両方の意味の「連関」に「注意を向けるよう」促している。つまり彼は「歴史的理性」について語っているのである。

第二の信仰箇条である「来世の存在」に対する確信を主題としている「第五書簡」でも、かの欲求の「道徳的感情」がこの確信の根底に存在し、この確信の認識の推進力として機能してきたこと、そしてこの感情が理性に根差していることが強調されている。およそ、最初期の預言者たちや哲学者たちが「来世の性状」についてあれこれ語るとき、彼らはみな「来世の現実性」を前提にしているのだが、実は「この前提の根拠は、来世での報酬と懲罰を想定するという理性の感受された欲求 (das gefühlte Bedürfniß der Vernunft) にほかならない」(1787/5, 174; 146)[71]。ラインホルトはそう主張する。「現代」に至ってようやく、理性批判によってその基礎を「明瞭に意識された欲求」として解明された「道徳的関心」も、長い間このような明瞭に意識されざる単に「感受された欲求」、不分明な「道徳的感情」にとどまることを余儀なくされてきた。しかしにもかかわらず、「実践理性の不明瞭な表出」たる「道徳的欲求の感情」こそが、一貫して来世の存在に対する確信の産出根拠であったことに変わりはない。「人間は理性的推論が何であるかを知るずっと以前から、現に理性的推論を行ってきたのだ。それと同じように、われわれの存在の永続に対する道徳的関心は、魂の不死性の唯一実証力ある真の根拠が何であるか分からなくとも、現にかの不死性に対する確信を生み出してきたのである」(ibid., 175; 147)。

ところで、ここに歴史存在論化されている趣のあるこの「道徳的欲求」という概念はどこに由来するのであろうか。たしかにカントも後になると、「第二批判」の「弁証論」の第八節「純粋理性の欲求に発する信憑」で「理性の欲求」について論じ、とくに「実践理性の欲求」が、「最高善」を「私の意志の対象にし、全力でこれを促進すべしという義務に基づいて」、「要請」を必然化する「絶対に必然的な見地における欲求」であること説いており、したがってそれが単なる「仮説に到達するにすぎない」思弁的理性の「欲求」とは異なること、ましてや「傾向性の諸欲求」

とは同一視されないことを説いている。[72] だが、それに先立って、そしてこの「第三書簡」の直前に公表された論文「思考において方向を定めるとはどういうことか」(『ベルリン月報』一九八六年一〇月号)で、カントは「理性に固有の欲求」について論じ、「理性に固有の欲求の感情(das Gefühl des der Vernunft eigenen Bedürfnisses)」、「理性の感受された欲求(gefühltes Bedürfniß der Vernunft)」、「道徳的感情」などの、「書簡」と類似的用語を使用している。

この論文は、メンデルスゾーン批評に絡めて「超感性的な対象を認識するための操作における健全な理性の格率」の使用という問題を主題としている。その種の対象を認識することが問題になっている場合、われわれはいわば暗闇の中を手探りで進むことを余儀なくされるのだから、「認識の客観的根拠」はあてにできず、理性を導くものとしては「主観的手段」しか残っていないのだが、まずこれが「理性自身の欲求の感情」と呼ばれている。これは主観的であるとはいえ、「理性それ自身に固有の」「実際的な欲求」である。次に、そうすると「この欲求は無制約的なものの現存在を前提にすることとも関わっている」ことになる。つまり「われわれの理性に固有の欲求」は、神の「現存在」を一切の可能性の根底に置かねばならない」という必然的要求である。そして、その「理論的使用」と「実践的使用」の決定的区別を強調した上で、カントはこう述べている。メンデルスゾーンが思弁的思考において方向を定めるために拠り所としたのは、彼自身がそう思い込んでいるような「認識」ではなく、実は「理性の感受された欲求」なのである。[73]

「理性の感受された欲求」としての「道徳的感情」という「書簡」の特徴的な言い回しは、明らかにこのカント論文の影響下にある。だが、両者の用法には無視できぬ差異も認められる。カントの場合、「理性の感受された欲求」は理性を導く「主観的手段」である限り、あくまで主観のうちにその根源を持っている。それに対してラインホルトの場合、理性的「道徳的欲求」とその「感情」は、様々な信仰や宗教の歴史的展開過程を貫いて、人間精神のうちに宿り発現してくる歴史存在論的性格を持っている。[74] つまり、それは先に挙げた注記で彼自らが述べているように「客観的意味」を持っている。こうした把握に基づいているがゆえに、「書簡」によれば「単に感受された欲求」が

「明瞭に意識された欲求」へと高まり、理性がこの自ら自身の欲求をより明瞭に認識する「理性の自己認識」の歴史的プロセスが、かの神の認識諸根拠の歴史的展開——史実的認識根拠から形而上学的認識根拠へ、さらに道徳的認識根拠へ——の根底に想定されねばならないのである。ラインホルトによれば、カントの理性批判はこうした歴史的展開としての「理性の自己認識」の頂点に位置づけられている。[75]

「統一」-「分離」-「再統合」という、道徳と宗教の統合に関する歴史哲学的トリアーデといい、「時代の欲求」に衝き動かされて形成される常に不完全な知の諸形態の歴史的展開を通して実現されていく「理性の自己認識」という構想といい、「書簡」のラインホルトはまるで後年のヘーゲルの横に立っているかのようである。

第七節　「書簡」の著者は「カント主義者」か

総括的に、「書簡」の精神と批判哲学の関係に触れておこう。まず第一に「書簡」がその表題にもかかわらず、カント批判哲学の単なる解説書ではないことはもはや明らかである。「書簡」の著者は、自分自身の個人的「欲求」と独特の歴史把握に依拠して、これまた独自の把握に基づく時代の思想的課題の解決策を解明するのに、批判哲学の「帰結（Resultate）」だけを活用している。しかも、ラインホルトが読み込んだその「帰結」の意味づけについても、すなわち理性批判が「道徳的信仰」、「理性的信仰」の存在を明らかにすることによって「道徳と宗教の根本的真理」をめぐる問題に最終決着をつけ、切実な「時代の要求」に応えたという意味づけについても、この時期までのカントの著作では付随的にしか触れられていなかったものであり、その付随的な箇所を批判哲学の決定的意義に高めたのは「書簡」の著者自身であるという点は重要である。すでに言及したように、[76]「書簡」の著者は、批判哲学の「内在的根拠」（すなわち「カント哲学体系の内的編成」）をさしあたり度外視して、その「外在的根拠」（すなわち「時代の欲求」を実現するのに「並み外れた有用性と現実性」）という観点から、「批判」を時代の課題に応用することに焦点を絞っている。

しかも、この「外在的根拠」すら「カントの著作からはけっして」解明されず、ただ「哲学の現在の状況および非常に差し迫った学問的、道徳的欲求から」のみ解明されると記されていたことを思い起こさなければならない。[77] かくして「書簡」の問題設定、立論と叙述の運びは、カント哲学に、とりわけ第一批判に依拠しているというより、むしろまったくラインホルトに特有の問題意識に規定されている。この意味において「書簡」の動機と目的は、その表題に反して、カント的というよりすぐれてラインホルト的なのである。

第二に、批判哲学の精神との微妙な差異として、「書簡」が道徳や宗教の事柄に関して、一貫して人間の「心情」や「感性」を不可欠なものとみなし、それらをカントよりもはるかに重視している点を指摘しておかねばならない。ラインホルトの理解では、イエスにおける「道徳」と「宗教」の「統合」においてだけでなく、カントよるそれらの「再統合」も、「心情」(感性)と「理性」(思弁)との媒介ないし宥和を不可欠の要素としていた。そして、カントの理性信仰も「心情と頭脳に等しく重要な関心を与えた」(1787/2, 39: 120)ことによって初めて「時代の欲求」を満たすことができた、と捉えられていた。だが、カントの「道徳」論や「宗教」論において、「心情」や「感性」が積極的意義を持つ余地はほとんどない。こうした両者の差異は、「超自然主義」批判を軸にしたウィーン時代のラインホルトの啓蒙思想が、「理性」と「自然」の調和的確信の上に成り立っていたのに対して、カントの啓蒙思想には両者の両立可能性がほとんど認めがたいという差異と通底している。「道徳」や「宗教」における「心情」「感性」「自然」をめぐる、こうした理解の差異を、すでに触れたように、後年の「意志の自由」をめぐる両者の対立の根底に認めることができる。この点において、ラインホルトは生粋のカント主義者ではなかった、といえよう。

第三に、立論と叙述の運びに説得力を与えるのに貢献している、「書簡」の歴史的考察方法について述べておかねばならない。「宗教と道徳の統合」の歴史的プロセスの再構成、および三つの「認識根拠」の継起と「理性の自己認識」の歴史的展開とを一つに編み合わせていく立論と叙述の運びは、まったくラインホルトの「独壇場」であるといわねばならない。非歴史的な体系的叙述と非体系的な歴史的叙述を媒介・統合すべく、共時的問題を通時的に解釈する、そのような歴史的センスと思考方法は、少なくともこの時期までのカントには認められない。誤解を恐れずにいえば、カントの思考方法、その叙述スタイルは、歴史を主題としているときでさえ奇妙に非歴史的であるとさえいえる。歴史的展開の基底に「自然の意図」が置かれている限り、思考と叙述は非歴史的たらざるをえないのである。すなわち、自然の目的論が摂理史観の世俗化の産物である限り、それは個々の歴史的出来事をテロスとしての理念と関係づけることまではできても、個々の歴史的出来事と実現されるべき理念とを「相互制約的関係」のもとに叙述することはできない。ましてや、「書簡」の著者が卓越した仕方で提示したような、個々の歴史的出来事の「意味」の相互作用、相互連関を——たとえば、「宗教の根本真理」について、それぞれの「時代」に特有な三つの「認識根拠」の必然的相互連関を——開示することはできない。それに比べれば、歴史哲学的叙述、テロス（「理性の自己認識」）と歴史的諸形態（三つの「認識根拠」）を、さらに歴史的諸形態を相互制約的に描き出す、「書簡」の著者の歴史的センスは際立っている。この点でも「書簡」は非カント的であるといわざるをえない。

最後に、多種多様な、ときに正反対の哲学的立場や思想体系の対立点だけでなく、同時にそれらの共通点をも明らかにし、そのことによってそれぞれの立場や体系の不当性と同時に一定の正当性をも認定することを可能にしている、理性のメタ体系志向とでもいうべきものが、早くも「書簡」に看取できる点にも注目すべきである。それは、ここでは「超自然主義」と（独断論的）「形而上学」の関係理解にはっきりと認められる。その際、理性のメタ体系とは、対立する諸々の体系の思想的位置査定を可能にし、かつそれらの隠された共通点をも明るみに出すことができる、いわば思想の「水準器」のごときものである。「書簡」の著者が、批判哲学は哲学における異なった党派間の対立に終止符を打ち、哲学の世界に「永遠の平和」[78]をもたらす「純粋理性の福音」であると宣言するとき、ラインホルトに典型的なこの独特の理解は、上記のような理性のメタ体系の想定と表裏一体をなしている。かくして「書簡」の著者は、批判哲学についての様々な誤解を取り除くことによって、多種多様な立場を超えた、しかもそれらに共通する包括的な一つの哲学体系の樹立が可能であることを確信しているのである。そしてこの時点では、彼はその可能性をまだ批判哲学自身のうちに認めている[79]。彼は一七八九年以降、「表象能力理論」、さらに一七九〇年からは「根元哲学」を提唱し、批判哲学の不確定な基礎を自ら根拠づけることによって、いかなる哲学的立場に立つ者でさえ認めざるをえない「遍く認められた（allgemeingeltend）」メタ体系の構築に向かうことになるが、そのような志向性の最初の兆候がすでに「書簡」には認められるのである。そして、そのようなパースペクティヴのうちに批判哲学を読み込むことも、おそらく第一批判の著者の元来の狙いからはみ出しており、これまたラインホルトに特徴的な理解だといわざるをえないだろう。

したがって、総じて「ラインホルトのいうところのカントの精神（Kantianismus）とは、実際には純然たるラインホルトの精神（Reinholdianismus）にほかならず、彼はそれをカントの哲学理説で飾り立てているだけなのであり」、したがって「書簡」は「真正のカント哲学とは別ものである」[80]とまではいわないにしても、「書簡」の叙述を貫いているのは「カントの精神」というより、むしろ独特の「ラインホルトの精神」であることは確かなのである。この意味で「書簡」の著者は、少なくとも真正の「カント主義者」ではないといえるであろう。

注

（1）ラインホルトが「カント書簡」の公表までの約二年間に、『ドイツ・メルクーア』誌に掲載した評論は以下の通りである。
「啓蒙についての考え」（一七八四年七月号 [S. 3-22]、八月号 [S. 122-133]、九月号 [S. 232-245]）。

「学問、その世俗化の以前と以後。一つの歴史的素描」（七月号 [S. 35-43]）。

「ドイツにおける最近のお気に入りの夢想について、ニコライ氏の旅行記第三、第四巻を契機にして」（八月号 [S. 171-188]、九月号 [S. 246-264]）。

「TM編集者への某所の牧師の書状。ヘルダーの人類史の哲学の構想の書評について」（一七八五年二月号 [S. 148-174]）。

「ファウスト・パンフレット類のある箇所に関する是正と注釈」（三月号 [S. 267-277]）。

「枢密顧問官ヴィーラント氏への愛国文芸協会の書状」（三月号 [S. 278-285]）。

「M・I・シュミート氏のドイツ史における二つの章に抗して、宗教改革の名誉を護る」（二月号 [S. 116-142]、三月号 [S. 193-

228]、四月号 [S. 42-80])。

「著作の修正：世界市民-共和国の体系のベールを剥ぐ」(五月号 [S. 176-190])。

「盲目的信仰の神学、素描」(六月号 [S. 229-242])。

「ガルヴェ教授らの弾劾についてのニコライ氏の研究からの若干の新事実の抜粋」(六月号 [S. 270-280])。

これらの評論のほかに、ラインホルトが著者と推定されているものを含めると、彼は同誌に一七八四年には一〇篇、一七八五年には一四篇、一七八六年には三二篇の短い書評を執筆している (vgl. *Karl Leonhard Reinhold, Korrespondenz 1773-1788*. Hrsg. v. R. Lauth, E. Heller und K. Hiller. Stuttgart-Bad Cannstatt und Wien 1983 (以下 *Korrespondenz I* と略記), 396-414).

(2) D・イェーニッシュは一七八七年五月一四日付けのカント宛て書簡で、「書簡」が思想界に及ぼしたインパクトについてこう報告している。「『メルクーア』誌に掲載された、あなたの哲学についての『書簡』は、この上なく強烈なセンセーションを巻き起こしました。〔中略〕ドイツの哲学者たちはみな、ヤコービ事件以来、そして『帰結』とこの『書簡』以来、思弁哲学に対するすべての無関心から目覚めさせられ、まったく生き生きとした関心をあなたに対して抱くようになりました」(*Kant's gesammelte Schriften*, hrsg. v. der Königlich Preußlichen Akademie (以下 *KA* と略記), Bd. X. Berlin und Leipzig 1922, 485.〔『カント全集21 書簡I』岩波書店、二〇〇三年、二七七-二七九頁〕)。

(3) Johann Schulze, *Erläuterungen über des Herrn Professor Kant Critik der reinen Vernunft*. Königsberg 1791 (1784) [Aetas Kantiana 1968], 5.

(4) Brief von Daniel Jenisch an Kant vom 14. 5. 1787, in: *KA*, op. cit.

(5) Frederick C. Beiser, *The Fate of Reason: German Philosophy from Kant to Fichte*. Harvard University Press 1987, 228.

(6) この第二巻 (*Briefe über die Kantische Philosophie*. Von Carl Leonhard Reinhold. Zweiter Band. Leipzig: Georg Joachim Göschen 1792) も、一二の書簡から構成され、法と道徳と宗教上の諸主題を論じているのだが、ラインホルトはここでは、カントの「意志」理解に公然と批判を加え、独自の「意志の自由」論を展開することによって、激しい論争を引き起こすことになる (本書第七章参照)。

(7) 各「書簡」の表題 (および掲載年／月号：『メルクーア』誌の頁数) を挙げれば、以下の通りである。

「第一書簡：理性の批判の必要性〔欲求〕(Bedürfniß)」(1786/8: S. 99-127)。

「第二書簡：カント哲学の帰結、神の存在問題に関して」(1786/8: S. 127-141)。

「第三書簡：道徳と宗教との必然的連関に関する理性の批判の帰結」(1787/1: S. 3-39)。

「第四書簡：宗教の根本的真理についての確信の基本、およびこれまでのその進展について」(1787/2: S. 117-142)。

「第五書簡：来世に関する理性の批判の帰結」(1787/5: S. 167-185)。

「第六書簡：前書簡の続き。来世の形而上学的認識根拠を奪い去る際の、宗教と道徳の一致した関心」(1787/7: S. 67-88)。
「第七書簡：思惟する単純実体という心理学的な理性概念の歴史の素描」(1787/8: S. 142-165)。
「第八書簡：前書簡の続き。ギリシャ人の合理論的心理学を理解するための主要な鍵」(1787/9: S. 247-278)。
Vgl. Thomas C. Starnes, *DER TEUSCHE MERKUR. Ein Repertorium.* Sigmaringen 1994.

(8) この海賊版は、新書版サイズの小型本で、匿名の編集者の「序文」(四頁分)と目次の他、本文二八〇頁からなっている。各書簡の副題も①の初版のままである。

(9) Alexander von Schönborg の書誌学的研究 (*Karl Leonhard Reinhold. Eine annotierte Bibliographie.* Stuttgart-Bad Cannstatt 1991 の記述 (S. 75f.)、およびM. Bondeli編集の『ラインホルト全集 (Gesammelte Schriften. Kommentierte Ausgabe)』のBd. 2/1 (Basel 2007) の「注釈」部分 (S. 248-346) に基づき、さらに筆者自身の検証を加えて、この改訂増補版の各「書簡」と『メルクーア』誌上の初出版 (①) の各「書簡」との対比・対照を示しておけば、以下の通りである。

「第一書簡：現代の精神と諸学問の現状は、哲学の全般的改革を予告している」——冒頭からS. 9の第一段落の終わりまでは、文章、用語上の改訂、若干の補完箇所を除けば①の「第一書簡」と基本的に同一であるが、S. 10の第二段落以降最終部のS. 39までは、『新ドイツ・メルクーア』一七九〇年三月号に掲載された論文「ドイツにおける現代の精神ついて」の前半部分が再録されて、新たに第一書簡に編入されている。

「第二書簡：前書簡の続き。趣味の最高規則の必要性、実定神学や法学のための指導的諸原理の必要性、ことに自然法と道徳の第一根本命題の必要性」——全体が、前掲論文「ドイツにおける現代に精神について」の後半部分（一七九〇年四月号掲載）に軽微な修正を加えた文章から構成されている。したがって、これは初出版「第二書簡」とはまったくの別物である。

「第三書簡：宗教哲学の領域で起こっている動揺は、この哲学の改革を予告している。カント哲学全般についての私の判断」——基本的には①の「第一書簡」に対応しているが、最終部分 (S. 102-110) は加筆部分である。それ以外の箇所は字句と段落の変更と部分的な加筆修正にとどまっている。

「第四書簡：神の存在問題に関するカント哲学の成果、この主題についての従来の哲学の一般的成果および特殊な成果との比較の観点から」——①の「第二書簡」に相当するが、最初の部分 (S. 110-115) だけが初出版に対応しているだけで、それ以降 (S. 116-135) はまったく別の文章が挿入され、①では後半部にあったヤコービ-メンデルスゾーン論争についての記述は大幅に圧縮されている。

「第五書簡：道徳と宗教との必然的連関に関する理性の批判の成果」——①の「第三書簡」の前半部分 (S. 3-21) が独立した書簡に改変されている。S. 160-162の挿入箇所を除けば、些細な修正を度外視すれば両版は基本的に同一である。

「第六書簡：カントの理性的信仰、〔神の存在の〕確信の形而上学的根拠や超自然的根拠との比較の観点から」——①の「第三書簡」の後半部分（S. 21-39）からなっている。小さな字句修正など以外は、両版は基本的に同一である。

「第七書簡：宗教の根本的真理についての確信の基本、およびこれまでのその進展について」――①の「第四書簡」に当たる。段落の変更やかなり多くの箇所で文章、用語上の修正が施されているが、両版は基本的に対応している。

「第八書簡：来世に関する理性の批判の成果」――①の「第五書簡」に相当するが、最初の三分の一の部分（S. 212-215）には加筆修正による新しい文章が挿入されている。それ以降は用語の修正を除き基本的に対応している。

「第九書簡：魂の不死の形而上学的認識根拠の究明、この根拠の起源および帰結に留意して」――①の「第六書簡」に当たるが、最初と最後の部分以外の部分（S. 240-246）は新たな文章に書き換えられ、初出版のかなりの部分が削除されている。「理性概念」が一貫して「理念」に置き換えられている。

「第一〇書簡：精神という理念の歴史の要綱」――①の「第七書簡」であるが、段落の変更、小さな字句修正を除き、正確に対応している。ただ、「理性概念」が「理念」に置き換えられているほか、注目すべきことに「思惟作用」が「表象作用」に、「認識能力」が「表象能力」に置き換えられている。

「第一一書簡：ギリシャ人の合理論的心理学を理解するための主要な鍵」――①の「第八書簡」に相当するが、文章、用語上のかなりの修正のほかに、カントの純粋感性の概念を論述している中盤部分の一部（S. 307-316）に書き換え、増補がある。

「第一二書簡：未展開のまま誤解されてきた宗教の根本的真理が、市民的、道徳的文化に及ぼした影響についての示唆」――最初の三分の二ほどが新たに起草された文章であり、新たな書簡とみなせる。最後の三分の一（S. 358-371）は、『ドイツ・メルクーア』一七八六年六月号に掲載された論文「盲目的信仰の神学素描」を修正の上転用している。

（10）Alexander von Schönborg. op. cit., 70.

（11）Karl Leonhard Reinhold. Gesammelte Schriften. Kommentierte Ausgabe. Bd.2/1: Martin Bondeli (hrsg.), *Briefe über die Kantische Philosophie, Erster Band*. Basel 2007; Bd. 2/2: *Briefe über die Kantische Philosophie, Zweiter Band*. Basel 2008.

（12）『ドイツ・メルクーア』のマイクロ・フィッシュ版は、一九九三年にHarald Fischer Verlag（Erlangen）から出版されている。本章での初出版からの引用はこれに基づいている。

（13）「書簡」の英訳*Letters on the Kantian Philosophy*, ed. by Karl Ameriks, trans. by Lames Hebbeler Cambridge UP 2005は、「書簡」の元来の狙いと時代背景との連関を重視して、初出版を底本にしている。

（14）*Korrespondenz 1*, 145-157.

（15）Vgl. Kurt Röttgers, Die Kritik der reinen Vernunft und Karl Leonhard Reinhold. Fallstudie zu Theoriepragmatik in Schulbildungsprozessen. In: *Akten des 4. Intenationalen Kant-Kongresses*, vol. II, pt. 2, Berlin 1974, 794f.

（16）*Korrespondenz 1*, 146f.

(17) ibid., 153
(18) ibid.
(19) この節には特別に「第一巻、外的根拠、有用性」という表題が付されている。これに対して第七節には「第二巻、内的根拠、実在性」との表題が付されているが、ここで書簡は中断されており、第七節の本文は空白のままである。
(20) 以下、Ⅰ～Ⅶ条の引用は、*Korrespondenz 1*, 154f.
(21) フォイクト宛て書簡に盛られた論点すべて（Ⅰ～ⅩⅥ）を解決することが、本来の「書簡‐プロジェクト」の狙いであったとすれば、『メルクーア』版書簡全体はまだその一部にしか着手していないことになる。Martin Bondeli は『全集』版「書簡」第一巻への「序論」で、ここに盛られた「書簡‐プロジェクト」が、『メルクーア』版（一七八六～八七年）、単行本第一巻（一七九〇年）、単行本第二巻（一七九二年）において継続的に――カント理解を深めながら――順次展開、実現されていったと解釈している（vgl. xi–xvi）。

ちなみに、Ⅷ～ⅩⅥ条は以下のように記されている。

Ⅷ 「制約されたもの」と「無制約なもの」（有限と無限）についてのわれわれの哲学的概念を是正し、確定する必要性。それも(a)「時間」と「空間」において。／世界の大きさと世界の端緒について／この点に関する係争およびその係争の不都合。

Ⅸ (b)合成と分割において（諸エレメントの延長と単純性）、本質的に延長についての理説としてのモナド論の不都合さ、ライプニッツ主義とスピノザ主義の不都合。

Ⅹ (c)一連の原因において（自ら自身を規定する原因と外部から規定された原因、自由と必然性）。比較的優れた人々のお好みの体系であるライプニッツ的決定論は、運命論者や均衡論者の異論を撃退しない。

Ⅺ (d)一連の偶然的なものにおいて（絶対的な必然性と現存在の偶然性、必然的本質、第一原因）。理神論者や汎神論者の係争を永続化させている共通の誤り。この問いに関してこれまで多くの人々によって看取されてきた懐疑論的無関心は、このような必要性すべてに手を打つことができず、ただ批判的探求と決定だけがそれをできる。この問いの真意について何が理解され、何が理解されえないかを、カントは完全に確定した。

Ⅻ 独断論と懐疑論の境界争いに最終決定を下す必要性。両陣営の不都合。理性批判以外のいかなるものも、両陣営の越境を発見し、それを取り除くことはできない。

ⅩⅢ （従来は全般的に欠如していた）理性の自己認識をもっと詳しく〔解明する〕必要性。これまで純粋理性が誤認されてきたこと、およびその帰結として思弁の第一原理が無規定的であったこと、このことが、自己満足によって人間精神の進歩を阻んでいる独断論の根拠であり、また不信によってその進歩を阻んでいる懐疑論の根拠でもある。――超越論的感性論と弁証論。

ⅩⅣ 道徳と宗教の、最高の普遍妥当的な根本命題の必要性。これまで想定されてきたことが無規定的であったことが、迷信と不信仰を助長している独断論の根拠でもあり、その帰結でもある。それはまた、真理の問題に対して多くの優秀な頭脳を怠惰にしている懐疑論の根拠でもあり、その帰結でもある。純粋理性のカノンおよび道徳の形而上学の基礎づけ。

XV 他の諸学問、例えば自然法等々のための普遍妥当的な第一根本命題の必要性。純粋理性の批判に先立つ純粋理性の建築術は不可能であること。カントの建築術とランベルトの建築術の比較。自然の形而上学。

XVI これまで述べてきたすべての必要性にその結論が対処できるような、学や体系や探求の現実性については、どう受け取るべきか。そうした体系等々がまだ周知のものになっていないとしたら。

(22) Brief von Reinhold an Kant vom 12. 10. 1787, *KA*, X, 497ff.（前掲邦訳書『カント全集21　書簡Ⅰ』二八五－二九〇頁）

(23) *Herzenserleichterung zweyer Menschenfreund, in vertraulichen Briefen uber Johann Caspar Lavaters Glaubensbekentnis.* Zit. nach Gerhard W. Fuchs. *Karl Leonhard Reinhold — Illuminat und Philosoph.* Frankfurt am Main 1994, 63.

(24) K. Röttgers, op.cit., 796f.

(25) 『メルクーア』版「書簡」執筆時のラインホルトが、カント哲学の「内的根拠」すなわちその内的編成・構成についても十分な理解を手にしていたかというと、おそらくそうではなかったであろう。『純粋理性批判』の「内的根拠」についてのラインホルト独自の理解は、一七八九年以降「表象能力理論」の形成とともに改作されながら表明されるようになる。

(26) Vgl. Karl Leonhard Reinhold. *Versuch einer neuen Theorie des menschlichen Vorstellungvermögens.* Prag und Jena 1789, 57f.

(27) 論争の始原は、一七八〇年にヤコービがレッシングと交わしたある会話にある。この会話で、ヤコービがまだ無名であったゲーテの頌歌「プロメテウス」に認められる汎神論的特性を拒絶することをレッシングに促したのに対して、レッシングは汎神論的学説に同調し、スピノザの「一にして全」の思想を支持することを公言した。後年ヤコービが、レッシングのこのスピノザ主義を世間に「暴露」するとレッシングの友人たちに「脅した」ことが、事の発端である。

この論争が表面化するまでの史実的過程については、Moses Mendelsohn, Gesammelte Schriften. Jubliaumausgabe（以下*JubA*と略記）, Bd. 3, 2: *Schriften zur Philosophie und Ästhetik.* Stuttgart-Bad Cannstatt 1974に収められている『朝の時間（*Morgenstunden*）』と『レッシングの友たちへ』の「序文」の中の「成立史」（S. XII-LVIII）に詳しい。またFrederick C. Beiser, *The Fate of Reason: German Philosophy from Kant to Fichte.* Harvard UP 1987, Chap. 2, 3, 4は、この論争の展開過程とその哲学的意義を活写して、啓発的である。

(28) Frederick C. Beiser, op. cit., 47.

(29) Vgl. Brief von Elise Reimarus an Jacobi vom 25. 3. 1783, in: *Friedrich Heinrich Jacobi Briefwechsel.* Gesamtausgabe. Hrsg.v. M. Brüggen, H. Gockel und P.P. Schneider, Reihe I Bd. 3. Stuttgart-Bad Canststt 1987, 137f.

（30） Vgl. Brief von Jacobi an Mendelssohn vom 4. 11. 1783, ibid., 227-246.
（31） Friedrich Heinrich Jacobi, *Ueber die Lehre des Spinoza in Briefen an den Herrn Moses Mendelssohn*. Breslau 1785 [Aetas Kantiana 1968], 15.
（32） ibid., 17.
（33） ibid., 170.
（34） ibid., 172.
（35） *JubA*, Bd. 3, 2. 114-124.
（36） F. H. Jacobi, op. cit., 172.
（37） ibid., 162.
（38） ibid., 163.
（39） ibid.
（40） ibid., 172.
（41） ibid.
（42） これがM・メンデルスゾーン『朝の時間』（一七八五年）の最終講、第一七講のタイトルである。
（43） 以下、「カント哲学についての書簡」からの引用は、初出の『ドイツ・メルクーア』各号の出版年／月、頁数を本文中に記すが、読者の便宜を図るために近年刊行された『全集』版「書簡」第一巻（これには、『メルクーア』初出版の頁数は記されておらず、単行本版の頁数だけが帰されている）の頁数も併記する。
（44） この箇所で、著者はヴィッツェンマンの『ヤコービの哲学とメンデルスゾーンの哲学の帰結』を注に挙げているが、一七九〇年の単行本版では削除されている。
（45） ラインホルトは、当時の多くの人がそうであったように、ヤコービの内面的啓示とヴィッツェンマンの外的、史実的啓示とを区別せず同一視している。このことも、初出版と単行本において、叙述の狙いが微妙に変化していることの反映である。
（46） F. H. Jacobi, Wider Mendelssohns Beschuldigungen betreffend die Briefe über die Lehre des Spinoza. In: *Friedrich Heinrich Jacobi Werke, Gesamtausgabe*, hrsg. v. K. Hammacher und W. Jaeschke. Bd. 1, 1. Hamburg 1998, 320.
（47） 「要請」という術語は、初出版「書簡」の「第四書簡」、「第五書簡」それぞれの冒頭分で、計二回使用されているだけであり、「最高善」にいたっては初出版での使用例は皆無である。
（48） ラインホルトはフォイクト宛て書簡のⅫ条でこの語を使っているだけでなく、「第四書簡」でも、「第五書簡」でも、この「理性の自己認識」という視点を繰り返し強調している（Vgl. 1787/2, 123; 124. 1787/5, 170; 140, 176; 148)。

(49) たとえば、『純粋理性批判』A634, B662およびA811, B839などを参照。
(50) I. Kant, *Kritik der praktischen Vernunft*. In: *KA*, V, 129.
(51) 第一批判では「理性信仰」という術語も「道徳的信仰」という術語も、「基準」論で一回使用されているだけである。「理性信仰」という語は、『ベルリン月報』一七八六年一〇月号に掲載された論文「思考において方向を定めるとはどういうことか」で本格的に導入され、主題的に論じられている。この「理性信仰」という用語の由来、使用例については、宇都宮芳明『カントと神』岩波書店、一九九八年、第二章に詳細に論じられている。
(52) 「第三書簡」「第四書簡」に限っても、「理性信仰」は六回、「道徳的信仰」は五回、「（純粋）理性の宗教」という語は三回使用されている。
(53) すでに第二批判もこの点を次のように確認している。「キリスト教の教説は、〔中略〕それのみが実践理性の最も厳格な要求を満たす最高善（神の国）という概念を与えている」（*KA*, V, 127f.）、あるいは「キリスト教的な道徳原理そのものは、神学的（したがって他律）ではなく、純粋な実践理性それ自身の自律である」（ibid., 129）。
(54) Carl Leonhard Reinhold, *Briefe über die Kantische Philosophie. Erster Band*. Leipzig: bey Georg Joachim Göschen 1790, 342.
(55) ibid., S. 343. 宗教「本来の二つの根本的真理」とは、カントがすでに第一批判で「二つの問題」（A803, B831）、「二つの前提」（A811, B839）、「二つの信仰箇条」（A828ff., B856ff.）として繰り返し挙げている「神性の存在と来世の存在」を指す。
(56) ibid., 342.
(57) ちなみに『単なる理性の限界内における宗教』によれば、「ユダヤ人の信仰はそのもともとの仕組みからして、法規的にすぎない律法の総括であり、国家体制もこれを基礎としていた。〔中略〕ユダヤ教は本来的には宗教ではけっしてなく、ある特殊な血統に属していたがゆえに単に政治的にすぎない律法のもとで一つの公共体を形成していた人々の統合にすぎなかった」（*KA*, VI, 125. 北岡武司訳『カント全集10　たんなる理性の限界内の宗教』岩波書店、二〇〇〇年、二八五-二九〇頁）。
(58) Vgl. *Kritik der praktischen Vernunft*, in: *KA*, V, 127ff.
(59) I. Kant, *Die Religion innerhalb der Grenzen der blossen Vernunft*, in: *KA*, VI, 159.（『カント全集10　たんなる理性の限界内の宗教』岩波書店、二二二頁）。
(60) ibid., 128.（前掲邦訳書、一七一頁）
(61) ibid., 167.（前掲邦訳書、二三三頁）
(62) ibid., 51f.（前掲邦訳書、六九頁）
(63) G. W. F. Hegel, Die Positivität der christlichen Religion (1795/1796), in: *Hegels theologische Jugendschriften*, hrsg. v. Her-

man Nohl. Tübingen 1907 [ND: Frankfurt am Main 1966]. 154.（ヘルマン・ノール編／久野昭・水野建雄訳『ヘーゲル初期神学論集Ⅰ』以文社、一九七三年、一四二頁‐一四三頁）

（64）ライマルスはたとえばこう記している。「イエスの唯一の意図は、人間を悔い改めさせ、改心させ、改善することにあり」、「その教説のすべては、柔和で温和な心、慈悲の心、平和の愛好、和解、寛容」など「心の中の道徳的特性に向けられていた」のであり、これらはすべて「人間を内面から、その心全体を改善することを意図した道徳的教説と義務の教え以外の何ものでもない」(Concerning the Intention of Jesus and his Teachings, in: *Reimarus: Fragments*. Ed. by Charles H. Talbert. Trans. by R. S. Fraser, SCM Press 1971, 67-70)。

ただし、ライマルスがこの私的断章で明らかにしようとしていたのは、イエスの教説の道徳的本質であるよりも、むしろ贖罪、復活、再臨という三つの信仰箇条が聖書の記述に照らし合わせて維持されえないことであった。イエスの教説と意図に限っていえば、ライマルスが強調しているのは、①イエスは何ら新しい信仰箇条を提起しなかった、②イエスには古い律法を廃止しようという意図はなかった、③イエスの意図は、ユダヤ民族に世俗的メシアと彼によるこの世の解放への希望を植えつけることにあったという三点である。

（65）この点に関する邦語文献としては、安酸敏眞『レッシングとドイツ啓蒙』創文社、一九九八年（とくに第三章）が示唆に富んでいる。

（66）道徳心の陶冶に対する宗教の効用について、ヘーゲルはもっとカント風にこう書き留めている。「宗教の効用は、道徳的立法者としての神の理念を通して、道徳の原動力を強化することにあり、また最高善という究極目的に関わるわれわれの実践理性の課題を満足させることにある」(*Hegels theologische Jugendschriften*, 61. 前掲邦訳書『ヘーゲル初期神学論集Ⅰ』一〇二頁)。

（67）Carl Leonhard Reinhold, *Briefe über die Kantische Philosophie. Erster Band*. Leipzig: bey Georg Joachim Göschen 1790, 344.

（68）この箇所では、「われわれに教訓的な一事例」として「ヤコービとメンデルスゾーンとの論争」が挙げられ、「論証の途はどれも宿命論に行き着く」というヤコービのテーゼが再び取り上げられている。

（69）デカルトとスピノザについて「第四書簡」はこう評している。「完全な実在という同一の概念のうちに、一方の偉人は必然的な現存在を見出したのに対し、他方は唯一の実体を発見した。だが神の現存在に関しては両者とも誤っている。一方はいかなる直観も不可能であるような対象の現存在を証明できると信じており、他方はこの概念を、ある対象の現実性を証明するには常に必要な直観によって裏打ちしなければならないと考えている。スピノザは理性概念に直観を押しつけるが、この直観によって理性概念は解体されねばならなかったがゆえに、誤っている」(1787/2, 138; 132f.)。

（70）単行本版では、この表現を含む箇所は削除されている。

(71) 初出版でのこの「理性の感受された欲求」という表現は、単行本版では「実践理性の形式において規定された必然性」という表現に修正されている。

(72) I. Kant, *Kritik der praktischen Vernunft*, in: *KA*, V, 142ff.

(73) I. Kant, Was heisst: Sich im Denken orientieren, in: *KA*, VIII, 135ff. カントは、この「理性の感受された欲求」という表現に次のような注を付している。「理性は感受しはしない。理性は自分の欠けるところを洞察し、そして認識衝動を通して欲求の感情を引き起こすのである。だから、それは道徳感情と似ている、〔中略〕というのも道徳感情は道徳法則によって、したがって理性によって原因を与えられ、引起されるものだから」。

(74) 『全集』版『書簡』の編集者であるM. Bondeliは第一巻の注釈部で、ラインホルトでは「道徳的感情」が単に「道徳法則の作用結果、あるいはその適切な感性的衝動」としてではなく、「道徳的なものの歴史的段階づけのエレメント」としても捉えられていることを指摘し、「道徳的感情は学問的文化形成の段階に依存している、道徳的理性の発展段階」とみなされていると評している。さらに「このことに対応して、彼〔ラインホルト〕は『メルクーア』版では道徳的感情を『実践理性の不明瞭な表出』と同一視している」と述べている。Karl Leonhard Reinhold, Gesammelte Schriften. Kommentierte Ausgabe. Bd. 2/1: Martin Bondeli (hrsg.), *Briefe über die Kantische Philosophie*. Erster Band. Basel 2007, 311f. Anm. 261.

(75) 「第五書簡」では「理性の自己認識」は、次のような文脈で語られている。「道徳的関心が、その〔中略〕最初の源泉である実践理性の本性から必当然的に導出されうるには、それに先立って理性の予期せぬ自己認識が先行していなければならなかった」(1787/5, 170; 140)。「形而上学的認識根拠は、それが引き起こした諸論争を通して、思弁的理性の展開と自己認識とを促進したのである」(ibid., 176; 148)。

(76) たとえば、第一批判最終部の「弁証論」内の「純粋理性のカノン」章の第二節、第三節の一部（B 842-847, B 856-859）がそうである。

(77) *Korrespondenz 1*, 153.

(78) たしかに第一批判は、理性批判による「永遠の平和」の確立について二度ほど（vgl. B 780, B 805）言及している。「哲学における永遠の平和」の樹立という言葉が、単に修辞的レベルの問題でなく、ラインホルトの批判哲学の意義理解に深く結びついていることは、この語がすでにフォイクト宛ての書簡に認められる（*Korrespondenz 1*, 146f.）だけでなく、「書簡」以降の著作にも認められる（vgl. *Versuch einer neuen Theorie des menschlichen Vorstellungvermögens*. Prag und Jena 1789, 21 [ND: S. 18]）ことからも推察される。

(79) 一七八八年一月一九日のカント宛て書簡では、「その視点に立てば、下位のものすべてが見通せるようなそうした最高の視点を告示した」のが「理性の批判」であると述べている（*Korrespondenz 1*, 314）。

（80） Ernst-Otto Onnasch, Einleitung, in: Karl Leonhard Reinhold, *Versuch einer neuen Theorie des menschlichen Vorstellungvermögens*, Teilband 1. Hamburg 2010, LXII.

第三章　ラインホルトのイェーナ招聘と最初期の美学講義（一七八七〜八八年）

第一節　イェーナへの招聘と教授活動

1　イェーナ招聘

「カント哲学についての書簡」連載がまだ断続的に継続中の一七八七年八月二九日、『一般学芸新聞』二〇七a号にラインホルトが哲学員外教授としてイェーナ大学に招聘されたことを報知する記事が載る。大好評を博した「第一・第二書簡」の公表からほぼ一年後のことである。だが、この報知はときを逸しているといわざるをえない。すでにこの年の六月には、ラインホルトはワイマールからイェーナに居を移しており、この頃には彼の招聘は半ば公然の事実となっていたはずだからである(1)。

実は、招聘のための水面下の工作は、そのイェーナ移住の半年も前から進んでいた。まず、一七八七年一月四日、ヘルダーがワイマールのカール・アウグスト公（Carl August, Herzog von Sachsen-Weimar-Eisenach 1758–1828）に次のような書状を提出している。「顧問官ラインホルト氏は非常に深い哲学的洞察と才能の持ち主であり、彼がイェーナ大学にしっかりとした足場を得るならば、それは当大学にとって非常に有益なことは間違いありません。彼ほど形而上学をそのまったき体質、内面的傾向としているような人物に私は出会ったことがありません。〔中略〕その上彼は、他の分野の多くの知見、上品な趣味、透徹かつ熟練した判断力を兼ね備えております。たしかに、彼は当初カトリックの教義の中で育てられたものの、当時は禁制品として携わっていたプロテスタント的哲学が彼の考え方に転換を引き起こしました。それで私は、彼のこうした自己形成の歩みおよび、それと結びついている彼の知見を考慮してもまた、彼はプロテスタントの大学に非常に有用であると考えています」(2)。これはいわば、ラインホルトのイェーナ招聘を前提にした、能力証明書兼推薦状にほかならない。たしかに、彼はワイマールに流れ着いた直後、ヘルダーのもとでプロテスタントに改宗していた。それに加え、二年ほど前『人類史の哲学のための構想』へのカントの酷評に対して、ワイマール人文主義の総意を受けるかたちで『ドイツ・メルクーア』誌上(一七八五年二月号)にカント批判-ヘルダー弁護の筆を執ったのがラインホルトであったことも、上記のヘルダーの好意的評価に大いに影響しているだろう。また当然のことながら、彼のイェーナ招聘には、このようなヘルダーの推薦のほかに、ヘルダーがその家によく出入りしていた義父ヴィーラントの力強い後押しもあったであろう。だが、この水面下の招聘工作を主導していたのは、ゲーテ(Johann Wolfgang von Goethe 1749–1832)の片腕として今や大学の管理運営に大きな力を揮うようになっていたフォン・フォイクトであった。

フォイクトの提言を受けて、カール・アウグスト公はもう一七八六-八七年の年末・年始からこの件に関わり合っていた(3)。公はまず、招聘への「環境整備」の一環としてヘルダーに所見を求めたのであろう。フォイクトはイタリアにいるゲーテにも手を打っていた。二月三日にはゲーテから「私はラインホルトの移植をうれしく思っている」との返事が届く(4)。こうして、この招聘話は、少なくともワイマールの宮廷内部では三月中旬にはほぼ本決まりになっていた。四月の中頃にはワイマール公はラインホルトを員外教授に任命したが、員外教授といえども大学の他の「扶養国」、すなわち旧ザクセン-エルネスティ侯爵領内のゴータとマイニンゲンとコーブルクの宮廷の同意を取りつける必要があった。ワイマールの働きかけに対して、まずゴータが、そして他の二つの宮廷はかなり後になってようやくこの推薦に部分的に同意したにすぎなかった。ラインホルト招聘に関するすべての宮廷からの文書による回答の期限は九月一日と定められていたから、八月二九日の『一般学芸新聞』の報知はこれらの回答が出揃ったのを待ってのことだろうと推測される(5)。

しかし、フォイクトはその前年の晩秋にはもう腹を固めていたふしがある。その間接証拠が、フォイクトの「出題」に対する「回答」の体裁を採った一七八六年一一月のラインホルトの書簡であった（第二章第三節参照）。フォイクトの「出題」といい、ヘルダーの「能力証明書」といい、やはりかつてK・レットガース（Kurt Röttgers）が指摘したように(6)、ラインホルトの招聘を前提とした「談合」済みの作為的手続きという感は否めない。では、フォイクトやヘルダーそしてカール・アウグスト公が、数カ月前の「カント書簡」で大当たりを飛ばしたとはいえ、まともなアカデミック・キャリアを欠いたこの三〇歳の青年にかくも好意的なのはなぜなのか。

この問いに対する答えとしてしばしば示唆されてきたのが、ラインホルトとフォイクト、ヘルダー、カール・アウグスト、そしてゲーテを繋ぐ「裏の人脈」の存在である。すなわち、彼らが全員、急進主義的啓蒙主義の秘密結社、啓明会の会士であったという事実である(7)。たしかに、この時期ワイマールは、危機に瀕していた啓明会活動の「最後の砦」であり、ラインホルトはなおその有力メンバーあった。そして、彼らがこぞってこの秘密結社に入会していたことは確証されている(8)。しかし、それぞれの入会の動機と目的はまったく異なっていたのだから(9)、専制政治と領邦国家体制の廃絶を隠された最終的政治目的とする啓明会の理念を共有した「同志的結合」がこの青年をイェーナの教授に押し上げたと考えるのは、まったく的外れであろう。

真実はおそらく、もっと詰まらない通俗的なところにあったのだと推測される。すなわち、――後のフィヒテ招聘の時と同様に――ワイマールの宮廷官僚たちは、長い間その正教授の席が凡庸な頭脳に占められてきた大学の哲学部を活性化し、大学の評判を高めるには、この新進気鋭の青年を安い俸給（年間二〇〇ターレル）で教授にするのも一策だと考えたのだろう。

いずれにせよ、一七八七年七月二四日には学部長のCh・G・シュッツが哲学部の教授名簿にラインホルトを員外教授として登録し、九月二〇日にはラインホルトは学部にマギステルの学位取得の申請書を出し、それは翌日には認められた[10]。そして一〇月二二日、ラインホルトは就任講義演説「趣味が学問と道徳の陶冶に対して及ぼす影響」をもって、イェーナでの教授活動を開始するのである。とにかく、この招聘手続きは慣例を無視した異例の措置であった。教授就任論文も提出されておらず[11]、テーゼに基づく公開討論も省略されている。講じた諸事情からして、この招聘はイェーナ大学哲学部の意向を飛び越えた、ワイマール政府の独走という印象は免れない。

それはともかく、彼は一七八七/八八年の冬学期から一七九三/九四年の冬学期まで一三学期に及ぶ教授活動を通して、イェーナをカント学派の拠点とすることに重大な貢献をし、またそのことを通して、凋落していたこの大学の復興に決定的に貢献することになる。一七八〇年代後半、当時最新の哲学であった批判哲学を学ぼうとする者は、ケーニッヒスベルクよりもイェーナに押しかけたという伝説が今日まで流布されるほど、彼のカント講義は評判であった。一七九〇年頃から彼の周りには、才気活発な学生たちが集まりだし、緊密な信頼関係で結ばれた「ラインホルト-サークル」が形成されていく。チュービンゲン・シュティフトの卒業生で、ヘーゲルやヘルダーリンの先輩に当たるニートハンマー（Friedrich Immanuel Niethammer 1766–1848）はその主要メンバーであった。彼は少し後にはイェーナで哲学の員外教授になり、一七九五年からは単独で、そして一七九七年以降はフィヒテと共同で『ドイツ学識者協会の哲学雑誌』を編集・発行する[12]。彼と同じ歳のエアハルト（Johann Benjamin Erhard 1766–1827）もこの緊密な交友圏の一員であった。一七九〇年冬にカント哲学を学ぶためにイェーナにやってきた彼は、講義聴講の折に触れいつもラインホルトに鋭い異論を提起していた。稀に見る博識、鋭敏な頭脳、温かい心を兼ね備えていたこの若者を、ラインホルトが大変気に入っていただけでなく、シラーやゲーテも彼を高く評価していた。さらにカントも彼には一目置いていたようである[13]。その他にもこのサークルには、後の哲学部の助手になり、フィヒテ無神論論争の火種をまくことになるフォアベルク（Friedrich Carl Forberg 1770–1848）もいた。[14] 当時まだ四三歳の師匠を取り囲む二〇代前半の若者たちの間には、「変わり種」もいた。クラーゲンフルトの白亜鉛工場の経営者でありながら、一七九〇年の暮れ頃ラインホルトの講義を聴くため、一家を引き連れてイェーナにやってきていた男爵フォン・ヘルベルト（Franz de Paula Freiherr von Herbert 1759–1811）である。彼はラインホルトより二歳年少なだけであった。この時期以降、クラーゲンフルトはこのメンバーたちの「溜まり場」になっていく。[15] もっと若い受講者の中にはノヴァーリス（Novalis: Friedrich von Hardenberg 1772–1801）もいた。一七九〇年頃形成され始めていた、「第一根本命題」に基づく「厳密な学としての根元哲学」の構想をめぐって、彼らが相互に、そしてラインホルトと、ときには書簡を通して、ときには口頭で交わした議論の中から、「根元哲学」の方法論に対する疑念と異論と批判がいち早く発酵、成熟してきた（第七章参照）ことは皮肉なことである。

2　ラインホルトの教授活動

では、この期間ラインホルトは実際にどのような種類の講義を行っていたのであろうか。各種の典拠[16]を総合すれば、以下のようになる。

【一七八七／八八年冬学期】

1　公開講義「カントの認識能力理論について、初心者用の批判入門のために」

2　私講義「美学の理論について、エーベルハルトの入門書と自分の補足に沿って」

【一七八八年夏学期】

1　公開講義「ヴィーラントの『オーベロン』について」

2　私講義「論理学および形而上学、E・プラットナーの『哲学箴言集』に沿って」

3　私講義「美学、エーベルハルトに沿って」
4　私講義「純粋理性批判」

【一七八八／八九年冬学期】

1　公開講義「ヴィーラントの『オーベロン』について」
2　私講義「論理学および形而上学、口述による」
3　私講義「美学、エーベルハルトに沿って」
4　私講義「純粋理性批判」

【一七八九年夏学期】

1　公開講義「ヴィーラントの『オーベロン』について」
2　私講義「純粋理性批判、自著『人間の表象能力の新理論試論』に沿って」
3　私講義「論理学および形而上学、口述による」
4　私講義「美学、エーベルハルトに沿って」

【一七八九／九〇年冬学期】

1　私講義「純粋理性批判、自著『人間の表象能力の新理論試論』に沿って」
2　私講義「哲学の全歴史について、口述による」
3　私講義「論理学および形而上学」

【一七九〇年夏学期】

1　私講義「論理学および形而上学、口述による」
2　私講義「諸学問と芸術の理論、あるいは美学理論。エーベルハルトに沿って」

【一七九〇／九一年冬学期】

1 私講義「純粋理性批判、『人間の表象能力の新理論試論』とシュミートの『純粋理性批判要綱』に沿って」
2 私講義「哲学の全歴史ついて、J・グルリットの『哲学史概要』に沿って」
3 私講義「論理学および形而上学、口述による」

【一七九一年夏学期】

1 私講義「論理学および形而上学、口述による」
2 私講義「美学すなわち美的諸学の理論、欲求と美の理論に沿って」

【一七九一／九二年冬学期】

1 私講義「批判哲学の根元（Elemente）、『人間の表象能力の新理論試論』の自分の方法、『純粋理性批判』および『実践理性批判』に沿って」
2 私講義「最新の批判期を含む哲学の全歴史について」
3 私講義「論理学および形而上学、口述による」

【一七九二年夏学期】

1 私講義「論理学および形而上学、口述による」
2 私講義「美的諸学の理論あるいは美学。欲求、美、崇高についての最近の理論に沿って、わが国の古典的詩人たちのえり抜きの例に即して」

【一七九二／九三年冬学期】

1 私講義「批判哲学の根元、『人間の表象能力の新理論試論』と『純粋理性批判』に沿って」
2 私講義「最新の批判期を含む哲学の全歴史について」
3 私講義「論理学および形而上学、口述による」

【一七九三年夏学期】

1　私講義「論理学および形而上学、口述による」
2　私講義「美の諸学の理論、あるいは美学、口述による」

【一七九三／九四年冬学期】

1　私講義「批判哲学の根元」
2　私講義「哲学史」
3　私講義「論理学および形而上学」

彼は内容上およそ四種類に分類される講義をしていたことになる。

第一に、カント批判哲学の入門・解説およびその修正・改作に関わる講義群。最初の三学期間の告示は、「純粋理性批判入門」ないし「純粋理性批判について」であるが、一七八九年夏学期からは毎学期、同年一〇月に公刊される予定の自著『人間の表象能力の新理論試論』が挙げられている。さらに一七九一／九二年冬学期からは、告示タイトルは「批判哲学の根元（Elemente）について」に変わっている。純粋理性批判の解説から、独自の表象能力理論－「根元哲学」の確立を介して、その修正・改作へと進んだ彼の思索の歩みが講義名の変化に反映されている。この類の講義を彼は一三学期中九学期行っている。

第二の群は、「論理学および形而上学」である。この科目はほぼ毎学期（一三学期中一一学期）告示されている。おそらく、この科目は正教授であれ員外教授であれ、イェーナの哲学教授で理論哲学を講じる者にとっては、半ば義務化されていた科目であろう。したがって、同じ学期にラインホルトの「論理学および形而上学」と並んで正教授ヘニングス（Justus Christian Hennings 1731-1815）やウルリッヒ（Johann August Heinrich Ulrich 1746-1813）らが同名の科目を開講している。このようなことは、実践哲学の部門や哲学史についても同様であり、少なくとも当時のイェーナでは、そしておそらく他の大学でも、同一名称ないし同種類の科目が同時に複数の（ときには三～四名の）教授によって講じられるのは稀ではなかった、というよりむしろ通例であった。

第三の科目群は、「哲学史」である。ラインホルトはイェーナ時代の後半、「批判期を含む」「哲学史」を五回ほど講じている。

そして、第四番目の科目群に相当するのが美学-芸術学関係の科目群である。「美学」あるいは「諸学問と芸術の理論」と題されている科目のほかに、一七八八年夏学期から三学期続けて告示されている「ヴィーラントの『オーベロン』について」も、この科目群に数え入れてよい。この「オーベロン」講義を除いても、ラインホルトは一三学期中八学期「美学」ないし「諸学問と芸術の理論」を告示している。「美学」講義告示には、たいてい「エーベルハルト（の教本）に沿って」との文言が付されている。この教本とは、おそらく一七八六年に改訂版が出されていたエーベルハルト（Johann August Eberhard 1739-1809）の『思惟と感覚の一般理論（*Allgemeine Theorie des Denkens und Empfindens*）』（初版は一七七六年）のことであろう(17)。

ちょうどこの時期に激しさを増しつつあった批判哲学をめぐる論争において、論敵であったライプニッツ-ヴォルフ学派の総帥、エーベルハルトの著をラインホルトが教科書に利用しているのは、不可解な感じがしないでもないが、この著作には――教科書としての利用のしやすさ等の外的事情のほかに――、ラインホルトの美学-芸術理解に相通ずるところがあったのだと推定される。エーベルハルトはこの著で、人間の二つの心的能力である「認識（思惟）能力」と「感覚（感受）能力」が「互いにどのように依存し合っているのか、またそれらが相互にどのような影響を及ぼし合っているのか、を根本的に探求すること」をその第三章の中心課題に掲げているのだが、悟性の思惟能力と感性の感受能力との相互影響と両者の調和への志向性は、ラインホルトのそれと軌を一にするものであった。近年の哲学研究と美的諸学問の研究は両研究の「幸運な結合」を実現し、その結合が「人間の知的、道徳的陶冶が促進されるという展望を」われわれに与えたというこの著の序文の文言は、おそらくラインホルトを大いに満足させたであろう。その著者はまた、「感受性（の陶冶）が心を美しいものを愛するよう駆り立て、美しいものを愛することを通して善を愛するようになる」点に認められる、「芸術と道徳的諸学問との緊密な合一の発見」を称揚しているが[18]、感受性と趣味能力の洗練が、一方では知的・精神的能力の形成に、そしてもう一方で道徳心の陶冶に与える影響の重要性こそ、イェーナでのラインホルトの美学関連講義の関心と主題であった。

さて、彼が行った諸講義の個々の内実の詳細は必ずしも定かではないが、最初期のいくつかの講義についてはラインホルトのカント宛て書簡などから窺い知れるところがある。たとえば、最初の冬学期の批判哲学への「導入」のための「カントの認識理論」講義では、「感性の理論、悟性の理論、理性の理論」が「アフォリズムのかたちで口述され」、この講義は「期待を上回る成功を収めた」。この講義で彼は「理性批判が当今の思弁哲学、自然神学、道徳学を見出したときの状態を忠実に描写することから説き起こし」、そして「哲学の世界を四つの党派に分け隔てている原因となっている誤解を調停する必要性」を説いた。哲学的世界における「四つの党派」とは、「超自然主義者」、「(:自然主義者:)懐疑論者」、「(:独断論者:)汎神論者あるいは無神論者」、「有神論者」のことである[19]。この四党派理論は、これ以降ラインホルトの諸論文に繰り返し登場し、彼の哲学的世界の現状理解のための基本的図式を形成する。これら四党派の理論を「調停」し、普遍妥当的な立場を析出しようという彼の独特の試みも、この講義においてすでに展開されていたことが窺い知れる。さらに、この講義で論じられた、感性、悟性、理性の諸理論は、間違いなく、彼の最初の主著『人間の表象能力の新理論試論』(一七八九年)のトルソーを形成した。

同じ冬学期のもう一つの講義、「美学の理論」で、彼がどのように「まったく新たな満足理論」の構築を試みたかは、以下の第三節に公表されているテキストに基づいて少し詳しく紹介する。翌一七八八年の夏学期の公開講義「オーベロン」論の様子と講義内容の概略も、以下の第二節に叙述する。さらに、イェーナ期最終期に当たる一七九二/九三年あるいは一七九三/九四年の冬学期での「論理学および形而上学」講義や、「純粋理性批判講義」の骨格は、当時の聴講生たちの講義筆記ノートが紹介されている[20]。

「オーベロン」講義は聴講料無料の公開講義ということもあってか、初回に「優に四〇〇人を超える学生」(当時のイェーナ大学在籍者総数の約半分）が詰めかけたのだが、すべての講義がそんなに多数の学生を集めたわけではない。同学期の「美学」講義は二四人、「純粋理性批判」講義は一〇人ほどの聴講登録者を得ていただけであった[21]。だが、一七九〇／九一年冬学期の「純粋理性批判」講義には九七人、一七九一年夏学期の「論理学および形而上学」講義には一八〇人、美学講義には九八人の学生が受講登録をしていた。ラインホルトはそのことをバッゲセン（Jens Immanuel Baggesen 1764–1826）にやや自慢げに報告している[22]。さらに一七九三年一月には彼はカントに、一七九〇年、九一年、九二年それぞれの冬学期に開講された「批判哲学」関連講義の聴講者数が、九五人、一〇七人、一五八人であったと報告し、暗に批判哲学の普及に大いに貢献していることを報告している[23]。これだけの聴講生を得た講義がすべて、聴講無料の公開講義ではなく、聴講料を必要とする私講義であったことも考慮すると、当時彼はやはり哲学部随一の人気教授であったのである。

第二節　美的感受能力‐趣味の洗練の効用論——就任講義演説と「オーベロン」講義

1　就任講義演説（一七八七年一〇月）

彼の最初の「美学」講義の皮切りとなった一〇月二二日の就任演説は、まさにその表題が示している通り「趣味が学問と道徳の陶冶に対して及ぼした影響」を主題としている。後に『ドイツ・メルクーア』一七八八年二月号に採録されたこの演説は[24]、その最終部に述べられているように「洗練された趣味が学問を介して精神の陶冶・形成に及ぼす影響の重要性は、洗練された趣味が道徳を介して心情の陶冶・形成に及ぼす影響の重要性に勝るとも劣らない[25]」ことを結論づけようとしている。いわば、感受性‐趣味能力の洗練を共通の靭帯として、それが「学問」と「道徳」双方の健全な発展を促し、この発展を介して「精神」と「心情」の陶冶・形成を促進、助長するという理解の構図は、上述したエーベルハルトの構図にそのまま重なっている。この構図のもと、彼らが共通して強調しているのは、一つには悟性と感性との緊密な協働であり、また一つには「道徳的資能」と「美的-感受的資能」の親近性である。[26]

さて、ラインホルトはこの演説を次のように切り出している。「趣味が最も美しく盛りを迎えた時代と地域でこそ、人間の精神は最も顕著に洗練されたということ、このことはかなり広く認められた事実であり、この事実を確証するには過去と現在の歴史をほんの少し注意して眺めるだけで十分である」[27]。続いて、このテーゼを確証すべく、彼はこれ以前にもしばしば援用していた特徴的な歴史哲学的図式を開陳している。すなわちそれは、(I)自由な学問と芸術の開花によって実現された「趣味の理想の時代」としての古典古代ギリシャ世界、(II)その衰退とともに以降何百年にもわたり持続したカトリシズムによる創造的精神と「趣味の抑圧・圧殺の時代」、そして(III)ルネサンスを端緒に啓蒙主義思想の台頭によって開かれつつある「趣味の開花と結実の時代」の再開というトリアーデである。

この図式に基づいて、彼は趣味と豊かな感情の盛衰という観点から人類史を素描する。たとえば(I)から(II)への移行は、次のように叙述される。「精神と心情を高揚させるプラトンの哲学は、趣味の鉄の時代には新プラトン主義という忌まわしい幽霊に変わってしまい、アリストテレスが理性論と理性的諸学のために設置していた永遠の土台の上に、中世の学識ある野蛮人によってスコラ哲学というゴチック建築が築き上げられたのである」[28]。(II)については、「キリスト教が純粋宗教の黄金の粒と一緒にヘブライ精神から入手した非人間性の残り滓が、どれほど長く、どれほどひどくヨーロッパの心臓部で猛威を揮い続けてきたことか!」[29]と嘆き、「この粗野な盲信が人々の頭を曇らせ、温和な感情に反対して心情を頑なにするのを助長した」[30]と、断定している。(III)について、ラインホルトは最近のドイツにおける感性-感情論の展開の成果をとくに重視している。[31]こうした図式には、啓蒙主義的歴史観の顕著な影響のみならず、カトリシズム-啓蒙思想-プロテスタンティズムをめぐる、ラインホルトの青年時代の特殊な個人的経歴が強く刻印されているといわねばならない。

いずれにせよ、この演説での「趣味」に関する議論は、明らかに「啓蒙主義的-歴史哲学的文脈」[32]において展開されている。そもそも「趣味の概念」はドイツにおけるよりはるかに早く、イタリアで(gustoとして)、フランスで

(bon goût として)、そしてイギリスで(taste として)、まずは自然美や芸術美のみならず道徳や礼節の領域も包含する「良き社会」、教養社会の形成論的パースペクティヴの内部で論じられ、次いで、美学の中心概念として多種多様な議論の的となってきた。趣味能力は(したがって美は)普遍妥当性を持つのか否か、趣味能力は悟性の一部なのか独立した能力なのか、こうした諸問題をめぐって趣味の支持者は合理主義派と非合理主義派に、理性論者と情感論者に分かれてきた。後にはここからさらに、美的概念と論理的概念の区別、趣味判断と認識判断の区別に関わる理論的諸問題が浮上してくる。

だが、ラインホルトはこの演説の前半では、これらの理論的諸問題を後景に押しやり、もっぱら「啓蒙主義的-歴史哲学的文脈」において趣味の形成が「精神と心情の陶冶」に果たした役割、効用をもっぱら力説している。その限りでは彼はなお、「良き趣味」が社会と人間精神の陶冶に役立つという、通俗的・啓蒙主義的伝統の中にある。演説後半に読み取れる彼の趣味理解の特徴は、「趣味の形成」の役割が一つには「知の乱用を防止するような感覚の修練」にあり、もう一つには「人間の幸福と尊厳の本質をなしている、精神と心情の調和を産出するような感覚の修練」にあるとする点に認められる。[33] 「知の乱用の防止」という表現は学芸全般における知性偏重主義への批判を含意している。この批判と表裏一体をなしている「精神と心情の調和」の産出への志向は、悟性と感性の協働的調和を基礎にしており、この調和に基づいて初めて「美的」感覚(Empfindung)が生じる。彼は別の箇所では、こうも述べている。すなわち「感覚の対象が感性よりもより強く悟性に関係している」場合、「その感覚は道徳的であり」、「感性にのみ関係している」場合、その感覚は「身体的である」のに対して、その対象が「悟性と感性に同じ程度関係している」感覚が「美的なのである」。[34] すなわち、悟性と感性の調和的協働から、事物を美として感受する感覚、(道徳的な快感とも身体的な快感とも区別されるべき)美的な快感が生まれる。つまり、美は「感性と悟性の調和」において成立する。

この場合、「身体的」とは「自然的」ということにほかならない。すると、ラインホルトはすでにここで、「美」を

「道徳」と「自然」との媒介的調和と捉えている、といえよう。

2 「オーベロン」講義（一七八八年四月）

翌一七八八年の夏学期には、ラインホルトは「公開講義（Publikum）」を義理の父「ヴィーラントの『オーベロン』について」という表題で行っている。神学部のデッダーライン（Johann Christoph Döderlein 1746-92）教授の講義室を借りて行われたこの講義は、四月二六日のある「演説」から始まった。そのときの様子を彼は義父に報告している。「デッダーラインの非常に広い講堂でも狭すぎました。――誰も座れませんでした。――みんな床の上だけでなく、机、腰掛の上に立ち、ストーブの上までしゃがみこんでいました。――窓を使って外から入ってくる者もいて（何しろ、講堂は一階でしたから）、すし詰め状態になって、五〇人以上の者が入れずに引き返さざるをえませんでした。それでも、講堂には優に四〇〇人を超える学生がいたのです[35]」。

『ドイツ・メルクーア』一七八八年五月号に掲載されているこの「演説」でも[36]、知性偏重主義批判および感性と悟性の調和的理想は、また別の文脈で繰り返し、そしてもっと直截に語られている。ラインホルトは講義に出席している約四〇〇名の学生に向かって、まずこう切り出している。「精神の貧弱な連中は、学の名称に『美しい』という形容詞が加わることを何か学の神聖さを汚すことのように思っているが、（中略）そういう連中は、悟性に構想力を、鋭敏な洞察力に機知（Witz）を、理性に感性を、有用なものに快適なものを、労働に満足を、真なるものに美しいものを真っ向から対置することに慣れ切ってしまっているからだ[37]」。肝要なのは、不毛なこうした対置関係を廃棄するだけではなく、むしろこれら両項のそれぞれが、己れの充実のためには他項を必要としているのを認めることである。というのも「理性が普遍的概念の分節化に携わる度合いがきつければきついほど、精神はそれだけ多く構想力のための養分を必要とし、鋭敏な洞察力を求める精神の仕事が厳粛で、冷静で、単調なものであればあるほど、人は機知の戯れを必要とする[38]」からである。一七世紀後半のフランスの古典派美学者たちや一八世紀中頃までのドイツの啓蒙主義的文学者のもとにまだあった悟性と感覚の予定調和への楽天的な確信は、ここではすでに失われている。むしろ逆に、両者を対置することが一般的になり、その対立の先鋭化がかの調和の土台を掘り崩していく危険性に留意されている、といえる。

かくして、哲学講義の題材に叙事詩「オーベロン」を取り上げる彼の真意は、その特有の使命や任務からして知性偏重主義、悟性の跛行的拡張に走りがちである学者や学生たちにこそ、「快適なもの」や「美しいもの」を味わう感受能力を磨き、「機知」に富んだ精神を持って芸術作品の生み出す構想力の世界に「戯れ」遊ぶことがそれだけいっそう必要なのであり、そのことが何よりも精神と心情の豊な発展のために不可欠であることを説こうとする点にある。悟性と感性の調和論は、ここでも悟性偏重主義への批判と表裏一体をなしている。ラインホルトは講壇から学生たちに、知性偏重の学者をこう皮肉っている。美を美として感受する能力もセンスも欠いた学者が詩的作品を手に取るとき、「彼は生き生きとした美しさに潜む危険に心を乱されることもなく、その作品を読む。そのときの彼の唯一の意図は、作品から文法的知識の宝を得たり、古代についての学識を膨らませて、経験ある教師の職務を飾り立てる一助とすることだけなのである。学生諸君、一言でいってしまえば〔中略〕社交界での交友を通して教養を積んできた人や、娯楽的読み物の愛好者の方が、あくせく仕事に精を出している学者や学生よりも、人間的精神の精華や果実がもたらす喜びをずっと多く享受しているのだ。およそ学者なる者は学問を通してパンを稼ごうとしているだけか、あるいは名誉を手に入れようとしているだけなのだから」[39]。

こうした学者批判は学生たちへのリップサービスというより、むしろ彼の本音であったのであろう。彼がウィーンで修道院の教師ペパーマンを通してイギリスの詩や経験論的思想に触れ、デーニスに憧れ自らも詩作活動にいそしみ、「ウィーンの詩人たち」と緊密な交わりを形成し、ワイマールではブルーマウアーやアルクスィンガーらの詩集を論評していたこと、つまりポエジーを中核とする芸術が彼の教養形成の枢要をなしていたことを、もう一度思い起こしておく必要がある〔第一章第二節参照〕。ここには、融通の利かない頑迷な講壇哲学者という後世に流布されたラインホルト像とは対照的な姿がある。その他、彼はこの講義で、カントとは異なって芸術美が自然美に優るという考えを開陳し、また芸術の諸ジャンルのうちでも詩芸術が卓越した地位を占めている諸理由について興味深い思想を展開しているが、そうした断片的所見よりももっとわれわれの関心を惹くのは、彼が「趣味」能力と「道徳感情」との連続的・一体的把握を強調している点である。彼はいう。「より洗練された高尚な美を発見し、それを享受するこのような資能（Fähigkeit）は」、それが「自然と芸術が生み出す作品に留意する場合には、趣味と呼ばれ、人間の振る舞いに留意する場合には、道徳感情と呼ばれる」[40]。古来「美」と「徳」は一つであった。そして「趣味」は一種の道徳的概念であるという精神的伝統はまだ生き残っていた。ここでも、美を享受する「資能」が基礎に据えられ、それがある領域では「趣味」として、また別の領域では「道徳感情」として発現すると解されている。

周知のごとくカントは『判断力批判』で、美的領域における「趣味判断」と道徳的領域における「実践的な認識判断」を峻別することを繰り返し強調している[41]。しかし他方で、彼は美と道徳の「類似性」に言及してもいる。すなわち『判断力批判』第一部の最終部、第五九節で彼は「美は道徳的善の象徴である」と述べ、「道徳的善」との関係においてのみ、美は「われわれに快いものであり、他のすべての人の同意を要求するのである[42]」と続けている。次の第六〇節では、両者の関係にさらに踏み込んで、こう書き留めている。「趣味は、根本において、道徳的な諸理念の感性化を判定する能力である」。そして「趣味が、単に各人の個人的感情に対してではなく、およそ人間性一般に対して妥当すると言明するような快」が何に基づいているか、つまり趣味判断の主観的な普遍妥当性はどこから導出されるかといえば、それは「道徳的諸理念に由来する感情」たる「道徳的感情に対するより大きな感受性（Empfänglichkeit）」から導出される。しかもこの「感受性」は、かの「道徳的諸理念の感性化を判定する能力」を根拠としている。それゆえ、カントはこう続けている。「趣味を根拠づけるための真の予備学は、道徳的諸理念の展開と道徳的感情の開花である。というのも、感性がこの道徳的感情と一致、調和させられて初めて、本物の趣味が特定不変の形式を取ることができるからである[43]」。

ラインホルトの場合、美を感受する資能が根底に据えられ、この資能の洗練が「人間の振る舞いに留意する場合は」「道徳的感情」として現れる。カントの場合、逆に「道徳的感情の開花」が趣味を確立する「予備学」として、「本物の趣味」を準備する。たしかに、カントは判断の形式に関しては「道徳」と「趣味」を峻別した。その根底には理性と感性の二元論が横たわっている。だが、その一方で「道徳的な諸理念の感性化」について語り、それを「判定する能力」が「趣味」だと主張している。

ラインホルトのこの講義から約五年後、そしてカントのこの著作から三年後、Fr・シラーがいわゆる「カリアス書簡」において「道徳的美」や「美しい行為」という術語を創出して、いわばカントによって裁断された「徳」と「美」の架橋を試みたとき、彼はカントの述べた「道徳的な諸理念の感性化」を具体的な人間的行為のうちに読み取り、それに美的特性をすなわち「現象における自由」を見出そうとしていたのだといえる。

第三節　「満足」概念の分類論

就任演説や「オーベロン」講義が学生を聴衆としていたこともあり、かなり通俗的な感受的能力‐趣味論にとどまっているのに対して、ラインホルトはほぼ同じ頃、もっと学術的な体裁をまとった美学論を披瀝してもいる。それが、同じく『ドイツ・メルクーア』一七八八年一〇月号、一一月号、一七八九年一月号に連載された論文「満足の本性についてである[44]。

この論文ではラインホルトは、満足概念の理念型的な諸立場を分類して、それらについて一種の歴史的叙述と批評を試み、かつその諸立場の統合を企てている。その諸立場とは、満足について①「単に主観への視点からのみ」なされた考察、②「単に客観への視点からのみ」なされた考察、③「主客両面への視点からなされているが、表象能力の受動的部分だけを一面的に顧慮して」なされた考察、④「主客両面への視点からなされているが、表象能力の能動的部分だけを一面的に顧慮して」なされた考察、⑤「主客両面への視点から、かつ能動・受動両部分を顧慮して」なされた考察、である。

実は、ラインホルトはこの論文の骨格を、すでに言及した一七八七／八八年の冬学期（イェーナでの最初の学期）の「美学」講義で「アフォリズム風に口述」していたようである。その事情を一七八八年一月一九日付けのカント宛て書簡が語っている。すなわち「私はすでにあなたの感性と悟性に関する理論を、まったく新しい満足論を作成するのに利用し、これをいわゆる美学についての私の講義の前置きにして、アフォリズム風に口述しました。〔中略〕私のこの試論は、満足の本性についての様々な意見を最も自然なかたちで統合しようとするものです。たとえば、デュボスは根本的な力の強い関与と軽微な関与（leichten und starken Beschäftigung）によって満足を説明していますし、ヴォルフは完全性の判明でない表象によって満足を説明し――メンデルスゾーンは本質的な不判明性ということには異論を唱えて、完全性そのものの表象によって満足を説明していますし、ズルツァーは思惟の力、すなわち魂の自発性によって、そしてエルヴェシウスや快楽主義者たちは身体の感受性によって、満足を説明しています。私の試論の示すところによれば、これらの哲学者たちの誰もが満足を正しい視点から、ただしただ一つの視点から考察しただけであり、これらの視点のいずれも、その一面性のゆえに抱えている異質な部分を除去された後に、初めて正しいものと認定されるのです[45]」。

この書簡に言及されている「私の試論」が仕上げられ、『メルクーア』論文として結実したことは、ここに挙示された哲学者たちが「論文」でもそれぞれ上記の①～④の立場の代表者として注記されていることからも明らかである[46]。カント宛て書簡には「論文」の狙いと趣旨も簡明にいい表されている。それぞれの視点の正当性を認めつつ、それぞれの一面性を他の視点によって補完し、それらを統合することで「最も自然な」満足論を仕上げることが、「論文」の狙いなのである。また「論文」での①～④の立場の論述も、書簡での根本規定を詳細に敷衍したものである。ただ一つ、カント宛て書簡からは明らかではなく、「論文」において初めて明瞭になることがある。それは、これらの諸立場を分類する際のラインホルトの基本的視座というべきものである。「論文」冒頭の①〜⑤を規定している用語から明らかなように、彼は主観‐客観‐構造の上に、さらに「表象能力の受動的部分」＝「感性」の感受性と「表象能力の能動的部分」＝「悟性」の思惟能力との対置関係を重ね合わせることで、分類の視座を得ている。すなわち簡単にいえば、満足の成立を説明する際、主観の側から説明するか、客観の側から説明するか、両者を顧慮した上でなお感性を重視するか、悟性を重視するか、によって諸立場は分かれるのである。

さて、満足をある欲求の充足の様式であると捉える①の立場では、満足成立の根本制約は主観の心意のうちに求められ、客観の諸特質は度外視される。「論文」の叙述によれば、かの欲求の充足は、主観の内部で「素材を受容する」「表象能力の軽微な関与（leichte Beschäftigung）」を特性とする「感覚」と、「素材を秩序づける強い関与（starke Beschäftigung）」と特性とする「思惟」の度合いの大きさによって決定される。「かくして感覚作用の場合も、思惟作用の場合も、かの根源的衝動力の充足の感情は、表象能力が従事する働きの強さと軽微さから生み出されるものに比例している(47)」。ラインホルトがこの満足論のどこに正当性を認め、そこから何を継承しようとしているかといえば、それは以下の点である。すなわち「満足はけっして認識の一変状ではなく、したがって認識能力の一部でもなく」、「表象を求める衝動」たる「欲求能力の一部」であり、それゆえ「欲求能力と満足の本来の客体は、認識能力が携わっているような諸対象、〔中略〕つまりわれわれの外部にある事物ではなく、われわれ自身の〔心意の〕状態である」という点である(48)。

これに対して、満足の生起の根本制約を客体の特定の性状に求める②の諸見解が、いわゆる美の「完全性」理論の系譜を形づくる。デカルトは、「ある対象がわれわれに快を与えるとしたら、われわれはその対象をある種の完全なものとみなさねばならないだろうということを発見した」。彼にとっては、満足を説明するにはそれで十分であった。満足を呼び起こす対象は、そのうちに多様な諸徴標〔メルクマール〕を含んでいても、それらが一つの共通の究極目的に従って配置されているなら、それゆえその多様のうちにある種の統一性を備えているなら、その対象は「完全」なのである。対象内属的なこの秩序の形式が、表象能力を快適な仕方で働かせ、かつそれを促進する、と解釈される。

では、この完全性の表象なるものは、本質的に感性的であるのか、それとも知性的であるのか。この問題は、ライプニッツ的伝統のうちでは次のように定式化される。すなわち、満足を与える完全性は、「渾然とした表象（verworrene Vorstellung）」のうちに感得されるのか、それとも「判明な表象（deutliche Vorstellung）」のうちに思惟されることもあるのか。ヴォルフ（Christian Wolff 1679–1754）は前者を主張する。彼からすれば「完全性の判明な表象はけっして満足に属していないのは明白であり」、むしろ「この判明性が増加するほど、満足は減少する」[49]。だが、メンデルスゾーンは「完全性の判明な表象から〔も〕生じてくる純粋に精神的な満足」というものがあることを考慮に入れれば、ヴォルフのような満足理解は狭隘であると異論を唱えた。この観点から、満足の概念を豊富化すべく彼が提唱した満足の「三層の源泉」（悟性的完全性、美、身体的快）説および「混合感覚（die vermischten Empfindungen）」論[50]には、通常伝統的受容美学を精緻化・豊富化したという功績が帰せられてきた。しかし、ラインホルトはこの「三層の源泉」説に含まれる「完全性についての満足」と「美についての満足」の区別をとらえて、そこには、悟性的完全性を満足の典型とすることの裏返しとして美への過小評価が潜んでおり、その原因はメンデルスゾーンが「感性」を「われわれの魂の単なる無能さ」ないし「制限」としか捉えてない点にあると指弾している[51]。

ラインホルトによれば、メンデルスゾーンが受容美学を分節化、精緻化する際に巻き込まれた諸矛盾は、「感性を、魂の無能さと説明するのではなく、表象能力とけっして切り離せない触発される能力、心意の受容性として説明する」[52]ことによって解消される。それゆえ「論文」は、すでにカント宛て書簡で語っていたように――「私はすでにあなたの感性と悟性に関する理論を、まったく新しい満足論を作成するのに利用し」た――、「心意の受容性」論としてのカント的感性論を、メンデルスゾーンの満足論への対案として長々と開陳している。つまり、メンデルスゾーンは感性の受容能力を誤認し、それを正当に評価していないというわけである。しかし、ラインホルトの結論的断定にもかかわらず、すなわち「満足は感性が触発される際に生じる感覚なのであり、それゆえそれは本質的に判明ではないのである。しかし、この判明でないことはけっして混乱でも欠如でもなく、どんな直観も蒙る一つの制約なのであり、触発された能力の必然的帰結なのであって、心意が無能であることの帰結ではない[53]」という結論的断定にもかかわらず、この対案では問題は片づいていないといわねばならないだろう。むしろ、ラインホルトのこうしたメンデルスゾーン批判には、奇妙なねじれがある。メンデルスゾーンは、快・不快を呼び起こす「われわれの外なる」「対象それ自身」(「原像」)とその対象についてのわれわれの「表象」(「像」)との間に生じうる差異に着目して、それ自身は快適ではないはずの「悪しきもの」でさえ「表象として考察されると、換言すれば魂の認識能力や欲求能力が深く関与しているわれわれ自身のうちにある像として考察されると、その悪しきものの表象すら完全性の構成要素になり、何がしかの快適なものを携えている[54]」ことがありうることを認める。したがって彼は、満足の生起に際する「像」形成における心的能力の積極的関与を主張したといえる。しかし、本来これを評価すべきラインホルトはこの積極的関与には眼もくれず、もっぱらその「感性」理解に批判の的を絞っている。そのことによって、メンデルスゾーンが提起した満足論のより豊かな展開への諸萌芽は台無しにされているといわざるをえない。このことは、ラインホルトの関心が従来の満足論を発展させることにあったというより、むしろカントの感性論を「利用して」、もっぱら「表象能力」論的観点から、多種多様な満足論を類型的に整序することにあったことを暗示している[55]。

こうした批判にもかかわらず、満足を生起させる表象が論理的表象ではなく、感性的あるいは判明ならざる表象であるという点では、ラインホルトはヴォルフやメンデルスゾーンの見解と一致している。ただ、彼は「完全性」論者の因習的な感性理解に異論を唱えているのである。

さて、ズルツァー(Johann Georg Sulzer 1720-79)の満足論についての査定はどうか。「論文」はズルツァーの当該論文の要諦を「満足の一般理論」「知的満足」「感官の満足」「道徳的満足」の順に箇条書きに要約した上で、「理論の吟味」と題された節で以下のように述べる。ズルツァーの理論の功績は、「先の諸理論の出発点をなしていたそれぞれの視点(主観的視点と客観的視点)一つに統合し、両理論を統一している点にある[56]」。すなわちラインホルトによれば、彼はあらゆる種類の満足の成立を両面から、すなわち、一方では「表象能力の能動性」に関連づけ、そしてもう一方では対象の持つ多様性と統一性の調和的構造ないし全体と諸部分の合成に関連づけて説明している。つまり、対象がそのような構造を備え、美しい場合にのみ、心意は触発され前者の能動性を生み出すと想定されるわけである。

しかし、ラインホルトによれば、その理論の欠陥は詰まるところ、「表象能力の能動性」がもっぱら思惟活動の能動性としてのみ理解されており、これと不可分に働いている心意の受容性が無視されているという「一面的理解」にある。いい換えれば、ズルツァーは感覚の概念を中心的に用いているにもかかわらず、満足の本来の内的根拠が「触発するものにではなく、触発されるもののうちにのみありうること、能動性にではなく、変容された感受性のうちにのみありうること、知的な力にではなく、感性の能力のうちにのみありうること、つまり思惟の働きにではなく、感受する働きのうちにのみあること」(57)を見逃している。

エルヴェシウス(Claude-Adrien Helvétius 1715–71)の満足論は、まさにズルツァーのそれの対照に位置づけられる。エルヴェシウスには「ズルツァーの見逃していた、満足に対する感性の寄稿集を見逃さなかったという功績がある」が、しかし彼は快適な感覚や不快な感覚の根拠を、いやそればかりか心意のあらゆる活動の基礎を感性の感受性のうちにのみ認めており、それゆえ「どんな満足に際しても能動的能力の協働が必要であることを見損なった」(58)。それにとどまらず、その「感性の感受性」についての理解でさえが一面的である、とラインホルトは批判する。すなわち、エルヴェシウスにとっては「身体を介してわれわれの表象能力に与えられるものはみな、外部から与えられる」ので、彼の感性論は「外部感覚に局限されており、そのため感性のあと半分の能力つまり内部感覚は奪われる」ことになる。(59)それゆえ彼は「感性を説明するのに、感性によって表象されねばならない諸対象の性状から、説明」せざるをえなくなるのである。

ここでもラインホルトは、感性という基本概念についての誤解がエルヴェシウスの体系の根底に横たわっているとして、感性の「新しい」定義を持ち出している。「エルヴェシウスのこうした学説体系は、唯物論者や精神主義者とまったく同一の土台を共有しているのだが、この共有の土台とは、カントに至るまでわれわれによく知られたすべての哲学者たちによって誤解されてきた感性の根本概念である[60]」。

しかし問題はそう単純ではない。ラインホルトは、②の「完全性」論者に対しては、満足の成就には「心意の受容性」たる「感性」の「触発される能力」の協働が不可欠であること、そして満足を成立させる「表象の不判明さ」は「心意の無能さ」や「感性の不完全性」によるのではなく、触発されることの自然な属性であることを対置した。③の知性論者ズルツァーに対しても、同様に「心意の感受性」「触発されること」の看過を批判すれば、それでよかった。しかしエルヴェシウスに対してはそうはいかないであろう。彼は、いわば徹底した受容性‐感受性論者なのだから、「心意の能動性」の関与の欠如を批判できても、「感受性」の欠如を批判することはできない。そこでラインホルトは、エルヴェシウスにおいては感性の働きのうち「外部感覚」だけが考慮されており、「内部感覚」の働きが看過されているという批判を持ち出している。「外部感覚」が外的印象によって感性が「触発されること」を指している以上、「内部感覚」は感性の一種の自己触発と考えざるをえない。それは、心意の受容性のうちに、受動的に働く能力自身のうちに働いているある種の「能動性」を主張することを含意しているであろう。この受動性内部の能動性は、どのように働くのか？　それが、論理的表象の成立にも関与しているのか、それとも美的表象の成立時にのみ働くのか？　後者の場合、この受動的能動性はいかにして満足や美的享受成立の内的制約たりうるのか？　しかし、これらの諸問題に立ち入ることなくラインホルトの感性論はここで止まっている。

ラインホルトが一連の満足論の批判とそれらの統合を企てたとき、彼はカント哲学における悟性‐感性、自発性‐受容性の協働という図式に、おそらく当時生成しつつあった彼自身の「表象能力理論」の構造（形式付与能力‐素材受容能力）を重ね合わせることで、その企ての基本的視座を得ていたと推測できる。その意味では、この趣味論はすぐ後の「表象能力理論」の最も古い層を示している。その際、彼はとくにカントの「感性」理解に問題解決の突破口を見出している。いわば、「カント哲学についての書簡」において彼は、「理性の誤認」という観点を武器にして対立する哲学的諸立場を整序し、それらを共通の体系へと統合しようとしていたのに対して、ここでは（カント哲学から見た）「感性の誤認」を唯一の手がかりに、立場の異なる様々な満足論を統合しようと試みている。しかし、拡散的でさえあるような多様な満足論を統合するには、この道具立てだけでは不十分であった、といわざるをえない。かくして、カントの感性論を利用して「まったく新たな感性論を作成する」という企ては、未完に終わっている。「論文」冒頭に約束された、プラットナー（Ernst Plattner 1744-1818）に依拠した⑤の統合的満足論も書かれないままに終わっている。

にもかかわらず、彼がイェーナで趣味や満足といった美学の中心的概念に深い理解を示し、『判断力批判』公刊以前に包括的、統合的な満足‐美学論を展開したことの意義は否定できない。ここには、カントに依拠しながらも、カント的感性論の枠組みには収まらないような思想的萌芽も認めることができるであろう。

注

（1）ラインホルト自身も自分の招聘をかなり早くから確信していた。一月末にはF・ニコライに「おそらく半年後にはイェーナで生活していることになる」と書き、三月末にはシュッツに「将来のイェーナ滞在を心から喜んでいます」と書いている。*Korrespondenz 1*, 198, 208.

（2）J. G. Herder, *Briefe, Gesamtausgabe 1763–1803*. Hrsg. v. den Nationalen Forshungs- und Gedenkstätten der klassischen deutschen Literatur in Weimar unter der Leitung von K. H. Hahn. Weimar 1977ff. Bd. V, 202.

（3）Vgl. *Korrespondenz 1*, 200, Anm. 4.

（4）ibid.

（5）ibid., 217, Anm. 2., 244, Anm. 2., 256, Anm. 1. und 268f., Anm. 2.

（6）Vgl. Kurt Röttgers, Die Kritik der reinen Vernunft und Karl Leonhard Reinhold. Fallstudie zu Theoriepragmatik in Schulbildungsprozessen. In: *Akten des 4. Intenationalen Kant-Kongresses*, vol. II, pt. 2. Berlin 1974, 794f.

（7）たとえば、Gerhard W. Fuchs, *Karl Leonhard Reinhold – Illuminat und Philosoph. Eine Studie über den Zusammenhang seines Engagements als Freimauer und Illuminat mit seinem Leben und philosophischen Werken*. Frankfurt am Main 1994. は、

かの裏の人脈を背景としたフォイクトとの関係が「かの招聘に大きく関与している」(ibid., 91) と判断している。

(8) 各種の典拠文書によれば、カール・アウグストが啓明会に入会したのは一七八三年二月一〇日と記録されており、ゲーテの入会は翌日のことである。するとそれは、ラインホルトがウィーンでメイソンのロッジ「真の和合」に入会する前のことになる。ヘルダーの入会は同年の七月一日であり、フォイクトが啓明会の会士になったのは一七八五年以降のことらしい。

(9) W. Daniel Wilsonはその著作、*Geheimräte gegen Geheimbünde. Ein unbekanntes Kapitel der klassische-romantischen Geschichte Weimars.* Stuttgart 1991において、ワイマール公とゲーテの入会の真の動機を「会に加入することによって、政治的に怪しげなこの新しい秘密結社を監視すること」にあったと考えている。「それゆえ、彼らは潜入者たちの中に潜入したのだ。彼らは公国の中で危険な展開を遂げる可能性のある動きを、統制下に置きたいと考えていた」(ibid., 66) と見ている。

(10) Vgl. Gerhard W. Fuchs, op. cit., 92.

(11) 後にラインホルトの同僚になる（一七八九年からイェーナの東洋学教授、一七九三年からは神学教授）パウルス (Heinrich Eberhard Gottlob Paulus 1761-1851) が、一七八七年六月に旅行途上にワイマールに立ち寄ったときのことを、ラインホルトは「教授就任論文をスピノザ主義について書こうとしている」とその旅日記に記している (Vgl. *Korrespondenz 1*, 268.Anm. 1)。だが結局、どんな就任論文も提出されなかった。

(12) ニートハンマーは一七九〇年の復活祭の頃にイェーナに来て、ラインホルトのもとで研究し、個人的にも彼やシラーと親しく交わった。イェーナ到着後、生活資金に困った彼は、研究を中断して、ゴータの書籍商カール・ヴィルヘルム・エッチンガーからの『ゴータ学術新聞』の編集協力依頼を受けて、一七九一年の春から八カ月間ゴータに滞在したが、シラーの勧めもあって一二月にはイェーナに戻った。一七九二年二月にはイェーナで講義資格を得て、五月には「助手 (Adjunkt)」に任命され、この夏学期からまず「自然神学」の講義を開始し、冬学期には「道徳学」の講義を告示したが聴講生不足のため実現しなかった。翌九三年に哲学部の員外教授、九五年には神学部の員外教授に昇進した。ニートハンマーの略歴と精神的プロフィールついてはManfred Frank. *<Unendliche Annäherung>. Die Anfänge der philosophischen Frühromantik.* (stw 1328) Frankfurt am Main 1997, 428-439を参照。

(13) エアハルトは、最初は独学でメンデルスゾーンやヴォルフの数学書、哲学書を研究し、ヴォルフ的体系に親しんでいたが、二〇歳になる前から当時公刊されていたカントの主要著作を読破して、カント哲学を信奉するようになった。彼はそれ以降、終始揺るぎなきカント主義者であった。すでに一七八六年五月一二日付けのカントに宛てた最初の書簡で、彼はこれまでの自分の知的キャリアを申告している (*KA*. X. 446ff.)。二二歳のとき（一七八八年秋）医学を勉強するためにヴュルツブルク大学に入学したが、一七九一年の初めにはカント哲学の最新形態を研究するために、ラインホルトのもとにやって来た。当時の彼のことを、シラーがケルナーに宛てた書簡でこう紹介している。「ニュルンベルク出身で医学博士のエアハルトという男が当地に来ている。ラインホルトや僕と知り合いになり、カント哲学についてより深く教えを得るためだ。彼は僕がこれまで知っている中でも一番の博学家であり、ラインホルトの言ではカント哲学を根本から理解しているだけでなく、自分自身の思索によってカント哲学にまったく新しい展望を与えたそうだ。彼は並外れた博識と非凡な理解力を結合している。彼は数学者であり、思索力ある医者であり、哲学者であり、それに芸術に対する熱い思いを持っている。……それでも、彼はまだ二五歳にもなっていない。……彼は今、『一般学芸新聞』紙上でなされたいくつかの攻撃に対してラインホルトの哲学を擁護する仕事に携わっている」（*Schillers Werke*, Nationalausgabe. Bd. 26. *Briefwechsel 1788-1790*, Weimar 1979（以下、*NA*. 26と略記）, 81f.）。エアハルトの略歴とより詳細な精神的プロフィールについてはManfred Frank, op. cit., 375-395を参照。

（14）フォアベルクは一七八六年の春ライプツィヒ大学に入学し、プラットナーのもとで神学と哲学を学んだ。その後一七八八年秋にイェーナに来て、神学をデッダーラインとグリースバッハに、哲学を最初はウルリッヒに学んだ。当初プラットナー学徒として、厳格な決定論と幸福主義の信奉者であった彼は、ラインホルトの講義を聴くことによって批判哲学へと立場を移し、以後ラインホルトと親しく交わるようになる。一七九一年三月にマギスターの学位を得て、同年の冬学期以降、イェーナの哲学部で「道徳学」や「自然神学」などの講義を担当した。哲学史上、彼の名が記憶されているのは、一七九八年の秋に勃発したフィヒテに関する無神論論争の発端を与えた人物としてである。すなわち一七九八年一〇月、フィヒテとニートハンマーの編集する『哲学雑誌』第八巻第一分冊に掲載されたフォアベルクの論文「宗教の概念の発展」に関連して、フィヒテが「神の世界統治に対するわれわれの信仰の根拠について」を発表したことによって、フィヒテに無神論との嫌疑をかけられた。フォアベルクのより詳細な精神的プロフィールについてはManfred Frank, op. cit., 623-634を参照。

（15）フォン・ヘルベルトはラインホルトの講義を聴くために、一七九〇年一二月末にイェーナに移住し、妻と子どもとともに翌年の四月まで当地に滞在した。フリーメイソンの会士であり、当時としては革命的な思想の持ち主であった彼は、かつてラインホルトが在籍していたウィーンのロッジ「真の和合」と恒常的な交流があったクラーゲンフルトのロッジ「慈悲深いマリアンナ」に属していた。それで一七八九年の夏、彼が最初にイェーナを訪れたとき、ラインホルトのウィーン時代のメイソン仲間、レオンの紹介状を携えてきた。彼は一七九〇年の暮れから四カ月間、ラインホルトの家に住んでいた（vgl. *Korrespondenz 2*, 329, Anm. 4）。シラーは一七九一年四月一〇日付けのケルナー宛て書簡で、彼をこう紹介している。「もう一人の僕の知り合いはクラーゲンフルト出身の男爵で、ヘルバルトとかいう名の男です。彼は四〇歳ぐらいの妻子持ちで、クラーゲンフルトに工場を所有しているが、カント哲学を勉強するために、四カ月ほどイェーナに滞在しています。健全な道徳的品性を兼ね備えた、立派な頭脳の持ち主です。人に聞いたところでは、彼は所期の目的を達成したはずです」（*NA*. 26, 83）。

彼はラインホルトや「ラインホルト・サークル」の若者たちを様々なかたちで財政的に支援し、イェーナ退去後も書簡などを通して哲学上の交流を続けた。ラインホルトの『哲学的知の基底について』（イェーナ、一七九一年）は、彼に対する次のような献辞が添えられている。「私たちが真理を求めて、ともに過ごした至福の日々の思い出のために、クラーゲンフルトのフランツ・パウル・フォン・ヘルベルト男爵に」。フォン・ヘルベルトのより詳しい精神的プロフィールについてはManfred Frank, op. cit., 363-375を参照。

（16） 学期ごとの講義一覧について一番簡便な資料は、Ernst-Otto Onnasch (hrsg.), Karl Leonhard Reinhold: *Versuch einer neuen Theorie des menschlichen Vostellungsvermögens*, Teilband 1. (PhB 599a) Hamburg 2010に収められたREINHOLDS VORLESUNGEN IN JENA (S. CXXXIVff.) である。本章はこれに従っている。その他にはGerhard W. Fuchsの前掲書 (S. 171f. Anm.131) に挙げられている「ラインホルトのイェーナ講義（一覧）」も参照（Fuchsの一覧は、イェーナ大学の公文書庫の記録資料に裏打ちされている）。

（17） Ernst-Otto OnnaschとKaianne J. Marxはエバーハルトの手引書を*Theorie der schönen Künste und Wissenschaften, zum Gebrauche seiner Vorlesungen*. Halle 1783 (2. verb.Aufl., 1786) のことだと推定している。Vgl. Ernst-Otto Onnasch (hrsg.), op. cit., S. CXXXV, Anm. 1. und Karianne J. Marx, *The Usefulness of the Kantian Philosophy*, Berlin/Boston 2011, 31. それに対して『往復書簡集』第二巻の編者は、それを*Allgemeine Theorie des Denkens und Empfindens*. (Berlin 1776, Neue verbesserte Auflage 1786) と推定している。Vgl. *Korrespondenz 2*, 70, Anm.6.

（18） Johann August Eberhard, *Allgemeine Theorie des Denkens und Empfindens*. Neue verbesserte Auflage. Berlin 1786 [Aetas Kantiana 1968], 10.

（19） Vgl. *Korrespondenz 1*, 314f.

（20） Vgl. Erich Fuchs, Reinholds Vorlesungen 1792-1794 uber die Kritik der reinen Vernunft und uber Logik und Metaphysik: Kollegnachschriften Schmid, Kalmann, Krause. In: *Karl Leonhard Reinhold and the Enlightenment* by George di Geovanni. Heidelberg/London/New York 2010, 291-314.

（21） Vgl. *Korrespondenz 1*, 331f. und 360f.

（22） Vgl. *Aus Jens Baggesen's Briefwechsel mit Karl Leonhard Reinhold und Friedrich Heinrich Jacobi*. Erster Theil, Leipzig 1831, 18, 39.

（23） Vgl. *KA*, XI, 411.

（24） この演説は、さらにその後同じ表題のまま*Auswahl vermischter Schriften* von Carl Leonhard Reinhold, Professor in Kiel. Erster Theil. Jena: bey Johann Michael Mauke 1796のS. 246-270に再録されるが、しかしこの版は『ドイツ・メルクーア』での初出稿の一部に重大な内容上の加筆・修正を加えており、初出稿時のラインホルトの考えを精確に再現しているとはいえない。

（25） *Der Teutsche Merkur*. Weimar 1788. Bd. I, 181.

（26）Vgl. ibid.
（27）ibid., 167.
（28）ibid., 167f.
（29）ibid., 168.
（30）ibid., 169.
（31）彼はこう書いている。「このようにして、ドイツは美学の生まれ故郷になり、次いで経験的心理学の生まれ故郷になり、そしてついに理性批判（より高次な学問的心理学）の生まれ故郷になったのである」（ibid., 173）。
（32）Martin Bondeli, Geschmack und Vergnügen in Reinholds Aufklärungskonzept und philosophischem Programm während der Phase der Elementarphilosophie. (In: *Evolution des Geistes: Jena um 1800*, hrsg. v. Friedrich Strack. Stuttgart 1994) は、この時期のラインホルトの多面的な美学思想議論を、「啓蒙主義的－歴史哲学的文脈」「能力理論的文脈」「論理学的文脈」に分けて整序している。
（33）*Der Teutsche Merkur.* Weimar 1788. Bd. I, 178.
（34）ibid., 179.
（35）*Korrespondenz 1*, 360. 一七八八年四月三〇日付けのヴィーラント宛ての手紙で、ラインホルトは「月曜日〈四月二八日〉には、三時に論理学、四時に美学の講義をかなりの数の聴講者を得て開講した」こと、この両講義はいずれも前年の冬学期の講義よりも「多くの人で埋まることは確実である」ことを報告し、さらに「明後日八時には、理性批判についての私的講義が」一〇人の聴講者を得て始まると告げている。
（36）『ドイツ・メルクーア』初出時の表題は、「学者と学生にとっての保養としての、ある叙事詩の美しさの詳細な考察について」であるが、後にこの論文も上記注（24）に挙げた「論集」に収録された（S. 181-207）。その際に表題は「ヴィーラントの『オーベロン』に関するわが公式講義の目的について」と変更されるが、内容上は大きな変更は認められない。
（37）*Der Teutsche Merkur.* Weimar 1788, Bd. II, 387f.
（38）ibid., 389.
（39）ibid., 388.
（40）ibid., 403.
（41）Vgl. I. Kant, *Kritik der Urteilskraft*, §11, 12, 31. In: *KA*, V, 221f., 280.（『カント全集8　判断力批判　上』岩波書店、一九九九年、八〇－八一頁、一六三頁）
（42）ibid., §59, 353.（前掲邦訳書、二六一頁）

（43）ibid., §60. Anhang. 356.（前掲邦訳書、二六五頁）しかしH・G・ガダマーも指摘しているように、ここでは「『趣味の方法論』という見出しのもとに付論として、『趣味の涵養』が取り扱われているにすぎない。〔中略〕趣味の内容を規定することは、趣味の超越論的役割という領域から外れてしまうのである。美的判断力という固有の原理の枠内でのみカントは関心を持つのである。それゆえ、彼にとっては、純粋な趣味判断のみが問題となるのである」が、「〈純粋な趣味判断〉に美学の基礎を置くことによっては、芸術を正当に評価することは不可能であるように思われる」（Hans-Georg Gadamer, Wahrheit und Methode. Grundzüge einer philosophischen Hermeneutik, in: *Hans-Georg Gadamer, Gesammelte Werke* Bd. I. Tübingen 1986, 49f., 51. 轡田他訳『真理と方法Ⅰ』法政大学出版局、一九八六年、六三頁、六五頁）。

（44）この論文も後に、注（24）に挙げた「論集」に収録された（S. 271-350）。その際、表題は「従来の満足の概念について」と変更され、冒頭部分と結論部分は書き換えられている。

（45）*Korrespondenz 1*, 313f.

（46）①の例としてJean-Baptiste DubosとLouis Jean Levesque Pouillyの名が挙げられ、それぞれの著『絵画と詩に関する批判的省察（*Réflexions critiques sur la peinture et la poésie*）』（一七一九年）（邦訳名『詩画論Ⅰ、Ⅱ』木幡瑞枝訳、玉川大学出版部、一九八五年）の第一部第一・二節と、『快適な感情の理論（*Théorie des sentiments agréables*）』（一七四七年）第二章以下が注記されている。前著については、一七八七年九月九日付けのヴィーラントからの書簡に「君は、求めていたバトゥー〔の著作〕とデュボスの考察を――これはすばらしい著です――フーフェラントを介して手にすることになろう」との一節が見られる（*Korrespondenz 1*, 263）。デュボスの著は、当時F・ニコライが彼の雑誌（『美の諸学および自由学芸叢書』）で書評していたことや、M・メンデルスゾーンが『感覚についての書簡』（一七五五年）や『ラプソディー』（一七六一年）で批判の対象とし、しかも後者の著では以前の評価を修正していることなどから、ラインホルトの関心を惹いていたのだと推測される。

②の例として、Ch・ヴォルフとM・メンデルスゾーンの名が挙げられ、それぞれの著『経験的心理学（*Psychologia empirica*）』（一七三八年）第五三六節以下と、『哲学論集（*Philosophische Schriften*）』（一七六一年）に所収の「感覚についての書簡」が注記されている。

③の例として、エルヴェシウスの名が挙げられ、その著『精神論（*De l'esprit*）』（一七五七年）第一章が注記されている。エルヴェシウスの感覚一元論が美学的満足論の脈絡で取り上げられるのは異例であるが、この異例の扱いはラインホルトの青年期における無神論的唯物論への傾斜を反映しているのであろう。

④の例として挙げられているのは、ズルツァーであり、その著『哲学混成論集（*Vermischte philosophische Schriften*）』（一七七三年）に所収の「快適な感覚と不快な感覚の起源についての探求」が注記されている。

⑤の立場としては、（カント宛て書簡には挙げられていない）プラットナーの『哲学的箴言集（*Philosophische Aphorismen*）』

（一七八四年）の第一部第一章第二節が注記されている。
（47） *Der Teutsche Merkur*. Weimar 1788, Bd. IV, 67f.
（48） *Der Teutsche Merkur*. Weimar 1789, Bd. I, 47f.
（49） *Der Teutsche Merkur*. Weimar 1788, Bd. IV, 69.
（50） 満足の「三層の源泉」説と「混合感覚」論の意義については、Einleitung von Anne Pollok zur Moses Mendelssohn Ästhetische Schriften. Hamburg 2006 (PhB 571), xx-xxviiを参照。
（51） *Der Teutsche Merkur*. Weimar 1788, Bd. IV 70ff.
（52） ibid., 76.
（53） ibid., 79.
（54） Moses Mendelssohn, Rhapsodie, oder Zusätze zu den Briefen über die Empfindungen. In: ders. *Ästhetische Schriften*. Hamburg 2006 (PhB 571), 145.
（55） Vgl. Martin Bondeli, Geschmack und Vergnügen in Reinholds Aufklärungskonzept und philosophischen Programm während der Phase der Elementarphilosophie. In: *Evolution des Geistes: Jena um 1800*, hrsg. v. Friedrich Strack. Stuttgart 1994, 365f.
（56） *Der Teutsche Merkur*. Weimar 1788, Bd. IV, 152.
（57） ibid., 162f.
（58） *Der Teutsche Merkur*. Weimar 1789, Bd. I, 51.
（59） ibid., 44.
（60） ibid., 41.

第四章　批判的「認識理論」の「前提」としての「表象」（一七八九年）

――その一元論的体系の構想――

第一節　批判哲学との対決の段階的深化

ラインホルトはイェーナの員外教授になり、一七八七／八八年の冬学期からイェーナの講壇に立った。その講義題目には、すでに見たように、毎学期カントの『純粋理性批判』を主題とするものが挙げられていた。だがこの講義活動は思いもかけず、ラインホルトに批判哲学の認識論的基礎を改めて吟味することを促すことになった。講義のために彼は改めてカント批判の諸論考を熟読、吟味し、思索を重ねた末、一七八八年一〇月頃には「カントの認識理論より先に着手されねばならない前提（Prämisse）に行き着いた、そして、この前提は表象の働きの精密な理論のうちにある」[1]という確信を抱くに至る。この確信を実証すべく『人間の表象能力の新理論試論』（以下『試論』と略記）が、編纂、上梓されるのが、翌一七八九年の一〇月である。同著は、I・v・ボルンとM・ヴィーラント、そしてカントに捧げられている。ラインホルトのこれまでの知的キャリアを思い起こすならば、最初の主著がこの三人に捧げられているのは、至極当然であるといえよう。

『試論』はラインホルトの最初の哲学的主著であり、アカデミズムの世界では新参者であった彼にとって、『試論』が学術的世界でどう受けとめられるかは重大な関心事であった。それで、彼は著作の公刊前から様々な対策を講じて、著作が好意的に受けとめられるよう心を砕いていたようである。にもかかわらず、学界の反応は彼がひそかに期待したものとは正反対のものであった。すなわち、公刊直後からドイツ各地の「学芸新聞」や「学術報知」、そして反カント派の哲学雑誌『哲学叢書』や『哲学雑誌』が次々と『試論』への異論、批判、非難を公にし、数カ月の間に一〇誌を超える批判的書評が現れた(2)。批判は、反カント陣営からだけでなく、批判哲学の信奉者たちからも放たれた。

『試論』批判の大合唱に対して、当初ラインホルトは「特別な定期刊行物」を発刊して対抗しようと考えていた(3)。しかしすぐにその計画を変更して、自らの表象能力理論を深化させるために、一七九〇年一〇月には単行本『哲学者たちのこれまでの誤解を是正するための寄稿集』第一巻(以下『寄稿集Ⅰ』と略記)を公刊する。これには、『試論』のエッセンスをより正確な表現で仕上げた第三論文「根元哲学の主要契機の新叙述」。第一部、原理論」を含む六篇の論文のほかに、付論としてチュービンゲンの教授フラット(Johann Friedrich Flatt 1759–1821)の書評とそれへの反論、ライピチッヒの教授ハイデンライヒ(Karl Heinrich Heydenreich 1764–1801)の手になる書評、批判とラインホルトの短い反論が収められている。

『寄稿集Ⅰ』は、単に『試論』での主張の弁護とその部分的改定にとどまっていなかった。ここでの中心的主題は、批判哲学の認識理論の基礎としての「表象」概念の成否や妥当性というよりも、むしろ真の哲学とその体系のあり方への関心に強く定位されている。すなわち、『寄稿集Ⅰ』は「哲学の概念」の究明から始まり、哲学は今や「厳密な学としての哲学」にならねばならず、「哲学の哲学」あるいは「諸学問の学」へと高められねばならないというテーゼを打ち出している(第一論文)。周知のごとく、こうした体系的哲学理念は、フィヒテ知識学の綱領的論文「知識学の概念について」に鮮明に刻印され、その後も若きシェリングやヘーゲルの哲学観にも大きな影響を与えた。そのような「学としての哲学」は「根元哲学(Elementarphilosophie)」と呼ばれ、その全体は「遍く認められた(allgemeingeltende) 第一根本命題」に基づけられねばならないと主張される。その「第一根本命題」の「必要性、可能性、諸性質」が展開され（第二論文）、そして狭義の根元哲学に相当する「原理論」の樹立が企てられている（第三論文）。表象能力理論と「純粋理性批判」の関係は第四論文で論究され、最後の第六論文は『試論』での理論に修正を加えつつ、それを補強、再論している。『試論』と比べ、ラインホルトの哲学的思索と議論は、ここで明らかにメタ的境位へと旋回している。

さらに翌一七九一年には、論文「哲学知の基底について（Ueber das Fundament des philosophischen Wissens）」を収めた同名の著作（以下、『基底』と略記）が、根元哲学構想の集大成版として出版される。[4]「基底」論文は、改めて「哲学の端緒をなす根拠」を問い、『寄稿集Ｉ』に続いて哲学の「第一根本命題」としての「意識の事実」たる「意識律」の意義を開陳するとともに、カント哲学への批判を深化させている。たとえば、前著では「その著者自身がそう呼んでいるように、純粋理性批判は形而上学の予備学である[5]」と述べられていたのに対して、ここではもう一歩踏み込んで、「純粋理性批判」は「唯一可能な真の根元哲学のための予備学[6]」であると言明される。

かくして一七八九年秋からの二年余りの期間は、ラインホルトのカント哲学との自覚的、批判的対決の第一局面に当たる。[7] この間、その批判的姿勢は徐々に、そして確実に深まっていった。『試論』ではカントに対する批判的言及は、総じて「師匠」が「認識」あるいは対象の「表象」に関する概念用法を十分に規定しなかったという、抑制された調子にとどまっているのに対して、『寄稿集Ｉ』は、両者の体系的プログラムのより鋭い対置が顕わになる。さらに『基底』は、自らの根元哲学こそが哲学的思惟の発展における最高の段階であるという確信すら表明されるに至る。つまり「一七八九年の『試論』はまだほとんどカント批判を含んでいないが、一七九〇年の『寄稿集』は包括的なカント批判をそのうちに含んでいる。そして一七九一年の『基底』は、『根元哲学』と比較しながらカントの立場の弱点を執拗に際立たせている[8]」。そして、この批判的対決を通じて生み出された、「意識律」を「第一根本命題」とする「厳密な学」としての根元哲学の構想は、批判哲学をめぐる哲学的議論のあり方を大きく変容させたとさえいえる。

一七九〇年代初め頃には、「根元哲学」こそが批判哲学の首尾一貫した究極の形式であるとみなされるような状況が出現したのである。一七八八年にはカント哲学に一斉砲火を浴びせたフェーダー（Johann Georg Heinrich Feder 1740–1821）、マイネルス（Christoph Martin Meiners 1747–1810）の『哲学叢書（*Philosophische Bibliothek*）』とエーベルハルトの『哲学雑誌（*Philosophisches Magazin*）』は、一七九〇年以降はもっぱらラインホルト哲学を標的とするようになる。[9] これ以降、批判哲学をめぐる諸論点は、カントの諸著作の「字句」に定位してというより、むしろラインホルトの設定した理論的枠組みの中で展開されるようになる。たしかに、それはフィヒテの知識学が登場するまでのわずかの期間であった。だが、根元哲学の構想は、初期ドイツ観念論の展開における問題設定に決定的な刺激を与え、そして体系としての哲学の構想はラインホルトの構想とは異なったかたちで実現されていくことになる。

本章では、ラインホルトが『試論』でカント認識論の基礎づけとして提起した「表象（能力）理論」の概要を提示し、そこに含まれるいくつかの問題点を検討する。『寄稿集Ⅰ』と『基底』に展開された「厳密な学」としての「根元哲学」の構想については、第五章で検討する。

第二節　『試論』の成立背景とその構成

最初の冬学期講義が終わった一七八九年三月頃には、ラインンホルトもカント講義の手引としてまず「理性批判の入門書」の類を出版しようと考えていたようである。[10] それではことが済まず、『試論』を上梓するに至った事情は、その「序文」、「カント哲学のこれまでの運命について」によれば、おおよそ以下のごとくである。

ラインホルトはイェーナでカントの「新しい諸原理に従って哲学の根本原理を講義するのに、選択すべき方法をじっくり考える必要」（*Versuch*, 58）[11] に迫られた。それで、カント派、反カント派、両派の主要著作を改めて仔細に検討し、両方を入念に比較照合した。その結果彼は、両派の係争が「かつての独断論的諸体系間の争いがそうであったように、いつまで経っても終結させられないことをいっそう強く確信するようになった」(ibid., 60)。彼の見るところ、「その争いの明白な争点は、認識能力についての〔ライプニッツ－ヴォルフ学派による〕旧来から広く行き渡っている誤解に還元される」(ibid., 61)。その旧来の誤解の本質は、「認識作用についてのこれまでの表象様式では、事物の純然たる表象に属している述語を、事物それ自身に転用している」(ibid., 62) 点にあった。

たしかに「批判的」認識論はその帰結として、そうした類の誤解を一掃したはずである。にもかかわらず、今や批判的認識論自身が至るところで誤解にさらされ、その真意はほとんど理解されていない。カント哲学に対するこのような誤解が起こってくる源を探って、ラインホルトは「純粋理性批判で打ち立てられた認識の概念と、純粋理性批判では単に前提視されただけの表象の概念の区別」(ibid.) の必要性に思い至る。というのも「認識能力の新たな理論が初めて呈示される際、かの表象の概念が単に前提視されねばならなかったという事情が、この新たな理論がこれまでほとんど理解されてこなかった原因でもある」(ibid., 63) からである。すなわち、「直観」や「概念」や「理念」が哲学者たちによって多種多様に、恣意的に理解され使用されている背景には、それらの基礎に前提として置かれている「表象」の概念について、カントとその吟味者たちがまったく異なった理解をしているという事情がある。様々な誤解にさらされている表象の働きを誰もが承認する理解へともたらし、そうして「遍く認められた (allgemeingeltend)」表象概念を基底に置いて改めて批判的認識論を根拠づけ、もって、その帰結自体は正しい批判哲学を確固不動のものにするという着想がここから生まれる。『試論』が全体として立証しようとしているのは、この着想である。

『試論』は「序文」と三つの「篇 (Buch)」に区分された本論からなっている。本論各篇は節に分けられており、第一篇「人間の表象能力を新たに探究する必要性についての論文」は五節 (§1～§5) から、第二篇「表象能力全般の理論」は三二節 (§6～§37) から、そして第三篇「認識能力全般の理論」は五一節 (§38～§88) からなっている。第三篇はさらに「感性の理論」(§46～§66)、「悟性の理論」(§67～§76)、「理性の理論」(§77～§88) に分けられている。各節は例外なく、冒頭に五～六行のテーゼを配し、以下にそのテーゼの解明がなされるという体裁を取っている。すでにこの構成区分から明らかなように、著者はまず、「表象能力」の解明がなぜ必要なのかを説き（「第一篇」）、続いて、哲学者間で一致を見ていない「表象の本質的徴標」を明らかにして、それをあらゆる「認識」の普遍妥当的基礎として確定しようとしている（「第二篇」）。最後に、確定された「表象の本質的諸徴標」に基づけて、認識諸能力の諸作用を系統的に展開することを通して、カント的認識論を改めて根拠づけようとしている（「第三篇」）。(12)

次に、やや複雑な『試論』の「成立事情」に触れておく。『試論』公刊にあたってラインホルトが実際に「書き下ろした」部分は、実は「第二篇」の大部分と「第三篇」だけである。「カント哲学のこれまでの運命について」と題されている「序文」は、著作公刊の半年前に、彼の公論発表活動のホームグラウンドであった『ドイツ・メルクーア』誌の一七八九年五月号と六月号にすでに掲載されていた。(13) さらにやっかいなことに、ラインホルトはこの「雑誌論文」を別途「小冊子」の体裁で印刷させ、これまた『試論』出版以前に多くの人に贈呈していた。(14) 小冊子版「運命」末尾に付された「四月八日」の日付が、そのまま『試論』にも転載されたことから、『試論』の公刊時期が一七八九年四月と誤認されたこともあった。つまり、「運命」は異なるかたちで三度公刊されたのである。最初は『メルクーア』に連載された雑誌論文として、次には独立の小冊子として、そして最後には『試論』の「序文」として。(15) いずれにせよこのような異例の措置は、ラインホルトが『試論』公刊後の評判を非常に気にしていたことを示唆している。いわば、彼はメイン・ディシュを出す前に「前菜」を提供して、前者への関心を惹き、学識者たちの評価を事前に確かめようとしていたのである。(16)

「第一篇」もそのすべてが、すでに公表されていた各種の雑誌論文からなっている。(17) その雑誌論文と『試論』所収論文は、表題こそ異なれ、内容面では些細な点を除けば、ほぼ同一である。『試論』の原稿の「大部分」は、もう一七八九年の春には仕上がったていた。(18) その原稿が、上記のように異なる雑誌に事前公表されていたのである。著作全体の核心部「第二篇」については、その原稿をラインホルトは遅くとも六月末には書き終え、八月初旬には印刷が完了していたはずである。(19) それに続く「第三篇」が八月末には印刷に回っていたことからすると、『試論』全体の半分近い分量を占める「第三篇」は、三カ月そこそこで書き上げられたことになる。とくに「第三篇」の後半部は、ほとんど印刷校正も経ず、出版された可能性がある。[20]「第二篇」以下の概説は次々節以降に譲り、次節ではまず「序文」と「第一篇」の内容を素描しておこう。

第三節　「遍く認められた原理」の不在――「序文」と「第一篇」

「序文」はドイツの哲学界の状況描写から始まっている。その描写に際して、ラインホルトは最初のカント講義（一七八七／八八年の冬学期）以来彼の持論となっていた、哲学の〈四党派‐理論〉を持ち出している。「四党派」として挙げられるのは、多くの場合「唯心論、唯物論、独断論的懐疑主義、超自然主義」（*Versuch*, 21）であるが、この分類にはいくつかのヴァリエーションがある。たとえば、カントの「新しい哲学」の評価・査定をめぐっては、「独断論者」と「懐疑論者」が正反対の位置に立ち、「超自然主義者」と「自然主義者」は――また別の観点において――正反対の立場を取り、そして「唯物論者」と「唯心論者」もまたそうである（ibid., 31f.）。ところが「神の存在」問題については、「有神論者」「汎神論者」「超自然主義者」「独断論的懐疑論者」の四者が、「四角形」の頂点をなす関係にあり、それゆえこの問題についての論点の設定の仕方と「視点」の相違に応じて、その都度入れ替わる二者対二者の様々な対立関係と共同関係を描くことができる（vgl. ibid., 42f. auch 79ff.）。とにかく、ドイツの哲学界は根本的諸問題についてこれら四つの哲学的党派の争いが止まない「カオス状態」にあり、道徳や宗教の切実な諸問題についても、どの党派も遍く認められた根本原理を欠いたままである。そして、この争いに「永遠の平和」をもたらしたはずの批判哲学は、あらゆるところで誤解にさらされ、論争の渦に巻き込まれたままである。『試論』公刊の動機に思いを寄せれば、哲学的世界の混乱についてのこの状況認識は、きわめて重要である。

続いてラインホルトは自らの思想的・哲学的キャリアを、とくにカント哲学との出会いとそれの習得過程について、かなり興味深い仕方で叙述している。この叙述には、自分がカント哲学の正当なスポークスマンであるとの自負がにじみ出ているように見える。そして、「序文」の終盤に至ってようやく、本章前節に略述したような要点、すなわち「認識能力理論」を正しく理解するためには、それに先立って「表象能力理論」が解明されねばならないという主張を提出する。至るところで誤解にさらされざるをえなかった「カント哲学のこれまでの運命」は、その「前提」をなしているはずの「表象概念」が無規定なままに放置されてきたことに起因している（vgl. ibid., 64）。「序文」の表題の趣旨は、詰まるところこの点に集約されるのである。

さて「第一篇」の§1は、「これまで哲学は、宗教と道徳の根本真理に対して遍く認められた認識根拠も、道徳と自然法の遍く認められた第一根本命題も打ち立ててこなかった」（ibid., 71）というテーゼを掲げ、その背景と原因を論述している。かなりの分量の§1の論述は、(i)「宗教」と(ii)「道徳」それぞれの「根本真理の認識根拠」の論究[21]、および(iii)「道徳」と(iv)「自然法」それぞれの「第一根本命題」の論究に分けられるが、(i)の項でラインホルトは「神の存在」問題に関して再び〈四党派‐理論〉を援用して、「肯定派」である「独断論的有神論者」「超自然主義者」と、「否定派」である「独断論的懐疑論者」「無神論者」との対立、さらに「肯定派」内部、「否定派」内部の対立を論点ごとに描写している（ibid., 78-88）。ここでもラインホルトは、四党派の異なった立場を相互に突き合せ、誤解を取り除くことによって、「一致点」のための適切な根拠が見出せると信じている。また(iii)の項では、「道徳的拘束性」の「根拠」を論じ、それが「内的」か「外的」か、「主観的」か「客観的」かに分類して検証している（ibid., 102-114）が、この分類はカント「第二批判」での「道徳の規定根拠における実践的、実質的根拠」の表に準拠している。

§2では、そのような普遍妥当的な認識根拠と第一根本命題の可能性が、とくに様々な懐疑論の所説に絡めて検証され、§3ではその可能性の究明に関して、こう結論づけられる。「これまで見出されてきた第一根本命題とその認識根拠について、哲学界では何一つ確定されたものはないのだから、それらの可能性は現実からはけっして推論さええない〔中略〕、かくして、そのような根本命題と認識根拠は可能なのか、と問うのではなく、それらはいかにしたら可能なのか、と問わねばならない」(ibid., 145)。§4によれば、「この問題を解くには」「人間の認識能力」の本性や「限界」について「普遍妥当的な答えを前もって見出していなければならない」(ibid., 146)。しかし、著名な哲学者の間でさえ、「理性のもとに何を理解すべきか」についても (ibid., 145ff.)、「感性のもとに何を理解すべきか」についても (ibid., 174ff.)、またそもそも「認識能力のもとに何を理解すべきか」についてさえも (ibid., 185ff.)、見解の一致はまったく存在していない――このことが、多くの主要な哲学者たちの所説を引き合いに出しながら明らかにされる。

　以上の準備を経て、ラインホルトは§5で「第一篇」の表題に言表されているような帰結を引き出す。すなわち、§5のテーゼはこう述べている。「表象能力の本質を様々異なって考えている限り、認識能力の普遍妥当的概念について見解を一致させることはまったく不可能である」(ibid., 188)。なぜなら「認識の概念は表象の概念を前提にしており、そして表象はどれも認識であるというわけではないが、認識はどれも表象である」からである (ibid., 189)。その際、「認識と純然たる表象との区別」を明確にするためには、「表象の概念を対象の概念と区別している徴標について、見解を一致」させることが決定的に重要になる (ibid., 189f.)。ラインホルトによれば、「表象の概念」は様々な哲学者間の見解の一致を得るという点については、「認識の概念」よりもずっと有利なところがある。「どんな観念論者も、どんな自己中心主義者も、どんな独断論的懐疑主義者もみな、表象が存在していることは否認できず」、そうである限り「表象は、それが現実的であることにすべての哲学者が同意している唯一のものである」(ibid., 190) からである。

　最後に「序文」と「第一篇」に限って、看過すべきでない二つの問題点に触れておく。一つは、ラインホルトが「普遍妥当的 (allgemeingültig)」という術語と対照させて「遍く認められた (allgemeingeltend)」という術語を――しばしばイタリック体で強調して――頻用している (vgl. ibid., 22, 37, 71ff., 120, 142, 154, 165) ことである。両者は区別されねばならない。『試論』以降の諸著作でも、この区別は堅持されており、ラインホルトの思索の底流において無視できぬ役割を果たしているといえる。彼によれば「遍く認められた原理は、普遍妥当的原理のように、この原理が真と認定されているのを理解している人なら誰によっても理解されるだけでなく、健全な哲学的頭脳の持ち主なら誰によっても実際に理解されるという点で、普遍妥当的な原理とは区別される」(ibid., 71)。すなわち「普遍妥当的な諸原理がその普遍妥当性を実証するのは、それらが現実に遍く認められるようになることによってなのである」(ibid., 142)。カント的諸原理は単に普遍妥当的であることを主張するだけでは不十分であり、それらが誰にも、哲学的立場を異にする人にも広く受け入れられ「遍く認められるように」ならねばならない。いい換えれば、哲学的諸原理の妥当性を請求する際には、それらの学理内在的な正しさを主張するだけでなく、その正しさについての「合意形成」の契機が決定的に重要である、というよりむしろ不可欠なのである。ラインホルトのこうした確信の背景にあるのは、まず何よりも、批判哲学について広く浸透していた多種多様な誤解の深刻さに対する彼の危機感の深まりである。「カント書簡」執筆当時にはこの危機感はまだ存在しなかった、少なくともそれほど深刻に受けとめられていなかった。この危機感の深まりが、疑念や異論を許容しない「合意形成」の決定的重要性を彼に強く意識させたのだといえる。いい換えれば、彼はこう考えていたのである。カントによって「哲学の革命(Revolution)」はすでに実現された。しかし、その「革命」の意義はほとんど認知されていない。そのためには、さらに「哲学の改良(Reformation)」が必要であり、その「改良」は哲学の諸原理が「遍く認められる」ことを必要としている。

しかし、かの両術語の区別を主張している背景の射程はもっと広いように思える。「普遍妥当的」原理と「遍く認められた」原理を敢えて区別し、後者によって前者を補完、補強しようとする企てには、視野を少し広げて見れば、ラインホルト自身の哲学的思考に特徴的な思想的原基が横たわっている。それは、彼が「健全な悟性(der gesunde Verstand)」(あるいは常識)を尊重して、これと思弁的・超越論的思惟を媒介する必要性を強く意識していることである。超越論的思惟による原理の普遍妥当性の主張は、「健全な悟性」に基づく「合意形成」の達成によって初めて「実証・確証される」はずだという確信からすれば、両方の思惟の媒介・調停は不可欠になる。両方の思惟の区別と対立が明瞭になるにつれて、両者を媒介する必要性はますます強くなる。

この傾向は「根元哲学」のこれ以降の展開過程で、ますます明瞭に現れてくる。この『試論』の「第一篇」では、

「神の存在」や「意志の自由を確信させる認識根拠」に関して、「哲学的理性（die philosophierende Vernunft）」の立場と「常識（der gemeine Menschenverstand）」の立場が対比されているが（ibid., 76ff., 93ff.）が、ここでは両立場の緊張関係はまだ潜在的である。しかし、後の『寄稿集Ⅰ』、「基底」論文では、両立場の対置が徐々に前面化し、両者の緊張関係はますます鋭くなる。そしてついに一七九一年の末には、ラインホルトは「常識」と「健全な悟性」の間に概念上の区別を持ち込み、後者を「哲学的理性」から独立した正当化の審級とみなそうとする。[22]これは先の両立場の媒介・調停の試みとみなせる。かくして、かの「普遍妥当的」と「遍く認められた」の術語上の区別、後者による前者の補完の提起は、単に「批判哲学」受容の深刻な現状に起因しているだけでなく、ラインホルトの哲学的思考に内在的な、この両立場を媒介せんとする志向性の先駆け的表出とみなせるのである。

哲学的原理に関して学理内在的な正しさ、正当性に訴えるだけでは不十分であり、その原理が「実際に遍く」――「良識」ないし「常識」によっても――受け入れられているか否かに訴える議論には、いうまでもなく、ある種の危うさが潜んでいる。それは、哲学的原理の正当性判定の審級を、常識的な「分かりやすさ」に、ひいては経験的事実に譲ってしまう危険性をはらんでいる。にもかかわらず、「普遍妥当性」から「遍く認められ」ていることへの拡張の志向は、ラインホルトの「啓蒙」の実現の構想とも連動しているように思える。彼にとって、「啓蒙」は理論の上での事柄や、学者の世界の懸案ではなかった。それは何よりも広く国民的レベルで実現されるべきものであった。その実現には、啓蒙の意義が「遍く認められる」ことが必須なのであるから。

第二の問題もこの問題と連関している。それは、「第一篇」の最終部で、ラインホルトが多種多様な理解の対立にまとわりつかれている「認識作用」の基礎に、「遍く認められている」表象作用を設定しなければならないと主張する際の論拠が、表象作用が現に存在していることは何人も否認できない「唯一のこと」だという点に求められていることである。「認識」の究明に「表象」の解明を先行させねばならない根拠が、ここでも誰からも異論がでない「合意形成」の絶対的確実さ、あるいは一種の「事実性」に求められているといえるだろう。たしかにラインホルトは、この「事実」が――偶然の余地を許容する経験的事実ではなく――意識を持つ限り否定できない「論理的」事実だと考えている。だが、哲学的議論において確実な基礎的原理を、誰からも異論の出がたいよりいっそう幅の広い共通の「合意形成」に求めることは、その分より抽象化、一般化された諸概念が、再び別種の誤解や異論を引き起こすことになりかねないだろう。実際『試論』はそのような誤解や異論に見まわれることになる。

第四節　「表象」の概念と表象能力――「第二篇」

一七八九年六月一四日、ラインホルトはカント宛ての書簡で、四月に贈った小冊子版「運命」の評価をまだもらってないが、「厚かましくも」続いて「第二篇」を送ったことを伝えた後、こう書いている。「第二篇は表象能力一般の本来の理論を含んでいますが、私はこれをあなたの認識能力理論の真の前提であり、理性批判を理解する鍵であると考えています」。「理性批判の敵対者たちにとってこれまで謎であったことすべてが、純然たる表象の純然たる概念によって解明される限り、私はそれを、理性批判を理解する鍵と呼びます(23)」。

そもそも、表象概念-表象能力こそが「認識能力理論の真の前提」であるべきだとラインホルトに想定させた誘因の一つは、他でもなく『純粋理性批判』の「超越論的弁証論」第一章「理念一般について」の末尾に付随的に記されたある文章に求められるであろう。その箇所でカントは「表象の階梯（Stufenleiter）」を以下のように素描している。すなわち、「類」としての「表象（representatio）」を頂点として、「この類のもとに、意識を伴う表象（知覚perceptio）があり、知覚が主観の状態の変化として主観にのみ関係すると、それは感覚（sensatio）であるのに対して、客観的な知覚が認識（cognitio）である。認識は直観であるか、概念であるかどちらかである。直観は対象に直接に関係し、したがって個別的である。概念は多くの物に共通でありうる徴標を介して、間接的に対象に関係する。概念は経験的概念であるか、純粋概念であるかどちらかであるが、純粋概念が（感性の純粋な像のうちにではなく）まったく悟性のうちにのみその起源を有している限りでは、それは悟性概念(notio)と呼ばれる。悟性概念から生じて、経験の可能性を超出するような概念は、理念すなわち理性概念である」(A 320, B 377)。

それだけではない。実は『一般学芸新聞』編集長Ch・G・シュッツが、一七八五年の同紙第一六四号(七月一四日)でシュルツの『解明』を書評するに際して、このカントの記述に基づいて独自の「表象の系統樹」というべきものを作成、記述しており[24]、ラインホルトはこのシュッツの書評に接して初めてカント哲学に対する眼を開かれたという事情が考慮されねばならない。かくして、「類」としての「表象」のもとに、「知覚」「感覚」「認識」(「直観」と「概念」)「純粋悟性概念」「理性概念」としての「理念」等を、その「種」と理解し、配置することは、ラインホルトのまったくの独創ではなく、まさにカント、そしてシュッツに由来するのである。ただし、少し後のラインホルトの言では、カントは「類」と様々な「種」との関係を明らかにしているだけで、「類概念」としての「表象」そのものの「本質的徴標」を解明しなかった、あるいはそれを無規定なままに放置したのである。そして、そうである限り、「直観」も「概念」も「理念」も、その確固とした根底からは規定されていないのである[25]。カントが「感性」と「悟性」を、「知られざる共通の根源から発現する」われわれの認識能力の「二つの幹」と呼んだことはよく知られている(A 15, B 29)。するとラインホルトは、この「知られざる共通の根源」を「表象」と同定していることになる。カントが「感性」と「悟性」に割り振っていた、心意の「受容性」と「自発性」も、以下に見るように、「表象」の不可欠な「構成要素」たる「素材」と「形式」に関係づけられることになる。

さて、『試論』全体の枢要部ともいえる「第二篇」の冒頭七節(§6~§12)は、表象概念の導入的規定に充てられている。まず「表象という語は、広義には、感覚、思惟されたこと、直観、概念、理念を包括している、つまり、感覚作用、思惟作用、直観作用、概念的把握作用の直接的結果として、われわれの意識に現れてくるものすべてを包括している」(§9, 209)。この規定は、われわれの一般的な表象理解と合致している。しかし「表象という語は、最狭義には、感覚、思惟されたこと、直観、概念、理念が互いに共有しているものだけを包括している」(§11, 214)。これら両方の「表象」はどう関係づけられるのか。両者はラインホルトでは、「種」と「類」の関係にあるものとして捉えられている。すなわち「広義の表象」に含まれる「直観」「概念」「理念」等それぞれは、「最狭義」の「純然たる表象（blosse Vorstellung）」という「類」のもとに存立している、様々な「種」、つまり「類」が種別化されて生じる「特殊な」「表象」と捉えられている。

この「類」としての「純然たる表象」は、構造的に「素材と形式」からなっている。いい換えれば、「純然たる表象の内的制約」が、表象の「素材と形式」である（§15, 230; §16, 235）。現実的で「特殊な」表象はどれも、このいわば理念型としての「純然たる表象」に基づいている。そうである限り、「純然たる表象」のみならずいかなる種類の表象も、それが表象である限り、「素材」と「形式」という「異なる二つの構成要素」からなる統一体であり、そしてそうである以上、いずれか一方を欠くものは、原理上表象不可能である。[26]

「素材」は、外部から意識に「与えられたもの」であるのに対して、「形式」は、主観によって意識に「産み出されたもの」である。しかも、ラインホルトは、「素材」とは「表象されたもの（意識によって表象とは区別された対象）に対応している或るもの」（§15, 230）であり、「形式」とは「単なる素材がそれによって表象となる或るもの」（§16, 235）と説明している。つまり、「素材」と「形式」は「表象」の「二つの構成要素」であるというものの、両者の間には非対称性が認められるのである。前者は主観（意識）に受動的に「与えられる」のに対して、後者は主観（意識）が能動的に「産み出す」ものであり、「表象」を特定の「表象」足らしめるのは、その「形式」なのである。さらに、彼によれば「素材」は、どの表象の段階でも常に「多様なもの」として与えられるのに対して、「形式」の本質は、どの段階でもこの「多様なもの」を統合する「統一性」にある。したがって、「表象」はどれも、「素材」として与えられた「多様なもの」を、「形式」の「統一性」によって統一態へと統合した、表象作用の産物として現れる。

だが、これらの概念定義には、とくに「素材」概念には――超越論的意識内在主義という観点から見れば――曖昧さが含まれているといわざるをえない。この曖昧さは、ラインホルトが、「素材」が外部の「対象」に「対応している（entsprechen）」のみならず、「対象」によって「規定される」とか、「対象の地位を代表している（vertreten）」、あるいは対象を「代理的に再現している（repräsentieren）」とか、曖昧な表現を繰り返すときに、顕在化する（vgl. §15. 231f.）[27]。こうした表現の曖昧さが、諸々の批判的書評の議論の的になる。すなわち、ラインホルトは「表象のうちにある素材」から、われわれの意識の外部にある「対象」の存在を推論しているとか、あるいはそのことによってラインホルトは「われわれの外部」の対象、物自体の認識可能性を認めている、といったような異論が提出されるのである。この問題については、改めて後述する（本章第七節1参照）が、そのほかに『試論』では、「素材」、「表象されたもの」、「客観」さらに「対象」などの類義語が、厳密に弁別されないままに使用されていることも、後に諸書評の批判、異論の的となる。

「素材」と「形式」に対応する「表象能力」が、「受容性（Rezeptivität）」と「自発性（Spontaneität）」である。前者は素材を感受する「受動的」能力であり、後者は「与えられた素材に即して、表象の形式を産み出す能動的能力」である（§19, 264; §20, 267）。この両者は「表象能力のうちに、かつ表象能力とともに、表象する主観に与えられており、一切の表象に先立って、表象する主観のうちに確固として存在している」（§27, 291f.）。かくして、「純然たる表象」に不可欠な構成要素である「形式」と「素材」の相関関係から、「単一性」と「多様性」の、そして「自発性」と「受容性」の相関関係が、「表象」と「表象能力」の基礎構造として導き出されている。ラインホルトの企てにとって、すべてに先立って解明されるべきは、この「類」としての「純然たる表象」であり、それの不可欠な徴標なのである。これこそが、一切の現実的表象、一切の意識と認識の最基底をなしているからである。上述の§9の「広義の」表象の規定は、「感覚」や「直観」や「思惟」が特殊な複合的表象であることをすでに暗示しているが、「純然たる表象」はいわばこれら一切の「原基」である。あるいは、それは「すべての表象の超越論的前提[28]」なのである。

「素材」と「形式」が「表象」の「内的制約」であるのに対して、「主観」と「客観」はその「外的制約」にすぎない。「内的制約」は、表象一般が成立するために不可欠な構成要素であり、それゆえ表象作用一般とは分離できない。

それに対して、「主観」と「客観」が表象の「外的制約」であるというのは、以下のようなことを意味している。すなわち、「現実の（wirklich）表象」が成立するには、たしかに「主観」と「客観」が必要である。しかしラインホルトの理解では、その「現実の表象」は、「純然たる表象」と「主観」「客観」との三者を構成要素とする複合的関係としての「意識」の境位で初めて成立するものである。「意識」において「純然たる表象」が「主観」「客観」に関係づけられることによって、「純然たる（単なる）主観」は「表象する主観」になり、「純然たる（単なる）客観」は「表象される客観」になる。だが、それらの成立に先立って――そもそも「表象する主観」や「表象される客観」という術語が有意味になるための前提として――、まず表象作用そのものと「純然たる表象」の概念が確定されねばならない。ラインホルトはそう考えているのである。それゆえ「主観」と「客観」は「意識の内的制約」（Vgl. §38, 321）ではあっても、表象の「外的制約」だとされるのである。

　こうしてラインホルトは、「純然たる表象」と「現実の表象」を概念上区別し、また「純然たる主観（客観）」と「現実の主観（客観）」を区別している。彼によれば、「純然たる表象」は、「現実の表象」に先立って考えられねばならない、いわばその理念的構造体である。かくして、彼は前者の後者に対する「論理的・概念的」先在性を主張するのである。このことが、われわれの一般的な理解と齟齬をきたし、また後に多様な批判を巻き起こすことになる。われわれは通常、「表象（Voestellung）」のもとに「表象された客観」を理解し、「表象作用（Vorstellen）」のもとに「表象する主観」を理解している。ところが§7はこう述べている。「表象にはどれも、表象する主観と表象された客観が属しており、これら両者は、それらが属している表象とは区別されねばならない」（§7, 200）。ここでは――このテーゼが、「意識」の境位の成立以前に提出されていることや、この「属する」は、後の表記に鑑みれば「関係づけられる」でなければならないことは問わないにしても――まず、「主観」や「客観」と独立に「表象」を理解し、しかる後に「表象」を両者に関係づけたり、区別したりするというラインホルトの理論的構えが表明されているのである。

　では、こうした形式論的、概念的区分を導入するラインホルトの真意は、どこにあるのか。彼は、表象能力や表象概念に恣意的な徴標を持ち込むこと、とくに「〔表象する〕主観」を実体視して、それに心理学的、形而上学的観点から様々な根源的能力や力を付与すること――これは、ライプニッツ―ヴォルフ学派の流れをくむ経験的心理学や形而上学においてしばしばなされてきたことである――を徹底して排除し、あらゆる種類の表象作用や意識の作用の最基底に置かれるべき「純然たる表象」それ自身を厳密に規定しようとしているからだといってよい。彼は、「唯心論者」も「唯物論者」も「二元論者」も「表象」を正しく理解しておらず、とくに「表象」と「表象する力」を混同していることを繰り返し批判している（vgl. §8, 202ff.）。この観点から彼は「最狭義の表象能力は、その性質上、表象する主観すなわち魂からも、表象された客観からも導出されえず、ただ純然たる表象の正しい概念からのみ導出されうる」（§13, 221）ことを強調している。さらに、「主観」と能力としての「受容性」および「自発性」との関係についても、同じ観点からこう注意している。「たしかに主観は、受容性と自発性の根拠（Grund）とみなされねばならない。しかしにもかかわらず、主観は依然として常に、表象能力の論理的な根拠としてのみ、すなわち〔受容性や自発性という〕述語の単なる論理的な基体（Substratum）」としてのみ、考えうるだけなのである」（§21, 273f.）。ここでの「単なる論理的基体」という言い回しは、「表象する主観」にいかなる心理学的、形而上学的能力も付与すべきではないという考えの別様の表現である。つまり、ラインホルトは「表象」概念の解明に際して、いわばあくまでそのWieを探究しているのであり、その根底に確証不能なWasを求めることを厳に戒めているといえる。

しかし、この「長所」はときに「短所」にも転化する。すなわち、上記のような顧慮から――そして、おそらくカントの誤謬推理論をも意識して――、ラインホルトが「主観」を形式化・論理化し、いつも主観の作用それ自身を後景に斥け、そしてまた同じように「表象」という語で「表象作用（Vorstellen）」でなく、もっぱらその作用の産物である「表象（Vorstellung）」だけを問題する静態的な探究方法は、彼の哲学的方法論の「短所」になることが、後に次第に明らかになってくるであろう。その「短所」とは、「主観」と「客観」を「純然たる表象」の「外的制約」と規定していることとも連関して、「純然たる表象」を「表象作用」に論理的に先立てることにすでに暗示されているように、「表象作用」それ自身、そしてその作用の主体の意義の洞察の弱さとして帰結し、その弱点はとくに後の「自己意識論」に顕在化するのである（第五章第四節2参照）。

その反面、ラインホルトのこうした静態的な事象記述的態度の「利点」が現代「現象学」のそれとの親近性に看取され、E・カッシラー（Ernst Cassierer 1874-1945）以来、[29] その点がしばしば主張されてきた。すなわち後世の一部の解釈者たちによって、『試論』の著者が、とくに「第二篇」の冒頭部分（§6~§14）で、「表象一般の本来の理論に先立って、根本的事実の記述を打ち立てること」を目指している点が強調され、それは「表象一般の現象学であると同時に意識一般の現象学である」とさえ評されてきた。[30] たしかにラインホルトは当該箇所で、「私は私の読者と諸原理について意見の一致を見るまでは、一切の主張を控え」、「事柄」を「未決のままにしておく」と述べており（§8, 208）、この言明はフッサール（Edmund Husserl 1859-1938）の「エポケー」を思い起こさせる。また彼が『試論』刊行の翌年以降「厳密な学としての哲学」の確立を目指して、その根拠づけに取り組んでいること（第五章参照）も、後世の解釈者たちがラインホルトとフッサールを重ねる誘因となっている。しかし、そのような親近性の主張に対して、懐疑的、批判的な諸見解も当然ながら数多く提出されている。[31] そもそも両者の間には、学としての哲学の基礎づけの基本的意図や目標において、非常に異種的あることは否定しがたいのである。[32] しかし、それにもかかわらず、『試論』での「表象」と「意識」の説明的叙述には、事象記述的な方法論的態度が顕著であることは事実である。

第五節　「表象」の自己関係的累乗化としての「認識」――「第三篇」

「第三篇」は、おおむね『純粋理性批判』の論述の流れに準拠して、「感性の理論」（§46~§66）、「悟性の理論」（§67~§76）、「理性の理論」（§77~§88）を開陳しているが、これら本来の「認識の理論」に先立って、「第三篇」冒頭には「意識の理論」（§38~§45: 321-350）が配されている。この「意識の理論」は、その置かれた位置からだけでなく、その論述内容からして、最狭義の「表象」と「認識」の媒介項をなしており、表象能力の理論から認識能力の理論への移行・展開を正当化する役割を担っている。「表象」によって「認識」を基礎づけ直すという『試論』全体の目的からしても、この部分が特別な重要性を持っていることはいうまでもない。

かくして『試論』の論述全体は、「表象」-「意識」-「認識」の三段階を骨格として展開されるのであるが、本節の前半では、「表象」-「意識」-「認識」の間の不連続性と連続性に着目するという観点から、この「意識の理論」のはらんでいる問題機制を検討してみよう。この検討を通して、ラインホルトの表象一元論的構想が「表象」-「意識」-「認識」を貫く、表象の自己関係的累乗化という方法に支えられていることも明らかになるであろう。本節の後半は、「認識」の各成素、すなわち「感性」「悟性」「理性」を素描し、そこに含まれている問題点を検討することにする。

1 「表象」と「意識」の不連続性と連続性

(1) 「純然たる表象」の特別な位置価——その論理的先在性と機能的根源性

さて、すでに述べたように、表象理論から認識理論への移行の通路を提供するのが「意識の理論」である。その移行は、議論の射程を表象の「内的制約」からその「外的制約」へと拡張することでなされる。「第三篇」冒頭はこう述べている。「これまで展開されてきた純然たる表象の概念から抜け出て、純然たる表象の内的制約としてはたしかにこの概念に含まれていなかったのだが、しかしその外的制約としてこの概念と必然的に結合されているものへと歩を進めれば、客観と主観に到達する。表象はその素材を介して前者と、その形式を介して後者と必然的に関係している」(§38, 321)。「純然たる素材と純然たる形式とが一体をなして、純然たる表象の内的制約をなしているのと同じように、客観と主観への純然たる表象の関係が、意識の内的制約となっている」(ibid., 321f.)。かくして「意識一般は、純然たる表象が客観と主観に関係づけられることからなっている」(ibid.)。「純然たる表象が客観と主観に関係づけられる」とは、ありていにいえば、或るものが表象されたものになり、或るものが主観に表象されるようになるということにほかならない。したがって「意識」において表象と関係づけられるとき、主観は「純然たる（単なる）主観」あるいは「主観自体」を脱して「表象するもの」になり、客観は「純然たる（単なる）客観」あるいは「客観自体」を脱して「表象されるもの」になる。この意味で「純然たる表象」の「外的制約」であった「主観」と「客観」が、今や「現実的」表象の基盤たる「意識一般」の境位の成立とともに、「意識」の「内的制約」を形成する不可欠の構成要素となるのである。

ところで、「純然たる表象」にとっては「主観」と「客観」がその「外的制約」にすぎないということは、「純然たる表象」それ自身は「主観」や「客観」の概念を抜きに考えうるということを含意している。というよりむしろ——すでに述べたように——「純然たる表象」はこの両概念に先立って、考えられねばならない。なぜなら、「主観」が空虚な「純然たる主観」あるいは「主観自体」としてではなく、その本来の意味で「表象する主観」として意識されるべきであり、「客観」もまた「表象される客観」として意識されるべきであるとすれば、まず表象の働きそれ自身が解明されていなければならないからである。すなわち、表象作用一般の「内的制約」と「本質的徴標」が前もって究明されていなければならない。ラインホルトの「現象学的」というよりもむしろ「形式論的」な思考は、そう考えている。

続いてラインホルトは、「表象」と「意識」を混同すべきではないことを繰り返し強調している。「意識一般は表象一般とは本質的に異なるものなので、いかなる種類の意識も、それが意識である限り、表象ではありえない」（§38, 323）。というのも、「純然たる表象」は「客観」「主観」と並ぶ、意識の不可欠の構成要素であるのに対して、「意識」の本質は、前者が後二者と関係づけられることにあるからである。いい換えれば、「純然たる表象」は「意識」を形成する三つの関係項の一つであるのに対して、「意識」はそれら諸関係項の関係と捉えられているからである。だが、われわれはしばしば、関係項間の関係を（たいていは、主観と客観の関係を）「表象」と想定しがちであり、かくして「意識」と「表象」を混同しがちなのである。しかしラインホルトによれば、「純然たる表象を客観や主観に関係づける働きをもし表象と呼ぶならば、それは言語使用法の非常に非哲学的な混乱というべきであろう」(ibid.)。

「純然たる表象」は「客観」や「主観」と単に並置されている一関係項ではない。「純然たる表象」は他の二者に対して、いわば論理的先在性を有している。『試論』の翌年に公刊された『寄稿集Ⅰ』は、この点についてこう述べている。「表象が実際に客観に関係づけられる限りにおいて、〔中略〕客観、表象されるものも意識のうちに現れてくる」のであり、「表象が実際に主観に関係づけられる限りにおいて、〔中略〕主観、表象するものも意識のうちに現れてくる」(*Beyträge I*, §5, 173)[33]。つまり、「表象されるもの」と「表象するもの」の生起に際して、イニシアティヴを取るのは「表象」なのである。この意味において、「純然たる表象は意識において、主観と客観に先行しているのである」(ibid.)とラインホルトは主張する。「意識において、主観と客観とに関係づけられる当のもの〔純然たる表象〕は、たしかに時間上はそうではないとはいえ、その本性上、関係づけられる働きより先に存在していなければならない」(ibid.)からである。主観と客観に対する「純然たる表象」のこうした論理的先在性のうちに、われわれは「表象」と「意識」の不連続性の最初の兆候を認めることができる。

ただし、この論理的先在性を――「時間上はそうではない」と述べられているのだから――再び事象生起の順序的先後関係に解消してはならない。その論理的先在性は、「純然たる表象」の機能的根源性に支えられていると解釈されるべきである。そのことは、ラインンホルトが「表象は主観と客観の可能性の根拠を含んでいる」(ibid.)とも述べている点に看取できる。「可能性の根拠」という語は、単なる時間的先後関係以上のものを指している。それは、「純然たる表象」には、その不可欠な構成要素として「素材」-「受容性」と「形式」-「自発性」が含まれていることを指している。そもそも「表象」が「客観」に関係づけられるのは、その「素材」のゆえであり、「主観」に関係づけられるのは、その「形式」のゆえである。「表象」はその「素材」を介して「客観」に、その「形式」を介して「主観」に関係づけられうるのである。したがって、すでに「素材」-「形式」の統一体として確定されている「純然たる表象」のうちにこそ、「或るものが現実に表象される際に、不可欠な二重の関係づけの可能性がはっきり現存している」(§38, 328) のである。

⑵「区別されること」と「関係づけられること」、あるいは不連続性と連続性の表裏一体性

しかしわれわれはまた、上述の関係の裏面、反対面をテキストのうちに求めることもできる。ラインホルトはこうも述べているからである。「純然たる表象はもちろん意識自身ではないが、しかしそれは意識のうちでだけ或るものを表象し、その或るものは純然たる表象を介して、意識のうちでだけ表象される。なぜならば、或るものが表象によって表象されるのは、表象がこの或るものと、つまり対象と結合される場合だけであり、表象は、それが表象する主観と結合される場合だけ、表象するのだから」(§38, 327f.)[34]。ここでは先の場合とは逆に、「主観」や「客観」こそが、表象の現実化を可能にするエレメントを提供していることが主張されている。それゆえ「意識一般は表象一般と「純然たる表象」を「或るもの」の現実的表象にする契機をなしていることが認められている。つまり「意識」こそ不可分であり、意識を欠いた表象はまったく存在しない」のである (ibid., 327)。

かくして詰まるところ、「純然たる表象」が「主観」や「客観」と単離されて、いわば表象の概念的「可能態」として考察される限りでは、それは「主観」と「客観」に対して論理的先在性を有し、そのことによって「表象」と「意識」の不連続性が際立たせられるのに対して、「純然たる表象」が「現実態」になる(つまり、実際に「或るもの」が表象される)局面が考察される限りでは、「表象」と「主観」「客観」の「現実態」の生起は同時的、相互制約的であり、そのことによって「表象」と「意識」の連続性が際立たせられるといえるのである。

しかし『試論』の主張では、「表象」がそれ単独で「可能態」として考察されることは、それが「主観」と「客観」とは「区別されること」(「分離されること」)と同義であり、「表象」が「現実態」になるということは、それが「主観」と「客観」とに「関係づけられること」(「結合されること」)と同義である。そうすると、われわれの主題となっている、「表象」と「意識」の不連続性と連続性の根拠は、「表象」が「可能態」か、それとも「現実態」かに求められるにとどまらず、より論理的で根本的な二つの対置関係に求められねばならないことになる。すなわち「純然た

る表象」が「主観」「客観」と「区別されている」か、それとも「関係づけられている」かに求められねばならない。

この点に関連して、ラインホルトは「意識の理論」の最初の節である§38の末尾に、総括的にこう記している。「表象能力一般においては、主観や客観と区別される限りでの或るもの〔純然たる表象〕が探求されるのに対して、認識能力の理論においては、その或るものが主観や客観と関係づけられて、純然たる表象以上のものとしてある限りにおいて探求される」(ibid., 328. 強調は筆者)。たしかに、「表象能力一般」を扱う「第二篇」では、著者はもっぱらかの「区別されること」を強調している。たとえば、後の「意識律」の先行的定式化とみなされる§7の有名なテーゼはこう述べている。「人は意識によって、どんな表象にも表象する主観と表象される客観が属しているのだが、これら両者は、それらが属している表象とは区別されねばならないことに同意せざるをえない」(ibid., 200)。それに対して、「認識能力」を扱う「第三篇」では、とくにその冒頭部分の「意識の理論」では、——すでに指摘してきたように——逆にそれらがもっぱら「関係づけられること」が繰り返し強調されている。そもそも、「意識一般の本質」は「純然たる表象が客観と主観とに関係づけられること」にあった(vgl. *Versuch*, §38, 321; *Beyträge I*, §29, 218)ことをもう一度思い起こさねばならない。

だが、こうした「区別されること」と「関係づけられること」この両者自身の関係のありようをもう少し仔細に眺めれば、単純に前者が「純然たる表象」のエレメントに割り振られ、後者が「意識‐認識」のエレメントに割り振られているわけではないことも判明する。とくに「意識の理論」のエレメントでは、かの両者は独特の「交差的」表裏一体関係をなしていることが判明する。すなわち「表象は、それが客観と結合されることで主観とは分離され、主観と結合されることで客観とは分離される」(*Versuch*, §38, 324f.)。『寄稿集Ⅰ』の第三論文「根元哲学の主要契機の新叙述」の§29は、この事態をもっと厳密にこう述べている。「表象は、その形式の点で表象するものと関係づけられることによってのみ、表象されるものとは区別されることができ、また表象は、その素材の点で表象されるものと関係づけられることによってのみ、表象するものとは区別される〔強調点は引用者による〕」(*Beyträge I*, 219)。つまり、「表象」が「主観」に「関係づけられること」は、「表象」が「客観」とは「区別されること」と同義なのであり、逆に「表象」が「客観」に「関係づけられること」は、「表象」が「主観」とは「区別されること」と同義なのである。

このように「区別されること」と「関係づけられること」とが、単純に対置されたり、単なる表裏一体関係にあったりするのではなく、「意識」のエレメントにおいては上記のような独特の「交差的」表裏一体関係をなしているとすれば、この事に基づく、「表象」と「意識」の不連続性と連続性もまた、そのような複雑な多面的相を有しているのである。

2 「意識」と「認識」の連続性と不連続性

⑴ 「意識」における表象の自己関係的累乗化

ラインホルトは『試論』でも『寄稿集Ⅰ』でも、上述したような「意識」の本質と構造の開陳に引き続いて、「類」としての「意識一般」を三つの特殊な「種」としての意識に種別化し、それぞれの内的構造とそれらの相互関係を論究している（*Versuch*, §39～§42, 331-345; *Beyträge I*, §29～§32, 220-233）。

三つの「種」とみなされている「特殊な」意識は、それぞれ(A)「表象の意識」、(B)「表象するものの意識（自己意識）」、(C)「（表象されたものとしての）対象の意識[35]」と名づけられている。この三つの「種」は、何をその意識の「対象」としているかに応じて種別化されているのだが、それぞれの「対象[36]」をなしているもの、すなわち「表象」「表象するもの」「表象されるもの」が、すでに見たように「意識一般」の内的構成要素とされた「表象」「主観」「客観」に対応していることは明らかである。つまり、「意識一般」の内的構成要素それぞれを自らの「対象」にしている「特殊な」意識が、上記の(A)(B)(C)なのである。

さて、これらの「特殊な」意識の内的構造を探れば、それぞれが異なった様式においてであれ、表象の自己関係的累乗化とも呼ぶべき基本構造を有しているのを認めることができる。たとえば、(A)の意識の「対象」は「表象」であるが、――ラインホルトはこう述べている――その際にはこの対象としての表象は、「表象されて、それとは別の純然たる表象の対象にならねばならない。こうして表象が二重に関係づけられることが、表象の意識を形成している」。そういうわけで、(A)の意識には「従来は意識一般に拡張されてきた表象の表象が現れてくるのである」(§38, 325f. 強調は筆者)。ここでいう「表象が二重に関係づけられること」とは――先に述べた場合のように、「主観」と「客観」とに関係づけられることではなく――「対象」となっている表象が「意識」において改めて表象されるということを指している。それゆえにそこには「必然的に表象の表象が現れてくる」(§39, 332)のである。(B)においても、その意識の対象となっている「表象するもの」もまた、「そこで表象されなければならない」。つまり、それは改めて「純然たる表象の客観とならねばならない」(§38, 326)。それに対して(C)の場合には、「表象が二重に関係づけられること」(ibid.)は特殊な様式で起こる。この意識の客観である「対象」が意識されるには、二重の表象作用を必要とする。それは「第一に、純然たる表象のうちで、第二に、意識のうちで限定されていなければならない」(§44, 348)。最初の限定は、「直観作用」と呼ばれる直接的表象作用を介して、二番目の限定は、そこで生起した「直観」という「表象」を改めて「概念的に把握する」第二の表象作用を介してなされる。ここでもまた表象が表象され、表象作用の二重化が起こっているのであるが、――後に論じるように――この(C)だけが、二重の表象作用のゆえに「表象一般」や「意識一般」とは異なる「認識一般」を定礎するのである。

そもそも「或るもの」を意識するとは、それをそれとして表象することにほかならない。だからM・ボンデリは、上記の(A)(B)(C)の意識の働きをそれぞれ、「表象を表象する作用」「表象するものを表象する作用」「表象されたものを表象する作用」と呼び直している[37]。こう特質づけることによって、三つの「特殊な」意識の構造が、表象の自己関係的な累乗化に基づいていることがいっそう明瞭になるであろう。そもそも、このような自己関係的な累乗化が必然的なのは、「意識」の「三つの種」はそれぞれ、構造としての意識一般を構成している構成要素それ自身を「対象」としている（自ら自身の構成要素を意識している）意識であることによっているといえるであろう。その意味で「自己意識」だけでなく、「表象の意識」も「対象の意識」も、いわば上記の定義からして自己関係的たらざるをえないのである。

⑵意識の進展性

さて三つの「特殊な」意識それぞれの内的構造が、およそ意識はどれも表象の自己関係的累乗化を基本構造としていることを明らかにしているとすれば、ラインホルトによるそれら三つの「意識」の相互関係の論述は、いわば意識の生成論的進展構造[38]というべきものを示唆している。

ラインホルトは(A)に関連づけて、「意識一般は、それが表象の意識である限り、明晰（klar）である」（§39, 331; vgl. auch *Beyträge I*, §30, 221）と述べ、(B)に関連づけて、「意識一般は、それが表象するものとしての表象する主観の意識である限り、判明（deutlich）である」（§40, 333; vgl. auch *Beyträge I*, §31, 222）と述べている。だが上記の「限り」は、なお無規定的すぎる。精確にはこう表現しなければならない。すなわち「表象の意識」は、ここでは「心意が、自分自身の表象以外のいかなる対象も意識していない限り」（§39, 332）、いい換えれば「意識の対象たる表象だけに注意が向けられている限り」（*Beyträge I*, §33, 225）、「明晰」なのである。そうではないときは、「表象の意識それ自体」は「曖昧（dunkel）」なのである。同様に「表象するものの意識」は、そこでは「心意が、自分自身の外部にいかなる対象も意識していない限り」（*Versuch*, §40, 333）、いい換えれば「意識の対象たる表象するものだけに注意が向けられている限り」（*Beyträge I*, §33, 225）、「判明」なのである。そうでないときは、「表象する主観の意識」は「判明でない（undeutlich）[39]」。

ラインホルトによれば「すべての意識の出発点となっている対象の曖昧な意識から、表象の明晰な意識を介して、判明な自己意識へと至る途」（*Versuch*, §40, 336）が認められる。『寄稿集Ⅰ』の表現では、「どんな明晰な意識にも、曖昧な意識が先行していなければならない。なぜなら人がある表象を表象できるには、それをそれ以前に表象したのでなければならないのだから」（*Beyträge I*, §30, 221）。「以前に」表象されたものは曖昧であった。この曖昧なものが

「表象されたとき介在している表象を、人が表象として表象して初めて、それゆえ表象の働きを意識して初めて、かの曖昧な意識は明晰になるのである」(ibid.)。(A)「表象の意識」の「明晰さ」はこうして獲得される。かくして「自分の持っている表象を意識するや否や、意識の明晰さが生まれる」のだが、それでもなおそのときには、必ずしも「自分の自己をことさらに表象している」とは限らず、自分を表象するものとして意識しているとは限らない。「この場合には、明晰ではあるが判明でない意識が現存しているのであり、人がこの表象のほかに、さらに自分の自己を表象するものとして意識するようになって初めて、この判明でない意識が判明になる。それゆえ、どんな判明な意識にも、明晰な意識が先行しなければならないのである」(ibid. §31, 222)。

かくして三つの「種」はその内実からすれば、「曖昧な意識」-「明晰な意識」-「明晰だが判明でない意識」-「明晰かつ判明な意識」の段階的進展秩序を形成しているといえる。この進展は、ほかでもなく意識の段階的「自覚化」のプロセスを表現しているといってもよい。だがここでも事態がそれほど単純ではないことを、すなわちこの進展は安易に想定されるような「単線的進展」ではないことを付け加えなければならない。なぜならば、ラインホルトは『試論』でも『寄稿集Ⅰ』でも、かの(A)、(B)、そして(C)についても[40]、それぞれをさらに下位の「種」へと細分化、分節化しており、しかもそれぞれが他の「種」を自らの一契機として含むような仕方で、分節化しているからである。すなわち、さらに下位の九つの「種」は形式的には、(Aa)(Ab)(Ac)、(Ba)(Bb)(Bc)、(Ca)(Cb)(Cc)と表記できるような相互連関構造をなしているものとして呈示される。小文字の記号は、三つの「種」それぞれに、自ら自身や自らとは異なる「種」が構成契機として編入されていることを表している。

この事態を『試論』より明確に表現している『寄稿集Ⅰ』のテキストに即して、具体的事例をいくつか挙げれば、次のようになる。たとえば(Ab)の意識には「主観が表象するものとして表象される際に介在している表象の意識が随伴している限り、明晰であり」、(Ac)の意識には「表象されたものが表象される際に介在している表象の意識が随伴している限り、明晰である」(*Beyträge I*, §30, 221)。また、(Ba)や(Bc)の意識も「それらに自己意識が随伴している限り、判明である」(ibid. §31, 223)。ここに認められるのは、意識の三つの「種」自身を構成要素とし、それらの「自己関係と異他関係の組み合わせ」[41]によって形成される意識の複合体の一覧である。

ラインホルトはこのような一見煩雑な形式的細分化を企てることによって、いったい何を表現しようとしているのか。彼はおそらく、われわれの現実的意識の諸様相が単にかの三つの「種」のどれかだけには還元できないような、複合的な諸要素からなっていることを表現したいと考えているのであろう。たしかに、われわれの現実的意識の形態のどれ一つをとってみても、それは「表象の意識」や「自己意識」や「対象の意識」単独で成り立っておらず、実情はそれらの複雑な複合体である。しかし、そうした現実の意識の複合性を認めるにしても、意識のかの生成的進展秩序の意義を否認すべきではない。ラインホルトは、かの(A)(B)(C)間の基本的進展図式を基礎に、そしてその枠組みの中で現実的意識の複合的様相を展開していると解釈すべきであろう。この秩序化によって、表象の自己関係的累乗化を通した意識の自覚化のプロセスを軸とした、意識の生成の進展が叙述されているのである。

(3)「意識」と「認識」の連続性と不連続性

これ以降の「認識の理論」の展開を考慮すると、かの三つの「種」の中でも(C)「(表象されたものとしての)対象の意識」が特別な位置を占めている。ラインホルトによれば、(A)や(B)と違って、この(C)だけが「認識」の生成の地盤をなしているからである。というよりむしろそれは、すでに「認識一般」なのである。「対象の意識の場合、表象が限定された対象に関係づけられる限り、対象の意識は認識一般と呼ばれる」(*Versuch.* §42, 340)。あるいは「その客観が純然たる表象でも、表象するものでもなく、この両者と区別された表象されたものであるような意識が、認識と呼ばれる」(*Beiträge I*, §32, 223)。したがって、「意識」と「認識」の連続性と不連続性に着目するとき、その連続性の源泉は(A)(B)と(C)との共通性に求められ、不連続性の源泉は(A)(B)と(C)との本質的差異に求められることになろう。

この連続性に関しては、「表象」と「意識」の連続性の場合より、理解ははるかに容易である。かの三つの「種」はすべて「意識一般」を「類」とする、意識の「種」である。このことは、(C)の意識といえども、それは「意識」のエレメントで生起する表象作用の特殊な複合的形態であるということを意味する。それだけではない。かの意識の生成の進展性を考え合わせれば、(C)の意識すなわち「認識」は、この進展の最高段階であるといえる。「認識」は(A)と(B)をその内的契機として含んでおり、表象するものの能力の理論的使用に現れる、表象するものの余すところなき完全な発現である」(vgl. *Beyträge*, §33, 224)、したがってそれは「意識の三つの種すべてから合成されており、表象するものの能力の理論的使用に現れる、表象するものの余すところなき完全な発現である」(ibid.)。かくして、「限定された対象の意識」たる「認識」を明晰で判明な意識の継続的発展と捉えることができる以上、「意識」と「認識」の連続性は明らかである。

その反面、『試論』も『寄稿集Ⅰ』も、「認識」と他の二種類の意識との区別を繰り返し強調している。この区別の核心は、まずそれぞれの意識の「客観」の差異として際立たせられる。すなわち「自己意識と純然たる表象の意識は、本来的な意味で認識と呼ばれるものとは決定的に違っている。自己意識の客観は表象された表象するものであり、表象の意識の客観は表象された表象である。それに対して認識の客観は表象されるものではあるが、これは表象でも表象するものでもなく、純然たる客観であり、意識においてそのようなものとして表象できるだけのものなのである」(ibid. §32, 223)。ラインホルトは明らかに、「表象」や「表象するもの」とは「決定的に」異なる「純然たる客観」にこだわっている。「純然たる客観」(あるいは「純然たる対象」(ibid., §33, 230) は、少なくともその「客観的素材」は、「表象」や「表象するもの」とは異なり、表象一般の「外」に根差しているからである(vgl. *Versuch*, §42, 341)。

「客観」の在りようの決定的区別は、当然ながら、それが表象され意識される際の在りようの決定的区別と連動している。「純然たる対象」を「限定された対象」に高め、それを意識可能にするには、すでに2の(1)で述べたような特別な「二重の表象作用」が必要である。他の「種」それ自体には随伴しないこの特別な表象作用が、「認識一般」を他から際立たせているのである。それゆえ、ここにかの不連続面を見て取ることができる。とはいえ、この不連続面が、あくまで意識の生成的、連続的進展過程における「区切り」、「節目」であることは、もはや言を俟たないであろう。

『試論』は、かくして「表象一般」と「意識一般」との間に、そして「意識一般」と「認識一般」との間に特有の「節目」を設けながら、「純然たる表象」を発端とする表象の自己関係的累乗化、複合化を展開することを通して、「現実的」諸表象の首尾一貫した体系を構築しようとしたのである。

3 「感性」論-「悟性」論-「理性」論

これ以降「第三篇」は、「認識能力一般」の諸成素とその本質的徴標を「感性の理論」「悟性の理論」「理性の理論」の順に詳しく規定していく。われわれは、ラインホルトが最初のカント講義において、第一批判に沿って感性、悟性、理性の諸理論を講じていたことを、もう一度思い起こす必要がある。「第三篇」の論述内容が、もともとはこの講義に由来していることは間違いない。そしてこの講義が終了した一七八八年の夏、彼は『ドイツ・メルクーア』にこう書いていた。自分は今「認識-能力の全般的理論に取り組んでおり、この理論において、理性批判の最も重要な諸帰結を体系的に呈示し、これまで理性批判に向けられてきた顕著な諸異論を（論争なしに）取り除き、そして容易に理解できる陳述において、諸異論の共通の源泉としての諸原理の誤認を未然に防ぐことができると思っている[42]」。彼の――『試論』公刊一年以上も前からの――念願は、まさにカント的な認識諸能力を「体系的に呈示する」ことによって、いい換えればそれらを編成し直すことによって、原理上の誤解を一掃し、もって批判哲学の認識論を改めて確固たる基底の上に根拠づけることであった。この「第三篇」はその最初の詳論をなしている。その「体系的」呈示の礎が「表象」概念であり、論述を通底している概念装置は、表象の「素材」と「形式」の相補的相関関係、およびここから導出された「多様性」と「単一性」、「受容性」と「自発性」の相補的相関関係である。

「感性の理論」（§46～§66）の諸主題は、かなり正確に第一批判の「超越論的感性論」に沿って展開されるが、その論述は一貫して、「素材」と「形式」を構成要素とする表象理論に準拠して進められる。「表象能力」の「受容性」が「触発されること」によって直接生起してくる表象が「感性的表象」（§47）であるが、感性的表象の「素材」は「触発されることによって与えられたもの」であり、その「形式」の本質は「その与えられたものを単に握り集めること（bloß Zuzammenfassen）」にある。カントにならって「把持（Apprehension）」と呼ばれているこの働きは、表象能力の「自発性」の最初の発現と捉えられている。興味深いことに、この「把持」において働く「自発性」をラインホルトは「自発性の第一階梯（Grad）」（*Versuch*, §47, 357）と命名している。

「感性的表象」が「主観」に関係づけられると「感覚」と呼ばれ、それが「客観」に関係づけられると「直観」と呼ばれる（§48, 359）。「感覚」も「直観」も、「外から触発される」か「内から触発される」かに応じて、「外的」か、「内的」かに細分される（§50~§51）。続いて「外官」と「内官」が規定され、「外官のア・プリオリに規定された形式」の本質が「多様なものが表象のうちに相互外在的に在ること（Aussereinandersein）」にあり（§53, 378）、「内官のア・プリオリに規定された形式」の本質が「多様なものが表象のうちに継起的に在ること（Nacheinandersein）」にあると規定される（§55, 381）。また「外的直観のア・プリオリに規定された形式」が「空間」であり（§59, 389）、「内的直観のア・プリオリに規定された形式」が「時間」である（§61, 402）。

この空間-時間論で――カントのそれと異なる点として――とくに目を引くのは、外的直観と内的直観の「形式」と規定された「空間」と「時間」それぞれが、再び「素材の観点」と「形式の観点」から、二つの「構成要素」[43]（§59, 393 und §61, 405）からなるものとして分節化されている点である。すなわち、「空間」は前者の観点から見れば、(α)「第一に、外部から触発されていることによって与えられた客観的素材それ自体が、外官の純然たる表象のうちで受け入れねばならない特定の形式からなっており」、その形式の本質は「多様なものが相互外在的に在ること」にある。だがそれと同時に「空間」は後者の観点から見れば、(β)「第二に、純然たる素材のこの形式」を「純然たる表象の形式」に変容する「統一性」からなる（§59, 393）。(α)から、「空間の無限分割可能性」が、(β)から、「空間の連続性」が説明される（§59, 393f.）。これに対応して、「時間」もまた(α′)「第一に、内的受容性に与えられたどの素材も、純然たる表象のうちで内的直観の素材として受け入れねばならない特定の形式からなっており」、その形式の本質は「多様なものが継起的に在ること」にある。それと同時に「時間」はまた(β')「第二に、純然たる素材のこの形式」を「純然たる表象の形式」に変容する「統一性」からなる。まったく同様に(α')から、「時間の無限分割可能性」が、(β')から、「時間の連続性」が説明される（§61, 404f.）。

ラインホルトは、いささか煩雑なこの議論を通して、直観のア・プリオリな形式そのものから、時間・空間の普遍性と必然性を説得力あるものに仕上げようとしている。[44] いずれにせよ、「感性の理論」の内容は、こうして一部に独自な解釈が認められるとはいえ、ほぼカントの感性論に準拠して展開されている。

それに比べ「悟性の理論」（§67〜§76）は、かなり大まかにしか第一批判の「超越論的分析論」に従っていない。まず狭義の「概念」と「悟性」が規定され（§67）、「自発性の行為様式を介して直観から概念を生み出す自発性の能力が、最狭義の悟性と名づけられる」（§68, 425）。この「悟性の自発性」は、感性の場合よりも「はるかに高次な位階で働く」。悟性が生み出す表象の「素材は、触発されることによって直接与えられているような生の素材ではなく、すでに表象の形式を受け容れた素材、したがってすでに自発性によって加工されている素材であり」、「このすでに結合されている多様なものを再度結合すること」（§67, 423）に悟性の自発性の本性がある。したがって、それは「自発性の第二階梯」に位置づけられる。

続いて「概念一般の最も普遍的な形式」である「客観的統一」（「悟性統一」）が論究された（§69〜§70）後、「判断作用」が究明される。「判断作用」は「直観の多様なものを客観的統一のうちに総括すること」にほかならないが、その際カントの理解――「拡張判断」としての「総合判断」と「解明的判断」としての「分析判断」――との距離が認められるのは、ラインホルトが「直観から客観的統一を生み出す働き」が「総合的」判断であるに対して、「生み出された客観的統一を直観と結合する働き」を「分析的」判断であると理解している点である（§71, 435f.）。これに続く、判断の区分と判断表の導出についても、ラインホルトはそれが「まだ完全に規定されたかたちで演繹されていない」（§72, 448）とカントに不満を述べているが、[45] 結論的にはそれらはカントの区分と一致しており、それに対応して「カテゴリー表」が提示される（§72, 449f.）。この表もごく一部の小さな語句の変更を度外視すれば、カントのそれに対応している。したがって、カテゴリーの「形而上学的演繹」は、その精神においてまったくカントの理解に沿っている。ただし、第一批判ではそれに続いて論じられている「純粋悟性概念の演繹について」（A 84-130, B 116-169）に相当する議論は省略されて、ラインホルトはいきなり図式論へと移っている。図式表（§75, 466-482）もカントのそれと一致している。最終の§76では「狭義の悟性の法則」が論究されているが、これはカントの「純粋悟性のすべての総合的原則の体系的表示」の四つの節（B 202-274）に対応するものである。

「理性の理論」（§77～§78）は、「悟性の理論」よりもっと大まかにしか第一批判に従っていない。ここでもラインホルトは、狭義と最狭義の「理念」および「理性」を規定することから始めている（§77～§78）。「最狭義の理性」は「ア・プリオリに思惟されたものを結合することによって表象に達する能力」である（§78, 500）。そして「理性の根源的な行為様式において規定された、理念一般の形式」が「無制約的統一あるいは絶対的統一」（§79, 502）と名づけられる。「理性」がこの「絶対的統一」としての「理念」を生み出す際に働く「自発性」が「第三階梯の自発性」である。ラインホルトによれば、この最高位階で働く「自発性」は「無制約的な自発性」である。

続いて、――カテゴリー表での四つの第三カテゴリーに対応させて――「間接的な判断すなわち理性推理」の四つの「普遍的形式」が導出され（§80, 504ff.）、この「普遍的形式」のもとには「三つの特殊な形式が、すなわち定言的、仮言的、選言的理性推理の形式が」含まれていること、この三つの特殊な推理形式に対応する理念が、それぞれ「絶対的主体、絶対的原因、絶対的共同体という理念である」（§82, 522）ことが明らかにされる。この三つの理念は、カントの場合とは異なって、三つの「関係のカテゴリー」に依拠して導出されている。これ以降は、この三つの理念が、それぞれ主観的な理性統一との関係において、そして客観的な理性統一との関係において探求され、合計六つの理念からなる理念の体系が形成される。ここでラインホルトは明らかに、カントの理念論から一定距離を置きながら、そして、「理念」とカテゴリーの内的編成との連接をより強く意識しながら、「超越論的な理念の体系」を仕上げようとしているのである[46]。
「絶対的主体の理念」の議論（§84）は、ある意味では第一批判の「誤謬推理」の章に対応しており、「絶対的原因の理念」の議論（§85〜§86）は、アンチノミーの章と類比的に展開される。「純粋理性の理想」章（B 832ff.）に対応している「絶対的共同体の理念」の議論（§87〜§88）では、それが外官の統一（「客観的な理性統一」）と関係づけられると「自然的世界の理念」が規定され、内官の統一（「主観的な理性統一」）と関係づけられると「道徳的世界の理念」が規定され、「これら両世界の理念と関係づけられると、叡知的世界の理念」が規定される（575f.）。

以上、感性、悟性、理性の諸理論に認められる、カントからの（この時点では、また小さな、そして陰伏的な）いくつかの「逸脱」は、カント理論からの単なる釈義上の逸脱としてのみ捉えられるべきではない。それらは、ラインホルトが「表象」概念を基礎に認識諸能力を一元論的体系に再編しようとしている意図に発する、意図的改作と解することができる。

第六節　「自発性」の三階梯論とその問題点

ラインホルトはこれらの特殊な諸理念の具体相を展開するに先立って、§83の後半部分で「感性」−「悟性」−「理性」それぞれの異なった階梯で働く「自発性の三階梯理論」とも呼ぶべき考えを要約的に開陳している。表象一元論に根差しているこの特徴的な把握もまた、カントには認められないものである。

まず、彼に従えば「感性」における「把持の統一」に際しても「自発性」が働いているが、この「自発性」は「強制されて（gezwungen）働く」。すなわち「受容性が外部から触発されている限り、自発性はまったく強制されて働くのに対して、自発性自身が受容性を触発した限りでは、それゆえ触発されていることの根拠が自発性自身の働きにある限りでは、自発性は相対的に強制されて働く」（*Versuch*, 535）。この両者の相違は、「外官」による外的直観と「内官」による内的直観の働き方の区別に基づいている。「外官」を通してであれ、「内官」を通してであれ、とにかく感性は総じて「強制されて働く」。

それに対して「概念」が「悟性統一」を生み出す際には、「自発性は強制されずに働く」（ibid. 536）とラインホルトはいう。「概念」は「感性」の場合のような「生の素材」を結合するのではなく、「すでに表象になった多様なもの」あるいは「ア・プリオリに思惟されたもの」を「素材」として、これらを結合するからであり、したがって「感性的表象」の成立の際のようには「感性的諸制約」に直接規定されていないからである。とはいえ、「悟性」は「感性的表象のもとに自分に差し出されているものだけを結合するだけである限り」、その働きは「感性の形式に拘束されて（gebunden）いる」（ibid. 536）ともいわれる。

最後に「理性」が「理念」を生み出す際に働く「自発性」は、ラインホルトによれば、「無制約的な自発性」であり、それは「絶対的な原因として、強制もされず、拘束もされずに、己れの自己活動以外の何ものにも規定されずに働く」（ibid. 537）。「悟性的統一」が、なお「直観の形式とだけ関係しており」「相対的な統一」にしか達しないのに対して、「理性的統一」たる「理念」を産出する働きは、もはや「感性のいかなる制約にも拘束されておらず、自発性の純然たる形式に従って働く」（ibid.）からである。

さて、この「自発性の三階梯論」(47)は、検討すべきいくつかの問題をはらんでいる。第一に、「感性的表象」における「自発性」が「作用に対する反作用のごときもの」（ibid. 535）としか形容されないとすれば、それはいかなる意味で「自発性」の名に値するのか、が改めて問われることになろう。いい換えれば「強制されて働く」「自発性」とは何なのか。ラインホルトはここで、本来「自発性」の名に値しない働きを、段階的な「三階梯」を整序するために、――そしてカントの感性論から逸脱して――強引に「自発性」と呼んでいるように思える。かくして「第一階梯」における「自発性」の内実は問題含みなのである。だがもう一つの問題、「第三階梯」での「自発性」評価にまつわる問題は、もっと深刻かつ重大である。すなわちラインホルトによれば、理性的表象である「理念」の産出に際して

「表象する主観が絶対的な原因と考えられる限り、それは自由な原因と考えられねばならず、理性の主観である限り、絶対的な原因と考えられねばならない」（ibid., 537）。だが、この断定は説得力を欠いているように思える。そもそも、表象理論が「素材」（受容性）－「形式」（自発性）－パラダイムを根本構造としている限り、「表象する主観」が「素材」（受容性）に基づく一切の制約を脱して、絶対的に「自由な原因」と想定することは、原理的困難をはらんでいるのではないか。

およそ表象一般は、したがって「理性」が生み出す「表象」たる「理念」でさえ、「素材」と「形式」の結合体である。「感性」や「悟性」の場合と同じように、「理性」においても「多様なもの」として「素材」が、すなわちこの場合「悟性の多様な概念的諸形式」が、「理性」に「与えられて」おり、それが「形式」によって「統一へと結合され」て「理念」が産出される。だが「与えられて在る」ということは、この「理念」の「素材」は理性自身が生み出したものではなく、その成立に関して理性とは別の源泉を有している、つまり「理性」とは「異他的な（fremd）」源泉を有していることを意味している。「理念」においてさえ妥当する「素材」のこの「所与性」を考慮に入れれば、「理性」による「理念」の産出活動は、厳密な意味では絶対的な「自己活動」とはいえず、その「表象する主観」は「絶対的な原因」「自由な原因」とはいえないであろう。

だがラインホルトはこの「素材」の「所与性」と「理性」において「表象する主観」が「絶対的な原因」と考えられることとが矛盾しないと考えているようである。§86の本論でラインホルトはこう述べているからである。「理念は形式と素材からなっているが、この後者は（理性自身の作り出したものではありえず）理性に与えられていなければならない。そうである限り、理性は思惟活動に際して、相対的にのみ自由に働く。すなわち理性は、理性の作品である純然たる統一である形式に関してのみ、自由に働くのだが、その素材に関しては、それの与えられた形式に拘束されており、したがって必然的に働くのである。しかし、理性の素材の多様性は純然たる悟性のうちで（すでに）規定されており、したがって自発性の形式の外部で規定されているのではないのだから、理念の産出に際しては表象する主観はたしかに相対的に自由に働くが〔中略〕それにもかかわらず絶対的な原因として働くのである」（§86, 559）。理性的表象つまり「理念」といえども、その「素材」は「与えられ」たものであり、したがって「それが与えられた形式に拘束されている」、すなわち「悟性の多様な概念的諸形式」に拘束されていることをラインホルトも認めている。その限り「理性」としての主観は――とくに「思惟活動」においては――「相対的に自由」にしか働かないことを認めている。それにもかかわらず理性が「絶対的な原因」といえる理由は、ラインホルトによれば「純然たる素材の性状（Beschaffenheit）が、（悟性の形式たる）純然たる自発性のうちに根拠を持っており、したがってその表象は、触発されていることによっては強制されず、自発性に異他的な感性の形式に拘束されずに、産出される」（ibid.）からである。

ラインホルトの主張の根拠は、理性的表象の場合、少なくとも「その素材の性状」がすでに悟性の形式的統一によって規定されていること、しかもこの形式的統一は感性的諸制約を免れた（悟性の）「純然たる自発性に根拠を持って」いることに求められている。ここで彼は「悟性」と「理性」がともに感性の諸制約から完全に独立しているという点で共通の「自発性」を有していることを、決定的拠り所としているようである。この点は、上記の引用文中の「理性の素材の多様性は純然たる悟性のうちで規定されており、したがって自発性の形式の外部で規定されているのではない」という理解に表明されている。たしかに、ラインホルトがすでに指摘していたように、「理性の素材」は「生の素材」の多様なものではなく、「ア・プリオリに多様なもの」ともいえるものであり（vgl. §74, 464）、したがってこの多様性は、「生の素材」の多様性ではなく、いわば思惟形式の数多性である。この点で、「悟性」の素材と「理性の素材」は決定的に異なっている[48]。にもかかわらず、先に指摘したように（「悟性」と「理性」の）共通性を強調することは、ラインホルト自らが設定した「悟性」の自発性と「理性」の自発性と段階論的区別を曖昧にしかねないという問題をはらんでいる。つまり、「理性の素材」はたしかに悟性の「自発性」の産物であり、その限り「悟性」の内部にあるが、しかしそれでも理性の「自発性」の外部にあるはずである。この「内」と「外」の区別が曖昧にされているのである。

さらにいえば、理性に与えられる素材の「性状」に関しては、ラインホルトがいうように、感性的制約に基づく（いわば第一次的・根源的）「受容性」を免れていると主張できるにしても、素材の「現存」に関しては、同じ主張が成立しえないであろう。理性段階における「素材の性状」がどうであれ、「素材の現存」の面では、理性の素材といえ、それが最初に感性において与えられたことによって可能になっているということを無視できないはずである。[49]にもかかわらず、ラインホルトは、理性の段階での「素材」が「悟性の諸形式」によって規定されていることに訴えることで、「素材の現存」に原理上不可避的な「所与性」を度外視できると考えている。翻って考えるに、「自発性の三階梯理論」に含まれている難点が、とりわけ「第一階梯」での「自発性」の成立可能性と「第三階梯」での「受容性」の廃絶可能性において困難点が集約的に現れることは、「素材」－「形式」の二元論的パラダイムに依拠した表象理論そのものが原理上はらんでいる問題なのである。[50]

ラインホルトが「自発性の三階梯理論」の展開を通して狙っているのは、主観の「絶対的な自発性」の成立可能性を、すなわち、原理上「表象」に不可避的な「素材」の「所与性」を免れうる――つまり、所与性ないし受容性が「零化」された――表象作用の可能性を探ることを通して、表象理論の枠組みのうちで「絶対的に能動的な主観」を開示することである。これ以降の初期ドイツ観念論の展開を展望すれば、この企てがきわめて重要であるのは疑いない。だが、この試みは上に述べたように、『試論』全体が「素材」－「形式」の二元論的パラダイムを枠組みとしている以上、原理的困難をはらんでいる。こうした「絶対的な主観」への展望を切り拓くべき、ラインホルトは、§86の途中に――論の進め方において破格としかいいようのないのだが――「欲求能力理論の概要」を、つまり「衝動」「欲求」「意志」を主題とする実践哲学の一部を挿入しているのだが、きわめて興味深いこの「概要」については別に（第七章第三節参照）論じなければならない。

第七節　批判的批評にさらされる『試論』

『試論』は「数カ月のうちに、最も重要な学術雑誌で一二回も書評され、フェーダー、フラット、シュヴァープその他の人々の間で活発な議論の中心になった」[51]。すなわち、フェーダーのような経験論的反カント主義者からも、フラットやシュヴァープ（Johann Christoph Schwab 1743-1821）のような合理論的反カント主義者からも、さらにハイデンライヒのようなカント主義者からも、『試論』批判の火の手が上がったのである[52]。こうした書評の活況は、この時期のカントの主要著作に関する書評の状況と比べても、その頻度と時間的集中の点ではるかに凌駕している[53]。この事実からも、『試論』が一気に哲学界の関心の的になったことが窺い知れる。数多く公にされたこれらの批判的批評のうち、ここでは、ラインホルト自身が『寄稿集Ⅰ』に自らの反論と合わせて収録しているフラットとハイデンライヒの書評を中心にして、主題上は「物自体」問題と表象概念の「根源性」問題に焦点を当てて、批判－反批判の応酬を検討していこう。

1　「物自体」問題

改めていうまでもなく「物自体」問題は、「われわれの外部の諸対象」の確証問題と連動しており、とりわけラインホルトの場合、問題を呼び起こしている根源は、表象の「素材」が「与えられている」という基本原理に起因する。彼は、この素材の「所与性」を根拠として、外的事物や「物自体」の「存在」をストレートに認めている。『試論』は随所でこう述べている。「表象可能な対象が否認されえないのと同じように、物自体は否認されえない」（§17, 248）。「われわれの外に諸対象が現存していること（Dasein）は、表象が現存していることとまったく同じように、確実なことである」（§29, 299）。「表象一般が現実に存在する（Wirklichkeit）ためには、客観的な素材が不可欠である限り、表象が現存していること（Dasein）からは、事物がわれわれの外に現存していること（Dasein）が証示されている」（ibid.）。しかし、その反面でラインホルトは、「物自体」がいかなる意味でも表象不可能であることを断固として、繰り返し主張している。このこともまた、「表象概念」の内的構造からして必然的なことである。「物自体」は、表象の「形式」の埒外にあるものだからである。すなわち、「表象の形式のもとに表象されえないものは、まったく表象できない」（§17, 250; vgl. auch §22, 276）。あるいはこうも述べている。「表象はけっして物自体の像（Bild）ではありえず」、「素材は、それが表象の形式を受け取る限り、対象それ自体と素材との類似性を失うのである」（§14, 243, Anm.）。この文章は、表象と物自体（意識の外部の諸対象）の関係を、コピーとオリジナルの関係のごとくみなす考えを、超越論的観念論の観点から正当にも却下している。表象のうちにある素材それ自身がオリジナルなものである（vgl. ibid.）。こうして、ラインホルトはカントと同様に、「外的事物」や「物自体」の「存在（Dasein）」を――（カントの場合）触発の「原因」、（ラインホルトの場合）「素材の根拠」として――認めているが、それらの「性状（Eigenschaft）」が表象されたり、認識されたりすることを断じて認めていない。ラインホルトの場合、物自体の存在を認めざるをえないのは、表象の「素材の所与性」のゆえであり、それの表象不可能性が必然的なのは、表象の「形式」の自発的付与のゆえである。ここにはすでに、ラインホルトの場合、「物自体」問題の発生の源泉が、「素材」と「形式」の二元性に伏在していることが暗示されているといえよう[54]。

さて『チュービンゲン学術報知』の第三九号（一七九〇年五月一七日付け）に掲載されたフラットの比較的短い書評[55]は、『寄稿集Ｉ』ではラインホルトによって批判点・異論を箇条書き的に二七条に書き分けられている。その一七条でフラットは、ラインホルトが「われわれの外部の事物の存在」を認めているのは大いに結構である、と評価する。だが、その存在を表象が現に存在していることに基づけて「証明」しているのは、「まったく説得力を欠いている」と批判する。次いでフラットは「物自体」問題についても、ラインホルトの弱点を衝いている。すなわち、著者は、一方で「物自体が現に（würklich）ある」、「表象は物自体に根拠づけられている」、「われわれの外に物自体が現に存在している（Dasein）のは確実である」等々の諸命題を主張しており、これはこれで「大いに歓迎すべき」ことである。しかしこれらの諸命題の承認は「著者のもう一方の主張」と統合されえないであろう、と彼はいう。たとえば、「現実性という述語」あるいは「或るものの原因であるという述語が物自体に付与されうる」ことと、「物自体には、表象のうちに現れてくるただ一つの述語も〔中略〕割り当てられない」（vgl. *Versuch*, §17, 250）という主張とは、統合不可能であろう（*Beyträge I*, 410）。それに対して、ラインホルトは「わが所見（Meine Bemerkungen）」で、フラットは「ヌーメノンと物自体を混同している」のだとあまり説得力のない反論をしている。すなわち、われわれの表象の諸形式からまったく独立な「物自体」と、概念ないし理念の純然たる形式のもとに表象されたものである「ヌーメノン」の区別をフラットが無視している、というわけである（ibid., 419f.）。

フラットの書評の少し後、ピストリウス（Hermann Andreas Pistorius 1730-95）の書評は、もっと直截な批判を提出している。彼の曰く「ラインホルト氏はこの議論全体において、表象の外部に現存している実際の諸対象を前提にしているように思える。というのも彼は、表象の素材はその諸対象によって規定される、と主張しているからである。しかし、彼が自分自身の体系とカントの体系に忠実であり続けようと思うなら、彼はどうしてこんなことがいえるのか？　この体系の最初の諸原則に従うならば、実在的諸対象の現存在ですら、少なくとも疑わしいままでなければならない」。「われわれは諸対象を経験のうちにだけ想定することが許されるのであり、それを経験の外に想定することは許されない[56]」はずである。この点で、ラインホルトがカントの学説を逸脱していることは、フラットもまた指摘していた（vgl. ibid., 410）。

表象能力理論はカント的原則を踏み越えて、「われわれの意識の外の事物」ないしは「物自体」の「現実態」を承認したとか、ラインホルトの物自体理解は従来の独断論のそれと変わるところがないとか、そういう誤解は、当時フラットだけでなく多くの哲学者たちに広まっていた。その原因は、ラインホルトがしばしば強弁しているように、書評者たちの誤解、誤読だけに帰せられないように思える。その原因の一半は、詰まるところ彼の表象概念における

「素材」と「形式」の二元性に起因している。もっと具体的にいえば、その要因の一つは、本来は同時的、共起的であるはずの「素材」の受容と「形式」の付与とが、それらが「別々の異なった源泉」を持つがゆえに(57)、それぞれを単離させて考える余地が生じる点にあることにある(58)。

たしかに、ラインホルトもこの問題の所在を十分自覚しており、「素材」と「形式」の不可分性を度々強調していた。すなわち「純然たる素材は形式と切り離されては意識されず、純然たる形式は素材と切り離されては意識されえない。両方は一つになって不可分な合一にもたらされているときにだけ、意識されうる。意識のうちで主観と客観とが区別される際には、表象の形式がその素材と切り離されずに、表象の全体が、その形式を介して主観と関係づけられるのであり、また素材が形式と切り離されずに、表象の全体が、その素材を介して対象と関係づけられるのである」(*Versuch.* §17, 245f.)。つまり「素材」が「与えられた」とき、それはすでに常に「形式化」されている。「素材」と「形式」は「互いに切り離せない」(ibid., §16, 235)だけでなく、「素材」の受容と「形式」の付与は原理上共起的であるはずである。にもかかわらず、両者は別々の「源泉」を有しており、それらを可能にする作用もまた異種的であるがゆえに、両者が切り離して考えられる——したがって、表象の「形式」から独立した「外的事物」や「物自体」の存在を想定される——ところに、誤解の余地が発生するのである。

実は、ラインホルト自身が、この「素材」と「形式」の共起性の原則を首尾一貫して遵守するというよりも、むしろ逆に両者を単離させて考える「余地」を自ら拡大している節が見受けられる。たとえば、「形式」に関しては、彼が「ア・プリオリな表象」を「人間の心意の解剖の標本」のごときものとみなすとき(ibid., 306f.)、表象の「形式」は「素材」と切り離されてて、いわば「観念的な形式」とみなされざるをえない。「素材」に関しても、彼が、「心意の働きによって与えられる」ような「主観的素材」と「外部から心意に与えられた」「客観的素材」を区別している場合が、そうである。「この客観的素材とは、一切の表象から区別されるだけでなく、表象する主観からも区別された対象に属するものであり、この客観的素材が〔中略〕われわれの主観をわれわれの外の事物と区別する根拠含んでいると同時に、われわれの外に事物が存在しているというわれわれの確信の唯一可能な根拠を含んでいるのである」(ibid. §27, 295)。ここでは、「素材」は、「表象」の不可欠の構成契機としてよりも、むしろ、外的事物の存在についての「われわれの確信」の「根拠」として、実在論的観点から捉えられている。チュービンゲンの元補習教師ディーツ(Immanuel Carl Dietz 1766-96)が、まさにこの点を衝いて、一七九〇年六月にはもうニートハンマーにこう書き送っている。「われわれの外部に事物が現存することの証明における欠陥を、私は主観的素材と客観的素材という誤った区別、あるいは誤った命名のうちに見出せると思う」。ディーツは、たとえ両者を区別するにしても、そして「客観的素材を前提」にしても、それでもそのことから「われわれの外部の対象」の存在を引き出すことはできないと正当に主張している(59)。「主観的」素材と敢えて区別された「客観的」素材の想定は、その「根拠」ないし「原因」としての「外的事物」(物自体)の「実在」の想定に直結する。超越論的観念論の意識内在主義的立場からすれば許されざる、このような「外部から心意に与えられた客観的素材」、およびその「根拠」としての「物自体の存在」の想定の源泉は、翻って考えるに、ラインホルトが「現実の表象」に先立てて、「主観」も「客観」も欠く「純然たる素材」と「純然たる形式」からなると定義された「純然たる表象」を立てている点にまで遡るであろう。ここに、単離された「素材」という考えが紛れ込む余地があるからである。いずれにせよ、「物自体」問題には、彼の「表象概念」に伏在する方法論的難点が顕在化しているのである。

そもそも、カントにおいてと同じようにラインホルトにおいても、主観と客観の両極に(ラインホルト流にいえば、「形式」と「素材」の両極に)、「主観自体(das Subjekt an sich)」と「物自体」が「知られざる或るもの(ein bekanntes Etwas)= X」として想定されている(vgl. *Versuch*, §17, 249ff.)。「主観自体」は一切の「素材」を欠いている(「一切の述語を欠いた主語」である)がゆえに、また「物自体」は一切の「形式」を欠いているがゆえに、ともに表象不可能であり、それゆえ認識不可能である。

ところが、ラインホルトの「物自体」理解には、カントのそれと異なる特徴がいくつか認められる。第一に、ラインホルトの場合、「物自体」はカントの場合のように「認識不可能」であるが、「思惟可能」であるとさえ言えない。「物自体」は表象不可能である以上、思惟すら不可能である。そもそも「思惟」は「表象」の一種であるのだから。この点では、ラインホルトはカントよりも反実在論的立場を徹底しているように見える。当然ながら、この見地を徹底すれば、彼はおよそ「物自体」に関して、何らかの仕方で語ることさえ不可能になるだろう。にもかかわらず、他方で彼は「素材」の「根拠」ないし「原因」としての物自体の存在を語っている。この窮地から脱するために、ラインホルトは「物自体は、表象しえない或るものの概念としてのみ、表象しうるのだ」(ibid., 249) と語らざるをえなくなっている。第二に、カントが純粋悟性によってのみ思惟可能な「物自体」を「ヌーメノン」あるいは脱感性的な「悟性的存在」と呼び、これを「感性的存在」「現象的存在」と対比している (vgl. *KrV*, B 306ff.) のに対して、ラインホルトは「ヌーメノン」を「理性的存在」「理念の対象」と呼び、しばしばこれと「物自体」の区別を強調している。[60] 彼にいわせれば「理性といえども、物自体を表象することはできないが、ヌーメノンは表象されたものである限り、物自体とは本質的に異なったものである」(*Beyträge I*, 216)。つまり、ヌーメノンは、語りえない「物自体」の代替物として使われているのである。第三に、先に触れたように、ラインホルトはカントよりも踏み込んで、「物自体」を表象の形式から独立した「客観的素材」の「根拠」ないし「原因」と同定している。この点では、彼は「物自体」をカントよりさらに実在論的に捉えているといえる。[61] 第一の点と第三の点を考え合わせれば、ラインホルトの場合「物自体」問題のディレンマが、カントの場合よりいっそう明瞭に現れてこざるをえないのである。

かくして、カントにおいてもラインホルトにおいても、総じて「物自体」概念は、一方で、反‐独断論的観点から、認識(表象)の確実な領域を確定する「限界概念」としての観念論的機能を持ちながら、[62] 他方で、「触発」ないしは「素材の根拠」という意味に含意されている実在論的機能を残している。[63] フラットやピストリウスやディーツの先の批判は、いわば「物自体」概念に託されたこの両機能のディレンマ――ヤコービの有名な格言、物自体を「前提にすることなしには、〔カントの〕体系のうちに入っていくことはできないが、それを前提にすることによっては、かの体系のうちにとどまることはできない[64]」という格言に端的に表現されていたディレンマ——を衝いていているのである。合理論的実在論者が主として前者の機能を的に攻撃の矢を放ったとすれば、ピストリウスやディーツは後者の機能に不服を申し立てているのである。そして、超越論的観念論になお残置されている後者の機能は、「物自体」の理解に関して超越論的観念論をより徹底しようとする哲学者たちによって、早晩（ピストリウスやディーツよりも）もっと徹底した批判を浴びる運命にあった。

　この種の批判を、時系列的に挙げれば、それはまずマイモン（Salomon Maimon 1753-1800）によって、次にシュルツェ（Gottlob Ernst Schulze 1761-1833）によって、そしてベック（Jakob Sigismund Beck 1761-1840）によって——それぞれ異なった立場から——唱えられた。

　マイモンの最初の著作『超越論哲学試論』（一七九〇年）は、その独特の意識内在論的理論において、「現象」と「物自体」のカント的区別づけを修正・改作することによって、われわれの外部にある「質料源泉」と想定された「物自体」の観念を不要にしている。その要点は、根源的知覚作用を含む「意識」と悟性的「思惟」の区別と連関づけを基礎にして、いわゆる「物自体」なるものが「思惟」の外にあるにしても、それでも「意識」のうちにあると主張する点にある。マイモンは、感性的知覚の働きを「無限な（神的）悟性」の作用の（極小的位相での）変容態と解釈することで、カント的な感性‐悟性の能力二元論そのものを原理上廃棄し、「感性」と「悟性」の質的区別は、量的差異に還元する。つまり、両者の区別は、働きの「完全性」（ないしは自発性）の「度合いの差」に還元される[65]。かくして、意識の働きが「外部から」触発されたり、その素材を与えられたりすることは、原理上起こりえないことになる。かくして、「物自体」にはらまれていたかの実在論的機能は廃棄されることになる[66]。本当は「直観の形式も質料も、単に私のうちにある[67]」のだから。「無限な悟性」の観点からすれば、「われわれのうち」生じる表象の「成立様式」が、「われわれには知られていない」だけなのである[68]。「感性」を「不完全な悟性」と解釈する点で、マイモンはライプニッツ的伝統を復活させているのであり、「無限な（神的）悟性」を想定する点で、一種のスピノザ主義に接近しているのである。[69] もちろんこの時点では、この批判的解釈はラインホルトに向けられているのではないが、後には彼は、「物自体」に関する同様の批判的解釈をラインホルトに向けることになる。

一七九二年春に公刊されたシュルツェの『エーネジデムス』での「根元哲学」批判は、[70] ラインホルトの「物自体」理解に対する批判を含んでいた。その批判の核心は、表象の可能性の制約を問うているはずの「表象理論」が、表象(の「素材」)の「原因」として「外的事物」や「物自体」の実在を暗に想定し、それをこっそり「密輸入」しているという点にある(詳細は、第六章第二節3を参照)。この批判は、ラインホルトの理論に内在的であり、かつその方法論の弱点を的確についている。さらに、ベックが、「表象作用」を主題として「素材」の「根拠」と想定されているような「物自体」の実在論的意義を抹消することを試みたのは一七九七年のことであり、この問題に関する議論の舞台はもうすでに一周りしてしまっていた。彼は、批判哲学を正しく理解できる「唯一可能な立脚点(Einzig-möglicher Standpunct)」を掲げて、対象の「根源的産出」としての「根源的表象作用(das ursprüngliche Vorstellen)」を提唱し、ラインホルトの(そしてカントの)「物自体」の観念論的理解がなお不徹底で、かえって独断論的実在論に手を貸しているとまで非難した(ベックの「立脚点理論」については、第九章第四節参照)。ベックによれば、「表象」と「対象」との間に、何らかの「靭帯(Band)」を想定している限り、独断論的実在論とは手を切れないのである。[71] ベックの批判が、「表象理論」に最も内在的な批判であるといえる。

しかし、上記の諸批判以上に看過できないのは、後にラインホルトに根元哲学の構想を放棄させ、知識学の立場への移行を促した主たる動機が、かの「物自体」にはらまれていた実在論的機能——そして、それと連関した「外的事物」と「客観的素材」の想定——のはらむアポリアにあったことである。一七九七年二月のフィヒテ宛て書簡で、彼はそのことをフィヒテに率直かつ正直に告白している。[72] かの実在論的機能を廃棄するというかたちで「物自体」概念のはらむディレンマから抜け出すことなしには、超越論的な意識内在主義の徹底は起こりえなかったのである(第九章第三節、第四節参照)。

いずれにせよ、ラインホルトは表象能力理論の基底に素材‐形式‐パラダイムを設定することで、物自体の認識不可能性に関するカントの見解をより直接的、確証的に説明する方策を手にし、カントにまとわりついていた外的存在の確証問題にも明快な決着を下せる方策を手にしたと思っていたはずである(73)。にもかかわらず、皮肉なことに彼はそのことによって、カントの感性‐悟性の能力二元論を、素材‐形式の原理的「存在論的」二元論にまで先鋭化させてしまい、その結果かの「実在論的機能」をより顕在化させ、「物自体」問題に関してカントよりもっと激しい批判や誤解にさらされることになったのだといえよう。

2　表象概念の「根源性」

さて、ラインホルトにとって、ハイデンライヒの批判はフラットのそれよりも、はるかに大きな打撃であった。その理由は、彼がフラットとは異なりカント派の陣営にいた、しかも当時カント精神の最も独創的な擁護者とみなされていたからだけではない。彼の批判、異論は『試論』の企ての要諦にあけすけな無効宣言をしているからである。『新ライプツィヒ学術報知』第四六号(一七九〇年六月七日付け)での書評(74)で、ハイデンライヒはこう断言している。表象能力理論が「遍く認められた根本命題」を打ち立てるのに「どのように役立っているのか」、また「この理論が認識能力理論のための諸前提をどのように含んでいるのか」、自分にはまったく理解できない。そもそも「表象や表象能力」は「共通概念(Gemeinbegriffe)」であって、それゆえ「われわれは感性や悟性や理性についての特定の概念を扱う際にも、まったくこの概念なしで済ますことができる」。さらにまた「こうして、表象の概念を、カント哲学の主要諸契機がそこへと還元されるべき、また還元されうる遍く認められた根拠とみなすことは、自分には不可能に思える」。「ましてや、この根拠の分析によって、カント哲学の最も本質的な帰結を改めて発見するなどということは、もっと不可能なように思える」(*Beyträge I*, 425f.)。つまり、彼によれば、認識の諸能力の「前提」に、「類」としての「表象の概念」を置き、それらを根拠づけようとする企てそれ自体が、無用にして無益な企てなのである。それは、ハイデンライヒが「認識」にとっての「表象」と「表象能力」の「根源性」を全面的に否認しているからである。すなわち、そもそも「表象と表象能力は、〈先なるもの（Prius）〉ではなく、〈後なるもの（Posterius）〉であって、それゆえ認識能力の学の前提を与えることなぞできない」（ibid., 427f.）からである。

したがって彼はまた、「類」としての「表象概念」とその諸々の種との関係について、とりわけ前者から後者の導出可能性についても、重大な「疑念」を呈している。ラインホルトは「純然たる表象という概念から、明らかにこの概念のうちに在るもの以上のものを展開している」。この概念のうちには、「意識によって対象を表象から区別すること（[*Versuch.*] §15, 230）」も、「〔素材が〕与えられていることと〔形式を〕生み出す働き、受動的であることと自己活動的であること（§18, 255）」も、はたまた「外部から与えられた客観的素材（§28, 297）」も、何一つ含まれていない。にもかかわらず「ラインホルト氏が、これらの諸概念や諸命題すべてを最狭義の表象概念（§11, 214, 218）から展開することができたのは、ただ彼が最狭義の表象概念と広義の表象概念とを気づかれぬようこっそりとすり替えているからである」（*Beyträge I*, 428）。「最狭義の表象概念」から「広義の表象概念」への展開は、そのような「すり替え」によって可能になっている。かくして、この異論は、「純然たる表象」からより高次な複合的諸表象を「体系的に」導出、展開するというラインホルトの革新的企てに致命的な打撃を与えていることになる。出発点としての「純然たる表象」の概念自身から、後続の「諸概念や諸命題」を導出、演繹することは不可能であり、後続の展開には、別の根拠づけを要する多数の「補助定理」を必要とするという批判は、これ以降の『寄稿集Ⅰ』や『基底』についての批判的批評でも、より徹底して、そしてもっと具体化されて繰り返し登場してくることになる（第六章第二節参照）。そして、ラインホルト自身も後にはこの点を認め、自らの根元哲学の一元論的方法論を修正していくようになるのである。そうした類の諸批判の原点が、ここにある。

さて、時を措かずラインホルトの反論が公表された。六月二六日の『一般学芸新聞』「知的広報欄（Intelligenzblatt）」は、不要な「共通概念」という批判を反駁している。『試論』の著者は、まず「純然たる表象」が認識の諸成素を「種」とする「類」概念であることを改めて強調する。「事実記述的（historisch）認識」では「普遍的なものが特殊なものによって規定される」のに対して、「哲学的認識」では「特殊なものが普遍的なものによって規定され」ねばならない。『試論』は後者の途、「真に哲学的で、したがって体系的な」叙述方法を採っているのであり、したがって「一つの類の諸々の種全体の理論を叙述」するには「類の概念から出発し」なければならず、類概念の理論が「諸々の種の理論の根底に置かれねばならない」のである。それは「諸々の種を相互に区別している特異性を類概念から導出するためではない。そうではなく、諸々の種の相互連関を、それらの必然的、普遍的特性（哲学の主要眼目）を理解させるためである」（ibid., I, 430）。

論点は、「表象概念」がカント的認識論の「前提」となりうるに十分な根源的ステータスを有しているのか否か、そのようなものとして根拠づけられ、展開されているのか否かである。詰まるところ、係争点は「表象概念の根源性」が確証されているのか、否かである。より具体的に語れば、「類」としての「表象」と「種」としての認識諸成素との関係に、前者が後者の「基礎」「前提」たりうる関係が成立しているか否かである。実は、この論点が、上述した両者の主張に示唆されているように、「類」が「種」からの「帰納的」類推物にすぎないのか、それとも「類」から諸々の「種」の「相互連関」や「必然的、普遍的特性」が「演繹」されうるのか、という問題として争われているといえる。

ハイデンライヒは「共通概念」という表現が暗示しているように、また「表象と表象能力は〈先なるもの（Prius）〉ではなく、〈後なるもの（Posterius）〉である」（ibid., 429）と述べていることからも推測できるように、「表象概念」は認識の具体的諸成素から経験的、「帰納的に」導出されたものだと考えている。そうである限り、この概念には「根源性」は付与されえず、カント的認識論の隠された「前提」たりえないと主張するのである。たしかに『試論』§9の表現、「最狭義」の「表象」、「類」としての「表象」は「感覚、思惟されたこと、直観、概念、理念が相互に共有しているものだけを包括している」という表現は、それが諸々の「種」からの「帰納的」類推物であるかのような印象を与えている。しかし『試論』「第二篇」と「第三篇」の議論の進め方全体は、明らかに「類」としての「純然たる表象」を出発点に、この概念に外在的な諸要素を議論に組み込むことを排除しながら、この概念を分析することを通して、より具体的な諸成素の特性と関係を導出するという行程、つまり「演繹的」行程を採っているように見える。そのことによって、彼は直観や概念や理念という諸々の「種」の可能性の制約を、「類」としての「表象」に求めているのだといってよい。

たしかに、ラインホルト自身も認めているように、「種」のそれぞれの「特異性」を「類」から「演繹する」ことは不可能である。では、この場合「演繹的」とは何を指しているのか。それは彼自身の言葉でいえば、「類」概念に基づけて「諸々の種の相互連関を、それらの必然的、普遍的特性」を打ち立てるということであろう。もちろん、ラインホルトがこう理解された演繹行程を実際に仕上げたわけではない。それはきわめて困難な課題であるだろう。しかし『試論』本論が、「類」たる「表象一般」と「種」に相当する「感性的表象、概念、理念」との関係について、前者が後者を「自らのうちに(in sich)」ではなく、「自らのもとに(unter sich)」持っていると表現している(ibid., 215)ことは、彼の思い浮かべていた企てを理解する上で示唆的である。

したがって、『試論』の行程が「帰納的」なのか、「演繹的」なのかといえば、少なくとも――多くの不備を含み、仕上げられていないのは当然ではあるが――ラインホルトが演繹的体裁を採っている、あるいはその方向を目指しているのは否定できないであろう。しかし、そのことと、「表象概念」がカント的認識論の十分な「基礎」「前提」足りうるか否かということ、あるいは「表象概念」からその他一切の心的諸能作が導出されうるのかということは、また別の問題である。ここで提出された、根本原理としての「表象の概念」からの体系的演繹行程はいかにして可能になるのかという根本問題だけでなく、同時に指摘されていた諸論点、すなわち「純然たる表象」の概念と、ハイデンライヒがここにはに含まれていないと見ている諸定理(「関係づけること」と「区別すること」、「自発性」と「受動性」など)とは、いかに関係づけられうるのかといった諸論点は、これ以降のラインホルトの方法論の進展にも常に付きまとって、彼を悩ます問題になることを、われわれは後に見ることになるであろう。

さて、ラインホルト-ハイデンライヒ論争について近年の研究者が下している判定は、圧倒的にラインホルトに厳しいようである(75)。この論争でラインホルトは、かなりの失望と敗北感を味わった。それにもかかわらず、この論争、そして他の書評者たちとの論争は、彼にとって、またドイツ初期観念論の展開にとって実り多い成果を準備するものとなった。

ハイデンライヒ、また他の人々の批判を通して、『試論』の著者は「純然たる表象」を認識論の基礎に、ましてや哲学体系一般の基礎に設定することの困難さに気づかされたはずである。『試論』では「意識律」についても、哲学の「第一根本命題」についてもまだ語られていない。だが一年後の『寄稿集Ⅰ』では、ラインホルトは、困難に直面させられた体系的導出のための突破口を求めて、「意識律」を「第一根本命題」として新たに設定し、体系構成法を修正、改良しようとする。そこでは、彼の理論の中心概念が「表象」から「意識」に代わる。そして、かの「区別すること」や「関係づけること」が「主観」の能作であることを、間接的に認めることになる。『試論』では、「素材」「対象」「表象されたもの」「客観」等の類義的用語がその都度持っている内包的意味が必ずしも明確でなく、それらの区別と関係が曖昧なままであった。この点も多くの書評者たちの批判を浴びた。これを受けて『寄稿集Ⅰ』では、「意識律」の新しい定義に基づいて、「対象」は「表象されたもの」にいい換えられていく。

「類」と「種」の関係理解も修正、改良される。ラインホルトは『試論』で「類」としての表象と「種」としての認識の諸成素との関係として理解していたことを、今度は『寄稿集Ⅰ』では、「根本命題」と「後続諸命題」との関係に適用している。すなわち「何よりも重要なことは、根本命題のうちに(in)含まれているのではなく、根本命題のもとに(unter)直接含まれているような諸概念ないし諸命題が発見され、打ち立てられることである。そうした諸概念ないし諸命題ということで私が理解しているのは、諸々の種がそれらの直近の類に関係しているのと同じような仕方で、第一根本命題に関係している諸概念ないし諸命題のことである」(ibid., 361)。

「根本命題は、他の諸命題の形式だけを規定するのであって、その実質を規定するのではない。それは、他の諸命題の主語と述語を規定するのではなく、ただこの両者の結合だけを規定する。それゆえ、一つの根本命題から他の諸命題を導出するというのは、他の諸命題の内容をなす、主語や術後の表象を根本命題から導出するということではなくて、これらの表象の結合だけを、というよりむしろその結合の必然性だけを導出するという意味である。もちろん、この諸命題はこの結合によって初めて命題になるのであるが」(ibid., 115f.)。ハイデンライヒに対する抗弁において、「類」を出発点として諸々の「種」を導出することの意味について語られていた表現、用語法をもう一度思い起こす必要がある。すなわちそれは「諸々の種を相互に区別している特異性を類概念から導出するためではない。そうではなく、諸々の種の相互連関を、それらの必然的、普遍的特性（哲学の主要眼目）を理解させるため」であった（ibid., 430)。この両方の文章を対照して、新版『寄稿集I』の編集者は、それに付した「序論」でこう結論づけている。「純然たる表象能力の理論は認識能力の理論の必然的前提を含むことができないというハイデンライヒの異論が、ラインホルトを駆り立てて、〈類／種〉の対概念を根本命題との関係で改めて考え直させたのである(76)」。

ハイデンライヒの批判は、「類」-「種」関係の理解についてだけでなく、そもそも方法論的一元論に基づく体系形成が可能であるのか、あるいは必要であるのかという問題を、すでに萌芽的に提起している。またフラットやディーツの批判は、超越論哲学としての「表象理論」の基礎そのものを揺さぶっている。これら両点について、これ以降ラインホルトは改良と修正の努力を積み重ねていくことになる。その限り、『試論』への諸批判はさらなる諸論争と議論の進展を誘発し、その進展はラインホルトの哲学的思惟にとっても、また初期ドイツ観念論の展開にとっても大きな成果を準備したといえるのである。

注

（1）一七八八年一〇月一〇日付けのラインホルトからエヴァルト（Schack Hermann Ewald 1745-1822）宛て書簡。*Korrespondenz*

2. 28f. 彼はこの書簡で、こう述べている。「私はこの試論で、理性批判についてのこれまでの誤解を一掃したい、それも異なった確信を抱いている人々にも理解しやすい仕方で、議論の余地のない仕方で一掃したいと思っています。すなわち私は、カントの認識理論より先に着手されねばならない前提に行き着いたのです、この前提は表象の働きの精密な理論のうちにあります」。

（2）『試論』についての書評の一覧は、*Versuch einer neuen Theorie des menschlichen Vorstellungsvermögens*, hrsg. v. Martin Bondeli. Basel 2013. K. L. Reinhold, Gesammelte Schriften. Bd. 1. xcvif. を見よ。『試論』のみならず、『寄稿集Ⅰ』と『基底』に関する書評も含めて、当時公表された書評のほとんどは *Die zeitgenössischen Rezensionen der Elementarphilosophie K. L. Reinholds.* Herausgegeben und Eingeleitet v. Faustino Fabbianelli. Hildesheim 2003（以下 *Reinhold-Rezensionen* と略記）に採録されている。ここには、一七八九年一一月から一七九〇年末までに公表された『試論』についての書評一四篇も収められている。

（3）Vgl. *Allgemeine Literatur-Zeitung*, Nr. 134. 1789, Intelligenzbllat（一一月二一日付け）. Sp. 1111-1113.

（4）単行本『基底』は、ラインホルト自身による同名の論文のほか、当時「ラインホルト学徒」であったフォアベルクとエアハルトがラインホルトを擁護するために著した、二論文が収められている。同著のファクシミリ版 Wolfgang H. Schrader 編の「哲学文庫（PhB）」版 299（Hamburg 1978）は、この二論文を収録していないが、近年刊行された『全集』版第四巻には、その二論文とともに、その基になったレーベルクの書評とシュヴァープの書評も「付録」として収められている。

（5）K. L. Reinhold, *Beyträge zur Berichtigung bisheriger Missverständnisse der Philosophen.* Erster Band. Jena 1790, 278.

（6）C. L. Reinhold. *Ueber das Fundament des philosophischen Wissens.* Jena 1791, 115.

（7）いわば「第二局面」に相当するのは、一七九二年一〇月に公刊された『書簡Ⅱ』で公然化するカント実践哲学の批判的検討、とりわけ「実践理性と意志の概念上の区別」の必要性、「意志の自由」所在をめぐる批判的対決の時期に当たる一七九二〜九七年である。

（8）Frederick C. Beiser, *The Fate of Reason: German Philosophy from Kant to Fichte.* Harvard UP. 1987, 240.

（9）エバーハルトの『哲学雑誌（*Philosophisches Magazin*）』およびその後継誌『哲学論叢（*Philosophisches Archiv*）』に一七九〇年以降に掲載された論文のうち、直接ラインホルトを批判の対象としているもの一覧表を示せば、以下のようになる。伝統的合理主義の陣営の主敵が、一七九〇年頃以降はカントからラインホルトに重点移動していることがここからから見て取れる。

● 「表象能力の概念について」（『哲学雑誌』第三巻第一号、一七九〇年、一一一 - 一二四）。

● J. Ch. Schwab「ラインホルトの人間の表象能力の新理論試論について」（『哲学雑誌』第三巻第二号、一七九〇年、一二五 - 一四七）。注（4）に記したように、この論文に対してF・C・フォアベルクが「シュヴァープ枢密顧問官兼教授の思想」（in: *Fundament*, 183-222）で、反論している。

● E. R. A. W「ラインホルト教授が彼の是正等のための寄稿集第一巻において、チュービンゲンのフラット教授に対置したことの判定」（『哲学雑誌』第四巻第一号、一七九一年、一一六－一二五）。

● J. Ch. Schwab「哲学者のこれまでの誤解を是正するためのラインホルトの寄稿集、根元哲学の基底第一巻、イェーナ、一七九〇年に関する所見」（『哲学雑誌』第四巻第三号、一七九一年、三一七－三五三）。

●「批判的観念論に関する論争点を意識律によって最終的に調停すること」（『哲学雑誌』第四巻第三号、一七九一年、三一七－三五三）。

● J. Ch. Schwab「カント的諸カテゴリーのラインホルトによる演繹の吟味」（『哲学論叢』第一巻第一号、一七九二年、三五－四四）。

● J. Ch. Schwab「判断についてのラインホルトの概念の吟味」（『哲学論叢』第一巻第一号、一七九二年、四五－五四）。

●「表象能力の概念について、さらにいくらかのこと」（『哲学論叢』第一巻第三号、一七九二年、一二一－一二四）。

●「ラインホルト氏が為すべきことを為していないことの新たな証明」（『哲学論叢』第二巻第一号、一七九三年、二六－三七）。
〔この論文は「書簡Ⅱ」を取り扱っている〕

●「表象能力の理論について」（『哲学論叢』第二巻第三号、一七九四年、七四－七八）。

（10）一七八八年三月一日付けのカント宛て書簡を参照。*Korrespondenz 1*, 315.

（11）以下、『試論』の「序文」と「第一篇」からの引用は、*Versuch*と略記した上で、直接本文中に初版の頁数だけを記し、「第二篇」以降からの引用には、初版の節番号と頁数を記すことにする。『試論』の新版としてErnst-Otto Onnasch編の「哲学文庫（PhB）」版599a（2010）、599b（2012）と、『全集』版第一巻（Basel 2013）が公刊されているが、これらにいずれにも初版の頁が記入されている。

（12）『試論』成立事情、全体の構成、各篇の論述内容とその哲学史的意義等の概観は、最近刊行された『全集』第一巻（*Versuch einer neuen Theorie des menschlichen Vorstellungsvermögens*, hrsg. v. Martin Bondeli. Basel 2013. K. L. Reinhold, Gesammelte Schriften. Bd. 1）に編者が付している、八〇頁に及ぶを「序論」（VII-LXXXVII）が最も包括的で、啓発的である。

（13）その原稿は、遅くとも二月には『メルクーア』の編集者M・ヴィーラントに届いていた。一七八九年二月一八日付けのヴィーラントからラインホルト宛て書簡（*Korrespondenz 2*, 53f.）を参照。

（14）四月九日付のカント宛て書簡や四月三〇日付けのエヴァルト宛て書簡 *Korrespondenz 2*, 69, 80）を参照。

（15）『メルクーア』版と後の二つの版では、表題の表記に微妙な差異が認められる。前者では「これまでの運命」は単数形（das bisherige Schicksal）で、後二者は複数形（die bisherigen Schicksale）で表記されている。

（16）実は、『試論』の枢要部分である「第二篇」の冒頭（§6～§16に相当）すらが、「これまで広く誤解されてきた表象能力についての断章」という表題で、『ドイツ・メルクーア』一七八九年一〇月号に事前掲載されている。これは明らかに、間もなく出版される著作を事前に宣伝するという目的からなされている。

（17）「第一篇」の§1は、『ドイツ・メルクーア』一七八九年六月号と七月号に掲載されたAllgemeiner Geschichtspunkt einer hervorstehenden Reformation der Philosophieの再録であり、§2は、『ベルリン月報』一七八九年七月号に掲載されたVon welchem Skeptizismus lässt sich eine Reformation der Philosophie hoffen?の再録、そして§3～§5は、『新ドイツ・ムゼウム』一七八九年八月号に掲載されたWie ist Reformazion der Philosophie möglich?の再録である。

（18）Vgl. *Korrespondenz* 2, 81.

（19）一七八九年六月一四日付けのラインホルトからカント宛て書簡（*Korrespondenz* 2, 131.）を参照。

（20）とくに、テキスト最後の三ボーゲン（S. 545-579）が校正を経ないまま出版された間接証拠として、Alessandro Lazzari, *Das Eine, was der Menschheit Not ist.* Stuttgart-Bad Cannstatt 2004は「表象する主観」とすべきところが「表象する客観」のままに残されているという致命的ミスなどが残存していることを挙げている（S. 154f.）。印刷過程についてはErnst-Otto-Onnaschの「哲学文庫（PhB）」版559aに所収のEinleitung（S. XCVI～CIII）も参照。

（21）「道徳と宗教の根本真理」とそれの普遍妥当的な「認識根拠」の探求は、「カント哲学についての書簡」以来の継続的テーマであるが、ここでは「根本真理」という表現は神と来世の存在の「確信」へ語句変更され、その「認識根拠」はそうした「確信の十分な根拠」のことだと表現が修正されている（Vgl. S. 75f.）。翌年出版された単行本『カント哲学についての書簡』第一巻も、同様の語句の修正・変更を引き継いでいる。この用語変更は、初出版「書簡」と比べ、問題をより明確に実践的位相に定位した結果であり、改良的措置とみなせる。

（22）近年の卓越した『試論』研究書Alessandro Lazzari, *Das Eine, was der Menschheit Not ist.* Stuttgart-Bad Cannstatt 2004の第六章「常識と哲学的理性」（S. 223-270）が、一七八九年～九二年の期間のこの問題の展開を詳細に解明しており、啓発的である。

（23）*Korrespondenz* 2, 131. 彼は、一七八九年一一月二一日付けの『一般学芸新聞』第一三四号の「知的広報欄」（Sp. 1111-1113）でも同じように、「第一篇」を「非常に誤解されてきた純粋理性批判を理解する鍵」だと述べている。

（24）*Allgemeine Literatur-Zeitung*, 1785, Nr. 164.（14. Jurius）Sp. 55f.に記されたその系統樹は、以下のようなものである。

- 表象
  - 意識を伴わない表象
  - 意識を伴う表象＝知覚
    - 主観的知覚＝感覚
    - 客観的知覚＝認識
      - 個別的認識＝直観
        - 経験的直観
        - 純粋直観
      - 普遍的認識＝概念——（次頁に続く）——

- 経験的概念
- 純粋概念
  - 感性の純粋な像に由来する＝純粋感性的概念
  - 単なる悟性に由来する＝観念
    - 導出に関する観念
      - 根幹概念＝カテゴリー
      - 導出された概念＝純粋悟性の述語
    - 内容に関する観念
      - 経験に適用可能な観念
      - 経験の可能性を越えていく観念＝理念

(25) 『寄稿集Ⅰ』はこう述べている。『純粋理性批判』は、「表象一般の概念を、したがってまた類を実際には規定しないまま放置した。そうである限り、批判は〔中略〕感性的表象、概念、理念ですら規定しないままに放置したのであり、これらを一つの類の諸々の種にしている当のものを、規定しないまま放置したのである」（*Beyträge* I, 267）。

(26) Vgl. *Versuch*, §17, 245.「純然たる素材は形式と切り離されては意識されず、純然たる形式は素材と切り離されては意識されない。両方は一つになって不可分な合一にもたらされているときにだけ、意識されうる」。

(27) たとえば「素材、すなわち、表象のうちにあって表象とは異なる対象に対応しているものは、たしかに後者〔対象〕によって規定され、素材は表象のうちにあって対象の地位を代表している（素材は対象を代理的に再現している）のだが、しかし素材は表象のうちにもあっては、ある変容を蒙らねばならない。この変容によって、素材は表象の純然たる素材であることを止め、現実の表象になるのである」（§15, 231f.）。この誤解を誘発しかねない表現にもかかわらず、ラインホルトは当然ながら、その「対応」や「代理的再現」を語りうるのは、或るものが表象された限りでのことであると考えている。すなわち「純然たる表象のうちにある素材が、対象の代理的再現物であるという素材の本来的機能を果たすのは、表象が主観と客観とに関係づけられることによって、その素材が主観に客観をありありと意識させる限りでのことである」（§38, 327）。

(28) 「純然たる表象（blosse Vorstellung）」という表現は、Thomas Reid の <bare conception> という概念に起因しているという説がある。だが、『試論』の最新版、PhB版の編集者Ernst-Otto Onnaschは、別の可能性を示唆して「ラインホルトの『純然たる表象』はいかなる力でも作用因でもなく、それは原理である、というよりむしろすべての表象の超越論的前提であるといえるだろう」と注記している。Vgl.Ernst-Otto Onnasch (hrsg.), op. cit., Anm. 164, 524.

(29) Vgl. Ernst Cassirer, *Das Erkenntnisproblem in der Philosophie und Wissenschaft der neueren Zeit*, Bd. III: *Die nachkantische Systeme*. Darmstadt 1994 (1.Auflage 1920), 38.

(30) Alfred Klemmt, *Karl Leonhard Reinholds Elementarphilosophie*. Hamburug 1958, 65.『試論』や『寄稿集Ⅰ』での方法を

「現象学的」と評価している近年の研究者は、Frederick C. Beiserである。*The Fate of Reason: German Philosophy from Kant to Fichte*. Harvard UP. 1987の第七章第七節「ラインホルトの現象学的企て」を参照。

（31）Vgl. Martin Bondeli, *Das Anfangsproblem bei Karl Leonhard Reinhold. Eine systematische und entwicklungsgeschichte Untersuchung zur Philosophie Reinholds in der Zeit von 1789 bis 1803*. Frankfurt am Main 1995, 14f.

（32）この問題に関する近年の概括的研究についてはVesa Oittinen, Über phänomenologische Motive in Reinholds Philosophie, in: Pierluigi Valenza (hrsg.). *K. L. Reinhold. Am Vorhof des Idealismus*. Biblioteca dell' <Archivo di Filosofia> 35. Pisa/Roma 2006を参照。

（33）『試論』での叙述、表現の曖昧さ、不十分さを補うために、本章では『試論』の後続版である『寄稿集Ⅰ』の「第三論文」「根元哲学の主要契機の新叙述」を必要に応じて援用し、本文中に*Beyträge I*の略号とともに節数と頁数を記す。

（34）Vgl. *Beyträge* I, §29, 219.「人が或るものを意識するのは、或るものが表象される限りでのこと、すなわち、表象が或る対象に関係づけられる限りでのことである。また人が或るものを意識するのは、それが主観に表象される限りでのこと、すなわち、表象が主観に関係づけられる限りでのことである」。「このように関係づけられることによって初めて、表象が現実に生起する、すなわち、主観に客観が思い浮かべられる。それゆえ意識一般を欠くならば、いかなる表象も現実的なものとは考えられない」。

（35）『試論』では(B)は「主観の意識」とも呼ばれ、また(C)は「客観の意識」とも「対象の意識」と呼ばれているが、概念使用の曖昧さに対する批評者たちの批判を受けて、『寄稿集Ⅰ』では両者は「表象するものの意識」と「表象されたものの意識」に統一されている（vgl. *Beyträge* I, §29, 220f.）。

（36）『試論』ではこの意味で意識の「対象」と呼ばれていたのに対し、『寄稿集Ⅰ』では統一して意識の「客観」という呼称に改訂している。「対象」という語には様々な多義性がまとわりついているからである。一つには、「対象」とは、三つの「種」の種別化の基準と機能しているものを指す（この場合、「表象」も「表象するもの」も「表象されるもの＝対象」も「対象」と呼ばれる）のか、それとも(C)の意識に特有の「客観」を「対象」と呼ぶのかの両義性が存在している。本章では、この多義性を踏まえながらも、基本的にはメインテキストである『試論』の表記に従っていく。

（37）Martin Bondeli, op. cit., 137.

（38）Vgl. ibid., 136f.

（39）ラインホルトのこの説明でも、なお「明断」と「判明」の内包的意味の差異は明瞭になっていない。

（40）ラインホルトは『試論』では、(C)の細分化を明示的に提示していないのだが、M. Bondeliは前掲書で、『寄稿集Ⅰ』ではそれに相当する記述が認められるので、ラインホルトは「実際に認識の三つの種も使用していると想定すべきである」（S. 137）と判断している。『寄稿集Ⅰ』の当該箇所はこう述べている。「認識が明断な意識や判明な意識であることもある。認識には表象の意識や自己意識が随伴することが起こりうるからである。だからといって、表象の明晰な意識や判明な自己意識がいつでも随伴しているというわけではない」(*Beyträge I*, §33, 224)。

(41) Martin Bondeli, op. cit., 137f.

(42) Anzeiger des TM 1788 [Juni], LXXII.

(43) 『全集』版の編者Martin Bondeliは、この二つの「観点」を「素材の観点」と「形式の観点」と特質づけているが (Einleitung, S. LVI)、むしろ「受容性の観点」と「自発性の観点」と特質づける方が適切である。

(44) この企ては、暗にカントの感性論への批判を含んでいると考えられる。というのも、翌年の『寄稿集I』では、「感性の諸形式の優先性」をカントのように「数学的諸命題の普遍性と必然性」から証明するだけでは不十分であり、感性の諸形式の必然性がその形式自身から導出されるべきだという批判を、もっと明確に述べているからである (vgl. *Beyträge I*, 278f.)。

(45) この不満は、判断表導出の基礎になっている、判断の「四つの契機」と「三つの形式」それぞれが「それ以上でもなければ、それ以下でもない」ことが判断作用の概念それ自身から導出されていない、とラインホルトが考えていることに起因している。この点に関する批判は、翌年の『寄稿集I』では、より明瞭に表明されている (vgl. *Beyträge I*, 315f.)。

(46) 『寄稿集I』は、「超越論的弁証論」では「理念」の体系的導出が遂行されておらず、ただ「理性の誤認から生じた仮象の批判」という観点からだけ「理念」が論じられている点を批判している (vgl. *Beyträge I*, 317)。

(47) 『寄稿集I』でも、「第一階梯の自発性」、「第二階梯の自発性」、「第三階梯の自発性」の区別と差異が、要約的に論じられている (vgl. *Beyträge I*, 320)。

(48) カントも『道徳の形而上学の基礎づけ』第三章で、「悟性」と「理性」を同じような論拠で区別している。Vgl. *KA*, IV, 352.

(49) ラインホルトの表象理論の根本的枠組みに従えば、そもそも感性的表象は、その「素材 (S^1)」とその「形式 (F^1)」の統合体 (S^1+F^1) であり、悟性的表象では、この (S^1+F^1) を「素材 (S^2)」として、それに「悟性統一」である「形式 (F^2)」が結合され、悟性的表象 (S^2+F^2) が成立するはずである。そして理性的表象でも同様に、その「素材 (S^3)」である悟性的表象 (S^2+F^2) が、理性の無限な統一「形式 (F^3)」のもとに統合されて「理念 (S^3+F^3)」が成立するはずである。すると——「素材の現存」という観点からすれば——「理念」の「素材 (S^3)」には原理上 (S^2) が含まれており、さらに (S^2) には (S^1) が、すなわちラインホルトのいう「生の素材」が最小限何らかのかたちで含まれていることになるだろう。しかしラインホルトは、——「素材の性状」という観点からは——(S^3) が「悟性の形式 (F^2)」にすでに規定されており、それゆえ「ア・プリオリに思惟されたもの」だと主張することによって、「理性」の「素材」をいわば「形相化」している。この論議を根底に置いて規定しているのは、「表象」を「表象」にするのは、表象の「素材」の契機の方ではなく、「形式」の契機の方であるという、ラインホルトの基本的考えである。

(50) Alessandro Lazzari, op. cit. の第二章第三節と第四節 (S. 95-116) が、この「自発性の三階梯論」のはらんでいる問題を詳細に論じており、啓発的である。

(51) Paola Rumore, Reinholds ursprüngliche Einsicht. Die Theorie des Vorstellungsvermögens und ihre zeitgenössischen Kritiker. In: Wolfgang Kersting/Dirk Westerkamp (hrsg.), *Am Rande des Idealismus*. Paderborn 2008, 117.

(52) 一七八九年一一月から一七九一年までの間に定期刊行物に現れた、『試論』についての書評一四篇のすべてが、*Reinhold-Rezensionen* に収録されている。

(53) 一七八一年から一七八七年の間に書評各誌に掲載されたカント書評を網羅した *Rezensionen zur Kantischen Philosophie 1781-87*, hrsg. v. Albert Landau. Bebra 1991 に基づけば、この七年間の間で『純粋理性批判』は七誌で、『道徳形而上学の基礎づけ』は六誌で書評されたにすぎない。

(54) ラインホルトにおける「物自体」問題については、Maritin Bondeli, Einleitung. In: *Versuch einer neuen Theorie des menschlichen Vorstellungsvermögens*, hrsg. v. Martin Bondeli. Basel 2013. K. L. Reinhold, Gesammelte Schriften. Bd. 1. S. LI-LIII および Martin Bondeli, Einleitung. In: *Ueber das Fundament des philosophischen Wissens, nebst eingen Erläuterungen über die Theorie des Vorstellungsvermögens*, von Martin Bondeli. Basel 2011. K. L. Reinhold, Gesammelte Schriften. Bd. 4. S. XXXIX-XLIII を参照。

(55) 『寄稿集I』に全文が掲載されているフラットの書評は、*Reinhold-Rezensionen*, S. 50-54 にも収録されている。

(56) 『ドイツ百科叢書（*Allgemeine deutsche Bibliothek*）』第一〇一巻、第二号、一七九一年に掲載されたH・A・ピストリウス（Pistorius）の『試論』書評（*Reinhold-Rezensionen*, S. 117-131. 引用箇所はS. 124）。

(57) 「素材」と「形式」が異なった源泉をもっていることを、ラインホルトもこう述べている。「意識のうちで、表象の素材が表象の形式のもとに現れてくることによってのみ、それゆえ二つの異なったものが統合されて現れてくることによってのみ表象が可能になるのだが、その際、一方は〔中略〕主観に属し、もう一方は〔中略〕客観に属している。したがって、表象がこうした二つの決定的に異なった構成要素からなっている点を考慮すれば、表象は同一の仕方で生起したことはありえず、両要素が同一の源泉を有していることはありえない。単なる形式だけが〔中略〕主観の能力によって生起しえたのであり、それに対して素材の方は〔中略〕それ自身客観に特有のものである」（*Versuch*, §18, 256f.）。

(58) 哲学史家J・E・エルトマン（Johann Eduart Erdmann）がこの点を、以下のように巧みに表現している。「対象が表象されているのは、表象（全体）が対象に関係づけられる限りでのことなのであるが、これに反して、表象の素材のみが対象に関係づけられる限りでは、対象は物自体なのである。かくして同一の対象が物自体でもあれば、表象可能でもあるという正反対に方向づけられており、表象の対象は物自体としての対象とは区別されねばならないのだが、この区別がなされないと、表象の形式、表象するものにだけ帰属していることを、物自体に転用するということが起こるのである」。Johann Eduart Erdmann, Die Entwicklung

der deutschen Spekulation seit Kant, erster Band. in: *Versuch einer wissenschaftlichen Darstellung der Geschichte der neuern Philosophie*, von H. Glockner, Dritte Abteilung. Stuttgart 1931, 445.

（59） 一七九〇年六月二〇日付けのディーツのニートハンマー宛て書簡。*Immanuel Carl Diez. Briefwechsel und Kantischen Schriften, Wissensbegründung in der Glaubenskreis Tübingen-Jena(179-1792)*, hrsg. v. Dieter Henrich. Stuttgart 1997, 23. なお、Dieter Henrich, *Grundlegung aus dem Ich. Untersuchungen zur Vorgeschichte des Idealismus, Tübingen-Jena 1790-1794*. Frankfurt am Main 2004, 359-440 は、ディーツの異論を中心に、ラインホルトの物自体問題を多様な文脈において論究している。

（60） 「ヌーメノン」と「物自体」との明確な区別は、『寄稿集Ⅰ』で初めて明確なかたちで導入されるのだが、すでに『試論』でも、「現象的実体（substantia phaenomenon）」と区別すべき「可想的実体（substantia noumenon）」が、「単に（理性によって）思惟可能な実体」として語られて、これが「物自体」とも異なることが示唆されていた（*Versuch*, §84, 545）。それに対して『寄稿集Ⅰ』では、度々「物自体」と「ヌーメノン」の区別の必要性が説かれる（vgl. 216f., 324, 419f.）。

（61） カントは『純粋理性批判』の「感性論」の冒頭で、「現象において感覚に対応するもの」を「現象の質料（Materie）」と呼んでいるが、この「質料」を「物自体」と同一視するような理解は、カントには認められない。なお「物自体」理解についてのラインホルトのこの二つの特徴については、Martin Bondeli, Einleitung. In: *Ueber das Fundament des philosophischen Wissens, nebst einigen Erläuterungen über die Theorie des Vorstellungsvermögens*, von Martin Bondeli. Basel 2011. K. L. Reinhold, Gesammelte Schriften. Bd. 4. xli を参照。

（62） ラインホルトも「純然たる素材や純然たる形式が表象不可能であることを発見することによって」、「表象可能性の限界規定」が得られたのだと述べている（*Versuch*, §22, 277）。

（63） Vgl. Maritin Bondeli, Einleitung. In: *Versuch einer neuen Theorie des menschlichen Vorstellungsvermögens*, hrsg. v. Martin Bondeli. Basel 2013. K. L. Reinhold, Gesammelte Schriften. Bd. 1. lif.

（64） Johann Heinrich Jacobi, Über den transzendentalen Idealismus in: David Hume über den Glauben, oder Idealismus und Realismus. Ein Gespräch 304.

（65） Salomon Maimon, *Versuch über die Transzendentalphilosophie, mit Anhang über die symbolische Erkenntniß*. Berlin 1790 [Aetas Kantiana, Berlin 1969].「カントの体系によれば、感性と悟性はわれわれの認識のまったく異なった二つの源泉であるが、私が示したように、この問いは解きがたい。それに対して、ライプニッツ‐ヴォルフの体系によれば、両者は一つの認識源泉から出てくる：（両者の区別は、この認識の完全性の度合いにしかない）」(ibid., 63f.)。

（66） 『超越論哲学試論』がカントの触発理論への批判を主眼としており、独自の「微分」理論を創案することによって、原理上は最も徹底した「物自体」の抹消策を提唱したという理解が従来から広く流布してきたが、von Achim Engler, *Untersuchungen zum*

Idealismus Salomon Maimons. Stuttgart-Bad Cannstatt 1990は、現代まで引き継がれているこうした理解が新カント派の哲学史家たちによる誤読に基づく「創案」であり、テキストに基づけば支持しがたいことを説いている（Engler, op. cit., 13f., 47-61）。たしかに、エングラーが主張するように『超越論哲学試論』の主眼が、「物自体」問題にではなく、ア・プリオリなカテゴリーが経験的対象に適用される際の「権利問題」にあったことは事実である。それでも、同著が原理上最も根源的な「物自体」概念の「止揚」のための理論的提案を含んでいることもまた事実である。

（67）Salomon Maimon, op. cit., 205.

（68）ibid., 203.

（69）印刷前の『超越論哲学試論』の最初の二章に目を通したカントは、一七八九年五月二六日、M・ヘルツに宛てて、それを以下のように判定している。マイモンのような立論も「ライプニッツ－ヴォルフ的諸原則に従えば、十分可能なのである」。ここでは「感性と悟性とは質的にまったく区別されず、〔中略〕ただ意識の度の違いがあるだけであって、前者の〔感性的な〕表象様式での意識の度が無限小であるのに対して、後者〔悟性的な表象様式の〕場合には、所与の〔有限な〕量だとされている」だけである。マイモンのいう「無限の悟性」とは「神的悟性」にほかならず、彼の考え方は「スピノザ主義と同種のものである」（KA, XI, 49f. 北尾宏之・竹山重光・望月俊孝訳『カント全集21　書簡I』岩波書店、二〇〇二年、三五五－三六四頁）。

（70）〔Gottlob Ernst Schulze,〕*Aenesidemus oder über die Fundamente der von dem Herrn Professor Reinhold in Jena gelieferten Elementar-Philosophie. Nebst einer Verteidigung des Skepticismus gegen die Ausmassungen der Vernunftkritik*, 〔ohne Druckort〕1792. 〔ND: Hamburg 1996（PhB 489）〕

（71）Vgl. Jacob Sigismund Beck, *Erläuternden Auszug aus den critischen Schriften des Herrn Prof. Kant, auf Antrahten desselben, Bd. 3. Einzig-möglicher Standpunct, aus welchem die critische Philosophie beurteilt werden muß*, Riga 1796〔Aetas Kantiana, Berlin 1968〕, 66 und 72f. 同著の第一節§4（S. 23-31）は、現象と物自体の従来の区別の不十分性を批判している。§10～§11（S. 58-78）が「表象能力理論」の批判的検討、とくに「素材」の所与性への批判に充てられている。そもそもこの著作の成立は、カントが『試論』の評価判定を忠実な弟子であったベックに委託したことを発端としていた。しかし、その検討の成果であるこの著作によって、ベックはラインホルトからだけでなく、カント自身からも距離を置くことになった。従来ほとんど論究されることのなかった、この著でのベックのラインホルト批判の詳細は、Martin Bondeli, Das《Band》von Vorstellung und Gegenstand. Zur Reinhold-Kritik von Jacob Sigismund Beck, in: Martin Bondeli/ Alessandro Lazzari（hrsg.）, *Philosophie ohne Beynamen. System, Freiheit und Geschichte im Denken Karl Leonhard Reiholds.* Basel 2004, 119-144を参照。

（72）一七九七年二月一四日付けのラインホルトからフィヒテ宛て書簡（GA III/3, 48-51）参照。ここでラインホルトは従来の自分の誤りを、こう告白している。自分の体系にはらまれていた「欠陥は、私のいうところの客観的素材、外的直観の経験的質料、感覚でした。この素材の根底には、現象の外部に在って主観とは異なる或るものが置かれなければならないということ、このことは私にとっては前々から確定的なことでした。そして、私が厄介な物自体を避難の場にしていると咎める人々に対しては、私はかの物を単なるヌーメノン、純然たる理性によって表象されたものそれ自体のことなのだと宣言することによって、十分自分を救い出せたと思い込んできたのです。主観の外にヌーメノンを考えるように理性を強要したのは、私にとっては、事実としての外的感覚にほかならなかったのです」(ibid., 49)。

さらに、「知識学への転向」を公表した最初のドキュメントである『混成論文選集(*Auswahl vermischter Schriften*)』第二部(一七九七年)の「序文」でも、彼はこう繰り返している。「私は、意識の可能性の客観的制約(カント風には、経験の可能性の実質的制約)を、外的感覚のうちに与えられたものと想定してきたのであり、そして意識の外的根拠が、現象とは区別され、理性によって思惟されねばならない限り、私はその外的根拠をヌーメノンとして、物自体とは区別してきたのだが、私は分かったのだ、そうすることによっては、私の体系のうちにあるこの矛盾は、けっして除去されないであろうということが。私は分かったのだ、ヌーメノンが理性の単なる産物であり、したがって私のこれまでの理論に従えば、純然たる主観以外のどこにも根拠づけられていない以上、感覚の外的根拠は、このヌーメノンのうちにはけっして措定されえないものなのだということが、それゆえまた、その外的根拠はいまわしい物自体に帰されるのだということが」(*Auswahl vermischter Schriften*, viii)。

(73) 一七八九年四月日付けのラインホルトからカント宛て書簡(*KA*, XI, 17f.)参照。ここでラインホルトは、自分の『試論』が誤解されてきたカントの「物自体」問題を明瞭にすることに寄与するはずだと、述べている。

(74)『寄稿集I』に全文が掲載されているハイデンライヒの書評も、前掲書 *Reinhold-Rezensionen*, 54-57にも採録されている。

(75) たとえば、Palola Rumore, op. cit., 120f.

(76) Faustino Fabbianelli, *Einleitung* in: Fabianelli (hrsg.), K. L. Reinhold, *Beyträge zur Berichtigung bisheriger Missverständnisse der Philosophen*. Bd. 1. Hamburg 2003, xxxxiii.

第五章　「厳密な学としての哲学」――根元哲学の構想――（一七九〇～九一年）

前章の第一節で素描したように、ラインホルトの思索は、『試論』（一七八九年）から『寄稿集Ⅰ』（一七九〇年）、『基底』（一七九一年）へと進むにつれて、メタ・レベルへと旋回していく。彼が新たに「根元哲学」と呼ぶようになる哲学構築の試みは、もはやカントの理論哲学の改良や補完にとどまっておらず、いまだ不確実な（と彼が判断している）カント哲学の「基底（Fundament）」をより包括的、より普遍的なものに仕上げ、そのことを通じて「学としての哲学」そのものに確固とした「根拠」を与えることを企てる。その企ての最初の成果が『寄稿集Ⅰ』に収録された諸論文である。本章では、『寄稿集Ⅰ』と『基底』を対象にして、「根元哲学」の全体像を明らかにする。まず、「根本哲学」の基本的立場を概説し（第一節）、次にその根本テーゼである「意識律」の意義と限界について検討する（第二節）。第三節では、「根本哲学」を地盤に生成してきた「学としての哲学」構想の特別な意義、および「根本哲学」の内的編成を明らかにし、第四節ではこの時点におけるラインホルトの「自己意識」論と「知的直観」論の哲学史上の意義と限界に触れることにする。

第一節　「根元哲学」とは

1　「学」の「原理論」としての「根元哲学」

『寄稿集Ⅰ』公刊直後に、彼自身が起草した「文献告示」を援用して、再度『寄稿集Ⅰ』の内容の概略を紹介すれば、以下のようになる。

本書は、何よりも新たな根元哲学の諸原理（Elemente）の研究であり、以下のような諸論文を収めている。Ⅰ　哲学の概念について（従来の最も重要な解明の先行的吟味に沿って、哲学の解明と区分が試みられる）。／Ⅱ　哲学の遍く認められている第一根本命題の必要性、その可能性、その諸性質について（この論文は、直接的には根元哲学の体系を根拠づけ、間接的には哲学的諸学問すべての体系全体を根拠づけねばならない）。／Ⅲ　根元哲学の主要諸契機の新叙述（ここでは、根元哲学の第一部、つまり原理論（Fundmentallehre）が立てられる）。／Ⅳ　表象能力理論の純粋理性批判に対する関係について（ここでは、カントの体系とラインホルトの体系との区別および一致が展開され、その異なった行程が両作品において同一の帰結にいたることが示される）。／Ⅴ　厳密な学としての哲学の可能性について（ただ一つの哲学だけが存在するということだけでなく、それがいかにして存在しうるのかを示し、その唯一の哲学がいかにして現実化しうるのかを示す試み）。／Ⅵ　表象能力の新理論の試論についての究明（『試論』第一編の内容の抜粋と第二編でのいくつかの欠陥の改正を含む）。

特別に付した付録には、フラット教授とハイデンライヒ教授の異論、およびフェーダー教授の異論に対する配慮がなされる[1]。

『寄稿集Ⅰ』の一年後に公刊された『基底』は、前著での企て、すなわち「理性批判」が前提にしている認識の基底よりもっと包括的で普遍的な基底を「学としての哲学」のために確立するという企てを、方法論的観点からより簡潔に叙述している。この著作は、最初期の「根元哲学」の簡明な完成的表現を与えており、ラインホルト自身の最もお気に入りの作品であるとともに、他の哲学者たちからも高く評価された著作であった。(2)『基底』には、表題と同じラインホルト自身の論文「哲学知の基底について」のほかに、当時彼の「学徒」であったエアハルトとフォアベルクの手になる二編のラインホルト弁護論、すなわちレーベルク（August Wilhelm Reberg 1757-1836）の『寄稿集Ⅰ』書評への反批判と、シュヴァープ（Johann Christoph Schwab 1743-1821）の『試論』批判への反批判が収められている。(3)

さて「根元哲学（Elementarphilosophie）」という術語は、名称の上でも、また内容の上でも、明らかにカントの「超越論的原理論（Elementarlehre）」（B 33）に由来している。「根元哲学」という名称は広義には、一七九〇年以降のラインホルトの哲学的思惟の一般的特性を特質づけるものであるが、それは狭義には、「理論哲学も実践哲学も、形式的哲学も実質的哲学も、その上に建設されねばならない唯一可能な諸原理の体系」（*Beyträge I*, 344）のことを指す。(4) つまりそれは、哲学の全部門に先立って確立されねばならない「哲学一般の原理論（Elementarlehre）」（*Fundament*, 107）を指す用語である。(5) その意味でラインホルトは、「根元哲学」を「第一哲学」（*Beyträge I*, 78, 138）、あるいは「哲学の哲学」（ibid. 55）と呼ぶのであり、それゆえまた、それは「最も厳密な意味での学（Wissenschaft）」（ibid. 84）の基礎でなければならないのである。それを、『基底』以降は彼自身しばしば「異名なき哲学（Philosophie ohne Beyname）」（*Fundament*, 105, 132）とも呼んでいる。(6) 彼自身が述べているように（*Beyträge I*, 344）、そのような学はこれまで確立されたことはなかった。

そして、ラインホルトはこの「原理論」を、自らが『試論』で展開していた表象能力理論と結びつけている。すなわち、彼は「根元哲学」を「純然たる表象能力においてのみ根源的かつ直接的に規定されているものの学、つまり表象の根源的諸形式の学」（ibid. 86）と規定している。この学において、「表象可能なものの絶対的に必然的で普遍的な徴標すべての究極の諸原理が打ち立てられる限り、〔中略〕この学は根元-哲学（Elementar-Philosophie）と呼ばれるのである」（ibid.）。ただし、そのような「究極の原理が打ち立てられる」場は、もはや『試論』の場合ように「純然たる表象」にではなく、「意識」の諸成素の関係論的構造に求められている。かの「究極の諸原理」は、「遍く認められた根拠としての意識から演繹される」（ibid.）からである。一切の知の基底である「表象」の概念も、「意識」の根本構造を基礎にして改めて基礎づけられる。この意味において、今や「意識が、根元哲学のすべての原則の源泉であり、これらの原則は意識以外の何ものも表現していない命題である」（ibid., 162）。したがって、かの「表象の根源的諸形式」は、「遍く認められた第一根拠」（ibid., 80）である意識の根本命題、「意識律」から導出されるはずである。かくして「根元哲学」は、より一般的な用語で表現すれば、ありとあらゆる知や認識（感性的、悟性的、理性的認識）の基盤である、意識一般の可能性の制約のア・プリオリな究明の学であるともいい換えることもできる。

2　批判哲学と「根元哲学」の関係

『試論』と比べて、『寄稿集Ⅰ』でのカント哲学批判は、より全面的で遠慮なきものになっている。たとえば、『純粋理性批判』もたしかに感性的表象や概念や理念の働きを解明したが、にもかかわらず、カントはそれら諸々の「種」の「根拠」である「表象一般の概念を、したがって類を規定しないまま放置した」（ibid., 267）。それゆえ、「理性批判」は、「表象能力の学の第一根本命題」はおろか、「認識能力一般の理論」や「個々の認識能力の個別的理論」、すなわち「感性、悟性、理性の理論」のための第一根本命題すら打ち立てなかった（ibid., 273）。そうである以上、それらについての諸理論はみな「根拠」を欠いている。それに対して、根元哲学はその「根拠」としての「表象の根源的諸形式」を解明しようとする。同様の観点からの批判哲学との区別は、別の事例に即してもこう説明される。すなわち、根元哲学は、批判哲学のように「総合判断の概念を出発点としない」。根元哲学は、遍く認められた「意識の根本命題」を出発点として、その展開の末に総合判断の概念を引き出すのだから、ここでは「総合判断の理説は根拠として現れてくるのではなく、ただ帰結として現れてくるだけである」（ibid., 294f.）。この事例にとどまらず、批判哲学の成果全般に対して、「『純粋理性批判』の主たる仕事である表象の諸形式を打ち立てる際に、この著作では根拠（Grund）として使用されるものすべてが、表象能力の理論においては〔中略〕単なる帰結（Folge）として登場してくるのだ」（ibid., 295）とラインホルトは主張する。このように、カント認識論への諸批判は総じて、批判哲学では「根拠」として前提にされているものすべてが、根元哲学ではその究明の「帰結」として導出されるというテーゼに集約される。つまり、「根元哲学」は「批判哲学」が「基底」とみなしたものそれ自身を根拠づけるメタ学である、というわけである。

『寄稿集Ⅰ』の第四論文「純粋理性批判に対する表象能力理論の関係」では、「理性批判」の理論と「表象能力の理論」それぞれの全体に関する、上述したような区別の特質づけ――前者においては「前提」とみなされているもの自身が、後者において初めて根拠づけを得るという特質づけ――が、「感性」論にも（直観の形式としての「時間」「空間」の先在性の導出に関して）[7]、「悟性」論にも（カテゴリーの導出に関して）[8]、さらに「理性」論にも（「理念」の体系的導出に関して）、ほぼ同様に適用されている（vgl. ibid., 295ff., 313ff., 317ff.）。そしてラインホルトの診断所見では、これらの概念や理念の導出が不十分であることの共通の原因は、詰まるところ「理性批判の基底」をなしている「経験概念」（ibid., 333）が十分に規定されていない点にある。カントにおける「必然的に規定された、合法則的な連関をなしている諸々の知覚の表象」としての「経験概念」は、それを構成する主要な術語（「必然的」「合法則的」「知覚」）が十分には規定されていないにもかかわらず、「事実（Faktum）とみなされ」（ibid., 278f.）、「証明抜きに確定的なものとして立てられ」ている。それゆえ、この経験概念の正当性を根拠づけようとする試みは――それだけでなく、この概念を基礎としてなされる、概念や理念の導出の試みも――、結局は「欠陥を含んだ循環」（ibid., 333. vgl. auch 281, 289）に巻き込まれざるをえないのである。

かくしてラインホルトによれば、カントが純粋悟性の諸原則の頂点に据えた根本テーゼ――対象はどれも可能的直観の総合的統一のもとにあらねばならない、あるいは対象はどれも経験の形式的、質料的制約に服していなければならないというテーゼ――は、せいぜい経験を根拠づけうるにすぎず、それはまだ哲学の第一根拠たりえない。哲学の第一根拠たりうるためには、感性や悟性、理性の理論の基底をなしている表象能力と表象の根源的形式を根拠づけなければならないのに、批判哲学はただそれを前提にしているだけである。したがって、カントが「経験の可能性の制約」を解明すべく打ち立てたこの学の「最高の原理」と称されているものは、「経験のもとで悟性を使用するための根本法則にすぎず、感性と悟性によって可能になる限りでの経験の最高法則にすぎない」(ibid., 273)。そうである限り、その学はまだ経験の可能性の根拠づけ、つまり「感性的自然の形而上学」(*Beyträge I*, 85; *Fundament*, 114) にすぎない。根元哲学が「表象の純然たる形式のうちに、究極の諸原理を打ち立てるのに対して」、「派生的な純粋哲学」の一部門にすぎない「感性的自然の形而上学」は、この諸原理を単に「前提にして」おり、「この諸原理から導出されるものだけを対象にしていることによって、根元哲学とは決定的に区別される」(*Beyträge I*, 86f.) のである。

それゆえ、批判哲学は「根元哲学」の「予備学」にすぎない、とラインホルトは宣言する。「批判哲学それ自身は、まだ根元哲学を打ち立てておらず、ただその準備をしただけである。〔中略〕表象が絶対的に根本から解明されることによって、批判哲学の仕事は終業になるだろうし、またそうしなければならない。しかし、こうした根本的解明によって、哲学もまた批判的であることに終止符を打つのである」(*Fundament*, 104)。かくして「根元哲学」は、「批判哲学」の「止揚」をも企てるのである。

第二節 「意識律」――「第一根本命題」としての「意識の事実」

さて、「根元哲学」の「基底」をなすはずの「表象の根源的諸形式」は、「意識律 (der Satz des Bewußtseins)」と呼ばれている、「意識」の諸成素の根源的な関係論的構造に基づいて解明される。それゆえ、「意識律」こそが、「厳密な学」としての「根本哲学」の「第一根本命題」の役割を引き受ける。

1 「意識律」の本源的特性とその両犠牲

『試論』では、「根元哲学」という術語はもちろん、「意識律」や「第一根本命題」という語も登場していなかった。新たな術語の登場は、先に述べたような、ラインホルト自身の哲学的思惟の境位の深化、転換を示している（この転換を経たラインホルト哲学が「根元哲学」と呼ばれるのであり、『試論』の枠内の表象理論は「根元哲学」とは称されない）。『寄稿集Ⅰ』も『基底』も、随所で「意識律」について語っているが、その典型的定式が、前者の第三論文「根元哲学の主要契機の新叙述」の冒頭に配された次の命題である。すなわち

§Ⅰ　意識において、表象は主観によって主観および客観とは区別され、かつこの両者に関係づけられる（*Beyträge I*, 167）。

唖然とするほど空疎とも思えるこの命題が、どうして根本哲学の第一根本命題たりうるのであろうか。かの「主要契機の新叙述」論文は、「意識律」（§Ⅰ）を出発点に、意識の「三つの構成要素」（「表象」、「客観」、「主観」）の「根源的概念」（§Ⅱ～§Ⅳ）、および「表象能力」の諸契機（「純然たる表象」、表象の「素材」と「形式」、「受容性」と「自発性」）（§Ⅴ～§XXVIII）を導出し、それを基礎に「意識の理論」（「意識一般」、「明晰な意識」と「判明な意識」の「三つの種」）（§XXIX～§XXXII）を論述し、さらに、先に究明されたことに基づいて「認識能力一般の理論」（「認識の命題」、「直観」、「概念」、「感性的直観」と「知的直観」）（§XXXIII～§XLIV）を展開している。だが、「意識律」は体系の単なる「端緒」「基底」であるにとどまらず、どうしてこれらの「諸契機」（および「諸契機」に即して提示される諸概念や諸命題）が、そこから導出されうる「第一根本命題」たりうるのか。

ラインホルトはこれら後続諸概念の導出過程に入る前に、まず「意識律」が「第一根本命題」として具えるべき権能を確証しようとしている。「意識律」は「第一根本命題」である以上、その明証性を他のより高次な命題や公理に訴えることはできない。それは、自らの明証的真理を他の何ものにも頼らず、それを自証しなければならない（vgl. ibid., 353f.）。この点を確証するために、ラインホルトは驚くべき「切り札」を提出する。彼はこう主張する、すなわち、かの命題は「意識のうちで生起している事実だけを直接に表現したものにほかならない」（ibid., 167）がゆえに、そしてかの命題は、「意識の事実」の「直接的表現」であるがゆえに、直接的に明証的なのである。この「事実」は、カントのいう「理性の事実」がそうであるように、経験的事実でも経験的事実からの抽象の産物でもなく、「意識」を持つものが、何を意識しようが、意識する限り、意識するものにとって否定しがたい前提をなしているア・プリオリな「構造的事実」なのである。ラインホルト自身は明示的にそう表現していないにもかかわらず、そう理解されるべきであろう。その意味ではラインホルトは、意識一般の「可能性の制約」を「意識の事実」と呼んでいるのだといってもよい。「意識律」は、このような「意識の事実」の「直接的表現」にほかならない、そしてそうである限り、「自ら自身によって規定された」明証性を持つのである。それゆえ、ラインホルトは、この明証的真理は、理性の推論や悟性による抽象によっては得られず、ただ「意識の諸事実」を「単に反省すること」によってのみ得られると度々強調している（ibid. 143, 149, 356, 363）。この場合「反省する」とは、単に「意識のうちに現れてくることを比較照合する（Vergleichung）」ことだともいい直されている（*Fundament*, 78）。しかし、この「事実」は、やはり何らかの意味でなお「経験的」事実ではないのか、「比較照合する」こととしての単なる「反省」は、いわば「直接的で純粋な」自己省察ではなく、やはり「経験的」自己観察ではないのかという異論が提出されてくるのを、われわれは後に（第六章第二節参照）知るであろう。

「意識律」が「自ら自身によって規定された命題」であることを、ラインホルトは『寄稿集Ⅰ』（とくに第五論文）でも『基底』でも繰り返し強調している。「意識律」のこの本源的特性は、それが「意識の事実」の「直接的表現」であることに拠っている。だが、ラインホルトはさらにこの特性に、第一根本命題が具えるべきもう一つの特性を付け加えようとしている。すなわち「自ら自身によって規定された命題は、遍く認められた（allgemeingeltend）命題でありうるし、またそうでなければならない」（*Beyträge I*, 355）。こう主張することによって、ラインホルトは「意識律」が「第一根本命題」として、直接的な自己明証性を持つこと（いわば、第一要件）に加えて、誰にも納得できる自明性を持つこと（いわば、第二要件）を求めているのである。第一要件から第二要件は直接帰結しそうにも思えるが、ラインホルトはそう考えない。両要件の区別は、われわれがすでに言及したような（第四章第三節）、単に「普遍妥当的（allgemeingültig）」命題と「遍く認められる（allgemeingeltend）」命題との区別に対応している。ここで彼がことさらに第二要件を挙げ、それについて論じているのは、自己明証的な命題といえども、様々な誤解にさらされる余地があるがゆえに、事前にこの余地を一掃して、この命題がいかなる哲学的立場に立つ者にもただちに納得できるものであることを確証しておくためである。したがって第二要件は、「意識律」がいかにしても誤解の余地のない命題であることを示すことによって、満たされる。

ある命題の意味が誤解されるのは、ラインホルトによれば、命題の「主語と述語の結合根拠」がその命題の外部に前提されていたり、命題のうちに実はその意味の「確定されていない」概念や辞項が混入していて、それがあたかも「確定されたもの」のように使用されることに基づいている（vgl. ibid., 355f. vgl. auch 147）。しかし、「意識律」においては、それを構成している諸概念は、またその諸概念の徴標（Merkmale）は、その意味を理解するのに他の一切の概念や辞項を必要とせず、その意味でただ「この命題それ自身によって規定されて措定されている」。この根本命題は「一切の前提を必要とせず、一切の前提を許容しない」（ibid., 356）。それゆえ、この命題には誤解の余地は一切生じず、そのことによって、単に直接的明証性を持つだけでなく、「遍く認められる」命題たることを自証するのである。それゆえ、第二要件は、第一要件のように「意識の事実」に直接訴えることで満たされているのではなく、――以下の2で示されるように――むしろ命題を構成している諸概念の意味が、命題それ自身の内部で、命題自身を通して確定されうることによって満たされている、といえるのである。かくして、ラインホルトによれば、「意識律」は「一切の哲学的思惟の遍く認められた第一根本命題」(ibid. 114)なのである。

さて、「意識律」が以上のようにしてその権能を確証された「一切の哲学的思惟の遍く認められた第一根本命題」であることによって、それは「一切の哲学的知の基底」として位置づけられている。[9] しかし、そのようなラインホルトの説明にもかかわらず、この「事実」がいわばア・プリオリな事実あるとはいえ、「一切の哲学的知の基底」であると同時に「第一根本命題」としての機能を本当に果たしうるのかどうか、すなわち後続の諸概念や諸命題がそこから導出されうる権能を備えた命題たりうるのかどうかには、まだ多くの疑念が残るであろう。そうした疑念の根底にあるのは、まず何よりも、「事実」という術語が暗示している事態の既存的・静態的特質と、求められている「知」の根拠づけという能動的「働き」との間にある懸隔感であるといえよう。この距離感はどのようにして埋められるのか。この点に関して、近年の研究が興味深い解釈を示している。[10] それによると、「事実(Tatsache)」という術語を歴史的に見れば、それは、「或る事態の存立」を指すようないわゆる「事実」を意味していただけでなく、Tatに由来する行為的特性も帯びている。この「事実性」と「行為性」の両義性に着目して、「意識の事実」の意味内実を分析すれば、四つの視点が得られるが、そのうちの二つ、すなわち「意識に内属する規定(Bestimmung)あるいは構造」という視点と、「意識を構成する規定の働き(Bestimmen)」という視点から、ラインホルトの「意識の事実」を読み解くことが可能である。[11] たしかに、ラインホルトは「意識の事実」のうちに、「構造」としての「事実」と「働き」としての「事実」とを、自覚的に区別しないまま重ね合わせているといえる。前者の側面に照らし合わせれば、「意識」はすでに述べたように「関係論的構造」である。だが、後者の側面に照らし合わせれば、「意識」はこの構造を「形成している」、「関係づけ」「区別する」働きそれ自身である。

ラインホルトが、われわれが「意識律」を知ることができるのは、「意識の事実を単に反省する」だけでよい、「すなわち、意識のうちに現れてくることを比較照合する」だけでよいと述べるとき(*Fundament*, 78)、彼は明らかに

「構造」としての「事実」に訴えている。それに対して、彼が表象の根源的概念が「意識を形成している諸事実によって規定される、いい換えれば、それ自体は説明不可能な表象を主観と客観から区別すること（Unterscheiden）によって、また表象を主観と客観に関係づけること（Beziehen）によって規定される」と述べるとき（ibid., 79）、彼は明らかに「働き」としての「事実」に訴えている。すると、「意識律」が表現している「意識の事実」は、関係論的構造体であるとともに、その構造を形成している〈関係づけの働き〉（これには、「区別すること」と「関係づけること」の双方が含まれている）そのものである、といわねばならない。この研究論文の著者は、後にフィヒテによって遂行される「事実（Tatsache）」から「事行（Tathandlung）」への進展を、「意識律」に伏蔵していたこの「両義性」を解消する試みであったと解釈している。[12]「意識律」をこのように、「構造」的事態であるとともにその「構造」を形成する「働き」として、二相のもとに理解すれば、それが「知」の根拠づけの機能を果たすことも、さしあたりいく分かは納得しやすくなる。そして、「意識律」に伏蔵されているこの両義性の把握は、われわれが次に主題とする、「関係項」と「関係」の一次性をめぐる問題と通底している。

いずれにせよ、後続の諸概念や諸命題の導出という点を考慮すれば、「第一根本命題」としての「意識律」には、あまりにも過大な機能が託されている。要求される第一の機能は、後続諸概念の定義を可能にする審級としての機能である。第二の機能は、後続諸命題の首尾一貫した導出を根拠づける審級としての機能である。『全集』版編集者の言にならえば、前者においては「意識律」は「定義づけプログラム」の「基底」をなし、後者においては「根拠づけプログラム」の「基底」をなしている。[13]ラインホルトは、異なるこの両機能を明確に弁別せずに、一体として「意識律」に託しているように見える。

前者の機能がどのように果たされるかは、比較的容易に見通すことができる。すぐ後に紹介するように、「表象」、「客観」、「主観」という「意識」の「構成要素」をなす諸概念の意味は、「意識律」を基礎にして、「意識律」自身によって確定され、定義される。そこからさらに――上述した「新叙述」論文の叙述の進展に沿って――「表象」の契機たる「素材と形式」、表象能力の契機たる「受容性と自発性」が順序立てて分析的に導出、定義され、さらに「類」としての「意識一般」の三つの「種」、「認識能力」の諸契機が分節化されていく。したがって、「意識律」は、レーベルクが誤解したように[14]、それ自身が「定義」であるのでなく、三つの「構成要素」の概念を定義する議論の基礎をなしているのだといわねばならない。これらの諸定義が「意識律」によって可能になるがゆえに、この「定義づけプログラム」の場合、「意識律」は第一の審級としての機能を果たしているといえよう。それに対して、第二の「根拠づけプログラム」の機能に関しては、ほとんど見通しがきかない。その理由は、ラインホルト自身がこの機能を実証するための具体的叙述をほとんど展開していないということだけではない。彼が、第一根本命題から後続諸命題のすべてを導出すると語る際に想定している論理的モデル自身が、事の本性上、重大な難問を抱え込んでいるからであり、そしてそのことが明らかになるやいなや、数多くの重大な異論、批判が噴出したからである。にもかかわらず、こうした根拠づけのプログラムは、初期ドイツ観念論の展開に決定的なインパクトを与えた。この「根拠づけプログラム」の基底としての「第一根本命題」の体系論的意義の概略は、以下の第三節で検討される。

2 「意識」の「三つの構成要素」の導出

『寄稿集I』の著者は、「意識律」で使用された辞項、「表象」「客観」「主観」を、しばしば「意識」の「三つの構成要素」と呼んでいる。この諸要素の「根源的概念」は「意識律」から直接導出される。かの「新叙述」は、「意識律」に続けて「表象」、「客観」、「主観」それぞれをこう定義する。

§II 表象とは、意識のうちで主観によって、客観と主観とは区別され、かつこの両者に関係づけられるもののことである（*Beyträge I*, 168）。

§III　客観とは、意識のうちで主観によって、客観と表象とは区別され、かつ主観とは区別された客観がそれに関係づけられるもののことである（ibid., 170）。

§IV　主観とは、意識のうちで自ら自身によって、表象と客観とは区別され、かつ客観とは区別された表象がそれに関係づけられるもののことである（ibid., 171）。

たしかに、これらの「定義」は、「意識律」自身を構成している諸概念以外のいかなる概念も援用していない。したがって、上述した「第二要件」を完全に満たしている。つまり、「意識律」の明証性を一旦認めれば、これらの諸定義の形式的明証性に口を挟む余地はないであろう。著者は「意識律」が「意識の事実」の「直接的表現」であるのに対して、「表象、客観、主観」の諸概念は、「かの事実によって、間接的に規定される」と述べている（ibid., 167）。しかしそれにしても、これまた一見するにあまりにも空疎で形式論的なこれらの定義的命題から、われわれは何を汲み取るべきなのか。

かの第二要件を満たすという直接的意図の背後にあるのは、『試論』での場合と同じように、「表象」や「主観」「客観」やらにまとわりつく心理学的、形而上学的な能力概念（何らかの意味で、実体視された諸概念）を排除しようとする意図である。こうした意図から、彼は「意識」を、直接的な明証性を持つ関係論的構造体とみなした上で、その「三つの構成要素」を、つまり構造体の関係項を、それらの〈関係〉（「関係づけること」と「区別すること」）を介して規定しようとしているのだといえる。つまり、ここには、「意識」とその「構成要素」の実体論的把握を退け、それらの関係論的把握を提唱するラインホルトの方法論的態度が読み取れるのである。

「構成要素」の諸概念は、これ以降それらの「分析的」展開を通じて、その内実を明らかにしていく。その道筋と解明される内実は、すでに紹介した『試論』でのそれと基本的に同じである。すなわち、「関係づける」とは基本的には「結合する」と同義であり、「区別する」とは基本的には「分離する」と同義である。「表象」は、それの「素材」を介して「客観」と「関係づけ」られ、それの「形式」を介して「主観」と「関係づけ」られる。この「関係づけ」によって、「主観」は「表象するもの」になり、「客観」は「表象されたもの」になる。より正確にいえば、「表象」は「客観」に関係づけられることによって、「素材」を「与えられ」、「主観」に関係づけられることによって、「主観」は「表象」にその「形式」を「産み出す（hervorbringen）」。それに対して、「区別する」ことは「分離する」ことであるが、「表象」と分離された「主観」と「客観」は、空虚な「単なる主観」と「単なる客観」にすぎない。この空虚な「主観」・「客観」は、『試論』で「表象」の「外的制約」と呼ばれたものにほかならない。すると、「関係づける」と「区別する」は、「主観」・「客観」が「表象」の「内的制約」であるか、「外的制約」であるかに対応している。そして、「区別する」―「外的制約」の側面は、「表象作用」に先立って「主観」「客観」が存立しているかのような誤解に直結しているように思える。そればかりか、それ自体は空虚で表象不可能な「主観」・「客観」が経験論的に理解されると、かの側面はまた、「意識律」の経験論的理解に途を拓きかねない。そればかりか、この側面から出てくる経験論的理解を完全に断ち切れていないともいえる。

それだけでなく、この「区別する」の含意するところは、いささか厄介な事態を伴っている。すなわち、ラインホルトの考えでは、それは、「表象」が「客観」に「関係づけ」られる際には、「表象」は同時に「主観」と関係づけられることはありえず、そのときには必ず「主観」とは「区別され」（分離され）ていることを含意している。つまり、「表象」が「客観」に「関係づけられること」は、「表象」が「主観」とは「区別されること」と表裏一体なのである。『寄稿集I』はこの事態を、こう表現している。「表象は、それがその形式の点で表象するものに関係づけられることによってのみ、表象されたものと区別され、そしてその素材の点で表象されたものに関係づけられることによってのみ、表象するものとは区別される」（ibid., 219、強調点は引用者）。これは、先にわれわれが「関係づけられること」と「区別されること」との「交差的」表裏一体関係と呼んだ事態である（第四章第五節1の(2)参照）。この「交差」は、後に論じるように、ラインホルトの方法論がはらんでいる問題点を間接的に示唆しているると思われるのだが、この点については後述する。

さて、§II〜§IVが明瞭に示しているように、ラインホルトは、「表象」、「客観」、「主観」という「三つの構成要素」の「根源的概念」それぞれを、そして何よりもその諸概念の諸徴標を、「意識」それ自身を形成している〈関係〉から規定している。そのことを、彼はこう表現している。「表象と客観と主観が意識の構成要素である限り、それらに帰属する諸徴標は、一切の抽象なしに、したがって一切の推論的理屈づけも前提とせず、一切の哲学に先立って、意識それ自身から直接湧き出てくる」(ibid., 168)。彼は個々の構成要素の「徴標」についても、それが「意識から直接湧き出してくる」という表現を度々使っている(ibid., 155, 159, 172)。「意識それ自身から直接湧き出す(quellen unmittelbar aus dem Bewußtsein selbst)」とは、かなり問題含みの比喩的表現である。まず「意識それ自身から」という語が誤解を招きやすい。この「意識」は何らかの「実体的なもの」とはけっして理解されるべきでない。むしろ「意識それ自身」は、ラインホルトの真意からしても関係的構造体である、というよりむしろ、本来的にはその構造を形成している〈関係づけの働き〉そのものである。だから、ラインホルトは、それらが「意識」を形成している〈関係〉(「関係づけること」と「区別すること」)そのものから「湧き出してくる」と表現すべきであった。次に、「湧き出してくる」というメタファーは、この構造を形成している各々の関係項の意味が、関係の全体から直接に、関係の全体と同時に確定されるということ——いい換えれば、各々の関係項は関係の全体に先立って、自立的意味を得ているのではないということ——を表現しているはずである。表象の諸徴標は、「区別すること、関係づけること、客観、主観一般についての諸概念から導出されているのではない。そうではなく、その諸徴標は、これらの諸概念全部とともにそれらと同時に湧き出してくる」(ibid., 155)という文章の真意は、そこにある。

こうして、一見空疎で形式論的に映る、「意識」とその「構成要素」の把握の仕方は、方法論的観点から見れば、すぐれて現代的な関係論的理解に支えられているということもできるのである。

3　不徹底な関係の第一次性論

まずあらかじめ関係項の意味が確定されており、しかる後に関係項同士を関係づける立場を、仮に〈関係項の第一次性論〉と呼び（これは、常識的、実体論的思考の根本特徴である）、逆に関係が初めて関係項の意味を確定すると考える立場を、〈関係の第一次性論〉と呼ぶならば、ここでのラインホルトは、一見〈関係の第一性論〉を採っているように見える。ここでは、「意識」を形成している〈関係〉の全体が、関係項（「表象」「客観」「主観」）とその諸徴標の意味を初めて確定するのだから。だが、それはまだ、不徹底で中途半端な〈関係の第一次性論〉のように思える。

そのことは、先述した、「関係づけられること」と「区別されること」との「交差的」表裏一体関係を少し詳しく検討すれば明らかになる。かの表裏一体関係が意味しているのは、たとえば「表象」が「主観」に「関係づけられる」ときには、「表象」は必ず「客観」とは「区別され」ているということであった。したがって、「表象」が「主観」に「関係づけられること」と、「表象」が「客観」に「関係づけられること」とは、けっして同時には成立しえないのである。これは、ラインホルトの表象理論に照らし合わせても、いささか奇妙な帰結である。彼の表象理論に従えば、「表象」が「主観」に「関係づけられる」とは、「表象」にその「形式」が付与されることにほかならず、「表象」が「客観」に「関係づけられる」とは、「表象」にその「素材」が与えられることにほかならない。ところで、先に述べたように（第四章第七節の1）、（「純然たる表象」がではなく）「現実の表象」が成立する際には、「形式」の産出と「素材」の受容とは、同時的、共起的であるはずである。だとすれば、「表象」が「主観」に「関係づけられること」と「客観」に「関係づけられること」とも、同時的、共起的でなければならないはずである。

しかし、かの「交差的」表裏一体論は、その同時性の否認を含意している。このことは、同一の関係項について、「関係づける」ことと「区別すること」という対置された両関係は同時的、共起的には成立しないということを含意している。両者は、実は別個にバラバラにしか成立しない。ラインホルトは、「意識は、表象が客観と主観とに二重に関係づけられること（das doppelte Bezogenwerden der Vorstellung auf Objekt und Subjekt）である」（ibid., 190, vgl. auch

181, 182）と度々語っているが、実はこれは、「表象」が単に「客観にも」、「主観にも」（別々に）関係づけられるという意味でしかなく、厳密な意味での「二重性」（「表象」が「客観」と「主観」とに同時に「関係づけられる」という二重性）をいい表しているのではない。そして、「表象」が「客観」と「主観」とに同時に「関係づけられ」ないということは、「主観」が「表象」を介して、自らを「客観」と、そして「主観」（自ら自身）とに同時に関係することはできないということである。両方の「関係づけ」は単に併存しているだけである。そのことはさらに、「主観」の能動性と受動性が関係づけられず、単に並置されているだけだということを含意するだけでなく、「主観」や「客観」が〈関係〉に先立って自存しているということすら含意しかねない。かくして、ラインホルトの〈関係の第一次性論〉は、潜在的に〈関係項の第一次性論〉を含んでいるような不徹底さを持っている、といわねばならない。

〈関係項の第一次性論〉が、先に述べた静態的「構造」としての「意識律」理解に対応し、〈関係の第一次性論〉が、「働き」としての「意識律」理解に対応しているともいえる。後者の理解は、「意識」の本質を「区別する働き」と「関係づける働き」の一体性に（それゆえ、この両者からなる「表象作用（Vorstellen）」に）認めるのに対して、前者の理解は、「意識」の本質をその「働き」の産出した「構造」のうちに認め、もっぱら「表象作用」の産物たる「表象（Vorstellung）」にだけ定位している。この場合、〈関係項〉である「主観」や「客観」が、〈関係〉の全体に先立って存立しているかのような様相を呈することになるであろう。後に言及するエーネジデムス－シュルツェの異論の一つが、この点にあったことは、後に見るであろう（第六章第二節3参照）。総じて、こういえるであろう。ラインホルトが提起した「意識律」は、その実相においては両方の無自覚的折衷態のままにとどまっている。後に「意識律」に浴びせられる批判や非難の根拠の多くは、それがなお関係項の第一次性の側面を残していることに求められるとも解釈できるのである。

その側面がなお残っている遠因を探れば、やはり究極的には、「表象」の成立に際する「素材」と「形式」の二元性に行き着く。すなわち、本来は同時的、共起的であるはずの「素材」の受容と「形式」の付与とが、それらが

「別々の異なった源泉」を持つがゆえに、それぞれを単離させて考える余地が生じることを（vgl. *Versuch*, §XVIII, 256f.）、われわれはすでに指摘した（第四章第七節1）。「現実的表象」ではこの「単離」の余地は原理上生じないのに対して、ラインホルトが「現実的表象」に対する論理的先在性を「純然たる表象」に認め、前者に先立って後者を考える際には、「素材」と「形式」の同時的、共起的原則を逸脱する余地が広がる、といえる。現にラインホルトは、『試論』での考えを継承して『寄稿集Ⅰ』でも相変わらず、「客観」と「主観」に対する「純然たる表象」の論理的先在性を主張し（vgl. *Beyträge I*, 173, 174）、相変わらず「純然たる表象」の「内的制約」と「外的制約」を区別している（vgl. ibid., 158, 175）。これらの見解は、後に修正と変容を迫られる彼の表象理論の古い層に相当し、この理論のさらなる変容とともに解消されていかざるをえないであろう。

第三節　「根元哲学」の原理論の内的編成

1　「厳密な学」としての「哲学」構想

ラインホルトは、哲学を「厳密な意味での学」として確立するのに不可欠なのは、何よりもその内容の体系的統一性であると考えていた。この体系的統一性は、後続諸命題が「第一根本命題」によって直接的、間接的に規定されて、継起的に導出されることによって保証される。そのことによって、「その学に属しているその他の諸命題すべては〔中略〕一つの学という統一性を得る。そしてこの統一性のうちで、かの根本命題は普遍的な述語を打ち立てるのだが、この普遍的な述語が学の外延全体のうちにあるすべての主語と述語に与えられる。そして、そのことによって、そのすべての主語と述語はこの外延のうちに統合されるのである」（ibid., 119）。

根本命題と後続諸命題の連関を、『基底』はもう少し具体的に叙述している。すなわち、かの「新叙述」はすでに、意識律から表象能力一般の理論がいかに導出されるかを「厳密に学問的な仕方で」示した。この「探求の継続」は、

「次第に根元哲学の残りの部門に手を加えていくことになるはずである。すなわち、これまで私がまだ樹立していない特殊な意識の諸命題から導出されるべき、またその意識の諸命題によって規定された感性的表象、概念、理念の根本的解明から導出されるべき、純然たる表象能力としての感性、悟性、理性の諸理論を展開していくはずである」(*Fundament*, 108f.)。その際留意すべきは、「感性的表象、悟性、理念の諸定義は、〔中略〕表象の定義からは得ることのできない特殊なものを考慮するときには、意識の特殊な種が表現している特殊な意識の諸命題によって規定されねばならない」(ibid., 106)といわれていることである。すなわち、上記の諸定義は、「表象一般」から直接演繹されるが、その諸定義のもとに配置される特殊な諸命題の内容は、最も普遍的な「表象一般」からは導出できないがゆえに、それらの内容は、いわば中間の「根本諸命題(諸原則)」である「特殊な意識の諸命題によって規定されねばならない」のである。したがって、「意識律」が表現している最も普遍的な「意識の事実」と特殊な「意識の諸事実」が区別されねばならないように、「第一根本命題」としての「意識律(der Satz des Bewußtseins)」と特殊な「意識の諸命題(die Sätze des Bewußtseins)」が区別されねばならない。ここで、「意識の諸命題」とは具体的には、三つの「種」としての「意識」の諸命題のことであり、この諸命題が複合して「認識」の諸命題を形成していく(vgl. *Beyträge I*, 362f.)。つまり、実現されるべき「体系」の内的編成は、「第一根本命題」を「基底」にして、中間に配される「意識の諸命題」を介して、後続の諸命題や諸定理を展開するトゥリー状態を呈するのである。

したがって「かの諸定義は、それらが述べている共通なものを考慮するときには、(どんな種類の意識にも現れてくることを表現している)意識一般の命題のもとに(unter)あるのだが、しかし、特有なものを考慮するときには、それらの定義が表示している特有の諸事実によって、直接に明白に理解できる。この特殊な意識の諸命題によって、感性的表象、概念、理念の、それぞれに特有で根源的でそれ以上に分解されえない単純な諸徴標が余すところなく挙示されるのだが、このことは、表象一般の諸徴標が普遍的な意識一般の命題によって挙示されるのと同じである。かくして、この普遍的な意識律がかの特殊な意識の諸命題と合わさって、表象能力の学全体の余すところなき基底を形成するのである、すなわち表象能力である限りでの認識作用の場合にも、欲求作用の場合にも表出されるような感性、悟性、理性の学全体の余すところなき基底を形成するのである」(*Fundament*, 106f.)。この時点でラインホルトが抱いていた体系構想の骨格は、おおよそ以上のごとくである。

もちろん「どんな哲学的な学にも不可欠な形式としての体系というこの理念は、けっして新奇なものではない」(*Beyträge I*, 119)、とラインホルトも述べている。体系的統一の理念に関しては、敢えて単純化を承知の上でいえば、ラインホルト以前に二つの型が存在してきたといえる。ヴォルフはその統一性に関して、体系内の個々の諸命題の相互連関的統一性を重視、強調し、ランベルト(Johann Heinrich Lambert 1728-77)はそれら諸命題の体系性を保証するには、一つの基底的原理が必要であることを強調してきた(15)。前者の「連関主義」と後者の「基底主義」は、ある意味で対照をなしている。カントの体系的統一の構想はといえば、それは両義的である。『純粋理性批判』の「建築術」の章は、「体系」とは「多様な認識が一つの理念のもとに統一性をなしていること」だと断った上で、この「一つの理念」が理性の「関心」である「目的の理念」にほかならず、体系内のすべての諸部分はこの「目的の統一」に関係づけられ、またこの理念の統一うちで相互に関係づけられるのだと、語っている(A832, B 860)。したがって、人間の認識の諸部分は、「一つの全体の構成肢として、目的に沿ったかたちで(zweckmäßig)合一されている」のである(A 835, B 863)。この「理念」は諸部分の実在性や妥当性を直接、間接に規定するわけではなく、諸部分の体系的連関を保証すべきものである。その限り、この体系構想はヴォルフ的体系理念に拠っている。ところが『純粋理性批判』別の箇所では、「多様な悟性的認識の体系的統一、すなわちその理性統一」を「単に主観的に必然的なものとする」だけでなく、「客観的に必然的なものとする」「超越論的原則(根本命題)」の必要性と可能性を問うている(A 648, B 676)。そして、そのような原則(根本命題)によって「自然の体系的統一を、客観的に妥当し、必然的なものとして前提にしなければならない」と結論づけている(A 651, B 679)。この場合は、ヴォルフというよりむしろランベルトの体系構想に近いといえる。いうまでもなく、「第一根本命題」に基づく「体系としての哲学」を構想する以上、ラインホルトも初期のフィヒテも、後者の「基底主義」的体系構想を採っているのである。

いずれにせよ「今日に至るまでまだ、この理念を哲学の一つの部門においてさえ実現する企ては、まったく成功していない」(*Beyträge I*, 119)。ラインホルトは、そう断言している。現代の眼から見れば、あまりにも古典的な、この「体系としての哲学」の構想は、当時哲学界に強いインパクトを与えた。そればかりか、ラインホルトの哲学思想のうち後世にまで最も強い影響力を及ぼし続けたのは、「第一根本命題」を基底とする「学としての哲学」構想であったといっても過言ではない。とりわけ、この哲学観は初期ドイツ観念論の共有財産になったことを、われわれはよく知っている。

フィヒテはすでに「エーネジデムス書評」冒頭で、「これまで哲学には、遍く認められた最高の根本命題が欠けてきたこと」、そして「そのような根本命題を打ち立てて初めて、哲学は学という地位（Rang einer Wissenschaft）に高まることができる」(*GA*, I/2, 42; *SW*, I, 4) と書き、このことには懐疑論者シュルツェでさえに同意している、と述べている。哲学には「最高の根本命題」がなお欠けていること、これを樹立することによって「哲学」を「学の地位にまで高めねばならない」こと、このことは「根元哲学」が提起されて以降、シュルツェとフィヒテにとどまらず、次第にかなりの哲学者たちの前提的了解事項になっていった。フィヒテは、彼の綱領的論文「知識学の概念について」(一七九四年)「序文」の冒頭にこう宣言している。「哲学は、最も明敏な人々の最近の労苦によっても、まだ明証的な学という地位に高められていない」(*GA*, I/2, 109; *SW*, I, 29)。この論文でフィヒテは、ラインホルトの口調そのままに、「哲学は一つの学である」(*GA*, I/2, 112; *SW*, I, 9) とか、知識学は「学一般の学」(*GA*, I/2, 117, 118, 119; *SW*, I, 16, 18, 19)、「すべての学の学」(*GA*, I/2, 127; *SW*, I, 32) であるとか語っている。『全知識学の基礎』(一七九四年) の「序文」の冒頭もこう謳っている。「哲学は明証的な学の地位に高まらねばならないが、私はその途を発見したと思った、そして今でもそう思っている」(*GA*, I/2, 251; *SW*, I, 86)。こうして、初期知識学の構想は、ラインホルトが提唱した「第一根本命題」の樹立による「学としての哲学」構想を正面からストレートに継承することによって、そしてこの構想を軸に成立したことが看過されてはならない[16]。この継承関係の決定的重要性、および初期ドイツ観念論における「学（Wissenschaft）」の概念の特別な位置価を勘案するならば、Wissenschaftslehre は——もちろん、その内実に即しても——「知識学」などではなく、文字通り「学理‐論（Wissennschafts-lehre）」にほかならないのである[17]。

シェリングも最初の著作『哲学一般の形式の可能性について』（一七九四年）で、繰り返し「哲学は学である」と唱え、「およそ哲学が学であるべきであれば、哲学は端的に絶対的な一つの根本命題によって制約されねばならない」と主張している。次著『哲学の原理としての自我について』（一七九五年）でも、こう書いている。「哲学が学になり始めるや否や、哲学は一つの最高の根本命題を前提にし、そしてこれとともに何らかの無制約的なものを少なくとも前提にする」[18]。ヘーゲルに至っては、一八〇七年になってもまだこう述べている。「哲学を学にまで高める時代がきている」、これを実現するには、哲学に「知への愛という名前を捨てさせ」、「哲学を学の形式に近づけ」ねばならない[19]。

「哲学」を、第一根本命題に立脚した体系的統一性を持った「学」として実現しなければならない、といった確信を、後世に名を遺した大哲学者たちだけが、思いつきに著作に書きつけたわけではない。「学としての哲学」構想を実際に実現するという課題は、いわば時代の共通の精神として、広く当時の哲学の世界に定着していった。そのことを物語っているのが、フィヒテとニートハンマーを編集者とする『哲学雑誌』第六巻第三分冊（一七九七年）に掲載された、ある匿名の論文である。それは「根元哲学と知識学を介して、批判哲学を勝義の学（Wissenschaft κατ' ἐξοχήν）へと高める試みの弁明」[20]と題されている。論文の著者は、まず冒頭で、「ラインホルトが、彼の根元哲学によって、批判哲学を本来の学に高めるという考えに初めて到達した」（*PJ*, VI/3, 242）ことを確認する。この著者の考えるに、フィヒテがそうであるように、「エーネジデムスも、哲学の最高の第一原理、根源原理に反対しているのではなく、むしろ意識律を、哲学の、それも哲学全体の存在すべき根源原理とすることに反対しているのである。それゆえ、この面から見れば、哲学を勝義の学に高めるという企てには、懸念すべきことは何一つない」（ibid., 248）。こうした考えに反対している人々への短い批判を加えながら、著者は、「意識律」に代わって打ち立てられた、「知識学」の根本原理は、形式の面でも、内容の面でも「哲学の第一根本命題を与え、そしてまたそのことによって、哲学を勝義の学へと高めうる権限があるということ」（ibid., 267）を示したのだと結論づけている。かくして、この論文は、第一根本命題に立脚する「学としての哲学」という課題は、ラインホルトによって切り拓かれ、フィヒテによって実現されたのだということを、そして両者の企ての連続性を読者公衆に説いているのである。

もちろん、フィヒテ、シェリング、そしてヘーゲルにおいて、「学」の存立「境位」は次第に深化していく。それは、「経験の可能性の制約」の地平から「純粋に超越論的なもの」（フィヒテ）へと深化し、ついには「透明なエーテル」（ヘーゲル）の境位にまで高められることになる。「第一根本命題」と「後続諸命題」の関係も、ますます複雑に規定されていく。その歩みは、一言でいえば、根本命題からの後続諸命題の「直線的な導出行程」から、「循環的な導出行程」への進展と特質づけることができるが、その終局点に、円周上に配置される後続諸命題の展開と円の中心に位置する第一根本命題の「生成」とが相互媒介プロセスを形成し、閉じられた円環を形成するという「学の体系」構想（ヘーゲル）が位置することになろう。しかし、いずれにせよ、その最初の軌道はラインホルトによって敷かれたのである。そして、後に見るように（第六章第五節参照）、「直線」から「循環」への歩みも、すでにラインホルトによってその最初の一歩が踏み出されていたのである。(21)

2　第一根本命題と後続諸命題

根本命題と後続諸命題の関係に戻ろう。ラインホルトは両者の関係を、基本的には「類」と「種」の関係として捉えている。第一根本命題は「諸々の種が直近の類に関係しているのと同じ仕方で」（*Beyträge I*, 361）、後続諸概念や諸命題に関係している。だが、「種」概念の内包は、「直近の類」概念の内包のうちには当然含まれていないのだから、内包に関しては、後者から前者を導出することはできない。ラインホルトも当然、そのことは十分心得ている。それで、彼はこう述べている。「イリアスがクルミの殻のうちに包まれているかのように、学の全体がその第一根本命題のうちに包まれてあると想定するのは、馬鹿げた空想であろう」（ibid., 116）。彼によれば、こうした空想は、一般に「特殊なもの」（後続諸命題）が「普遍的なもの」（根本命題）の「うちに（in）」含まれていると想定することから生じているのであるが、そうではなく、前者は後者の「もとに（unter）」在ると考えねばならない。彼は、おそらくカントの「超越論的弁証論、付録」の「純粋理性の統制的使用について」の節に着想を得た[22]、「うちに（in）」と「もとに（unter）」とのこの区別を随所で繰り返している。しかし、後続諸命題が、第一根本命題の「もとに」在るということによって、いったいどういう導出プロセスが浮かび上がってくるのか。

彼はその導出の意味を、こう説明している。すなわち「根本命題は、他の諸命題の形式だけを規定するのであって、それらの実質（Materie）を規定するのではない。また、根本命題は、他の諸判断の主語と述語を規定するのではなく、両者の結合だけを規定するのである。それゆえ、根本命題から他の諸命題が導出されるということは、これらの諸命題の内容をなしている主語と述語の表象が根本命題から導出されるということではなくて、主語と述語の表象を命題たらしめている両表象の結合だけが、というよりむしろ、その結合の必然性だけが、根本命題から導出されるということなのである」（ibid., 115f.）。つまり、根本命題は、後続命題の「主語と述語の表象」内容にはかかわらず、その主語-述語判断の「形式」だけを規定するのだと考えられている。だが、この場合「規定する」とは、どういう意味なのか。それが判然としないのである。「第一根本命題」の最も単純で普遍的な形式が、後続諸命題のより複雑で特殊な形式を「構成的に」規定することには、もとより重大な困難が予想される。というより、はっきりいえば不可能である。それに加えて、根本命題の基本「形式」が主観-客観-関係に立脚しているのに対して、後続諸命題の「諸形式」は主語-述語-関係に基づいている。両者の「形式」のこの構造的相違を勘案すれば、前者の「形式」が後者の「諸形式」を規定することは、原理上不可能であるように思える。したがって、導出プログラムの任務を「形式」の基底に限定したところで、上記のような諸困難は解消されえない。とくに、前者の「形式」から後者の「諸形式」の規定-導出が、単純に「直線行程モデル[23]」に沿って構想されている限り、その企ての遂行は乗り越え不可能な困難に直面するであろう。この困難のゆえに、この二年後には「直線行程モデル」は放棄されることになる。

さらに、「第一根本命題」としての「意識律」が、後続諸命題の規定に関して、上述の箇所が述べている通り本当に単に形式的機能を持つだけなのか、それとも何らかの実質的機能も持つのか、さらに後者の場合それはいかなる機能なのかという問題は、後に取り上げるいくつかの「書評」での重要な論点となる。この問題に関して、――おそらく、レーベルクの『寄稿集I』書評での批判（第六章第一節1参照）を受けて――『基底』は微妙に軌道修正をし、曖昧な弁明をしている。すなわち「私は根元哲学の基底（Fundament）を、実質的な基底（das Materiale）と形式的な基底に区別する。前者は事実としての意識であり、後者は意識の諸命題、およびこの諸命題から直接に導出され、この諸命題に一貫して規定されている諸定義である。前者からは、根元哲学の内容が得られる。すなわち、表象能力、認識能力、欲求能力それぞれの学の根源的素材をなしているような最も単純な諸徴標が得られる。後者によって、根元哲学の学的形式が規定される。すなわち、根元哲学の素材を一貫して結合すること、根元哲学の内容をなしている多様なものを一つの原理のもとに統一することが、規定される」（*Fundament*, 109f.）。ここでは、「根本命題」が「基底」といい換えられている。そして「実質的な基底」は「事実としての意識」と、「形式的な基底」は「意識の諸命題」と等置されている。

ラインホルトは、次いで根元哲学の「実質と形式」が不可分であることを強調し、「意識の諸事実」のうちに初めから存在している「実質」一般が「現実的規定の実質へと高められる」のは、その都度の特定の「形式」によるしかないと主張している。そして、このことは、もとから存在している「大理石が、芸術家の手を経て得た形態によってのみ、現実の塑像の素材になる」のと同じことだと述べる（ibid., 110）。だが、ここでは問題が微妙にずらされている。根元哲学が「形式」のみならず「内容」を必要とすること、そして両者が密接不可分であること、そして無規定的な素材一般が特定の形式に規定されて初めて特定の素材になること、これらのことと、「第一根本命題」が後続諸命題の導出に際して、形式的のみならず実質的にも機能するのかどうかという問題は、別の事柄であるからである。上記の引用文には、「学」の一切の「実質」(「素材」)は「意識律」の「もとに」あるが、それは(「意識律」によっては直接に規定されない)「意識の諸命題」の特殊な形式によって、特殊な実質へと規定されるということが示唆されているだけである。根本命題が後続諸命題の導出に関して、それらを単に「形式面で」規定するのか、「実質面で」も規定するのかは、そして後者の場合それはいかにして可能になるのか、は後の多くの書評の論点になる。

第四節　『試論』から『寄稿集Ⅰ』への進展

1　「表象」から「意識」へ、「表象能力」から「主観」へ

『試論』では、「意識」は「表象」と「認識」の中間段階に位置づけられ、いわば前者から後者への移行を正当化するために、両者を媒介する機能を担っていた(第四章第五節参照)。だが「意識」は、体系構成論的あるいは方法論的観点から見れば、表象理論全体の中枢的役割を果たしていたわけではない。それに比べて『寄稿集Ⅰ』は、「意識」をすべての論述の中枢に、というよりその「基底」に据えている。すでに見たように、「表象」や「客観」や「主観」の概念は、そしてそれの諸徴標はみな、「意識それ自身から直接湧き出してくる」。それ以降、この諸概念と諸徴標を基礎に、「意識の三つの種」が分節化され「認識能力」の諸契機が分節化されていく。ラインホルトは、『寄稿集Ⅰ』で「表象」から「意識」へのこの重点移動を自覚的に遂行している。彼は、カントの批判理論の「基底」がなお不十分であり、それに代わって「一切の哲学的知」のためのより包括的でより普遍的な「基底」を確立するには、『試論』におけるような「表象概念」――これは、かの第一の審級機能も、第二の審級機能も果たせないであろう――を基底に据えることでは決定的に不十分であることに気づいたと思われる。したがって、この重点移動の遂行は、方法論的意識の深化に基づいている。そのことは、次に紹介する、『試論』での「意識律」の前形態というべき「表象概念」テーゼが、「第二篇」「表象能力一般の理論」の§Ⅶに配置されていたのに対して、『寄稿集Ⅰ』の「意

識律」は、第三論文「根元哲学の主要諸契機の新叙述」の「第一部、原理論」の冒頭に配されていることからも窺い知れる。「表象」から「意識」へのこの重点移動が、『試論』から『寄稿集Ⅰ』への展開を特質づける第一の徴標である。

その第二の徴標は、心的諸能作の発動者が「表象能力」から「主観」に「形式上」移動している点に認められる。しかし、ラインホルトはこの移動を、先の場合ほどには自覚的に遂行しているとは思えない。そのことは、以下において明らかになるであろう。

さて『試論』には、「意識律」の前形態というべき定式が認められる。すなわち「どんな表象にも、表象する主観と表象された客観とが属しており、これら両者は、この両者がそれに属している表象とは区別されねばならないということ、このことに人は意識〔を持つこと〕によって同意せざるをえない」（*Versuch*, 200）。これを、先に挙げた「意識律」（§I）の命題と、さらに「表象」や「客観」や「主観」を定義した§II、§III、§IV、と比較すれば、重大な差異が目に留まる。後者にはすべて、「主観によって（durch Subjekt）」という語句が新たに挿入されている点である。[24] ラインホルトはこれまで主要な命題において、心的諸能作をほとんど「受動態」で——「関係づけられる」とか「区別される」とか——表現してきた。そのことによって、この心的諸能作の「主体」が後景に退き、その諸能作が何か自動的に生起する働きかのような印象を与えてきた。たしかに、その背後には、心的能作の「実体論的」把握を拒否する、かの「現象学的」態度があったことは理解できる。彼は『試論』での見解、すなわち「主観は依然として常に〔中略〕述語の単なる論理的な基体（Substratum）」（ibid., §XXI, 273f.）にすぎないという考え（第四章第四節参照）を、なお引きずっているのである。[25] 彼は『寄稿集Ⅰ』の§I～§IVでも相変わらず「受動態」で書いている。しかし、かの「主観によって（durch Subjekt）」という語句の挿入によって、「関係づけられる」ことも「区別される」ことも、「主観」によることが明示（あるいは、実際には暗示）されている。そしてその意義は決定的に重要である。ただ、ラインホルトがそのことの意味を十分に自覚していないのである。

彼がこの決定的な語句を新たに挿入しながら、無自覚であること、それは、「関係づけ」といい、その作動者は「主観」であるということである。そうである以上、「主観」はもはや「客観」と対称をなしている一つの関係項ではなく、〈関係づけ〉の働きの担い手、あるいはその働きそのものである。すなわち、挿入句「主観によって」を字義通りに取れば、「主観」が「表象」を「客観」に関係づけるのであり、「主観」が「表象」を「主観」に（つまり自ら自身に）関係づけるのである。表象作用の本質は、関係づける働きと区別する働きにほかならない。したがって、「表象するもの」としての「主観」の本質は、その区別し、関係づける「働きそのもの」にある。つまり、「主観」が「表象の原因」（*Beyträge I*, 189）であるはずである。にもかかわらず、『試論』と『寄稿集Ⅰ』の著者は、「主観」を「働きそのもの」と捉えるよりも、一貫して「表象するもの」としてだけ捉えている。このことは、先述した〈関係の第一次性論〉の不徹底性と通底している。つまりラインホルトは、関係項（主観）それ自身が〈関係〉であるという理解にまで、その関係論を徹底していないのである。もし彼が、「表象」を表象する「働きそのもの」として捉える観点を徹底していれば、表象の「内的制約」と「外的制約」のかの境界づけは解消され、したがってまた「現実的表象」に対する「純然たる表象」の論理的先在性も無意味になるだろう。いや、そればかりか、「表象理論」は、主観の「自己活動」理論へと、そしてさらに絶対的な自発性に基づく絶対的主観の理論へと変容していかねばならないだろう。「主観によって（durch Subjekt）」の挿入は、本来的にはそのことを含意している。彼はたしかに『試論』で一度だけ、「表象（Vorstellung）」と「表象作用（Vorstellen）」の区別に言及しているが[26]、それはなお付随的な言及にとどまっており、『試論』でも『寄稿集Ⅰ』でも、「表象」は「表象作用」としてより、むしろ一貫してその作用の産物である「表象」として取り扱われているのが実情である。そのことが、ラインホルトの表象理論を奇妙に静態的なものにしているのである。

かくして、「主観」はせっかく「主役」の指名を受けたにもかかわらず、舞台で「主役」としての演技を実演できないままでいるのである。これ以降の初期ドイツ観念論の展開は、総じて「表象するもの」としての「主観」を、

「表象の働きそのもの」としての「主観」に、フィヒテ流にいえば「純粋な自我」としての「主観」に強力に転換していく途を進むことになる。そして、この転換はまた、「構造」としての「意識の事実」から、「働き」としての「意識の事実」への転換とパラレルに遂行されるであろう。

2　なお対象論的な「自己意識」論

「主観」が「表象作用」としてではなく、もっぱら「表象するもの」としてだけ捉えられていることは、『寄稿集Ⅰ』での「自己意識」論が依然として対象論的であることと密接に関連している。先に述べたように、「主観によって」という語句の挿入によって本来明示されるべきであったこと、それは、「主観」が「表象」を「自ら自身」に関係づけるのであり、その裏面で「主観」は「表象」を「自ら自身」と区別しているということである。「意識」を形成している諸関係には、その構造上このような自己連関的関係〔自らへの関係と自らとの区別〕が、初めから伏在しているのである。しかし、『寄稿集Ⅰ』でのラインホルトの「自己意識」論は、この自己連関の表面だけしか照らすことができない。

さて、ラインホルトはすでに『試論』でも、自己意識問題に踏み込み、問題の解決を求めて格闘していた。『寄稿集Ⅰ』の自己意識論に入る前に、まず、『試論』でのやや込み入ったこの議論の歩みを追ってみよう。「表象理論」では、そもそも「自己意識」は、「類」としての「意識一般」の種別化された、三つの「種」の一つとみなされている。三つの「種」は、それぞれの「客観」の差異に応じて種別化される。「自己意識」は、「表象するもの」としての「主観」を、その「客観」としている意識であり、その点でそれは、「表象」を「客観」としている意識や、「表象されたもの」を「客観」としている意識とは区別される。「表象するものそれ自身の意識、つまり自己意識は、表象するもの自身を対象としている。その場合〔中略〕主観としての表象するものとも、客観としての表象するものとも区別された純然たる表象の客観が、表象されねばならないのだが、その純然たる表象は、この表象が〔主観としての表象するものと、客観としての表象するものとに〕関係づけられることによって（durch ihr Bezogenwerden）、自己意識を形成し、この自己意識の対象が自我という語で特質づけられる」（*Versuch*, 326）。

この文章は、他の「種」の意識と自己意識との形式的区別を説明しているのであって、「自己意識」の成立根拠を解明しているとはいえない。いわば、「自己意識」はこういう特殊な「主観」と「客観」からなる意識のことだと説明しているだけである。あるいは、「自己意識」が成立すれば、こういう主観－客観関係が成立すると述べているに等しい。そもそも、ラインホルトの「意識論」の枠内では、自己意識における主－客の同一性を証示することには、本質的困難性がまとわりついている。まず、「自己意識」が「意識一般」の一つの「種」としかみなされていないことを、もう一度思い起こす必要がある。すると「自己意識」においてさえ、原理上次のことが妥当するのである。すなわち「同一の意識において、主観と客観は本質的に異なっているので、〔中略〕意識それ自身を廃棄しないと、一方を他方と置き換えることができない」（ibid., 325）。ここに暗示されているように、ラインホルトが三つの「種」の「類」と考えている「意識一般」は、いわゆる「対象意識」をモデルとしている。(27) それゆえ、彼は「対象意識」の構造の枠組みのもとで、「自己意識」における主客の同一性を証示できる方途を求めて苦労しているのだといえる。ここに、問題の原理的困難さの原因がある。

『試論』の著者はまず、カントの理説と軌を一にして、「主観自体は表象されえず、したがってそれ自身は客観になりえない」（ibid., 344）ことを確認する。これは「純然たる表象作用」それ自身は表象されえないということである。それで、「自己意識」において成立すべきは、「主観が自らを、表象するもの（vorstellend）として、表象しうる」（ibid.）ということなのであるが、これはいかにして可能になるのか。彼によれば、そのことは「主観が、純然たる表象作用に特有なものを、すなわち純然たる表象能力の述語である受容性と自発性の形式を表象できる」（ibid.）ことによって、かつその限りでのみ可能になる。「それゆえ、自己意識の可能性は、それの素材が心意においてア・プリオリに規定されている、かの両形式〔「受容性」と「自発性」〕の表象の可能性にかかっている」（ibid., 334f.）。「自己意識」においては、「表象」が「客観としての表象するもの」に関係づけられ、また他方で「主観としての表象するもの」に関係づけられているとはいえ、前者の関係づけは「表象の素材という観点から」、そして後者の関係づけは「表象の形式という観点から」なされていることに留意しなければならない。ここでラインホルトは、同一の意識における客観と主観の差異の源泉である、この「素材」と「形式」の差異を何とか解消しようと苦労しているのである。「自己意識」(自己‐表象)の客観の側に置かれている「素材」たる「表象するもの」が、「純然たる表象作用に特有なもの」であることを証示することによって、つまり「素材」を「形式(形相)化」することによって、かの差異を解消しようとしているのだといってよい。そのために彼は、外部から与えられているのでなく、表象能力自身において根源的に規定されているような「ア・プリオリな素材」(ibid., 301)あるいは「主観的な素材」(ibid., 295)を持ち出しているのである。

かくして、改めてこう問題が提出される。「しかし、自己意識は、単に表象するものの表象を含んでいるだけでなく、その同一の表象するもののうちで表象するような表象するものの表象を含んでいる、すなわち、自己意識においては、意識の客観が主観と同一のものとして表象される。意識に本質的な、主観と客観の区別のもとにありながら、どうして同一の意識のうちでこの同一性が可能になるのか?」(ibid., 355)。この解答を探る際、ラインホルトの関心は、「自己意識」の主観の働きの側にではなく、もっぱら、「表象するもの」を「客観」たらしめている「純然たる表象の素材」に向けられている。つまり、自己‐意識(自己‐表象)において成立すべきこの「素材」の特殊性を解明することに向けられている。そして、この「素材」が次の二つの条件を満たすことによって、かの差異が解消されて「同一性が可能になる」と考えている。一つは、その「素材」が、「表象能力のうちでア・プリオリに規定されている」「素材」として与えられているという条件である。このときには、表象されているものは、表象作用の本質をなしているような諸規定にほかならないがゆえに、「心意はこの与えられたもの(素材)によって、自ら自身客観になる」(ibid.)ことができる。もう一つは、そのためにはこの「素材」が、外部から「受容性」が「触発されること」によってではなく、「自発性」という「表象能力の能動性によって」触発されることで与えられるという条件である。

つまり、「触発」は「自己触発」でなければならないということである。このとき初めて、「この表象は、表象するものとして表象された客観に即して、客観としての特性において（in der Eigenschaft als Objekt）主観をも表象する」（ibid., 336）ことができる、とラインホルトは考えている。これが、『試論』での「自己意識」の可能性の根拠の解明の帰結である。

かくして「ここで私は、自我という重要な表象の本来の成立史を提示できたと思う」と著者は述べている。しかし、目的は達成されていないといわざるをえないだろう。ここでは、一般に「与えられたもの」である「素材」がいわば形相化されることによって、自己意識における主客の同一性が、というよりむしろ主客の構成要素の同質性が示されたのである。だが、それでも問題はなお残っているであろう。ここでは、「客観」の側に置かれた「主観」が表象される際には、それはあくまで「客観としての特性において」しか表象されない、つまり「表象するもの」は「客観」の側に移されるや否や、「表象されたもの」に転化するのを免れないのである。すると「表象するものとして表象された客観に即して（an dem als vorstellend vorgestellten Objekte）」という語が暗示しているように、再び「表象するもの」と「表象されたもの」の同一性と差異の問題が持ち上がらざるをえないだろう。これは「自己意識」が「意識一般」の一つの「種」にすぎず、そうである限り「意識に本質的な、主観と客観の区別」をいかにしても超え出ることはできないことの帰結である。

事柄の本質をもっとはっきりさせるために、この問題圏で後に展開された二つの事例を思い起こすのがよいかもしれない。一つは、フィヒテが自我の超越論的自己連関を表現するのに、自我の単なる「自己措定作用（sich Setzen）」から、「自らを、措定するとして措定する作用（*sich Setzen als* setzend）[28]」へと、さらには「私は私を、私を措定するとして措定する（*Ich setze mich als mich setzend*）[29]」へと、その定式を精緻化しなければならなかったという点である。いうまでもなく、フィヒテはここで、自己措定において「措定された」自我が、単に「措定されたもの」「産物」「見出されたもの」、つまり単なる「所産」であるのではなく、同時に「能産」、すなわち「措定する働き」でもあることを表現しようとしているのである。もう一つは、ヘーゲルが『精神現象学』で「絶対知」を「精神の自己知」として確証しようとするとき、「自らとして」知られるべき「精神」自身が、つまり自己知の「対象」、「所産」が、同時に「知る働き」つまり「能産」でもあることを証示しようと、(「絶対知」章で)苦労していることである。[30] 背後にある問題は、ここでも同じである。三者は、自己意識あるいは自己知においては、知られる「内容」が知る「形式」でなければならない点では一致しているかに見える。そして、ラインホルトもそこまでは達している。だがラインホルトの場合、その問題となっている「形式」は、あくまで「表象作用(Vorstellen)」なのではなく、その「所産」である「表象(Vorstellung)」のままなのである。

もう一つ重大な問題が未解決なまま残されている。すなわち、「自己触発の働き」に訴えることによっても、主観はこの働きを「自ら自身の」働きとして知り、その働きを自分に帰すことはなお保証されないという点[31]である。いい換えれば、「意識の客観と主観が同一のものとして表象される」と語られた事態について、主客が同一であることは――「ア・プリオリな素材」と「自己触発」を拠り所にして――示されたとしても、その同一性を当の同じ主観が意識(表象)していることは、まだ示されていないのである。「自己意識」の可能性は、同一の意識における主観と客観の同一性を要件としているだけでなく、同時に当の主観自身がこの同一性を意識していることを要件としている。ここでは、後者の要件が満たされていない。この問題にラインホルト自身も気づいていたはずである。というのも、彼は「明晰な意識」と「判明な意識」(「自己意識」)の区別を述べる際に(「新叙述」の§XXXIで)、「意識」は「自己意識」とは違って、「自ら自身を表象するものとしてことさらに意識しなくても、すなわち、自らを自分の自己として(自分自身の表象を介して)ことさらに表象しなくとも、あるいは自分の自己を、表象された表象がそこに属している当のものとして思惟しなくとも」(*Beyträge I*, 222) 明晰でありうる、と語っているからである。これは、逆にいえば、「判明な意識」である「自己意識」の場合には、上記の要件がすべて満たされなければならないということを、ラインホルト自身が自覚していたということを示唆している。しかし、上述したような主客の同一性「証明」だけでは、これらの要件は明らかに満たされていない。

さて『寄稿集Ⅰ』の「自己意識論」もまた、かの「意識に本質的な、主観と客観の区別」をしきりに強調している。たとえば、その著者はこう述べている。「勝義の対象」（「表象されたもの」）を客観にしている意識の場合には、「主観と客観との間の区別は最も顕著に明白」である。だが――ラインホルトはことさらにこう強調している――「自己意識」の場合でさえ、この区別を「見逃してはならない」。というのも「自己意識が思惟されうるのは、表象するもの、つまり主観という性状において在る（in der Eigenschaft des Subjektes）自我、主観が、表象されたもの、つまり客観という性状において在る（in der Eigenschaft des Objektes）自ら自身と、特殊な表象を介して区別されることによってでしかない」からである。この両「性状」の対置関係はいかにしても廃棄されえない。「したがって、意識のどの種においても、その種に不可欠な、客観と主観の区別づけが（中略）規定されていなければならない」（ibid., 181f. 強調点は引用者による）。ここでも再び強調されているのは、「表象するもの」はそのまま「表象するもの」として「客観」になるのではなく、「表象されたものという性状において」しか「客観」にならない、ということである。そのとき、「主観」はすでに「表象されたもの」になっている。だから、この「自己意識」論では、厳密にいえば「表象するもの」を意識する（表象する）ことの可能性の制約が探られているのではない、といわざるをえない。ましてや、「表象の働きそのもの」を意識する（表象する）ことが問題になっているのではない。

『寄稿集Ⅰ』は別の箇所でも、同じ趣旨をこう表現している。「主観が区別するもの（das Unterscheidende）としてありながら、同時に区別されたもの（das Unterschiedene）であることは不可能である――（それは、眼が自ら自身を見ることができないのと同じである）」（ibid., 197）。だが、最も徹底した超越論的観念論の「自己意識」論は、「見る」主観が自らの「見る働き」自身を、いかにして「見る」ことができるかを問うに至るであろう。後にフィヒテは「知的直観」に訴えることによって、この問いに決着をつけようとした。だが、ここでのラインホルトは、その一歩手前にとどまっているように見える。彼がそこへと接近するのを阻んでいるのは、何よりも「自己意識」が「（対象）意識」の一つの「種」と捉えられていること、その結果、議論の関心と重点がもっぱら「客観としての性状において在る」主観に向けられ、この「客観」が「主観」と同一であることがいかにして示せるかだけに絞られているからである。これが、なお「対象論的な」自己意識論にとどまっているという所以である。このような視点からは、意識の超越論的自己連関は浮上してこない。

3 「知的直観」論

だが、ラインホルトは当時、「意識論」の枠内で「自己意識」の可能性を探るという観点とは別の観点からも、「自己意識」的「自己活動性」の根拠づけの可能性を探っていたように見える。彼はその可能性を「理性」に求めようとしていた。『寄稿集I』で「理性批判」と「表象理論」の関係を論じた第四論文に、やや文脈を逸脱している印象を受ける次のような一節が認められる。

「『根元哲学の主要諸契機の新叙述』はもっと先まで進むだろう。すなわち、『新叙述』は、自己意識の命題〔自己意識律〕(Satze des Selbstbewusstseins)に即して、理性の理論の独自の第一原理を打ち立てるであろう。〔中略〕そして、以下のことが判明するであろう。すなわち、自己意識は、純然たる表象のア・プリオリに表象された諸形式によってしか可能にならないということ、そしてこのような諸形式の表象は、理性によってしか可能にならない、すなわち、感性や悟性において現れる自発性の階梯とは異なった第三の階梯によってしか可能にならず、強制もされておらず拘束もされていないがゆえに絶対的自発性として働いているような自発性によってしか可能にならないということが示される」(*Beyträge I*, 321)。

この文章には、不可解な点がいくつかある。第一に、「新叙述」では、「意識律」や「認識の命題(Satz der Erkenntnis)」は独立の主題項目として設定され、論じられているが、「自己意識の命題」は独立の主題項目として設定されておらず、ただ「意識の三つの種」の一つとしての「自己意識」の特性(すなわち、判明な意識)が論究されているだけである。第二に、「新叙述」は「感性の理論」までで終わっており、「悟性の理論」も「理性の理論」も――『試論』のようには――含んでいない。したがって、「理性の理論の独自の第一原理」を「自己意識の命題（自己意識律）」に即して打ち立てる試みなどは、叙述されていないのである。もし、この試みが遂行されれば、いわば「意識律」と「自己意識律」が（等根源的に）並置されることになり、「自己意識」が対象意識モデルに基づく「意識一般」の「種」であるという基本的枠組みの崩壊をもたらすことになったであろう。[32] これらの事実から次のことが推測できる。すなわち、ラインホルトは、「意識一般」（「類」）の一つの「種」としての「自己意識」の枠内では、自己意識的「自己活動」を証示することが困難であることを（漠然とであれ、自覚的にであれ）感じ取り、改めて「理性」の「絶対的自発性」に基づけて、「自己意識」の根拠づけの可能性を探るという構想を抱いていた。しかし、彼はそれを「新叙述」では実行しなかった、あるいは実行できなかった。この場合、なぜ「理性」なのか。その理由は先の引用文に示されている。彼は、すでにわれわれが論じた（第四章第六節参照）「自発性の三階梯」理論に訴えようとしている。「三階梯」理論に従えば、「感性」や「悟性」の場合と違って、「理性」の表象においては、その「素材」が「悟性」のア・プリオリな形式によってすでに規定されているがゆえに、その「素材」は悟性の形式である「純然たる自発性のうちに根拠をもっている」と主張されていた。つまり、その「素材」がそのように「形相化」され、異他的な「所与性」を免れているがゆえに、「理性」の表象作用は、「強制もされ」ず、また「拘束もされ」ずに、主観の「絶対的自発性」に従って作動するとみなされていた。ラインホルトは、この理性的表象の際立った特質を、「客観」の側に置かれた「表象するもの」の「素材」が同じように「形相化」されていることによって可能になる、「自己意識」での主客の同一性の可能性と重ね合わせて考えていた、と推定しても不自然ではない。[33] しかし、その「理性の理論」は『寄稿集Ⅰ』（一七九〇年）では実際には書かれなかったのである。

その代わり、「新叙述」は別の主題に即して、この「素材」の「形相化」を実証しようとしている。それが「知的直観」論である。「直観」論は「新叙述」の最終部分§XXXVIII～§XLIVで開陳され、その最後の二節が「知的直観」に充てられている。まず、直観が「感性的」直観と「知的」直観とに分けられる（§XXXVIII～§XXXIX）。「感性的」直観はさらに「外的」直観と「内的」直観に分けられる（§XL～§XLII）。ともに「内的直観」である「感性的」な「内的」直観と「知的直観」の相違は、以下の点にある。前者では、「その直観の素材の本質が触発されること自身にある」（ibid., 247）のに対して、後者では、「その素材は、触発されることによっては規定されておらず、表象能力のうちで規定されている」（ibid., 249）。すなわち、後者ではその「素材は、それの現存という面では（seinem Vorhandensein nach）、直観の受容性を触発する自発性の働きによってしか与えられず」、また「この素材の性状（Beschaffenheit）は、触発されていること一切に先立って、純然たる表象能力のうちで規定されている」（ibid., 249）。両方の「内的」直観の対照は、双方において表象（直観）されるもの、つまりそれらの「対象」に関しても、こう続けられている。すなわち、前者の「対象」が「表象」であるのに対して、後者ではそれは、「ア・プリオリに規定された、そしてその限り主観に特有の、表象の形式」（ibid.）である。つまり「受容性」と「自発性」の形式である。それゆえ、後者の「知的直観」の「対象」は、「それの可能態の面から見れば、純然たる表象能力のうちに現存しているのだが、それの現実態の面から見れば、表象能力のうちで規定されているものから表象の純然たる形式を産み出すような自発性の働きによって、現存している」（ibid., 249f.）。

以上から、「知的直観」によって直観（表象）される対象が、一種の自己触発（「受容性を触発する自発性の働き」）によって可能となる「ア・プリオリな素材」としての「表象能力の形式」（「受容性」と「自発性」）であることは明らかであろう。そして、ここでの議論の進め方と論拠が、先の「自己意識」論でのそれと、まったく類似的であることも明らかであろう。この「知的直観」論は、「自己意識」論の隣にいるかのようである。だが、両論はそのまま重ならない。ラインホルトが、知的直観において対象は「純然たる表象としても、表象するものとしても表象されえない」（ibid., 249）と明確に断っているからである。ラインホルトがここで探求しているのは、それでもやはり「絶対的自発性」に基づく主観の「自己活動」の究極の根拠がどこにあるか、という問題である。[34] 彼はそれを、『試論』では、「自発性の三階梯」論を背景にして「理性」の表象作用に求め、『寄稿集Ⅰ』ではそれに加え、新たに「知的直観」のうちに探っているのだ、といってよかろう。ただし、論拠の類似性にもかかわらず、その絶対的な「自己活動」が「自己意識」の自己連関とどのように連接されようとしているのかは、テキストからはまだこの時点では見通せない。

最後に、二つのことを確認しておこう。一つは、カントの「知的直観禁止令」を最初に自覚的に踏み越えたのは、フィヒテではなくラインホルトであるという点である。ラインホルトがここで提起している「知的直観」は、カントが想定していたような、事物の本質を知的に直観することではない。それは、主観の根源的能力のア・プリオリな形式を直観しようとしている。それは、主観が自らの働きの「形式」を直観しようとしている限り、一種の自己-直観なのである。その意味では、それは後のフィヒテの知的直観に近いといえよう。それどころが、フィヒテの知的直観論や第一根本命題は、この『寄稿集Ⅰ』の知的直観論を真剣に検討することから彫琢されてきたのだともいえる[35]。もう一つは、かつて『試論』の「自己意識論」に即して下された診断結果、すなわち「自己意識という近代的問題史の発端に位置しているのは、フィヒテの名前でなく、カール・レオンハルト・ラインホルトの名前である。なぜなら、自己意識の諸現象を初めて理論的に問題にし、この問題の解決のための一つの企てを最初に試みたのはフィヒテではなく、ラインホルトだからである[36]」という診断結果は、今なお有効であり、かつ正当であるという点である。そして、ラインホルトの「自己意識」論は、ここでとどまっているわけではない。彼がその後一七九二年夏頃には、「自己意識」を知と認識のより根源的な境位に据えるようになるのを、われわれは以下に見ることになるだろう（第六章第五節**3**参照）。

注

（1） *Allgemeine Literatur-Zeitung*（以下*ALZ*と略記）. Nr. 143 (30. Oct. 1790), Intelligenzblatt, Sp. 1183.

（2） ラインホルトは、この著がまだ印刷中であった一七九一年四月一五日に、バッゲセンに「この論文は、多くの点で、僕がこれまで書いたもののうち最もお気に入りのもだ」と書き送っている（*Aus Baggesen's Briefwechsel mit Karl Leonhard Renhold und Friedrich Heinrich Jacobi. Erster Theil,* Leipzig 1831, 19）。またフィヒテは、一七九四年三月一日のラインホルト宛ての書簡で「哲学的知の基底についてのあなたの卓越した論文を、私は何度も読みました、あなたの数ある作品の中でもこの論文は傑作だとみなしています」と書き送っている（*GA,* III/2, 78）。S・マイモンですら「『哲学知の基底』についての貴兄の論文を、私はもう何度も読み、大いなる満足を覚えました。私が心底確信しているところ、貴兄の理論は、哲学的体系の最高の理想です」と、一七九一年八月にラインホルトに書き送っている（*Salomon Maimon's Streifereien im Gebiete der Philosphie.* Erster Theil. Berlin 1793 [Aetas Kantiana 1790], 207）。

（3）　エアハルトの反批判論文の表題は、「『一般学芸新聞』一七九一年第二六号に含まれた、ラインホルトの根元哲学の評定」である。対象となっているレーベルクの書評は、*ALZ*の同年のNr. 26（一月二八日付け）, Sp. 201-208とNr. 27（同日付け）, Sp. 209-214に掲載された。フォアベルクの反批判論文の表題は、「ラインホルトの表象能力理論についてのシュヴァープ顧問官兼教授の考え」である。対象となったシュヴァープの論文は、エバーバルト編『哲学雑誌』一七九〇年、第三巻第二号（S. 125-147）に掲載された「ラインホルトの人間の表象能力の新理論の試論について」である。

（4）　以下、*Beyträge zur Berichtigung bisheriger Missverständnisse der Philosophen. Erster Band, das Fundament der Elementarphilosophie betreffend.* Jena 1790からの引用は、*Beyträge I*と略記し、*Ueber das Fundament des philosophischen Wissens.* Jena 1791からの引用は、*Fundament*と略記し、初版の頁数を本文中に示す。前者の新版にはFaustino Fabbianelli編の「哲学文庫（PhB）」版554a（Hamburg 2003）があり、後者の新版にW. Schrader編の「哲学文庫（PhB）」版299（Hamburg）、および最近の『全集』第四巻（*Ueber das Fundament des philosophischen Wissens, nebst einigen Erläuterungen über die Theorie des Vorstellungsvermögens,* hrsg. v. Martin Bondeli, Basel 2011. *K. L. Reinhold, Gesammelte Schriften.* Bd. 4）がある。

（5）　『寄稿集I』の第一論文の「哲学の新たな区分の試み」は、哲学の全体系の中に「根元哲学」の占める位置を、次のような一覧表で示している（S. 85）。それは、「根元哲学」が純粋理論哲学と純粋実践哲学に先立つ「原理論」であることをよく示している。

1. 純粋哲学；絶対的に必然的なものの学
  1.1. 根元-哲学
  1.2. 派生的な純粋哲学
    1.2.1. 理論哲学
      1.2.2.1. 形式的な理論哲学
        1.2.2.1.1. 数学
        1.2.2.1.2. 一般論理学

1.2.2.2. 実質的な理論哲学；自然の形而上学
1.2.2.2.1. 一般的存在論
1.2.2.2.2. 特殊的、派生的存在論
1.2.2.2.2.1. 感性的自然の形而上学
1.2.2.2.2.2. 超感性的自然の形而上学；叡知的世界の諸対象の学
合理的心理学／合理的因果関係論；自由の理論／合理的宇宙論／合理的神学
1.2.2. 実践哲学
2. 経験的哲学、仮定的に必然的なものの学

（6）「異名なき哲学」という名称は、『基底』（一七九一年）以降使用されるようになり、『書簡II』（一七九二年）でも（vgl. S. 177）、『寄稿集II』（一七九四年）でも、数回使用されている（vgl. iii, 152, 175, 204）。

（7）ラインホルトは、カントが時間と空間がア・プリオリであることを証明しておらず、それをただ幾何学の諸命題から展開したにすぎないと批判している（vgl. *Beyträge I,* 285ff.）。

（8）同じく判断の諸機能の導出についても、それらは実際に最高の原理から導出されておらず、したがってその諸機能の「余すところなき完全性」が示されているわけではないと批判している（vgl. *Beyträge I,* 315f.）。

（9）『寄稿集I』「第四論文」参照。「意識は、表象能力の理論がその上に築き上げられている本当の究極的根拠であり、基底である。主観と客観とに対する表象の区別と関係を、私が遍く認められているとみなしている一つの事実として受け入れるならば、この事実が私の体系の基礎なのである」（*Beyträge I,* 280）。

（10）Vgl. Paul Franks, Reinholds systematische Ambiguität und die Ursprünge der Fichteschen Wissenschaftslehre, in: Wolfgang Kersting/Dirk Westerkamo (hrsg.), *Am Rande des Idealisumus. Studien zur Philosophie Karl Leonhard Reinholds.* Paderborn 2008, 129–157, bes. 150ff. 以下の二つのパラグラフでの解釈は、この論文に負っている。

（11）Vgl. ibid., 150.

（12）ibid., 155f.

（13）Vgl. Martin Bondeli, Einleitung, in: *Ueber das Fundament des philosophischen Wissens, nebst einigen Erläuterungen über die Theorie des Vorstellungsvermögens,* hrsg. v. Martin Bondeli, Basel 2011. *K. L. Reinhold, Gesammelte Schriften.* Bd. 4. IIIV–IIVII.「導出プログラム」が「二つのプログラム」を併せ持っていることは、Martin Bondeli, *Das Anfangsprogblem bei Karl Leonhard Reinhold.Eine systematische und entwicklungsgeschichtliche Untersuchung zur Philosophie Reinholds in der Zeit von 1789 bis 1803.* Frankfurt am Main 1995（以下*Das Anfangsproblem*と略記）, 108ff. も参照

(14) レーベルクは、『寄稿集I』の書評において、「意識律」を「定義」とみなしている（第六章第一節**1**参照）。

(15) Vgl. Tom Rockmore, *Hegel's Circular Epistemology*. Indiana UP. 1986, 18-22.

(16) フィヒテはすでに一七九三年の一〇月／一一月に、フラット宛て書簡の草案に、こう書きつけている。「今私が確信していることは、哲学は唯一の根本命題から展開されて初めて学になりうるということ、そしてそのとき、哲学は幾何学のような明証性を得るに違いないということです。そのような根本命題は存在するのだが、まだそのようなものとしては樹立されていません。私はそれを突き止めた〔中略〕と思っています」（GA, III/2, 18）。

(17) Daniel Breazealは、初期知識学関連諸論文の英訳書*Fichte, Early Philosophical Writings*. Cornell Univ. Press 1988のNote on Translationで、ドイツ初期観念論におけるWissenschaftの特別な意味に注意を促した上で、こう書いている。「フィヒテのWissenschaftslehreをScience of Knowledgeと訳するのは、それが長い間英語ではその名称で知られてきたという不幸な事実があるにしても、容認できない。それはDoctrin of Scienceあるいは、せめてTheory of Scientific Knowledgeのように訳すべきであり、さもなければまったく英訳すべきではない」（p. xv）。ちなみに、フィヒテがWissenschaftslehreという術語を初めて使用したのは、イェーナに着任するひと月前、一七九四年三月一日のベッティガー宛ての書簡においてである。たしかに、フィヒテはこの一〇年後には、知識学は「知の理論」であり、「知の何たるか（Wissen*schaft*）」の理論、「知たること（Wissenthum）」の理論であると述べている（GA, II/7, 70）が、それはその頃から「絶対知」が主題に上ってきたからであって、この術語が初めて採用されたときには、「学」の理論という意味合いが基調をなしていたと思われる。

(18) F. W. J. Schelling, *Ueber die Möglichkeit einer Form der Philosophie überhaupt*, in: *F. W. J. Schelling, WERKE. Historisch-Kritische Ausgabe*（以下、*AA*と略記）, I/1, 268, 273. *Vom Ich als Prinzip der Philosophie, oder über das Unbedingte im menschlichen Wissen*, in: *AA*, I/2, 87.

(19) G. W. F. Hegel, *Phänomenologie des Geistes*, Vorrede, in: *G. W. F. Hegel, Gesammelte Werke*（以下*GW*と略記）, Bd. 9, Hamburg 1980, 11.

(20) Apologie der Versuch, durch Elementar Philosophie und Wissenschaftslehre die kritische Philosophie zur Wissenschaft κατ' ἐξοχὴν zu erhaben. In: *Philosophisches Journal einer Gesellschaft teutscher Gelehrten*. Hrsg. v. J. G. Fichte und F. I. Niethammer, Bd. 6, H. 3. Jena und Leipzig 1797 [ND: Hildesheim 1969]. 以下、*PJ*と略記して本文中に引用頁数を記す。

(21) Vgl. Martin Bondeli, *Das Anfangsproblem*, 128-135.

(22) カントはその箇所で、「類」との関係において「外延」と「内包」についてこう論じている。「理性は、互いに矛盾する二重の関心を示す。すなわち、一方では、類に関して外延（普遍性）への関心を、そしてもう一方では、種の多様性に鑑みて内包（被規定性）への関心を示す」。「多くのことを類の概念のもとに思惟する」第一の場合には、多様な種から「類へと昇っていき、単純なものを求めようとする」のに対して、「もっと多くのことを類の概念のうちに思惟する」第二の場合には、「類から始めて、類のもとに含まれている多様なものへ降りていく」（強調点は引用者による A 654ff., B 682ff.）。

（23）導出プログラムにおける「直線行程モデル」と「循環行程モデル」の関係については、Maritin Bondeli, *Das Anfangsproblem,* 115ff., 132ff. を参照。

（24）『寄稿集Ⅰ』で表記されているすべてのヴァージョンに「主観によって」が挿入されているわけではない。

（25）「主観」が「論理的な基体」にすぎないという見解に対しては、すでにフュルステナウ（Carl Gottfried Fürstenau）やシュヴァープの『試論』書評で、疑念や異論が提出されていた。Vgl. *Die zeitgenössischen Rezensionen der Elementarphilosophie K. L. Reinholds,* hrsg. v. Faustino Fabbianelli, Hildesheim 2003（以下 *Reinhold-Rezensionen* と略記）, 28, 134.

（26）『試論』§IX はこう述べている。「作用結果が働きとは区別され、帰結が根拠とは区別されるのと同じように、表象（Vorstellung）は表象作用（Vorstellen）とは区別されている。だから、表象は、表象作用に際して生じてくる、心意の能動作用（Wirken）や受動作用（Leiden）ではけっしてなく、この能動作用や受動作用から生じてくるものにすぎない、つまり表象作用の直接の産物にすぎないといえる」（*Versuch,* 210）。

（27）少し後にシュルツェが『エーネジデムス』において次のように述べるとき、彼の批判は的を射ているのである。すなわち「根元哲学が含んでいる意識の理論はおそらく、主観と表象とは区別される客観の意識の理論にすぎないのであり、意識一般の理論ではない」（*Aenesidemus oder über die Fundamente der von dem Herrn Professor Reinhold in Jena gelieferten Elementar-Philosophie. Nebst einer Verteidigung des Skeptizismus gegen die Anmaßungen der Vernunftkritik,* hrsg. v. Manfred Frank, Hamburg 1996 [PhB 489], 241f.）。

（28）J. G. Fichte, Versuch einer neuen Darstellung der Wissenschaftslehre (Erstes Capitel), in: *GA,* I/4, 276. フィヒテがこの定式によっていい表そうとしているのは、「直接的」である「直観」としての「自己意識」である。

（29）J. G. Fichte, Wissenschaftslehre nova methodo, in: *GA,* IV/2, 33. フィヒテはここで、自己措定における「所産」――これは、「措定されたもの」、「産物」、「見出されたもの」、「概念」、「静態的なもの」、「存在」、「事実」と様々に特質づけられている――を、同時に「能産」――これもまた「行為」、「能動性」、「直観」、「生成」、「事行」と様々にいい換えられている――として示そうと努めている。ここで、フィヒテは最初期の知識学の方法の一面性を補完しようとしているのである。すなわち「われわれは、著作〔『全知識学の基礎』〕では、事行から出発して事実に到達した。しかし、逆の方法〔が考え合わされねばならない〕。〔中略〕存在から自己措定作用を推論し、かつまた逆に推論しなければならず、概念から直観を推論し、かつまた逆でなければならない」（ibid., 33）。フィヒテのこの定式との連関を指摘指摘しているのが、Manfred Frank, <*Unendliche Annäherung*>. *Die Anfänge der philosophischen Frühromantik.* Frankfurt am Main 1997, 291f. である。

（30）「絶対知」のこの問題機制については、拙稿「精神の究極的自己知としての『絶対知』」『同志社哲学年報』第一四号（Societas Philosophiae Doshisha編、一九九二年三月）を参照されたい。

（31）Jürgen Stolzenberg, Selbstbewusstsein. Ein Problem der Philosophie nach Kant, in: *Revue Internationale de Philosophie* 3/1996, No. 197, 470. この論文は、その前半で『試論』の自己意識論の議論行程を詳細に検証している。また、『試論』と『寄稿集Ⅰ』の「自己意識」論については、Manfred Frank, op.cit., 11. Vorlesung, 286-307も参照。

（32）『寄稿集Ⅱ』（*Beyträge zur Berichtigung bisheriger Missverständnisse der Philosophen. Zweiter Band, die Fundamente des philosophischen Wissens, der Metaphysik, Moral, moralischen Religion und Geschmackslehre betreffend*）（一七九四年）の「第一論文」（これは、実際には一七九二年に起草されていた）においては、「意識の事実」と区別された「純粋な自己意識の事実」がより基底的な位置に置かれているが、「自己意識律」という術語は使われていない（vgl. S. 60ff.）。一七九五年一月一五日付けのバッゲセン宛て書簡では、「根元哲学の第一の主要契機」が「意識律」であり、「第二の契機」が「認識の命題（認識律）」であると述べられた後、「超越論的な自己意識の命題（自己意識律）」が「超越論的主観の自発性の三階梯理論の根底に置かれるべきであった」と書いている（*Aus Baggesen's Briefwechsel mit Karl Leonhard Reinhold und Friedrich Heinrich Jacobi. Zweiter Theil*, Leipzig 1831, 5）。

（33）すでに『試論』でも、「ア・プリオリで純粋な表象それ自体はどれも、ただ理性によってのみ可能である」ことを根拠に、「自我の表象」は「理性的存在者の特典である」と述べられていた（*Versuch*, 338）。

（34）Daniel Breazeal, Reflection, intellctual intuition, and the fact of consciousness: remarks on the method of Reinhold's Elementarphilosophie（1789-1791）, in: Pierlugi Valenza (hrsg.), *Am Vorhof des Idealismus*. Pisa/Roma 2006は、その後半部で（pp. 55-57）、『寄稿集Ⅰ』の「知的直観」論を取り扱っているが、Breazealはそれを「自己意識」論とではなく、「哲学的反省」の可能性の根拠と結びつけて論じている。

（35）Vgl. Jürgen Stolzenberg, *Fichtes Begriff der intellektuellen Anschauung. Die Entwicklung in der Wissenschaftslehren von 1793/94 bis 1801/02*. Stuttgart 1986, bes. 34-56.

（36）Jürgen Stolzenberg, Selbstbewusstsein. Ein Problem der Philosophie nach Kant, in: *Revue Internationale de Philosophie* 3/1996, No. 197, 461

第六章　「根元哲学」の「運命」（一七九二〜九四年）

カントの批判哲学が登場してきたとき、その独創性と新奇さのゆえに、無理解と誤解といわれなき非難にさらされねばならなかった事態を、かつてラインホルトは「カント哲学の運命」と呼んでいた。「根元哲学」もまた同様の「運命」に出会わねばならなかった。もちろんその中には、正当で生産的な批判も数多くあった。本章では、「根元哲学」に対して当時唱えられた主要な批判と非難、およびそれらに対するラインホルトの応答の過程を追うことにする。ここでわれわれは、ラインホルトの多くの「論敵」を取り上げなければならない。レーベルクとシュミート（第一節）、エーネジデムス－シュルツェとフィヒテ（第二節）、I・C・ディーツ（第三節）、そしてS・マイモン（第四節）である。最後に、こうした諸批判の正当性を一部認めながら、ラインホルトが新たに再編、改良された「根元哲学」を構想しようとしていた際のいくつかの指針を検証する（第五節）。

第一節　根元哲学に対する批判的書評

1　レーベルクの『寄稿集Ⅰ』書評（一七九一年一月）

『試論』がそうであったように、『寄稿集Ⅰ』も『基底』もすぐさま短期間に多くの書評誌でとり上げられた。一七九一年中に当時の代表的な書評誌五誌すべてが両著作を書評対象にしたが、一誌を除いてすべて批判的な書評であった。[1] ここでは、多くの書評の中でも、ともに『一般学芸新聞』に掲載された、ハノーファーの宮廷官僚レーベルク[2]による『寄稿集Ⅰ』書評と、当時最も有名なカント主義者の一人と目されていた、ギーセンの（後にイェーナの）教授C・Ch・Eシュミート[3]よる『基底』書評を紹介し、『寄稿集Ⅰ』と『基底』をそれらの批判に照らし合わせてみよう。

『一般学芸新聞』編集部に重宝されていたレーベルクは、すでに同紙で『試論』の書評も手がけていた。[4] その『試論』書評は、非常に好意的なものであった。それはべた褒めに近い、といってもよい。[5] だが、『寄稿集Ⅰ』書評では、[6] その論調は一変する。『試論』書評と違って、ここではレーベルクも、根元哲学がカントとは「まったく別の種類の哲学的思惟に基づいており」、ラインホルトの体系がカントの体系から「内容の面でも方法の面でも、まったく逸脱している」[7]ということを悟ったからである。批判の論点は多岐にわたっているが、ここでは二つの問題に絞ることにする。第一は、根本命題としての「意識律」が、形式的か、実質的かという問題である。レーベルクは、「最高の原理が、諸判断の形式だけを規定しうるという（ラインホルトの『寄稿集Ⅰ』での）主張は、まったく正しい」のだが、「表象」概念の定義および『寄稿集Ⅰ』の実際の論述から判断すると、この「根本命題」が「人間の表象のすべての形式を規定しているのではなく、その内容を規定しているのは、否認しようもない」[8]という。そして、こう続けている。もし根本命題が実質的‐総合的命題であるとするならば、「そのような唯一で最高の総合的命題と称されているものの内容（実質、あるいは諸対象といってもよい）のもとに、考えうる諸結合と同じだけ多くの根本諸命題が挙げられうる」ことになる。[9]すなわち、そうなると、論理的には互いに独立した、多数の実質的な根本諸命題の併存という問題が浮上し、唯一の根本命題という主張と矛盾することになるというわけである。ラインホルトは『寄稿集Ⅰ』では、根本命題による後続諸命題の「形式的」規定のみを強調していたが、『基底』では微妙に論を修正し、根本命題が実質的でもあることを主張していた。しかし、これはこれで、レーベルクがここに主張しているような、実質的根本諸命題の数多性という問題を、改めて提起することになったのである。根本命題が実質的であることから派生する諸々の難点は、これ以降も他の書評者たちの異論の的となっていく。

レーベルクは、もう一つ、「意識律」が単なる定義にすぎないと異論を申し立てている。それが定義であるとすると、根元哲学も「定義を出発点とするようなすべての哲学理論の諸々のやっかいごと」に巻き込まれざるをえない。すなわち、定義では「一切が言葉の規定に起因しており、そしてその規定が結局のところ恣意的なので、体系が築き上げられるのは、定義から導出されるべきものが定義の中に持ち込まれることによるしかないのである」。[10]彼によれば、根元哲学もこの疑念を免れない。この異論を意識してか、『基底』はこう述べている。「表象にはいかなる定義も不可能であり、意識律も同じように定義ではなく〔、〕むしろ「意識律は、それについてはいかなる定義も不可能なような〔表象の〕概念を打ち立てるのであり〕、それを「初めて可能にする」(*Fundament.* 78)ものなのである。レーベルクはさらに、ラインホルトの「哲学」概念の規定も恣意的であるとの批判を展開している。『試論』書評とは打って変わった厳しい批判的調子のこの書評は、ラインホルトに大きなショックを与えたようである。[11]

2 シュミートの『基底』批評(一七九二年四月)

だが、内容の点で、レーベルクの書評よりもっと重要なのが、シュミートによる『基底』書評である。[12]シュミートの書評は、同僚でもあった先輩教授に対する敬意を失わない丁重な言い回しで書かれているが、批判の論点は根元哲学の方法論の根幹を衝いている。まずシュミートも、次の点に関してはラインホルトと見解を一にしているという。

すなわち「人間の心意の必然的で普遍的な諸事実」が「一切の哲学知の実在的基底（Realfundament）」をなすこと、また「学が学である限り、その基底は明確な定式によってそのような事実をいい表す一つの命題でしかありえない」ということ[13]。

だが、続いてシュミートは哲学の「第一根本命題」たるものの特性について、注目すべき見解を展開する。彼によれば、「根本命題」あるいは「基底命題」は、以下のような三様の仕方でしか存在しない。「(1)矛盾律のように、拡張という点では消極的にしか使用できない論理的、あるいは形式的な根本命題、(2)他の命題の客観的真理の根拠を自らのうちに含んでおり、推論連鎖の最初の前提として登場して来る実質的な根本命題、最後に(3)学のうちである命題の他の命題への関係を規定し、そしてその対象の諸領域を汲み尽くす体系の構想をあらかじめ指示する基準的な（normal）根本命題」[14]。根元哲学の企てが、後の二者の「どちらを目指しているのかについては、不確かなままである」。だがシュミートの考えるに、「実質的な命題」が想定されているとしたら、「一つの」根本命題という前提とは両立しなくなる。なぜなら、「実質的基底には」、表象と表象能力の「類」的な諸事実だけでなく、表象能力の「特殊な諸分枝」に関わっており「普遍的法則からは展開されえないような事実すべて」も属しているからである。「こうした特殊な諸事実は、たとえこれらがかの根本命題のもとにあり、根本命題に服しており、根本命題と不可分に結合されているはずであるにせよ、常にかの基底命題から独立した根源的諸事実であり続ける」からである。かくして、根本命題を「唯一の普遍的命題」に限ることはできなくなる[15]。そもそも、「唯一の実質的な基底命題」から「人間の意識の根源的で純粋な諸事実すべてが」導出され、証示されることなど不可能なのであり、「そんなことは、将来にもほとんどなされないであろう」[16]。

したがって、シュミートの判断では、根本命題は、「明瞭にそう称されているにもかかわらず、けっして実質的な基底命題ではなく、〔中略〕基準的な基底命題でしかありえないであろう」。ところが、この「基準的な」（というよりむしろ「規範的な」）根本命題は、「たしかに学の体系的行程を一定程度は先導できるが、学の内容自身に普遍的で不変なものという特性を付与することはできない」。だから、ラインホルトが自分の掲げたかの「究極の目的を実現するためには、この唯一の根本命題だけでなく、他の証明不可能で事実としてある根本諸命題もすべて論究され、演繹されねばならなかったのである」[17]。だが、そうした演繹はどこにもなされていない。「かくして、ラインホルト氏がそのような基底命題の果たすべき重大な使命について語っていることと、基底命題の内的性状について語っていることとは、完全には一致しておらず、両者の間には顕著な不釣り合いが存在している」。「根本命題の性状という面からすれば、この根本命題は単に基準的だということになろうが、この命題はたしかに〔後続〕諸命題の体系的配置を規定しはするが、それらの内容は規定しないであろう」。それに対して、ラインホルトが根本命題に託している「使命の面からすれば」、「唯一の実質的根本命題」が必要とされようが、この命題のみから諸命題の実質を導出することは、すでに言及したように不可能であろう[18]。シュミートがここで示唆している二者択一は、根本命題がただ一つであるとすれば、それは「基準的（規範的）」命題でしかありえないが、根本命題が後続諸命題の導出において実質的機能を果たすべきだとすれば、「唯一の根本命題」だけでは済まず、他に多くの「根本諸命題」を必要とするというものである。シュミートからすれば、後者の途は実質的に不可能である以上、根本命題は「基準的な」命題であるべきなのである。しかし、この命題は、体系の内部における様々な諸命題の「体系的配置を規定」できるだけで、諸命題の確実性や実在性を何ら保証することはできない（先に挙げた、ヴォルフ的体系理念——第五章第三節1を参照）。この提案に対して、あくまで「第一根本命題-哲学」にこだわるラインホルトはこのシュミートの提案を拒否して、後者の選択肢を選ぶことになる。ただし、ラインホルトが後に根元哲学の改良を試みる際に、彼はシュミートの異論も容れて、唯一の根本命題を基点とする一元論的、直線的な導出行程を放棄し、「基底命題から独立した根源的諸事実」を表現している根本諸命題を「補助定理」として援用することによって、「改良された」根元哲学を維持しようとすることになる（本章第五節参照）。この改良策の案出に、ここでのシュミートの指摘がおそらく大きな役割を果たしたことは、次々節で紹介する一七九二年六月のエアハルト宛て書簡や、バッゲセン宛て書簡にも確かめられる[19]。

その他多くの論点に関しても、シュミートは重要な異論を提出している。まず、「意識律」が「自ら自身によって規定された、根源的かつ必然的な普遍妥当的命題であることは明瞭であるが、しかしそれと同時に、この命題だけによって哲学を確固とした学へと高め、これまでの誤解と争いから哲学を解放するには、この命題は役に立たないこともまた明瞭である」。なぜなら、「この命題によっては、すでにこの命題に含まれていること以上には何一つ証示されえないことは明白であり、この命題によっては、人間に必要なことの最終決定に向けて、すなわち現世でのわれわれの権利や義務と来世へのわれわれの期待の確固不動の根拠に向けて、これまで以上には一歩も前進できないことは明白だからである」。そればかりか詳細に検討すれば、「意識律は、かの〔後続〕諸命題を論証する際にほとんど何の働きもしておらず、暗黙のうちにそっと他の諸命題が利用されていることが判明する[20]」。第一根本命題としての「意識律」が、厳密には導出の機能を果たしえていないというこの批判は、根元哲学の体系構築の構想にとって致命的である。それとともに、後続諸命題の展開は意識律以外の諸命題が暗に利用されているという指摘も重要である。ラインホルトは後にこの指摘を認めて、自らの体系の改良に取り入れることになる。

　根本命題の特性と機能に関してだけでなく、後続の基本的諸定理に関しても、シュミートは重大な疑義を呈している。すなわち、「区別することと関係することという概念」が「多くの曖昧さにまとわりつかれた」ままであること、さらに「表象の素材は、表象の客観によって規定される」といわれているが、この「多義的である規定されることが、ここでは本当は何を意味しているのかも、一度も説明されていない[21]」。術語使用の曖昧さに関する疑義は、すでに『試論』以降、他の書評者たちによっても何度か提出されてきたものである。そして、この術語使用の曖昧さへの批判は、次に紹介する『エーネジデムス』でも重要な論点の一つになる。

　だがラインホルトが、これらの疑義よりもっと深刻に受けとめねばならなかったのは、表象の「形式」が「統一性」を具え、「素材」が「多様性」を具えているという主根本テーゼが、「仮説としてすら正当化されていない」という批判である。シュミートによれば、「認識」も「表象一般」もどちらも、「客観によって規定された素材のうちにある多様性を前提としていない。それゆえ、素材を統一へと結合することは、意識の直接的事実ではなく、意識のうちでは区別する働きが事実として現れてくるだけである。かくして、かの結合することは、区別する働きを説明するために、仮説的に想定されているのである。しかし、ラインホルトの主張しているように、区別する働きがあるから、区別されるためには「素材」は「多様である」と主張するのは、同語反復か「誤謬推理」にすぎない。かくして「素材の多様性」はどこからも帰結しない。「それゆえ、著者は素材の内的な多様性を、こっそり不正に入手したのであり、それを根本的に証明しなかったのである[22]」。「素材」が多様であり、「形式」が統一性を持つことは、「意識律」からは直接導出されず、したがって根拠を欠いたまま前提にされているという批判、これもまた、チュービンゲンの補習教師I・C・ディーツが以前から抱いていた疑念であった。そしてラインホルト自身がこの欠陥を認めることになるのを、われわれは以下に見ることになる（本章第三節）。

第二節　『エーネジデムス』の根元哲学批判（一七九二年）

1　著者と著作の構成、その反響

シュミートによる『基底』書評の掲載とほぼ時を同じくして（一七九二年四月）、もっと全面的な「根元哲学」批判が現れた。それは、書評としてではなく、単行本として公刊された。出版地も著者名も伏せたその著は、『エーネジデムス、すなわちイェーナのラインホルト教授によって展開された根元‐哲学の基底について。理性批判の越権に対する懐疑論の擁護を付して』と題されている。エーネジデムス（Aenesidemus）――アイネシデモス Ainesidemos――は、紀元前一世紀にアレキサンドリアで活躍した、ピュロン的懐疑論の革新者であり、ヘレニズム時代の懐疑論の最も影響力ある代表者であった。そして、この偽名の背後に隠れていたのは、当時三一歳のヘルムシュテット大学の哲学教師、G・E・シュルツェ（Gottlob Ernst Schulze 1761-1833）である。彼は、有名なシュール・プフォルタの卒業生で、フィヒテの一年年長に当たる。彼はヴィッテンベルクで神学のほかに、論理学、形而上学を修め、一七八八年からヘルムシュテットの教壇に立っていた。この時点まで、彼には学位論文のほかには、平凡な一冊の著作しかなかった。『エーネジデムス』とともに、彼は一躍哲学的世界の表舞台に躍り出ることになったのである[23]。

この著作は非常に複雑な構成を取っている。「一七九二年四月、編者」と末尾に記された短い「序文」の後に、三つの書簡が配されている。書簡部分は、かつて懐疑論者であったが、カントの著作とラインホルトの最近の諸著作を読んで批判哲学 - 根元哲学の正しさを確信したヘルミアス(Hermias)と、シュルツェ自身の立場を代弁する懐疑論者エーネジデムスとの間に交わされた往復書簡の体裁を採っている。前者から後者に宛てられた「第一書簡」で、ヘルミアスはかの確信が形成されるに至った経緯を述べている。後者から前者に宛てられた「第二書簡」「第三書簡」では、エーネジデムスはヘルミアスに反論するかたちで、自分の懐疑論の主張を開陳し[24]、また、以下に「根元哲学の基底の真理と普遍妥当性に対する私の疑念」を表明する際には、いつもラインホルト自身による「この規定の説明と証明を先立てて」紹介してからにする、と受信者に伝えている。「第三書簡」に続いて、『寄稿集Ⅰ』の第三論文「根元哲学の主要諸契機の新叙述」に対する逐条的紹介と長い批判的注解が「根元 - 哲学の原理論」という表題のもとに開始されるのだが(*Anesidemus*, 47-389)、この注解部門の中ほどには、書名の一部「理性批判の越権に対する懐疑論の擁護」に相当する、カント批判およびヒューム的懐疑論の擁護に割かれた論評(ibid., 108-180)が挿入される。注解部門は、ラインホルトのかの「新叙述」の§I～§XXXVIをカヴァーしている(最終部分の八つの§は省略されている)。そして、最後に再び書簡形式に戻り、「第四書簡」と「第五書簡」が置かれている。つまり『エーネジデムス』は、最初と最後に「書簡」を配し、真ん中に「根元哲学」の批判的注解を、そしてその中にさらに懐疑論擁護論文を入れ込むという、まったく統一性を欠いた構成からなっているのであるが、著作の大部分を占めているのは注解部分である。

哲学史上、それ自身としてよりも、むしろフィヒテの「エーネジデムス書評」を介してよく知られているこの著は、すぐさま当時の哲学界に強烈な反響を呼び起こしたようである。その最初の書評者は、ラインホルト学徒の中でも秀オと評されていたJ・B・エアハルトであったが、その書評は、内容こそ批判的であったが、著者に対する敬意を欠いたものではなかった。彼はこの当時すでに、根本命題‐哲学に対する懐疑論的反対者の中心人物になりつつあった。同じくラインホルト学派の一員とみなされていた、ブレスラウのギリシャ語・ヘブライ語教授G・G・ヒュレボルン（Georg Gustav Fülleborn 1769-1803）は、『エーネジデムス』公刊の翌年には、同著を「ドイツ哲学にとっての栄誉」とまで呼び、このような批判にラインホルトが早急に応答することを促している。[26] さらに別のラインホルト支持者、エアランゲンの哲学教授J・H・アビヒト（Johann Heinrich Abicht 1762-1816）も、同著の重要な意義を認めて『ヘルミアス』（一七九四年）を著し、このような攻撃を受けたからにはラインホルトの理論は修正される必要があると考えていた。[27] そして、S・マイモンでさえシュルツェの著作を真剣に受けとめ、『新論理学試論』（一七九四年）に「エーネジデムス宛てのフィラレーテスの書簡」を付録として付け加えて、シュルツェの異論の妥当性を仔細に検証したのである。[28]

しかし、この著作を誰よりも強い衝撃を持って受けとめ、そして最も高く評価したのは、『一般学芸新聞』でのこの著の書評を仕上げるべく苦闘していたフィヒテであった。彼は一七九三年の晩秋にチュービンゲンのフラットに宛てた書簡の腹案に、『エーネジデムス』を「今世紀の最も注目すべき作品」と書き込み、[29] 同年一二月には、友人H・シュテファーニに宛ててこう書いている。「貴兄はエーネジデムスを読みましたか？　これは、かなりの間、私を混乱に陥れました。私の理解していたラインホルトを崩壊させ、私にカントへの疑念を抱かせ、そして私の体系全体を根底からひっくり返してしまいました。屋根のない家に住むわけにはいきません。どうしようもなくなったのです。私の体系はもう一度建設されねばなりませんでした」。[30] これらの書簡が、問題の著作公刊から一年半ないし二年近く経ってから書かれていること、すなわち、それらが読了直後の一時的興奮のうちに書かれたものでなく、十分な時間をかけた批判的検討の上で書かれていることを看過すべきでないであろう。この衝撃を契機に、「第一根本命題」のより深い根拠づけのための苦闘を通して、知識学の根本諸原理が彫琢されていったことはよく知られている。

ところが、当事者であるラインホルト自身はどうも反応が鈍かった。彼はおそらく、当該の書におざなりに目を通しただけで、これもまたいわれなき誤解に基づく数多い根元哲学批判の一つ、しかも文字通り無名の著者による取るに足らない誤読の一つでしかないとみなしていたのであろう。彼は明らかにこの攻撃の重大さを感知していなかった。それゆえ彼は、一七九三年に公表された或る付随的文章の中で、エーネジデムス-シュルツェの名前も挙げずに、懐疑論一般の批判の一部としてこれに間接的に触れているだけである。[31]もう一人の当事者、カントの反応もこれまたおざなりであった。[32]こうした反応の鈍さの原因がどこにあったのかは定かではないが、とにかく一七九二年当時、先に列挙した周囲の第三者たちと、当事者カント、ラインホルトの『エーネジデムス』に対する受けとめ方と反応は、奇妙なほど対照的なのである。いわば、前者は事を深刻に受けとめ、すぐさま反応しているのに、当事者である後者は気にも留めていないのである。

2 「第一根本命題」としての「意識律」批判

さて、「新叙述」の逐条的注解部分には、「予備報告、根源-哲学の使命とその本質的諸特性について」(*Aenesidemus*, 49–57) が先立てられている。その「使命」と、それを実現するために「絶対的な第一根本命題」が果たすべき機能が、『寄稿集I』と『基底』から正確に要約紹介された後、「所見(Bemerkung)」の冒頭は、こう記している。「これまで哲学には、その他の諸命題すべての確実性を直接的あるいは間接的に根拠づけるような、遍く認められた最高の根本命題がまだ欠けているということ、そして、哲学はそのような根本命題を発見し、確立して初めて、学たる位階を要求できるのだということ、この点に関して私は、根元-哲学の著者に完全に同意する」(ibid., 53f.)。これ以降、各節への注解部分も、最初に各節の「テーゼ」を、続いてその「系」や「解説」をラインホルトの叙述からほとんど省略なしに呈示した後、著者の「所見」表明の項が設けられている。以下、シュルツェの「所見」を、これに対するフィヒテの「エーネジデムス書評」での評価・判定を交えながら、検討することにしよう。

「意識律」に対する「所見」で、シュルツェは、その理解について三つの異論を提出している。いずれも、「意識律」理解の根幹に関わる異論である。第一の異論は、「意識律」が「絶対的に第一の根本命題」であるという点に向けられている。シュルツェからすれば、「意識律」は思考の根本規則である「矛盾律」のもとにあり、これに服しているはずであるから、「第一根本命題」たりえないのである（ibid., 60f.）。このとき、シュルツェの念頭にあったのは、第一根本命題は後続諸命題の主語と述語の実質を規定するのではなく、主語‐述語の「結合の必然性」だけを導出するという、『寄稿集Ｉ』の一節（vgl. *Beyträge I*, 115f.）であろう。名辞間の結合（分離）の必然性は、論理学の案件であり、その結合作用はすでに思惟の一種だとすれば、「意識律」は少なくともその「形式の面」では、「矛盾律」に服しているはずである、というのがシュルツェの言い分である。それどころか、そもそも「心意（Gemüt）のうちでの結合作用や分離作用はどれも、思惟の作用であり」、「関係づけることと分離することを本質としている心意の働きが、思惟の作用であることは否定できない」（*Aenesidemus*, 71, Anm. 8）のだから、「意識律」は思惟の一般的規則のもとにあるはずである。これに対して、『基底』は「意識律」と「矛盾律」との関係についてこう述べていた。「たしかに、意識律は矛盾律のもとにあるのだが、しかしそれは、意識律を規定しているかのような根本命題のもとにあるのではなく、意識律がそれと矛盾してはならない或る法則（Gesetz）のもとにあるだけなのである」（*Fundament*, 85）。しかも、ラインホルトからすれば、『基底』が述べていたように、第一根本命題は実質的機能も持つべきである、すなわち内実を持った後続諸命題の実質的な妥当性の原理をも含意しているべきである。それゆえ、第一根本命題は「一般論理学」や「思惟の規則」一般に解消されえない。

　この点については、フィヒテの「エーネジデムス書評」も、次のようにラインホルトに与している。すなわち、「意識律に対する反省は、反省の形式面からは、考えうる反省どれもがそうであるように、論理的な矛盾律に従っている。しかし、意識律の実質は、矛盾律によっては規定されない[33]」。「われわれが手にしなければならないのは、実質的（real）な根本命題であって、単に形式的な根本命題ではない[34]」。

第二の異論は、「意識律」が「一貫して自ら自身によって規定された命題」であることに向けられている。この異論の根拠は、「意識律」の本質的構成契機をなしている「区別すること」と「関係づけること」の概念的意味が曖昧なことにある。シュルツェは「区別」と「関係」の諸様式について、自ら概念的分類例を提示した上で[35]、「意識律」の場合「区別」や「関係」がそれらのうちのどの様式を指しているのか、「新叙述」ではまったく定かでないと批判している（*Aenesidemus*, 66–68）。さらに、「表象の実質が客観に関係づけられるという表現」も、「表象の形式が主観に関係づけられるという表現」も、ラインホルトのテキストでは実に多様に書き換えられていることの実例を示して、「意識律」で使用されている語句がかくも曖昧である以上、それが「自ら自身によって規定された命題」で、誰にでも一義的に了解可能な命題とはけっしていえないと批判する（ibid., 68f.）。すでに他の書評者たちによってもしばしば指摘されてきたことだが、この術語使用法の曖昧さへの異論は、たしかにラインホルトの弱点を衝いている。ラインホルトの術語使用法が不統一であるとか多義的であることは、単に言葉使いがルーズであるということにとどまらない問題を持っている。すなわち、術語使用法の曖昧さは、ラインホルトが表象‐認識の可能性の制約についての超越論的分析という原則的立場をゆるがせにして、常識的・通俗的語義を援用することによって、この常識的語義の背後にある実在論的立場に妥協ないしは屈服していることをも暗示しているからである[36]。

この点では、フィヒテもまたシュルツェの言い分を認めている。だが、興味深いのは、フィヒテがさらに次のようにコメントしていることである。「これら〔区別することと関係づけること〕の概念が無規定的であり、規定不可能であるということがまさに、探求されるべきより高次な根本命題の存在を指し示しており、同一性の命題と反定立の命題の実在的妥当性を指し示しているとすれば、どうであろうか。また、区別することと関係づけることの概念が、同一性と対立との概念によってのみ規定されうるとすれば、どうであろうか[37]」。すなわち、ここでフィヒテは、経験論的な術語使用法の曖昧さそれ自身が実はより根源的でア・プリオリな根拠づけを要求しているとみなし、「関係づける働き」と「区別する働き」の両概念を、自我の自己措定（「同一性」の概念）と非我の反措定（「対立」の概念）によって、さらにメタ・レベルで根拠づけようとする意向をすでに示唆しているのである。このことからも分かるように、フィヒテの「書評」はそう長いものではないが、かなり慎重に考え抜かれた議論的戦略に基づいて書かれているのである。

第三の異論は、「意識律」が「遍く認められた（allgemeingeltend）命題」であること、および「意識律」が表現しているのは「いかなる特定の経験とも結びつけられておらず、いかなる一定の推論（Raisonnement）とも結びつけられていないかのような事実」（ibid., 69f.）であるとされていることに向けられている。異論の前半部への根拠として、シュルツェは「意識律に挙げられている、意識の構成要素のすべてが、すなわち表象、客観、主観のすべてが」意識のうちに現れてこなかったり、「主観と客観に対する表象の関係」が現れてこないような「意識の発現」事例（たとえば、「表象」と「客観」が未分化状態にある「直観作用」ような場合）が、現に存在することを持ち出している（ibid., 72f.）。だが、この事例に関しては、ラインホルトはおそらくこう反論できるだろう。そのような場合には、或ることがそれとして表象（意識）されていないのであり、或ることがそれとして表象されている場合には、必ず「意識律」に従っているはずだ、と。異論の後段についていえば、ラインホルトは「意識の事実」がけっして特定の経験的事実の抽象の産物ではないこと、またそれが推論によってではなく、「単に反省によって」得られるのだと度々語ってきたはずである。それにもかかわらず、なおこういう異論を許す余地が、やはりラインホルト自身の表現と理解のうちに潜んでいると見ることもできる。それは、「意識の事実」が構造的事実であるにしても、まだア・プリオリで根源的な構造的事実として明確に確立されていないということを示唆している。

この点を、フィヒテの評価を交えながら検証してみよう。シュルツェは「意識律」が経験に基づいており、意識の経験的諸事実の抽象の産物だと主張している。彼は、上記のごとく「意識律」の三つの根本的特性をことごとく否認した上で、「所見」の結論部で、彼自身の「意識律」理解を対置している。それによれば、「意識律」は、第一に「分析的命題」ではなく「総合的命題」であり、第二に「意識の諸発現（Äusserungen）が互いに共有しているもの挙示している抽象的命題」にすぎない（ibid., 75f.）。

この二点に関するフィヒテの評価は、いわば両面作戦的である。一方では、シュルツェの「経験に訴えているそのような非難」とは一線を画しながら、もう一方では、それにとどまらず「その主張のより深い根拠」を探れば、「意識律」はなお「経験的」で「抽象的」な側面を残しているというのが、フィヒテの判定である。すなわち、意識の三つの「構成要素」を設定している根本命題は、一面では「反省命題である以上」「その論理的な妥当性の面では、もちろん分析的命題である」。しかし他面では、区別する働きと関係づける働きを本質とする「表象する働きそのもの、つまり意識の行為」は、「やはり明らかに一つの総合であり、しかも最高の総合であり、他のすべての可能的総合の根拠[38]」であるべきである。つまり、「意識律」はシュルツェのいうような経験的な意味で「総合的命題」ではないにしても、「第一根本命題」は一切の総合の「根拠」であるべきだという意味では総合的でなければならないのである。

次に、「意識律」はどの点で、なお「抽象的」だという嫌疑を受ける余地があるのか。フィヒテはいう。「意識律は、哲学全体の頂点に据えられるとき、経験的な自己観察に基づくことになり、たしかに一つの抽象をいい表している[39]」。フィヒテはラインホルトのいう「反省」を「自己観察」と呼び換えているが、この場合、「観察」の対象が経験的であるのか（この場合、「意識律」は経験からの「抽象」命題ということになる）、「観察」の仕方が経験的であるのか（この場合、ラインホルトの「単なる反省」なるものが純粋な直接的自己省察になっていないということになる）、フィヒテは明確に説明していないが、おそらく両方を含意しているのであろう。彼が「意識律」が「第一根本命題」としての地位を要求するには、なお「経験的」で「抽象的」であるというとき、「意識律」が根源的表象作用それ自身を表象する域にまで達しておらず、その作用の産物を叙述しているにすぎないといおうとしているのである。

それゆえ、フィヒテはこう結論づける。実は「意識律は、これとは別の根本命題を根拠としている定理であり、この別の根本命題から、ア・プリオリに、一切の経験から独立に、厳密に証示されうる定理である。意識律を全哲学の根本命題に立てるように促した不適切な第一の前提は、おそらく、事実から出発しなければならないという前提であった。しかし、実質的な根本命題は事実（*Thatsache*）を表現するものであってはならず、事行（*Thathandlung*）をも表現できなければならない(40)」。「意識律」は、さらに根源的な「働き」としてのメタ原理から根拠づけられねばならない。いい換えれば、「意識律」は、自己意識の本来的現象を、その意味での主観-客観の超越論的自己連関を表現するに至っていない。フィヒテからすれば、「意識律」はまだ「経験の大地」と「地続き」になっているのであり、フィヒテは「第一根本命題」に関しては、この繋がりを断ち切ろうとしているのである。この点で、やはりラインホルトは、まさにカントとフィヒテの間にいるのである。

3 §II〜§XXXVIへの批判的注解

以下に続いている膨大な批判的注解については、重要論点だけを選り出して紹介しておくことにする。

まず、(「表象」「客観」「主観」の定義に関する)§II〜§Vの吟味の「所見」は、——「意識律」それ自身だけでなく——「意識の構成要素」たる「表象」「客観」「主観」の諸概念も、「単なる反省」によってだけではなく、意識のうちの「個別的なものや特殊なもの」を捨象することによって得られたものである、という先と同趣旨の批判を繰り返している。また、表象の諸徴標の定義が、「説明されるべきことよりも狭隘である」(ibid., 84)とも批判している。この批判も、かの定義では網羅的に包括できないような特殊な意識の発現事例が存在するという点を論拠としているがゆえに、上記の第三の異論の前段の批判と本質的には同質のものである。つまり、それは「経験」を盾に取った反論にすぎない。さらにシュルツェは、ラインホルトの主張する、「客観」と「主観」に対する「表象」の論理的先在性に対して、同じ論法を使って、まったく逆の結論、「客観」と「主観」の先在性を主張しているが(ibid., 90f.)、この点に関するフィヒテの判定もまた興味深い。フィヒテは、ラインホルトの「主観」と「客観」が「経験的規定」にすぎない——そう判断する理由は挙げられてはいないのだが——と断定した上で、この両者の根底には、「経験的直観によっては与えられず、知的直観によって措定される絶対的主観」つまり「自我」と、「その自我に対して反措定された絶対的客観」つまり「非我」とが存在し、この両者が「経験的意識のうちでは、表象がこの両者に関係づけられる」という仕方で現れてくるだけなのだ、すなわち「表象するものと表象されるものとして、間接的に現れてくる」だけなのだと解釈している。そして、そのように存在位相を異にする二つの「主観」・「客観」の区別と連関の「考究を、ラインホルトは将来行われるべきものとして残しておくことができた」と語ることで、ラインホルトにその究明を促している。[41] これを受けて、フィヒテは『エーネジデムス』全体と「意識律」について、自らの最終判決を下す。すなわち「エーネジデムスの異論はすべて、意識律それ自体の真理性に向けられたものとみなされるべきである限りでは、根拠を欠いているが、すべての哲学の第一根本命題としての、また単なる事実としての意識律には、たしかに異論が当てはまる。だから、この異論によって、意識律を新たに根拠づけることが必要となる」[42]。「事実」に「事行」を対置するというフィヒテのラインホルト批判の基本線は、ここにすでに明瞭になっている。

根元哲学の基底をなしている「表象」と「表象能力」の関係についても、重大な疑義が呈されている（「表象能力に関する§VI～§VIIIの吟味の「所見」）。シュルツェはここで、ラインホルトが、「表象能力」を「表象」の「原因」ないしは「根拠」とみなし、しかも「表象能力」を、「表象に先立って存在している」「客観的に現実的なもの」(ibid. 98) として推論している、との非難を繰り返している (vgl. ibid. 97f. 99)。それだけでなく、ラインホルトは「表象の性状」から「表象能力の性状」を引き出そうとしているが、このように「作用結果の性状から、その原因あるいは実質根拠の性状を推論することは、けっして確実には遂行されえない」(ibid. 105) とも批判している。さらに、――このように「表象能力」と「表象」の間に因-果-関係が推定にされると当然予想できることなのだが――ラインホルトは「因果性のカテゴリー」を、現象を超えたものに適用しているという非難も出てくる (ibid. 102f.)。

これらの異論に対しては、ラインホルトに与して弁明すれば、まずはこう反論することができる。シュルツェは、表象-認識の妥当性の「根拠」と実在的世界における因果的「原因」とを混同しているのだ、超越論的思惟において問題になっているのは、前者の「妥当性の根拠」なのである。「表象能力」は、「表象」の因果的原因として「客観的に現実的なもの」とはけっして想定されていない。ましてや、「表象に先立って存在している」などとは想定されていない。

この点に関してはフィヒテも、「表象能力」を「表象作用から独立に」存在している「物自体」のごときものと捉える懐疑論は、懐疑論の名に値しないと一蹴して、「表象能力は表象能力にとって、かつ表象能力によって実在するのだ」と述べる[43]。とはいえ、この点に関してラインホルトが「完全無罪」だともいい切れないのである。彼は、「表象能力」が「表象の現実態の根拠」を含んでいると誤解されるような表現を度々しているからである。

総じて、シュルツェの批判的諸論点は二つの種類に分類されるべきである。一つは、すでに言及したような経験論的・心理学的視点からなされている批判である。これはいわば派生的な批判点であり、その意義もそれほど重要ではないし、また必ずしもラインホルトの理論に的中しているとはいえない。もう一つは、ラインホルトの方法論全般に向けられ、そしてドイツ初期観念論の展開にとって重要な意味を持つ、次のような彼の疑念・批判である。すなわち、ラインホルトは「根元‐哲学の意図するところ」が「表象や表象能力、そして認識の発生や認識の構成諸要素の性状などを、われわれがどのように考えなければならないか」を示すことだけにあり、したがって「探求において問題になっているのは」、「表象や表象能力のもっぱら可能であるだけの概念」なのであり、それらが「現実に、そしてそれ自体として何であるかを説明すること」ではない、ましてやそれらの概念と「それの外部に存在するもの」との関係を規定することではないと明言している。それにもかかわらず、根元哲学の「あらゆる命題」がいい表しているのは、「或るものをわれわれがどのように考えなければならないか」ではなく、「或るものが現実にそして実在的にどのようにあるか」ということなのだ。たとえば「純然たる表象においては、素材は主観に与えられ (gegeben) ており、その形式は主観によって産み出され (hervorgebracht) ている」という文章などは、その証左である (*Aenesidemus*, 224ff. Anm. 24)。つまり、一言でいえば、表象‐認識の「可能性の制約」を究明することこそが課題だと標榜しておきながら[44]、その実、その考察のうちに実在論的諸要素を「密輸入」している、そうシュルツェは非難しているのである。先に挙げた「認識能力」が「表象に先立って存在している」「客観的に現実的なもの」と想定されているという非難や、いるのである。

後に挙げる「物自体」の「現実性」を想定しているという非難は、シュルツェのこうした基本的疑念から発せられて

ラインホルトの「物自体」理解のアポリアについても、その源泉が、「感性的認識の素材を客観的な物自体から導出」しようとすることにあるのを、シュルツェは的確に批判している。彼は、ラインホルトが縷々弁明を重ねようと、反対者たちを論駁し、説得力ある回答を与えることができないと説いている。たとえば、ラインホルトは「物自体」がヌーメノン、つまり一種の理性理念であることを窮余の一策としたのだが、「物自体が根源的に、それ自体としては、単に理性理念あるいは論理的なものだとするならば、物自体をわれわれの受容性が触発されていることの原因とみなすことはできなくなる」であろう。また、ラインホルトが述べているように「物自体のただの一つの述語もわれわれが知らないとすれば、われわれは、物自体にわれわれの感性的表象の素材の原因という術語すら付与してはならない」ことになる、等々（ibid., 306ff. Anm. 34）。「表象」と「表象能力」（あるいは「主観自体」）との関係については、前者が後者の作用結果であるとラインホルトが解しているとは必ずしもいえないにしても、「素材」と「物自体」の関係については、すでに見てきたように（第四章第七節1参照）、シュルツェの異論には十分な根拠があるといわざるをえない。そうである以上――この点の評価に関しては、フィヒテはラインホルトに好意的であるにもかかわらず――シュルツェの批判は、「表象能力」理解に対する批判の場合よりはるかに的を衝いているのである。

さて、最後に「自己意識」論に触れておく。シュルツェは「根元哲学が含んでいるような意識の理論は、おそらくもともとは、主観や表象とは区別される客観の意識の理論であって、意識一般の理論ではない」（ibid., 352）と断定しているが、この断定は正当である。われわれが先に（第五章第四節2）明らかにしたような、この時期のラインホルトの「自己意識論」の対象論的性格は、自己意識も含むはずの「意識一般の理論」が詰まるところ対象意識モデルに定位されていることに起因している。その意味で、ラインホルトはたしかに、図らずも客観の意識という一つの「種」を「意識の唯一の類に高めて」しまっているのである（ibid., 350）。この点に関して、「意識を持つ」と「或ることを

表象する」という「異なった二つの概念の混同」が、この意識論の根底に存在しているからだというシュルツェの指摘（ibid. 353, Anm. 37）はきわめて示唆的である。だが、ラインホルト自身は、この『エーネジデムス』の批判の半年後には、この批判とは独立に自らの「自己意識」論を根本的に修正、改訂しかけていたのである。それは、後に明らかになるであろう。

総じて、シュルツェの批判は、一面では、部分的に経験論的観点からの批判を含みながらも、もう一面では、本来はア・プリオリな構造的事実であるはずの「意識律」や、本来超越論的概念であるはずの「表象」概念が、暗に実在論的諸要素を許容、容認していることを顕在化させたといえよう。シュルツェやラインホルトよりも徹底した「観念論者」であるフィヒテとマイモンが、シュルツェの提出した批判的諸論点に対して、是々非々で臨んでいるのは、彼らがシュルツェの批判のこの両面を区別しているからである。

第三節　一七九二年夏の「体系の危機」？

『寄稿集Ⅰ』と『基底』で提起された最初期の根元哲学は、これまで取り上げてきたような多くの厳しい批判的書評・論評を通して、体系構想の根幹的な部分にも及ぶ再考、修正を余儀なくされることになった。修正の結果としての「改良された」根元哲学の輪郭は、『寄稿集Ⅱ』（一七九四年）の第一論文に窺い知れるのだが、実はラインホルトは一七九二年の夏頃から、最初期の根元哲学にいくつかの欠陥を自ら認め、実際にその修正、改良作業に着手していた。では、その修正は何を決定的契機に引き起こされたのか、そしてどのような理由から、どの点が修正を余儀なくされたのか。

この問いに対して、強力な一つの解釈テーゼが提起されてきた。そのテーゼは、当初の根元哲学を根本から再編成するようにラインホルトに迫り、そうして「ラインホルトの体系の危機を惹き起こした」のは、チュービンゲン・シユティフト（神学院）の元補習教師で、一七九二年春以降イェーナにやってきてラインホルトの講義に出席していたI・C・ディーツによる諸批判であった、と主張する。[45] この解釈テーゼによれば、ディーツの批判が特筆されるべきなのは、他の批評家たちの批判と違って、それが「内在的な批判であり――しかも個々の論拠の批判ではなく、根元哲学の戦略全体の批判」であるからである。[46] その解釈を裏づけるほとんど唯一の間接証拠として挙げられるのが、一七九二年六月一八日にラインホルトがかつての「学徒」エアハルトに宛てた書簡の一節である。以下、少し長くなるが、その重要書簡の主要部分を引用しておこう。

1　「一七九二年六月書簡」

チュービンゲンからディーツというマギスターが当地に来ています。彼はすでにチュービンゲンのシュティフトで神学の補習教師に任用されていたのですが、つい最近、医学（研究）に転じました。彼は並外れた頭脳と最良の心性を兼ね具えています。彼はもう長い間、私とカントの諸著作を研究しており、彼が聴講している私の講義の折に触れて、数々の疑義を私に申し立てています。これらの疑義は、私と私の根元哲学にとってきわめて重要なものであり、私の基底論文についてのシュミートの書評で表明された見解表明のいくつかと並んで（私がいくつかといっているのは、それ以外の大抵の見解表明は益するところがないからです）、『寄稿集』の次巻のための上述論文の第二部への素材を与えてくれました。根元哲学の原理論の第一部に諸定理が登場してきますが、その諸定理について、私自身が次のことを明確に示しておくべきだったと、私は今やはっきりと悟りました。すなわち、それらの諸定理は意識律から直接に帰結するのではなく、私が根元哲学において証明抜きに、常識（sens commun）の言い分（Aussprüche）として立てているような別の諸命題を介して、初めて生じてくるということです。それらの諸命題は、意識の残りの諸命題が立てられ、展開されて初めて、哲学的理性が証明できるような言い分になることができるのです。例を挙げれば、素材は与えられ、形式は産み出され、表象は産出されねばならないという定理がそうです。その際には、意識一般のうちには存在していない自己意識や自己活動の意識は、前提にされます。しかし、かの常識の言い分は、根元哲学においては補助定理として（lemmatisch）受け入れられねばならないのです、というのも、常識からのみ哲学的理性への移行が可能になるのだからです。もっとも、常識の言い分はしかる後に、哲学的理性によって正当化されねばならないのですが。

根元哲学の基底は、意識の明白な諸事実（Fakta）であり、この諸事実の中でも、意識律が表現している事実が最も普遍的なものであり、そうである限り、それは体系においては最初のものです。根元哲学は哲学の諸原理を初めて打ち立てるのですから、そのような諸原理のどれかを出発点とすることはできず、むしろそれらの区別と連関を通して解明される、純然たる諸事実からしか出発できないのです。かの諸原理は、しかる後にこの諸事実からおのずと生じてくるのです[47]。

このエアハルト宛て六月書簡でラインホルトが確認していることを、後の議論のために整理しておこう。

(1)　夏学期の講義に出席しているディーツが「折に触れ」提起している疑義は、シュミートの『基底』書評での「いくつかの見解」と並んで、根元哲学の改良のための「材料」として有益である。

(2)　その疑義（の少なくとも一つ）は、「根元哲学の原理論」の内部に、「意識律」からは直接導出できないような諸定理があたかも導出されたかのように「登場してきている」ということである。

(3)　そうした諸定理の一つの例が、「素材は与えられ、表象は産み出され、表象は産出されねばならない」という定理――これは表象理論の核心的定理である――である。これらの定理は「意識律」からは直接導出されず、「常識の言い分（要求）」を表している「別の諸命題によって、初めて生じてくる」。

(4)　すると、根本哲学の体系的展開は、「第一根本命題」としての「意識律」にだけ依拠するのではなく、「常識の言い分」を表現している「別の諸命題」を「補助定理」として利用せざるをえないが、いわば暫定的妥当性しか有していないこれらの「諸命題」、「補助定理」の妥当性は、「哲学的理性」によって後に正当化されねばならない。このことは、根元哲学の体系展開が方法論的一元論を修正して、方法論的「多元論」を導入するということを暗示しており、また、導入された中間「諸命題」の妥当性はそれ以降の体系展開を経て初めて根拠づけられるということは、根拠づけに関する一種の循環行程を示唆していることになる。

(5)「素材は与えられ、形式は産み出され、表象は産出されねばならない」という定理の妥当性を証明するには、「意識一般のうちには存在していない自己意識や自己活動の意識」を前提にしなければならない。このことは、「自己意識」が以前のような「意識一般」の「一つの種」という位置づけを脱して、何らかのかたちで体系展開の基底に据え直されねばならないことを暗示している。

ラインホルトがこの書簡で述べているように、これらの諸要点を取り入れて「再編成」された根元哲学のスケッチを、われわれは後に『寄稿集Ⅱ』の第一論文「健全な悟性と哲学的理性の区別について、両者によって可能になる知の基底を考慮して」に見ることになる（本章第五節参照）。そこでは、根元哲学は「遍く認められた」第一根本原理だけを出発点とするのではなく、（上記(3)の問題に連接して）「常識」と「哲学的理性」の「二つの次元」から構成され、(4)の問題に連接して）「複線的」かつ「循環的」歩みによって輪郭づけられ、さらに(5)の問題に連接して）その根底には「純粋な自己意識の事実」が置かれることになる。その要点のほぼすべてが、この「エアハルト宛て書簡」に指摘されているのである。

2　ディーツの批判の論点

さて、ディーツは根元哲学のこのような再編成に本当に決定的役割を果たしたのか。一七九二年の夏学期、おそらく講義の度にラインホルトをつかまえてはディーツが申し立てていた疑義、異論の内容は再現されえない以上、それは残されている彼の書簡などから推定するほかない。D・ヘンリッヒ（Dieter Henrich 1927- ）が編纂したディーツの書簡集およびディーツのラインホルト批判の諸論点に関する浩瀚な論究は[48]、ディーツの批判の決定的役割を立証しようとしている。われわれはここでは、この詳細にわたる膨大な研究の成果の要点だけを確認しておこう。

ディーツは名の通った医師を父に、一七六六年にシュツットガルトに生まれた。彼より二年前にチュービンゲンからイェーナにやってきていたニートハンマーと同年齢であり、「六月書簡」の受信者エアハルトとも同年齢である。チュービンゲンのラテン語学校から、修道院付属学校に進み、一七八三年にチュービンゲンの哲学部に入学する。そしてその二年後には、チュービンゲン・シュティフトの第三学年に編入学した。ヘルダーリンとヘーゲルがシュティフトに入学するのはその三年後、シェリングが入学するのは五年後のことである。一七八八年末には神学の修了試験を終え、一時シュティフト内で代用教員（Vikar）を務めた後、彼は一七九〇年一〇月には補習教師（Repetent）に任命された。ニートハンマーは、その半年前にチュービンゲンからイェーナに移っていた。一七九〇年春以降ほぼ二年の間に、ディーツはラインホルト哲学の是非、その方法論的問題点について、イェーナのニートハンマーに一八通の手紙を書いている[49]。当時、チュービンゲンの哲学部の員外教授フラットが『試論』への批判的書評を公にし、これにラインホルトが応酬したこともあって、シュティフト内部でもラインホルトの理論に対する関心が高まっていた[50]。

ディーツのラインホルト研究は、『試論』公刊（一七八九年）直後からほぼ三年間の短い期間に集中的になされた。彼は『試論』、『寄稿集I』、『基底』が公刊される度にそのすべてを熱心に検討し、それらについての批判的書評のほとんども吟味、検討しては、自分の所見をニートハンマーに書き送っていた。そこには、「師匠」の理論的ほころびを取り繕おうとしているエアハルトやニートハンマーの試みを揶揄する言葉も、しばしば認められる。その彼がイェーナに移住し、ラインホルトの講義（おそらく、「論理学および形而上学」講義）を聴講するようになるのは、一七九二年の四月のことである。ただし、彼がイェーナにやって来たのは、哲学・神学研究のためにではなく、神学を放棄して医学研究に転身するためであった。その転身には、長くチュービンゲン医学部の員外教授であり、一七九六年以降はその正教授にもなった父の影響ないし要望も作用していたのであろう。彼はすでにチュービンゲンで蓄積してきたラインホルトの理論に関する疑義や疑念を、一七九二年の夏学期中「折に触れて」ラインホルトにぶつけた。だが、その二年後に彼がイェーナを去るときの述懐から推測するに、彼は個人的にはラインホルトよりも、むしろ同郷のシラーと親しく交わり、シラーの交友圏に頻繁に出入りしていた。チュービンゲンに戻ってから、一時医学の私講師に就いた後、彼はさらに医師として修業を積むためウィーンに赴き、当地で三〇歳の若さで亡くなった(51)。

ディーツの一連のニートハンマー宛て書簡には、たしかに上記エアハルト宛て書簡の諸論点を裏打ちするような主張が数多く認められる。たとえば、『試論』§24のテーゼ——すなわち「現実的意識が可能であるべきだとすれば、表象のうちにある素材、与えられたものは、多様なものでなければならず、形式、産み出されたものは、単一でなければならない」——に関する「証明」は、まったく根拠を欠いており、そうした規定は表象一般の定義からは導出されないことを、ディーツは複数の書簡で批判している(52)。ヘンリッヒの解明に従えば、ディーツの批判点は、詰まるところ①「素材」と「与えられたもの」、「形式」と「産み出されたもの」の等置に向けられ、②「素材」と「多様なもの」の等置に向けられている。さらに③ア・プリオリな表象とア・ポステリオリな表象の区別等は、表象一般の定義からは導出できず、ただ暗黙裡に前提にされているだけであり、よって根拠を欠いているという点に向けられている。①はたしかに上述のエアハルト宛て書簡に言及、批判されている。先述したシュミートの『基底』書評も、この点を衝いていた。そして、①と②が連結していることは§24のテーゼに明瞭である。ただ③は、ディーツの一連の書簡からは、少なくとも文言上は引き出されないのだが、ヘンリッヒがラインホルトの後の文言を根拠に、ディーツがイェーナでラインホルトに申し立てた異議の一つと推定しているものである。その文言とは、『混成論文選集』第二部(一七九七年刊行)の「第一二節」の終盤の文章である。そこでラインホルトは、根元哲学の批評者たちの異論を通して気づかされたいくつかのことを挙げている。それは「たとえば、ア・プリオリな表象とア・ポステリオリな表象の区別は、表層一般の概念からは完全には把握されえないこと」、そしてその区別は「自己意識の諸命題——著者はこの諸命題が理性の理論のもとで初めて打ち立てられると考えていたのだが――抜きには、けっして理解されえないということ[53]」である。ここでラインホルトは、一七九二年の夏以降に着手された根元哲学の改良、再編成版に従って、「意識の諸命題」の基底には「純粋な自己意識」の「内的経験」を基底に据えないと説明できなくなることを、繰り返し述べている。彼がこの文章を書いたとき、ディーツを念頭に置いていたのかどうかは定かではないが、ヘンリッヒの解釈を否定する根拠もない。

いずれにせよ、かの「三つの定理[54]」はたしかに表象概念の根幹をなしており、これらが無根拠だという批判は、根元哲学にとって致命的だともいえる。ディーツは、とくに②への批判を「戦場」での「私のアキレス」と呼んでいる[55]。すなわち、この批判を彼は、根元哲学批判の「戦場」で決定打となる最も有力、確実な論拠とみなしているのである。カント的理論体系の枠内では①も②も論難の対象にならないのに、ここでは論難の対象となるのは、それらが表象一般の定義からあるいは意識律から導出されうると主張されているからである。つまり、難点はそれらの導出の妥当性に関わっている。ディーツは一七九一年の夏に行った集中的な研究の後、一七九一年一一月一三日にニートハンマーにこう書き送っている。「ラインホルトの理論は、その基礎に関しても、また基礎からなされた導出過程に関しても、まったく吟味に耐えられない[56]」。「その基礎に関して」という場合、ディーツが(われわれがすでに取り上げた)レーベルクの『寄稿集I』書評(本章第一節1参照)の批判を支持して、「彼(レーベルク)が、哲学の定義において表層能力の概念を使用することはできないと語っていること」に同調しているのである[57]。また、「導出過程に関して」の疑義の諸根拠は、すでに上に述べた通りである。

表象概念の根本規定に関わる、上記①~③の批判だけでなく、すでに言及したように(第四章第七節1)、ディーツは一連のニートハンマー宛て書簡で、「客観的素材」の原因として外的事物を想定することも批判している。すなわち、「主観的素材」と「客観的素材」の区別が「間違った区別づけ、あるいは命名」であり、「主観とともに与えられた素材」があるからといって、そこから帰結として「客観的素材」を引き出すことはできず、「主観の外の諸対象」

の存在を引き出すことはできない、と批判している(58)。

ただエアハルト宛て書簡に言及されている「自己意識や自己活動の意識」を前提とする必要性については、ディーツの一連の書簡には、それに相当する文言は明示的には見出されない。だが、①〜③が「表象概念一般」からは直接導出されえないこととの関連で、──それがディーツの異論を直接の契機としていたのか否かは、確定されないにせよ──ラインホルトが根元哲学の改良のためには「自己意識」の「内的経験」を基底に据えねばならないと悟ったのは事実であり、彼はその改変の成果を『寄稿集Ⅱ』(一七九四年)の第一論文や『混成論文選集』第二部(一七九七年)の第一論文に叙述したのである。

さて、ディーツの異論が、あるいは──ヘンリッヒが主張しているように──もっぱらその異論だけが、根元哲学を「危機」に追い込み、その改変を促したのだろうか。結論を述べるならば、たしかにディーツの一連の異論は、根元哲学の改良、再編を引き起こした大きなファクターをなしていたと考えられる。しかし、それだけがかの改良、再編のファクターではなかっただろう。エアハルト宛て書簡には、シュミートの名前も挙げられていた。ディーツと並んでシュミートの批判が、かの改良、再編に大きな力があったと解釈することもできるし(59)、その方が自然であろう。そのほかに、本書の第四章第七節や第六章第一節で紹介したような、『試論』に対する様々な批判的批評が、かの再編に何の影響も及ぼさなかったともいい切れない。したがって、批判、異論の理論的内容の面を考慮すれば、こういえる。すなわち、ディーツの異論はなるほど、自己意識の考えを前面に立てるという独創性を持っていた。しかし、その点を除けば、ディーツの異論は、ハイデンライヒやレーベルクからシュミートに至るまでの諸々の異論の総括的集約点をなしているのだと考えることができる(60)。ただし、ラインホルト自身の内面的誘因を考慮すれば、講義の度に異論を申し立てていたディーツの批判が、他の批判にまして決定的に重大であったということは否定できない。

第四節　ラインホルト vs マイモン（一七九一年夏〜九四年）

ドイツ初期観念論がカントの批判哲学による「哲学の革命」を出発点に、フィヒテの初期知識学へと進展していく途上で、重要な役割を演じたものとして、ラインホルトの根元哲学ほかに、上述したエーネジデムス-シュルツェのヒューム的懐疑論的立場からのカント-ラインホルト批判、マイモンの独特の観念論、そしてベックによる「唯一可能な立脚点」論が挙げられるのが通例である。[61] その中でも、その数奇な生涯によって人々の関心を集めてきたマイモン[62]による独特の観念論の提唱が、この進展過程で果たした役割が、以前から注目されてきた。[63] とくに、彼の理説がフィヒテの初期知識学の諸原理の形成に及ぼした影響が様々に推測され、論究されてきた。[64] たしかにフィヒテは、シュルツェとマイモンの批判によって、哲学がいまだ「学」の境地に達していないことが露わにされたとしばしば語り、この批判との対決を自らの知識学の諸原理を確立する際の最大の課題とみなしていた。そればかりか、当時の哲学界ではもっぱら風変わりな独自の理論としかみなされていなかったマイモンの懐疑論の意義をいち早く見抜き、その才能を高く評価したのもフィヒテであった。[65] だが、マイモンの初期の哲学理論が確立した一七九〇年〜九四年の時期には、初期知識学は未確立あるいは未公開であったこともあり、マイモンとフィヒテとの直接的な相互批判、対決は起こらなかった。

それに対して、マイモンは実はラインホルトとの批判的対決を二度、公にしている。その一つは、一七九一年七月のマイモンからラインホルト宛て書簡を皮切りに、おそらく一七九二年冬頃までに交わされた一〇通の往復書簡であり、これをマイモンはラインホルトの承諾なしに一七九三年に一方的に公開、出版している。[66] 往復書簡それ自体の内容に関しては、両者は異なった双方の哲学的立場を相手方に詳しく説明もしないまま、一方的に自らの主張だけを開陳しており、すれ違いに終わっている。だが、後に公開された書簡に付された「宣言（Manifest）」や「注釈」には、書簡のやり取りが引き起こした激しい感情的な軋轢だけでなく、懐疑論と結合した彼の独自の観念論の輪郭、および根元哲学に対する彼の根本的な批判姿勢が窺い知れる。もう一つの対決は、『新論理学試論』（一七九四年）に付録として収められた一連の「エーネジデムス宛てのフィラレーテスの書簡」である[67]。とくに、その「第二書簡」は『寄稿集I』の「新叙述」§I～§VIIIを、「第四書簡」は§IX～§XVIIを、シュルツェの異論と比較照合しながら検討し、自らの見解を表明している。この「書簡」は、いわば不徹底な超越論的観念論者ラインホルトとこれに対するヒューム的懐疑論者シュルツェの批判、その双方について、「理性的懐疑論者」にしてかつ一面では徹底した観念論者マイモンが、両者を是々非々で裁くという構図になっている。以下、この二つの批判的対決を紹介しておこう。

1　公表された往復書簡（一七九三年）

書簡を公表する際にマイモンが冒頭に付した「宣言」は、ラインホルトに対する不満、非難、告発の調子で溢れている。初めに、書簡のやり取りが始まったいきさつを紹介した後、彼はいきなり、自分の「正当な」哲学的問いに答えないまま、「私を威圧しよう」としたラインホルトの「独裁者のような口調」を告発している。また、自分が相手を理解できないときには、その証明を相手に求めながら、相手が自分を理解できないときには、教師然として自分の書いたものを勉強するように求める、ラインホルトの卑怯な議論の仕方も非難している。そのような議論の仕方に関わる批判はまだしも、彼の批判はラインホルトの人格にまで及んでいる。すなわち、「ラインホルト教授の性格に関していえば、その性格はまったく素晴らしいかもしれない。著作での彼の見解表明はたしかに、人間性の関心事に対する心のこもった感情を示している。しかし、自分〔ラインホルト〕の無謬性を信じない者に対する彼の振る舞いは、彼が人間性の体現者ではなく、一人の人間を体現していることを示している」（*Streifereien*, 183）。このように、「宣言」には、書簡のやり取りを通して蓄積されたマイモンの鬱憤が随所に表白されている。

だが、もっと読者を驚かすのは、ラインホルトの同意なしに書簡を公表したことへのマイモンの弁明である。「文通者が自分の文通相手の同意なしに、彼に宛てられた親書を公開してはならないことは、誰もが知っているように私もよく知っている。だがそれは、そのことが相手に不利益をもたらす可能性がある場合のことだ」。しかし、今回の事例はそれに当たらず、また「学者の往復書簡の場合」、「真理への関心以外のいかなる関心も考慮されてはならない」というのが、彼の弁明である (ibid., 181)。それだけではない。彼はこの公表は、ラインホルトへの「私の宣戦布告」だと「宣言」し、こう書いている。「政治の世界では、状況が必要とするならば、宣戦布告と同時に軍を敵国に進軍させることは稀ではない。学問の世界では、そういうことがなされてはならないとされているのは、なぜなのか？　かくして私は、ラインホルト教授に対してこのやり方を採る」(ibid., 190)。マイモンがその出自からしていかにアカデミズムの権威や風習を認めず、むしろその類のものを軽蔑していたにしても、かなりエキセントリックな感の否めないこの言動の背後には、ラインホルトに対する単に感情的な反発以上に、両者の著しく対照的な社会的立場が介在しているのかもしれない。並外れた哲学的理解力を持ち、すでに数冊の卓越した哲学書も公刊しながら、それが広く認知されず「一放浪者」であったマイモン。当代随一の「有名大学」の人気教授であり、当時その哲学的名声の頂点にあったラインホルト。

さて、一七九一年七月末付けの最初の書簡の冒頭で、マイモンはモーリッツ (Karl Philipp Moritz 1757-93) の仲介を得てこの手紙を書いていると二、三行で断った後単刀直入に、というよりいささか無作法に、いきなりこう切り出している。「貴兄は、カントの純粋理性批判あるいは貴兄の表象能力理論が、懐疑論哲学および独断論哲学を十分に論駁できていると本当に思っているのですか」(ibid., 191)。たしかに、この問いは、独自の懐疑論的見解を持つマイモンからすれば、超越論哲学と各種の懐疑論との「間合い」を確定するための枢要的問いなのである。彼の判断では、超越論哲学は独断論の異論を完全に論破できてはいても、ある種の懐疑論の異論に対してはそれを論駁することに成功していない。その理由は以下のごとくである。「カントは彼の哲学において、経験の可能性一般を根底に据えているが、超越論哲学の諸原理はそれらの実在性を、ただ〔その諸原理を〕経験的に使用することの制約としてしか有していないのです。かくしてその使用は、経験を事実として前提にしているのです。しかし、或る種の懐疑論者は経験それ自身を疑っており、よってこの諸原理の実在性をも疑うでしょう」(ibid.)。古代の懐疑論者やヒューム的懐疑論者と一線を画した「理性的懐疑論者」たるマイモン(68)が疑っているのは、ア・プリオリな諸原理が「いかなる権限・権利があって」「経験的」対象に適用されうるのかという点なのである。彼の最初の著作『超越論哲学の試論』(一七九〇年)の主たる論点は、この「権利問題」批判であり、その著で彼は――以下に説明するように――ア・プリオリな諸原理がア・ポステリオリな経験的対象に適用される際には、「仮説的な実在性」しか持ちえないのだと繰り返し批判していた。かくして、「書簡」での冒頭の問いの背景には、マイモンに独自な超越論哲学理解が存在しているのである(69)。

「意識律」についても、マイモンは詳しく説明することもなくいきなりこう断定している。「この命題は、表象の意識にしか妥当しえず、意識一般には妥当しえないのです。それゆえ、この命題は普遍的に真ではありません。私は、貴兄がこの難点を一刻も早く除去することを期待しています」(ibid., 192ff.)。この断定の根拠も書簡中にはまったく説明されていない。これもまた、彼がすでに確立していた独自の観念論的立場に基づいて発せられているのであるが、その立場の概要は公表時に付された「注釈」から――そもそも、両者の書簡を一方的に公表しているだけでなく、その本文に自分だけが長い注釈をつけて世に問うこと自体が、きわめて不公正な措置なのだが――初めて明らかになる。「意識律」の普遍妥当性に対するこの否認は、シュルツェのような経験論的異論ではなく、マイモンの独自の哲学的立場から発せられている。そもそも、マイモンの場合「表象」の概念が(そして「主観」、「客観」の概念も)ラインホルトと大きく異なっている。すなわち「表象は私からすれば、直観のうちに与えられたある徴標ですが、この徴標は、それがすでに他の諸徴標とともに意識の客観的統一のうちに思惟されていることによって、徴標として、客観に関係づけられるのです」。この段階でようやく、「客観」と関係づけられる「表象」が成立するのである。それゆえ、表象はラインホルトが想定しているように「認識能力における最も普遍的なものではない」(ibid., 195f.)のである。マイモンにとって意識の最基層を形成しているのは「知覚」であって、「表象」ではない。

さて、一週間後のラインホルトの返信は、いささか礼を失した突然の書簡に気分を悪くしたのか、マイモンの先の問いにまったく応答せず、問題をはぐらかしている。その代わり、「私は貴兄の『辞典』を読みましたが、私の強く確信するところ、貴兄はカントを誤解しています」(ibid., 199)[70]と書き送る。これがまた、マイモンのプライドを傷つけた。彼は以前に入手していたカントからヘルツ宛ての書簡を持ち出し、次便で反撃に出ることになる[71]。そして、ラインホルトは、たしかに「経験の可能性」は「哲学的知一般」の「究極の基底」ではなく、「哲学的知の一部分の基底にすぎない」が、このことは自著『基底』に説いたところだから、この著を繰り返し読むよう勧めている(ibid., 200, 202)。

その返信からさらに一週間後の書簡でも、マイモンは最初の便での異論を繰り返している。すなわち、カントもラインホルトも、「或ることを事実(Faktum)として前提にしています」。カントは「知覚の諸対象についての経験」を前提にしており、「純粋な概念や諸命題の実在性を、経験の制約として証明しています。それゆえ、これらは単に仮説的な実在性しか持っていないのです」。それに対して、ラインホルトは「意識律を事実(Thatsache)として前提にしています」。しかし「この命題は意識一般には妥当しえず、ただ表象の意識にだけ妥当しうるものです」(ibid., 203ff.)。「表象」とは異なり、「純然たる知覚」は「けっして主観や客観に関係づけられません」。「知覚が表象になって初めて、すなわち知覚が或る総合の構成要素として思惟されて初めて、知覚は徴標としてそれの客観(総合)に関係づけられることができるのです」(ibid., 205f.)。いい換えれば「知覚が表象になって」ようやく、「意識律」が妥当するようになる。それ以前の(知覚の作用のような)意識の働きには「意識律」は妥当しない。これが、「意識律」は「表象の意識」には妥当しても、「意識一般」には妥当しないという意味である。つまり、マイモンからすれば「知覚は客体に先立っており、客体は表象に先立っている」(ibid., xvi)のである。

「注釈」部分は、「表象」と「知覚」の関係についてラインホルトとは異なるこの理解をもう少し具体的に説明している。「知覚は客観〔の成立〕に先行しており、客観〔の成立〕は客観の表象に先行しています」。その事情は、以下のごとくである。「例えば、赤い色の個別的知覚はどれも〔まだ〕表象ではありません。というのも、その知覚は自らの外にあるものを何一つ表象せず、その知覚が他の諸徴標と一緒になって或る客体に属するものとして思惟されて初めて、その知覚はこの客体〔総括された諸徴標〕と関係し、その客体の表象になるのです」。それ以前には「知覚」は、「主観」とも「客観」とも関係づけられない。そもそもマイモンからすると、「主観」は「認識一般の多様なもののうちでの意識の統一」を前提にしており、「客観」も「〔客体を規定する〕構成的認識の多様なもののうちでの意識の統一」を前提にしているからである。「知覚」は「それ以前の」意識の作用なのである。「しかし、ラインホルト氏によれば、どんな個別的知覚それ自体のうちにも、すでに〔中略〕客観についての概念が存在しているとされています」。しかし、そう考えるのは、実は「構想力のつくり事（Erdichtung）なのです。構想力はどんな知覚も他の知覚と関係づけるのを習慣としているために、ついには知覚を或るものと関係づけるのです」(ibid., 204ff.)。マイモンはこの「構想力のつくり事」を、しばしば「構想力の錯誤（Täuschung）」あるいは「構想力の幻想（Illusion）」とも表現している。

マイモン風に表現すれば、「知覚」にはまったく「外」がない。だが「構想力」はその「知覚」をベースとしながら、「外」を作り出す。そのようにして「意識の外の事物」や「物自体」をでっち上げる。それゆえ、それらもまた「構想力の錯誤」による「つくり事」である[72]。マイモンのこの観点からすれば、「物自体」とは「無規定的な総合一般の概念」あるいは「客観の形式一般についての規定された概念」のことであり、これとは区別されねばならない「表象の外部の事物」は、「無規定的な事物の概念」を意味している。さらに、「表象された事物」は「すでに起こった規定された総合」にほかならず、「これに表象が徴標として関係づけられる」のである(ibid., 206)。つまり、マイモンでは「表象」と「意識一般」が区別されており、それゆえ「表象された事物」はもちろん、「表象の外部の事物」も「物自体」もまた、「意識のうち」にある「事物」なのである。だが、ラインホルトは『基底』(S. 184-185)において、「論理的な客観と実的な〔reell〕客観を混同しており」、「客観」を「無規定的事物の概念」と解して、しかもこれに

「表象」ばかりか、「表象の純然たる素材」までも関係づけているのである。これは、マイモンの「客観」や「表象」概念の理解からすれば、許されざることである。マイモンの理解に従えば、「純然たる素材」なるものは、「それが形式によって結合される以前には、自ら自身の外部のいかなるものにも属していません」。また「知覚が表象に」なって初めて「客観」に関係づけられるのであるが、その際にも「論理的な客観」にではなく、「実的な客観」に関係づけられるのである。そして「物自体」は、特殊な諸規定を捨象した「実的な客観一般」に属するものについての概念と考えられねばならず、そう考えれば「物自体は意識のうちに現れうるのである」(ibid., 206f.)。徹底した意識内在論者マイモンは、こうして「表象」と「意識」を区別し、「表象の外部」にある事物もまた「表象」以前の「意識のうちに」あると解することによって、したがって、「物自体」を意識の「外に」想定するのは「構想力の錯誤」であると断定することによって、かの厄介な物自体問題を一掃するのである。さらにまた、「意識律」や後続主要諸命題に認められるような、「表象」「主観」「客観」の――単にそれらの相互関係からのみ規定された――形式論的、名目的定義の欠陥を衝いて、それぞれの実質的定義を対置しているのだといえる。

前便の一週間後の八月二二日、ラインホルトは律儀に返信を送っている。だが、返信の冒頭で、ついにこう白状している。「私たちはお互いを理解していません、おそらく永遠に理解し合えないでしょう」(ibid., 208)。そして、マイモンの言い分の理解できない点を列挙しては(たしかに、この時点ではマイモンの「注釈」説明が存在しないので、そしてこれ以前に公刊されたマイモンの諸著作をおそらくラインホルトが読んでいない以上、理解できないのは無理もないことなのだが)、ただ自分の旧来のテーゼを繰り返している。

まず、「意識律」が、なぜ「意識一般の命題」にではなく、「表象の意識」にしか妥当しないといわれているのか理解できない。それはマイモンが「意識一般」ということで何を理解しているのかが分からないからだ(ibid., 209f.)。「知覚」ということで、マイモンが何を念頭に置いているかも理解できない(ibid., 211)。さらに、「知覚が或る総合の構成要素として思惟されることによって、なぜ知覚が表象になるのか、まったく理解できない」(ibid., 213)等々。それに対して、書簡公刊時に付されたマイモンの「注釈」は「意識一般」に関して、こう抗弁している。「意識一般ということで私が理解しているのは、無規定的なもののことだ、この無規定的なものが（客観の）規定された意識すべての根底にある。前者と後者の関係は、空間と個々の数学的図形との関係と同じである」(ibid., 209)。「知覚」の意味、そして「知覚」がどのようにして「表象」になるのかについては、マイモンの『哲学辞典』での説明が参考になる。「たとえば、黄色は、この知覚が一つの全体それ自体としてではなく、単に金という総合の一構成要素として思惟される限りで、金についての一つの表象である。金それ自身は、それが思惟された総合（多様なものにおける統一）であるがゆえに客観であるが、しかし黄色それ自体は金の表象にすぎない[73]」。

その一方で、ラインホルトはマイモンに対して、旧来の自分のテーゼを繰り返している。すなわち「私にとっては、すべての意識は表象作用であり、すべての表象作用は意識なのです」。「知覚」はもちろんのこと、「感情でさえ、私にとっては表象なのです」(ibid., 211)。さらに「表象」は、たとえ「主観」と「客観」の一方が存在しなくても、この両者に関係している」(ibid.)。「もちろん、表象、客観、主観の区別と関係は、必ずしも明瞭に意識されていない場合もあります。しかし、それでも区別や関係自身はどんな意識にも生じるのであり、意識の本質を形成しているのです」(ibid., 212)。この点に関して、マイモンの「注釈」はこう批判を加えている。「或るものが意識されていないのに、それがどのようにして意識のうちに生起しうるのか、私には理解不能である」(ibid.)。あるいは「この区別する働きが実際には意識されていないのに、区別されうるものが意識のうちに存在しうるというのは、私には不可解である」(ibid., 213)。この批判は、形式論的構造論としてのラインホルトの意識理解の限界を的確に衝いているといえよう。しかし、上記のやり取りから分かるように、「知覚」と「表象」の関係、「表象」と「意識」の関係、「表象」と「主観」・「客観」の関係等々、基本的理解が初めから食い違っているのであり、その相違を前提に（ラインホルトの場合には、その相違を自覚せずに）、両者が自分の主張をテーゼ風にぶつけ合っているのだから、当然この往復書簡は不毛な結果しか生み出さない。

マイモンの返信も、ほぼ一週間後の八月末に書き送られた。しかし、もはやこの書簡では、根元哲学の主要な諸論点に対する批判や論評はなりをひそめ、ただ哲学において不可避的に生じる誤解を除去する必要性と可能性など、一般論のみが語られている。手紙の終盤でマイモンは、『経験心理学雑誌』第九巻第二号で、ある論文を論評する中で「貴兄の体系を攻撃した」ことを報告しているが（ibid., 220）、その「攻撃」とて、上述の諸書簡で彼が提出していた批判的論点を箇条書き的に並べた程度のもので、新しい論点は認められない。むしろ、これまでのやり取りの成り行きからすると、根元哲学に対する次のような高い評価が奇妙に映るほどである。すなわち「この理論は、その体系的、形式の点では、およそ理論が到達しうる最高の完全性を備えており、この理論の根底にある体系は、完全な体系の規範として位置づけられうる(74)」。

こうして一七九一年七月末から約一カ月、ほぼ一週間の間隔で両者の間に五通の書簡が交わされた。すでに述べたように、交わされた書簡自体では、双方が自らの哲学の「帰結」だけを開陳しており、生産的要素は乏しい。しかし、書簡公表時にマイモンが付した「注釈」部分には、根元哲学の主要部分に対する彼の鋭い批判的論点とその背景理論が見て取れる。その後約八カ月の中断期間をおいて、両者に書簡の往復が再開されたのは、一七九二年五月二二日のことである。しかし、後半の五通の書簡のうち、最初の二つでは双方ともほとんど学理上の具体的論点に触れておらず、また最後の三つの書簡は、『書簡Ⅱ』でのラインホルトの意志論（以下の第七章第六節参照）をめぐる批判と反論に充てられている。したがって、これら後半の五つの書簡に論を及ぼすと、「根元哲学」の「運命」という本章の主題から逸脱することにもなり、またラインホルトの「意志の自由」論の具体的展開の呈示に先立って、この論点についての双方の書簡上のやり取りを紹介するのも得策ではないので、後半部分の紹介は省略して、第二の公開資料「フィラレーテスの書簡」での根元哲学批判に論を移すこととする。

2 フィラレーテスの「第二書簡」（一七九四年）

すでに述べたように、『新論理学試論』の付録「エーネジデムス宛てのフィラレーテスの書簡」に収められた七つの書簡のうち、マイモンは「第二書簡」で（シュルツェがかつて批判の対象にした）ラインホルトの「根元哲学の主要諸契機の新叙述」の§I～§VIIIを取り上げ、「第四書簡」では§IX～§XVIIを間接的に検討している。[75]「間接的」というのは、彼が『エーネジデムス』の原文をかなり丁寧に引用しながら、これにコメントを加えるという体裁で論を進めているからである。この構図のゆえに、この「書簡」は、ラインホルト、シュルツェ、マイモン、三者それぞれの哲学的立場と相互関係を測る好適なテキストとなっているといえる。

さて、「第二書簡」は冒頭で、「第一根本命題」としての「意識律」に対する（すでにわれわれが検討した）シュルツェの「三つの異論」を論評している。「第一異論」、すなわち「矛盾律」こそが第一根本命題であり、「意識律」はこれに服さねばならないという異論に対して、まずマイモンは「貴兄のこの所見は、私には少なからず奇異な感じがします」（Philaletes, 305）と述べている。彼はこう続けている。たしかに「矛盾律」は「思惟のすべての客観」に妥当する、したがって「意識律のうちに結合された諸徴標」にも妥当する。「しかし、だからといって、これらの諸徴標が矛盾律によって実際に結合されたと考えられるのですか？」（ibid., 306）。マイモンはシュルツェにそう問い返している。もちろん、答えは否である。ラインホルトに従えば、「矛盾律」こそ「意識律」に従わねばならないのだとまでマイモンは説く。というのも、「意識律は意識のすべての機能（思惟作用、表象作用等々）に関係している」のに対して、「矛盾律」は、その一部である「思惟に関係しているだけ」なのだから。「たとえば、私が赤い色（そのうちに含まれている素材）について持つ単純な表象は——それを矛盾律に即して吟味しなくても——、すでに意識律によって与えられた一つの表象として認識されます。なぜなら、その表象はけっして多様なものを含んでいないので、ここではそうした吟味は起こりようがないからです」（ibid., 308）。つまり、いわゆる「単純印象」や「単純観念」の生成に「矛盾律」は関与しないが、「意識律」はこれに関与し、これを規定しているというわけである。かくしてマイモンは、「意識律は〔素材に関しては〕矛盾律に規定されない」(ibid., 309) と断言する。そして、ラインホルトに肩入れして、総括的にこう述べる。「ラインホルト氏は彼の根元哲学において、一般論理学を提示したいと思っているのではなく、認識能力批判のための基底を提示したいと思っているのです」(ibid., 307)。「意識律は、単に〈不可欠な条件〉としてではなく、総合一般が可能であることの実在根拠として、すべての総合的命題の根底に置かれねばならないのです」(ibid., 308)。マイモンのこの「意識律」理解は、「エーネジデムス書評」でのフィヒテの理解とまったく一致している。

「第二異論」、すなわち「意識律」が「自ら自身によって規定された命題」であることへの異論についてはどうか。われわれは、この異論の根拠が、ラインホルトの術語使用法の曖昧さ、無規定さにあったことをすでに見てきた。マイモンもシュルツェに「この点では、私は貴兄にまったく同意します」と述べ、こう続けている。「私はすでに別の機会に〔中略〕、こうした説明の不安定さと無規定さを示しただけでなく、それらがまったく正しく判定されないまま、日常的な言語使用法から哲学の中に転移されてしまっており、そのことによって、それらの根底にある錯誤がいわば哲学的是認を得ていることを示しました」(ibid., 314)。ここでマイモンは、シュルツェのように単に術語使用法の多義性を批判するにとどまらず、「日常的な言語使用法」が哲学に混じり込むことによって、実は経験論的見地が超越論的見地に混入していることを指摘しているのである。

「第三異論」、すなわち「意識律」が「遍く認められた命題」である点への異論についても、マイモンはシュルツェに「まったく同意」している。というのも、マイモンによれば「意識律は根源的命題とはいえず、根源的命題によって規定され、再生的構想力によって引き起こされた意識について妥当するだけ」(ibid., 314f.) だからである。先の公開された「往復書簡」でも、マイモンは「意識律」は「表象の意識」には妥当するが、「表象」成立以前の「根源的な知覚」作用を含む「意識一般」には妥当しないと主張していた。彼はここでも同じことを主張しているのである。「再生的構想力によって引き起こされた意識」とは、マイモンのいう「表象の意識」にほかならない。シュルツェもこの異論の根拠として、「表象」と「客観」が未分の直観作用の事例を持ち出していた。こうした「表象以前」の意識作用への留意による、「意識律」の妥当性の制限という点で、シュルツェとマイモンは一致しているのだといえる。

だが、「意識律」に関するシュルツェの結論部分での二つの異論――「意識律」は「総合命題」であり、根本命題に必要な普遍性と必然性を具えていないという異論と、「意識律」は経験的諸事実からの「抽象命題」であるという異論――に関しては、マイモンは再びラインホルトに好意的判断を下している。彼はこれらの異論に対しては積極的に自らの見解を表明するのを控え、「ラインホルト氏はこう反論するだろう」と間接的表現で、シュルツェの異論を退ける。最初の異論に対しては、こうである。「意識律はたしかに総合的命題ではあるのだが」、しかしそれは経験的総合命題ではなく、「その命題の述語なくしては、その主語が特定の仕方では考えられないような命題」なのである。かくして、それは「いかなる偶然的経験にも依存していない、自ら自身によって規定された事実を表現しているのです」(ibid., 315)。二つ目の異論に対しては、こうである。一般に「事物の可能性の制約と考えられるものは、その事物から抽象されず、その事物において制約として反省によって規定されるだけです」(ibid., 316)。ラインホルトは「意識律」を意識の「可能性の制約」として提出しているのだから、意識の経験的事実から抽象された命題とはいえない。彼は「意識律」が「制約である以上、(意識の)すべての発現のうちに見出されねばならない」(ibid., 317)と主張しているのである。マイモンはそのように、ラインホルトを側面支援している。ここで、マイモンはア・プリオリな構造としての「意識律」の核心を、ラインホルト自身より具体的に表現しているともいえる。

続いて、「新叙述」§II～§Vへのシュルツェの批判を取り上げている。ここでは、マイモンはシュルツェと「見解が完全に一致している」と述べた上で、「知覚」-「表象」-「客観(客体)」の連関について興味深い独自の理解を展開している。

その理解によれば、「表象」は、いつも「部分的表示(Theildarstellung)」にほかならない。「それゆえ、表象が生じるのは、客体が完全に表示され(知覚され)終わったときでしかありません。そしてその後に、構想力が客体をその機能に従って部分的に再生産し、記憶能力を介してそれの写像をオリジナルなものに関係づけるのです、すなわち客体を表象するのです」(ibid., 319)。しかし「(構想力によって再生されたのではない)根源的な感性的知覚は、自ら自身の外に何一つ表象することはありません。だから、われわれが根源的知覚のどれかを表象として、(意識の外の)或るものと関係づけるとき、このことは構想力の幻想によって起こっているのであり、構想力は、それが再生産したものを諸客体に関係づける習慣のために、あるいは諸客体を根源的知覚に関係づける習慣のために、結局は根源的知覚さえも(意識の外の)或るものに関係づけるのです」(ibid., 319f.)。これが、「構想力の錯誤」と呼ばれた事態である。しかしわれわれは、この「錯誤」は偶然的、個別的錯誤ではないといわねばならないだろう。マイモンの理説からしても、それは人間の有限な主観にとっては避けがたい、構造的に生じる錯誤であるということになるだろう。

「しかし、非常に鋭敏なラインホルト氏が、なぜこのことを見逃したのでしょうか」、それは「容易に説明できます」。ラインホルトは自分の「表象」概念の源泉を、「ライプニッツ-ヴォルフ哲学のうちに見出している」からである。この哲学では「根源的な知覚でさえもどれもが」、ラインホルトの場合のように「或るものの表象」と呼ばれており、しかもどんな知覚も「物自体に関係づけられることによって、その正当性を得ているのです」(ibid., 320)。ラインホルトはこの点を見逃したのである。そしてマイモンはこう言う。「しかしラインホルト氏は批判哲学者である以上、認識能力の外部にある物自体に対するこのような関係を、当然認めるべきでなかったのです」(ibid.)。こうしてマイモンは、「構想力の錯誤」という切り札を用いることによって、自らがラインホルトよりも徹底した観念論的意識内在主義者であることを示しているのである。

マイモンに従えば、「表象」を或るものの「(再現的)表示」と考えて、「表象」をこの或るものに「関係づける」ことから、この或るものを「表象の外部」の事物として想定し、そして最終的に「物自体」の存在を想定せざるをえなくなる。そうすると、かの「インド人の質問」に遭遇することになる。すなわち、ある人が「世界は二頭の象に立脚しており、その象はまた一匹の亀の上に立っている」と語ったとき、それでは「その亀は何の上にいるのだ」と素朴に尋ねたインド人のことである(ibid.)。かくして、この有名な挿話は、「表象」の原因や根拠を「表象」(意識)の外部に求める素朴な経験論的発想法を揶揄しているのである。[76]

「第二書簡」最後の主題は、「表象能力」の定義（§VI〜§VIII）への異論に関する論評である。シュルツェは「エーネジデムス」で、ラインホルトでは「表象能力」が「表象」の「原因」ないしは「根拠」として、表象作用に先立って現実的、客観的に存在するものとみなされており、それればかりか、表象の性状から認識能力の性状をも推理しようとしていると批判していた。この批判に関するマイモンの判定は、微妙である。彼は一方ではシュルツェの批判に与しないが、他方で「表象能力」についてのラインホルトの表現と理解が不十分であり、その「真意」を代わって提示することによって、シュルツェの批判を退けるという構えを取っているからである。

彼は「第二書簡」の終盤にこう書いている。ラインホルトは「単に、何が表象のうちに含まれているのか、すなわち何が表象の可能性の制約として前提にされねばならないのかを、——表象を現実化する原因、力をまったく気にせずに——展開すべきであったのです」（ibid., 334）。あるいはまた、「もしラインホルト氏が表象能力ということで、表象の現実性の実在的根拠（原因）を理解するのでなく、単にすべての現実的表象に共通なものを理解していたならば——たとえば、引力ということで、引くことの原因がではなく、引くことが生じる際に従っている普遍的様式が、つまり法則が理解されているように——、表象能力は実際には、（この普遍的なものを形成している）純然たる表象とまったく区別されなかったでしょう。それゆえ彼は、純然たる表象を説明し終わったら、表象能力を（これは、新しいものを一つも導入しないのだから）完全に無視すべきであったのです」（ibid., 335）。かくしてマイモンは、ラインホルトの理解ないし表現に、この能力に関してなお実体論的、実在論的理解がまとわりついているのを不満に思っている。「表象」と「表象能力」の関係は、実在的世界における「作用結果」とその「原因」のごとく考えられてはならない。「第四書簡」ではこの点について、改めてこう述べている。「表象の形式は、作用結果として表象能力に関係しているのではありません。すなわち、表象能力は、形式の原因であるような実的な（reell）（内的徴標自体によって規定できる）客体と考えられるのではなく、単なる能力と考えられるのです。この能力は現実の表象のうちに認識できる形式によって規定されているのです」(ibid., 383f.)。

この主題について、以上のような自説を展開する前に、実はマイモンは自分の観念論とカント、ラインホルトのそれとの違いをかなり詳しく論じているのであるが、ここではカントとの関連は省略して、ラインホルトについての評価だけを紹介しておく。そこでは、珍しくラインホルトを持ち上げている。すなわち、単にカントの理説の「受け売り」に終始している「ほとんどすべてのカント主義者」とは違って、「類まれなる哲学的精神に溢れ、そのために必要な才能すべてを具えたラインホルト氏は、そのような奴隷根性に我慢ができず」、カントの「批判に不完全な点や欠陥があることを控えめな調子で述べながらも、批判哲学の新しい道を切り拓いたのである」(ibid., 322f.)。そう評価しつつも、マイモンはこれまで述べてきたような様々な理由から、自分が「ラインホルト氏の反対者であることを明らかにせざるをえないと思っている」。

そして、彼に対する両面的評価を次のように要約している。すなわち「私は以下の主要な点では彼と一致しています。すなわちそれは、(1)認識能力の批判がすべての認識に先行しなければならないこと、(2)カントの批判が可能な唯一の批判ではない、ましてや批判の最良の様式ではないことです」(ibid., 323)。(1)の点で、マイモンは超越論哲学者だと自認している。(2)の考えに基づいて、彼もラインホルトとも異なった独自の「認識能力批判」を展開しているのである。「それに対して、私は以下の点で彼と見解を異にしています。(1)私は、批判哲学についての彼の期待が過大すぎると断言します。(2)彼が根拠律や表象、客観等々についての説明の根拠にしている意識律を、私は構想力の幻想だと断言します、このことによって私は彼の規定を根本から動揺させるのです。(3)しかし私は、実的思惟すべての最高の根本命題を突き止めました、それは、私がこの著作で提示し、純粋哲学全体の根底に据えた、規定可能性の根本命題のことです。この根本命題が一旦洞察されれば、それはあらゆる吟味に耐えるはずだと、私は思っています」(ibid., 324)。(1)はおそらく、カントの超越論的諸原理の「仮説的実在性」にすぎないものを、ラインホルトがカントと同様に現実的「実在性」と信じていることを批判しているのであろう。(2)の「構想力の幻想」ないしは「錯誤」がいかなる事態であるか、すでにわれわれは見てきた。マイモンにとっては、(3)の「規定可能性の根本命題」こそが、ラインホルトの「意識律」に取って代わるべき第一根本命題である(77)。

3　フィラレーテスの「第四書簡」（一七九四年）

前半は、§IX～§XIVについての議論である。ここでマイモンは最初に、「意識律」をラインホルトとは別様に定式化すること、すなわちそれを「主観」のうちの「意識の統一」を基底とした、内実あるものに再定式化することを試みている。まず彼は、ラインホルトのように「主観と客観を、それ自体としてはまったく無規定的なものと考えないし、また単に両者に対する表象の関係によって考えない」(ibid., 365)。「意識律」の文面では、たしかに「表象」はそれが「主観」と「客観」に関係づけられ、かつこの両者と区別されることによってしか、規定されていない。それゆえ、「主観」と「客観」それ自体は「無規定的」で、しかも「表象」の両極に位置する、対等な相関項のごとき外観を呈している。

それに対してマイモンは「主観自体を超越論的制約によって規定して、主観は結合のために与えられている多様なものにおける統一である」と実質的に規定する。それに対して、「客観は、表象をその徴標としているもの」である。だから、「表象」が「主観」と「客観」とに関係するといっても、両者の内実がかく異なる以上、その関係の仕方には当然違いがある。すなわち、「表象」は「制約されたもの」として、その「制約としての主観に関係している」のに対して、「客観」に関係する場合は、「表象」は「一つの構成要素」として、「全体」である「客観に関係している」のである(ibid.)。つまり、「表象」-「主観」の関係は、「制約されたもの」-「制約」の関係であり、「表象」-「客観」の関係は、「一構成要素」-その「全体」の関係である。マイモン的理解では、「表象」は常に「部分的表示」であったことを思い起こさなければならない。そしてさらにマイモンは、その表象-客観「関係それ自身が、もう一度、制約されたものとして、その制約としての主観に関係づけられる」のだと主張する。というのも「その結合における客観的統一は、主観の同一的、主観的統一なしには生じえない」からである(ibid., 366)。その意味で、「主観」を「主観」たらしめている「意識の統一」こそが、「表象一般の可能性の制約」(ibid., 355)なのだと主張するのである。かくして、「主観」と「客観」は対等な相関項ではない、なぜなら「客観」に対する「表象」の関係は、自立的に成立しているのではなく、それ自身「主観」のうちにおける「意識の統一」の存在をその制約として、成立しているからである。

すでに確認したように、『寄稿集Ⅰ』は『試論』と違って、「意識律」に「主観によって(durch Sujekt)」という語を新たに挿入していた。しかし、その挿入の持つ含意にラインホルトは無自覚的であり、その真意は『寄稿集Ⅰ』ではまったく展開されなかった(第五章第四節1参照)。このことに留意すれば、マイモンはここでラインホルトに代わって、その「主観によって」の真意を開示しているのだといえるかもしれない。いずれにせよ、この「再定式化」は、形式論的な「意識律」において「無規定的」にとどまっていた「表象」、「客観」、「主観」の各概念に「実質的」意味を与え、それらの諸概念の相互関係を「意識の統一」という「制約」のもとに、つまり「主観」の優位のもとに再編成しているのである。

続いて、「物自体」に関するシュルツェの異論に答えるかたちで、マイモンは再び、われわれが表象の外部に「物自体」を想定し、これが「表象」の成立と関連していると考えるのは、「再生的構想力」による「錯誤」から生じているという自論を展開し(ibid., 370f.)、これに関連づけて独断論、懐疑論および批判哲学における「物自体」の認識を注解し(ibid., 374ff.)、最後にシュルツェによる「物自体」理解の誤解を糺している(ibid., 377)。

「第四書簡」の後半は、§XV～§XVIIを対象に、「純然たる表象」における「素材」と「形式」、「表象能力」の本質、「表象の形式」などを論評している。まず、シュルツェが縷々述べている異論、批判を受けて、マイモンはこう述べる。「貴兄と根元哲学の著者との間には、明らかに誤解が優勢を占めていますが、この誤解は彼自身に責任があります」。すなわち、ラインホルトが主要な術語のほとんどを、曖昧かつ不正確に使用していることにその原因がある。それゆえ「彼の説明は、循環していることが稀でありません」。「もし、彼の説明が言葉の説明よりも、もっと実質的（reell）であったならば、彼はそのような異論すべてを免れたでしょう」（ibid., 381）。やはりマイモンは、「根元哲学」の諸術語、諸概念が形式論的、名目的定義にとどまっており、その実質を欠いていることが重大な欠陥であると見ている。

それで彼はここでも、ラインホルトの「表象能力理論」を自らもっと精確な概念で改良しようとする。たとえば、ラインホルトは「純然たる表象において、素材は主観によって規定されていないが、形式は主観によって規定されている」と表現すべきであったと、マイモンはいう。「根元哲学」の著者は常に、表象の「素材は（外部から）与えられている」が、「形式は主観によって産み出される（hervorgebracht werden）」と表記してきた。両者の定式の間の一見些細な表現上の相違が、マイモンによれば、重要な学理上の相違に直結している。

この表現上の相違について、彼はこういう。「或るものによって規定されているということと、それによって産み出されている（hervorgebracht sein）というのは同じことではありません。幾何学において、三角形の二つの辺とその間の角が、第三の辺を規定するからといって、それらが第三の辺を産み出すわけではありません。ここで問題になっているのは、原因とその作用結果の関係ではなく、単に根拠とその帰結の関係なのです」（ibid.）。すなわち、「産み出される」という表現は、日常的言語使用の習慣に従って、「産み出されたもの」（作用結果）と「産み出すもの」（原因）の連関を想定させ、かつ後者を何か現実的で実体的なものとして想定する誤解を発生させるのである。だから、マイモンはこう続けている。「表象能力それ自体は、実的客体としては（その内的徴標によって）認識されえないのです。かくして、表象能力は、原因（表象の根拠を含んでいる実的客体）としては考えられず、単に表象の根拠として考えられうるだけなのです」（ibid., 381f.）。それゆえ、「われわれが特定の様式にある表象能力を思惟したいと思うならば、われわれが探求しなければならないのは、現実の表象において、特定の様式にある表象の現実態の根拠が何であるかではなく、表象一般としての表象の可能性の制約が何であるか、なのです」（ibid., 382）。

マイモンは、「表象能力」が表象作用に先立って自存する「客観的で現実的なもの」――いい換えれば、因果関係における実体的原因――と想定されているというシュルツェの異論を、ラインホルト的定式をこのように補正、修正することによって、退けているのである。

総じて、「フィラレーテスの書簡」には、ラインホルトより徹底した観念論的意識内在主義の立場から、その形式論的な意識‐表象理論に実質的内容を与えるとともに、「主観」における「意識の統一」を最基層において意識の諸能作を分節化し、かつ組織づける方向で、「表象能力理論」を補正、改良せんとする意図が認められる。この書簡はその意味で、当時における最も鋭くかつ生産的な「表象能力」批判と評価できるであろう。それは、フィヒテの「エーネジデムス書評」と比べても、はるかに具体的、内在的批判となっている。だが、この「書簡」の公刊当時、ラインホルトはなお「根元哲学」の構想を放棄していなかったとはいえ、もはや「表象能力理論」の諸命題、諸定理の内容的改良に関心を寄せるよりも、もっぱら、「根元哲学」の体系的統一性にいかに説得力を与えるかに集中しており、マイモンの批判的提案をほとんど活かすことはできなかったのである。

第五節　根元哲学再編の構想――『寄稿集Ⅱ』（一七九二～九四年）

すでに見たように、「根元哲学」は厳しい深刻な「運命」に見舞われた。ラインホルトはそれぞれの批判を真剣に検討し、これまで自分が説いてきた「根元哲学」がいくつかの重要な点で修正、再編に迫られていると感じた。それは一七九二年の夏頃のことである。その修正、再編の基本方向はすでに見たエアハルト宛ての「六月書簡」に示唆されていた。だが、その修正の意向は私的書簡で示されただけで、公にはなっていなかった。それが公になるのは、一七九四年三月二六日の日付が打たれた「序文」を持つ『寄稿集Ⅱ』においてである(78)。

実は『寄稿集Ⅱ』はその二年ほど前から出版が計画されていた。すでに一七九二年四月には、ラインホルトは『一般学芸新聞』の「新刊告知」欄に『寄稿集Ⅱ』の出版を予告しており、従来の「根元哲学」の体系をより詳細に叙述し、具体化する意向を述べていた[79]。その出版が二年も遅延したのは、数多くの誤解、無理解、批判によって、「根元哲学」がほとんど理解されていないことがますます明瞭になりつつあったからである。そこで『寄稿集Ⅱ』の基本構想も変化せざるをえなかった。その「序文」はこう述べている。「それで私は、この第二巻のために告示された根元哲学の体系の継続的な仕上げを延期することを決心し、これ以上直接に論究することでこれまで述べてきたことをいっそう分かりにくくするのを止めて、新たに生じてきた誤解の源泉を、一つには私自身の研究の欠けているところ（Mängeln）に探し求め、また一つにはこれまで仕上げられてきた哲学的な学の基底と想定されたものの欠陥（Fehlern）に探し求めようと決心した」（*Beyträge II*, ivf.）。彼は誤解と無理解の「源泉」の一部が、これまでの根元哲学がはらんでいる欠点と欠陥にあることを認めている。『寄稿集Ⅱ』の第一論文「健全な悟性と哲学的理性との区別について、両者によって可能となる知の基底を考慮して」には、その「欠けるところ」を埋め合わせ、「欠陥」を修正しようとする試みが認められる[80]。その試みの背後にあるのは、諸困難を惹き起こしている一元論的な「根本命題‐哲学」の体系としての「根元哲学」を放棄して、「根本命題」と後続の「補助的」諸命題の往還的根拠づけの可能性を探ろうとする志向である。以下、本節ではこの第一論文に認められるいくつかの新しい志向を取り上げ、検討してみることにする。

1　「健全な常識」と「哲学的理性」の相補性

『寄稿集Ⅱ』の第一論文は、『寄稿集Ⅰ』の第三論文のように、新たな「根元哲学」の体系を叙述しているわけではない。その第一論文は、寄せられた諸批判を考慮して「根元哲学」を再編、改良するための指針となる考えを、断片的にテーゼ風に書き留めているだけである。われわれはそこから、指針に相当するものを摘出し、それが新たな体系構想にとって持つ意義を考察してみなければならない。

「根元哲学」の改良・再編を示唆していた、エアハルト宛て「一七九二年六月書簡」（本章第三節参照）はすでに次のことを指摘していた。①「根元哲学の原理論」の内部に、「意識律」からは直接導出できないような諸定理があたかも導出されたかのように「登場してきている」ことに正当な疑義が提出されていること。②そうした諸定理の一つの例が、「素材は与えられ、表象は産み出され、表象は産出されねばならない」という定理であるが、これらの定理は「意識律」からは直接導出されず、「常識の言い分（要求）」を表現している「別の諸命題によって、初めて生じてくる」ということ。③すると、根本哲学の体系的展開は、「第一根本命題」としての「意識律」にだけ依拠するのではなく、「常識の言い分」を表現している「別の諸命題」を「補助定理」として利用せざるをえないが、いわば暫定的妥当性しか有していないこれらの「諸命題」、「補助定理」の妥当性は、「哲学的理性」によって後に正当化されねばならない。第一論文は、この所見と歩調を合わすように、「常識」の意義の承認、体系構成の過程における「常識」と「哲学的理性」の一種の相補性について語っている。

「常識（der gemeine Verstand）は最も身近な根拠に満足しており、したがって経験の諸事実のもとにとどまり続けているが、哲学的理性は究極の根拠と関わっており、それゆえ経験の諸事実を超えてそれらの根拠を目指す。哲学的理性は、絶対的に究極の根拠を求めてきたことによってだけ、またその限りにおいてだけ、理性という名に値してきた」（*Beyträge II*, 10f.）。「健全な常識（der gemeine und gesunde Verstand）は自分の認識の真理に関しては、常に経験の諸事実だけを頼りにしているので、その限りでは、その諸事実のうちに含まれている、超越論的根拠の諸帰結を不可避的に使用しているのであり、したがってこの根拠によって——本能的にすぎないとはいえ、しかしまさにそれゆえにその分ずっと確実に——導かれる」（ibid., 16f.）。そうである限り、「健全な常識」は「哲学的理性」が根拠の探求において陥りがちな「誤り」をもとから免れているといえる。すなわち「健全な常識は、絶対的に究極の根拠を探究しようという欲求を全然持っていないので、この根拠に関してはまったくの無知にとどまっているのだが、まさにこの無知のゆえに、哲学的理性がかの根拠を探し求めるときにさらされているような作為的な（künstlich）誤りすべてから守られているのである」(ibid., 17)。ラインホルトは「経験主義、合理主義、懐疑主義」などにおいて、そのような「作為的な誤り」がどのようにして生じるのかを示している。

「健全な常識」はそのように消極的な意味で是認されうるだけではない。彼はそれにもっと積極的な意味を認めようとしている。「常識といえども、それが健全である限り、哲学的理性が究極の概念的根拠を見出す前には、哲学的理性よりずっと多くの真理を所有している」と彼はいう。それればかりか「哲学的理性は究極根拠を探す際に、まずは常識の抱いている諸確信から出発しなければならない」、「その諸確信が健全である限り、哲学的理性はその諸確信によって確実に導かれうるのである」(ibid.)。つまり、「哲学的理性」が見出す「根拠」によって「常識」が導かれるだけでなく、「常識」の持っている「健全な諸確信」によって「哲学的理性」が導かれもするのである。さらに、新たに構想される「根元哲学」の体系生成に際して、両者は相補的な機能を果たす。たしかに、「哲学的理性」に「作為的な誤り」がつきまとうように、「常識」には「自然な思い違い」というものがよくある。「しかし、常識と哲学的理性とは両者の陶冶の進展途上にあっては、両者が不完全であることによって互いに制限し合うのとまったく同じように、それらはまた徐々に完全性を獲得していくことを通して、少なからず互いを支え合いもするのである。そして常識の思い違いは、しばしば哲学的理性の根拠のより確かな洞察によって止揚され、それと同じくらいしばしば、哲学的理性の間違いも常識の健全な確信によって止揚されるのである」(ibid., 18)。こうして「健全な常識」と「哲学的理性」は矛盾、対立するどころか、互いを導き合い、「互いを支え合い」さえするのである。

ここでは、もはや「常識」と「哲学的思惟」の対立が重要なのではない。むしろ問題は、「常識」すなわち「普通の悟性(der gemeine Verstand)」が「健全で」あるか、「不健全で」「病気にかかっている」かなのである。ラインホルトによれば「悟性それ自体はけっして誤ることはない」のだが、悟性の能力は悟性の諸法則の外部にある様々な「諸制約」のもとで発揮されるがゆえに、「悟性がこれらの諸制約に左右される限り[81]」、悟性は不健全になったり「様々な病気にかかったりするのである」(ibid., 19)。悟性が病気にかかっていない限り、すなわち「健全な常識(der gemeine und gesunde Verstand)」である限り、それは「哲学的理性」に根拠探求の「材料」を提供し、その探求の導き役となりうるのである。この第一論文では、総じてラインホルトの思想に生来的な「自然」尊重の性向が顔をのぞかせているだけでなく、「経験論」の方法が積極的に取り入れられている(82)。

2　二つの次元に基づく根元哲学——方法論的一元論の放棄

「健全な常識」のこのような積極的評価、およびそれと「哲学的理性」との相補的関係が、新たに構想されつつあった「根元哲学」の体系的編成方法に援用されるとどうなるであろうか。「哲学的理性」はその究極の根拠の探求に際して、いわば「手ぶら」で進むわけにいかない。「哲学的理性」は「常識」の申し立てる「経験的諸事実」あるいは「経験的諸命題」を「材料」に、それらを吟味、精査することを通して「哲学的諸原理」を導出する。すなわち、この「経験的諸事実」が——後に述べるように——「直接的には純粋な自己意識の主観に根差している限り」、その限り、経験的諸事実が表現する「かの諸命題は、究極的な哲学的諸原理のための純粋な質料〔材料〕を含んでいるのであり、その哲学的諸原理は〔中略〕間接的判断や推論によって、その諸命題から導出されるのである」(ibid., 65)。先のエアハルト宛て書簡は、この経験的諸命題を「補助定理」として利用する、と述べていたのである。

「哲学的理性」は、もはや「第一根本命題」としての「意識の事実」(「意識律」)から後続諸命題や哲学的諸原理を一方的に導出しようとはしていない。それは、「経験的諸事実」、「経験的諸命題」、そしてそれらが提供する「純粋な質料〔材料〕」を前提にし、ここから「哲学的諸原理」を導出する。『基底』論文がすでに、ただ一つの「意識の事実」と区別された「意識の諸事実」を、「意識の命題〔意識律〕」と区別された「意識の諸命題」を必要とすると考えていたことを、われわれは知っている。前者は普遍態、後者は特殊態とみなされていた(第五章第三節**1**参照)。今や、その諸事実が「経験的」諸事実であり、その諸命題が「経験的」諸命題であることが明確にされている。「哲学的理性」は、この「経験的」諸事実・諸命題を材料にして、それらを純化、精錬することによって「哲学的諸原理」を形成する。逆に、理性が追求しているかの「究極の根拠」は、一つひとつの原理形成を通して、自らの確実性を一歩一歩実証していくことになる。この過程は連続的で、継起的であろう。

ここに、以前の「根元哲学」の体系構成法は大きく変貌している。ラインホルトは「意識律が認識の超越論的諸法則の学の第一根本命題である」(ibid., 64)と依然として主張しているが、根本命題は、その確実性を後続諸命題に一方的に移転するような単離した根本命題ではもはやない。根本命題の確実性は、後続諸命題の確実性と初めから連関している。経験的であるその諸命題が、理性によって純化・精錬されることによって「諸原理」へと形成されるだけでなく、根本命題は、その諸命題を「諸原理」として根拠づけることを通して、自らが「究極の根拠」であることをその都度実証・確証する。かくして、新たな体系は、「経験的諸事実」と「究極の根拠」とを両極として、あるいは「第一根本命題」と経験的「諸命題」とを両極として、両者の往還による相互根拠づけの体系となる。以前の方法論的一元論は実質上放棄されており、二つの次元からなる新たな体系が構想されているのである。ラインホルトはそう明確に定式化してはいないが、「第一論文」が与えている諸々の指針はそのことをはっきり指し示している。もう一つ、この変貌によって、「第一根本命題」の原理としての機能にも変容が引き起こされざるをえないであろう。根本命題は、その確実性を後続諸命題に移転する「構成的原理」ではなく、「統制的原理」に変容しなければならないのである。

3 刷新された「自己意識」論と「超越論的意識」

さて、「常識」の申し立てる「経験的事実」が、そのまま「哲学的理性」の原理探求の「質料〔材料〕」になるわけではない。「かの諸命題は、究極的な哲学的諸原理のための純粋な質料〔材料〕を含んでいる」と述べられていたことに留意すべきである。「常識」の経験には当然「不純な」質料も含まれている。それゆえ、それらは純化・精錬されねばならない。だが、そのことによって「純粋な質料」が取り出すことが可能なのは、それらの精髄が——「常識」

が自覚しているか否かに関わりなく――「内的経験」としての「純粋な自己意識の諸事実」(ibid., 65)に根差しているからである。ラインホルトはそう考えている。それゆえ、「質料」は、それが「直接的には純粋な自己意識の主観に根差している限り」、「純粋な質料」であると述べられていたのである。いい換えれば、諸事実はすべて、それらが「純粋な内的経験」に帰属していることのよってのみ、それぞれの確実性を得るのである。『寄稿集Ⅱ』の第一論文が主張している、従来にない新しい論点は、「内的経験」である限りの「純粋な自己意識の諸事実」を意識のすべての事実の基底に設定している点である。ここで述べられていることを、彼は五年後の或る論文でも――この「第一論文」を挙示して――繰り返している。すなわち「内的経験が純粋な自己意識の主観に依存している限り、そしてそれがこの自己意識の諸事実からなっている限り、その内的経験を根元哲学の基底と」みなさなければならない。「この諸事実から直接に汲み出され、かつこの諸事実について諸判断において分解・分析された諸概念」を表現している諸命題は、「意識の諸命題」と呼ばれるが、「それらは明白な経験命題であり、その限りいかなる哲学的原理でもない。しかし、この諸命題によって表現される諸事実は、純粋な自己意識の主観に根差している限り、この諸命題は、反省と抽象によってかの諸事実から抜き出され、超越論的法則という属性のうちに立てられるような諸原理のための実質を含んでいるのである(83)」。

このいわば「純粋な自己意識の諸事実」の基底論は、およそ以下のような立論に支えられている。まず、「経験的自己意識の諸事実」は、「それらの徴標のうちに外的印象が現れてくるような諸概念によってのみ、思惟されうる。それゆえ、この自己意識の諸事実は、外的経験に依存している限りでの内的経験に属する」。それに対して「純粋な自己意識の諸事実」は、「それらの徴標において外的印象が捨象されねばならないような諸概念によってのみ、思惟されうる。それゆえ、この自己意識の事実は、外的経験から独立であり、ただ純然たる主観にだけ依存している限りでの内的経験の事実に属する」(ibid., 60f.)。かくして「内的経験それ自体の諸事実」に属している「事実としての自己意識なくしては、その他の一切の事実が思惟不可能になるであろう」。

この理解に基づいて、かつての「意識律」の定式も変容を蒙る。すなわち「純然たる表象それ自体の意識は、内的経験の一つの事実であり、この意識によって、表象は客観および主観と区別され、かつ主観とだけ関係づけられる」(ibid., 61)。かつての「意識律」は、主観によって「表象は客観および主観と区別され、かつ客観および主観と関係づけられる」と述べていた。それが今や「主観とだけ関係づけられる」のは、「この意識」が「内的経験」に基づく「超越論的意識」であるからである。「表象それ自体の純粋な、あるいは超越論的意識は、内的経験の一つの事実であり、この意識によって、表象は主観および一切の純然たる客観と区別され、〔中略〕かつ端的に純粋な自己意識の主観と関係づけられる。純然たる表象の経験的意識の場合には、逆のことが生じてくる」(ibid., 61f.)。

「意識律」が超越論的観点から捉え直されたのと連動して、かつては「対象意識」モデルに定位されていた「自己意識論」が「純粋な内的経験」という観点から捉え直され、刷新されていることは明らかである。「根元哲学」全体が改めてこの観点から位置づけ直される。ラインホルトは今やこう述べることができる。「根元哲学の源泉」は、──もはや「純然たる表象」や経験との繋がりを完全には断ち切れていなかった「意識の事実」ではなく──「外的経験から独立している限りでの、そして純粋な自己意識の諸事実からなっている限りでの内的経験である」(ibid., 65)。ここで、ラインホルトにおいて「主観」はようやく「超越論的な主観」へと転化したといえるであろう。かくして、『寄稿集Ⅱ』の第一論文が示していることは、単に「根元哲学」の新たな根拠づけであるだけでなく、表象能力から純粋な超越論的主観あるいは自己意識の理論への原理的転換でもある。

それゆえラインホルトは、後の〔一七九五年一月一五日付けの〕バッゲセン宛ての書簡で、まさにこう述べている。自分の改訂された根元哲学は絶対的自我の輪郭づけを伴っているがゆえに、「おそらく多くの点でフィヒテの理論と重なり合っているといってよいだろう(84)」。そしてこう続けている。「僕がそのうち僕の根元哲学をもっと先へと推し進めるときがくれば、僕はフィヒテの大きな決定的側面援助に感謝しなければならないだろう」(この点については、第九章第二節参照)。だが、この刷新された「自己意識」論も、フィヒテ的な絶対的自我の超越論的自己連関論とはなお距離があったのである。そのことは、一七九七年の二月には明らかになるであろう（第九章第三節、第四節参照）。

注

（1）*Die zeitgenössische Rezensionen der Elementarphilosophie K. L. Reinholds*, hrsg. v. Faustino Fabbianelli, Hildesheim 2003（以下*Reinhold-Rezensionen*と略記）には、『寄稿集Ⅰ』の書評、批評八編、『基底』の書評、批評七編が収録されている。例外的に好意的な唯一の書評は、当時ラインホルト学派の一員とみなされていたJ. W. A. Kosmann編集の『批判哲学および通俗哲学のための一般雑誌（*Allgemeines Magazin für kritische und populaire Philosophie*）』の第一巻第二号に載った両書評だけである。

（2）レーベルクは書評執筆時、ハノーファーの内閣枢密院の書記という職にあった。彼はフランス革命勃発以降、『一般学芸新聞』紙上でこの革命の推移に関する多くの文書を書評したことから、そしてその書評内容から現在では保守的政論家として知られている。フィヒテは『フランス革命に対する公衆の判断を是正するための寄稿集』（一七九三年）の随所で、レーベルクの保守的政治思想を一蹴している。だが、レーベルクが一七八七年に著した『宗教に対する形而上学の関係について』は、彼が批判哲学の精通者にして擁護者であり、深い自立的思索能力の持ち主であることを証示していた。それを斟酌し『一般学芸新聞』の編集者たちは、彼をカント『実践理性批判』の書評者に抜擢し（第七章第二節参照）、それ以降も重要な多くの著作の書評を彼に委ねることになったのであろう。その書評に前後して彼は、ヘルダーの『神――いくつかの対話』（*ALZ*, 1788, Nr. 2a）や、エーベルハルトの『哲学雑誌』第一巻第一号（*ALZ*, 1789, Nr. 10）、第二号（*ALZ*, 1789, Nr. 90）を批評しているほかに、*ALZ*でラインホルトの『試論』（一七八九年一一月）や『寄稿集Ⅰ』（一七九一年一月）を書評している。レーベルクの略歴と業績についてはManfred Frank, *>Unendliche Annäherung<. Die Anfänge der philosophischen Frühromantik*. Frankfurt am Main 1997 [stw 1328], 336-338を参照。

（3）一七六一年に、イェーナ近郊のハイルスベルクに牧師の息子として生まれたシュミートは、一七七八年一七歳でイェーナ大学に入学し、ダノヴィウス（E. J. Danovius 1741-82）、ウルリッヒ、シュッツのもとで神学、哲学、文献学を修めた。一七八〇年以降ノヴァーリスの教育的保護者の役を務めていた彼は、一七八四年に抜群の成績で修士号を得て、翌一七八五年には弱冠二四歳で、『純粋理性批判』についての講義をイェーナで行っている。これは、全ドイツでも最初の本格的カント講義の一つであった。これ以降、批判哲学の精神に沿った諸著作を次々に公刊し（『純粋理性批判、講義用要綱』（一七八六年）、『カントの諸著作を簡便に利用するための用語集』（一七八八年）、『道徳哲学の試論』（一七九〇年）、『経験心理学』（一七九一年））、一七九一年にはギーセンの論理学・形而上学の正教授に迎えられた。当地で公刊したある「瀆神的な」著作のため、ギーセンにいづらくなった彼を、ラインホルトの退去後の後任と想定してイェーナに呼び戻したのは、これまたフォン・フォイクトであった。かくしてシュミートは一七九三年には、哲学の教授としてイェーナに復帰し、様々な科目の講義活動を精力的に展開した。イェーナに戻った彼が、（第八章第一節に紹介する）「クロイツァー書評」を契機に、イェーナの同僚フィヒテと数年間にわたって繰り広げた激しい論争は有名である。彼が一七九〇年以降に提唱した「叡知的宿命論」とラインホルトの「意志の自由論」との対立については、第七章第四節で論じる。当時「最も重要なカント主義者」としてのシュミートの活動の全容は、Horst Schröpfer, Carl Christian Erhard Schmid — der „bedeutendste Kantianer" an der Universität Jena im 18. Jahrhundert, in: Hinske/Lange/Schröpfer (hrsg.), *Der Aufbruch in den Kantianismus*. Stuttgart-Bad Cannstatt 1995, 37-83を参照。

（4）*ALZ*, Nr. 357-358 (19-20. November 1789), Sp. 417-424, 424-429 (*Reinhold-Rezensionen*, 1-10).

（5）たとえば、彼の『試論』書評の冒頭はこう述べている。「表象能力と認識能力の精確な理論を描写し、この側面からカントの体系をよりいっそう解明しようとするラインホルト教授の企ては、すべての人の賛同を得るに値する。全体に対する鋭敏な哲学的洞察力、そして著者を引き立てている特別な叙述の才は、彼が以前に書いた諸著作からすでに定評があるところである。その上この著作は、著者がいかに手際よく細部に踏み込むことができ、また最も精緻で抽象的な諸概念をそれらの本質的構成要素へと解きほぐすことができるかを示している」(*ALZ*, Nr. 357, Sp. 417; *Reinhold-Rezensionen*, 1)。この後、かなり丁寧に『試論』の三つの篇の論述内容を紹介した後、書評は最終部でもこう述べている。「どんな読者でも、並外れた明敏さに支えられ、非常に張り詰めた熟考の諸成果を、この著のうちに見損なうことはないであろう。この点については、上に抜き出した、意識の理論の鋭くかつ新しい分析を目にするだけでも、まごうことなく証明されている。われわれの判断では、カントの体系を正しく洞察することを妨げていた多くの誤解が、この著によって根本的に一掃されたのである」(*ALZ*, Nr. 358, Sp. 428f.; *Reinhold-Rezensionen*, 10)。

（6）*ALZ*, Nr. 26 (28. Januar 1791), Sp. 201-208 und Nr. 27 (28. Januar 1791), Sp. 209-214. (*Reinhold-Rezensionen*, 152-166)

（7）ibid., Sp. 201. (*Reinhold-Rezensionen*, 153)

（8）ibid., Sp. 206. (ibid., 158)

（9）ibid. (ibid.)

（10）ibid., Sp. 206f. (ibid., 158f.)

（11）M・フランクは、以下のようなフォアベルクの文章を引用して、この書評によるラインホルトの落ち込みぶりを伝えている。「『一般学芸新聞』でのこの寄稿集に対するレーベルクの書評は、彼を深く悲しませた。書評が彼のもとに届いた日の晩、私は他の多くの学生たちと一緒に彼の家にいた。彼はいつになく非常に気落ちした調子で語り、彼の眼には涙さえ浮かんでいた。彼は自分の著書を称賛している学者たちの多くの手紙を持ち出してきた、そして彼を慰めるために私は、それらの手紙を仲間の前で朗読しなければならなかった。彼は私たちみんなを残念がらせた。表象能力理論はカント主義者からも、反カント主義者からも賛同を得られていなかった。その理論は読者公衆のうちにただの一人の改宗者さえ獲得していなかった。誰一人、この理論を擁護するための筆を執らなかった。ラインホルトはそのことに非常に当惑していた。彼は大真面目にこう語った、〔中略〕私の書いたものをすべての者が否定し、誰もそれを信じていないのだから、わたしは自分の書いたものをその都度燃やしてしまいたい」(Lebenslauf eines Verschollenen, 31f.)。Manfred Frank, <*Unendliche Annäherung*>. *Die Anfänge der philosophischen Frühromantik.* Frankfurt am Main 1997, 336.

(12) *ALZ*, Nr. 92 (9. April 1792), Sp. 49-56; Nr. 93 (10. April 1792), Sp. 57-60. (*Reinhold-Rezensionen*, 250-262)

(13) *ALZ*, Nr. 92, Sp. 51 (*Reinhold-Rezensionen*, 253)

(14) ibid., Sp. 52 (ibid., 253)

(15) ibid. (ibid., 253f.)

(16) ibid., Sp. 56 (ibid., 258)

(17) ibid. (ibid.)

(18) ibid. (ibid.)

(19) ラインホルトは一七九二年四月八日あるいは九日付けのバッゲセン宛て書簡で、シュミートの『基底』書評には誤解があるが、「それは自立的な思索者が僕を理解しようとするとき、よく起こる誤解の類」にすぎず、書評はむしろ「僕の根元哲学をいく分か前進させ、論究をさらに進めるための素材を与えてくれた」と評価している (*Aus Baggesen's Briefwechsel mit Karl Leonhard Reinhold und Friedrich Heinrich Jacobi. Erster Theil.* Leipzig 1831, 176)。

(20) *ALZ*, Nr. 92, Sp. 57f. (Reinhold-Rezensionen, 259)

(21) ibid., Sp. 58. (ibid., 261)

(22) ibid., Sp. 59. (ibid., 260f.)

(23) 二七歳でヘルムシュテット大学に招聘されたシュルツェは、当地で二二年間教授活動を展開した。この間の学生の一人が、ショーペンハウアーである。一八一〇年、この大学が解体され、ゲッチンゲン大学に併合された後、彼はゲッチンゲンの通俗哲学者フェーダーの交友圏の一員となり、当地でもさらに二二年間にわたり、幅広い学術的活動を継続した。シュルツェの詳しい経歴と業績については、Manfred Frank, Einleitung in: *Aenesidemus oder über die Fundamente der von dem Herrn Professor Reinhold in Jena gelieferten Elementar-Philosophie. Nebst einer Verteidigung des Skepticismus gegen die Ausmassungen der Vernunftkritik.* Hamburg 1996 [PhB 489], S. IX-XIV を参照。以下、本書からの引用は、*Aenesidemus*と略記し、初版の頁数を本文中に記す。なお、本章の『エーネジデムス』に関する以下の論述は、このManfred Frank, Einleitungに負うところが大きい。このEinleitungは、Manfred Frank, <*Unendliche Annäherung*>の「第一〇講義」「第一一講義」(S. 252-307) とまったく同一である。

(24) シュルツェは「第二書簡」で、懐疑論を「哲学においては、物自体存在がするかしないかや、その諸性状についても、また人間の認識の諸力の限界についても、議論の余地なく確実で普遍妥当的な諸原則に従った何かが確定されていない、という主張にほかならない」(*Aenesidemus*, 24) と規定している。ただし、シュルツェ自身の懐疑論は、ここで定式化されているほどラディカルではなく、彼自身の立場はむしろ懐疑主義的な実在論であるといえる。

(25) この書評は、一七九三年二月二七日付けで『ヴュルツブルク学芸報知』(Würzburger gelehrten Anzeigen) Nr. IX, S. 130-134 に掲載された。

(26) *Beyträge zur Geschichte der Philosophie*, hrsg. v. Georg Gustv Fülleborn. Drittes Stück, Züllichau und Frystadt 1793 [Aetas Kantiana 1968], 157.

(27) Johann Heinrich Abicht, *Hermias, oder Auflösung der die gültige Elementar-Philosophie betreffenden Aenesidemischen Zweifel*. Erlangen 1794 [Aetas Kantiana 1968]. その「序文」は、「周知のごとく、エーネジデムスの懐疑は多大なセンセーションと注目を惹き起こした」という言葉から始まっている。なお、「序文」は、『エーネジデムス』を検討するにあたり、「心意の事行から出発する」という示唆を「利用することはできない」と述べ、フィヒテとは一線を画している。

この著に収められた九つの「書簡」は、すべてヘルミアスからエーネジデムスに宛てられている。「第一書簡」から「第五書簡」までは、懐疑論への反論に充てられ、「第六書簡」が「第一根本命題」の検討に充てられている。ここで、アビヒトは「意識律」が「もっと詳細に規定」されるべきであったことを説いている。

(28) Salomon Maimon, *Versuch einer neuen Logik, oder Theorie des Denkens. Nebst angehängten Briefen des Philaletes an Aenesidemus*. Berlin 1794, in: Neudrucke seltener philosophischer Werke, Bd. III. Berlin 1912 の付録とされた「フィラレーテスの書簡」は、七つの書簡からなっている。そのうち「第二書簡」が、「根元哲学の主要諸契機の新叙述」の§I～§VIIIを、「第四書簡」が§IX～§XVIIを、シュルツェの異論と比較しながら検討している。M・フランクは、原文で約一五〇頁に及ぶ「この書簡は疑いもなく、同時代人によるエーネジデムスの批判的検討の最も感銘深い、かつ最も切れ味鋭いドキュメントである」と評している (Manfred Frank, op. cit., xvi)。「フィラレーテスの書簡」群は、『全集』版 (Salomon Maimon, *Gesammelte Werke*, hrsg. v. Valerio Verra, Georg Olms Verlag 2003) の第五巻 (S. 351-459) に収録されている。

(29) *J. G. Fichte-Gesamtausgabe der Bayerischen Akademie der Wissenschaften*, hrsg. v. Reinhard Lauth und Hans Jacob. Briefeband 2. *Briefwechsel 1793-1795*. Stuttgart-Bad Cannstatt 1970 (以下 *GA*, III/2と略記), 18.

(30) *GA*, III/2, 28.

(31) 『寄稿集II』の第三論文「消極的独断論、すなわち形而上学的懐疑論のより詳細な叙述」の一節に、ラインホルトはこう書いている。「批判哲学、ならびに批判哲学によって準備された(異名なき)哲学の或る反対者は、この両哲学に懐疑論を対抗させることができると考えているが、この懐疑論はまさに独断論的でしかないであろう。というのも、この懐疑論は、単に論理的な規則以外のいかなる原理も認めず、論理的な真理以外のいかなるものも出発点としていないからである。しかし、この著述家が論理的な真理や論理的な規則についての自分の概念をもっと詳しく規定しようとすれば、彼は次のことに気づくことだろう。すなわち、懐疑論自体が打ち立てねばならない諸原則や、懐疑論が自らの証明の根拠としなければならない確定したものは、〔中略〕けっして単なる論理的規則から成り立つことはできず、論理的に真なるもの以上のものでなければならないということに、気づくであろう」（*Beyträge II*, 175）。この「反対者」がエーネジデムス-シュルツェであることは明らかである。この論文は『寄稿集Ⅱ』公刊の前年に、テンネマン（W. G. Tennemann 1761-1819）によるヒュームの『人間悟性論研究』の新しい独訳への序論として書かれていたものである。

（32） カントが『エーネジデムス』に言及しているのは、一七九二年一二月四日付けのベック宛ての書簡だけである（vgl. *KA*, IX, 395）。

（33） J. G. Fichte, [Rezension] *Aenesidemus* oder *über die Fundamente der* von dem Herrn Prof. *Reinhold* in Jena gelieferten *Elementar-Philosophie.* Nebst einer *Verteidigung des Skepticismus gegen die Ausmaßungen der Vernunftkritik.* 1792. 445 S. 8.（以下*Aenesidemus-Rezension*と略記）in: *GA*, I/2, 43. 高田純・藤澤賢一郎訳「『エネシデムス』の論評」（『フィヒテ全集』第三巻、哲書房、二〇一〇年）、四〇頁。

（34） ibid. 46. 前掲邦訳書、四三頁。

（35） 「区別」の様式については、「⑴根拠が根拠づけられたものから」、「⑵全体がその諸部分から」、「⑶実体がその属性から」、「⑷質料が形式から」区別されるような様々な異なった様式が考えられるが、「表象」が「主観と客観」から「区別される」と語られる場合、どれを指すのかまったく不明であるとシュルツェは批判している（*Aenesidemus*, 66）。それと同じように、「関係」についても、その諸様式——「原因が結果に」、「実体がその偶有態に」、「全体が諸部分に」、「記号がそれによって表されたものに」、「形式が質料に」関係する——のうち、どれを指すのかまったく不明であると批判している（ibid., 67f.）。

（36） Vgl. Ernst Cassirer, *Das Erkenntnisproblem in der Philosphie und Wissenschaft der neueren Zeit*, 3. Bd. Berlin 1923. 62.（須田朗・宮武昭・村岡晋一訳『認識問題3』みすず書房、二〇一三年、六二頁）

（37） J. G. Fichte, op. cit., 44.（前掲邦訳書、四〇-四一頁）

（38） ibid., S.45.（前掲邦訳書、四一頁）

（39） ibid.（前掲邦訳書、四二頁）

（40） ibid., 46.（前掲邦訳書、四三頁）

（41） ibid., 48.（前掲邦訳書、四五頁）

（42） ibid., 48f.（前掲邦訳書、四五頁）

(43) ibid., 51.（前掲邦訳書、四七頁）

(44) Vgl. Ernst Cassirer, op. cit., 68.（前掲邦訳書六七頁）「批判的問題設定にとって問題となるのは実は、ア・プリオリな認識の現実性の原因ではなく、この認識の可能性の条件である。ア・プリオリな認識は、時間的に限定されたものとして己れの原因を要求するような『出来事』ではなく、究極的な原理と真理において基礎づけられうる無時間的統制の統一である」。

(45) Vgl. *Immanuel Carl Diez. Briefwechsel und Kantische Schriften. Wissensbegründung in der Glaubenskrise Tübingen-Jena (1790-1792)*, hrsg. v. Dieter Henrich, Stuttgart 1997, XXVII, XXIX. Vgl. auch Dieter Henrich, *Grundlegung aus dem Ich. Untersuchungen zur Vorgeschichte des Idealismus Tübingen-Jena 1790-1794. Erster Band*. Frankfurt am Main 2004, 229, 350.

(46) Vgl. Dieter Henrich, *Konstallationen.Probleme und Debatten am Ursprung der idealistischen Philosophie (1789-1795)*. Stuttgart 1991, 242. Vgl. auch Dieter Henrich, *Grundlegung aus dem Ich*, Erster Band, 351.

(47) *Immanuel Carl Diez. Briefwechsel und Kantische Schriften*, hrsg. v. Dieter Henrich, 912f.

(48) ディーツの書簡集とその註解は、上掲*Immanuel Carl Diez. Briefwechsel und Kantische Schriften*に収められ、ディーツの思想的発展とラインホルト研究および批判についての論究は、上掲*Grundlegung aus dem Ich. Untersuchungen zur Vorgeschichte des Idealismus Tubingen-Jena 1790-1794. Erster Band*に収められている。

(49) Vgl. *Immanuel Carl Diez. Briefwechsel und Kantische Schriften*, 7-102. この期間の最初の書簡の日付は、一七九〇年五月九日、最後の書簡の日付は、一七九二年四月二〇日である。

(50) フラットの『試論』書評は、一七九〇年五月一七日の『ゲッチンゲン学術報知』第三九号に掲載され、それに対してラインホルトは『寄稿集I』（一七九〇年秋公刊）で、この書評に応酬した（第四章第七節1参照）。

(51) ディーツの生涯と知的キャリアについては、Dieter Henrich, *Grundlegung aus dem Ich, Erster Band*のD. Biographie. X. >Dieser Kantische Enragé<（S. 886-934）に詳しい。

(52) Vgl. *Immanuel Carl Diez. Briefwechsel und Kantische Schriften*, hrsg. v. Dieter Henrich, 44, 56, 63, 78.

(53) C. L. Reinhold. *Auswahl vermischter Schriften. Zweiter Theil*. Jena 1797, 275.

(54) ヘンリッヒは*Grundlegung aus dem Ich, Erster Band*, 275-358で、この「三つの定理の批判」を詳細に論じている。

(55) *Immanuel Carl Diez. Briefwechsel und Kantische Schriften*, hrsg. v. Dieter Henrich, 44.

(56) ibid., 87.

(57) ibid., 51.

(58) ibid., 23.「物自体」問題に関するディーツのラインホルト批判の背景と全体像については、Dieter Henrich, *Grundlegung aus dem Ich. Erster Band*, 359-440を参照。

(59) そのように主張するのが、たとえばAndreas Berger, Systemwandel zur einer <neuen Elementarphilosophie>? Zur möglichen Rolle vom Carl Christian Erhard Schmid in der Entwicklung von Reinholds Elementarphilosophie nach 1791, in: *ATHENÄUM*, 8. Jahrgang, Paderborn 1998である。

(60) Vgl. Manfred Frank, >*Unendliche Annäherung*<. *Die Anfänge der philosophischen Frühromantik*. Frankfurt am Main 1997 (stw 1328), 404.

(61) 一九一〇～三〇年代の哲学史では、ラインホルト、シュルツェ、マイモン、ベックそれぞれの取り扱われ方が著者により異なり、なかなか興味深い。Kuno Fischer（*Geschichte der neuen Philosophie*, 6. Bd. Heidelberg 1914）は、ラインホルトに最大に紙幅を割き、他の三者にはほぼその三分の一しか費やされていない。それに対して、Richard Kroner（*Von kant bis Hegel*, 1. Bd. Tübingen 1921）は、ラインホルトに比べマイモンに三倍の紙数を費やし（シュルツェ、ベックには触れず）、Ernst Cassirer（*Das Erkenntnisproblem*, 3. Bd. Berlin 1923）も、マイモンに最大の紙幅（ラインホルトの約二倍の分量）を割いている。J. E. Erdmann（*Die Entwicklung der deutschen Spekulation seit Kant*, 1. Bd. Stuttgart 1931）は、ラインホルトに最大の紙数（マイモンの約二倍）を費やしている。クローナーとカッシーラーの翻訳、上妻精・北岡崇監訳『ドイツ観念論の発展　カントからヘーゲルまでⅡ』理想社、二〇〇〇年、須田朗・宮武昭・村岡晋一訳『認識問題3』みすず書房、二〇一三年、それぞれのマイモンの項は、マイモン研究の二次文献が乏しい現状下で彼の哲学を理解するのに便利で、現在でも非常に有益である。

(62) マイモンの波乱万丈の人生、とくにその破天荒な生活と彼の生み出した高度な哲学的成果との落差は、以前から興味の的になってきた。マイモンは一七五三年、当時ポーランド（現在リトアイニア）のリタウエン（Litauen）地方のミルツ（Mirz）近辺の寒村に、ポーランド系のユダヤ人のラビの息子として生まれた。幼少の頃から天才ぶりを発揮し、独学で歴史学や天文学の書物を読みこなす一方で、貧しい生活の中でユダヤ教学、さらにカバラ思想を究めた。二五歳の頃家族と故郷を棄ててドイツに向かい、艱難辛苦の末ベルリンに辿り着くも、取締り厳重で市の門内に入れず、乞食生活に転落してポーゼン地方を放浪する。当地の親切な上席ラビの庇護を受けた後、一七八〇年にようやくベルリンに入り、M・メンデルスゾーンの知遇を得て、彼のサークルにも出入りするようになる。だが、そのうちに慣習を無視した彼の自由奔放な生活ぶりと公然たるスピノザ主義のゆえに、一七八三年にはメンデルゾーンにベルリン退去を求められ、ベルリンを去ってドイツ、オランダ各地を遍歴する。この間に、数学やニュートン物理学のヘブライ語テキストを書き、メンデルスゾーンの『朝の時間』をヘブライ語に翻訳している。一七八七年（三四歳）には、再びベルリンに戻り、出版されたばかりの『純粋理性批判』を「独特の方法で」――「スピノザやD・ヒュームやライプニッツの学説をわがものとしてきた」のとまったく同じやり方で――マスターした。

その成果を彼は、「自伝」の編者でもあるモーリッツ（Karl Philipp Moritz 1756-93）を介して、一七八九年四月にカントに送り、評価を仰いだ後『超越論哲学試論（*Versuch über die Transzendentalphilosophie*）』（一七九〇年）として公刊する。この頃から、モーリッツの編集する『経験心理学雑誌（*Magazin zur Erfahrungsseelenkunde*）』に度々寄稿するとともに、『哲学辞典（*Philosophisches Wörterbuch, oder Beleuchtung der wichtigsten Gegenstände der Philosophie, in alphabetischer Ordnung*）』（一七九一年）、『哲学界遍歴（*Salomon Maimon's Streifereien im Gebiete der Philosophie. Erster Theil*）』（一七九三年）、『新論理学試論、あるいは思惟の理論（*Versuch einer neuen Logik, oder Theorie des Denkens*）』（一七九四年）などを公刊し、少し後には『人間精神に関する批判的探求、あるいはより高次な認識と意志能力（*Kritische Untersuchungen über den menschlichen Geist, oder das höhere Erkenntniß und Willensvermögen*）』（一七九七年）を出版している。しかしこの頃でも、彼の生活は破天荒で、極貧生活の中居酒屋での一杯の酒代を稼ぐために知識を切り売りしていたとも伝えられている。

　彼の伝記*Salomon maimon's Lebensgeschichte, von ihm selbst geschrieben und herausgegeben von K. P. Moritz*は一七九二年に「第一部」が、一七九三年に「第二部」が出版された。その最新版に*Salomon Maimons Lebensgeschichte.* Neu herausgegeben von Zwi Batscha, Frankfurt am Main 1995がある。その生涯が注目を集めたせいか、わが国でも非常に早い時期に、その邦訳（一部分省略）『サロモン　マイモン、一放浪哲学者の生涯』（小林登訳、筑摩書房、昭和二六年）が出版されている。

(63)　近年の邦語研究文献に限れば、瀬戸一夫「カントとフィヒテの間」（廣松渉・坂部恵・加藤尚武編『講座　ドイツ観念論　第三巻　自我概念の新展開』弘文堂、平成二年）が、「物自体」問題を軸にラインホルトとマイモンの関係を論じている。また、栗原隆『ドイツ観念論からヘーゲルへ』（未来社、二〇一一年）第七章が、われわれが後述する「フィラレーテスの書簡」を引いて、ラインホルトとシュルツェ、マイモンの関係を論じている。

(64)　R・クローナーは上掲書で、度々マイモンとフィヒテの関係に言及している。とくに、「構想力」の問題や「規定可能性の命題」などがフィヒテに及ぼした影響を指摘している（R. Kroner, op. cit., 340, 360f. 邦訳書四六頁、六七頁以下）。両者の関係を論じている最近の文献にFrederick C. Beiser, Maimon and Fichte, in: G. Freudenthal (ed.), *Salomon Maimon: Rational Dogmatist, Empirical Skeptic.* Dordrecht 2003およびDaniel Breazeal, "Real Synthetic Thinking" and the Principle of Determinability, in ders., *Thinking Through the Wissenschaftslehre. Themes from Fichte's Early Philosophy.* Oxford UP 2013がある。Beiserは、マイモンの「構想力」理解に対するフィヒテの批判的応答に焦点を当てている。Breazealは、マイモンの「規定可能性の命題」とフィヒテの「交互限定の命題」の関係を論じている。

　フィヒテ自身は、彼を「現代の最も偉大な思想家の一人」（GA, I/2, 368）と呼び、「彼がカント哲学全体を完全にひっくり返した」（GA, III/2, 275, 282）とまで述べている。フィヒテは『全知識学の基礎』や『知識学の特性要綱』でもしばしばマイモンに言及している（Vgl. GA, I/2, 261f., 264, 280, 368. GA, I/3, 189-191）。それらの多くの箇所で問題になっているのは、超越論哲学のア・プリオリな諸原理や諸法則が、経験に適用される際には「仮説的な実在性」しか持たないのに、それを「実在性」を持つと考えるのは「構想力による錯誤」だとするマイモンの主張である。その際フィヒテが参照しているマイモンのテキストは、*Streife-*

*reien im Gebiete der Philosophie. Erster Theil*の第一論文「哲学の進歩について」や*Versuch einer neuen Logik*の「序文」である。

(65) フィヒテは一七九五年春に、ラインホルトに宛ててこう書いている。「マイモンの才能に対する私の尊敬は限りなきものです。誰も彼もが理解してきたような、そして貴兄によっても理解されてきたようなカント哲学の全体すらが、彼によって根底からひっくり返されたのです、私はそう確信していますし、またそのことを証示する用意もあります。だが、彼がなしたことすべてに誰も気づかないまま、高みから彼を見下しているのです。将来数世紀後には、われわれは痛烈に嘲笑されることになるだろうと、私は思っています」(*GA*, III/2, 282)。この書簡の第二草案 (ibid., 267-276) にも、ほぼ同じ言葉が書きつけられている。草案は、それに続けて――以下に本文で言及する――往復書簡のマイモンによる一方的な公開に触れ、「私も貴兄の立場なら、そのことを厳しく罰するでしょう」が、「私の尊敬」は「思索者」としてのマイモンに向けられているのだと断っている (ibid., 275)。

(66) Philosophischer Briefwechsel nebst einem demselben vorangeschickten Manifest, in: *Salomon Maimon's Streifereien im Gebiete der Philosophie. Erster Theil.* Berlin 1793 [Aetas Kantiana 1970]. 以下、同著からの引用は*Streifereien*と略記して、初版の頁数を本文中に記す。交わされた一〇通の書簡の最初のものは一七九一年六月末付けであり、第六通目の書簡がマイモンから出されたのは一七九二年五月二二日であるが、それ以降の四通に関しては日付が不明である。第八番目の書簡でマイモンが、(一七九二年一〇月に公刊された)『カント哲学についての書簡』第二巻の内容にかなり詳しく言及している点から推測すれば、最後の書簡はこの年の晩秋、ないしは冬に出されていると考えられる。最初の五通の書簡は、*Karl Leonhard Reinhold, Korrespondenzausgabe der Österreichischen Akademie der Wissenschaften*. Bd. 3. *KORRESPONDENZ 1791*, hrsg. v. F. Fabbianelli, E.Heller, K. Hiller, R. Lauth, I. Radrizzani und W. H. Schrader. Stuttgart-Bad Cannstatt 2011にも収められている。

(67) Briefe des Philaletes an Aenesidemus, in: Salomon Maimon, *Versuch einer neuen Logik, oder Theorie des Denkens. Nebst angehängten Briefen des Philaletes an Aenesidemus*. Berlin 1794 (Neudrucke seltener philosophischer Werke, Bd. III. Berlin 1912). 以下、この書簡からの引用は、Philaletesと略記し、本文からの引用はLogikと略記し、上掲再版にも記されている初版の頁数を本文中に記入する。M・フランクは、「この書簡は疑いもなく、同時代人によるエーネジデムスの批判的検討の最も感銘深い、かつ最も切れ味鋭いドキュメントである」と評している (Manfred Frank, op. cit., xvi)。

(68) マイモンは「注釈」部分で、各種の懐疑論を次のように区別している。古代の懐疑論は、(a)「(外的、内的) 知覚の客観的必然性と普遍性」だけでなく、(b)「事実としての知覚それ自体」をも疑っている。ヒューム的懐疑論者は、(b)は疑っておらず、(a)だけを疑っている。それに対して「私の懐疑論は、客観的必然性の概念を認めた上で、知覚の諸客体にこの〔客観的必然性の〕概念を現実に使用することだけを疑っている」(*Streifereien*, 192)。「私は、この客観的必然性の概念をどこから得たのかと問われれば、私は数学の諸客体とそれらの関係に即して、客観的必然性を知るのだと答える。さらに、私が知覚の客体一般には付与せず、数学の諸客体にだけ付与しているこの客観的必然性の基準は何なのか、と問われれば、私はこの基準はまったく明白である、と答える」(ibid., 192f.)。「知覚の諸客体」の場合とは違って、「数学の諸客体は、主観のうちにそのような〔知覚の場合のような〕制約を前提としていない。私は直線を必然的に最短の線として思惟する」(ibid., 193) からである。

(69) その独自の理解は、前の注に示唆されているように、とくに数学（幾何学）的認識と経験的認識を峻別し、「カテゴリー」は「単に数学の諸客体と関係づけられ」、数学においてのみその使用を得ると考えている点である（*Streifereien*, xv）。したがって彼によれば、カテゴリーはカントが考えているように「実的な諸客体（reelle Objekte）一般が思惟可能であることの制約ではなく、実的諸客体がア・プリオリに思惟可能であることの制約にすぎない」(ibid.)。それゆえ、超越論哲学の諸原理は、経験的諸対象に関しては「仮説的な実在性」(ibid., 203f., 207) しか持っていない。この点がマイモン的懐疑の対象になっているのである。その意味では、マイモンは、カントによるカテゴリーの「形而上学的演繹」は承認しても、その「超越論的演繹」の妥当性を認めていないのである。

(70) 『辞典』とは、マイモンの *Philosophisches Wörterbuch, oder Beleuchtung der wichtigsten Gegenstände der Philosophie, in alphabetischer Ordnung*, 1. Stück. Berlin 1791 [Aetas Kantiana 1969] を指している。ラインホルトはこの著を、*ALZ*, Nr. 7 (7. 01. 1792), Sp. 49-56 で書評している。

(71) マイモンは次便では、それを反駁する証拠として、カントがM・ヘルツに宛てた一七八九年五月二六日付けの書簡（*KA*, IX, 49）中で、マイモンが類稀なる鋭敏さで批判哲学の精神を捉えていると記した文章を持ち出している（*Streifereien*, 207）。

(72) この点について、マイモンの『哲学辞典』はこう説明している。「知覚の客観一般に対する関係は〔中略〕単に論理的にすぎない。しかしわれわれは、構想力の作り事によって、この関係を実的（reel）なものとみなし、それでこの知覚の実的な総合に対する関係の外部に、すなわちそれの他の知覚に対する関係の外部に、さらに、それ自体は規定されているのにわれわれには知られていない基体に対する関係を考え出すのである」(*Philosophisches Wörterbuch*, 49)。

(73) Salomon Maimon, *Philosophisches Wörterbuch*, 48f.

(74) *Magazin zur Erfahrungsseelenkunde*, 9. Bd., 2. Stück. 108. ただし、マイモンは「この理論には実質的な確信が欠けている」と付け加えるのを忘れてはいない (ibid.)。

(75) 「第一書簡」は導入部に相当する。ここでマイモンは、自分の懐疑論とシュルツェの懐疑論の相違を論じ、こう結論づけている。シュルツェの「懐疑論は、外見上は独断論により強く対抗しているように見えるにもかかわらず、批判哲学に対してよりも独断論により好意的である」。「それに対して、私の懐疑論は、〔中略〕批判哲学よりももっと独断論に対抗的である」(Philaletes, 300)。「第三書簡」は、ヒュームとマイモンとの対話形式でなされる、ヒューム的懐疑論との批判的対決を主題としている。「第六書簡」はカントの理性批判に対するマイモンの批判を、そして「第七書簡」はマイモンの認識能力批判の諸原理を主題としている。

(76) 栗原隆『ドイツ観念論からヘーゲルへ』がこの挿話を取り上げ、ラインホルトとマイモンの関係を論じている。栗原氏はこの挿話を、「体系」を基礎づけるものを「体系の外に」求めることへの揶揄として論じている（同著、一八四‐一八八頁）。

(77) マイモンは、①「形式的思惟」、②「恣意的思惟」、③「実的思惟（reelles Denken）」を区別する。①は「客体を欠いた単なる形式」の思惟（たとえば、因果関係一般を思惟すること）であり、②は「規定された形式を欠いたまま思惟に与えられた客体」の思惟（たとえば、「四角い徳」を思惟すること）であるのに対して、③は「与えられた客体とこの客体によって規定された形式を含む」思惟（たとえば、「三本の線によって囲まれた三角形を」思惟すること）である（Philaletes, 310f.）。彼によれば③だけが、哲学の対象をなす。この「実的思惟の根本命題、したがって哲学全体の根本命題が、規定可能性の根本命題である。ここからすべての命題が導出され、規定されるのである」（ibid., 310）。この根本命題において、その「主語」は「それだけで確定的であると同時に規定可能である、意識の客体として実在している」のに対して、その「述語」は「それだけでは実在しておらず」、「主語の規定としてのみ」存在している（vgl. *Versuch einer neuen Logik*, 77）。この「規定可能性の命題」がライプニッツの「充足理由律」に源泉を持っていることはつとに指摘されてきた。

(78) 以下、『寄稿集Ⅱ』（*Beyträge zur Berichtigung bisheriger Missverständnisse der Philosophen. Zweitter Band, die Fundamente des philosophischen Wissens, der Metaphysik, Moral, moralischen Religion und Geschmackslehre betreffend.* Jena: bey Johann Michael Mauke 1794）からの引用は、*Beyträge II*と略記して、頁数を直接本文中に記入する。

(79) Vgl. *ALZ, Intelligenzblatt*, Nr. 53 (2. May 1792), Sp. 425-427. ここでラインホルトは、第二巻が「今度の復活祭には出版されるはずである」と告示している。この第二巻は「第一巻で開始された根元哲学の学説体系の続き」のほかに、「欲求能力の新たな試論を、そして哲学知の基底に関する論文の続きを含むであろう。この続きではとりわけ、根元哲学において意識律（これを私は唯一の基底命題だと宣言したのではなく、第一の基底命題だと宣言したのだが）に特有である機能が、かの論文でなされたよりもっと詳細に叙述されるはずであり、私が立てる他の基底諸命題に対する意識律の関係が展開されるはずであり、意識律がかの他の基底諸命題を介して個々の理論哲学と実践哲学の、すなわち形而上学や道徳学や自然法の根本諸概念とどのように連関しているかが示されるはずである。その際とくに今年の『一般学芸新聞』Nr. 92, 93での書評〔シュミートの基底論文書評〕の啓発的な意義が利用されるはずである」。

(80) この修正の試みが読み取れるのは、『寄稿集Ⅱ』に所収の七編の論文のうち、第一論文だけである。他の諸論文はより先の時期に起草されており、『寄稿集Ⅰ』での旧い「根元哲学」と同調的なのである。この点に関してはFaustino Fabbianelli, Einleitung, in: ders (hrsg.), *Beiträge zur Berichtigung bisheriger Mißverständnisse der Philosophen. Zweitter Band.* Hamburg 2004 (PhB 554b) を参照。

(81) そのような「諸制約」として、「自然的諸制約」、「心理的諸制約」、「道徳的諸制約」が挙げられ、それらが悟性の判断をどう左右するかが簡単に説明されている（*Beyträge II*, 19f.）。

（82） M. Bondeliは「ラインホルトがこの段階では、経験的な諸定理にある程度依拠することによって、導出問題を片づけようと苦労していること」を看過すべきでないと述べている。この第一論文で中心概念として浮上してくる「内的経験」という概念は、「ロックが――『感覚（sensations）』と区別して――『反省（reflection）』と名づけ、そして『内官（internal sense）』あるいは『心の働き（operations of mind）』といった表現で記述した、かの経験源泉を思い起こさせる」。さらに彼は「『事実（Tatsache）』という新たに導入された概念は、おそらくヒュームのmatter of factから、あるいはまたライプニッツのverité de faitから借用したものであろう」という興味深い指摘をしている（Martin Bondeli, *Das Anfangsproblem bei Karl Leonhard Reinhold. Eine systematische und entwicklungsgeschichtliche Untersuchung zur Philosophie Reinholds in der Zeit von 1789 bis 1803*. Frankfurt am Main 1995, 131）。

（83） *Auswahl vermischter Schriften. Zweiter Theil*. Jena: bey Johann Michael Mauke 1797, 276f.

（84） *Aus Baggesen's Briefwechsel mit Karl Leonhard Reinhold und Friedrich Heinrich Jacobi. Zweiter Theil*. Leipzig 1831. 5f.この書簡でラインホルトは、こう書いている。「僕は、根元哲学の第一の主要契機を意識一般の命題のうちに立て、第二の主要契機を認識の命題（『寄稿集Ⅰ』）のうちに立てた。そして次のように主張してきた。すなわち、そのほかの諸契機は似たような仕方で、先の諸契機のもとにあるが、しかし一部では（それらの固有なところを考慮すれば）根源的でもある他の意識の諸命題からなる、と。超越論的自己意識の僕の命題は、超越論的主観の持つ自発性の三階梯論を根底にあるべきであった」（ibid., 5）。

第七章　意志の自由をめぐる諸論争と『カント哲学についての書簡』第二巻（一七八八〜九二年）

先の数章が順を追って明らかにしてきたように、ラインホルトは『試論』（一七八九年）に続いて、『寄稿集Ⅰ』（一七九〇年）および『基底』（一七九一年）を公刊し、カントの理論哲学の批判的検討を次第に深化させ、そして「意識律」を「第一根本命題」とする「厳密な学としての哲学」体系構想、つまり「根元哲学」の体系を構想するに至った。だが、彼のカント哲学の批判的検討は理論哲学の領域でだけ進行していたのではない。彼はそれと並行して、実践哲学の領域でもカントの理説への疑念と批判を強めていた。一七九一年と一七九二年に、彼の公論活動のホームグランドであった『新ドイツ・メルクーア』誌に発表された七篇の論文――これらは、道徳と宗教と法の新たな根拠づけに費やされている――を中心としたその批判的検討の成果が、『カント哲学についての書簡』第二巻（以下『書簡Ⅱ』と略記）として結実するのが一七九二年一〇月のことである。

本章は、この『書簡Ⅱ』で提唱されたラインホルトの「意志の自由」論の生成過程を追い、この理論の内実を検証することにする。まず、問題の所在について見通しをよくするために、「意志の自由」論論争の背景を眺めた上で（第一節）、問題の発端となったレーベルクの『実践理性批判』書評を紹介する（第二節）。続いて、ラインホルトの最初の自由論ともいえる『試論』での「衝動‐意志」論を検討し（第三節）、続いて彼の自由論の否定的動機となったシユミートの「叡知的宿命論」を紹介する（第四節）。そして、ラインホルトによる「意志」と「理性」の分離論の生成過程（第五節）を明らかにした後、この分離論に基づく「意志の自由論」を検討する（第六節）。

第一節　意志の自由をめぐる論争の背景

『書簡Ⅱ』の「序文」でラインホルトは、カントが「意志」の正確な定義をまったく与えてこなかったと公然と非難し[1]、行為における意志の自由を十全に評価するには、カントでは明確に区別されていない実践理性と意志を概念上区別する必要があると主張するに至る。この区別づけは、具体的には「実践理性」の自己立法に基づく自由と、人間の具体的行為に際しての「選択意志」の自由を厳密に区別することを、その核心としている。したがって、それはまた同時に、「理性」の概念と「自由」の概念を切り離し、後者を前者のもとに根拠づけることを否認するということを含意している。もちろんラインホルトにとっては、この区別の提唱はカントの自由論から不明瞭さを取り除き、それを精錬しようとする試みにほかならなかったのが、その企てはカントの道徳的自由論からの明らかな逸脱を含んでおり、カントの理説との批判的対決を避けがたいものにした。

かの「自由」の両概念の区別請求の妥当性は、フィヒテをはじめかなりの同時代の哲学者たちに一定程度受け入れられた[2]。だがこの区別の主張はそれと同時に、「選択意志」を「理性」からも、「感性」からも独立な第三の審級機関として位置づけようとする企てを含んでいた。その点ではこの企ては、明らかにカント実践哲学の基本的枠組みから逸脱している。かの区別の妥当性を承認した人たちにとっても、この企ては非難の的になった。何よりも、「理性」から切り離された「選択意志」の自由は、――自由のカント的理解に従えば、「選択」の理性的根拠を欠いているがゆえに――再び偶然的、無差別的自由に転落する可能性を含んでおり、ひいては伝統的な「無差別的均衡」の自由に途を開きかねないからである。

さて、ラインホルトにこのような理論的企てを促した背景と諸要因を理解するためには、カントの自由論の思想史的意味に立ち返って考えてみる必要がある。「道徳的自由」を核とするカントの自由論は、広い歴史的パースペクティヴに置き直して考察すれば——以前から「第一批判」の意義について、ラインホルト自身がそう評価してきたのと同じように——、旧来の伝統的な自由論の対立を止揚、調停する試みであったとみなすことができる。その対立とは、単純に図式化すれば、一方におけるある種の宿命論を極端な形式とする「意志決定論」と、もう一方における「無差別的均衡論（aequilibrium indifferentiae）」における「無差別な自由」を極端な形式とする「意志自由論」の対立である。この対立は、一世代前のドイツの哲学界ではライプニッツ（Gottfried Wilhelm von Leipniz 1646-1716）とクルジウス（Christian August Crusius 1715-75）の対立として現れていた。ライプニッツでは、この対立は決定論に与するかたちで解決されたのだが、その際、「均衡論」によって擁護された自由にもそれ相応の権利が認められたものの、「均衡論」それ自身は支持しがたいものとして排除された(3)。それに対してクルージウスは、この「決定論」が他の行為が別の選択肢として可能であったことを完全に排除し、そのことによって「帰責」の問題を解消し、もって自由と道徳を破壊すると反論し、あくまで意志の自由を主張した。若きカントもこの対立の調停にコミットしていた(4)。

批判期のカントの自由論は、様々な形態で登場してきていたこの根本対立の止揚、調停の試みともみなせる。カントは、一方で感性界が自然の因果必然性に支配されていることを認めながら、もう一方で人間の意志的行為を自然の因果必然性の連鎖の一項に解消することを斥け、「意志の自律」において実践理性が「一切の経験的なものから独立に意志を規定しうる」ことを証示しようとした。そしてこの「実践的使用」において、純粋理性が「客観的実在性」を得ると考えた。しかし、この「調停策」もただちに反カント陣営からは集中砲火的な批判を浴びただけでなく、カント陣営の一部からも異論と修正策が提案されることになる。

まず、『実践理性批判』公刊の翌年、カント陣営の一員と目されていたハノーファーの宮廷の官僚レーベルクが、同書の根本テーゼに異論を唱え、ここでは「純粋理性が実践的である」ことは証示されていないという書評を公にする。その翌年、ラインホルトは『試論』に挿入された「欲求能力理論の概要(Grundlinien)」(以下「概要」)において、「純粋に理性的な衝動」を根拠とする「絶対的な」自由と「感性的‐理性的な衝動」に基づく「相対的な」自由との両立を図ろうとする、衝動‐欲求‐意志論を著す。さらにその翌年、当時最も有名なカント主義者の一人であったシュミートが、カントの自由論における「理性の因果性」論を徹底して、自ら「叡知的宿命論」と称する立場を提唱する。ラインホルトがその翌々年、『書簡Ⅱ』で「選択意志」の自立論を唱えた背景には、人間の行為における「帰責」の問題を廃絶してしまうこの宿命論に対抗する意図があった。それに対してシュミートは、ラインホルトのこの主張を後にクルージウスと並ぶ「無差別論」的「非決定論」と断罪し、一七九二年頃から、シュミートの意志「決定論」とラインホルトの意志「自由論」の対立が次第に顕わになっていく。

さてそうすると、意志「決定論」と意志「自由論」の対立を止揚したはずのカントの新たな自由論それ自身を共通の地盤にして、わずか数年のうちに、かの対立が改めて、批判哲学自身の内部で――イェーナの同僚であり、当時最もよく知られた二人のカント主義者の間で――再燃したことになる。こうした事情を踏まえるならば、『書簡Ⅱ』での意志自由論の意義を理解するためには、それを単にカントの道徳‐自由論との理論的整合性という観点から査定するだけでなく、より広いパースペクティヴと思想の配置関係のもとに置く必要がある。

そういう事情で、ここでわれわれは一旦、時間を一七八〇年代の末まで、巻き戻さなければならない。カントは『実践理性批判』を一七八七年の年末に公刊した。この出版も一つの誘因となり、その直後から哲学界では人間の自由とその可能性、現実性を主題とする論考が次々に公刊されていた[5]。カントの第二批判も数多くの批評、書評を生み出したが、それらの評価は総じて――第一批判がそうであったように――無理解と誤解に満ちたものであった。いやそれどころか、第二批判は当時、第一批判以上に批判の砲火にさらされていたといっても過言ではない。

イェーナの実践哲学の正教授ウルリッヒは、その『自由論(*Eleutheriologie*)』(一七八八年)[6]で、ライプニッツ的決定論の立場に立って、「必然と偶然の間には、決定論と非決定論の間には、中間の途などまったく存在しない」、それゆえ中間の途を進もうとするどんな試みも所詮無駄に終わると断言していた。そして彼は、第三アンチノミーにおけるカント的解決の試みに異議を呈し、「小細工をして」道徳的自由を自然必然性の彼岸に根拠づけようとするカントの企ての無効を宣言していた。ウルリッヒが、カントの自由論の要諦を、「それの直接的作用は時間のうちに作動するのに、それの因果性は時間のうちには作動しないような或る原因が思惟可能であるという、超越論的理念」(7)にあると捉えていることは、彼がカントの道徳的自由論のはらむ核心問題の方法論的所在を的確に捉えていることを示唆している。まさに、そのような「因果性」がどのように把握されるか、あるいは思惟されうるか、この点がこれ以降の「意志の自由」論争の枢軸となるのだから。また彼の決定論は「経験的特性は必然的に叡知的特性のうちに根拠を持っている――かくして、ここでも必然性があり、至るところに必然性がある」(8)という信念に支えられているが、「ここでも必然性があり、至るところに必然性がある」という表現は、後にシュミートが使用する表現である。ウルリッヒの『自由論』の思想的原基がすでに「宿命論的決定論」であり、後に(本章第四節で)紹介するシュミートの「叡知的宿命論」は、ウルリッヒのこの「決定論」のより首尾一貫した形態であったといえる(9)。

　さらに、一七八九年春に出版された『スピノザ書簡』の改訂増補第二版に、ヤコービは「人間の自由について」という小文を挿入して、こう書いていた。「実践理性の必当然的法則と呼ばれるかの道徳法則」が明らかにしたのは、「理性と結合された単純な根本衝動がその最高の段階にまで展開されると、まごうことなき機械論を示し、いかなる自由も示さない」ということだ(10)。この批判の趣旨は、おおよそ以下のようなところにあるのであろう。すなわち、カントの道徳的自由論に語られる、意志に対する「理性の因果性」が法則的必然性を含意している以上、「自由な」行為は道徳法則による必然的強制の帰結として現れるほかなく、ここには、ときに理性に抗して決断される「実存的」自由の類は、初めから排除され、「人間の自由」は理性の必然的で機械論的な機制のうちに解消されている。

第二節　レーベルクの第二批判書評（一七八八年八月）

それら数多くのカント自由論批評の中でも、『一般学芸新聞』に掲載されたレーベルク[11]の「第二批判」書評がここでとくに重要だとみなされるには、二つの理由がある。一つは、相対的に見て批判哲学に好意的あるいは少なくとも中立的立場からなされたこの書評が、第二批判が論証しようとした根本問題に、すなわち純粋理性がその「実践的使用」において「客観的実在性」を得るという主張に、正面から異を唱えており、しかもこの異論が当時一定の理解と共感を得ていたと思われるからである。もう一つの理由は、この書評がラインホルトの『書簡Ⅱ』での意志の自由論の形成に、明らかに一定の影響を及ぼしたと推測されることにある。すなわち、『書簡Ⅱ』の「序文」は、かの書評の「注目すべき著者の異論」が「自由に関する私の探求に実り多き示唆となった」と述べ、次のように続けている。「私は、書評の著者と同様に、理性の実働態（Wirksamkeit）のうちに本来の自由を考えることはできない、またかの著者と同様に、理性が意志の行為を自ら自身によって規定する根拠をあたかも含んでいるかのような意味で、理性を実践的だということはできない[12]」。こうして、一七九二年の『書簡Ⅱ』ではラインホルトは、一七八九年には無視していたレーベルクのカント批判に基本的に同意するに至るのである。ただし、すぐ続けてラインホルトは、理性と意志と自由の関係について、レーベルクとの見解の相違も述べているのであるが[13]。

レーベルク-ラインホルト関係については、もう一つ触れておくべき点がある。それは、シュミート-ラインホルト関係もまたそうであったように、当時双方が互いの著作を『一般学芸新聞』で書評し合うという緊張をはらんだ関係にあったことである[14]。双方とも、当然相手方の言い分に留意するとともに、いわば相手方の出方に相当に神経をとがらせていたのである。

さて、問題の書評は一七八八年八月六日の『一般学芸新聞』（第一八八a号、同b号）に掲載された[15]。レーベルクはカントが開陳した自由論の諸成果をおおむね認めながら、「第二批判」の論述を要約している。そして書評の中盤で総括的な評価をこう述べる。「およそ道徳なるものが存在するならば、そして道徳が単なる怜悧の教説に貶められるべきでないとするならば、道徳の諸原則は定言的でなければならない。必然性は理性認識のうちにしか見出せず、それゆえ純粋理性だけが純粋な道徳論の認識源泉である。このことはすべて疑いえない[16]」。さらに、経験論的道徳論の擁護者たちは、『実践理性批判』の多くの箇所で強力かつ説得的に自分たちに浴びせられている非難からどう逃げようか、思案をめぐらせていることだろう、とまで述べている。だが、彼はすぐ続けて、こう問題を提起する。「しかし問題は、純粋理性はただそれだけで、理性が実働的であることとの総合的原則を見出すことができるのかということであり、道徳法則としての純粋理性は感性的人間とどういう関係にあるのかである[17]」。

書評者は自ら立てたこの問いをパラフレーズしながら、自ら答えようとする。「まず第一に、そもそも純粋な理性を思惟することは許されているのか?」。書評者の答えはこうである。「カテゴリーの実在性は、感性の純粋形式の直観を介して感官の諸対象に証示されうるにしても、可想体（noumena）はカテゴリーのもとに思惟することはできない、ましてや認識することなどできない。そうすると、許されるのは、純粋理性（一つの仮想体）を原因あるいは力と考えて、しかる後にその作用結果に相当するものを善と呼ぶことしかない[18]」。かくしてレーベルクに従えば、「原因としての純粋理性のもとに」ありながら、「この作用結果としての善」に関係するのが、「純粋意志」である。こう考えれば、「自由を介して、原因としての純粋理性を（まったく未知の）ある客体に結びつける総合的原則が思惟可能になる[19]」。ウルリッヒが指摘していた「時間のうちには作動しないような」因果性としての「純粋理性」は、「純粋意志」を媒介として、「時間のうちに作動する」作用結果としての「善（なる行為）」と連接される——これが、レーベルクがさしあたり提案する解決策である。

当然、問題はこれで片付かない。それで書評者はさらに自問自答を重ねる。「ただ問題は、感性界と純粋理性との連関がどのように証示され、感性界で純粋理性の実在性がどのように証示されるか、ということである[20]」。この問題こそ、書評者にとっては最大の関心事なのである。この書評でのレーベルクの疑念、批判はすべてこの一点に集約されるといってもよい。ここでもまた、彼は自らの回答をこう提示する。「このことは、自分自身を純粋理性として、純粋意志や絶対的善の所有者として、意識することを介してしか起こりえない。著者〔カント〕自身も〔『実践理性批判』の〕冒頭に述べているように、純粋理性は現実に実践的であるとき、初めてその実在性を証明する。しかし、第一のこと、純粋理性としての自己意識などどこにも実在していない。また第二のこと、純粋意志としての意識は、第一のことに依存している」[21]。レーベルクが述べているのは、感性界にある人間は自ら自身のうちに、行為における「理性の因果性」を意識することはできないということである。かくして「感性界と純粋理性との連関」「感性界での純粋理性の実在性」は、『実践理性批判』では証示されていない。そしてこの「連関」を欠いている以上、純粋理性は直接的にも、間接的にも、行為する意志を規定できない、したがって「純粋理性は実践的たりえない」というのが書評者の結論である。レーベルクは、純粋理性は何らかのかたちで「感性」〔経験〕と媒介されて初めて「実践的たりうる」と思い込んでいるのだが、カントにおいては「純粋理性が実践的たりうる」という言明は、「純粋理性がただそれだけで、一切の経験的なものから独立に意志を規定しうる」(*KA*, V, 42)[22]という確信に支えられている。ここに根本的な対立がある。

だが、書評者はさらにこう続ける。「最後に三つ目として、絶対的な善の理念の説明〔「分析論」第二章では、それが無駄に試みられているだけなのだが〕を問題にするならば、そこからは理性に適合的なもの以外何一つ聴き取れない。この善が超越的な目標(Objekt)と考えられるべきであるならば、そこからは熱狂(Schwärmerei)のほか何一つ生まれてこない」[23]。おそらく書評者は次のように考えているのであろう。この善の理念は一切の実質を欠いた「形式的なもの」にすぎず、しかも「理性法則」はもとより「形式的なもの」であり、「われわれの超越的な認識」もただ「形式的なもの」に向けられているのだから、ここでは、感性や経験から切断された「形式」による、「形式」への取り憑かれたような熱望しか起こってこない。それでレーベルクの評価によれば、理性の「理論的使用の場合と同じように」、ここでも「理性は自分自身のうちを回転しているだけであり、自分自身から外へ出ることはまったく考えられず、せいぜい自分自身にとっての総合的原則を発見できるだけである」(24)。つまり、ここでも書評者の批判は、純粋理性が「感性界」への「通路」あるいは「媒介項」を欠いているという点に向けられているのである。

書評は別の箇所も「熱狂」に言及している。「法則についての満足がではなく、法則それ自身が感性の動因でなければならないという考え方それ自身がすでに熱狂である。法則に対する尊敬が一つの感情でありながら、それは感性的感覚ではないとでもすれば、それは(超感性的な諸対象を創案することを本質としている)熱狂以外の何であるのか」(25)。「法則のために、法則から直接的に生じてくることだけが道徳的に善であり、法則に対する尊敬がすべての感性的動因に害を与える」と考えるこの熱狂は、嵩じて「まったく危険な熱狂主義(Fanatismus)に至り、感官の圧殺に至る」ことになろう(26)。カントが『道徳の形而上学の基礎づけ』第一章で、意志を規定するものは「客観的には法則だけ」であり、主観的には法則に対する「純粋な尊敬の感情だけ」であると述べた直後、誤解を避けるために興味深い注を付して、この「感情」が感性的、感受的なものと類を異にする特殊な感情であることを強調していることは周知のところである。そして『実践理性批判』でも「分析論」第三章においてこの用語に度々言及し、それが「知性的根拠によって生じるような感情」であることを様々な表現で説明していることもよく知られている。もちろんレーベルクもそのことはよく知っている。しかし彼は、カントはその第三章で「この感情がまったく感性的な感情でないことを証明するために、あがいているだけだ」(27)と酷評している。彼は法則に対する「尊敬の感情」が、かの叡知的原因と感性的帰結の媒介項であるためには、それが「感性的感覚」でなければならないと考えている。しかし、カントはその「期待」をも裏切っている。こうして彼は、カントがその道徳理論から感性的要素を一切排除していることこそが、「感性界と純粋理性の連関」や「感性界での純粋理性の実在性」を証示できない原因だと考えている。

それで書評者は、第二批判における「理性」から「感性」への「通路」は、法則に対する尊敬の感情としての道徳感情にしか求められないと考え、その可能性を検討した上で、そうした試みもカントではすべて失敗に終わっていると判定する。その上でレーベルクは一見奇妙な結論を引っ張り出す。すなわち、彼は道徳的理性と感性界での行為との結合を保証するには、理性はその実在を神に依存させなければならない、と考える。可想的主体が感性界で行為しる根拠は、可想的主体と感性界両方の創造主が神であることにしか求められない、というわけである。

以上のような書評の内容から、『実践理性批判』がレーベルクにどう理解されていたかはもはや明らかであろう。すでに何度も述べてきたように、批評の要点は、純粋理性は感性界への「通路」を欠いているがゆえに、意志を直接的にも、間接的にも規定できず、それゆえ感性界における「客観的実在性」を証示できない、よって純粋理性は実践的たりえないということにある。この異論に対して、カントは感性界における純粋理性の実践的現実態は「意志の自律」に体現されていると反論できるであろう。(28) そもそも翻って考えるに、レーベルクの批判は、理性の「理論的使用」の場合とは違って「実践的使用」においては、純粋理性と感性を媒介する「図式」的機能が欠けているという点にあったといい直すことができるのだが、「実践的使用」においてその機能を果たすのは、カントの場合「意志の自律」にほかならない。しかし、レーベルクは、問題の解決を「意志の自律」に訴えることに納得しないであろう。なぜなら、彼はこうも述べているからである。「自由が、感性界の一切の制約から独立しているということだけを含意しているというならば、道徳法則によって規定されている意志の本性を見出すという課題と、自由な意志の規定根拠の本性を見出すという課題、この両方の課題の解決は、同一の命題」になってしまう。(29) 彼は、「道徳法則によって規定されている意志」と「自由な意志」の規定とは初めから同一のものと想定されることに異論を述べているのである。すなわち、理性的形式である「道徳法則に規定されている意志」、その限り理性的である意志と、感性にも規定されているはずの（と、おそらくレーベルクが考えている）「自由な意志」とが、初めから同形的であり、それゆえ同一視されていることに批判は向けられている。両者が同一である限り、「自由な意志」の「自律」は本来的意味では成立せず、依然としてただ「理性の自律」が成立しているだけだ、レーベルクはそう考えていたに違いない。この批判には、後のラインホルトのカント批判と相通じるところがある。

たしかにカントにとっては、両者は根本的には同一のことである、少し詳しくいっても同一の事柄の二つの側面である。だからカントは「意志は実践理性にほかならない」（*KA*, IV. 412）とか、「自由な意志と道徳法則のもとにある意志は同一である」（*KA*, IV. 447）と度々――そして不用意に――述べるのである。だが当然ながら、これは、「実践理性」と「自由な意志」の概念内容が同一だということを意味していない。また、意志が道徳法則の命令に、自動的、必然的に従うということも意味しない。カント自身もこの点に留意して、「自由な意志」が「単に法則に服従するのではなく、意志はまた自己立法するものとして、そしてまさにそれゆえに初めて法則に（中略）服従すると見られなければならないという仕方で服従する」（*KA*, IV. 440）と述べている。すなわち、意志は、少なくとも格率を選択する意志は、道徳法則の定言命法に無条件に従うのではなく、自らの格率を自らで法則に高めることによって、つまり「自己立法するもの」である限りで、法則に服従する。だが、それでも問題は明瞭になっているとはいい難い。ここでもなお「理性の自己立法」と「（選択）意志の自己立法」はどのように関係するのか、という問題には明瞭な回答が与えられていないからである。それゆえ、レーベルクが抱いている、そしてその他の多くの人が同様に抱いているのは、ここに述べられている「自由な意志」が実体化された上で、初めから予定調和的に「実践理性」と「道徳法則」の（叡知的）圏域もとに包摂、収容されているのではないかという疑念であろう。その疑念は、いわば、定言命法の「発信人」と「受取人」が根本的には同一人物であり、しかも両人はともに「叡知界の住人」と想定されているではないのか、という疑念だといってもよかろう。それでは、やはりその「自由な意志」は自由たりえないのではないか、とレーベルクは考えている（もちろん、カントはある意味ではかの「発信人」と「受取人」が同一人に「なるべき」だ、と主張しているのであるが）。「選択意志」が自らの自発性に基づく選択によって（理性的法則をではなく）感性的欲求の規則を採る場合には、カントがそれを「自由な意志」とは認めていないことが、この疑念をいっそう強めている。一方の自覚的選択が自由であるのに、もう一方の自覚的選択は自由でないとすれば、前者の「自由」がいかなる意味で自由といえるのか、それは理性的「必然性」の裏返しではないのかという疑念がさらに浮上してくるだろう。

こうして、レーベルクの批判点は詰まるところ、カントにおける実践理性の「自己立法」と意志の「自己立法」の区別と関係が明瞭に示されていないことに行き着くといえるだろう。そしてここからは、一方の、「道徳法則のもとにある意志」(*KA*, IV. 447)、道徳法則と一致している意志と、もう一方の自ら道徳法則を採ると決断する意志との間には、カント自身がなしていたのよりもっと強い区別が設定されるべきではないのかという問いが浮上してくる。カントの諸表現では、両者がシームレスに接合されている、あるいは同一視されているという印象は否定できない。ラインホルトが一七九二年にレーベルクの書評から「実り多き示唆」を得たと書くとき、書評がこの問いを再考することを促し、彼自身の実践理性と選択意志の概念上の分離論の形成に一つの示唆を与えたのだと考えられる。(30)

第三節 『試論』での衝動‐欲求‐意志‐自由論(一七八九年一〇月)

ラインホルトは一七九二年に公刊された『書簡Ⅱ』で初めて、欲求‐意志‐自由の連関を中心とした実践哲学を展開したわけではない。彼は最初の哲学的主著である、そしてもっぱら理論哲学を主題としている『試論』で、おそらく自らも予期せぬかたちでこの領域にすでに踏み込んでいた。すなわち、『試論』第三篇の最終部「理性の理論」(§77〜§88)の§86の途中に、彼は——構成上破格の体裁を取って——「欲求能力理論の概要」(以下「概要」と略記)という独立の表題を持つ論述を一五頁にわたって挿入し、(31)おおむねカントの理説の枠内で、しかし独自の着想と概念用法を使って、衝動‐欲求‐意志の連関と自由の関係を論じている。この衝動‐欲求論自身も、同時代の哲学者たちに影響を及ぼした。(32)本節では、実践理性と意志の概念上の分離に着手する以前にラインホルトが展開していた、衝動‐欲求‐意志論を見ておくことにする。

1　「選択の自由」としての実践的自由

「概要」に先立って、すでに『試論』「第一篇」§1の「道徳性の根本真理の認識根拠について」の項で、ラインホルトは実践的自由に言及している。ここで彼は、まずこう述べている。「道徳性」は「選択意志の行為と理性の諸法則の意図的な一致」において成立する。「この一致は行為者の選択意志にかかっているはずである限り、行為者は、多くの場合理性の諸法則に対置されている感性の要求に抗して、理性の法則を実現する能力を持っている。この能力が自由と呼ばれる」(*Versuch*, 89f.)[33]。ここまでは、カントの道徳的自由論に適っている。しかし、文章はすぐこう続くのである。この能力が自由と呼ばれるのは「行為者が行為を行うに際して、理性法則によっても、感性の要求によっても強制されずに行為する限りでのことである」(ibid., 90)。つまり、「自由」は、「感性の要求」から独立であるにとどまらず、「理性法則」による強制からさえも独立に行為する能力である。「自由」は「二重の独立性」を基礎としている。すると、自由は、道徳的行為にとってだけでなく、「理性法則」に従わない行為、すなわち非道徳的、不道徳な行為にとっても前提にされていることになる。いやそれどころか、上記の引用文中の「限りにおいてのことである」を厳密に解釈するならば、「意志」は、行為に際して、「理性」にも「感性」にも強制されないという消極的意味での「自由」を基礎として初めて、「感性の要求に抗して、理性の法則を実現する能力」としての積極的意味での「自由」を有することになる。すると、「強制」からの自由という消極的意味での自由がここでは（「理性法則」からも独立性も含め）拡張的に使用されており、しかもその上で、拡張された消極的意味での自由が積極的意味での自由（「理性の法則を実現する能力」）の基礎をなすという奇妙な論理になる。ここに早くも、この自由論の難点が――そして、後に彼が主張する「選択意志の自由」論が――顔をのぞかせている。これは、あくまで「自由な意志」をもっぱら「理性法則」との一致に根拠づけようとするカントの理説とは十分には適合しない。

だが、ラインホルトはそのことを意に介さないかのように、「実践的自由」の本質がそのような「選択意志の自由」にあるかのように、さらにこう述べている。理性を優先させることも、感性を優先させることも「両方が等しく行為者には可能であり、行為者がどちらを尊重しようとするかは、まったく行為者にかかっている。行為者は、自分の決定を自分の理性によって自ら規定するか、それとも感性の対象によって規定させるか、自由な選択を有している」(ibid.)。「理性法則の必然性から帰結することは、人間が理性と感性の間の選択以外いかなる選択も有しておらず、両者のいずれかを選択しなければならないだろうということであり、人間がいかなる選択も有しておらず、自由ではないということでは断じてない」(ibid.)。この「選択の自由」論は、たしかに解釈の仕方によっては、カントが『道徳の形而上学の基礎づけ』で述べていた所見、すなわち意志は「形式的であるア・プリオリな原理と、実質的であるア・ポステリオリな原理との真ん中にあって、いわば岐路に立っている[34]」という所見の徹底であるとみなすこともできる。しかし、この徹底化は明らかにカントの「自由」理解をすでに逸脱している。

　このような無制約的ともいえる「選択意志の自由」の主張は、「理性法則の必然性」と両立しないように見える。だが、彼はこう述べてもいる。「仮に理性法則が強制されているとでもすれば (gezwungen wäre)、それでも理性法則を厳密に遵守することが道徳的といえるのかどうかについては、私はここでは詮索しない。ただ次のことだけは主張しておく、すなわち、われわれの意志がたとえ理性法則によってであれ強制されて行為するという思い込み (Glaube) は、道徳法則が可能であり一貫した拘束力を持っているという確信と両立不可能である」(ibid. 91)。なぜならば、こうした「思い込み」のもとでは、「理性の強制が感性のもっと強い強制に打ち負かされないような場合にだけ」、「道徳法則を義務とみなし」、そういう場合にだけ、「法則の遵守が可能だとみなす」ことになりかねないからである (ibid.)。つまり、そのような場合、道徳法則は「一貫した拘束力」を持たず、したがって偶然的にしか実行されず、その結果、道徳の基盤は掘り崩されかねないことをラインホルトは自覚している。こうして自由が「偶然的な仕方で」しか成立しないことを認めるわけにいかない。「このことが、私が自由の確信を道徳性の根本真理だという理由である」(ibid.)。ややまわりくどいこの表現の背後に、われわれはラインホルトが、道徳法則はわれわれに「強制」されるのではない――その場合には、「選択意志」の自由は不可能になるから――と考えていることを読み取ることができるであろう。

ここでラインホルトは、経験のレベルにおいて「二重の独立性」を基礎とした「選択の自由」が現に存在することと、理性法則たる道徳法則が――「強制力」をではなく――「一貫した拘束力」を持つべきだということが両立すると考えている。そして「常識」を持った人間なら誰もが「選択の自由」が「現に存在していること（Wirklichkeit）」を疑いなく確信していることなのだ、とラインホルトはいう。「常識は、一切の証明がなくとも、自由が不可能でないことを想定しうるものだし、また想定しているに違いない」（ibid., 93）。彼によれば「常識」は、「自由が現に存在していること」を「自己感情の証言」に基づいて確信している。「しかし、哲学的理性は単なる感情の証言に信を置く前に、（自由が）思惟可能であることの証明を自らに要求しうるし、また要求しなければならない」（ibid.）。よって、「哲学は自らに対して、意志の自由の確信の認識根拠を弁明しなければならないのである」（ibid.）。われわれは、われわれに選択の「自由が現に存在していること」を理屈抜きに知っている。そのことは、「常識」が「自己感情」を通して意識している「事実（Tatsache）」（ibid., 91）なのである。この「事実」には、人間が「感性の要求に抗して」、ときには自分の財産や生命を危険にさらしても、道徳的-理性的行為をなしうることも――そして、その反対の事例が起こりうることも――「常識」は知っていることが含意されているであろう。しかし、そのことがなぜ可能なのかは、「常識」には不明なままなのである。その「可能性」の制約を究明するのは「哲学的理性」の仕事である。ここでは、ラインホルトはそう考えている。

2 「衝動」と「欲求」

「欲求能力理論の概要」はこの仕事の予備作業に携わっているといってもよい。まず、「概要」の置かれているコンテキストを明らかにしておく。『試論』の「理性の理論」の後半部（§83~§88）は、理性の無制約な統一形式によって生み出される三つの理念、すなわち「絶対的主観」（§84）、「絶対的原因」（§85, §86）、「絶対的共同体」（§87, §88）を究明しようとしている。「概要」は§86の途中に挿入されている。そして§86の冒頭に配されたテーゼは、こう述べている。「絶対的原因という理念が理性の因果性に関係づけられねばならない限り、この絶対的原因という理念によって、表象する主観は自由な原因として表象される。それも、理性が思惟活動に携わっていたり、欲求能力をア・ポステリオリに規定したりする限りでは、表象する主観は相対的に自由であると表象されるのに対して、理性が欲求能力をア・プリオリに規定する限りでは、絶対的に自由であると表象される」（*Versuch*. 558）。このテーゼが意味するところ、それはラインホルトがカントの第一批判で提起された「超越論的自由」の理念、すなわち「この絶対的原因という理念」の「現実化」を、「表象する主観」に関係づけられた理性の二つの行為様式（ア・プリオリな規定とア・ポステリオリな規定）として叙述することによって、かの「理性の因果性」を証示しようとしているということである。しかし、この「理性の因果性」こそ、後のラインホルトのカント批判の中心論点になることを、われわれは第二節で見ることになるだろう。

さて、「概要」は主観の実践的諸能力の最基層をなしている「衝動（Trieb）」を導出することから始まっている。ラインホルトの「表象能力理論」では、「表象能力」が「表象の単なる可能性の根拠」であるが、この表象の「可能性」を「現実の表象」に転化するには、或る力が働いている。ラインホルトはこの力を「表象力（vorstellende Kraft）」と呼んでいる[35]。つまり、「表象力」は「表象能力」を「現実の表象」の産出へと作動させる「力」であるといえる。そして、この「表象力」と「表象能力」の差異的関係から「衝動」が発源する。すなわち「表象力の（中略）表象の可能性に対する関係、（中略）表象の現実態の表象の可能態に対する関係、（中略）これを私は表象する主観の衝動と呼ぶ。衝動は力と能力の結合から成り立っているので、その力が能力とは区別されているどんな表象するもののうちにも現存していなければならない」（ibid. 561）。「衝動」は、われわれが漠然とそう思っているような、何らかの無規定的、実体的な「力」なのではない。「衝動」はラインホルトによれば、「表象力」と「表象能力」との差異的関係に根差している。「衝動」の能力は、この「関係」から生み出される。次に「衝動」から「欲求」概念が導出される。すなわち「衝動によってある表象を生み出すことへと規定されることが、欲望（Begehren）と呼ばれる、それで衝動によって規定される能力が、広義の欲望能力なのである」（ibid.）。

続いて、ラインホルトは「素材」＋「形式」＝「表象」という表象理論の根本図式を「衝動」にも適用し、そのことによって、「本質的に異なっているが、しかしまた本質的に結合されている二つの根本衝動」を区分する。「表象の素材を求める衝動」と「表象の形式を求める衝動」（ibid.）である。前者は、「表象する主観に根拠を持つ素材の欲求（Bedürfnisse）から生起し」、表象能力としての「受容性の形式」と結びつけられている。それに対して後者は、「表象する主観に現存している積極的な力から生起し」、「自発性の形式」と結びつけられている（ibid.）。さらにラインホルトは、両衝動のこの成立の由来に基づけて、両衝動の諸特性を特質づけている。すなわち「前者は受容性が触発されることを求めており、そうである限り広い意味で感性的であり、後者は自発性の発現を求めており、そうである限り広い意味で知性的である。前者は与えられることによってのみ満たされ、そうである限り利己的（eigennützig）であり、後者は純然たる行為することによってのみ満たされ、そうである限り非利己的（uneigennützig）である」（ibid. 562）。両衝動がこのように特質づけられる理由は、これ以上には明示されていないのだが、「素材衝動」－「感性的衝動」－「利己的衝動」と「形式衝動」－「知性的（理性的）衝動」－「非利己的衝動」の対比は、ラインホルトのこれ以後の衝動－欲求論の基本図式を形成し、また他の哲学者たちにも一定受け入れられ、広がっていくことになる。

3　経験的意志と純粋意志、あるいは相対的な自由と絶対的な自由

「概要」の論述は、「衝動」のこの特性描写を敷衍して、「衝動」をさらに種別化した上で、同じく種別化された「意志」との対応関係を展開することに進むのであるが、ここでその展開を先取りして、それらの対応関係を示せば次のようになる。(36)

素材を求める衝動　⇩　ⓐ最狭義の感性的衝動、経験的衝動
素材を求める衝動　⇩　ⓑ1狭義の感性的衝動、理性的‐感性的衝動　⇩　ⓑ2経験的意志
形式を求める衝動　⇩　ⓒ1道徳的衝動、純粋に理性的衝動　⇩　ⓒ2純粋意志

ⓐの衝動をラインホルトはさらに「粗雑な（grobsinnlich）感性的」衝動と「繊細な（feinsinnlich）感性的」衝動に細分しているが、この区分は、前者が「外的感覚を求めている」のに対して、後者が「単に内的な感覚を対象としている」という差異に基づいている（vgl. ibid. 564）。一見して奇異に映るのは、ⓑ1の衝動が「理性的‐感性的」と特質づけられていることである。「素材」を求める「利己的衝動」が、なぜ「理性的」でもあるのか。それはラインホルトによれば、以下のような理由による。この衝動はたしかに「悟性と結合された感性によって規定されている」（ibid.）のであるが、「感性によって制約され、悟性によって規定されたこの衝動」を、理性は「無制約なものにまで拡張し」、そのことによってこの衝動を「変容し」もするから、すなわちア・ポステリオリに規定するからである（ibid.）。「無制約なものへの拡張」という「理性」の本性に由来するこの関与のゆえに、この本来的に感性的な衝動は「理性的」とも形容されているのである。「ここでは、理性は無制約なものという理念によって、欲望能力を単に経験的に規定する」（ibid. 565）のである。この衝動が「幸福」を求める衝動にほかならない。すると、われわれの「幸福」追求が無際限であるということにも、理性の関与が介在しているということになろう。たしかに、理性のこの規定作用は否定的、消極的にしか作動しない。にもかかわらず、この点ではラインホルトは否定的、消極的にであれ、感性的衝動に対する理性の規定性を認めているといってもよい。

たしかに理性によるこの規定は、ア・ポステリオリにしか生起しない。にもかかわらず「理性が衝動に与える無制約なものという形式が、絶対的な自己活動の作用結果である限り」、理性はこの場合にも自由であるといわれている。ただ、ここでは理性は、衝動の素材を前提にしており、したがって衝動‐欲求をア・ポステリオリにしか規定しない

がゆえに、「相対的に自由」なだけである（vgl. ibid., 566）。
続いてラインホルトは「意志」の概念を導入し、「幸福」への衝動を満たすことを目指す「経験的意志」を規定しにかかる。「衝動の自己活動によって規定されたり、自ら自身を衝動の行為へと規定したりする表象する主観の能力が意志と呼ばれ、衝動の行為を生み出すべく意識的に目論まれた実際の自己規定が意欲〔意志活動〕と呼ばれる」（ibid., 567）。「意欲〔意志活動〕」は「欲望作用」と異なる。区別は、後者が「感性的衝動によって規定され」ているのに対して、前者は「理性によって規定されること、自己活動の働きである」点にある（ibid.）。三年後のラインホルトの「意志」理解を考慮するとき、ここでは、まだ「意志」が「理性によって規定され」た「自己活動」とみなされている点は注目に値する。そして「意志が、幸福を求める衝動を満たすための手段と理性に考えられるような行為へと自ら自身を規定する主観の能力である限りでは、その意志は経験的と呼ばれる」（ibid., 567f.）のである。かくして「経験的意志」のもとでは、「理性は、感性的衝動を経験的に規定し、また満足によってしか〔中略〕裁可されない規則を、この衝動の行為の様式に指定する」のであるが、「その限り理性は、経験的意志のもとでは相対的に自由にしか働かないのである」（ibid., 568）。[37]
それに対して、「衝動が、理性の自己活動以外の何ものによっても規定されず、理性の純然たる行為を対象としているような、自己活動の実際的行使以外の何ものにも規定されていない限り」、その衝動は「純粋に理性的な」衝動である（ibid., 569）。そして、「純粋に理性的な衝動の自己活動によって自らを行為へと規定する、表象する主観の能力が純粋意志と呼ばれる」（ibid., 571）。「純粋意志」が目指すのは、「理性の行為の様式を、つまり理性形式を実在化すること」（ibid., 569）である。
かくしてラインホルトによれば、「意志」は総じて自ら自身を行為へと規定する能力であるが、「経験的意志」は幸福を目的とする行為へと自らを規定するのに対して、「純粋意志」は「理性の行為の様式を、つまり理性形式を実在化すること」を目的とする行為へと自らを規定する。ここでも、ラインホルトはカントの理説にまったく忠実である。

そして、「純粋意志」は「純粋に理性的な衝動によって」規定されており、かつ「理性形式を実在化すること」へと自己を規定するという点には、カント場合と同様に「純粋意志」は「実践理性」に連接しており、その限りラインホルトも「純粋意志」と「実践理性」を同一視している。

以上の展開を踏まえて、ラインホルトは意志と自由についての自分の理解を改めて以下のように要約している。すなわち「人間の意志は、(1)それが理性の自発性の能力としてあり、けっして触発されることによって強制されない限り、自由である。(2)〔人間の意志が〕理性のほかになお感性も所有し、ア・プリオリにもア・ポステリオリにも自分自身を規定することができ、それゆえけっして非利己的衝動の法則と利己的衝動の法則のどちらか一方だけには、拘束されていない主観の能力としてある限り、人間の意志は自由である。しかし、その意志が自ら利己的衝動の法則に、意志に疎遠な法則に屈服するときには、意志はただ相対的に自由にしか行為しない。それに対して、非利己的衝動の法則を守るときには、意志は絶対的に自由に行為する」(ibid., 571f.)。

この引用文中の(1)と(2)は、どのような視点の相違によって書き分けられ、区別されているのか。前提になっているのは、「人間の意志」が「理性の自発性の能力」であることである。その上で、(1)と(2)が書き分けられている。一見すると、一切の強制からの自由としての「消極的自由」と、理性的であると同時に感性的でもある「人間の意志」の――ア・プリオリにであれ、ア・ポステリオリにであれ――「自ら自身を規定する」自由、その意味では「積極的自由」とが書き分けられているように見える。しかし、ラインホルトはかの視点の区別を、主観が「強制されて(gezwungen)」いることを免れているのか、「拘束されて(gebunden)」いることを免れているのかに結びつけている。この両術語は、§83で「感性」-「悟性」-「理性」の「自発性の三階梯理論」を根拠づけるのに使用されており、その要諦は次の点にあった。「感性の自発性」は「受容性が外部から触発されている」ために「強制されて働く」(ibid., 535)。悟性のそれは「強制」を脱しているが、なお「感性の形式に拘束されている」(ibid., 536)。それに対して、「理性の自発性」はもはや「感性のいかなる形式にも拘束されていない」がゆえに、「絶対的な原因として、強制もされず、拘束もされずに、己れの自己活動以外の何ものにも規定されずに働く」(ibid., 537) のである。ラインホルトはこの論理を「意志の自由」の「階梯」づけに援用しているのである。

すると(1)では、まずいかなるものにも「強制されていない」ことが、自由一般の成立の可能性として確認されているのだといえる。ラインホルトにおいては、いかなる意味の「強制」も（道徳法則による強制も含めて）自由とは両立しないと考えられている。(2)では、「理性の自発性の能力」としての意志が「強制」を脱しているが、なお「異他的なもの」に「拘束されている」場合が想定されている。その意志が「非利己的衝動」を対象としている場合には問題はない。「非利己的衝動」は「純粋に理性的衝動」であるのだから、この場合「理性の自発性」は「強制もされず、拘束もされずに、己れの自己活動以外の何ものにも規定されずに働く」(ibid.) ことができ、かくして「絶対的に」自由に働く。それに対して、「利己的衝動」を対象としている場合には、「その衝動の対象の素材が感覚によって与えられている」(ibid., 572) ことに「拘束されて」いるがゆえに、意志は「相対的に」自由にしか働かない。しかし、この場合、「相対的に」であれ、意志が「自由に」働くとラインホルトが考えている根拠は、当の意志が、対象としての「衝動」の素材の所与性という点において被拘束的ではあれ、「強制」からは免れているからであるように見える。「利己的衝動」に関わるそのような「ア・ポステリオリ」な自己規定としての「相対的自由」を、もちろんカントは「自由」と認めない。それに対して、ラインホルトはそれが「強制」されてはいないという一点で、「選択」の余地があるという一点で、そこにも「自由」を認めようとしているように見える。ここにすでに、後年の「選択意志の自由」論の深源が顔をのぞかせている。

4　総括と問題点

さて総じて「概要」でのこの衝動-欲求-意志論は、「衝動」と「意志」の働き方を種別化して、それぞれの対応関係を示しているものの、或る行為が「絶対的に」自由であったり、「相対的に」自由である際の区別の根拠は、いい換えれば意志や理性が衝動をア・プリオリに規定したり、ア・ポステリオリにしか規定しない区別は、「人間の意志」そのものの働き方の区別うちに究明されるのではなく、もっぱらそれが関係している「衝動」の特性の区別だけに求められているように思える。すなわち、「純粋意志」が絶対的に自由に行為できるのは、それが「純粋-理性的衝動」に、つまり「非利己的衝動」「道徳的衝動」に関わっているからであり、その限りでのことである。それに対して、「経験意志」が相対的に自由にしか行為できないのは、それが「感性的衝動」に、つまり「利己的衝動」「幸福を求める衝動」に関わっているからである。すると、「意志の自由」は、あらかじめ種別化され内容的に規定されている「衝動」の特性の区別――理性的であるのか、非理性的であるのか――に依存していることになる。すなわち、この場合行為の「自由」は、規定する主体と規定される「衝動」との「同形性」にだけ基づけられている。したがって自由は、意志や理性の働き方それ自身に基づけられていない。「概要」では奇妙なことに、「意志の自律」という語が（そして「超越論的自由」や「実践的自由」という術語も）まったく使用されていないことも、このことと通底しているように思われる。いい換えれば、この意志-自由論は、主体の自己規定としての「積極的自由」がいかにして可能になるかについては、素通りしているのである。

このことは、「概要」では多様な「自由」が語られているが、それらの連結点が明瞭になっていないことと連動している。第一に、「常識」においてだけでなく、「哲学的理性」においても妥当する、「理性法則」の「強制」からさえも独立な「自由」が語られている。第二に、一方だけに拘束されていないことに基づく「選択の自由」が多様な文脈で主張されている。これは『書簡Ⅱ』ではさらに強い表現で主張されるラインホルトの自由観の基礎となっている[38]。第三に、「純粋に理性的な衝動」を基礎として「理性の自己活動」を介して「絶対的な自由」が成立する。そして、とりわけ第三点を通して「理性の因果性」が証示された、とおそらくラインホルトは考えている。しかし、これらの自由の連結点が曖昧なのである。とくに、§1と上記の(2)に述べられていたような「選択の自由」と、（カントに従った）意志を理性の作用結果とみなす「理性の因果性」論とがなぜ両立可能なのか、ラインホルトはこの問題を、レーベルクのカント批判の後もまだ深刻に受けとめていない。ここに発する困難が、やがて彼に後者の「因果性」論を放棄するように促すことになる。

第四節　シュミートの叡知的宿命論（一七九〇年以降）

C・Ch・E・シュミートは、第一批判がまだ無理解と誤解にさらされその学術的評価において孤立していた一七八五年の冬学期、いち早く『純粋理性批判』の講義をイェーナの哲学部で開始した生粋のカント主義者であった。彼の講義用教本『純粋理性批判、講義用要綱。カントの諸著作の簡便な利用のための用語集付』（一七八六年）は好評のうちに三版を重ね、その「用語集」も後には単独で出版され、これも多くの読者に利用され、版を重ねた[39]。彼とラインホルトとの思想的、人間的関係は、年とともに微妙かつ複雑に展開していく。ラインホルトは、おそらく一七九二年の四月中頃までは、同僚シュミートを高く評価していた。彼は一七九一年六月にはデンマークの親友バッゲセンに、シュミートの『用語集』と『経験心理学』（一七九〇年初版）をぜひ読むべきだと推薦している[40]。ラインホルトがその『経験心理学』の書評を公にしたのは、一七九二年四月初旬のことである[41]。実は彼は、後に述べるようにこの書評で実践理性と意志の分離論への最初の一歩を踏み出している。シュミートの方はその一週間後、ラインホルトの『基底』の書評を同じ『一般学芸新聞』に掲載する[42]。シュミートはこの書評で、イェーナの年長の同僚に敬意を払ってか、「根元哲学」理論の根幹的部分に的確な批判を加えながらも、その一方でラインホルトがカント解釈とその普及のために果たしてきた功績を高く評価し、ラインホルトは今やカントと肩を並べるほどだ、とまで持ち上げている[43]。つまり、一七九二年四月初旬に相次いで公表された両者の相互書評では、少なくとも文面上では、両者は互いに敬意を払いながら、純粋に学理上の批判を展開している。

そのシュミートの宿命論的色彩の色濃い『道徳哲学の試論』初版が公刊されたのは、一七九〇年のことである。しかし、ラインホルトはこの初版に対しては、宿命論の危険性を察知しなかったようである。彼がその危険性を悟るのは、一七九二年の第二版を契機にしてである。[44] 一七九二年三月二八日、彼はバッゲセンに今度はこう憤慨している。「シュミートの『道徳』の改訂大幅増補新版が復活祭には出ますが、これはまったく素晴らしい内容を含んでいます。人間が自由に行為するのは道徳的行為の場合だけであって、反道徳的行為の場合にはそうでないという彼の主張に、また人間が後者〔反道徳的行為〕へと規定されるのは避けがたいという彼の主張に、私はまったく憤慨しています。〔中略〕彼の根源的な錯誤（proton pheudos）は、理性の因果性と理解された意志のカント的概念です。いうまでもなく、そこから明らかになるのは、道徳的なことが理性の行為であるとすれば、反道徳的なことは理性の行為ではありえないということであり、したがって理性の行為だけが自由であるはずなので、反道徳的なことは自由でありえないということなのだ」[45]。ここで重要なことは、シュミートの宿命論の根源には「理性の因果性と理解された意志のカント的概念」がある、とラインホルトが判断している点である。

ではシュミートは、どのような議論を通して宿命論を提唱するに至ったのか。『道徳哲学の試論』の「宿命論」に関わる箇所の議論は、様々なレベルの行為の自由が自然必然性と両立しうることを、順を追って段階的に論証しようとしている。

まず彼は、「決定論の体系と帰結」の項で次のような自分の根本的立場を表明する。「私の意志の行為はすべて、自然のうちでの出来事にほかならず、自然法則に服している。〔中略〕それゆえ、私が時間的状況のすべての総和が必然的に伴っていること以外の何かを意志したり、行為したりすることはまったくありえない」[46]。そして「意志の自由と必然性に関する問題が、意志の行為がいつでも一定の仕方でそれに従っているような法則は存在するのか、しないのかというように規定されるならば」、当然理性は法則の存在の方を採る。すると「いわゆる道徳法則も、それが〔中略〕もう一方の欲求能力の自然的（心理的）法則と衝突しない限りでだけ、妥当するにすぎない」。したがって、義務による「拘束力（当為）も、自然の諸力の作用結果の一種の自然的必然性である」[47]。かくして「決定論ということで、自然のうちにどんな偶然も否認し、或る出来事がまったく偶然に起こったといういかなる説明も退けるような哲学的立場を理解するなら、決定論が唯一正しい理性的な立場である」[48]。ここまでが、シュミートの議論展開の第一段階である。

しかし、当然ながらシュミートも、人間の行為には「自由な感性的選択意志」や「実践的自由」、そして「道徳的自由」が存在することを認める。それらは、どう説明されるのか。彼によれば「道徳的自由」は「道徳法則をわれわれの意志の動因として意識することが、理性はそれだけで自分自身の純粋な理念に従って意志を規定する資能があるということをわれわれに確信させる」ことに基づいて、生じてくる[49]。彼によれば、かくして自由は、われわれが「感性的欲求能力を動機として（§CCXXV、選択意志的に）」行為するか、「感性に適用された理性の運動根拠に基づいて（実践的に自由に、§CCXXVI）」行為するか、それとも「純粋な理性理念に基づいて（道徳的に自由に、§CCXXVII）」行為するか、そのいずれかなのであるが、しかしシュミートはこのいずれの場合にも、いつでも「至るところに必然性が」貫徹しているのだと再びいう。なぜなら「われわれが知覚している」これらのどの「行為の状態」にも、「われわれの心意と誘因となる外的事物の別の状態が時間的に先行しており」、前者の「状態」は後者の「状態」から「規則的にかつ一様に生じてくる」以上、先行的「状態」に欠けるところがなかったならば、「行為しないということも、実際に生じた行為とは異なる別の行為も、考えることはまったく不可能だ」[50]からである。つまり、かの三種類の「自由な」行為はどれも、それがいわば地上での行為である限り、自然的諸法則に基づいて「必然的に」生じてくるというのである。シュミートはここで、人間の「行為」を自然的「出来事」とみなしており、それゆえ自由な「行為」といえどもどれも「出来事」としては、自然の必然性に服している、と主張しているに等しい。

さらに、彼によれば人間の「どんな行為の知覚できる諸根拠」も、実はその行為者の「力のまったく及ばないところにあり」、したがって「人間の行為はすべて、今もかつ永遠に、世界の諸力の競い合い（Konkurrenz der Weltkräft）に基づく、押しとどめ難い必然性にしたがって生じてくる」[51]のである。この「世界の諸力の競い合い」が叡知界に属する出来事であること——それゆえ彼の宿命論が「叡知的」宿命論であること——は、すぐ明らかになる。ここまでが、いわば議論展開の第二段階である。

しかし、——シュミートは、それでもなお慎重に議論を積み重ねていて——そうすると「思弁的理性」と「実践的理性」の間に「公然たる葛藤」が生じてくる。「思弁的理性の証言するところによれば」、「行為は自然法則に従っており必然的であり、時間的状況に一定の仕方で規定されている」。しかし「実践理性の証言するところによれば、それにもかかわらずこの行為と反対のことも道徳的に必然的であり、したがって一切の時間的状態にもかかわらずそれは可能である」[52]。そこでシュミートはこの葛藤を解くために、行為の主体を二重の視点のもとに——すなわち「経験の対象としての私」（経験的自我）と「物自体としての私」（叡知的自我）として——考察し、前者を「述語」、後者を「主語」として、この両者を結合する判断を成立させるという「統合案」を提唱する。すなわち「私の知覚された、あるいは知覚可能な行為を述語として、これを行為の主語としてのこの（叡知的）私に関係づけるならば、私の行為はたしかに依然として時間のうちで起こる作用結果でありながら、しかし、この行為の根拠は時間上先行した現象のうちにあるのではなく、もはや時間的区別が一切起こらない或るもののうちにある[53]」ことになる。ここでは、決定論者ウルリッヒが一七八八年の著作で語っていた「それの直接的作用は時間のうちに作動するのに、それの因果性は時間のうちに作動しないような、（中略）或る原因」とその作用結果をどう説明するか、が問題になっているのである。提出された解決策は、有限な理性的存在者を二重の視点で考察し、それによって「自由」の究極的根拠を叡知界に確保することであるが、この「二重の視点」をカントも『純粋理性批判』以降繰り返し強調してきた[54]。

このような二重化に基づいて両者を主語‐述語として結合することによって、「その現象する作用結果からすれば、自然法則に従っているのに、この法則から独立であるような行為を思惟すること」が可能になる、また「その実働態（因果性）が端緒をなしているわけではないのに、その作用（Effekt）が端緒をなすような、実働性の能力を思惟すること」が可能になる、とシュミートはいう。かくして「絶対的自由を、（経験のうちには直接に与えられていない）形而上学的能力と考え、またそれを（現象ではないものが現象に関係することによって考えうる）超越論的能力と考えれば」、絶対的自由という考えも矛盾を含まなくなる。[55] しかしそれでもなお、「不可解なこと（Unbegreiflichkeiten）」が生じてくることを、シュミートも認めている。すなわち「われわれの認識能力のうちには」けっして決定的な解答を見出せないような、次の二つの問題が生じてくるからである。「⑴理性と理性の自己活動がどのようにして可能になるのか？　理性は現象と現象の自然法則をどのように生み出すのか？　⑵すべての知覚可能な行為のうちに、同一の理性活動、同一の道徳性が露わにならないのはなぜなのか？　ときには意志の規定する能力がより多く、またときにはその規定可能な能力がより多く発現してくるのはなぜなのか？[56]」。この問いに答えられなくとも、「それでも、至るところに必然性」が貫徹しているのだ、と三度シュミートはいう。これ以降の展開が、いわば第三段階の議論に相当する。

これらの問いにわれわれの認識能力が答えられないのは、（道徳的な行為も、不道徳な行為も含めて）われわれの行為一般の根拠が、感性の諸制約の一切を超えて、その根底にある「叡知的」原因に存するとされているからである。それでもシュミートは、この「叡知的」原因が感性界における理性の作用結果を制限することはできないとは、けっしていえないといい張り、「われわれは、この問題含みの（problematisch）考えを断定的に思惟しなければならない[57]」のだと主張する。この「考え」が「叡知的宿命論」にほかならず、これは「理性的存在者のあらゆる行為が、物自体の因果性の法則に従っており、それゆえ必然的である」と主張する。この「考え」が「問題含み」なのは、この宿命論が――シュミート自身も認めているように――「行為のいかなる規定根拠も引き渡すことができず」、「理性の実働態を制限している諸限界が、われわれにとってはまったく規定できないままである」からである。

したがって、彼によれば「道徳性については、時間的状態はみなわれわれに非理性的に行為するよう強制できないということ、これがわれわれの知りうるすべてであるの」を知るだけで「十分である」という。この言明は、罪ある行為の存在について、「神は誰にも罪を犯せと強制しないが、人が各々の意志によって罪を犯すであろうことを予見している」とエヴォディウスを説得したアウグスティヌスの言葉を思い起こさせる[58]。しかし、アウグスティヌスはそこでもなお「意志の自由」を認めているのに対して、「叡知的宿命論」にはその余地すらないであろう。なぜなら、反道徳な行為の出現という「異例の出来事は、われわれの意志に左右されるのではなく、われわれに可能な認識の限界を超えたところにある或るものに根拠を持っているからである[59]」。

かくして『道徳哲学の試論』初版においても、この「宿命論」が道徳的「帰責」の問題を台無しにしかねない危険性を含んでいたのであるが、ラインホルトはこの点に気づいていなかったようである。先のバッゲセン宛て書簡に述べられた「憤慨」は、第二版の出版を契機に初めて表明される。その理由は、どうも第二版では、反道徳な行為の成立根拠が初版以上に踏み込んで説明されていたことによるようである。第二版では反道徳的行為の成立根拠は、理性の力の及ばないところで、すなわち叡知界において、理性の実働性を妨げる「妨害（Hindernis）」が生起することに求められている。すると、自由で道徳的な行為が起こるか、反道徳的な行為が起こるかは、究極的には叡知界においてこの「妨害」が「不在である」か「存在する」かに、そしてただそのことだけに帰着することになる。それゆえ、ラインホルトは一七九二年の『書簡Ⅱ』では、この「宿命論」の実践的帰結を、次のように批判するのである。「不道徳な行為の根拠は、意志の外部に、自由の外的妨害と障壁のうちに求められねばならない。しかしこのことを前提にすると、道徳的行為の根拠ですらが、実践理性の純然たる自己活動のうちにではなく、この理性とからまったく独立したかの妨害の不在のうちに探し求められねばならなくなるだろう。〔中略〕かくして道徳的行為も、反道徳的行為も、ただ一重にかの妨害が存在したのか、存在しなかったのかのせいにされるのである[60]」。

シュミートの「叡知的宿命論」は、理性的存在者としての人間に対する二重の視点と、自由に関する「理性の因果性論」というカントの理説を徹底したところに成立しているといえる。「帰責」の問題、ひいては道徳一般を廃棄しかねないこの「宿命論」の台頭が、『書簡Ⅱ』の成立の過程でラインホルトが意志の定義を熟考し、「選択意志の自由」を提唱するに至る、一つの要因をなしていたことは確実である。

第五節　分離論へのラインホルトの道筋

1　バッゲセン宛て書簡（一七九二年三月二八日）

『試論』の公刊からほぼ二年半を経た一七九二年三月二八日、（すでに触れたように）ラインホルトはデンマークの親友バッゲセンに、かなり長い以下のような書簡を送っている。「僕が『ベルリン月報』に寄稿した論文を読めば、君は、僕がカントの道徳概念についてさえ距離を置いているのを知るだろう。僕には感性を抜きにした道徳なんぞまったく考えられないからだ。僕は、理論理性と実践理性の区別を、後者が利己的衝動の要求を満足させたり、させなかったりすることに関わっている点にしか見出せない。そのような要求のないところには、実践理性などまったく存在しないのだ」。そして書簡はさらにこう続けている。「意志の概念において、僕はカントやカント学徒たちとはまったく見解を異にしている。僕は意志の概念を、理性の因果性やら、表象された法則等々に従って行為する能力やらとはみなさず、それを理性とも感性とも異なった人格の能力とみなしている、すなわち欲求作用（利己的衝動の要求）を満足させたり、させなかったりするように自ら自身を規定する能力とみなしている。たしかに、こうした自己規定は指令（Vorschrift）を介して起こる。その限りでは、理性を介して起こる。しかし、その際理性は、意欲を持っている主観によって二つの様式で用いられるような単なる能力として存在しているのだ。というのも、その指令を利己的衝動の満足のための単なる手段とするか、それとも指令を目的として、満足を指令の実現のための手段とするかは、（意欲を持っている）主観にかかっているのだから[61]」。

ここには、「概要」での議論とは明らかに異なった所見が表明されている。すなわち、(i)「実践理性」が、（「概要」におけるように）「非利己的（理性的）衝動」とだけ連接されているのではなく、「利己的衝動の要求」に関わっている点に求められていること、(ii)「意志の概念」をカントに従って「理性の因果性やら、表象された法則等々に従って行為する能力」と定義することを拒否していること、(iii)「意志」一般を、利己的衝動の要求を「満足させたり、させなかったりするように自ら自身を規定する」「人格の能力」とみなし、しかもこの能力が「理性とも感性とも異なる」こと、(iv)理性を単に「指令」を与える能力に限定し、その「指令」を実現するか否かは、ひとえに意志的主体にかかっていること。ここには、半年後に公刊される『書簡Ⅱ』の意志論の最初のトルソーを認めることができる。(i)によって、「実践理性」を「純粋に理性的衝動」や「非利己的衝動」との連接から切り離すことが表明されている。(ii)は、意志を「理性の因果性」や「法則」の理性性によって直接的に規定されるものとみなすことを拒否している。(iii)は意志を、理性からも感性からも独立な第三の審級とみなす志向を示唆し、それを「人格」という独自な術語で特質づけている。これ以降一貫して意志は「人格の能力」と位置づけられることになる。(iv)では、行為における自由が、実践理性に根拠を持つのではなく、その本質が意志による「指令」や「格率」の選択にあることをすでに主張している。総じてこれら四点はみな、「意志」の能力と機能を「実践理性」の権能圏から離脱させようとする志向を共通地盤としている。ここに暗示された「意志」の諸徴標は、これを皮切りにより推敲、精錬されて『書簡Ⅱ』での定式化に至るのだが、そもそも「概要」からのこのような変化、カントの理説からの離脱の動きが、何を基本背景として推進されたのかは、この書簡自身からはまだ見えてこない。

2　シュミート『経験的心理学』書評（一七九二年四月二・三日）

上記の書簡から一週間後、イェーナの同僚であるシュミートの『経験心理学』に関するラインホルトの手になる書評が『一般学芸新聞』に掲載される[62]。二日間、二号分合計一四段にわたるかなり長いこの書評で、書評者ラインホルトは当該著作の「序文」「第一部」〜「第五部」の論述内容をかなり丁寧にトレースしている。「第二部」を論評している箇所では、彼はシュミートが自分の『試論』での意識論の枠組みを踏襲していることに満足げに、こう述べている。「意識論では、意識一般の概念はラインホルトの理論に基づいて保持されており、あらゆる種の意識を表象の意識、表象するものの意識、表象されるものの意識へと区分し、明晰な意識と判明な意識に区分することも、ラインホルトの理論に基づいている(63)」。だが、意識の明晰さと判明さについての定義が、自分とは異なっていることに苦言を呈して、この点に関する自説を展開している。同じように「第四部」に関しても、書評者は、シュミートが自分の提唱した「表象の意識を認識と取り違え、意識一般を明晰な意識と取り違え、さらに有機体のうちで身体的欲求から生じてくる働きを欲求そのものと取り違えている(64)」とクレームをつけ、これらの主題についても自説を展開している。さらに『経験心理学』でシュミートが行っている、「概要」における「衝動」と「欲求」の規定への批判的論評に応えるかたちで、ラインホルトは自らの刷新された意志論を開陳し、ここで初めて実践理性と意志の分離論に公に言及するに至る。

　この書評でもラインホルトは、バッゲセン宛て書簡とほぼ同じ主張を繰り返している。すなわち「純粋な意志活動」の主体は、「満足を求める衝動の要求を満足させるか、させないかどちらかへと、自ら自身を規定し」、しかもそれを「理性の指令」を介して規定する。「経験的意志活動」の主体も「指令を介して自ら自身を規定する」点では同じであるが、「この指令は主観の満足のために与えられる」点で前者と異なっている。だが、バッゲセン宛て書簡よりもう一歩踏み込んだ主張も、この書評には見受けられる。ラインホルトは「意志についての明確な概念」は「これまで批判哲学のうちにすら存在していないことに、人々は当然気づいている(65)」と断言する。そして続けて、先の書簡でと同じように、「意志」を「行為に関する理性の因果性やら、原理に従ってあるいは法則の表象に従って行為する能力やら、理念に従って或るものを生み出す能力やら」と定義するのは不十分であると述べた上で、今度はその理由を述べている。そのような因果性や能力は「意志の行為すべてと決定的に異なっているような心の諸作用のもとでも起こるから」である。さらに「理性の指令」と「意欲を持った主体」との関係を、書簡と同じように述べた後、注目すべき言葉が述べられる。「かくして意志は、（理性の能力ではなく）欲求を持った利己的衝動の要求との関係において、自ら自身を規定する主体の能力である。だから、意志の概念を、単なる理性のうちに探し求めようとすると、それを単なる利己的衝動のうちに探し求めようとするときと同じように、その概念を捉え損ねるのである」[66]。つまり、バッゲセン書簡より新しい論点は、カント派の「意志の概念」の定義が不十分あるいは誤りであることの理由が示されていること、そして意志の自己規定の働きを実践理性に還元することを初めて公然と批判していることである。

ただし、少し後の『書簡Ⅱ』での理解と比べると、意志の選択的な自己規定の働きを、ここではまだ「純粋な意志活動」と呼んでおり、また「純粋な意志活動」と「経験的意志活動」とが、何か種別的に異なった意志であるかのような理解が残存している。こうした理解も『書簡Ⅱ』では一掃されることになる。

3 「寄与」論文（一七九二年六月）

ところで、先の書簡で語られていた「僕が『ベルリン月報』に寄稿した論文」は、実は『ベルリン月報』には採用されなかった。それでラインホルトはその原稿を『新ドイツ・メルクーア』誌に掲載することにした[67]。そして、かの言及された論文は、「道徳と自然法の根本諸概念をより精確に規定するための寄与。世界市民たちの対話のための付録として」（以下、「寄与」論文）という表題で、同誌の一七九二年六月号に掲載された[68]。近年の綿密な実証的研究の成果によれば、この論文はすでに一七九一年一一月初めから一二月終わりまでの間に起草され始めていた[69]。彼が「その表現だけでも数カ月の日時を費やし、六回も書き直した」と述べているこの論文の推敲過程で、かの「理性」と「意志」の分離論はより綿密に仕上げられていき、その過程で先述したバッゲセン宛て書簡や『経験的心理学』書評での見解が確定されていったと推測される。つまり、（公表された順番とは逆に）起草された時間的順序からすると、この「寄与」論文が先述した「書簡」や「書評」に先行していたのである。以下に、「寄与」論文での意志と実践理性理解を確認しておく。

「寄与」論文は、その表題が示しているように、道徳と法に関する様々な基本的諸概念を論じている。導入的論述に続いて、⑴項から㊶項までの段落づけがなされた本文で、⑻項以降に「道徳（Sittlichkeit）」、「義務」、「権利」、「善と悪」、「われわれ自身に対する義務と権利」、「他者に対する義務と権利」等々の主題が順次論究されていくのであるが、(1)項〜(7)項はこれらの諸概念を導出する予備的考察として、「衝動」‐「欲求」‐「意志」‐「理性」の関連を簡潔に展開している。その際、『試論』の「概要」で導入された「利己的衝動」と「非利己的衝動」が、論述展開の枢軸的概念として用いられている。道徳と法の基本的諸概念が、ここではこの両概念を土台に、これに基づいて展開されているといっても過言ではない。

さて、その内容、表現とも先の書簡や書評と基本的に同じであるが、ただ「意志」と「理性」を概念上分離すべき理由は、より明瞭に述べられている。すなわち「意志は、利己的衝動の要求を満足させたり、させなかったりするように自ら自身を規定する人格の能力である。私は人格の能力といっているのであり、理性の能力といっているのではない。理性は指令を与える（規則を生み出す）能力である。理性が意志に属するのは、利己的衝動満足させたり、させなかったりするために理性が与える指令を介してのみ、人格が自ら自身を規定できるという限りでのことである。しかし、理性は意志それ自身ではない」。この箇所には、次の脚注が付されている。「意志はまったく理性の因果性とは定義されえない。そんなことをすれば、理性は思惟の力と混同されてしまうだろう。また、理念に従って或るものを生み出す能力とも定義されえない。そんなことをしたら、意志は生産的構想力と区別がつかなくなるだろう、生産的構想力もしばしば理念に従って働くのだから[70]」。「意志」と「理性」の概念的区別に対応して、二様の自由理解もこう定式化される。「意志の自然な自由」、すなわち「利己的衝動の要求に斟酌して、非利己的衝動の要求に沿ったり、反したりするよう自ら自身を規定する人格の能力」としての自由と、「理性の自由（自己活動性）」、すなわち「外的印象や感性の体制から独立していることに本質を持つが、しかしそれだけではなく、理性が自分自身の法則（自由の法則）に依存していることによってしか考えられない」ような自由とは区別されねばならない[71]。

ここでも先の書簡や論文と同じように、ラインホルトは、――カントのテキストが「理性」と「意志」をいわば融通無碍に相互貫入させているのに抵抗して――意志との関係における「実践理性」の権能を「指令を与える能力」に厳しく制限している。また、「意志」を「理性の因果性」に還元してしまうことへの批判が再び開陳されているが、その本当の理由は——文面に現れているような、単に「他の心的諸能力」との区別が曖昧になるという点にあるのではなく——もっと深いところにあるだろう。すなわち、そのような還元は、ラインホルトから見れば、意志本来の自由たる格率選択の自由を、「理性の自己立法」の自由(自己活動)に還元してしまうことを意味しており、その結果、「叡知的決定論」に道を拓きかねず、それゆえまた、両衝動の要求に強制されない「人格の能力」としての自由、「選択意志」の自由の可能性を掘り崩してしまう危険性があると考えているからである。先に引いたバッゲセン宛て書簡で、シュミートの提唱する「叡知的宿命論」の「根元的錯誤が、理性の因果性と解された意志のカント的概念にある」と断定されていることも、ラインホルトには「意志活動」を「理性の因果性」に基づけることが「宿命論的決定論」への通路とみなされていたことを傍証している。

第六節　「第八書簡」での実践理性と意志の分離論(一七九二年一〇月)

『書簡Ⅱ』は、ラインホルトのたいていの著作がそうであるように、その大部分がすでに発表された論文を加筆、修正したものからなっている。本書に収められた一二の「書簡」のうち、新たな書き下ろしは「第七〜第九書簡」と「第一一書簡」の四つの書簡だけである[72]。本節では、実践理性と意志の分離論を中心主題としている「第八書簡」に焦点を当てて、ラインホルトの議論を紹介、検討する。

1　意志、純粋意志、経験的意志

「第八書簡」は冒頭で、従来の哲学体系がどれも正しい「自由の概念」を仕上げておらず、「『純粋理性批判』や『実践理性批判』でさえ、それの正しい概念をただ示唆しただけであって、この主題を他の主題すべてと区別するメルクマールを決して打ち立てなかった」(*Briefe II*, 263) と断言している。続いて、「意志一般」を「寄与」論文とまったく同じ文言で定義している。すなわち「意志は、利己的衝動の要求を実際に満足させたり、させなかったりするように自ら自身を規定する人格の能力である。だから意志は、人格がかの要求による強要から独立であることを本質とする自由を抜きにしては考えられない」(ibid., 264)。しかし、ライプニッツ-ヴォルフ的伝統に依拠している「決定論者」は、意志を「理性的欲求」あるいは「上級欲求能力」とみなしているために、感性の要求からの独立ということを捉え間違っている。彼らは意志の働きを「思惟の力に導かれた、満足を求める衝動の発現」としか捉えていないので、彼らの主張する意志の自由とは、「思惟の力から不可避的に生じてくる、本能の制限以外の何ものでもなく」、結局それは「衝動が思惟に依存していることの単なる帰結であって、意志の自由ではなかった」(ibid., 265)。

同じ趣旨の批判を「第八書簡」後段はこうも表現している。この「決定論者たち」は「意志を本能の奴隷となることから救出するのに、意志を思惟の力の奴隷にしてしまうこと以外の術を知らなかったのである。彼らは感性による意志への強制を避けるには、意志が理性によって不可避的なかたちで強要される他ないと考えていた」(ibid., 294) からである。ラインホルトからすれば、そのような「強要」が「自由」と呼べるわけがない。

次に「道徳的意志あるいは純粋意志」の定義に移る。それは「利己的衝動の要求を満足させたりさせなかったりするように自ら自身を規定する際に、非利己的なもの（すなわち実践的法則）に従って決定する、人格の能力である。だから意志の自由は、快と不快の実践的法則において理性が絶対的に独立であることを抜きにしては考えられない」(ibid., 296f.)。続いて、この「実践的法則に従って決定する」ということに関する誤解について、今度は「カント哲学の信奉者たち」に批判の矛先が向けられる。彼らには、理性の独立性だけが「自由のすべて」だとみなされている。その結果、法則を与える「実践理性の自由な行為」と「意志の行為」が混同され、「不道徳な行為すべてにとっては、自由は存在しえない」という結論が引き出される。というのも、「純粋な意志活動の自由が単に実践理性の自律性にしかないことが一旦想定されるや否や、実践理性によっては引き起こされない不純な意志活動はけっして自由たりえないということも、認めざるをえなくなる」からである（ibid., 267f.）。

同じ趣旨の批判を「第八書簡」後段はこうも表現している。「カント哲学の信奉者たち」は「意志を本能と理論理性の奴隷となることから救出するために、意志を実践理性の奴隷にする。というよりむしろ彼らは、実践理性を意志のもとにではなく、いわゆる純粋な意志活動のもとでだけ作動させるので、その結果、意志全体を廃棄してしまうのである」（ibid., 295f.）。それに対して、ラインホルトにとっては、「純粋な意志も不純な意志も」「意志」の「特別な種類」ではなく、どちらも「自由な意志の発現」、すなわち「どちらも等しく可能で、自由な意志の二つの働きの様式」にほかならず、したがって「不道徳な行為」にも「不純な意志活動」にも自由は存在するのである（ibid., 272. 強調点は引用者による）。

ここで「第八書簡」は、「カント哲学の信奉者たち」によって、意志の部分的メルクマールがそれの全体とみなされ、しかもそれを理性の作用に還元しようとする誤った試みを再び、いや三度取り上げている。カントは「意志をときには『理性の因果性』、ときには『原理に従って、あるいは法則の表象に従って行為する能力』、またときには『理念に従って、或るものを生み出す能力』と規定している[73]」が、にもかかわらず、カントはこのような言明によって「けっして意志の本質をいい表したことはない、というべきであろう」（ibid., 268）。たとえば、上述の諸規定以外にも、カントはより正確には「意志は、ある法則の表象に従って自ら自身を行為へと規定する能力[74]」と規定している。ラインホルトから見てもこの規定それ自身は誤りではない。たしかに意志は「自ら自身を行為へと規定する能力」である。ただし、「意志一般」は理性的「法則の表象に従って」自らを規定することもあるが、必ずそうするわけでなく、そうしない場合もある。「カント哲学の信奉者たち」はこうした場合を度外視して、先の「部分的事例」を意志の「全体的本質」と誤解しているのだ、とラインホルトは解釈する。

ラインホルトによれば、カントはかの部分的メルクマールを「解明（Expositionen）」として使用しているだけであり、その限りでは正しいのだが、「それが、彼の弟子たちによって定義にまで祭り上げられ、まさにそのことによってまったく虚偽になっている」(ibid., 268f.) のである。「先生」が慎重に事例「説明」のために使った用語を、「生徒たち」が一般化し、「定義」にしてしまったことに誤りの源泉があり、その限り責任は「生徒たち」にある、というわけである。『書簡Ⅱ』の著者は、他の箇所でもこのあまり説得力のない便法をしばしば使っているのだが、これは、ラインホルトが師匠たるカントに敬意を表するための配慮というよりは、むしろ自らの異論が、依然として学界の権威であったカントの理論そのものへの攻撃ではなく、それについての弟子たちの一面的解釈への批判であると釈明するための便法であるように映る。

「経験的意志」については、シュミートの『カントの諸著作を簡便に利用するための用語集』を典拠にして、「経験的意志」を感性によって触発されることをもって不自由であるとみなしたり、あるいは「経験的意志」を「純粋意志」と対比されるような「特殊な種類の意志」であるかのようにみなしている、カント学派の理解を批判している。ラインホルトの意志理解からすれば、「純粋な意志に対抗しているのは」、「経験的意志」ではなくて、「不純な意志すなわち不道徳な意志にすぎないのだから」、「経験的意志」ということでもっぱら「不道徳な意志」を理解してはならず、また「経験的意志を純粋な意志と対置することはできない」のである。それどころか、彼はもう一歩踏み込んで、大胆な発言をしている。すなわち、そもそも意志が満足させたりさせなかったりする利己的衝動の要求は「直接的にであれ、間接的にであれ、とにかく経験に依存しているのだから、この観点からすると意志の活動はすべて経験的なのである」(ibid., 273)。

カント的な意志論からすると奇妙に聞こえるこの意志の形態論を通して、ラインホルトが主張しているのは次のことである。先の「純粋意志」の定義に示されているように、意志は「実践的法則に従う」決定をしたとき「純粋意志」と呼ばれうるのだが、そもそも意志は「利己的衝動の要求を満足させるか、させないか」の自らの選択の結果としてその決定をしたのであり、その「要求」はもとより「経験的」であるのだから、選択、決定を行使する「意志活動はすべて経験的なのである」。いい換えれば「純粋意志」が選択の働きに先立って、この働きと独立に存在しているのではなく、「経験的意志」の選択の行使の結果として「純粋意志」が成立するのである。ラインホルトによれば、「対置されているが、しかし必然的に結合されている」二つの「指令」ないし「格率」の間の選択なくしては、そもそも意志は意志ではないのだが、選択する限り意志は常に経験的なのである。ここでも彼は、「純粋意志」を理性法則と連結するために、それを「経験的意志」とは「種別上」異なった、独立した「特殊な種類」とみなすような、いい換えれば「純粋意志」を実体視するような、シュミートを中心とした「カント学派」の意志理解に異議を申し立てているのである。

2 意志の自由

「意志の自由」の本質は――以前と同じように、しかしより鮮明にこう規定される――「人格」が「欲求を満足させたり、させなかったりするために、自ら自身を実践的法則に従って規定するか、それともこの法則に逆らって規定するか」という点にある。この場合、意志は――以前の「二重の独立性」とは違って――いわば「三重の独立性」を前提にしている。第一に、人格としての意志は「本能による強制」から独立である。第二に、「理性によって変容された不随意的な欲求」(つまり幸福の欲求)から独立である。第三に、「実践理性自身による強要」からさえ独立である。したがって「消極的な意味では、意志の自由は、この三様の独立性を包含している」のに対して、「積極的な意味では、選択意志が実践理性に賛成したり、反対したりする自己規定の能力である」(ibid., 271f.)。こうして、ラインホルトは、三様の強制からの「独立性」としての「消極的」自由と、「選択」の働きの根底に置かれている意志の「自己規定」としての「積極的」自由を区別した上で、「意志の自由」の核心を、実践理性の「命令」「強要」に対する、賛否いずれの選択において働く意志の「自己規定の能力」のうちに見ている。

三つの「強要」はどれも(「実践理性」のそれも含めて)、意志を不可避的、必然的な仕方では規定しない。この点をより説得的に語るために彼は、すでに「寄稿集」論文で導入され、「第七書簡」でも言及されていた「誘因となる根拠（der veranlassende Grund）」と「規定する根拠（der bestimmende Grund）」の区別を導入、援用する（ibid., 260, 276f.）。道徳法則の命じる理性法則や幸福への要求はどちらも、意志が自らを行為へと規定する際の「誘因」として働くだけで、意志を直接的、不可避的に特定の行為へと規定するわけではない。たしかに、この「誘因」が存在しなければ、しかも反対方向のの双方の「誘因」が同時に存在しなければ、いい換えれば一方の誘因だけが存在するだけでは選択は成立せず、したがって、選択意志の自由は成立しない。その意味では、選択意志の自由の成立には、相反する両方の「誘因」が同時に存在することが不可欠な前提である。おそらくラインホルトは、自分の主張する「意志の自由」論が、この点で「無差別的」「無原因的」自由論とは一線を画していると、考えていたのであろう。実際にある行為がなされたときには、「誘因となる根拠」が「規定する根拠」に転化しているのであるが、この転化はあくまで意志の自己規定に基づく自由な「選択」によってしか起こらない。彼はそう考えている。

かの二様の「根拠（Grund）」に関して、「第七書簡」はこう述べている。「利己的衝動の要求」も「非利己的衝動の要求」（道徳法則の理性的強要）も、「それ自体としては、誘因となる根拠にすぎないのであって、自ら自身によって規定する根拠ではない。意志は、自ら自身によって規定する唯一の根拠だけを有しており、そしてこの意志が自由、自己規定の能力である。この能力によって、両方の誘因となる根拠の一方が規定する根拠にされるのである」（ibid., 260）。もっと具体的に述べれば、こうである。「道徳的行為の場合は、自ら自身によって規定する根拠は自由にあり、誘因となる根拠は実践理性の法則にあるが、この法則が自由を介して、間接的に規定する根拠へと高められるのである」。それに対して「反道徳的行為の場合には、自ら自身によって規定する根拠は自由にあるのだが、誘因となる根拠は利己的衝動の要求にあり、（中略）この要求が自由を介して、間接的に規定する根拠へと高められるのである」（ibid.）。「法則」も「利己衝動の要求」も、意志を行為へと「直接的に」規定するわけではない。それらは「間接的に」しか関与しない。「誘因となる根拠」を「規定する根拠」に変えるのは、「本能」でも、幸福への「欲求」でも、「実践理性」でもなく、「（選択）意志」である。ここに、ラインホルトによる実践理性と意志の概念上の分離論は、最も練り上げられた形態を見出したといえる。

3　新旧両方の決定論の誤り

「第八書簡」は最終盤で、ラインホルトは自らの「意志の自由」論の前に立ちはだかっている二種類の「決定論」を、テーゼ風に以下のように批判している。「旧来のライプニッツ主義者の決定論も、新式のカント主義者の決定論も、人格の特殊な根本能力としての自由を誤認してきたのであり、人格の機能を理性に移し替えてきたのである。前者の決定論は人格の機能を理論理性に、後者の決定論はそれを実践理性に移し替えてきた。前者の決定論は、それを不随意的な欲求作用を制限する思惟の力に、後者の決定論は、自己活動的理性の不随意的な働きに移し替えてきた。（中略）両方の決定論とも、随意的な理性の使用を不随意的な使用と混同し、意志活動に際しての自由な指令を必然的な指令と混同し、格率を法則と混同してきた」(ibid., 303)。ラインホルトは、ここでカント派の「意志」論が「決定論」であると断言している。その「決定論」は、詰まるところ選択意志の自由を「自己活動的理性の不随意的な働きに移し替え」ていることによって成立している。

今、前者の旧来の決定論場合については省略して、後者、カント派の決定論が形成されてきた道筋について、ラインホルトの理解を要約すれば、以下のごとくである。まず最初にカントが、道徳的立法に際して純粋理性の自己活動が不可欠であることを示し、そして純粋理性によって立てられた法則が道徳的行為の「客観的」規定根拠であることを示した。このことが、カント哲学のいく人かの信奉者たちが「純粋理性の自己活動を道徳的意志それ自身の自由と考える誘因となり、そしてまさにそれゆえに、反道徳的意志には、ときには暗黙裡にまたときには明瞭に、自由を否認する誘因となった」(ibid., 304)。こうして道徳的行為の根拠も、ただ実践理性のうちにのみ求められたことによって、「道徳的行為は本能の行為と同じように、まさに不可避的に必然的なものに」(ibid., 300f.) ならざるをえなかったのである。かくして「道徳的意志ということで実践理性の働き以外に何ものも考えられないようになるや否や、法則を与える行為と法則を実行する行為との混同、非利己的衝動とそれを実現することとの混同、道徳的行為における必然的であることと自由であることの混同は避けがたく」なる（ibid., 301）。さらに、その他いくつかの混同も挙げられている。「実践理性の不随意的要求」と「その要求の随意的満足」との混同、「法則によって規定されること」と「法則を介して自らを規定すること」との混同、「意志に対する要求」と「意志の行為」の混同（vgl. ibid., 302）。

ラインホルトからすれば、これらの混同の根は一つである。それは意志の働きを、理性の因果的、不随意的働きに解消してしまっていることである。すべての混同に対して、混同されている両者を分けねばならない。そのことによってしか、正しい「意志の概念」は成立せず、したがって「意志の自由」も成立しない。混同された両者のうちの後者はすべて、「理性」ではなく「意志」の権能に属することなのだから。

第七節　カント vs ラインホルト――中間総括

1　「立法の自由」と「執行の自由」

ラインホルトが執拗に責め立てているように、カントの実践理性と意志の関係理解にはたしかに不明瞭な点が含まれている。とくに、この時点ではカントが「（純粋）意志（Wille）」と「選択意志（Willkür）」を概念上区別していないことが、問題をいっそう不明瞭にしている。そして、カントが「自由な意志」のみならず、「意志」一般を、理性によって意志が常に直接規定され、理性法則に従属しているかのように叙述していることが、逆に「意志」のもとにもっぱら「選択意志」を理解しているラインホルトのいらだちを強めている。また、カントの「自由論」にも同根の難点が潜んでいる。カントは、「積極的意味での自由」の究極の根拠を「理性の自己立法」に求める一方で、(75)「自由な意志」の本質が「意志の自己立法」、「意志の自律」にあると語っている。この自由概念の両義性を解消するために、L・W・ベックが「意志の二つの意味」、すなわち「実践理性、立法機能としての意志 Wille」と「人間の執行能力としての自由意志Willkür」を区別したこと、そしてそれぞれに基づけて「立法の自由」と「行為執行の自由」を区別し、かつ関連づけたことはよく知られている。[76] ラインホルトが「第八書簡」で創設すべく努力しているのは、まさにこの区別なのである。彼はそこで、こう強調している。「実践理性に帰属しているのは法則を立てること以外の何ものでもなく、〔意志の〕自由に帰属しているのはその法則を実現することである。道徳的に行為するのは前者ではなく、後者だけである。そして、意志のアンチノミーの本質は、単に理性による立法にあるのではなく、〔中略〕意志が自ら自身をそれと結合しているこの法則に対して意志がなす自己決定にある」(ibid., 271)。ベックでは、かの両側面は「立法機能と執行機能として異なる」とはいえ、依然として「実践理性の二側面」であり、しかも「前者の機能は後者を拘束する」と解されているのに対し、[77] ラインホルトはカントに忠実なこの枠組みさえ超えようとしている。そしてこの乗り越えには、また別の難点が潜んでいる。

ラインホルトはベックの解釈と違って、「実践理性」と選択の遂行を本質とする「意志」を並置しようとしている。いや「行為執行の自由」関しては、「実践理性」に対する「選択意志」の優位をしばしば——カント批判として——強調している。たしかにラインホルトは、次の点に関してはカントと見解を一にしている。すなわち「理性の実践的なものなくしては、意志は自由たりえないということ、そして理性の自己活動が、すなわち道徳的立法に際して理性が、快や不快から独立していることは、この〔意志の〕自由の不可欠な条件であること、さらに道徳法則が単に純粋理性によって意志に与えられていなければ、意志は道徳法則を自分の格率に採用したり、それを格率から排除したりする能力をけっして持つことはないであろうということ」(ibid., 286)。たしかに、この意味では「意志」は「理性」に依存している。しかし、そのことは「道徳的行為が実践理性の単なる作用結果である」とか、「道徳的意志の自由の本質がこうした理性の自己活動にしかない」とか、さらにまた「実践理性が単に法則を与えるだけでなく、法則適合的な行為を自ら自身によって生み出す」とかいうことを意味しない(ibid., 285f.)。つまり、彼はこう述べることによって、道徳的行為に関する「理性の〔直接的〕因果性」をはっきりと否認しているのである。かくしてラインホルトの理解では、実践理性の立法と理性の与える「法則」は、たしかに「意志の選択」の実行のための、したがって道徳的行為の実現のための不可欠な条件ではあるが、それは「(選択)意志の自由」の成立にとっての一種の「外的必要条件」(単なる「誘因となる根拠」)として取り扱われているといえる。

こうした主張の背後にあるのは、彼の企てが、「立法」と「執行」の両機能を区分するにとどまらず、選択の能力としての「意志」を、「理性」からも「感性」からも独立な「第三の根本能力」として位置づけようとする企てである。この点に関して『書簡Ⅱ』は、明瞭にこう断言している。意志の選択の能力は、たしかに実践理性と感性的欲求能力との連関のうちに現れてくるのだが、「しかしその本来の形式という点では、これら両者とは独立の心意の能力であり、それゆえこの能力は他のいかなる能力からもそのようなものとして導出されえず、したがって他のいかなる能力からも理解されたり、説明されたりすることができない一つの根本能力である」(ibid., 284)。

しかし、「意志」を「感性」からも「理性」からも独立した「根本能力」として確立しようとするこの試みは、これはこれでより大きな難点を招きよせ、多くの非難を浴びざるをえない運命にあった。とくにラインホルトが次のように語るとき、すなわち意志の「自由の根拠は自由それ自身である。しかもこの自由は、かの行為の考えうる究極の根拠である。それは、その行為の絶対的原因、第一原因であり、(中略)この原因を超え出ていくものは何一つない」(ibid., 282)と語るとき、このように理解された「意志の自由」が「無差別的均衡論」あるいは「無原因的自由論」に途を開きかねないと批判されるのは当然である。「自由の根拠は、自由それ自身である」とは、「無原因的自由論」の主張の核心なのだから。

2　意志における「否定的 - 媒介」機能

最後に、カントとラインホルトの相互誤解には、両者が少なくとももっと明確に語るべきであったのに、少なくとも求められているほどには明確には語らなかったと思われることがあるように思われる。そして、何よりもそのことが、両者の不信感を増幅させ、対立を激化させているように思われる。語られなかったこと、それは格率の選択に関する「意志活動の現象論」とも呼ぶべきものである。

カントが明確に、少なくとも求められているほどには明確に語っていないこと、それは「理性の自己立法」と「意志の自己立法」の決定的違いである。その違いは、「立法」と「執行」という機能上の相違を挙げるだけでは汲み尽くされていない。両方の立法(自己規定)の働きそのもの、立法成立のプロセス自身に存在している決定的な差異を問題にしなければならない。カントが意識的にこの差異を無視、ないし軽視していることが、ラインホルトの不信感と批判を増大させているといえるからある。ではこの観点から見れば、両者の違いはどこにあるのか。それは、前者の立法プロセスには原理上「感性的動機」が一切介在しないのに対して、後者の立法プロセス――すなわち、その立法が成立するまでの過程――においては、不可避的に「感性的動機」が介在するという点にある。「理性の自己立法」活動としての「理性の自己活動」の中には、理性に「対置されるもの」は何一つ含まれておらず、それゆえその理性の活動は(後のカントの表現を使えば)「自由とも、不自由とも呼べず」「絶対的に必然的である」はずである。それに対して「意志の自己立法」は、「感性的-利己的衝動」(「対置されたもの」)を「否定的媒介」としてしか、成立しえないであろう。もしそうでないとすれば、その場合「意志一般」が初めから「純粋意志」として、つまり「理性」として作動しているのであり、両方の「自己立法」は初めから同形的な同一のものとして想定されているのである。その場合二つの「自己立法」について語ることは詰まるところ無意味になる。そして、この場合には、そもそも「べき(当為)」は無意味になるであろう。

もし「意志の自己立法」過程において、「利己的衝動の要求」を一切「否定的に媒介することなく」、「非利己的衝動の要求(道徳法則)」を選択することが成立するとすれば、ここでは「選択」は本来的な意味では成立しない、そして「選択」のないところに「べき」は存在しない――そのような想定のもとで、意志の「無媒介的」「自動的」自己規定論とでもいうべきものが成立する。それは無限な主体、神の場合にのみ、あるいは純粋理性の「自己立法」の場合に起こりうることである。

カントは、両方の「自己立法」が同形的、同一的である「べき」である、より正確にいえば、同一的に「なるべき」であることを要求していたはずである。たとえ彼が、「意志一般」を「上級（理性的）欲求能力」とするヴォルフ的伝統を引きずっていたとしても、その「なるべき」プロセスの存在を認めていたはずである。ところが、カントは、かの「否定的媒介」を不可欠の要素とするこのプロセスについては奇妙なほどに語らず、その代わりに、道徳的自由の成立根拠として「理性が直接的に意志を規定する」（厳密には、「規定すべきである」）ことを繰り返し強調している。この場合「直接的に」とは、「快や不快の原則を介さずに」ということを意味している。その意味で、それは理性が「無媒介的に」――「利己的衝動」を拒否するという否定的媒介を経ずに――意志を規定する――「規定すべきである」――という主張と受け取られがちである。そして、この「理性」による「意志」の規定は、「意志の自己規定」「自己立法」によってしか成就しないのだから、「格率」と「法則」の合致が実現された「結果においては」、両者は同一の事態として把握される。かくして、純粋で透明な「理性の自己活動」「自己立法」が、「選択」と「べき」に直面しているはずの「意志の自己立法」へと暗黙裡に「転移」させられているかのような印象が生じ、そしてその結果、「意志」の「無媒介的・自動的」自己規定が成立するかのような印象が生じる。ラインホルトが反発、反論しているのは、理性による意志のこうした「無媒介的」「自動的」規定論にほかならない。

「理性が直接的に意志を規定する」のは、ことが首尾よく進んだ「結果」において実現される事態にすぎない。カントが、道徳法則の「選択」という「結果において」は、両方の立法が一致していなければならないということだけを強調するのでなく、「意志の自己立法」の生成過程を、かの「否定的媒介」を不可欠の要素とする意志活動のプロセスを――「意志の自己立法」の結果論でなく、その生成論を――もっと丁寧に語っていたならば、ラインホルトの、そしてレーベルクなどの反発や非難の少なくとも半分は解消されたであろう。われわれの道徳法則の選択すらが、「べし」の意識を介してしか起こらない、すなわち「利己的衝動」を「否定的に媒介すること」によってしか起こらない。さもなければ、カント道徳論の枢要をなしている「格率の選択」と「当為」の意義は無意味となるであろう。したがって、理性による意志の「無媒介的」「自動的」規定論のように受けとめられているカントの理性‐意志規定論は、「否定的‐媒介的」規定論として解釈されねばならない。

他方、ラインホルトが語るべきであったのに、語っていないのは何なのか。それは、カントの場合とは逆の意味での「べき（当為）」の意義である、といえるであろう。ラインホルトは、上記のようなカント的意志規定論――彼はここに「理性の（直接的）因果性」論の貫徹を見ている――に反発するあまり、人間は現に反道徳的行為を選択することがある、そしてその場合ですら「選択意志」は自由に決断したのであり、あらゆる選択は自由であること繰り返し強調してきた。そして、「意志の自由」の根拠を理性の権能から切り離すことを主眼としている彼の意志自由論は、「自由の根拠は自由それ自身である」と強弁することで、人間の自由をいわば宙吊りにしてしまった。かくして、ラインホルトは自由な選択に関して、理性の「規定的」関与を認めていない。

しかし、感性的であるだけでなく同時に理性的でもある人間の行為の選択において、反道徳的格率の選択に際しては、理性がいかなる意味でも関与していないということはありうるのか。たしかに、選択の成立には「理性の自己活動、自己立法」が「不可欠な条件」であり、それなくしては「意志は自由たりえない」ことをラインホルトも認めていた。しかし彼は、「理性の自己立法」とそれに基づく道徳法則の命令は、選択のための「誘因となる根拠」にすぎず、「自ら自身によって規定する根拠」たりえないとして、それの直接的な「規定的」関与を否認していた。前者の「根拠」を後者の「根拠」に転換するのは、あくまで（選択）意志の職分であった。しかし、その転換はどのようにして遂行されるのか。その転換に際して、意志はどのように働くのか。この転換もまた「無媒介的」「自動的」には生じないであろう。その転換には、やはり「当為」の意識に基づく選択が、そしてかの「否定的‐媒介」が介在していると考えねばならない。

たとえば、選択意志が反道徳的行為の格率を選択する場合、その選択肢は「当の格率を採用するか、しないか」ではなく、選択肢は当の格率とそれに対置された格率であるはずである。この場合もまた、行為主体あるいは意志は、一方の（反道徳的）格率の選択に際してすら、もう一方の（道徳的・理性的）格率を同時に意識しており、そして自覚的にこれを拒否することを介して、当の格率を選択しているはずである。ラインホルト自身このことを十分認識していたはずである。というのも、彼は『試論』の「概要」でも、両方の指令ないし格率が「対置されているが、しかし必然的に結合されている」ことを強調していたのだし、また『書簡Ⅱ』でも、「人格は二つの異なった法則に従って自らを規定する能力を意識している限りにおいてのみ、したがってこれらの異なった法則それ自身を意識している限りにおいてのみ、自ら自身を規定する能力を意識している」(ibid., 276) と述べているのだから。つまり、反道徳的行為の格率を選択する場合にも、「人間の選択意志」においては、その選択も、道徳的・理性的命令の意識的拒否という「否定的‐媒介」を介してしか起こらず、そうである限り、その選択は「理性」の命令に「否定的」「間接的」に規定されている、あるいは少なくとも拘束されているのである。さもなければ、――カントがしばしば事例的に語っているように――われわれがなす「べき」行為をなさなかったとき、「後悔」や「自責」の念は生じないであろう。それにもかかわらず、ラインホルトは「理性の因果性」を拒絶せんとするあまり、選択における理性の「否定的‐媒介的」規定性も認めようとしていないように見える。とくに、彼が「理性」の権能と機能を、意志に「法則」を与えることだけに執拗に制限しようとするとき、いい換えれば「格率の選択」には一切「理性」を関与させまいとするとき、彼は「理性」による「意志」の「直接的」規定を忌避するあまり、その「否定的‐媒介」的規定を不当に無視しているといえよう。

「利己的衝動の要求」と「非利己的衝動の要求」、あるいは相反する格率、この両者は、いわば一枚の紙の裏と表であり、その一方だけを切り取ることはできない。われわれは現実では、理性的選択をすることもあれば、感性的選択をすることもあるが、しかし有限なわれわれは自らが理性的であることを、感性を否定的媒介にしてしか自覚せず、また逆に自らが感性的であることを理性との否定的関係においてしか意識しないのである。カントは「理性による意志の直接的規定」を強調するあまり、選択に際する非理性的要求の否定的介在を後景に退け、誤解を増幅している。それに対してラインホルトは、理性的要求と命令を「誘因」としてだけ取り扱い、それを選択には必要であるが、しかし選択の働きそれ自身には一切関与しない「外在的」要求に切り下げることによって、それが選択の働き自身に否定的介在していることを度外視している。両者が少なくとも明確に語らなかったのは、選択に際するこのような「意志活動の現象論」である。両者が、この語るべきことをもっと明確に語っていれば、両者の「自由」観の懸隔は埋まらなかったにせよ、それでも理性-意志関係の理解では、その懸隔は縮小したことであろう。

注

（1）Karl Leonhard Reinhold, Gesammelte Schriften. Kommentierte Ausgabe, Band 2/2. *Briefe über die Kantische Philosophie*. Zweyter Band, hrsg. v. Martin Bondeli. Basel 2008（以下、*Briefe II*と略記）. Vorrede, viif.（引用頁数は、この『全集』版にも記されている初版の頁）

（2）フィヒテは、一七九三年に出版された『あらゆる啓示の批判の試み』第二版に新たに挿入された第二節で、この区別を積極的に承認している。同じく一七九三年に起草されたいわゆる「クロイツアー書評」でも、この区別の功績をラインホルトに帰している。これらの点については、第八章第一節を参照。

（3）Vgl. Martin Bondeli, Einleitung, in: *Briefe II*, xxix.

（4）新田孝彦『カントと自由の問題』北海道大学図書刊行会、一九九三年、二一一-二一九頁参照。

（5）Vgl. Alessandro Lazzari, *<Das Eine,was der Menschheit Not ist.> Einheit und Freiheit in der Philosophie Karl Leonhard Reinholds*（*1789–1792*）. Stuttgart-Bad Cannstatt 2004, 115, Anm. 32.

（6）J. A. H. Ulrich, *Eutheriologie, oder über Freiheit und Notwendigkeit, zum Gebrauch der Vorlesungen in den Michaelis-ferien*. Jena 1788.〔実際の出版年は一七八七年〕

（7）ibid., 32.

（8）ibid., 34.

（9）Vgl. Faustino Fabbianelli, Einleitung, in: *Karl Leonhard Reinhold, Beyträge zur Berichtigung bisheriger Mißverständnisse der Philosophen*. Zweiter Band [ND: Hamburg 2004（PhB 554b)], lviif.

(10) Friedrich Heinrich Jacobi, *Über die Lehre des Spinoza in Briefe an den Herrn Moses Mendelssohn*. Hamburg 2000〔PhB 517〕, 171.

(11) レーベルクの経歴、業績については第六章注（2）を参照。

(12) *Briefe II*, Vorrede, ixf.

(13) ラインホルトがレーベルクから影響を受けただけでなく、『書簡Ⅱ』はレーベルクの「自由論」とは異なった独自の見解を提示しており、それがレーベルクのカント批判に対する応答になっている点を強調しているのが、Alessandro Lazzari, Reinholds Auseinandersetzung mit Rehberg im zweiten Band der *Briefe über die Kantische Philosophie*, in: Violetta Stolz, Marion Heinz und Martin Bondeli (hrsg.), *Wille, Willkür, Freiheit. Reinholds Freiheitskonzeption im Kontext der Philosophie des 18. Jahrhunderts*. Berlin/Boston 2012, 271-283である。両者の根本的相違は、レーベルクでは「自由な意志の意識」は、「純粋理性としての自己意識」が成立するか否かにかかっているのに対して、ラインホルトでは意志の自由の意識は「意識の事実」として捉えられている点にある（vgl. 278ff.）。

(14) ラインホルトが書評したのは『宗教に対する形而上学の関係について』（*ALZ*, 1788, Nr. 153b）――これは、やや込み入った事情から*ALZ*紙上で異例の二度目の書評であった――であるが、他方レーベルクの方は、ラインホルトの小冊子版『カント哲学のこれまでの運命について』（*ALZ*, 1789, Nr.186）、『試論』（*ALZ*, 1789, Nr. 357-358）、『寄稿集Ⅰ』（*ALZ*, 1791, Nr. 26-27）なども書評している。『寄稿集Ⅰ』の書評については、本書の第六章第一節、**1**を参照。

(15) 『一般学芸新聞』の編集長であり、一貫してカントの忠実な弟子であったシュッツは、このレーベルクの書評の原稿の写しを、一七八八年六月二三日付のカント宛て書簡に同封し、カントの意見を求めている（vgl. *Kant's gesammelte Schriften*, hrsg. v. Königlich Preußischen Akademie der Wissenschaften〔以下、*KA*と略記〕, X, 541）。

(16) レーベルクの書評のテキストは、現在ではその主要部分が*Materialien zu Kants <Kritik der praktischen Vernunft>*, hrsg. v. R. Bittner und K. Cramer. Frankfurt am Main 1975（stw 59）（以下、*Materialien*と略記）, 179-196に採録されているので、引用注は*ALZ*の号数、欄数と併記して、（ ）内にこの資料集の頁数も挙げておく。

(17) *ALZ*, Nr. 188a, Sp. 351（*Materialien*, 185）

(18) ibid., Sp. 352.（ibid.）

(19) ibid.（ibid., 185f.）

(20) ibid.（ibid., 186）

(21) ibid.（ibid.）

(22) カントの諸著作からの引用は、アカデミー版『カント全集』を*KA*と略記し、巻数をローマ数字で、頁数をアラビア数字で表記し、本文中に示す。

(23) *ALZ*, Nr. 188b, Sp. 353. (ibid.)

(24) ibid. (ibid., 187)

(25) ibid., Sp. 355. (ibid., 189)

(26) ibid. (ibid.)

(27) ibid., Sp. 354. (ibid., 187)

(28) カントは『実践理性批判』でこう述べているからである。「純粋理性が実践的たりうること、すなわち純粋理性がただそれだけで、一切の経験的なものから独立に意志を規定できるということ」は、「道徳性の原則における自律、いい換えれば意志を規定して行為たらしめる自律」によって示され、しかもこの「事実」は「意志の自由の意識と一体である」(*KA*, V, 42)。

(29) *ALZ*, Nr. 188b, Sp. 357. (*Materialien*, 192)

(30) この点については、一九七五年という非常に早い時期に著されたEberhard Günter Schulz, *Rehbergs Opposition gegen Kants Etik. Eine Untersuchung ihrer Grundlagen, ihrer Berücksichtigung durch Kant und ihrer Wirkungen auf Reinhold, Schiller and Fichte.* Köln 1975が詳しい。著者は「レーベルクの考え、すなわちカント倫理学に対する彼の諸々の異論が、一七八八年の議論から、ラインホルトの哲学的思惟にとって、絶えざる、そしておそらく決定的な原動力であったこと」(ibid., 177)を示そうとしている。

(31) 『試論』起草当初は計画になかった「概要」を破格のかたちで§LXXXVIに挿入するようにラインホルトを促した要因を、Alessandro Lazzariは、「絶対的に自由な原因」としての表象する主観の理念を理論的‐表象能力理論(とりわけ「自発性の三階梯理論」)の枠組みにおいて導出することが困難であることから、ラインホルトが「欲求能力」へと「先回り」することによってかの理念を導出しようと目論んでいる点に求めている(vgl. A. Lazzari, op. cit., 88-95, bes. 94f.)。それに対して、Karianne J. Marxは、§LXXXVIでは理論哲学の枠をはみ出す「欲求能力」とこれに対する「理性の因果性」が扱われているがゆえに、§LXXXVI全体が『試論』の「構造内部の一つの変則」「逸脱」と解釈されるべきであり、とくに「概要」挿入の誘因はレーベルクの「第二批判」書評でのカント批判が自分にも及ぶことを予想しての「予防的攻撃」であるとみなしている(Karianne J. Marx, *The Usefulness of the Kantian Philosophy. How Karl Leonhard Reinhold's Commitment to Enlightenment Influenced His Reception of Kant.* Berlin/Boston 2011, 213, 229, 234)。

(32) たとえば、フィヒテは一七九三年に公刊した『あらゆる啓示の批判の試み』第二版に、新たな節、第二節を付け加えているが、この節はかなり細部に及ぶ術語使用法の一致(「素材衝動」と「形式衝動」、「利己的衝動」と「非利己的衝動」、「粗雑な感性的衝動」と「繊細な感覚的衝動」等)から判断して、――ラインホルトの名前こそ挙げられていないが――明らかに「概要」に示された「欲求能力理論」を下敷きにして展開されている。またシラーの『人間の美的教育書簡』、とくに「第一二～第一四書簡」で有名になった「素材への衝動」と「形式への衝動」という概念は、元来ラインホルトの「概要」に発するものである。

（33）以下、『試論』からの引用は、*Versuch*という略記の後に頁数を付し、本文中に挿入する。頁数は新版 *Versuch einer neuen Theorie des menschlichen Vorstellungsvermögens. Teilband 1: Vorrede, Erstes Buch*, hrsg. v. Ernst-Otto Onnasch. Hamburg 2010 [PhB 599a], *Teilband 2: Zweites und Drittes Buch*, hrsg. v. Ernst-Otto Onnasch. Hamburg 2012 [PhB 599b] にも付されている初版の頁数である。

（34）I. Kant, *Grundlegung zur Metaphysik der Sitten*, in: *KA*, VI, 400.

（35）A. Lazzariは前掲書で、『試論』における「表象力」の概念使用法が多義的であることを詳しく説いている（vgl. A. Lazzari, op. cit., 119, 128ff.）。

（36）以下の対応関係の図式的表示は、A. Lazzari, op. cit., 121に従っている。

（37）しかし、すぐ次の段落でラインホルトが次のように書くとき、この区別は曖昧になっているように思う。「意欲〔意志活動〕の場合、すなわち幸福を目指す行為の場合、欲望作用は理性によって単に経験的に規定される」（*Versuch*, 568）。この文章では「意志」だけでなく、「欲望作用」もまた「理性」によって規定されることになるからである。

（38）vgl. *Briefe II*, 272, 295f.

（39）シュミットの経歴、業績については、第六章注（3）を参照。

（40）vgl. *Aus Baggesen's Briefwechsel mit Karl Leonhard Reinhold und Friedrich Heinrich Jacobi. Erster Theil*. Leipzig 1831（以下、*Aus Baggesen I*と略記）, 56.

（41）*ALZ*, 1792, Nr. 86, 87.（四月二日、三日付け）

（42）*ALZ*, 1792, Nr. 92, 93.（四月九日、一〇日付け）

（43）*Die zeitgenössischen Rezensionen der Elementarphilosophie K. L. Reinholds*, hrsg. v. Faustino Fabbianelli. Hildesheim 2003, 250ff.

（44）『道徳哲学の試論』も初版から第四版まで改訂増補版が出版されているが、それぞれの版の「序文」に記されている日付は、一七九〇年三月一六日、一七九二年三月二二日、一七九五年三月一日、一八〇二年二月である。この日付から判断すると、ラインホルトは第二版の公刊前に、その内容を何らかのかたちで知っていたことになる。現在では第一版のテキストは、*Materialien*, 241–251に、その主要な部分がDeterminismus und Freiheitと題されて採録されているが、第二版は入手困難である。Aetas Kantianaで再版されているのは第四版であり、これは第二版をかなり大幅に増補改訂しているように思われる。それゆえ、以下『道徳哲学の試み』のテキストとしては、この第一版と第四版を典拠とし、この両版から引用することにする。

(45) *Aus Baggesen I*, 169. ラインホルトはさらに、一七九四年の『寄稿集Ⅱ』所収の第四論文「道徳の完全なる基底について」のいくつかの箇所で、シュミートの名前を挙げずにその理論を批判したが、これに対してシュミートは翌年の第三版への「序文」で、当該箇所の頁数まで挙げながら、こうした批判の仕方に強く反発している。

(46) C. Ch. E. Schmid, Determinisumus und Freiheit (1790), in: *Materialien*, 241.

(47) ibid.

(48) ibid., 242.

(49) ibid., 243.

(50) ibid., 243f.

(51) ibid., 245.

(52) Vgl. ibid.

(53) ibid., 246.

(54) カントは『純粋理性批判』のある節で、行為主体の「経験的性格」と「叡知的性格」に言及し、「前者を現象におけるそのような物〔「経験の対象としての私」〕の性格、後者を物自体の性格と名づけることができるだろう」と述べ、こう続けている。「この行為主体は、その叡知的性格から考えれば、けっして時間の諸制約のもとにはない。〔中略〕したがって、この主体は、……生起するものがみな（それより前の）現象のうちにその原因を持つという法則に従うものではない」（A 539f., B 567f.）。また、『道徳の形而上学の基礎づけ』での同様の見解は、*KA*, IV, 453を参照。シュミートのここでの立論は、このカント「二重の観点」説にまったく忠実なのである。

(55) C. Ch. E. Schmid, Determinisumus und Freiheit (1790), in: *Materialien*, 247.

(56) ibid., 249.

(57) ibid.

(58) アウグスティヌス／泉治典・原正幸訳『意志自由』第三巻、第四章10（『アウグスティヌス著作集3』「初期哲学論集(3)」教文館、一九八九年、所収）、一五三頁。

(59) C. Ch. E. Schmid, Determinisumus und Freiheit (1790), in: *Materialien*, 250.

(60) *Briefe II*, 296f. さらにラインホルトは、後の『寄稿集Ⅱ』でも、同様の批判を繰り返している。ただし、上記のDeterminisumus und Freiheit (1790) への注において、この資料集の編者は次のように述べている。「シュミートはこの第二版では、とくに自由論を含む節を完全に改作しており、その際、彼に非難が浴びせられた『叡知的宿命論』の諸帰結を回避しようと努めている」。

(61) *Aus Baggesen I*, 168.

(62) *ALZ*, 1792, Nr. 86 (2. April 1792), Sp. 1-8 und Nr. 87 (3. April 1792), Sp. 9-14.
(63) *ALZ*. 1792, Nr. 87, Sp. 6.
(64) ibid., Sp. 11.
(65) ibid., Sp. 12.
(66) ibid.
(67) 一七九二年四月八日あるいは九日付けのバッゲセン宛て書簡を参照。すなわち「道徳と自然法の根本問題についての僕の論文については、その表現だけで数カ月もの日時を費やし、六回も書き直したのだが、この論文は『ベルリン月報』には受け入れられないので、僕はこれをメルクーアに採用してもらうよう努めようと思っている」(*Aus Baggesen I*, 176.)。
(68) *Der neue Teutsche Merkur*. Hrsg. v. Chrstoph M. Wieland, Weimar: Im Verlag der Gesellschaft 1790ff.(以下、*NTM*と略記), Junius 1792, Bd. II, 105-139.
(69) vgl. A. Lazzari, op. cit., 192-196.また、この論文の「第一稿」を、当時ラインホルトのもとにいたJ・B・エアハルトが読んだことが、一一月六日付けのカント宛て書簡に報告されている(*KA*, XI, 308)。
(70) *NTM*, Junius 1792, Bd. II, 111f.
(71) ibid., 113.
(72) 『書簡II』に収められた一二の書簡と『新ドイツ・メルクーア(*NTM*)』誌に既出の諸論文[公刊年(月)巻数、頁数]の関係は以下のようになる。

第一書簡:「最近の哲学の名誉回復」[1791 (Januar) I, 81-112]
第二書簡:「自然法の名誉回復」[1791 (April) I, 337-361]
第三書簡:「自然法の名誉回復」[1791 (April) I, 361-382]〈書簡のS. 64-71は新稿〉
第四書簡:「実定法の名誉回復」[1791 (September) III, 3-40]
第五書簡:「実定法の名誉回復」[1791 (November) III, 278-311]〈書簡のS. 143-154は大幅改訂が施されている〉
第六書簡:「道徳と自然法の根本諸概念をより精確に規定するための寄稿集。世界市民たちの対話のための付録として」(「寄稿集」論文)[1792 (Junius) II, 105-139]
第七書簡:書き下ろし
第八書簡:書き下ろし
第九書簡:書き下ろし
第一〇書簡:「道徳の根本真理、およびそれと宗教の根本真理との関係について」[1791 (März) I, 225-262]

第一一書簡：書き下ろし

第一二書簡：「三つの身分。或る対話」[1792 (März) I, 217–241]〈書簡のS. 418–428は大幅改訂〉

「世界市民。前月号での三つの身分の対話の続き」[1792 (April) I, 340–379]

(73) たしかにカントはそれぞれについて、以下のように述べている。「意志は、〔中略〕そのような〔理性的〕存在者に属する一種の因果性であり、自由は〔中略〕この因果性の特性ということになろう」(『道徳の形而上学の基礎づけ』*KA*, IV, 446)。「意志の概念には、因果性の概念がすでに含まれている。したがって純粋意志という概念には、自由を備えた因果性の概念が含まれている」(『実践理性批判』*KA*, V, 55)。「ただ理性的存在者だけが、法則の表象に従って、すなわち諸原理に従って行為する能力を持っている、つまり意志を持っている」(『道徳の形而上学の基礎づけ』*KA*, IV, 412)。「意志は、それが悟性によって規定される限りでは、或るものを目的と呼ばれる理念に従って生み出す能力である」(「哲学における目的論的原理の使用について」*KA*, VIII, 181)。

(74) *KA*, IV, 427.

(75) たとえばカントはこう述べている。「実践的である理性がこのように自らで立法すること、これが積極的な意味での自由である。それゆえ、道徳法則が表現しているのは、純粋な実践理性の自律、つまり自由の自律にほかならない」(『純粋理性批判』A 58f.)。

(76) L・W・ベック／藤田昇吾訳『カント「実践理性批判」の註解』新地書房、一九八五年 (Lewis White Beck, *A Commentary on Kant's Critique of Practical Reason*. The University Chicago Press 1960) 二三七–二四六頁参照。

(77) 同上、二四二頁。

第八章　「意志の自由」をめぐる論争の継続・展開とその波及（一七九三〜九七年）

第一節　『啓示批判』第二版、「クロイツァー書評」でのフィヒテの批判（一七九三年一〇月）

フィヒテは最初の著作『あらゆる啓示の批判の試み』の第二版を、一七九三年復活祭に出版した。当時、フィヒテはチューリッヒに向けてドイツ各地を遍歴中であった。その第二版には「第二節」と「第五節」が新たに付け加えられていた。新たに挿入された第二節「宗教一般の演繹の準備としての意志の理論」には、ほぼ半年前に公刊された『書簡Ⅱ』に完成態を見たラインホルトの意志の自由論の批判的検討を認めることができる。ここでフィヒテは、術語の使用法などから判断して、明らかにラインホルトの『試論』の末尾に付された「欲求能力の概要」を下敷きにしているのだが、そのことに明示的に言及していない。だが、彼がこの「欲求能力理論」から強いインスピレーションを得ていたことは、間違いない。

その「第二節」でフィヒテは、まずはかの二種類の自由の区別を積極的に承認し、次のように述べている。「この選択の機能のうちで意識に経験的に与えられる選択意志の自由は、〔中略〕実践的な理性法則による自由の絶対的に第一の発現（Äußerung）とは、よくよく区別されねばならない。後者の場合、法則はわれわれに一切の選択を許さず、必然性をもって命令するのだから、その自由は選択などということではまったくなく、単に消極的に、自然必然性からの全面的解放を意味するにすぎない」。さらに、ラインホルトと軌を一にするように、「私の誤りでなければ、このような非常に異なった二つの自由の発現を混同することこそ、〔中略〕道徳的な必然性を考えることをきわめて困難にしている主要な原因の一つである(1)」とも述べている。さらに彼は、「選択意志の自由が、〔有限な〕存在者がなお実践的な理性法則とは別のものによって規定されうることに基づいている」ことを認め、その上で、理性法則による絶対的な「自由が、有限な存在者の経験的な諸条件へと関連づけられる限り、この自由の発現もその場合には、その諸条件のもとでのみ妥当する」と――上述したカント-ラインホルト「論争」を考慮すると――妥当な見解を表明している。ここに、問題の所在は正しく指摘されているが、問題が解かれているわけではない。

その後、長い遍歴時代に終止符を打ち、ようやくチューリッヒに腰を落ち着けたフィヒテは、『一般学芸新聞』編集部の求めに応じて、当地で三篇の書評を手がけている。その一つが、一七九三年一〇月末に『一般学芸新聞』に掲載された、いわゆる「クロイツアー書評」である(2)。フィヒテはこの書評でも、ラインホルトの意志の自由論についてこう書いている。「批判哲学の多くの信奉者たちによって注意を喚起され、そしてラインホルトによって説得力あるかたちで示されたこと、それは理性が実践的であり、自らに法則を与える際の理由となっているような絶対的自己活動の発現と、人間がこの法則に従うか否かを自ら決定する際の絶対的自己活動の発現とを綿密に区別しなければならないということである(3)」。かくして、フィヒテは『書簡Ⅱ』公刊後早々に、かの二つの種類の自由――フィヒテはここでは、理性の自己立法の自由と行為に際しての選択の自由、両方を「絶対的自己活動」と特質づけているのだが――の区別の必要性と意義を承認し、それを明確にした功績をラインホルトに帰している。

しかし、フィヒテは二つの自由のラインホルト流の区別に、諸手を挙げて賛同していたのではない。というのも「啓示批判」論文「第二節」では、すでにこう述べているからである。「こうした自由の絶対的に第一の発現なしには、第二の単に経験的な自由は救われることなく単なる仮象（ein bloßer Schein）であることになろうし、少し真剣に熟慮すれば、われわれが一瞬、自然必然性の鎖から解き放たれると妄想した甘い夢は根絶されるであろう」(4)。この文章が暗にラインホルトに向けられた批判であるのは、明白である。フィヒテの理解では、「選択意志の自由」は「経験的な自由」にすぎず、それゆえそれは「第一の」自由たる「実践理性に基づく自由」という「根拠」を欠けば、「仮象」に転落する。「実践理性に基づく自由」あるいは「超越論的自由」こそ、人間の自由の究極の根拠、自由の本源態であり、「選択意志の自由」はその作用結果としての派生態にすぎない。この意味で、フィヒテは依然として、自由に関する「理性の因果性」を基本的に擁護しようとしているのである。

それでもなお、この基本理解のもとでフィヒテは、自由の現実態を説明するために、「一面ではかの（理性の必然的）形式の絶対的自発性によって生み出されながら、他面では経験的自己意識における自発性によって規定されうる」ような「媒体」を見出そうと苦闘している(5)。そしてここでは、それを「純粋に道徳的な衝動」と「感性的な衝動」との融合点である、「衝動」としての「尊敬の感情」に求めようとしている(6)。フィヒテによれば「この尊敬の感情は、経験的な能力としての意志を規定する」とともに、「意志活動のうちで、自己活動によって規定されうるものである」からである(7)。フィヒテのいうこの「尊敬の感情」は、カント的な道徳法則への「尊敬の感情」よりもかなり広い意味を含んでいる。それは何よりもまず「自己尊敬」の感情と理解されており、しかもそれは、「端的にわれわれの人間性の内なる尊厳への尊敬」である「純粋な自己尊敬」の感情と、非利己的な衝動に従って行為するときに生じるような「経験的な自己尊敬」の感情の両方を含んでいる(8)。フィヒテは、後者のような「経験的」感情をも道徳的行為における意志規定の動因として考慮することで、かの「融合点」を解明しようと努力している。しかし、「啓示批判」の「第二節」は、結局のところ「経験的意志が最終的には道徳的関心としての尊敬の感情から発するという想定と、意志が感性的衝動に抗して道徳的衝動に与することで、自ら自身を或る決定へと規定するという理解との間を揺れ動いており(9)」、理性の「絶対的自発性」から「経験的自己意識の自発性」への通路をこじ開けることに成功していない。

フィヒテは「クロイツアー書評」でも、改めてかの二種類の自由の関係を問うている。彼はこの問題に答えるために、意志の「自己規定の働き」と意志が「規定されていること」との区別、さらに「理性の絶対的自己活動」と「意志の絶対的自己活動」との区別に留意することを求めている。すなわち「叡知的自我の自由な働きとしての規定する働き（Bestimmen）と、経験的自我の現象状態としての規定されていること（Bestimmtseyn）とは区別されねばならない」[10]。「理性の絶対的自己活動」は、たしかに「或る事実のうちに、すなわち上級欲求能力が規定されていることのうちに現象してくる」。そしてこの「自己活動が、或る仕方でだけ規定可能な自らの特定の形式をこの欲求能力に与え、その形式が道徳法則として現象してくるのである」。さらに注目すべきことに、「意志のなす規定の働きにおける絶対的自己活動の発現」は「理性」のそれとは異なる、とフィヒテは主張する[11]。「意志」の自己活動、自己規定の働きは――理性の自己活動の場合と違って――「現象してこないし、現象することができない。というのも意志は元来形式を欠いているからである」。だから「意志」の自己規定の働きにおける「絶対的自己活動」は、「単に根源的な欲求能力のかの形式によって意識に与えられた道徳法則の要請だと想定されるのであり、したがって、それ〔意志の自己規定の働き〕は、知の対象ではなく、信の対象なのである」[12]と彼は主張する。

つまり、意志の自己規定の働きは、感性界にはけっしてそれとしては現象してこず、それゆえわれわれはそれを知ることはできない。われわれが現象界で覚知できるのは、ただ意志の働きが「規定されていること」だけである。したがって、その働きそれ自身は「知の対象」ではなく、「信の対象」にすぎないのである。フィヒテにとっては、意志の自己規定の働きは、「帰責が可能であるために」想定されねばならない「理性-要請[13]」なのであるが、感性界では確証不可能なものなのである。

それにもかかわらず、ラインホルトのようにこの「自己規定の働き」を「意志が〔感性的要求の〕満足や不満足へと規定されていることとの現象の原因」だと考えると、「叡知的なものを一連の自然の諸原因へと引き下げてしまう[14]」ことになりかねないとフィヒテは批判する。フィヒテからすると、知覚不可能な「自己規定の働き」としての意志の自由の根拠を感性界に求めるとなれば、その自由の原因は知覚可能な「自然の諸原因」の一つに転落しかねない。フィヒテがこの批判に際して参照を指示している「第八書簡」の当該箇所は、こう書かれていた。心意の根本諸能力の作用を介して「意志の自由は意識の事実のもとに現れてくるが、その作用に基づいて〔意志の〕自由は私に余すところなく理解できるようになる。そうである限り、意志の自由は私にとってはけっして信の対象ではなく、最も本来的な知の対象である」(*Briefe II*, 284)[15]。われわれは、自らの意志が自由であることを「事実」として十分意識できる——ラインホルトのこの見解に、フィヒテは異論を述べているのである。

その際フィヒテが強調しているのは、次の点である。すなわち、「意識の事実」として確かめられるのは、意志の「自己規定の働き」の作用結果(「規定されていること」)であって、その作用(「規定の働き」)そのものではない。だからフィヒテはこういう。意志の「自己規定の働きは一見感得できるように見えるが、それはけっして感得ではなく、規定する力が感得できないこと(Nicht-Empfindung)に由来しているのであって、〔それを感得できるというのは〕それと気づかれていないことの帰結なのである」[16]。つまり、意志の自己規定の働きを感得できるというのは、したがって〔ラインホルトのように〕自由の根拠を意識できるというのは、「錯誤」なのである。フィヒテによればそれは、真の原因が意識できないがゆえに自由だと思い込んでいる錯誤にほかならない。実はフィヒテは、「啓示批判」の第二節でも同様の批判を、もう少し遠まわしに語っていた。すなわち、われわれが意志作用のうちに自発性を意識したとしても、それは「必然性の感情の不在」という否定的‐消極的意識にすぎないのであり、そのような自由の事実の意識は「本当の」「原因」が「意識されていないこと(Nichtbewußtsein)から生じてくる」「錯覚(Täuschungen)」だといわねばならない[17]。そのような思い込みは、「ヨッホの哲学」が主張しているような宿命論的意志決定論に途を拓きかねない。そして、この「錯誤」批判は、ラインホルトが自由の叡知的「原因」を、経験的な「意識の事実」へと引きずり下ろしているというフィヒテの理解に発しているのである。自由の叡知的原因と現象としてのその作用結果の区別、および両者の連関を解明するのに、「クロイツアー書評」の著者は、その後半部分では叡知界と感性界とのライプニッツ的予定調和説を持ち出しているのだが、[18] これには言及しないでおこう。

ここでもわれわれが確認できること、それは、ウルリッヒ、レーベルク、シュミート、ラインホルトそしてフィヒテが、それぞれが異なった（しばしば、正反対の）哲学的立場から、解明しようとしているのが同一の課題、すなわち叡知界に想定された自由の究極根拠とそれの作用結果と想定される行為の自由との連関問題に説得力ある説明を与えるという課題であるということである。この連関について解明済みと目されたカント的解決が、これほどの議論を呼び起こしてという事実自体が、かの解決が実は未解決であったということを示唆しているといえるであろう。

さて、このフィヒテ的解決策が、カントのあるいはラインホルトの解決策の難点を克服しているとは、とてもいえないだろう。まず何よりも、自由の究極原因が叡知界に想定され、しかしその作用結果が現象界で生じることは、カント以降の問題機制を最初から規定している構図である以上、究極原因としての「意志の自己規定の働き」を叡知界に、そしてその作用結果としての「意志が規定されていること」を現象界に割り振ったところで――それは、すでに何度も引いてきたウルリッヒの指摘を超えていない――問題は一歩も前進していない。問題は、両者をどのように関係づけ、説明するかなのであるから。一七九三年にフィヒテが、その所在を改めて的確に指摘し、解決を試みながら果たせなかったこの問題を、一七九七年にシェリングがもっと説得力を持ったかたちで解決しようとするのを、われわれは後に（本章第四節）見るであろう。

いずれにせよここでは、フィヒテはラインホルトに比べればはるかに正統派カント学徒として登場してきている。彼は、ラインホルトの「意志の自由」が「超越論的自由」（あるいは「純粋理性」）と切り離されているがゆえに、その自由には確固たる「根拠」が欠けていること、それゆえ「自然の因果性」に転落しかねないことをすでに指摘している。その際彼が、ラインホルトのいう「意識の事実」を事実としては承認しながらも、それがなお感性界における「経験的」事実であるとみなし、それを生み出す作用を――「超越論的自由」と連関させながら――経験を超えた圏域に模索していることは、そして「叡知的自我」の「経験的自我」の規定関係を問題にしていることは、「事実」から「事行」へと進む、後のフィヒテの思索を暗示して興味深い。

第二節　『人倫の形而上学』「序論」におけるラインホルト批判（一七九七年）

『書簡Ⅱ』の公刊から五年後の一七九七年、カントは長らく守ってきた沈黙を破って、ラインホルトの批判に初めて公然と応酬する。それは、彼の公刊された最後の主著『人倫の形而上学』への「序論」においてなされた。ここでカントが、それ以前とは明らかに異なったいくつかの術語使用法を用いたことが多くの読者を驚かせ、またラインホルトを「困惑」に陥れた。周知のごとく、カントはこの「序論」で初めて「意志」と「選択意志」の明確な概念的区別を導入した。しかし、そのことによって彼は、ラインホルト流の両者の区分を追認しているわけでもないし、ましてやラインホルト的「選択意志」の「自由」の定義を認めているわけでもない。その狙いはむしろ逆である。その区別は、ラインホルト的区分と「自由」の経験的定義が支持しがたいことを明らかにするために持ち出されているのである。

カントはこの「序論」の準備稿の冒頭に、まずこう書き留めている。「人間の意志は、選択意志とは区別されねばならない。後者だけが自由と呼ばれるのであるが、それは単に現象において、すなわち感官的世界において規定されている行為（actus）とだけ関わっている」（*KA*, XXIII, 248）。「人間の意志」は、このように現象界での行為だけに関わっている「選択意志」とは区別されねばならない。「なぜなら、意志は法則のもとにあるのではなく、それ自身が選択意志に対する立法者であり、そして選択意志を規定する際の絶対的な実践的自発性である」（ibid.）。この「序論」以前には、カントはもっぱら「理性」を「意志」に対する「立法者」と同定し、そして繰り返し「理性が意志を直接規定する（べきである）」と語ってきた。ここでは、その「理性」が「意志」に、その「意志」が「選択意志」に書き換えられているのは明らかである。しかし、用語の書き換えはカントの根本思想の変更を意味しない。「序論」においても、立法は依然として叡知的世界での「理性の自己活動」によるのであり、「意志」は依然として「実践理性」と同じものである、あるいは「意志」は「理性的欲求能力」であるからである。[19] そして、叡知的理性（あるいは純粋意志）の「絶対的な実践的自発性」に基づく「自己活動」、「自己立法」こそが、現象界での「自由」の根拠でなければならない。この基本的立場に何ら変更はない。かくして、術語使用法の変更は根本思想の変更に及んでいない[20]ことをまず確認しておく必要がある。

準備稿での考察は、「序論」での以下のような有名な定式化に結実する。すなわち「意志から法則が生じ、選択意志から格率が生じる。選択意志は、人間においては自由な選択意志である。〔それに対して〕法則以外の何にも関わることのない意志は、自由とも不自由とも呼ぶことはできない。というのは、そうした意志は、行為に関わっているのではなく、行為の格率のための立法に（それゆえ実践理性そのものに）直接関わっているからであり、それゆえ絶対的に必然的であって、それ自体としてはいかなる強要にも馴染まないないからである。それゆえ、ただ選択意志だけが、自由と呼ばれうるのである」（*KA*. VI, 226）。ここにも術語の変更が確認できる。以前のカントなら、「理性から法則が生じ、意志から格率が生じる」と語ったことだろう。「意志」と「選択意志」を概念上区別したことによるこうした変更は、明らかにラインホルトの批判を意識してのことである。多くの読者を驚かせたのは、「意志は、自由とも不自由とも呼ぶことは」できず、むしろ「絶対的に必然的」であるのに対して、「選択意志だけが、自由と呼ばれうる」という言明である。しかし、ここでもかの術語変更を考慮に入れれば、すなわちこの「意志」とは、意志一般を指しているのではなく、それはカントが以前には「純粋意志」あるいは「自由な意志」と呼んでいたものにほかならず、したがってそれが「実践理性そのものである」ことを了解すれば、「意志」が自由でも不自由でもなく、むしろ必然的だといわれていることはそれほど驚くことではない。ラインホルトも『書簡Ⅱ』において、自己立法という「理性の自己活動」は「不随意的（unwillkürlich）」であり、これと「選択意志」の自由な働きを区別しなければならないと繰り返し強調していた。それは、カント学派による後者の前者への「解消」を批判するためであるが、この場合も「不随意的である」とは「必然的である」と同義である。

ラインホルトと最も大きくかけ離れているのは、「自由な選択意志」および「選択意志の自由」の理解である。前者について、「序文」はこう述べている。「選択意志は、それが純粋理性によって規定されうる場合には、自由な選択意志と呼ばれる」（*KA*, VI, 213）。これも、『純粋理性批判』（vgl. B 562）以来、われわれにお馴染みの定式である。カントにおいては、「選択意志」が「自由であること」は、あくまで「純粋理性」による被規定（可能）性によってのみ担保される。もう少し具体的にいえば、「自由な選択意志」とは、理性（純粋意志）の法則を、「自己立法」を介して、自らを規定すべき道徳法則として承認しうる意志のことである。これ以外のいかなることも意味しない。したがって、第一批判でそう語られていたように、ここでも人間の「選択意志の自由」の本質は、「感性的衝動による規定から独立しているということにあり」、これが「自由の消極的概念」を形成する（*KA*, VI, 213）。ちなみに、「自由の積極的概念」も、以前と同様に「純粋理性がそれだけで実践的でありうること」（ibid.）にある。かくして、ここでもカントの自由理解は、理性の強要からさえ独立した「選択の自由」を意志一般の「自由」の核心に据えるラインホルトの自由理解と、依然として著しく対照的である。

後者、「選択意志の自由」について、カントは準備稿ではこう書き留めていた。「現象としての人間の行為に関していえば、選択意志の自由の本質は、対立する二つのもの（法則適合的なものと法則違反的なもの）の間で選択する能力にある」（*KA*, XXIII, 249）。この定式は、きわめてラインホルト的である。しかしこの定式は、あくまで「現象としての人間の行為」に、あるいは「現象体（Phänomen）としての選択意志」に限定されたものにすぎない。なぜならカントは「序論」では、こう述べているからである。「しかし、選択意志の自由は、――或る人たちがよく試みてきたように――法則に合致して、あるいは法則に反して行為するといった選択の能力（無差別的選択の自由libertas indifferentiae）と定義するわけにはいかない。たとえ、現象体としての選択意志が、しばしばそうした実例を経験において与えているにしても、である」（*KA*, VI, 226）。「或る人」がラインホルトを指しているのはいうまでもない。それゆえ「感性的存在者としての人間が、経験上、法則に適合してばかりではなく、法則に背反しても選択するという能力を示す」ことはたしかに事実であるにしても、この事実によって「叡知的存在者としての人間の自由が定義されるというわけにはいかない」(ibid.)。ましてや、ラインホルトのように、「理性的主体がその(立法的な)理性に反する選択をなすことができるという点に」「自由の本質」を認めることは断じてできない(ibid.)。ここでカントが強調しているのは、ラインホルトのように経験的事実でもって、「自由な選択意志」を定義することはできない、ましてや「叡知的存在者としての人間の自由」を定義することはできないということである。カントによれば、選択行為が示す経験的事実をもって、自由の実践的概念を定義することは「混成的説明(混種的定義 definitio hybrida)」(ibid., 227)にほかならない。

ここで、「自由な選択意志」と「選択意志の自由」とが微妙に使い分けられていることに留意しなければならないだろう。「自由な選択意志」は、上述したように、理性による被規定可能性を本質としている。したがって「自由な選択意志」は、それが行使される「現実態」においては、常に理性の法則性に適った格率を選択し、したがって常に道徳的に善い行為をなすはずである。これが、その「選択意志」が「自由であること」の所以である。それに対して、「選択意志の自由」によって、道徳的に悪い行為をなす可能性は排除されない。それゆえ、この場合行為主体が、採択した格率の如何によって、「選択意志の自由」はいわゆる「選択の自由」を指している。よって、「自由な選択意志」の「現実態」には常に善をなすのに対して、「選択意志の自由」の行使は悪をももたらしうる。つまり「自由な選択意志」では「意志」が自由なのであり、「選択意志の自由」では「選択」が自由なのである。両者の「自由」の意味はまったく異なる。同一の「選択意志」という術語に関するこうした両義性についていえば、カントがこの「序論」で――ラインホルトの度重なる批判に抗して、あるいはそれに押されて――(従来から使用してきた「自由な選択意志」と異なる意味内実を持った)「選択意志の自由」を導入したことによって、その両義性が露わになり、読者を混乱に陥れたのだ、といえよう。

そしてここでもまた、人間に対する「二重の視点」が持ち出されている。だが「二重の視点」の援用は、ラインホルトに対する批判としては一定の有効性を持つとしても、それによってわれわれは懸案の問題解明に一歩も近づかないであろう。解明されるべきことを勘案すれば、問題は「二重の視点」を区別することではなく、区別された両者をどう関係づけるか、であるはずだからである。すなわち「叡知的存在者としての人間の自由」、つまり「理性の自己立法」が、「自由な選択意志」の行使を介して、どのようにして「現象体としての選択意志」を規定しうるのかを明らかにすることであるはずである。

しかし、それはここでも明らかにされない。カントはいう。「自由」は「道徳法則を通して初めてわれわれに知られるようになる」のだが、その際自由は「われわれのうちにおける単に消極的特性としてだけ、すなわちいかなる感性的規定根拠によっても行為にまで強要されることがないという特性としてだけ、われわれに知られうるだけである」。人間を「可想体（Noumen）として、すなわち単に叡知体としての人間の能力から考察する」にしても、「自由がどのように感性的選択意志に対して強要的であるかは、したがって自由の積極的特性に関しては、われわれはそれを理論的には、まったく明らかにすることができないのである」（ibid., 226）。なぜなら、「自由の積極的特性」――カント流にいえば「自由な意志」が「理性の自己立法」に基づいていること、フィヒテ流にいえば理性的「意志の自己規定の働き」そのもの――は、感性界にはけっしてそれとして現象してこず、あるいはそれとして同定できず、よって確証不可能だからである。では、「実践的」観点から、上記とは逆の道筋を通って――すなわち、「現象体としての選択」のうちで「自由な選択意志」が実現されることを認めて、それの可能性の制約として、「純粋意志」の、あるいは「理性」の「自己立法」の存在を導出することによって――かの「積極的特性」を開示することはできないのか。カントの確信からすれば、その道筋はやはり「混成的説明（混種的定義）」を容認することにほかならないのであろう。さもなくば、かの「積極的特性」は、せいぜいのところ一種の「要請」にとどまるのであろう。

かくして「序論」は、「意志」に自由はなく、「選択意志だけが、自由と呼ばれうる」という一見衝撃的な見解表明にもかかわらず、何一つ新たな見解を表明しておらず、「選択意志の自由」の導入は、これとの対照において「自由な選択意志」の超越論的本性を際立たせるための否定的事例として持ち出されているにすぎないように思える。ラインホルトは、彼の理解する「意志の自由」の核心である「選択意志の自由」が単なる経験的事実であり、これをもって「実践的自由の概念」を定義することは「混成的説明（混種的定義）」であると断罪されたことに、いっそう強く反発することになる。

第三節　「いくつかの所見表明」におけるラインホルトの反論（一七九七年）

ラインホルトの反論は、「序論」と同じ年に公刊された『混成論文選集Ⅱ』に収められた第二論文「いくつかの所見表明」[21]に公表された。ラインホルトの主張と論点もまた、総じて以前とまったく変わるところはない。彼はここでも、カント的な「自由な意志」もしくは「自由な選択意志」の機能と「実践理性」の機能が同形的であること――いい換えれば「意志の自律」が「実践理性の自己立法」に必然的に根拠づけられていること――を批判し、それでは「人間の意志の自由」が本来の意義を失い、ひいては道徳的に悪い行為の生起や「帰責」の所在が説明できない、と非難している。そして、自分の主張する「選択意志の自由」を核とする自由概念は、「経験」から導出されているのでも、「経験」から作り出されたものではないと弁明している。

さて、ラインホルトは、われわれが先に引いた「序論」でのカントのすべての文章を引用しながら、それに逐条的に疑念を呈し、異論を述べ、批判を展開している。まず彼は、カントの「意志という語」が自分とは「まったく別の意味」で使用されていることを確認する。「序論」では「意志から法則が生じ、選択意志から格率が生じる」とされていた。だがラインホルトの理解では、「およそ法則なるものはただ理性からのみ生じる、それで道徳法則は、理性でない意志と相関的に関係している理性から生じるのに対して、格率は理性と相関的に関係している意志から生じるのである」（*Auswahl II*, 363; *Materialien*, 311）。ラインホルトがここで、「意志」と「法則」の連接を拒否して、あくまで「理性」と「法則」の連接、「選択意志」と「格率」の連接に固執しているのは、カント流の理解では、前者の連接によって法則的必然性を帯びた「意志」が改めて「選択意志」と連接されて、そしてそのことによって意志に本来的な「選択の自由」が失われてしまう、と考えているからである。彼は、カントの「序論」のうちに嗅ぎつけた、「意志」を媒介にした、「理性」と「選択意志」の連接を、繰り返し異口同音に非難している。

すなわち、カントの説明によれば「選択意志ですら、選択意志でなく、再び——意志がそうであるように——それが実践理性そのものである限りでのみ、自由だといわれているのだ！　純粋理性は立法するので意志といわれているのだが、その理性は法則をただ自ら自身に与え、法則に従うのも自らで従うから、また自由な選択意志ともいわれているのだ！」(ibid., 375; ibid., 314)。しかし「両者は、純然たる理性の一つにして同じ行為であろう」。それらが「思惟可能ないかなるメルクマールによっても区別されておらず、ただ言葉の上で区別されているにすぎないであろう」(ibid.; ibid.)。こうして「選択意志が実践理性の自己活動と何ら異ならない自己活動を有しているのであれば、選択意志から生じるとされる格率は、法則と異なるところは何一つなくなるのではないか？」(ibid., 376; ibid.)。「理性」と「選択意志」の連接に対する同様の疑念と批判は、こうも表現されている。カントでは「自由な選択意志の行為を形成しているのは、本当は純粋理性の一つの機能にすぎないということになる」。なぜなら「選択意志は、感性的衝動から独立である限りでのみ自由であるとされるが、さらに選択意志は、それが純然たる理性の行為である限りでのみこの衝動から独立であるとされているのである」から(ibid., 389; ibid., 319)。この批判が、『書簡Ⅱ』で展開されていたカント派批判、すなわち「法則を与える(立法する)行為」と「法則を実行する行為」を混同し、その結果、選択意志の自由を「自己活動的理性の不随意的な働きに移し替え」ているという批判の繰り返しであるのは明白である。ここでは、以前よりも直截に語られているだけである。批判はさらに続く。カントでは「理性によって規定された必然性が法則と呼ばれ、理性によって規定された感性的選択意志なるものの強要が、法則の(自由な)実現と呼ばれる。前者は理性にほかならないのだが、これがそこでは意志と名づけられ、後者もまた理性にほかならないのだが、これはそこでは選択意志と名づけられるのだ」(ibid.; ibid.)。

「理性」-「意志」-「選択意志」のこのようなシームレスな連接に対抗して、ラインホルトは、行為に際する「選択意志の自由」に関して、「理性」は必然的に規定的な根拠たりえないという持論をここでも繰り返している。「選択意志において道徳的に善なる行為をするのは、理性ではなく、理性を介した選択意志自身であり――選択意志において道徳的に悪なる行為をするのは、感性的衝動ではなく、感性的衝動を介した選択意志自身である。〔中略〕理性が実践的であるのは、理性が単に自ら自身によって、理性的であることを規定根拠に採択するよう意志に指令する限りにおいてのことである。これが、理性の実践のすべてなのである」(ibid., 382; ibid., 316f.)。彼が一七九二年のバッゲセン宛て「書簡」や「寄稿集」論文以来、「理性」の機能を「法則」あるいは「指令」を意志に与えることだけに制限してきたことを思い起こすならば、この文章の真意も明白であろう。

　さらに彼は、人間の「意志」の核心が「選択意志の自由」にあり、それゆえ選択の如何によっては「意志」は、「善い意志」としても「悪い意志」としても発現しうるが、同時にまた行為に対して「意志」のみが責任を負うという持論も繰り返している。「人間の選択能力は、選択するという意志に特有の能力であるが、この能力は選択すること一般の能力とも、とりわけ理性に特有の能力とも、区別されねばならない。意志なくしていかなる選択意志も考えられないのと同じように、選択意志なくしていかなる人間の意志も考えられない」(ibid., 369; ibid., 311)。「意志が選択意志を有しており、選択意志においてかつ選択意志によって自由である限り、意志自身は法則に関わることも、関わらないこともありうる。だが意志は、法則に関わっていないときには、意志たることを止めるのではなく、そのことによってさえ、自分が意志たることを証明しているのである」(ibid., 370; ibid., 312)。だから、意志は善くも悪しくもありうる。それどころか「意志が善い意志でも、悪い意志でもありえないならば、それはけっして意志ではない。しかし、理性はどちらでもありえない」(ibid., 373; ibid., 313)。この「意志」理解、すなわち「選択意志においてかつ選択意志によって自由である」意志という理解は、カントの「序論」で定式化された、「法則以外の何にも関わ」らず、したがって「自由とも不自由とも呼ぶことはでき」ず、「絶対的に必然的である」意志と著しい対照をなしている。

それは、詰まるところ、カントが「意志」を「選択意志」と切り離して、「理性」と連接させているのに対して、ラインホルトは「意志」を「理性」と切り離して、「選択意志」と連接させていることに基づく。

最後に、「混成的説明（混種的定義）」という批判に対するラインホルトの反批判を確認しておこう。まず彼は、こう弁明する。私は「自由の概念」を「理性の法則のための」能力としてではなく、「道徳法則に適合したり、違反したりする行為の能力として」、「したがって道徳的に善い行為や悪い行為をなす能力として」捉えているのだから、「私の自由概念は、まったく経験に基づいてつくり出されたものでも、現象から導出されたものでもなく、また違法な行為から引き出されたものでもない」(ibid., 392; ibid., 321)。「違法な行為から引き出されたものではない」という弁明は、ラインホルトが（道徳）法則に違反する行為の遂行もまた、意志の自己規定に基づいている以上、自由になされたのだと述べていたことに関連している。彼はこう続けている。「『単なる理性の限界内における宗教』が、自由の純然たる法則に従って、道徳的に悪しき行為の概念を打ち立てているのと同じように、私の自由概念も、まったく道徳法則自身の意識に基づいて、定言命法だけに基づいてつくり出されている」(ibid., 392f.; ibid.)。だが、このラインホルトの弁明は、それほど説得力を持っていないように思われる。ラインホルトは、「道徳法則」の「命令」ないし「指令」が「選択意志の自由」の不可欠な条件であることを認めているが、それはあくまで間接的な規定力（「誘因となる根拠」）しか持たず、これが選択を直接的に規定することを認めず、意志の「自由の根拠は自由それ自身である。しかもこの自由は、かの行為の考えうる究極の根拠である」と断言していたことを、われわれはよく知っているからである。その意味では、このような無制約的な選択の「自由」の概念が「道徳法則自身の意識に基づいて」形成されているとはいえないであろう。

　ところが、このあまり説得力のないこの弁明に続いて、ラインホルトは反転攻勢に転じている。すなわち、経験的だと批判された自らの「自由概念」とは対照的なカントのそれが、すなわち「理性の自己活動」を究極の根拠とする「自由概念」が、逆に「経験」の地平と切断されているとの批判に向かうのである。曰く、「超越論的能力が、超越的ではなく、超越論的であるはずなら、すなわち経験的なものにア・プリオリに関係しているはずなら、超越論的能力の主体は、同時に経験的能力の主体である」のでなければならない。「したがって、かの主体のもとに、意志の自由も持たず、実践理性でもないような単なる純粋理性を理解することはまったくできない」(ibid., 393f.; ibid.)。むしろ逆に、「理性」はその法則の命令を、「快や不可によって規定されうる主体」に向けている限りにおいてのみ、「実践的」でありうる。「そうである限り、実践理性は、理性とは異なった主体の自由を媒介にして初めて、意志活動に適用されうるのである」(ibid., 394; ibid.)。たしかに、この主張それ自体はまったく正しく、正当である。しかし、カント批判としては的外れであろう。なぜなら、カントも――「理性と異なった主体の自由」は認めないにしても――理性の働きが、「経験」や「感性」を介して遂行されていくことは認めているからである。ただ彼は、理性の働きやこれに基づく「自由」の概念を、「経験」や「感性」によって定義してはならないといっているだけなのだから。

かくして、かの「序論」とこの「いくつかの所信表明」の公表は、両者の距離を埋めるどころが、その溝を決定的に確定する結果しかもたらさなかったのである。

第四節　シェリングの調停的介入(一七九七年)

かの「序論」と「所見表明」が公表された同じ年のうちに、個人的感情においても軋轢が高まっていたこの両者の「論争」に、勇敢にも介入し、両者の見解を調停しようとする男が現れた。それが、若きシェリングである。今や七三歳になった老カントと、その言論・執筆活動のピークにあった四〇歳のラインホルトを、弱冠二二歳のシェリングが調停しようというのである。

そのシェリングの論考は、創刊時にはニートハンマーを編集者として、そして一七九七年以降はフィヒテを共同編集者に、出版社も代えて再出発した『ドイツ学識者協会の哲学雑誌』第七巻の第二分冊全頁を独占して書かれた「最近の哲学文献の全般的概観[22]」に表明された。シェリングはこの欄の担当執筆を引き受けた当初から、これを単なる客観的「文献紹介」にとどめる気はなかった。彼はフィヒテと協調しながら形成しつつあった自分の哲学的立場[23]を、いつもこの欄の叙述の中に書き込んだ。今言及している分冊でも、事情は同じである。彼は問題の論考で、カントとラインホルトの見解の検討に入る前にこう書いている。「かくしてわれわれは、われわれの哲学によって、二人の有名な哲学者の主張に生じているように見える抗争を調停できるようになったのを理解する」（*PJ*, VII/2, 151; *AA*, I/4, 157）[24]。すなわち、シェリングは両者の「構想を調停できる」独自の視座を、「われわれの哲学によって」確定した上で、両者の主張の検討に入ろうとしているのである。その視座は、ラインホルトの主張の地平よりも、またカントのそれよりもずっと超越論的である。

あらかじめその視座を確認しておけば、それはおおよそ以下のようなものである。この論考の前半部で、シェリングは、「物自体」の理解についての様々な誤りを糺し、知識学の根本原理に関するラインホルトの誤解に注文をつけ、そしてベックの「唯一可能な立場論」を批判している。これらの批判的論述は、理論哲学と実践哲学とをともに基礎づける「超越論的観念論全体の原理」を確立するという狙いに根差している。そして、これらの批判的論述を踏まえて、「概観」はこう述べる。

(I)「さて要するに、われわれのうちにある純粋なものと経験的なものの根源的同一性こそが、すべての超越論的観念論の原理である」（ibid., 145; ibid., 153）。この同一性は、「われわれの精神の自分自身に対する根源的行為作用（ein ursprüngliches Handeln unseres Geistes auf sich selbst）」（ibid., 146; ibid., 154）に基づいて、確証されうる。「自分自身に対する」という語は、この根源的作用が超越論的な自己連関構造を有していることをすでに示唆している。

次に、(II)この根源的作用が、理論哲学では「根源的表象作用」として、実践哲学では「根源的意志の働き」——これは「絶対的意志」（ibid., 156; ibid., 160）とも呼ばれている——として、それぞれの根底に据えられねばならない。そして「根源的表象作用」と違って、「精神の〔根源的〕行為作用の実質（Materie）を自己活動によって規定する働き」を本質とする「根源的意志の働き」においては、「精神の意志活動の実質は、その形式によって直接規定されているべきである。いい換えれば、精神の意志活動の形式が、精神の行為作用の実質になるべきであり、精神のうちの経験的なものが純粋なものによって規定されるべきである」(ibid., 147f.; ibid., 155f.)。シェリングは「このことが、定言命法の、つまり道徳法則の本来の意味である」(ibid., 148; ibid., 156)という。かくして彼は、意志の働きの「実質」をその「形式」が規定することを、それゆえ意志が自らの「形式」を自らの「客体」とすることを、かの「根源的意志の働き」の自己規定と解した上で、行為の実質を意志活動の形式(「純粋意志」)が規定すべしという道徳法則の源泉を、こうした超越論的主体の実践的自己規定作用に根拠づけているのである。だがシェリングは、このおそろしく思弁的解釈のうちにとどまっているわけではない。

彼は後段でこう述べているからである。この根源的自己規定作用に由来する「絶対的意志の法則」それ自体は、たとえ「実践理性の法則」であっても(vgl. ibid., 163; ibid., 164)、まだ「道徳法則」ではない。この法則は「意識の彼岸」では、道徳法則ではなく、意志の自然法則」にすぎない。「この法則は、意識のうちで初めて道徳法則になるのであり、しかも〔中略〕選択意志の客体として、すなわち現象における意志の自由な選択の客体として、道徳法則になる」のである(ibid.; ibid.)。ここには「道徳法則」についての独自の解釈が認められる。「実践理性の法則」は、カントがそう理解しているように「道徳法則」と同一ではない[25]。それ自体としては「意識の彼岸」にある「意志の自然法則」である限りの「実践理性の法則」は、「選択意志の客体」になることによって、すなわち「意識に現象してくる」ことによって、初めて「道徳法則になる」。カント派においてはしばしばそう想定されたように、「実践理性の法則」と「道徳法則」を安易に同一視してはならない。「可想体」としての「実践理性の法則」と「現象体」としての道徳法則の区別、これはすでにフィヒテの「クロイツァー書評」で示唆されていた解釈である。

さらに、(Ⅲ)この実践的自己規定を、彼は超越論的「自己意識」(ibid., 149; ibid., 157)の働きとみなそうとする。そして、この「自己意識」は、注目すべきことに「選択意志」の超越論的解釈を介して、独創的な仕方で証示される。シェリングはいう。「意志活動の実質が純粋意志によって規定されているような行為」ですら、これをわれわれがわれわれの行為として意識することは、「逆に意志が実質によって規定されているような反対の行為が、実在的かつ現実に（positiv und real）対置されていることがなければ」不可能である（ibid., 150; ibid., 156f.）。「すなわち、実在的に道徳的な行為に、実在的に反道徳的な行為が対置されていなければ、われわれはその実在的に道徳的行為を思惟することはできないのである」（ibid., 150; ibid., 157）。そして「実在的に対置されており、等しく可能な両行為のかの意識、これが意志を選択意志に変えるのである」（ibid., 150f.; ibid., 157）。つまり、実践的主体は、自らの行為が自由であることを、選択肢として対置された正反対の要求（「格率」）を介してのみ、かつその選択によってのみ、意識できる。これがシェリングのいわんとしていることである。この点では、シェリングはラインホルトの見解に与している。ラインホルトは『書簡Ⅱ』では、「人格は、二つの異なった法則に従って自らを規定する能力を意識している限りにおいてのみ、したがってこれらの異なった法則それ自身を意識している限りにおいてのみ、自ら自身を規定する能力を意識している」（*Briefe II*, 276）と語り、「所見表明」では「実践理性は、理性とは異なった主体の自由を媒介にして初めて、意志活動に適用されうるのである」（*Auswahl II*, 394; *Materialien*, 321）と語っていたことを、思い起こす必要がある。

シェリングは、以上のような解釈装置の準備を経て、かの「抗争を調停できるようになった」と述べる。カントにおいて「法則」と連接された「意志」が、ラインホルトにおいて「格率」と連接されていることについて、シェリングはまずこういう。「明らかに、ここにはまったく異なった二つの意志が語られている」（*PJ*, VII/2, 158; *AA*, I/4, 161）。「前者は明らかに、まったく意識の客体でない限りでの意志について語っており、後者は、意識に現れてくる限りでの意志について語っているのである」（ibid., 158; ibid., 161）。つまり、カントの「意志」は、「意識の彼岸」にある、「可想体」としての意志である。ラインホルトの「意志」は、「意識の立場から見た」、「現象体」としての意志である。「前者は常識の立場を超えており、後者は常識の立場にとどまっている」（ibid.; ibid.）。それゆえこの点では、前者は後者に対して「優位」に立っている。後者が「実践的常識の判断に訴えるしかない」のに対して、前者は「意識の立場から見た意志が、自由な選択意志として現象してこなければならないことを、原理に基づけて後者に説明することができる」(ibid.; ibid., 162) からである。しかし、シェリングの見るところ、前者もまた、自分が「常識に反していると見えることを主張するということが、どうして起こるのか」、このことを「概念的に説明する術を持っていないのである」。それゆえ、前者は「自分には馬鹿馬鹿しく思えるかの主張に反駁するときにも、心安らかになれないのである」(ibid., 159; ibid.)。

カントのいう「意志」、つまり「可想体」としての意志が、「自由とも不自由とも呼ぶことはできない」のは当然である。それをカントは「絶対的に必然的」だと述べていたのに対して、シェリングはここでは「絶対的に自由」だと述語づけている。そして、彼はいう。「さてしかし、それでも意志は現象になるべきである」(ibid., 160; ibid., 162)。しかも「意志は、現象してくるときには、必然的に選択意志として現象してこなければならない」(ibid., 159; ibid.)。シェリングによれば、意志は「選択意志」を介して、「自分自身の客観」になり、「自分自身に対して経験的になり」、かくして「自分自身に現象してくるのである」(ibid.; ibid.)。この「自分自身の(に)」の強調は、シェリングにとって、意志が自らの行為を意識するのに、いやそればかりかその行為が自由になされたことを意識するのに、欠かせないからである。かくして「選択意志は、われわれの自由な行為を表象することが可能であるためには、必然的なのである」(ibid., 151; ibid., 157)。

「自由の消極的概念」は、意志が感性的衝動によっては規定されていないことであった。だが、肝要なのは「規定されていない」という事実なのではなく、意志が自らが「規定されていないこと」を「意識していること」である。この「意識していること」は、シェリングによれば「感性的衝動と純粋意志としての意志が命令することとの間に、実在的な(positive) 対立がなければ不可能なのである。まさにそれゆえに、この実在的な対立が生じるがゆえに、そしてその限りでのみ、意識自身を介して絶対的意志へと駆り立てられることが可能になるのである」(ibid., 160; ibid., 163)。意志が自らが「実質」によって「規定されていないこと」(あるいは、その「実質」を「自らの「形式」が規定していること）を意識するのは、つまり意志が自らの自由を「意識する」のは、初めから「実質」が排除されていることによってではなく、「実質」を「否定的媒介」としてしか成立しえないだろう、とシェリングは主張しているのである。そして、「実在的な対立」を伴う「選択」だけが、その否定的媒介を可能にするのである。理念としての無限な主体の「自己規定」としての「自由」は、「実質」抜きに成立するにしても、有限な主体の「自由」の「意識」は、「実質」抜きには、したがって「選択意志」抜きには不可能なのである。

それだけではない。それ自体は「意志の自然法則」にすぎない「絶対的意志の法則」が、意識に現象して「道徳法則になる」のも、シェリングによれば「選択意志」の選択を介してなのである。道徳法則は「感性的衝動との実在的な対立関係において、意識に現れてくるものだから」（ibid., 163; ibid., 164）。たしかに、カントが「序文」で批判したように、「選択意志」における「選択の自由」によって、自由の超越論的意義を説明することはできない。「選択意志は、必然的にわれわれの有限性に属している」からである。しかし「選択意志」は、同時にまた「超感性的なものの意識に属している」（ibid., 165; ibid., 165）ことを無視してはならないだろう。「選択意志」において意志は、「超感性的なもの」と「感性的なもの」両方を同時に、「意志の客観」として「意識している」のである。それゆえ、シェリングもこう述べているのである。「選択意志は、それが単にわれわれの有限性に属していることによって、その限りで現象であることによって、ただちに仮象（Schein）になることはない」（ibid., 165f.; ibid.）[26]。「仮象」であるどころか、「選択意志」は、「超感性的なもの」と「感性的なもの」を、「純粋なもの」と「経験的なもの」を媒介する場となる。シェリングはいう。「今やわれわれは、叡知的なものがそこから経験的なものへと移行する、いわば超越論的な場（Ort）を規定することができる」（ibid., 166; ibid., 166）。こうして超越論的観点から解釈された「選択意志」こそが、その「場」となる。なぜなら、選択された「一つの或る行為を介して、われわれのうちの絶対的なものが、自ら自身にとっての客体になる（自由が選択意志になる）」（ibid.; ibid.）のだから。われわれは先に（第七章第七節2）、カントとラインホルト双方に欠けていた、意志における「否定的‐媒介」機能に言及し、以下の点に留意すべきだと述べた。すなわち、「選択意志」が対置された二つの「要求」あるいは「指令」のいずれを格率として選択する場合にも、「この両者は、いわば一枚の紙の裏と表であり、その一方だけを切り取ることはできない」。それゆえ、一方の「格率」としての選択は、もう一方を「否定的に媒介する」ことによってしか生じえない。「全般的概観」でのシェリングの「選択意志」解釈は、先述した「選択」に関する経験的事態についての超越論的解釈であるといえよう。それが「超越論的解釈」といえるのは、ここでは「選択意志」は、「絶対的意志の法則」が意識のうちで「道徳法則」となる「場」であるとともに、「絶対的意志」が「自ら自身の客体」になり、「自ら自身に対して経験的になる」「場」であると解釈されているからである。

シェリングのこのような「選択意志」の決定的重視は、「われわれのうちの絶対的なものだけが超越論的自由を説明するのではない」(ibid., 164; ibid., 165) という正しい洞察に基づいており[27]、さらに「絶対的自由の理念だけをもってしては、われわれのうちでおよそ選択なるものがどのようにして可能になるのか、われわれのうちの根源的法則が何ゆえ必然にならなかったのかを、われわれは理解できない」(ibid., 165; ibid.) という認識と表裏一体をなしている。われわれは「経験」に訴えることでは自由を定義できないのと同じように、「超感性的自由」に――あるいは、「理性の自己立法」に――訴えるだけでは、人間の「自由の意識」を説明したことにはならないのである。

さて、以上のような「調停作業」を踏まえて、「概観」の著者は結論を六つの命題に集約している。

一、法則は絶対的な意志作用に発する。意志は、それが立法的である限り、自由とも不自由とも呼ぶことはできない。なぜなら、意志は法則のうちに、ただ自分自身を表現しているだけだから。

二、もし、立法する絶対的意志が存在しなければ、自由はキマイラになってしまうだろう。しかし、われわれは自由を、選択意志によるものとして意識しない、すなわち、相互に排除し合っており、同一の意志のうちに一緒に存立しえないような、対置された両格率間の自由な選択によるものとしては意識しない。

三、絶対的意志の法則は、それが格率になるべきである限り、理性を介して選択意志になる。理性はそれ自身が、われわれのうちの超感性的なものではないが、しかしおそらく、理性はわれわれのうちの超感性的なものをいい表しているものである。

四、選択意志は、絶対的意志の現象である限り、絶対的意志と原理上異なっているのではなく、それが制限されている面からだけ異なっているのであり、実在的に対置された意志が選択意志に逆らうということによって、異なっているのである。それゆえ、選択意志は、有限性の制限のもとにある絶対的意志と説明できる。

五、もし、絶対的（純粋）意志が、それに対置された意志によって制限されないとでもしたら、その絶対的意志は自ら自身を意識することはできず、自らの自由を意識することはできないであろう。逆にもし、（われわれが意識している）経験的意志が、その制限の面で絶対的意志と異なるのではなく、原理上異なるとでもすれば、われわれの経験的意志活動のうちには、自由はまったく意識されないであろう。

六、意識の立場から見れば、意志の自由の本質は選択意志にある。われわれは選択意志によって、あるときには法則を、またあるときにはそれと反対の原理をわれわれの格率のうちに採用するのだから。そして、われわれが絶対的意志をそれとは違ったやり方で表象することが不可能であること、まさにこのことがすべての有限態の根拠である。

七、しかし、選択意志のこの概念は、われわれがわれわれ自身を表象する際の様式に属しているにすぎない限り、われわれのうちの超感性的なものは、選択意志のこの概念によっては定義されえない。（ibid., 167ff.; ibid.）

さて、シェリングの「調停案」は、われわれがこれまで見てきたもののうちでも最も整合的で、説得力ある解決策であるといえるであろう。ウルリッヒがその問題の所在を指摘し、その解決策が模索されてきたかの問題、すなわち叡知界に設定された「自由」の超越論的根拠と、現象界において生じるその作用結果の連関をどのように解釈、説明するかという問題は、ここに新たな地平で解答を見出しているといえる。その際、シェリングの解決策は、「根拠」と「作用結果」を領域存在論的な区別を帯びた二つの世界に割り振るのではなく、むしろそのような区別を後景に退け、その両者を、彼の第一原則「われわれの精神の自分自身に対する根源的行為作用」（フィヒテの絶対的自我の自己措定）の現実化のプロセスに不可欠な「相補的契機」として組み込むことによって、より大きな説得力を得ている。「理性の自己活動」が自由の根拠であることを主張するだけでは、「形式による、形式を介した、形式の希求」という「熱狂主義」（レーベルク）という非難を免れない。経験的な「選択の自由」の現存を盾に取るだけでは、「自由の意識」は地盤を喪失する。前者は後者を介してしか現実化されないし、後者は前者を根拠としてしか有意味にならない。両者を媒介するもの、シェリングの解釈ではそれが、意識に対する現象態としての「道徳法則」である。「道徳法則」は「理性」（の形式）に「対置されたもの」を含むがゆえに、「選択意志の客体」となりうる、そしてその「対置されたもの」を「否定的媒介」とすることによって初めて、「道徳法則」は自由の実現と、「自由の意識」を行為主体に可能にする。ここに、「意志の自由」をめぐるカント-ラインホルト論争は、新たな、そして実りある解釈地平を手にしたのである。

第五節　小　括

かつてカントの「道徳的信仰」の教説こそ、時代と自分自身の「魂の病」を治癒する治療薬であったと語り、誰よりもこの教説に感激していたラインホルトに、次第にそこから距離を取らせ、やがてそれに根本的な異論と批判を展開させるに至った奥深い要因はどこにあるのだろうか。

その直接的要因あるいは原因として、第一に挙げられるのは、やはりカントの叡知的人間観と「理性の因果性論」に依拠して、カント陣営のうちに台頭してきた「叡知的宿命論」に対するラインホルトの危機意識であろう。すでにバッゲセン宛て書簡に直截に表明されていた「宿命論」の帰結に対する批判は、『書簡Ⅱ』においてだけでなく、一七九四年の『寄稿集Ⅱ』でも、執拗に繰り返されている。「叡知的宿命論」に従うならば、「道徳的に善い行為は、純粋理性の不随意的な表出にほかならず、それに対して、道徳的に悪い行為は、純粋理性が外在的な妨害（Hindernisse）によって働かなくなったことの単なる帰結でしかなく、したがってそれは、単に道徳的ではない行為、他意のない行為とまったく異なるところはない[28]」ことにならざるをえない。かくして、「道徳的に悪い行為」の責任は問えなくなり――「善い行為」の場合も、それが「純粋理性の不随意的表出にほかならない」限り、それには「功績」を認めることができない――、ひいては人間の行為における自由は、その根底を掘り崩される。こうした実践的帰結に対する危機意識と批判が、ラインホルトの逸脱や離反の要因を、カントの道徳的自由論からの逸脱、あるいは自覚的離脱の第一動因であったと推測できよう。

次に、ラインホルトの逸脱や離反の要因を、「理性の自己活動（自由）」と「意志の自己活動（自由）」（あるいは両者の「自己立法」）についてのカント自身の連関説明の不明瞭さに求めることができよう。カント自身においてこの連関は、少なくともその表現の点で不明瞭なところを残している。その結果彼は、文脈に応じて、あまりにも振幅のある「自由」について語り、それゆえ相対立する見解がそこから引き出される余地を残していたという点こそ、かの逸脱と離反のもう一つの要因が求められる。ここではその一例を、論文「人間本性における根本悪について」に即して、確認しておこう。

この論文は『ベルリン月報』一七九二年四月号に――すなわち、シュミートの「叡知的宿命論」の最初の表明の後、そして『書簡Ⅱ』公刊の半年前に――掲載され、後に『単なる理性の限界内における宗教』（一七九三年）の第一篇に収録された。この論文でカントは一方で、「選択意志の自由」の本質が「いかなる動機によっても行為へと規定されず、ただ人間が動機を自らの格率に採用した限りでのみ規定されうる」という点にあると明言し、そのようにして「選択意志の絶対的自発性（つまり自由）」が確保されるのだと述べていた（*KA*. VI. 23f.）。これを読んでラインホルトが、自分の見解がカントによって裏打ちされたと思い込んだとしても無理はない。そもそも、彼の「選択意志の自由」論は、格率採択の自律性についてのカント的理説をより徹底したところに成立しているともいえる。

しかしカントは他方で、いかなる時間的制約も超えており、ただ「理性によってのみ認識しうる」だけの「叡知的行（intelligibele Tat）」（ibid., 31）について語っている。この可想体としての人格の「行」、一切の時空的制約を超えた「自由」の行使が、「自由な選択意志の最上の格率のうちなる悪の根」（ibid., 39）であるという。これを見て、シュミートはおそらく自分の「叡知的宿命論」との近さを確認できたであろう。こうした「自由」概念の両義性は、改めていうまでもなく、叡知的原因としての「自由」とそれの作用結果である現象としての「自由」の関係に起因しているのだが、カントはこれらの「自由」の連関を、すなわち「実践的自由」と「超越論的自由」の双方向的・相補的連関を必ずしも説得力あるかたちでは語らなかった。

もちろん、この論文においてカントは、ラインホルトを支持しているのでも、シュミートを支持しているのでもない。彼はここでも、変わることなく、従来からの彼自身の理説を語っているのである。「選択意志の絶対的自発性」を一旦認めた上で、カントはなおこう主張している。その「選択意志の自由」は「道徳法則の意識に先立っているのではない」、そして「選択意志の自由の概念」は、「無制約的な命令としての法則により、われわれの選択意志が規定されうることに基づいて」しか「推論され」えない（ibid., 49）。しかし、かの叡知的「行」としての超越論的自由が、道徳法則の無条件的命令を介して、どのように「われわれの選択意志」を規定するのか、やはりカントはこれについて説得力ある説明を与えていない。だからこそ、ラインホルトはすでに見てきたように、「法則」は選択意志を必然的な仕方で規定しない、と反論するのである。

いや両者の相違は、もはやそこにとどまっていない。今や「自由」と「道徳法則」の関係理解は、両者において大きく異なっている。ラインホルトは「第一〇書簡」で、こう述べているからである。「道徳法則は意志の法則としか考えられず、しかも、意志は自由についての正しい概念なしには考えられない。だから、この自由の概念は、道徳法則の学に先行しておりかつ必然的制約としてこの学を根拠づけているに違いない確信を、つまり道徳の根本真理を含んでいる。それは、意識の事実としての自由の確信が、道徳的、反道徳的行為のいずれをも根拠づけているのと同じことである」(*Briefe II*, 361)。この点ではたしかに、「自由」が「道徳法則」の「存在根拠」であると考える点では、両者はなお軌を一にしているといえるかもしれない。しかし、ラインホルトでは、「道徳法則」はもはや「自由」の「認識根拠」たりえない。「自由」は「道徳法則」に先立って、「意識の事実」としてわれわれ人間に確信されているからである。カントにとっては、法則がわれわれの「意志を直接的に規定しうること」が自由の成立根拠であり、ひとえにこのことを論証することが決定的に重要なのである。ラインホルトもまた、その点は承認するであろう。そうである限り、両説は「字句」の上では明らかに両立可能である。にもかかわらず、「精神」の上では架橋不可能なほどに対立は大きい。

最後に、離反の要因をもっと広くラインホルトの思想的原基全般のうちに探るならば、青年時代からの彼の肯定的な「自然」理解、とくに「人間の自然」の不可欠な構成要素である「感性」的諸能力の積極的理解は、もとよりカントのそれと著しい対照をなしていたことが挙げられよう。本書の第一章第三節で明らかにしたように、超自然主義との対決を第一義的課題としていたラインホルトの啓蒙思想は、「理性」と「自然」の同調性あるいは根源的同一性の確信に根差していた。さらに彼が「道徳的信仰」の基盤を「理性と感情の統合」に求めていたこと(第二章第六節、参照)、さらに「美」の本質が「感性と悟性の調和」にあるとし、「美」と「道徳」の絆を「美(感性)的感受能力」の陶冶・洗練に求めていたこと(第三章第二節、参照)などを、改めて思い起こす必要がある。『書簡Ⅱ』公刊当時には、彼は理論的認識においても、実践的認識においても、われわれ人間にとって「感性」が不可欠な要素であるのに、カントがそれを無視しているという確信は、彼にとってますます明瞭になっていた[29]。こうした「人間の自然」、とくに「感性」「感受的能力」に対する積極的評価は、実践哲学の領野におけるカントのそれとは対照的なのである。カントの思想的原基においては、「実践理性」はいかなる意味でも「自然」と両立しないばかりか、逆に対立的である。「自然」と「感性」理解に関するこの奥深い差異が、両者の対立的な「選択意志の自由」評価の根底に伏在している。

さらに加えて、ラインホルトが「感性」や「自然」を重視する通俗哲学を地盤にして、「常識」や「自然な自由」の感覚を一貫して尊重してきたということも看過できないであろう。ラインホルトの生来的なこの思想的性向が、「人間の自然」や「常識」とは合わないカント的理性のリゴリズムから次第に距離を取らせたと推測しても、それはさほど的外れではないであろう。その思想的性向は、「自由はいかなる強制とも両立しない」という彼の信念や、意志の「二重の独立性」の主張によく表れており、こうした信念や主張は、哲学的理説としての妥当性の成否以前に、われわれの常識に最も近いものである。とくに、『書簡Ⅱ』の起草に前後して、彼の「根元哲学」の「基底主義的傾向」の放棄が、哲学において「健全な悟性（良識）」が果たす役割の再評価を通じてラインホルトのうちで進行しつつあったという個別的な事情も、考慮されるべきであろう。

いささか比喩的に表現すれば、カントにとっては、人間の自由が本来の意味で懸案になるのは、人間が「道徳法則」に向かい合うときである。彼にとって人間の自由とは、第一義的には「道徳的自由」である。人間が理性的存在である限り、道徳的に行為し「うる」ということを示すことがアルファでありオメガなのである。それに対して、ラインホルトにとっては、人間の自由が問題になるのは、「利己的衝動の要求」に対峙したときである。彼が問題にしているのは、もはや「道徳的自由」の枠にとどまらない人間の行為一般における自由である。カントにおいては、人間は叡知的-理性的である限りにおいてのみ、自由たりうる。しかし、ラインホルトにとっては、人間が単に理性的であるときにも、単に感性的であるときにも、人間の自由は成立しえず、理性的であると同時に感性的である場合にのみ、人間は自由たりうる。「いくつかの見解表明」で、ラインホルトは両者の人間観と自由観の違いを明瞭にこう述べている。「私は、叡知的存在者としての人間を定義したいと思っていない。私は、ただ人間の意志の自由だけを問題にしているのである。人間は私にとっては、叡知的存在者でもなければ、感覚的存在者でもなく、同時に両者なのである。私が人間を自由だとみなすのは、人間が同時にこの両者であるからであり、またその限りにおいてなのである。それに対して、カントは、叡知的存在者である限りでの人間だけを、自由だとみなしているように思える」

(*Auswahl II*, 393; *Materialien*, 321)。ここには「方法の面でも内容の面でもまったく異なった、その上両立不可能な哲学的思惟の根本性向が対立しているのであり、この対抗せる根本性向は、まったく異なる人間観を描いているのである(30)」。

注

(1) J. G. Fichte, *Versuch einer Critik aller Offenbarung*, 2. Auflage. Königsberg 1793. In: *J. G. Fichte-Gesamtausgabe der Bayerischen Akademie der Wissenschaften*, Stuttgart-Bad Cannstatt 1964ff.（以下、*GA*と略記）, I/1, 146f.（湯浅正彦訳「あらゆる啓示の批判の試み」『フィヒテ全集　第一巻　初期宗教論・啓示批判』哲書房、二〇一一年、一五四頁）

(2) 批評の対象となった著作は『意志の自由に関する懐疑的考察、意志の自由に関する最近の理論に関して』(Leonhard Creuzer, *Skeptische Betrachtung über die Freiheit des Willens* mit Hinsicht auf die neusten Theorie über dieselbe. Giessen 1773) であるが、このテキストの枢要部分が、*Materialien zu Kants <Kritik der praktischen Vernunft>*, hrsg. v. R.Bittner und K. Cramer. Frankfurt am Main 1975 (stw 59), 275-294に再録されている。クロイツアーはこの著で、ラインホルトの「意志の自由論」、カントの「宗教論」第一章での自由論、シュミートの「叡知的宿命論」それぞれを批判的に考察している。この著作には、シュミートの手になる「序文」が添えられており、フィヒテが書評の中で、ラインホルトだけでなく、シュミートの「叡知的宿命論」を批判したことを契機に、その後数年間続くフィヒテ-シュミートの激しい闘争がイェーナで繰り広げられることになる。この「闘争」は、一言でいえば、批判哲学の「超越論的」解釈と「心理学的」解釈の争いであった。

(3) *ALZ*, Nr. 303 (30. October 1793), Sp. 201-205, in: *GA*, I/2, 7f.

(4) *GA*, I/1, 146.（前掲邦訳書、一五四頁）

(5) ibid., 142.（同上、一四六頁）

(6) ibid., 142.（同上、一四七頁）

(7) ibid., 143.（同上、一四八-一四九頁）

(8) ibid.（同上、一四九頁）

(9) Alessandro Lazzari, Fichtes Entwicklung von der zweien Auflage der Offenbarungskritik bis zur Rezeption von Schulzes Aenesidemus, in: *Fichte-Studien*, Bd. 9. Amsterdam-Altona 1997, 189.

(10) *ALZ*, 1793, Nr. 303, Sp. 202. (GA I/2, 9)

(11) ibid. (ibid.)

(12) ibid., Sp. 202f. (ibid., 10)

(13) ibid. (ibid.)

(14) ibid., Sp. 203. (ibid.)

(15) ラインホルトは後に、一七九四年一月一二日付けのフィヒテ宛て書簡で、フィヒテのこの見解に対して、「自由の可能態」については「把握不可能」である以上、それは「実践理性の要請」と見なさねばならないが、「自由の現実態」については、「道徳法則の現実態がそうであるように」あくまで「知の対象」なのである、と抗弁している（vgl. *GA*, I/2, 3)。

(16) ibid. [ibid.]

(17) Vgl. *GA*, I/1, 139.（前掲邦訳書、一四二頁）

(18) ラインホルトは『書簡II』(*Briefe II*, 338) でライプニッツ的予定調和説を批判している。他方カントは、『ベルリン月報』一七九二年四月号に掲載した論文「人間本性における根本悪について」（後に『単なる理性の限界内における宗教』の第一篇に採録される）において、「予定説」に言及して、「予定説」と「自由」とが「いかに共存しうるかということ」こそ、「洞察が求められながら、けっして洞察されない事柄である」と述べている（*KA*, VI, 49f. Anm.)。フィヒテは、この両者の所見を踏まえて、独自に「予定説」を展開しているものと考えられる。

(19) 「序論」の他の箇所は、こう述べている。「主体の理性のうちに見出されるような欲求能力が、意志と呼ばれる。〔中略〕そして、意志それ自体は本来、何ら規定根拠を有していないが、それが選択意志を規定しうる限りでは、実践理性そのものなのである」(*KA*, VI, 213)。

(20) 『実践理性批判』では、「意志の自律」は、意志が感性的諸規定から独立であることに基づけられており、「この独立であることが消極的な意味での自由であり」、それに対して「実践的理性が自らで立法すること」つまり「純粋な実践理性の自律」に、「積極的な意味での自由」の本質があるとされていた（A 58f.）この基本思想は、「序論」でもまったく変化していない。

(21) 同じ表題 *Auswahl vermischter Schriften* の「第一部」は、一七九六年に公刊されているが、「第二部」は同じイェーナのマウケ社から、一七九七年に出版された。問題のその第二論文のフルタイトルは、「法論の形而上学的原理への序論においてI・カントによって立てられた意志の自由についての諸概念に関するいくつかの所見表明」である。このテキストも、現在ではその主要部分が（軽微な省略を施しただけで）*Materialien zu Kants <Kritik der praktischen Vernunft>*, hrsg. v. R. Bittner und K. Cramer, Frankfurt am Main 1975 (stw 59), 310-324 に採録されている。初版本が入手困難であることに鑑み、以下引用は初版を *Auswahl II* と略記し、上記資料集を *Materialien* と略記し、両方の頁数を本文中に併記する。

(22) この欄（Allgemeine Uebersicht der neuesten philosophischen Literatur）創設の経緯、執筆者シェリングの各分冊での問題関

心などについては、*Friedrich Wilhelm Joseph SCHELLING Werke* 4, hrsg. v. Wilhelm G. Jacobs und Walter Schieche. Stuttgart 1988の「編集者報告」（S. 3-55）に詳しい。その「報告」によれば、そもそも「全般的概観」欄は、『哲学雑誌』の再出発に際して、ニートハンマーが、すでに同誌の寄稿者であった（「独断論と批判主義についての書簡」第二巻第三分冊／第三巻第三分冊、「自然法の新たな演繹」第四巻第四分冊）シェリングに、この新設欄の執筆担当を申し入れ、彼が快諾したことによって発足した。同欄は、第五巻（一七九七年）から第八巻（一七九八年）の合計十六分冊のうち、八つの分冊に断続的に掲載された。一八〇九年に出版された『シェリング哲学論集』第一巻では、表題が「全般的概観」から「知識学の観念論を解明するための諸論文」と改められている。

（23）ラインホルトは、一七九八年一月に『一般学芸新聞』（*ALZ*, 1798, Nr. 5-9, Sp. 33-69）で、五号にわたってフィヒテの知識学関連の諸著作を一括して書評したときに、あわせて『哲学雑誌』の一七九七年度の最初の六分冊分（すなわち、当該の分冊の直前の分まで）を書評対象に加えたが、その際彼は、「全般的概観」欄の記述に「純粋な観念論のまったく独創的な見解」を認め、その著者を「純粋な観念論のもう一人の創始者」と認めている（Sp. 69）。すでにこの時点でシェリングは、「批判的観念論」とは一線を画した「純粋な観念論」の第二の主唱者と哲学界で認知されつつあったのである。

（24）以下、「全般的概観」からの引用は、まず『哲学雑誌』を*PJ*と略記し、巻数／分冊数の後に頁数を記入し、併せてバイエルン科学アカデミー版『全集』（Historisch-Kritische Ausgabe）を*AA*と略記し、系列数／巻数の後に頁数を本文中に併記する。

（25）ラインホルトは「いくつかの所見表明」で、カントにおける「実践理性の法則」と「道徳法則」の同一視に疑念を呈し、こう述べていた。「道徳法則でないような実践的法則は、まったく存在しないのか？　実践理性は意志活動のもとでしか働かないのか？〔中略〕カントは、道徳法則の概念をあまりにも広く捉えすぎたのではないか？　というのも彼は、道徳法則に、実践理性の法則と同一の範囲を与えているのだから。そのために、彼は意志を実践理性それ自身だと公言せざるをえなくなり、また意志活動を実践理性による活動に制限すると同時に拡張せざるをえなくなったのではないか？」（*Auswahl II*, 397f.; *Materialien*, 323）。
　シェリングは「全般的概観」で、ラインホルトのこの批判を是認し、こう書いている。「たしかにそうだ、とわれわれは答える。なぜなら、ラインホルトが実践理性の法則と呼んでいるのは、われわれが絶対的な意志の法則と呼んでいるものであり、この法則は、意識のうちで初めて道徳法則になるのだから」（*PJ*, VII/2, 163: *AA*, I/4, 164）。

（26）「ただちに仮象（Schein）になることはない」という表現は、先に挙げたようにフィヒテが「啓示論文」第二版で、「こうした自由の絶対的に第一の発現なしには、第二の単に経験的な自由は救われることなく、単なる仮象（ein bloßer Schein）であることになろう」（*GA*, I/1, 146）と書いていたことへの、シェリングの批判的応答とも考えられる。

（27）このような的確な理解について、シェリングは自らの著作『哲学の原理としての自我について』の一節を「概観」にそのまま引用して、自分は以前からこう述べていたと語っている。「不可解なのは、絶対的自我がどのようにして自由を持つのかということではなく、経験的自我がどのようにして自由を持つのかということであり、また知的自我がなぜ叡知的であるのか、すなわち絶対的に自由でありうるかということではなく、経験的自我が同時に叡知的であることが、すなわち自由による因果性を持つことが、どのようにして可能なのかということである」(*PJ*, VII/2, 164: *AA*, I/4, 165)。

(28) K. L. Reinhold, *Beyträge zur Berichtigung bisheiger Missverständnisse der Philosopen*, Zweiter Band. Jena 1794 [ND: PhB 554b, Hamburg 2004], 303.

(29) ラインホルトは、一七九二年三月二八日のバッゲセン宛て書簡でこう書いている。「僕は何よりも次の点で、カントと見解を異にします、それは、僕は純粋な感性抜きにはいかなる表象能力も考えることができず、時間と空間抜きにはいかなる純粋感性も考えることはできないという点です」。さらに、こうも書いている。「僕が『ベルリン月報』に寄稿した論文を読めば、君は、僕がカントの道徳概念についてさえ距離を置いていることを知るだろう。僕には感性を抜きにした道徳なんぞまったく考えられないからだ」(*Aus Baggesen I*, 168f.)。

(30) G. Zöller, Von Reinhold zu Kant. Zur Grundlegung der Moralphilosophie zwischen Vernunft und Willkür, in: *K. L. Reinhold. Am Vorhof des Idealismus*. Hrsg. v. Pierluigi Valenza: Biblioteca dell' «Archivo di Filosofia» 35. Pisa·Roma 2006, 90f.

第九章　「根元哲学」から「知識学」へ（一七九四～九八年）

先の章で述べてきたように、「意志の自由」のカント的理解に対するラインホルトの度重なる異論に、ついに一七九七年には、カントが『人倫の形而上学』の「序論」でその異論に自ら反論し、それに対してラインホルトが「所見表明」で全面反撃に出るに及んで、そしてさらに、シェリングがこの論争に調停的に「介入」するに及んで、「意志の自由」をめぐる諸論争は、この年ピークに達していた。

だがこの一七九七年には、もう一つ重要な哲学史上の出来事が起こっていた。それは、ラインホルトが根元哲学の原理の根本的欠陥を自ら認め、フィヒテの「知識学」こそが超越論哲学の最も完全な完成形態であり、自分はこれを支持することを公然と表明するという出来事である。この「転向」は、ラインホルト自身によって一七九七年二月にフィヒテ宛て書簡で私的に伝えられ、四月には彼の論文集『混成論文選集（*Auswahl vermischter Schriften*）』第二部（以下、『混成論文選集Ⅱ』と略記する）において公にされた。この「転向」は、史実としてはよく知られているのだが、しかしその内実については、すなわち何がラインホルトの哲学的立場の転換を促したのか、さらに、この年の二月の一連の書簡と『混成論文選集Ⅱ』で彼が何を語ったのかは、従来の研究史においてもあまりつまびらかにされてこなかった。また、この「転向」後、ラインホルトが手がけた、『一般学芸新聞』紙上での「知識学」関連諸論文と『自に紹介、検討し、この時期のラインホルトの「知識学」理解の変化の全体像を明らかにする。
然法の基礎』に対する書評の内実も、研究史上ほとんど無視されてきた。以下において、それらの内実を少し具体的

第一節　フィヒテのラインホルト読解および批判（一七九三〜九四年）

この「転向」事件以前に、フィヒテがラインホルトの「根元哲学」や「意志の自由論」をどのように受けとめ、どう理解していたのか、時系列に沿って改めて確認しておこう。

フィヒテの諸論文のうちで最初にラインホルトの影響が確かめられるのは、一七九三年復活祭に出版された『あらゆる啓示の批判の試み』第二版に新たに挿入された第二節である。この第二節は、すでに述べたように、『試論』（一七八九年）の末尾に付されていた「欲求能力の概要」での「衝動」論を明らかに下敷きにしているのだが、その論述をフィヒテは「宗教一般の演繹の準備としての意志の理論」として展開している。次に、フィヒテは同年秋に公にされた「クロイツアー書評」でも、ラインホルトの「意志の自由論」を批判的に論評していた。両者に共通しているのは、「理性の自己活動」としての自由と「選択意志」の自由を区別したことをラインホルトの功績と認めながらも、後者の自由が単に経験的自由にすぎず、その根拠を欠いていると批判している点である。そしてフィヒテは「意志」に関して、「叡知的自我の自由な働きとしての〔自己〕規定作用（Bestimmen）」と「経験的自我の現象形態としての被規定態（Bestimmtsein）」との区別を提唱し、自由の原因としての前者は「知の対象」ではなく、「信の対象」でしかないと主張していた。とりわけ、ラインホルト流の「選択意志」の自由論を、自由の真の原因を知ることができないことから生じている一種の「錯誤」であると批判し、その主張が――選択された行為が意志の自由に基づくといくら強調しても、行為は現象界で起こる限り常に自然法則に規定されており、それを看過することは、結果的に「当為」としての「自由」を廃棄してしまうという意味で――逆に意志決定論、宿命論に途を開きかねない、とフィヒテは考

えていた（第八章第一節参照）。

すでにこの当時からフィヒテが、ラインホルトの主張する「意志の自由」や「意識の事実」が決定的に「経験」に刻印されていることに強い批判を抱いていたことは、当時のいくつかの書簡からも確認できる。たとえば、一七九三年一二月のニートハンマー宛て書簡ではこう書いている。「カントは道徳法則の拠り所を事実に求めており」、カントの後継者たちが「事実といっているものには、それ以上何の証明も与えられないし、誰もが自分の意識に訴えれば済むのです。そんな事実に基づければ、どんな馬鹿げたことでも証明できるのです」。「カントは気づいてはいたのだが、一度も語りはしなかった」ような「根源的事実」こそ、究められねばならないものなのであり、「この根源的事実を究める者が、哲学を学として呈示することになるでしょう(1)」。彼はここでは、「事行」に相当するものをまだ「根源的事実」と呼んでいる。その一〇日ほど後に書かれたシュテファーニ宛て書簡にも、次のような言葉が認められる。ラインホルトのように「表象を、人間精神のうちで生起する類のごときものに仕立て上げる者は、その論理を徹底すれば、自由や実践的命法については何も知ることができなくなります。彼は経験的宿命論にならざるをえないでしょう(2)」。ここには、ラインホルトの表象理論が「理論哲学」の基礎とはなりえても、それは「実践哲学」の基礎たりえないという考えが示唆されている。もう一つ、「経験論的宿命論」とは奇妙な用語であるが、彼はこの用語のもとにおそらく次のような事態を考えていたのであろう。すなわち、シュミートの「叡知的宿命論」が、現象世界におけるわれわれの行為の必然的原因を叡知界に設定することによって、現象世界での意志と行為の自由を否認し、「理性の因果性」に基づく意志と行為の必然性を主張したのとは対照的に、ラインホルトの「意志の自由」論は、「自由」を語りながら、その実「自然法則」による意志の被規定を「選択意志」の自己規定だと詐称することによって、むしろ逆に「当為」の意義を抹消し、その結果、現象界における「自然法則」による意志の必然的規定を容認せざるをえなくなり、その意味での「経験的」宿命論を排除できなくなる。フィヒテはそう考えていたのであろう。

一七九四年二月にようやく公にされた「エーネジデムス書評」では、彼はシュルツェに対する批評に関連づけて、根元哲学の「第一根本命題」としての「意識律」に対して、確立途上にあった「知識学」の諸原理を素描するような批判を開陳していた。この書評で彼は、「意識律」がシュルツェの批判する意味とは別の意味で、なお「経験的」であり、「抽象的」であると批判していた（第六章第二節参照）。すなわち、「意識律」には妥当しないような意識の経験的発現の諸事例が存在するというシュルツェの批判をはねつけるには、「意識律」は「事実（Thatsache）」を表現するのであってはならず、事行（Thathandlung）をも表現できなければならない」。そうすれば、シュルツェの経験論的異論は一掃されるであろう。[3] そのためには、「意識律」における「主観」は、「経験的直観」によってではなく、「知的直観」によって措定されるような「絶対的な主観」に、つまり「自我」に根拠づけられ、「客観」は「絶対的な客観」に、つまり「非我」に根拠づけられねばならない。この根源的な「自我」と「非我」とが、「経験的意識においては、両者に表象が関係づけられるという仕方で」現れてくるのであり、そのとき初めて両者は「表象するもの」と「表象されるもの」として現象してくるのである。[4] ここでもフィヒテは、哲学の第一原理に関しては、超越論的境位と経験的境位を明確に区別し、前者に後者を混合することを厳しく斥けているのである。そして彼は少し後の箇所で、自らの「第一根本命題」を提出している。すなわち「自我はそれであるところのものであり、また、自我は存在するがゆえに、自我にとって存在する」。これは、「知的直観」によって、すなわち「私は存在するがゆえに、端的に存在する」ということによって、実現される「超越論的理念」である。[5] かくして、フィヒテはこの書評でも、一方では、哲学が単にカントの体系の注釈にとどまることを脱して、「全哲学は唯一の根本命題に帰着しなければならないこと」を気づかせ、人間精神の諸作用の体系的構築の途を切り拓いたラインホルトの「不滅の功績」を承認しながらも、[6] もう一方では、「意識律」がなお経験的要素にまとわりつかれていることを批判し、それに取って代わる自らのメタ原理を対置していたのである。

かくしてフィヒテは、「エーネジデムス書評」の執筆を引き受けたことも誘因となって、一七九三年から翌年の初めにかけて、ラインホルトの実践哲学と理論哲学の研究にかなりの時間を費やしていた。[7] そして彼はこの集中的なラインホルト研究を介して、遅くとも一七九三年一二月の初め頃（かの「書評」公刊の二カ月前）には、自ら自身の新しい哲学的諸原理の骨格を確立していたと推定される。(8) それゆえ、フィヒテはイェーナに着任する前の一七九四年一月と三月に発信したラインホルト宛て書簡でも、一方では、前任者であるラインホルトの業績に最大限の敬意を表しながらも、(9) もう一方では、「意識律」を哲学の「第一根本命題」として認めることはできないことを、折に触れ明確に表明している。(10) そして、四月下旬にはイェーナへの就任論文に当たる『知識学の概念について』が公刊され、秋には『全知識学の基礎』の前半部が公にされ、フィヒテ哲学の新たな思弁的諸原理は世間に知られるようになった。しかし、以下に述べるように、ラインホルトの側は、当初哲学の原理に関する両者の根本的相違になかなか気づかなかったようである。

第二節　ラインホルトのフィヒテ評価（一七九三〜九六年）

では、ラインホルトの側のこの時点に至るまでのフィヒテ理解、評価はどうであったか。彼は、「知識学」成立以前のフィヒテの匿名の政論的著作のいくつかに早くから注目し、それが「啓示批判」論の著者の手になるものであることを見抜いていた。彼がとくに気に入ったのが、『フランス革命についての公衆の判断を是正するための寄稿集』（一七九三年四月公刊）であった。彼はフィヒテに宛てた最初の書簡で、この著での「保守的政論家」レーベルク批判の論調に「大いに満足している」と告げ、(11) さらに、いわば自分の「身内」であるバッゲセンやエアハルトやヘルベルトに、この卓越した著作をぜひ読むように強く勧めている。(12) ウィーンでラディカルな啓蒙主義者として自己を形成し、今なお「啓明会」の会員であるラインホルトと、イェーナで「ドイツのジャコバン派」として危険視されることになるラディカル民主主義者フィヒテとは、(13) まだ顔を合わす前から、社会的政治的現状の批判的評価に関して一脈相通じるところがあったと考えられる。

では「エーネジデムス書評」での「意識律」批判については、ラインホルトはこれをどう受けとめていたのか。それがその反応は、奇妙に楽観的、肯定的なのである。この批判に対して、彼は『寄稿集Ⅱ』（一七九四年四月公刊）の「序文」におおよそ次のように書いている。この書評によって「私は、公けの判定者から理解されることについに成功したのである」。「意識律」をもっと根源的な地平にまで推し進めるべきであるという「書評者の願いは、また私の願いでもある」。かくして、かの書評者は「われわれが申し合わせることもなく、互いに手を取り合って仕事をしてきたのだということを知るであろう、またわれわれが協力者として、それぞれが独自の立場から同一の基底に取り組んできたのだということを知るであろう」[14]。フィヒテと自分の理論が同調的であるというこの楽観的判断の背後には、――この時点までは広く知られていなかったのだが――一七九二年の夏以降、「根元哲学」の骨格に改良が施され、「超越論的な自己意識」の「内的経験」をその根底に据えるように再編されていたという事情がある（第六章第五節**3**参照）。ラインホルトはこの時点では、自分の「自己意識」論とフィヒテが「エーネジデムス書評」で素描していた超越論的自我論とが軌を一にしていると考えていたのだろう。それゆえ、この「序文」で彼は、自分の刷新された「自己意識」論を初めて盛り込んだ『寄稿集Ⅱ』の「第一論文」は、「エーネジデムス書評」の「少なくとも一年半前には起草されており、この書評が私の目に留まるずっと前に、印刷されていた」のだと、ことさらに強調している[15]。つまり、「書評」でのフィヒテの異論と同じことを、自分はずっと前から考えていたのだ、というわけである。同じことを彼は、数カ月後のバッゲセン宛て書簡でも繰り返している[16]。

フィヒテの超越論的自我理論の内容が広く知られるようになっていた一七九四年秋以降にも、ラインホルトのこの楽観的判断に大きな変化は認められない。たとえば、同年一二月、彼はバッゲセンに宛ててこう書いている。「フィヒテが純粋哲学を純粋自我から導出していることを、僕は非常に目的に適ったことで、考えうることだと思っている。僕は『寄稿集』第二巻で、彼の企てをまったく予感することもなく、僕の従来からの主張を述べている。〔中略〕その第一論文を少し注意して読み通すならば、僕にとってフィヒテの企てが予想外のものではなく、きっと歓迎しなければならないものだということに君も気づくだろう」[17]。それればかりか、フィヒテの「新しい独特の思想」は、自分の「根元哲学」のさらなる展開の「一つのステップ」になりうるし[18]、そしてその展開に際してフィヒテからの「支援」が期待できるとさえ考えている。一七九五年一月一五日のバッゲセン宛て書簡では、自分がさらに歩を進めるにあたって、フィヒテからの「支援（Unterstützung）が期待できそうだ」と書き、自分の「根元哲学」がさらに進展を見たときには「フィヒテの大きく決定的な側面協力（grosse und wesentliche Beihülfe）に感謝しなければならないだろう」[19]とも書いている。つまり、この時点ではラインホルトは、「知識学」の諸原理が「根元哲学」の基底を掘り崩すものであることをまったく予期しておらず、むしろ逆にその諸原理が、「根元哲学」の推敲、仕上げのための補助材料として役立つとぐらいにしか考えていないのである。

それに対してフィヒテの方は、一七九四年後半から一七九五年末までに、何度かラインホルトに長い手紙を書きながらも、書簡上では「意識律」-「根元哲学」に対するそれ以上の厳しい批判を抑制し、公刊された『基礎』や『特性要綱』を進呈しては、度々「知識学」の方法論的問題を説明したり、「自然法」の新たな解明に取り組んでいることを報告したりしている[20]。ラインホルトの方も相変わらず、フィヒテの「絶対的な自我」は自分のいう「純然たる理性によって表象される純粋な自我」と同じものだと書いては、また「超越論的自己意識」と「経験的自己意識」の両者を「区別と連関の相関関係のうちに措定」することが肝要なのであるとフィヒテに書き送っている[21]。この両者の「区別と連関」の重要性の指摘は、後の両哲学者の相互理解の進展を視野に入れると示唆的である。一七九五年一月に勃発した両者の感情的衝突「事件」を間に挟みながらも[22]、こうして両者は一七九四〜九五年にはイェーナとキールの間で、おそらく違った哲学的構想を抱きながらも、しかし誠実な知的交流を継続していたのである。

それに対して、翌一七九六年にはそのような学問的やり取りが鳴りを潜める。これには、バッゲセンのある言動が絡んでいた。そもそもバッゲセンは、ラインホルトの陣営の中では「知識学」の新しい思想にいち早く触れる立場にあった。彼はすでに一七九三年の一〇月末にはベルンにフィヒテを訪れ、彼の根本的立場がラインホルトとは異なる

「純粋な自我主義（der reine Egoismus）」[23]にあることを知っていた。また一二月にはベルンでフィヒテと会話を交わし、彼のラインホルト批判を聞いている[24]。さらに、翌年二月二六日から約二カ月間、ベルンのラファーター（Johann Kaspar Lavater 1741-1801）の自宅で行われたフィヒテの私的講義の最終部分にも、エアハルトやヘルベルトとともに出席し、フィヒテの思考方法・様式に触れてもいる。それをしばしば、ラインホルトに書き送ってもいる。しかし、哲学の専門家ではないバッゲセンには、フィヒテの思弁的思惟の新たな地平と様式はそれを理解しようといくら努力しても、不可解なものであった。その不可解さは、時間を経るに従って彼の中で増大していった。彼はラインホルトにこう伝えている。フィヒテの理論は「不毛な正統派理論（ein sterles Orthodoxie）」であり、「その純粋自我は神なのだ[25]」。「知識学」は「超哲学的な（hyperphilosophisch）メタ論理」であり、これを理解しようとすると「頭がおかしくなる」。その「自我論」は、「悟性が自分の影を相手に、自分の鏡像を相手に行っている戯れであり、この自分の戯れとの戯れなのだ。形而上学に対するこのメタ理論の関係は、自由に対する図々しさの関係、感激に対する逆上的暴走の関係のようなものだ[26]」。当時、哲学の多くの専門家も含めてほとんどの学識ある読者に、フィヒテのまったく新しい思惟境位と思惟様式はこう映っていたと考えても不思議ではない。

このような（哲学の門外漢には無理からぬ）フィヒテ理解を素地にして、もう一つの「事件」は起こった。一七九六年五月に「詩人」バッゲセンが、フィヒテの自我論を揶揄、嘲笑する「風刺詩」（Der Ichlehre, Die gesamte Trinklehre）の原稿をある文芸誌に送付したのである[27]。しかも、ラインホルトもハンブルグでのいくつかの集まりで、この件を面白おかしく紹介していたようである。それを聞きつけたフィヒテは、ラインホルトに釈明を求め、抗議した[28]。この件では、ラインホルトがバッゲセンの説得役に回ったが、バッゲセンの態度は頑なであった。この事件の収拾に一七九六年の夏いっぱいが費やされた。おそらくそのせいもあり、この年、ラインホルトとフィヒテの間には生産的な理論的相互理解と相互批判の進展はほとんど認められない。ところが、一七九七年二月、状況は突如一転するのである。

第三節　一連の書簡での「知識学」支持表明（一七九七年二月）

「『混成論文選集』第二部のために行わねばならなかった、僕の根元哲学の修正を通して、僕の体系がもはや維持しえないことが突如として僕に一目瞭然となった。僕は〔もちろんカントに従って、カントとともに〕超越論的なものと経験的なものを相互に前提させてきたのだが、しかしその際、学としての哲学の形式がそれら〔超越論的なものと経験的なもの〕の区別と連関の原理にまったく依存しているのに、その原理を考えていなかったことを僕は悟ったのだ。この原理がフィヒテによって打ち立てられているのを僕は知った、〔中略〕別の建物にかまけて、僕自身が建設し、これまでそこでかなり快適に暮らしてきた〔根元哲学という〕建物、この何年もの間非常に多くの人々を宿泊させてきたこの建物の煉瓦一個さえ、今はもう残っていないのだ。〔中略〕根元哲学そのものを崩壊させて、それのまだ使える残骸を使って、フィヒテが基礎を据えた純粋理性の聖堂のための聖具室を築くことが、そして――声を大にして――僕がこのフィヒテの根拠づけを認めていると語ることが、僕の最も厳粛にして最も差し迫った義務なのだ。〔中略〕僕は、この六週間の間、ぶっ通しでこの問題に関わっている[29]」。これは、一七九七年二月三日、ラインホルトがバッゲセンに送った書簡の一節である。

この書簡から推定できるのは、ラインホルトは旧作「ベルリン科学アカデミーによる懸賞論文」の受賞作[30]を、新しい論文集『混成論文選集Ⅱ』に収めるべく修正を加えているうちに、自らの体系には重大な欠陥、「隙間」があり、その「体系が維持しえない」ことに「突如」気づいたということ、そして、その欠陥がフィヒテによって乗り越えられていることに気づいたということである。「六週間の間」という言葉から推測するに、それは一七九六年一二月中頃のことであろう。そのことを、まずバッゲセンに打ち明けているのは、フィヒテと感情的な対立状態にあったバッゲセンのショックをいく分かでも和らげるためであったのかもしれない。

続いて二月一四日、このことを彼は直接フィヒテに告げている。「ついに私は、貴兄の知識学を理解することに成功しました」。「自ら自身に根拠づけられ、自ら自身を認識する純粋な理性の純粋な叙述」として「完成された全体」である「知識学」の傍らに、「私が非常に多くの時間と労苦を払って築き上げてきた、学問体系の建造物の残骸が横たわっています」。「長い間、私に知識学を理解することを阻んできたもの、それは私の根元哲学の基底が、もっと厳密にいえばその丸天井が、堅固だと思い込んできたことです。〔丸天井の頂点を形成する〕要石の欠けた隙間に――その隙間を充填していたのは私の空想力だったのですが――気づいた瞬間、私の体系は崩れ落ち、そこに貴兄の体系が立っていたのです[31]」。

続いてラインホルトは、自分の体系の欠陥、その「隙間」がどこにあったのか、非常に率直にこう告白している。

この隙間とは、私が客観的素材と語ってきたもの、外的直観の経験的質料、感覚でした。現象の外部に在って主観とは異なる或るものが、この素材の根底に置かれなければならないということ、このことは、以前から私にとっては確定的なことでした、それで、私がやっかいな物自体を避難場所にしていると私を非難していた連中に対しては、かの物は単なるヌーメノンであり、純然たる理性によって表象されたものそれ自体なのだと断言することによって、その非難から十分に自分の身を守ることができると信じていたのです。主観の外部にそのようなヌーメノンの存在を考えることを理性に余儀なくさせたものは、ほかでもなく事実としての外的感覚でした。

かくして、彼は自分の体系の欠陥の要が、「客観的素材」すなわち「外的直観の経験的質料」、そしてそれとひそかに連動していた「物自体」の存在を想定していた点にあったのだと考えている。「物自体問題」に絡めて、「客観的素材」と「主観的素材」の区別が不要、不毛なものであることを、早くからディーツが批判していたことをわれわれは知っている〔第四章第七節**1**および第六章第三節**2**参照〕。ラインホルトはようやくこの点に気づいたのである。書簡で告白しているように、「現象の根底に置いてきたヌーメノンに非我を認めながら――しかしそれと同時に、理性を絶対的能力と想定しつつも、同時にまた理性がヌーメノンを措定するという点で理性を外的感覚に依存させることは、辻褄の合わないこと」であった(32)。「このヌーメノンも、感覚も、両者の統合物も、私が思い違いをしていたような厄介な物自体から、私を解放しなかったのであり、この救済は、絶対的な反定立作用という機能を介して、唯一理性自身にだけ可能であるはずだということも悟りました。初めには私の体系のうちでは、すべてのことが不分明になっていたのですが、貴兄の体系のうちですべてのことが明晰になりました。どうして活動全体を単なる結合作用にあるとすることができるのか、また主観を客観から独立なものと考えながら、その実在性のためには主観の外部に或るものを前提にしている客観的統一を、どうして主観の行為の仕方のせいにすることができるのか、長い間私は分かっていなかったのです。その『どうして』が、ついに今や貴兄の体系から納得のいくものになったのです(33)」。

告白はさらに続いている。これまで「私がまったく理解できなかったこと」、それは「自ら自身を措定する自我」という考えであり、「他のどんな能動性にも前提にされるが、他のどんな能動性も前提にしないような能動性」のことである。「この自我と主観としての自我との区別――表象の可能性――、実践的部門と理論的部門との連関などなどが、いまやいわばおのずと明らかになります。私は知識学を読みました、今も再読しています、そしてこれからも知識学を読むことをけっしてやめないでしょう(34)」。

まことにあっぱれな「自己批判」というほかない。カントによって切り拓かれ、自らが打ち立てようと努力して果たせなかった超越論哲学の根本原理が、「絶対的自我」の端的な自己措定の働きに基づく「純粋能動性」の思想によって実現されていることを、ラインホルトは自分の歳下の後任者であるフィヒテに直接丁重な手紙を書いて認めているのである。このフィヒテ宛て書簡の一週間後、彼はもう一度バッゲセンに、彼のショックを和らげるかのようにこう告げている。「フィヒテが僕の内面に引き起こした革命」は、「たしかに全面的なものであるが、しかしそれは、僕の諸々の確信の学問的形式だけに関わるものである」。「純粋理性批判が僕の自由を奪うことはなかったのと同じように、知識学が僕の自由を奪うことはない」。「根元哲学から知識学への移行は、一切の跳躍なしに可能である」のだが、それでも「その移行は避けがたいのだ[35]」。

バッゲセンにそう書いた翌日、ラインホルトは今度は、自分の友人たちの中でもその才能を最も高く評価していたエアハルトにもこの「転向」を告げている。バッゲセンに対するのとは異なって、彼は（込み入った哲学的理論を理解できる）エアハルトに対しては、「知識学」の根本諸命題の意義をかなり丁寧に説明している。少し長くなるが、主要部分を引用しておこう。

自分の体系の欠陥を洞察することを通して、私はついにフィヒテの体系の理解に到達しました、そして、この体系のうちに、学としての哲学への準備が完全になされていることを見出しています。私が、彼の自我と非我をどのように考えているか、少し耳を傾けてください。他のいかなる能動性も前提にせず、他のどんな能動性にも前提にされる能動性というものがあるのです。その能動性が措定されている限り、それは自ら自身による以外のどんな能動性によっても措定されていないのです。そうである限り、それは自己活動なのです[36]。

自己活動が措定されているということは、その活動が自ら自身を措定するということにほかなりません。ですから、およそ自己活動ということで、他の述語を欠いているということで、考えねばならないのは、ほかでもなく自ら自身を措定する活動のことなのです。

この活動は、措定する限り主体と呼ぶことができ、措定されている限り客体と呼ぶことができます。しかし、その活動は、措定する限りでのみ措定されており、措定されている限りでのみ措定するのですから、それは客体であると同時に主体なのです。そうである限り、それを自我と呼ぶことができます。というのも、われわれはわれわれの自我を、自己意識のうちにある類似的な特性のもとに知っているからです。しかし、かの自己活動を、われわれの自我と混同しないように用心しなければなりません。かの活動は、自己意識の可能性と自己意識のうちに現れてくる経験的自我との根底にある限り、それはわれわれの純粋自我にすぎないのです[37]。

その自己活動が一定の操作（能作）において或る非自己活動に依存している限り、それは理論的理性になり、逆に非自己活動がそれに依存している限り、実践的理性になるのです。

理性の最初の根源的行為（Akt）が絶対的定立であり、これをフィヒテは、自我が自ら自身を措定する、と表現しているのです。

第二番目の（前者を前提にしている）行為が絶対的反定立、無制約な反措定の働きであり、形式としての（formal）非我は、この働きに依存しているのです。

第三の行為が絶対的総合であり、これが自我と非我の一方を他方によって制限、制約することによって、自我と非我を結合するのです。

それ自身精神の行為でなければならない定立と反定立を前提にして初めて成立する総合が、自発性の行為様式でありうること、このことに私はどうしてずっと昔に気づくことができなかったのだろう！

かの根源的で絶対的な総合によってのみ、自我が非我によって制約された自我として思惟可能になり、その限りでのみ主観として思惟可能になる、そして非我が自我によって制約された非我として思惟可能になり、その限りでのみ客観として思惟可能になるのです[38]」。

以上の一連の「二月書簡」から、ラインホルトがフィヒテの超越論的自我論の諸原理を今や正確に把握しており、それと自分の自己意識論との相違をはっきり認識したことが明白になる。フィヒテ宛て書簡から窺い知れるように、ラインホルトに自らの理論の「欠陥」を決定的なかたちで意識させたのは、「非我」（「客観的素材」）による、「自我」

（「表象作用」）の「制限、制約」は、絶対的自我自身の「絶対的総合」に根差しているのであり、その根底には根源的な「純粋能動性」が存在しているというフィヒテの理論であった。彼は今や、「知識学」の諸原理をほぼ完全に理解し、それらを自らの体系の弱点を克服したものとして承認している。こうして彼は、一七九七年二月中に、上記の三者に書簡を通して自らの「知識学」支持を告白、表明したのである。

第四節　『混成論文選集』第二部での「全面的自己批判宣言」（一七九七年四月）

1　「序文」での「転向」表明

だが、上記の一連の書簡での「知識学」支持の表明は、まだ書簡によるなかば私的な告白にとどまっていたといえる。[39] それが公になり、広く知られるようになるのは、『混成論文選集Ⅱ』[40]の公刊（一七九七年四月）によってである。

その「序文」によれば、ラインホルトは『寄稿集Ⅱ』の公刊（一七九四年春）以降、一つには自分の探求が進展したこともあり、また一つには批評者たちの様々な批判もあって、「根元哲学の理念」を是正しようと決心し、その作業に着手していた（*Auswahl II, v*）。その際彼は、「知識学」を理解しようと何度も努力し、そして「ついに、知識学を理解したと思い込んだ」。そのとき彼は、「知識学が、認識と意欲の超越論的諸法則を、あるいは純粋な哲学の質料を意識の純然たる主観から学的な形式で導き出す試みに成功しているのだ」とみなしていた。すなわち、カントが「経験の可能性および経験の実質的、形式的制約という視点から初めて発見したことを」、そして自分が「意識という視点から、事実としての意識から出発し、意識の規定された可能性を展開することを介して発見したことを、知識学は、別の視点から、すなわち純然たる主観の視点から、学的に根拠づけ」（ibid., vi）ようとしているのだと思っていた。その限り、フィヒテの試みと自分の企ては——一年ほど前に、折に触れそう述べていたように——なお同調的で、軌を一にしていると思い込むことができた。

しかし、それは根本的な誤解であった。彼はそのことに気づいた。「根元哲学」と「知識学」の比較検証を通して、彼は当初の目論見とは「反対のこと」を確信させられた（ibid., vii）。フィヒテは、「純然たる主観」やその「事実」を出発点としているのではなく、より根源的な「純粋な自我」「絶対的な自我」の純粋能動性を出発点に取り、そこから「意識の可能性」を（したがって、「意識の純然たる主観」を）導出しようとしていることを悟った。それと同時に、自らの「根元哲学」が自己矛盾を含んでいることを悟った。このように述べた後、「序文」は、「私は悟ったのだ（Ich sah ein, daß）」という語を八回も九回も連発して、自らの誤り、不十分点と「知識学」の優位を告白風に書き連ねている。彼が「悟った」ことを箇条書きにすれば、以下のごとくである。

(i) 「根元哲学」が目指していた「ア・プリオリに規定された意識の可能性は、けっして意識の純然たる主観には帰されず、むしろ逆に意識の外部に、不可避的に物自体を——それも意識の客観として、前提にしていた」こと、すなわち「私は、意識の可能性の客観的制約を（カント風にいえば、経験の可能性の実質的制約を）、外的感覚のうちに与えられたものと想定してきたのであり」、「私は意識の外的根拠をヌーメノンとして、物自体とは区別してきたのだが、そんなことによっては、私の体系のうちにあるこの矛盾はけっして除去されないであろう」（ibid., viiif.）ということ。

(ii) 「ヌーメノンが理性の単なる産物であり、したがって私のこれまでの理論に従えば、純然たる主観以外のどこにも根拠づけられていない以上、感覚の外的根拠は、このヌーメノンのうちにはけっして措定されえないもの」であり、「それゆえまた、その外的根拠はいまわしい物自体に帰されるのだ」（ibid., viii）ということ。

(iii) 「私の根元哲学が、超越論的なものの可能性のために経験的なものを前提にし、そして経験的なものの可能性のために超越論的なものを前提にしている——両者に共通のより高次な根拠もなしに——」ということ、そして「超越的なものの領域への死の跳躍を敢行することによってしか、この循環から救われないのだ」（ibid., ix）ということ。

(iv)「哲学はこれまで一度も、厳密な真の学として、純粋な自立した哲学として打ち立てられなかった」、いい換えれば「経験的なものそれ自体を前提にすることにまったく依存せずに、哲学の内容を演繹することなど不可能に思われていたし、そのような演繹を〔カントの〕批判も、〔表象能力〕理論も試みなかったのだが、しかし知識学はそのような演繹を試みたのだ」(ibid.) ということ。

(v)「知識学が出発点としている純粋な自我は、意識の純然たる主観ではけっしてないということ」、「意識の純然たる主観は、意識の純然たる客観との関係においてしか思惟されえず、まさにそれゆえに、経験的自我でしかないということ」、それに対して「純粋な自我は、自己意識に対する反省において、自らを措定しかつ自らによって措定されるものとして、またそうである限り主観であると同時に客観であるとして告知されるような、根源的能動性なのである」(ibid., x) ということ。

(vi)「この純粋な自我こそが、〔カントの〕批判や〔表象能力〕理論が純粋な意識の本質のために要求しているような、自己活動性の特性にほかならない」ということ、そしてまさにそれゆえに、「この純粋な自我という理念」は、その了解可能性、その真理性、確実性、妥当性の「根拠を、自ら自身のうちに含んでいる唯一の理念なのであり、さらにまた、学的である哲学は、唯一この理念のみを出発点とできるのであり、かつそうしなければならない」(ibid., xf.) ということ。

(vii)「この純粋な自我のうちに、すべての認識の超越論的なものと経験的なものとの区別と連関の絶対的でかつ内在的な根拠が、見出されねばならない」ということ、そしてこの根拠は、純粋な自我の根源的機能としての絶対的な定立、反立、総合の間の区別と連関から生じる」(ibid., xi) ということ。

(viii)「一言でいえば、根元哲学は哲学の学的基底を探し求めてきたが、それが採用していた方法ではけっしてそれを見出すことができなかったのだが、その基底が知識学によって、実際に見出されたのだ」(ibid.) ということ。

上記の「告白」に沿って、この「立場の転換」を促した諸論点をもう一度整理しておこう。

上記の(i)と(ii)は、一二月のフィヒテ宛て書簡でも言及されていた論点であり、自分の「表象」-「意識」論が、その外部に「感覚」による経験的「質料」の付与を想定し、その「原因」としての「物自体」を前提にしていたことへの自己批判である。つまりこれは、自らの超越論的立場の不徹底性の承認である。

(iii)の論点については、すでに触れたように（本章第二節参照）ラインホルト自身も、「超越論的自己意識」と「経験的自己意識」の「区別と連関」の重要性に言及していたのだが、ここでは彼は、自分が「超越論的なもの」と「経験的なもの」を相互に他方のために「前提」していたにすぎない、と告白している。これは、超越論的諸原理の究明に際して、「経験的なもの」を——その諸原理と連関づけることなく——暗黙のうちに「前提にしていた」ことを意味する。すると、ここでラインホルトは、ずっと以前に（一七九一年八月）マイモンが、カントは「知覚の諸対象についての経験」を前提にし、ラインホルトは「意識律を事実として前提にしている」と批判していたこと（第六章第四節参照）や、フィヒテが、カントもラインホルトも何の証明もしないまま「事実」を前提にしていると批判していたこと（たとえば、一七九三年一二月六日付け、ニートハンマー宛て書簡。本章第一節参照）の正当性を自ら認めていることにもなる。

(iv)は、その相互前提という不徹底さを廃棄し、フィヒテが「純粋な」超越論哲学の諸原理を初めて打ち立てたことを承認している。このことは、カントや自らの理論に比べ、フィヒテの諸原理がもう一歩メタレベルに設定されていること、そしてその設定の妥当性を承認していることを含意している。これ以降、ラインホルトは、フィヒテの（そしてシェリングの）企てを、カントや自分のそれと区別して、しばしば「純粋な哲学」、「純粋に学的な哲学」あるいは「純粋な観念論」と特質づけるようになる。

(v)と(vi)では、「意識律」における「意識の純然たる主観」が実は（フィヒテのいう）「経験的自我」にすぎず、これが、端的な自己措定としての、「根源的能動性」としての「純粋な自我」とは区別されねばならず、純粋な超越論哲学の諸原理は「この純粋な自我という理念」から導出されることを認めている。すると、ラインホルトは、「意識律」それ自体が、意識のア・プリオリな構造ではなく、何らかの意味でなお経験的性格を帯びていたことを自ら認めていることになる。

(vii)それゆえ、「超越論的なものと経験的なものとの区別と連関の絶対的でかつ内在的な根拠」は、この「純粋な自我の根源的機能としての絶対的な定立、反立、総合の間の区別と連関」に求められねばならない。

かくして、先の一連の二月「書簡」とこの「序文」は、カントに発した超越論哲学の企てがなお「経験の大地」と地続きであったのに対して、その諸原理の確立に関してはその繋がりを断ち切り、初期ドイツ観念論が純粋な超越論的地平へと旋回していくことを示している決定的ドキュメントであるといえよう。

2 「根元哲学」と「唯一可能な立脚点」理論

さて、この「序文」の付された『混成論文選集Ⅱ』の第一論文「形而上学と超越論哲学一般の現状について」[41]で、ラインホルトは「知識学」を超越論哲学の展開が到達した頂点と認める観点から、その展開過程と「現状」を叙述している。それは、一五節(三六〇頁)にわたって、各哲学的党派による「形而上学」と「超越論哲学」理解を開陳しているが、ここでは、本章の主題に密接に関わっている最後の四節の要点を紹介するにとどめる。

「第一二節　根元哲学の信奉者」(*Auswahl II*, 248–279)では、著者はおおむね『寄稿集Ⅱ』の第一論文に示されていた「改良された」根元哲学の概要を叙述しているが、いくつかの新しい観点も認めることができる。「第一二節」は、まず「表象」が各哲学的党派によってどう理解されてきたのかから説き起こし、「意識一般の概念」、「表象」の「素材」と「形式」、「純粋な自己意識」と「経験的自己意識」、「感性」、「悟性」と「悟性概念」、「理性」と「理念」、「理論的」主体と「実践的」主体などが主な論述主題になっている。ここで著者は、――上記「第一論文」での改良、修正に沿って――「意識の諸命題」の成立に対する、「純粋な自己意識」の「内的経験」の基底性を随所で強調している。すなわち、「内的経験が純粋な自己意識の主観に依存している限り、そしてこの自己意識の諸事実からなっている限り」今や「内的経験」が「根元哲学の基底」とみなされるのである(ibid., 276)。したがって「客観の意識」もそれが「経験的」であろうと、「純粋（超越論的）」であろうと、ともに「自己意識に根差している（begründet ist）」。「客観の経験的な意識が、単に身体との結合によってのみ自己（das Selbst）に属しているようなものと関係しうるのに対して」、「客観の純粋な意識は、たしかに主観としての主観と関係することはできないとはいえ、しかし、その意識が純粋な自己に根差している限り、純粋な自己自身に特有なものと関係しなければならない」。「表象能力自身も、それが純粋な自己に根差しているのか、経験的な自己に根差しているのかに応じて、純粋であったり、経験的であったりする」（ibid. 263）。

そしてラインホルトはここでは、「経験的な自己意識」や「純粋な自己意識」とは別に、「さらに特殊な自己意識が存在する」と付け加えている。それは「道徳的自己意識、すなわち良心」（ibid. 270f.）である。「この特殊な自己意識を介して、主観は当為を意識するのであるが、当為は意志活動の自由を前提としている」。そして「法則に従って行為するか、法則に反して行為するか」に認められる意志の自由は、「理性の自己活動とは決定的に異なっており」、後者が「絶対的統一の形式という、内的に必然的な唯一の行為様式しか持っていない」のに対して、意志の自由は「等しく可能な二つの行為様式を持っている」がゆえに、後者だけが本来の意味で「自由」と呼ばれうる（ibid. 271）。ラインホルトは、「選択の自由」にこそ自由の本質はあるという自論を繰り返しているわけである。

節の終盤では、「何人かの批評者たちの異論」によって確信させられ、根元哲学を改良する契機となったいくつかの「欠陥」と「誤り」に言及している。それらの「異論」によって、彼は自分の「基底論では、意識律や表象一般の概念から、それらには含まれていない多くのことを導出していたことを納得するようになった。たとえば、ア・プリオリな表象とア・ポステリオリな表象との区別は、表象一般の概念からはまったく把握されえないということ、その区別は、自己意識の諸命題なしには理解されえないのに、著者は自己意識の諸命題は理性の理論のもとで初めて打ち立てられるものだと考えていたこと」（ibid. 275）などがそうである。ちなみに、D・ヘンリッヒは、両表象の区別の導出の不当性のこの承認をもっぱらディーツの異論に起因するものと解釈したのである（第六章第三節参照）。また、ラインホルトが一七九〇年当時に「自己意識の諸命題は理性の理論のもとで初めて打ち立てられるものだと考えていたこと」、それが引き起こす理論的難点と格闘していたことを、すでにわれわれは知っている（第五章第四節3参照）。続いて「第一三節　唯一可能な立脚点論の信奉者」（ibid., 279-293）では、ラインホルトはまったく自分の評価を交えずに、この理論の提唱者ベックの立場に立って、その主張をそのまま記述している。最初の数頁を除けば、すべてベックからの引用で埋められている。

この節の冒頭は、こう始まっている。「思弁的哲学におけるすべての誤りの源泉は、表象とその対象との間の絆（das Band）という概念である」。「表象と表象の外部の或るものとの間の結合を証示せんとする試みはみな、無駄に終わるに違いない。そういう試みは、表象から独立している知を前提にしており、したがって馬鹿げたことを前提にしているからである」。「純粋理性批判」はそういう試みに終止符を打ったはずなのに、「批判哲学の余計な普及者、改作者たち」が現れて、そういう無駄な試みを復活させた。その代表が「表象能力の新理論」あるいは「根元哲学」である。この「根元哲学」の著者は「表象と客観との間の絆を問うという無意味な問題を批判哲学に語らせ、特定の表象の素材を物自体から導出し」ようとした（ibid., 280f.）（本書第四章第七節1も参照）。したがって、「独断論者」と根元哲学者の違いは、前者が「実在物を物自体の性状に変える」のに対して、後者が「それを物自体と自発性との産物と称する」点にしかない。そればかりか、「彼〔ラインホルト〕は、彼の意識律のよって物自体が表象不可能であることを証明したと思い込んだのだが、その意識律は、かの物——馬鹿げたことぬきにしては思惟されえないのであり、それゆえ、以前のものよりはずっと由々しき独断論を哲学の中に導入することになるだろう」（ibid., 281）。ベックによれば、「哲学の最高の根本命題」は意識律ではなく、「客観を根源的に表象す」べしという「要請」である（ibid., 282）。——ここまでが、ラインホルトの手になる、ベックの主張の要約であり、以下の論述はほとんどがベック自身の文章からの引用からなっている。

つまり、ベックは、いわば「独断論的実在論」とのひそかな繋がりをまだ断ち切れていない「意識律」に反対して、より徹底した意識内在主義の立場から、表象の形式のみならずその素材をも生み出す主体の根源的作用として「根源的な表象作用（das ursprüngliche Vorstellen）」を提唱した。しかし、彼自身が明言しているように、それは一つの「要請」でしかありえない。それゆえ、ベックはこういわざるをえないのである。「或るものを根源的に表象するとは、どういうことかという問いに対して、私はまったく解答を持っていない。なぜなら、それに対する正しい答えは、根源的な表象作用それ自身なのだから」。したがって、その作用を覚知するには、「人はその根源的な表象様式自身に身を置き入れる」しかない。そこに身を置き入れたとき初めて、「それ以前にはけっして現れ出てこなかったであろう出来事が、その人の前で演じられるであろう」（ibid., 283）。この「根源的表象作用の立場に立つとき、表象と客観との絆を問うという厄介な問題は存在しなくなる」（ibid., 284）。

この立場への参入は「要請」であり、そこに「身を置き入れる」ことを実際に遂行することによってしか果たされない。ここでは、ある種の「跳躍」と跳躍への決意が求められているのだが、それはフィヒテが「知識学への第二序論」で「哲学者」たる者に求めている要求にも似たところがある(42)。そもそも、一般に経験的事実の「根拠」をその根拠づけられるものの「外」に求めようとするならば、経験の「内」から「外」への移行は、何らかの「跳躍」を伴わざるをえず、経験から身を引き剥がす決意を不可避なものとするであろう。ベックの場合もまたそうである。

ベックは「純粋理性批判の最も重要な点」はこの「根源的表象作用」にあると解釈し、「批判はこの狙いを完全に実現した」にもかかわらず、このことが「批判の崇拝者たちによってさえ誤認され」てきたのだと述べている（ibid., 284f.）。ところで、ベックによれば「根源的表象作用の本質はカテゴリーにある。カテゴリーは根源的な表象の諸様式にほかならない」（ibid., 286）。それゆえベックは、様々なカテゴリーの使用を、「根源的表象作用」ないしは「根源的総合」と関連づけて解釈しようとしている。その際ベックは、「時間」や「空間」による「総合」さえも、「根源的表象様式」ないし「根源的総合」の一つと解釈している。たとえば彼は、「時間は、この根源的な表象作用において私に生じてくる」（ibid., 289）とか、「空間と量は、根源的表象作用のまったく異なった二つの種である」（ibid., 287）とか、書いている。それらの叙述の要点を、ラインホルトはそのまま抜粋、引用して、この節を終えている。

3　「知識学」の優位

「第一四節　知識学の信奉者」（ibid., 293-334）の前半は、前節では「客観的に」紹介するにとどめていた「立脚点理論」に対する批判に充てられている。

たしかにベックは、「純粋理性批判や表象能力理論が、時間、空間およびカテゴリーの客観的実在性を、それに依存させてきた経験的なものに抵抗感を抱いた」（ibid., 319f.）。それで、その「経験的なもの」を、「事実としての外的感覚」を前提とせずに、表象作用を説明する方途を探究し、それを「根源的表象作用」に求めた。「しかしベックが、カントやその後ラインホルトが残した困難を取り除くことはなかった」。むしろ逆に、彼はその作用を説明しようとして、「当然彼にとって重荷となっていた経験的なもの」を、不当な仕方で抹消しようとしたのである。すなわち「外的感覚や時間や空間」を「カテゴリーに中に押し込んでしまった」。そして、「これらすべてをひとまとめにして、根源的表象作用」と呼んだ（ibid., 320f.）。ベックによる「根源的表象作用」からの「経験的なもの」の排除は、実はカントの「純粋な感性についての教説を、悟性理論の中に押し込む」（ibid., 303）ことによって、なされているのである。かくして、問題そのものが廃棄されているばかりか、ラインホルトによれば、「根源的表象作用」論はカント的感性論を誤認し、感性論と悟性論との区別の意義を台無しにしているのである[43]。

続いてラインホルトは、かの「要請された身の移し入れ（Versetzen）」がどのようにして可能になるのか、そして自らが「根源的に表象しているという意識」にどのようにして到達しうるのか、と問いただしている（ibid., 310f.）。もちろん、両方の問題ともベック自身にも解答不能な問いであろう。なぜならば「人が根源的に表象作用を表象するとき、彼はもはや根源的には表象していない」のであり、したがって「根源的表象作用は根源的表象作用によって認識される」ほかないからである（ibid., 311）。かくして、それはこれ以上には説明不能な事態、行為だといわざるをえないであろう。したがって、ベックは誰にも了解不可能な秘教的行為への「跳躍」を要求しているのである、ということになる。そうである限り、「根源的表象作用を要請することも、それを叙述することも〔中略〕すべての探求によって、またすべての了解のためにけっして前提にされない」(ibid., 306)。「立脚点理論」が根源的表象作用を持ち出し、それを叙述しようとするとき、ラインホルトによれば、この理論は、実は自らのなした「反省作用と抽象作用の帰結を打ち立てているにすぎない」。その「帰結」を「根源」とみなすのは「倒錯」であり、これは「批判哲学の解説者たちに非常にありきたりの倒錯なのである」(ibid., 315)。ラインホルトは、そう判定を下している。

前半の最後に、ラインホルトは「根元哲学」も「唯一可能な立脚点理論」も、ともに実践哲学の基礎を提供しえなかったという「誤りを共有していた」と告白している。すなわち「前者はすべてを意識から汲み出し、後者はすべてを根源的表象作用から汲み出す。それで、両者はその帰結において、両者のいずれからも汲み出せない実践哲学の客体を、降って湧いたように与えられたものと想定せざるをえないことに気づく、そしてまた実践哲学を別館として理論哲学に付け足さざるをえないことに気づくのである」。それでもまだ前者は、「良心を意識の特別な種として、意識一般のもとに位置づけている」のに対して、後者には「実践的自由の事実と呼んでいるものを指定する場」がまったく欠けている(ibid., 323f.)。

節の後半は、表題に従って「知識学」の諸原理とその意義を説いている。「表象作用の可能性は、自我のうちに超越論的なものと経験的なものを前提にしている」のだから、「超越論的なものと経験的なものとがそこから導出されうるような最高の点に到達」することによって初めて、「学としての純粋な哲学」が可能になる。それを可能とする「絶対的能動性」を見出した点に、「知識学」の優位点がある(ibid., 325f.)。こうした確認に従って、ラインホルトは「知識学」の三つの根本命題の意義を順次改めて解説している。

4　超越論哲学の現在

最終節である「第一五節　純粋哲学、超越論哲学、形而上学の本質についての私の現在の確信」（ibid., 334-363）は、「根元哲学」と「立脚点理論」を超越論哲学の「失敗に終わった二つの試み」と位置づけ、両者が陥った正反対の誤りを「知識学」が止揚し、現状で考えうる最も完成した「純粋に学的な哲学」を打ち立てたという解釈図式を、これまでの論述の総括として提示している。

すでに前節の冒頭でも、ラインホルトは「根元哲学」がもはや維持できない理由を挙げていた。すなわち、第一に「意識律をすべての哲学の第一根本命題にして」いたがゆえに、第二に「単なる事実と意識に基づけて、超越論哲学を単に経験的なものによって根拠づけて」いたがゆえに、そして第三に「純粋な能動性が単なる結合（総合）に限定されていると解そうとして」（ibid., 293f.）いたがゆえに、結局のところ「超越論的なものと経験的なものの区別と連関」自身を根拠づける原理を解明できていなかった。これが、ラインホルトの自己理解による「根元哲学」の根本欠陥である。ここではこの両者の「区別と連関」に焦点を当てて、同じ論点が再述されている。すなわち、「根元哲学」は「意識を、この区別と連関の認識根拠として立て、そしてこの区別と連関を、意識の実在的根拠として立てた。しかし、まさにそれゆえに、この試みは約束したことを実行できなかったのである。かの区別と連関が、その原理から導出されるべきであったのだが、この導出と称されたものの叙述が示したことは、かの区別と連関がその原理によって前提されるということであった。〔中略〕学的な超越論哲学の問題は、表象能力理論と根元哲学の理念によっては、ただ準備されただけで、けっして十分明確には打ち立てられておらず、ましてや解決されなかったのである。根元哲学は、超越論的なものと経験的なものの区別と連関を、もっと高次な原理から導出するべきであった。だが、その原理はそれ自身経験的であり、超越論的なものを経験的なものから導出している」（ibid., 336ff.）。これらは、すでに紹介した一連の「二月書簡」で告白されたのと同じ自己批判である。

それに対して「失敗に終わった第二の試みは、根源的表象作用を原理に想定しているのだが、この試みが根源的な表象作用ということで理解しようとしているのは、認識の超越論的なもの以外の何ものでもない。おのずと理解できることは、ここでは超越論的なものと経験的なものとの区別や連関のより高次な共通の原理は問題になりえないということである。唯一可能な立脚点理論は、もちろん超越論的なものを経験的なものから導出しているわけではないが、経験的なものを超越論的なものからいきなり導出し、しかもその原因の作用結果として導出している。この理論は、経験的なもの自身が超越論的なもののうちに与えられていると安易に考えているのである」(ibid., 338)。かくして、この理論は「たしかに経験的なものを前提にすること一切に反対したのだが、しかし、経験的なものをほかでもなくカテゴリーによって根拠づけようとしたため、経験的なものを押しのけてしまったのである」(ibid., 352)。

これら二つの失敗した試みに比べて、「哲学を実際に学として根拠づけるのに成功した唯一の試みは、純粋理性の本質それ自身を原理に想定する。この試みは、根元哲学のように、経験的なものと超越論的なものとの連関を、それらの区別のために犠牲にすることもなければ、逆に、立脚点理論のように、それらの区別をそれらの連関のために犠牲にすることもない。この試みは、その両方を、より高次な共通の原理から、つまり絶対的能動性から導出し、そしてこの原理を、かの能動性の根源的な諸機能の区別と連関から、すなわち絶対的な措定作用、絶対的な反措定作用、絶対的な統合作用の区別と連関から、完全に満足いくかたちで解明している。知識学が出発点としている原理は、純粋哲学を、その内容の面からも形式の面からも根拠づけており、超越論的なものそれ自体の認識根拠であるだけでなく、同時にその実在根拠でもある。それに対して、この原理は、経験的なものが超越論哲学においてのみ可能であり、しかしまた絶対に必要である限りにおいてのみ、経験的なものを根拠づけ、解明するのである」(ibid., 338f.)。

ラインホルトのこの時点における自己理解に従った、「純粋に学的な哲学」の根拠づけに関する「根元哲学」および「唯一可能な立脚点理論」と「知識学」との相互関係の要点は――彼の得意とする図式的対句の修辞法を駆使して、いささか事を単純化しているきらいがあるとはいえ――、以上の文章に明快に整序されている。

第五節　『一般学芸新聞』での「知識学」書評（一七九八年一月）

「転向」以降のラインホルトの知識学理解をもう少し具体的に理解するためには、『一般学芸新聞』での一連の「知識学」書評に触れておかねばならないだろう。当時、哲学の世界に大きな影響力を持っていたこの書評紙は、これまで知識学以前のフィヒテの諸論文、公刊物をいくつか採り上げてきていたとはいえ、[44]「知識学」本論についてはしばらく沈黙を続けてきた。それには、編集長シュッツや副編集長フーヘラント（Gottlieb Hufeland 1760-1817）が、この書評紙の精神的支柱であるカント批判哲学と「知識学」との距離を測りかねていた、という事情があったのであろう。それが、一七九八年の一月四日から八日にかけて、五号連続で知識学を書評することになる。[45]書評対象は『知識学の概念について』、『全知識学の基礎』、『知識学の特性要綱』そして『哲学雑誌』（第五巻、第六巻）での一連の「知識学の新叙述の試み」であり、書評者はラインホルトである。

1　「自然的な理性使用」と「作為的な理性使用」

一月四日付けの第五号で、書評者はただちにテキストの内容の論評に入るのではなく、それに先立って、長い連続書評への総説的序論に相当するものを開陳している。それは、書評の対象となる哲学が「従来のどんな哲学とも決定的に異なったまったく新しい哲学」（*Fichte in Rezensionen 1*, 286）であるので、従来の哲学との対比を通してこの新しい哲学全体の特質を解説しないと、読者公衆にその意義がとうてい理解されないだろうとの配慮に基づいている。重要なのは、当然ながらカント批判哲学との対比である。その際、両哲学の対比を際立たせるために、書評者は対をなす非常に重要な鍵概念を使用している。それは、「自然的な理性使用（der natürliche Vernunftgebrauch）」と「作為的な理性使用（der künstliche Vernunftgebrauch）」という「理性使用の二つの様式」（ibid., 288ff., bes. 292）である。後者は

「純粋に学的な理性使用」（ibid., 292）とも呼び替えられている。批判哲学に認められるような前者の理性使用は、「経験と道徳法則の自然的な概念を」事実として前提にし、それらの「概念」を反省しはするが、「自然的な諸概念」そのものを超えていくことはない。それに対して、知識学に認められるような後者の理性使用は、そうした「自然的な概念をまったく前提にすることなく」、それらの概念の「可能性」をかの「二つの理性使用」に「共通の原理から導出する」（ibid.）、あるいは「それら自体とは独立した基礎から導出する」（ibid., 293）。かくして書評者は、この両術語を、批判哲学と知識学双方の解決するべき課題の存在境位の相違、および双方の哲学的思惟の境位の相違を特質づけるために使用しているのである[46]。

たしかに、批判哲学は「経験と道徳法則の自然的な諸概念へと遡り、それらをその根源的な純粋態において展開すること」を可能にし（ibid., 289）、そして「自然的な理性使用の根本諸法則を打ち立て」、「純粋な知を求める努力」を、ある限定された観点から「完成させた」（ibid., 291）。だが、批判哲学が「経験の制約を挙示することができた」のは、「その制約が、外的、内的経験一般の自然的な概念のうちに含まれている限りでのこと」であり、「まさにそれゆえに、その実質的制約を説明する際には、単なる事実としての外的感覚を超えていくことはありうるはずがなかった」（ibid., 292）。かくして、批判哲学はかの「共通の原理」を打ち立てることもなかったし、すべての哲学が求めてきた「純粋な知」に到達することもなかった。ただし、たしかに批判哲学によって「純粋な知」は可能にならなかったとはいえ、「批判哲学がなければ」それは可能にならなかったであろう、と書評者は付け加えている。批判哲学によって「先行して展開されていた、自然的な使用が知られていなければ、作為的な使用は、これまでの場合がそうであったように、独断論の虚飾（Künsteley）に転落していたに違いない」（ibid.）。すなわち、語の本来の意味での「理性批判」を前提にし、これに依拠して初めて、経験の示す自然的事実を超えたかの「原理」を解明する理性の「作為的な使用」が可能になったのであり、前者を欠けば「作為的な理性使用」は再び独断論に転落しかねないのである。ラインホルトは、この段落で先の一連の「二月書簡」での「自己批判」に基づいて、批判哲学と自らの根元哲学の原理に関する根本的限界を改めて説明している。一言でいえば、その限界は、「知」の成立の「実質的制約を説明する際に」「外的感覚」の事実に訴えており、その事実を前提にしていた点にある。「自然的な理性使用」はこの前提的事実を解明できても、この事実それ自身の「可能性の根拠」を解明することはなかった。それは、「作為的な理性使用」によるしかなかったのである。

「この学的な理性使用を、これまでいかなる独断論も試みたことはなかったし、いかなる懐疑論も予感しなかった。批判哲学ですらそれについては何一つ知っていないし、それについて何一つ知ることはできない。というのも、この理性使用の可能性は、その現実態に先立っては先取りされえないものであり、したがって批判もされえないものだからである。この学的な理性使用とともに、この理性使用によって、哲学とすべての学にとって一つの新しい時代が始まるに違いない」(ibid., 292f.)。そしてラインホルトは第五号での書評を、次のような非常に修辞的な文章で結んでいる。すなわち、知識学によって打ち立てられた新たな哲学的基礎によって「哲学的な自立的思索者たちは、これまでの自然状態を脱して社会状態へと移行することになるだろう、すなわち、純粋に学的な諸原理を欠いたこれまでの法則なき自由の状態から、自由な合法則性の状態へと移行することになろう」(ibid., 293)。こうして、ラインホルトは、知識学が切り拓いた思弁的思惟の原理の意義に最大限の賛辞を送っている。

第六号は、まず『知識学の概念について』を書評対象としている。書評は、著作の章分け、節分けの順序に従って、論述内容を要約、解説している。そして、知識学全体へのこの導入的、綱領的著作をひとまず通覧した後、書評は再び批判哲学と知識学の区別の論究に立ち返る。それは、この区別を明確にすることのよって「知識学への入り口を探し出すためである」(ibid., 298)。

ここでも、「自然的な理性使用」と「作為的」、「哲学的」、「純粋に学的な理性使用」の対比が繰り返し援用される。「単に自然的な理性使用の確信は、自己意識と経験を諸事実として前提にしており、したがってこの諸事実の可能性を〔中略〕規定しないまま放置している」。それに対して「哲学的な理性使用は、規定された可能性を打ち立てるはずであり、かの諸事実を思惟する際の無規定性によって生じてくる、自然的な確信の欠陥と誤りを止揚するはずである」（ibid., 298f.）。すなわち「哲学的な理性使用」は、「自然的な理性使用自身が不断に反省しなければならないかの諸事実を完全に捨象する」「作為的な理性使用」によって、「かの諸事実と諸事実の自然的な概念からまったく独立な、事実の可能性を定め」、したがって「自ら自身によって規定された、事実の可能性を定める」のである（ibid., 299）。

　続いて、この「哲学的な理性使用」の核心が「純粋理性」の「自由」にあることが示される。すなわち、「純粋な知へと至るのに絶対に必要な、すべての事実（*THATSACHEN*）を捨象する働きは、自由の特別な行為（Act）としてしか考えられない」。そして、この特別な行為を通して「理性は、それの単に自然的な使用の諸制約から解放され、純粋な理性として構成される」。「かくして、純粋に学的な理性使用は自由によってのみ可能になる」（ibid.）のである。それゆえ、書評者はこの「哲学的な理性使用」を「自由な理性使用」（ibid., 299, 300）とも形容している。つまり、理性は自らの自由な行為によって、自らを自由にする、すなわち「単に自然的な使用の諸制約から」自らを「解放する」のである。だが、ここには一種の循環が認められよう。「自由」と「理性」との、次のような単純でない根源的関係も、おそらくこの循環に由来している。すなわち「自ら自身によって規定された可能性を自由な理性使用によって打ち立てる際には、自由と純然たる理性は、使用するもの（das brauchende）であると同時に使用されたもの（das gebrauchte）であり、自ら自身を特殊な意識の客観へと高める」（ibid., 300）。この場合「使用するもの」と「使用されたもの」という不自然な言葉は、自らを「規定するもの」と自らによって「規定されたもの」と理解する方がより自然であろう。いずれにせよ、問題の所在は、理性の自由な自己規定作用とその被規定性との相互関係にある。

　この関係を、書評者は、「自由な理性使用」の「行為（Handlung）」と「行為様式（Handlungsweise）」との合致として展開している。「この理性使用それ自身は、それの端的に必然的な行為様式のうちにしか存在しえない」。「自ら自身によって規定された可能性は、自由と必然性の合一としてしか思惟されえず、この合一は、その必然性が自由によって制約されたものと想定される限りでのみ、思惟されうる」（ibid.）。したがって、かの「可能性」を打ち立てるということは、取りも直さず「自ら自身を自ら自身によって規定する自由の諸機能を挙示すること、あるいは、純然たる理性の端的に必然的な行為を挙示すること」にほかならないのである。

さらに、「自由な理性使用」における「自由」と「必然性」のこの一致を、書評者は「純粋な自我」の根源的諸活動に基づけて、解説している。すなわち「自由に発する、被規定性を伴った自己規定（Selbstbestimmung mit Bestimmtheit）を思惟しうるには」、以下の三つの契機を考えなければならない。第一に「純然たる自由」においては「すべての規定が捨象されねばならない」が、それゆえこの自由は「自ら自身による純然たる措定作用としてしか、すなわち純然たる措定作用による純然たる措定作用としてしか、思惟されえない」。第二の契機「それの反対物」も、「同じように自ら自身による純然たる反措定作用としてしか、すなわち純然たる反措定作用による純然たる反措定作用としてしか、思惟されえない」（ibid.）。第三の契機「自由による両者の統合」は、この両契機を「制限する」ことによって「統合する」ことを通してしか成就しないのだが、この相互制限の内実は以下のごとくである。すなわち「純然たる自由は、自ら自身を前提にしている限りにおいてのみ、自らにその反対物を反措定（対置）するのであり、またその反対物を前提にしている限りにおいてのみ、その反対物に自ら自身を反措定（対置）するのである」。「対置された無規定的なもの（絶対的なもの）のこのような統合の結果として、規定が生じ、そしてその統合が自由によって引き起こされる限り、自己規定が生じてくるのである」（ibid. 301）。この三つの契機は、明らかに『全知識学の基礎』第一部での三つの「根本命題」に対応している。

第六号はここで終わっているのであるが、「知識学」の根本思想についての以上のような解説は、総じて「自然的な理性使用」と「哲学的な」「自由な理性使用」という解釈図式を含めて、書評者ラインホルトの独自の観点からの理解に基づいている。書評対象に挙げられている諸著作のうち、『概念について』と「第一序論」「第二序論」については、書評はテキストの論述内容をかなり忠実に要約、解明している。それに対して『基礎』と『特性要綱』については、この両著からは「いかなる抜粋も不可能であるだけでなく、〔テキストの議論の〕連関から引き剥がして、その内容を厳密に学的に詳述しようとする試みはどれも、理解不能になるであろう」(ibid., 304)と、書評者自身が記していることからして分かるように、この両著については書評者自身のかなり自由な要約、解釈が施されており、第六号の後半と第七号の前半はその部分に相当するのである。

2 「純粋な自我」の「自らへと還帰する働き」と「哲学者」の「知的直観」

第七号の前半は、前号での「自由」論を受けて、主に「純粋な自我」の根源的諸活動と「哲学者」の反省活動を論じている。その際、ラインホルトは「純粋な自我」の本質としての「自らに還帰する働き(Das in sich zurückgehen)」を際立たせているが、フィヒテもとくに「第二序論」でこの術語を頻繁に使用している。(47)

さて、前号の最後で「規定」と「自己規定」の出現が導出されたのを受けて、第七号の冒頭はこう述べる。「その自己規定の概念は、根源的には直観によって実在化されるのだが、その直観は、〔中略〕それに対置された別の直観と結びついて、意識の本質を形成する。直観の本質は、自ら自身へと還帰する働きにあり、この働きによって、自我は自己意識のうちで自我として自らを非我と区別する」(ibid., 301)。このフィヒテ自身も「第二序論」の第五節で「知的直観」とは「直観」とは「知的直観」にほかならず、また「それに対置された別の直観」とは「感性的直観」のことである。フィヒテ自身も「第二序論」の第五節で「知的直観は常に感性的直観と結びついている」と述べ、こう続けている。「私が行為するときの客観を、概念的に把握される感性的直観において見出すことなくしては、いい換えれば、これまた概念的に把握されているものについての像を描くことなくしては、私は自分自身を行為するものとして見出すことはできない」(48)。

「哲学者」は、この「純然たる還帰の働きを直接的に反省する、したがって、自然的な自己意識のうちで自我の区別づけを制約している非我を端的に捨象する、そして(かの区別づけにおいてさえ、区別するものであると同時に区別されたものである)自我を、返り見る」。この直接的反省活動のゆえに、「哲学者は単に自然的なものを超えていく」のである。「哲学者」のなす「この新たな反省も、それ自身還帰の働きであるが、それはけっして経験的に制約された働きではなく、絶対的な働きである」(ibid.)。「この反省のうちで、この反省を介して、自我は〔中略〕純粋な自我になり、この反省とともに、純粋に学的な理性使用が始まるのである」(ibid., 301f.)。

かくして「純粋な自我」の本質は「かの絶対的な還帰の働き」にある。「この純粋な自我によって、純粋に学的な知、哲学的な知が生み出され、この知のうちで、自ら自身の絶対的な還帰の働きが或る特別な意識（哲学者の意識）において、自ら自身によって規定され、〔中略〕自ら自身を意識するようになる、つまり、自分自身を思惟する」ようになる。そして「哲学者は、純粋な自我の自ら自身を思惟するこの働きのうちに、自己意識と経験の、自ら自身によって規定された可能性を次第に見出すのである」(ibid., 302)。ところで、「かの絶対的な還帰の働き」は「行為（Handlung）としては、絶対的に自由であるが、行為の様式（Handlungsweise）としては、絶対的に必然的であり、両者は同一の働きに即して、同一の働きによって、不可分に合一されている」。こうして「自ら自身を規定していながら、行為の様式の面では必然的に行為する自由」を「純粋理性の働き」と解するならば、「その自由が自ら自身を規定するために、対置されたものを前提にしている」限りでは、理性は「理論的理性」であり、反対に「その自由が対置されたもの一切を必然的に排除している」限りでは、理性は「実践的理性」として振る舞うのである（ibid., 303f.）。

これに続いて、書評の第七号後半は『哲学雑誌』第五巻第一分冊に掲載されたいわゆる「第一序論」の批評に移るのだが、その内実は「第一序論」の各節を論述内容に忠実に要約、解説したものである。随時、書評者自身の見解が挿入されているとはいえ、それとて特別の論評するほどのものではない。そもそも「第一序論」は、哲学の初心者に対して「独断論」と「観念論」の根本的相違を平明に説明することを目的としている。その最終節第七節では、フィヒテは各種の観念論の相違、とくに「批判的あるいは超越論的観念論」と「超越的観念論」の相違に言及し、さらに「批判的観念論」にも二種類――すなわち、この書評の術語使用法で表現すれば、「自然的な理性使用」を旨とするカント‐ラインホルト的観念論と「純粋に学的な理性使用」を旨とするフィヒテ的観念論――があることを説いていた[49]。

第八号の冒頭は、そうした各種の観念論の区別を解説することから始まっている。だがここでも、ラインホルトはその区別の意義を、フィヒテとは違った用語を使って、自ら自身の観点から表現している。まず第一に、「超越的観念論は独断論的である、この観念論は、内的経験からしか知られない表象するものを絶対的に実在するもの、自存するものと想定しており、そして表象の本質を、絶対的に必然的であるがまったく説明できない表象する実体の行為にあるとしているから」(ibid., 310) である。次に「批判主義 (Kriticismus)」は、「経験についての規定された、しかし単に自然的な概念」を出発点にしているのだが、それは、「われわれの内にある表象の意識とわれわれの外の諸客体の意識との相互依存」を「経験の可能性」の制約とみなしているがゆえに、またそうである限り、「観念論にしてかつ実在論として出現してくる」。すなわち、「批判主義は〔中略〕外的経験の形式が純然たる表象作用の内的な制約にあることを示すがゆえに、またそうである限り、それは超越論的観念論である」のだが、それと同時に「その表象作用が、それの客観的実在性の点では外的感覚を前提にしていることを示すがゆえに、またそうである限り、それは経験的実在論なのである」(ibid.)。したがって、「批判主義」は「経験」も「道徳法則」も、「知性の自ら自身によって規定された諸行為から導出することはなかった」。「知識学」だけが、「知性の必然的な行為の諸様式の体系を、そして〔中略〕客観的諸表象を、知性の根本諸法則から導出した」(ibid., 311) のである。

こうした理解に基づいて、ラインホルトは、フィヒテが「二通り」の「批判主義」があると述べていることに対して、ここでその「名称」について新しい提案をしている。すなわち「この〔カント的〕観念論には、批判的に超越論的な観念論という名称を与え、知識学には学的に超越論的な観念論という名称を与える方が、より賢明というべきではないか」(ibid.)。たしかに「知識学」は、「認識能力の吟味〔境界画定〕」という本義においてはもはや「批判的」ではない。両者の根本的相違は、「批判」の流儀や様式の相違にあるのではなく、むしろ哲学的思惟が働く境位と解決されるべき課題との存在境位にあるのだから、ラインホルトの提案は妥当である。もちろん、「学的に超越論的な」という一見奇妙な形容には、これまで述べてきたように、「学としての哲学」の最終成立根拠の所在についてのラインホルトの理解が込められているのである。さらに、フィヒテが「第一序論」第七節の注で、ベックの「唯一可能な立脚点理論」を、「時代に贈られることのできた最も有益な贈り物」であり、知識学を学ぼうとする者への「最善の予習」として推奨していることに対して、[50] 書評者は「いささか過大評価」であると注文をつけている。この注文の背景は、前節に述べたような、この「立脚点理論」に対するラインホルトの否定的評価があるのは明らかである。書評はこれ以降も、「第一序論」第七節後半の展開を忠実に要約、解説している。

第八号の後半は、「知識学の第二序論」を取り扱っている。周知のように「第二序論」は、「第一序論」とは違って、知識学の方法論的特有性を明らかにすることを目的とし、「純粋な自我」の「還帰の働き」あるいは「反省」と、これを観察する「哲学者の反省」という「二つの反省系列」の区別と連関、および「哲学者」に要求される「知的直観」を主題的に論じている。だが、この重要なテキストについても、書評者はほとんど異論や自分の独自の解釈を差し挟まず——用語法こそ同じではないとはいえ——論述順序に従って、かなり忠実に内容を要約している。したがって、敢えて書評本文を引く必要もないのだが、上記の主要主題についてフィヒテとラインホルトの理解が基本的に一致していることを示すために、以下に枢要部分だけを紹介しておこう。

「哲学者は、上述された自我の行い（Act）を直観するのであるが、哲学者がこのことをなしうるのは、彼がこの行いを自ら自身のうちに直観する限りでのことにすぎない。そして、この行いを直観しうるためには、哲学者はこの行いを〔自ら〕遂行しなければならない。したがって、哲学者はこの行いを、任意にかつ自由に生み出すのである」。「この自我の行いは、哲学者そのものにとっては任意であり、時間のうちに存在しているのだが、しかし自我にとっては根源的かつ必然的である。この自我の〔根源的、必然的な〕行いのうちに、哲学者は自ら自身を観望する（zusehen）のである」[51]。ただし、この自我の根源的行いを「哲学者は単に直観するだけでなく、それを概念的に把握しもする。すなわち彼は、自我の行いを行為の働きなるもの（ein Handeln überhaupt）として概念的に把握し、〔中略〕かつ、こうした特定の行為——自らへと還帰する行為として概念的に把握するのである」（ibid., 315）。哲学者にこの概念把握が可能なのは、彼が自我の動態的な「行為の働き（Handeln）」をその作用結果としての静態的な「存在（Seyn）との対置関係において」捉えることができるからである。

さて、「働き」の只中にあり「働き」そのものである主体は、自らをそのような「働き」として捉えることはできない。観察される「自我」はまさにそうである。「働き」はその静止態である「存在」との対比において初めて「働き」として捉えられる。「自我」を観察する「哲学者」だけが、「働き」を静態的な「存在」との対比において把握できる。それは「哲学者」がその働きを「単に直観するだけでなく、それを概念的に把握しもする」からである。いい換えれば、純粋な「自己直観」作用は、静態的「概念」との対比を通してのみ、自らを「直観作用」として直観できるだけである。すると、純粋な自己直観であるフィヒテ的「知的直観」は、それだけでは自らを直観する作用として成立しなくなるだろう。ラインホルトがここで、動態的「働き」と静態的「存在」、「直観」と「概念」の一種の相補性を持ち出していることによって――これが、ただちにフィヒテ的「知的直観」理解への批判を意図したものとはいえないにしても――、「知的直観」の問題点が示唆されているとはいえよう。フィヒテもこの問題点を十分に意識していた。われわれが先に（第五章第四節2参照）注記したように、彼は『知識学の新叙述』では、自己措定における「所産」――「措定されたもの」、「産物」、「見出されたもの」、「概念」、「静態的なもの」、「存在」、「事実」と様々に特質づけられている――を、同時に「能産」――これもまた「行為」、「能動性」、「直観」、「生成」、「事行」と様々にいい換えられている――として示そうと努めている[52]。そこで、フィヒテは『基礎』の方法の一面性を補完しようとしているのである。すなわち「われわれは、著作〔『全知識学の基礎』〕では、事行から出発して、事実に到達した。しかし、逆の方法〔が考え合わされねばならない〕。〔中略〕存在から自己措定作用を推論し、かつまた逆に推論しなければならず、概念から直観を推論し、かつまた逆でなければならない[53]」。

「哲学者」の反省活動に関して、書評者は自分の見解であることを明示すべく「括弧」を付して、次のコメントを加えているが、これもフィヒテの見解と基本的に異なるところはない。すなわち、「こうした概念把握〔と自我の行い〕

を意識することは、純粋自我を観察するものとしての哲学者にだけ属する。観察された自我は、還帰の活動である根源的な行いのうちにけっしてまだ自らを意識していない。しかし、この行いの本質をなしている純然たる還帰の活動は、同時に哲学者にも属するような直観である」。かくして、「観察されるものとしての純粋な自我の諸行為」と「観察するものとしての哲学者の諸行為」からなる「二重の系列」に「共通している第一項」(ibid., 316)は、「知的直観」ということになる。フィヒテが「知的直観」という術語を最初に使用したのは、「エーネジデムス書評」においてである。そこでは彼は、根源的自我の「事行」を表現するのにこの術語を使用していた。それが「第二序論」では、「知的直観」はもっぱら「哲学者」の直観として語られ、少なくとも字句表現上では「純粋な自我」の「自らに還帰する」根源的作用を特質づけるものとしては使用していないように思える。それに対して、ラインホルトはそれを「二重の系列」に「共通している第一項」とみなすことで、「知的直観」を「観察される自我」の活動を特質づけるものとしても使用している、といえよう。[54]

さて、最終の第九号は、フィヒテによる批判哲学評価の問題を取り上げている。フィヒテは「第一序論」で、「自分の体系がカントの体系と何ら変わるところなく、事柄についての同一の見解を含んでいる」と主張していた。[55]ラインホルトはこの主張の真意を問いただし、「統覚の根源的統一についてのカントの言明」を、「知識学とまったく同じように」、「純粋な自我の概念」を打ち立て、それを「一切の意識と経験の唯一の制約として前提にした」ものだと解釈することはできない、と批判している(ibid., 317)。「カントは、後に知識学によって純粋な自我から演繹され、吟味されるような、経験と道徳法則の正確な諸概念から出発し、この諸概念を分析し、この諸概念から帰結を引き出しているのだから、彼の理論はもちろん知識学と必然的に合致しており、知識学の内容の一部を形成しているであろう」(ibid., 319)。しかし、この「合致」はきわめて限定的であり、「両者に特有の立場」を見失い、「知識学のより高次な立場を直接的に批判哲学自身の中に持ち込む」ようなことが起こると、両者がともに「再び誤解されることになるだろう」(ibid.)。つまり、ラインホルトは両哲学の論述主題と狙いにおける「合致」は認めつつも、「立場」の相違、すなわちかの「理性使用」の境位の根本的違いを無視してはならない、と主張しているのである。

最後に、書評者が書評の最終部でまったく付随的にではあるが、当時『哲学雑誌』に断続的に掲載されていた「最近の哲学文献の概括的展望」に触れ、この「展望」が「純粋な観念論のまったく独創的な見解を含んでおり」、そこには「純粋な観念論のもう一人の創始者を認める」ことができる、と評していることを付け加えておこう。すでにこの時期に、シェリングは「純粋な観念論のもう一人の創始者」と認知されていたのである。以上、総じて『一般学芸新聞』紙上での一連の「知識学」書評は、書評者が前年に到達していた、「知識学」の根本的新しさと優位を支持する立場から、この新たな哲学的思惟の根本特徴を描写することに成功しているといえよう。その描写に効果的に機能しているのが、「自然的な理性使用」、「自然的な概念」と「作為的で哲学的な理性使用」、「純粋に学的な概念」との対比である。

第六節　『一般学芸新聞』での『自然法の基礎』書評（一七九八年一一月）

ラインホルトは「知識学」書評にとどまらず、『知識学の諸原理に従った自然法の基礎』（一七九六年）とその第二部『応用自然法』（一七九七年）の書評も手がけている。それは、『一般学芸新聞』第三五一号～三五四号（一一月一九日～二一日付け）に掲載された。同紙「哲学欄」は、どういうわけか、この年の八月から一一月にかけて「自然法」関連の諸著作を集中的に取り上げ、この期間は「自然法特集」の様相を呈しているのだが、フィヒテの「自然法」論もその一環として書評された。

他の「自然法」関連著作に比べ[56]、異例に長大なスペースを割いたこの著作の書評は、全体としては原著の叙述のかなり忠実な要約、紹介の域を出るものではない。だが、書評者は冒頭で、興味深い自らの観点を次のように表現している。すなわち、「実践哲学の諸主題に関する成功した探求は、その探求成果のどれもが、学の作為的な思惟様式と言葉から、常識の自然的な思惟様式と言葉に置き換えられ、まさにそれゆえに、思惟するものなら誰にでも〔中略〕理解されうるという特有性を持っている」（*Fichte in Rezensionen 2*, 95）ものである。ラインホルトはこの書評でも、依然として「自然的（natürlich）」と「作為的（künstlich）」の対比を援用している。彼の考えでは、とくに実践哲学の諸成果は「一切の作為的な予防措置なしに」、「人間の内的本質からのみ直接的に出現してくるような自然的な確信へと連れ戻されうるのでなければならない」（ibid.）のである。すなわち、実質を含んだ実践哲学の探求「帰結」は――その探求のプロセスは「作為的」であっても――人間の本性に基づく経験的現実と合致するものでなければならない、このことをラインホルトはかの術語の対比を使って主張しているのである。ここでもう一つ留意しておくべきことがある。それは、実践哲学の帰結は「人間の内的本質からのみ直接的に出現してくるような自然的な確信」への還帰を不可欠としているという見解である。とくに、この「自然的な確信（die natürliche Überzeugung）」という言葉が、これから半年も経たないうちに、ラインホルトが「知」と「信」をめぐるフィヒテとの論争において、フィヒテの思弁知に対抗する術語として頻繁に持ち出すようになることを、われわれは知ることになるだろう（第十章第二節、第三節参照）。

1　「権利概念」とその「適用可能性」の超越論的演繹

さて、この「自然法」論は、「その諸概念の新しさ、多様さ、実り豊かさの点でだけでなく、またその表現の明瞭さ、簡潔さ、分かりやすさの点でも、この主題に関するこれまでのすべての試みを凌駕しており、他のどんな哲学においても、これと同じようなものはほとんど」見当たらない（ibid., 96）。書評者はこのように当該著作を、全体としてきわめて高く評価している。「序論」の短い要約に続いて、書評は「権利の概念の演繹」に入る。周知のごとく、この部分、すなわち「第一定理」から「第三定理」までの論述は、自己意識の可能性の制約として「自由な実働性」を演繹し、その「自由な実働性」の制約として「感覚的世界」と「他の理性的存在者の存在」を演繹し、そしてさらに、この他者の存在の制約として「自己と他者との権利関係」を演繹する、フィヒテの「自然法」論の最も独創的な部分をなしている。だが、書評はこの重要部分をかなり圧縮して叙述している。奇妙なことに、とくに「自由な実働性」や「促し（Aufforderung）」という概念にはまったく触れていない。

続く「権利概念の適用可能性の演繹」、すなわち「第四定理」における「実働する個体」の制約としての「身体」の導出、「第五定理」における「身体」の制約としての「他の人格」からの受動的影響の導出過程も、長い一つの文章に思い切って圧縮されている。ただ、この「演繹」の意義について、書評者は次のようにコメントを付している。「この演繹は、非常に多くの書評者たちにとっては躓きの石であったのだ」。人々がこの演繹を「余計なものとみなし」てきたのは、以下のことを「分かっていないか、あるいは忘れている」からである。すなわち「純粋にしてかつ実質を持った（reell）哲学は、経験自身を導出しなければならないのだから、経験からは何一つ前提にしてはならない」ということ、また「厳密な学としてのそうした哲学が現実的なものを承認することができるのは、ただその学が現実的なものの必然性を証示することができる限りでのことである」ということ、さらに、「ここで問題になっているのは、不可欠であったのにこれまで満たされてこなかった欲求を満たすことなのである、すなわち、権利という単に抽象的な概念に、感官的世界におけるこの概念の明確な基底を指定し、この概念が適用可能な排他的で実質的な客観を学的に指定するということなのである」（ibid., 100）。つまり、ラインホルトは上述の諸演繹の細部には論及していないものの、この演繹の革新的意義を十分に認めているといえる。

第三五一号での書評は、原著の「法論第一章」の「根源的権利（Urrecht）」を要約的に解説、説明して終わっている。次の第三五二号は、原著の順序に従って、「強制権」‐「強制法」と「国法あるいは公共他における法」の各主題の要約的説明に充てられ、第三五三号は、「自然法」論の第二巻「応用自然法」に入り、その「第一篇　公民契約」と「第二篇　民事立法」を対象としている。以上の書評内容については、特筆すべきコメントや注解は認められない。

2 「婚姻の演繹」と「愛」

最終の第三五四号の冒頭は、「第三篇　憲政体」における「警察（Polizei）」と「警察法（Polizeigesetz）」に簡単に触れた後、第二巻に付された二つの補論（「家族法要綱」と「国際法・世界市民法要綱」）を論じている。ここで、書評者は前者のうちに含まれている「婚姻の演繹」と「婚姻法」に比較的長いスペースを割いて、この主題に強い関心を示している。まず書評者は、婚姻の「定義」については、カントが『人倫の形而上学』の第一部「法論の形而上学的定礎」で開陳した定義以上に注目すべき事例は存在しないと述べ、その当該箇所を引用している。カントの同著は、第二四節から第二六節で、（法論の枠内で）ごく簡潔に「婚姻」と「婚姻契約」について論じている。そこでカントは、書評者も引用しているように、こう述べている。「婚姻」は「性を異にする二人格が互いの性的特性を生涯にわたって互いに占有し合うための結合である」。そして「婚姻契約は任意の契約ではなく、人間性の法則による必然的な契約である」[57]。カントはその理由を、次のように述べる。「一方の性が他方の性器を自然的に使用することは享受（ein Genuß）であり、この享受のために一方は他方に身を委ねる。この行為において、人間は自分を自ら物件にしてしまうのであるが、そのことは、自分自身の人格のうちにある人間の権利に反する。〔だから〕このことは、次のような唯一の条件のもとでのみ起こりうる。すなわち、一方の人格が他方の人格によって、あたかも物件のように取得されながら、この他方を反対にまたもう一方が取得するという条件のもとでのみ起こりうる。というのも、このようにして、取得される方は自分自身を取り戻し、自分を再び人格とする（wiederherstellen）からである[58]」。

この行論の下敷きになっているのは、いうまでもなくカントによる「人格（Person）」と「物件（Sache）」の対比の思想である。だが、ラインホルトはカントのこの議論にいくつかの問題を提起している。すなわち「しかし、互いに身を委ね合い（gegenseitige Hingebung）、占有を認め合うことによって、人格性が双方の側で再建されるというより、むしろ人格性が双方の側で廃棄されるということにならないか？」。「他の人格を物件のように占有することは、他の人格に物件のように自分の身を委ねることと同様に、人格の品位を貶めることではないか？」。詰まるところ、「占有され、享受されることで物件になってしまった人格は、もう一方の人格をこのようにして物件にすることによって、再び人格になるということになるのか?」(*Fichte in Rezensionen 2*, 121f.)。続いて、書評者はこの問題に自ら答えるように、こう書いている。「両人格の相互の委ね合い」が「人格の放棄(廃棄)」にならないためには、「婚姻の本質を、けっして単なる相互性に求めることはできない。その本質は、両性間の根源的関係のうちにある人間的本性にもっと深く根差していなければならないのであり、この根源的関係によって、身を委ねることが人格性と調和するようになるのである」(ibid., 122)。

書評者はそのような関係の可能性の条件を探るに先立って、「性的衝動」が「自然的である(人間的本性に適っている)」といえるのは、その衝動が「自由と理性性の本質に矛盾していない限りで」のことである、とフィヒテよりいっそう明確に断言している。「したがって、性的衝動が両性いずれにおいても人間の自然で(menschlichnatürlich)あるのは、衝動の満足が人格性を放棄することなく、欲せられうる場合に限られる」(ibid.)。そのような「衝動の満足」は、両性においていかにして可能なのか。その解答を、書評者はフィヒテの行論に沿いながら以下のように提示する。「夫に関しては」、「かの衝動が純然たる自然性であることは〔中略〕まったく疑いえない。夫はかの衝動の満足に際して、自発的に(selbsttätig)行為しうるからである。それに対して、妻は衝動の満足に際してただ受動的にしか振る舞えないがゆえに、受動的であることによって単なる享受されうる物件として身を委ねることなしには、かの満足をけっして目的にすることはできない」(ibid., 122f.)。この矛盾を孕む事態が解消されるには、「妻の本性においては、性的衝動は理性的であることの本質によってすでに根源的に、夫の場合とは別様に変容されていなければならない」[59]。すなわち「夫の性的衝動はおよそその求めるところにおいて、人格性に矛盾することを何一つ含んでいないので、理性はただその衝動の自由な満足を導くだけでよい。しかし、妻の性的衝動はおよそその求めるところにおいて、すでに人格性に矛盾することになるであろうから、その衝動はすでにその求めるところにおいても、理性的であることに服していなければならず、そして理性的であることによって、妻が人格としてこの要求を満たすことを欲しうるように、根源的に変容されていなければならないのである。この根源的な変容態のゆえに、妻は自然的衝動としてあるときにさえ、自由と理性性の刻印を帯びているに違いない」(ibid., 123)。

つまり、夫（あるいは男性）の性的衝動の発現と充足の在り方は、「自発的」であり、自立した人格という概念と矛盾するところがないのに反して、妻（あるいは女性）のそれは、「ただ受動的で」しかなく、「手段」となるがゆえに、それ自体としては人格性との矛盾を孕んでいる。この大前提の上に立って、フィヒテは（そしてラインホルトも）この矛盾を解消すべく、妻（あるいは女性）の衝動の発現と充足の仕方が「根源的に」変容されていることを持ち出し、この「変容態」を説明することによって、妻（あるいは女性）のそれが「自由と能動性という性格」を持っており、「理性的であること」と両立しうることを論証しようとしているのである。その性的衝動の「変容態」が、妻（あるいは女性）に特有の「愛」という衝動である。

フィヒテは『自然法の基礎』でこう述べていた。女性にあっては「いかなる性的衝動も発現せず、いかなる性的衝動も住まっておらず、愛だけがある。そしてこの愛は、男性を満足させるという女性の自然的衝動である」[60]。「女性は、（夫の満足のための）手段となるにもかかわらず、愛という高貴な自然衝動に従って自ら進んで手段となることによって、自分の尊厳を主張するのである」[61]。あるいは、「妻は、自ら夫の満足のための手段となるときには、自分の人格を与える。妻がその人格と自分の全尊厳を再び得るのは、愛に基づいて、このただ一人の人のためにこのように行ったときである」[62]。ここに、女性に特有とされている「自然衝動」としての「愛」は、異様に高く持ち上げられている。「愛は、自然と理性とがこの上なく親密に合一する点であり、自然が理性に介入する唯一の結節環であり、一切の自然的なもののうちで最も卓越したものである。道徳法則は他者のためにわが身を省みないことを欲するが、愛は他者のために自分から自らを捧げる」[63]。かくして、「愛」は「自然的衝動」であるにもかかわらず、「道徳的衝動」にまで高められているといえる。

妻の「愛」に対して、夫に求められるのが「寛大さ（Großmuth）」である。「理性性の本質が、妻（女性）の本性においては愛を通して発現するのと同じように、その本質は、夫（男性）の本性においては寛大さを通して発現する」。「夫は、自らのうちで妻の愛によって目覚めさせられ、育まれるこの寛大さによって、（中略）尊敬に値する人物たることを強要されるのである」。かくして「婚姻の内的本質」は「愛と寛大さとの間で自ら自身を保持しつつ永続的に展開されるこの相互作用にある」（*Fichte in Rezensionen 2*, 124）。書評者は、フィヒテがこの「相互作用」を、「適切かつ教化的に叙述している」と評価している。

さて、この「愛」の理論もしくは「女性論」には、現代的視点からすれば重大な問題点が含まれているだろう。この著作が二〇〇年以上も前の社会的現実の中で書かれたことに留意し、また当時としてはおそれらく最も先進的な婚姻理解を表現していることを認めた上でなお、以下の問題点は指摘しておかねばならないだろう。第一に、「愛」が妻（女性）にのみ固有の自然衝動であるとされている点である。逆にいえば、夫（男性）は「根源的には」異性に対する「愛」の衝動を持つことはない、フィヒテはこの点を繰り返している[64]。第二に、この「愛」によって他者に身を委ねるのは、妻（女性）に限られている。つまり「献身的」愛は、一方的に女性にだけ求められる。これは、両性の関係において、男性は「自然に」自発的、能動的にあるに対して、女性は「受動的」でしかないという根拠のない前提に基づいている。カントの婚姻論の場合、その委ね合いは「相互的なもの」と理解されていた。つまり、「献身的」行為は相互的なのである。ラインホルトが指摘しているように、「婚姻」を単にその「相互性」に求めることでは不十分であり、さらに踏み込んで「自然的衝動」にまで遡って「婚姻」を基礎づけようとした試みが、逆に「自然的衝動」の発現と充足に「差別的」性差を導入することによって、むしろ現代的視点からすれば看過できない上記の問題性を露わにしてしまったといえるであろう。

書評者は、続いて「婚姻法」と「第二補論　国際法」を簡単に要約して、長い書評を閉じている。

注

（1） *GA*, III/2, 21.

（2） ibid., 28.

（3） *Allgemeine Literatur-Zeitung*, Nr. 47 (11. Februar 1794), Sp. 373; *GA*, I/2, 46.（高田純・藤澤賢一郎訳「『エネシデムス』の書評」『フィヒテ全集　第3巻　初期哲学論集』哲書房、二〇一〇年、四三頁）

（4） ibid., Sp. 374; ibid., 48.（同上、四五頁）

（5） ibid., Nr. 48, Sp. 381; ibid., 57.（同上、五三頁）

（6） ibid., Nr. 49, Sp. 386; ibid., 62.（同上、五八頁）

（7） 一七九四年三月一日、フィヒテはラインホルトに宛ててこう書いている。「私は、貴兄の体系を理解しようとそれ相応の労苦を費やしてきました。たとえば、上述の書評の起草を機に、私は貴兄の『寄稿集Ⅰ』の根元哲学の主要契機の新叙述について、一二ボーゲン以上もの書き物を書いたのです」(*GA*, III/2, 78)。「上述の書評」とは「エーネジデムス書評」のことであり、この「書き物」とは「根元哲学についてのわが省察」のことである。

（8） たとえば、バッゲセンの伝えるところでは、彼が一二月七日にチューリッヒのフィヒテ宅を訪れたとき、フィヒテは次のように語っていた。「哲学はなお全面的な転換を必要としている」、「ラインホルトの意識律は第一命題ではないし、〔明確に〕規定されていない」、「区別の働きは、けっして根源的概念ではない」、「ラインホルトがカントよりも深いところまで進んでいるのは認めるが、まだ〔哲学〕全体の源泉にまで至っていない」、「ラインホルトの〈私は私を表象する〉は、理論哲学の第一のものであって、実践哲学にまでは届いていない」、「カントもラインホルトも、誰もが事実と認めているわけではない事実を不当に前提にしている」、「我あり――我のうちで、自我は非我に反定立される」等々 (*Fichte im Gespräch. Berichte der Zeitgenossen.* Bd. 1: 1762-1798, hrsg. v. Erich Fuchs.Stuttgart-Bad Cannstatt 1978（以下、*Fichte im Gespräch 1*と略記）, 67f.)。

（9） たとえば、フィヒテはラインホルトに対して「根本的な思索家であり、最も功績のある、著作を通した先生にいつも尊敬に念を抱いてきた」(*GA*, III/2, 52)とか、「私があなたの諸研究をどれほど高く評価し、私がどれほど多くのことをあなたに負っているか」(ibid., 72)とか、書き送っている。

（10） Vgl. *GA*, III/2, 53, 78.

（11） *GA*, III/2, 36.

（12） Vgl. *Aus Baggesen's Briefwechsel mit Karl Leonhard Reinhold und Friedrich Heinrich Jacobi. Erster Theil, Zweiter Theil.* Leipzig 1831（以下*Aus Baggesen I, II*と略記）, 297. [*Fichte im Gespräch 1*, 55, 62, 65f.]

（13） 当時イェーナ大学の運営に大きな力を持っていたワイマールの官僚C・C・フォイクトはフィヒテの招聘に際して、招聘の仲介役を務めたフーヘラントに、「内密の問い」として、「フィヒテは、自分の民主主義的空想（即ち夢想）を抑制できる程度には、賢いのか」と尋ねている。フィヒテがイェーナに着任してからわずか二カ月後には、「不穏なジャコバン主義者」であるフィヒテ教授は「もう一〇年か二〇年もすれば、どこにも王や諸侯などいなくなると講義で語っている」という噂が、ワイマールとイェーナを駆けめぐり、物議を醸し出している（vgl. *Fichte im Gespräch 1*, 121, 123, 126）。

（14）*Beyträge zur Berichtigung bisheriger Missverständnisse der Philosophen. Zweitter Band, die Fundamente des philosophischen Wissens, der Metaphysik, Moral, moralischen Religion und Geschmackslehre betreffend*. Jena 1794（以下 *Beyträge II* と略記）, Vf.

（15）ibid., V.

（16）一七九四年七月一日付けのバッゲセン宛て書簡参照。「君は、根元哲学に対するフィヒテの異論が、この前の復活祭に出版された『寄稿集』第二巻の第一論文で予見され、答えられているのを知るはずだ」（*Aus Baggesen I*, 353）。

（17）*Aus Baggesen I*, 395f.; *Fichte im Gespräch 1*, 202.

（18）Vgl. GA, III/2, 247.

（19）*Aus Baggesen II*, 4ff.; *Fichte im Gespräch 1*, 230f.

（20）四月二八日付け、七月二日付け、八月二九日付けのフィヒテからラインホルト宛て書簡を参照（GA, III/2, 312-317, 342-352, 384-389）。

（21）Vgl. GA, III/2, 437f.

（22）この「教壇上での口撃事件」とでも呼ぶべき事件は、フィヒテがイェーナの講壇上から事あるごとにラインホルトの理論の欠陥と弱点を指摘し、攻撃していると、ヴィーラントが一七九四年暮れにラインホルトに伝えたことに発している（vgl. *Fichte im Gespräch 1*, 208）。ラインホルトは年明け早々に、この件をフィヒテに持ち出し、強く抗議している（Vgl. GA, I, II/2, 245ff.）。この件での両者の感情的軋轢は、夏前まで続いた。

（23）*Fichte im Gespräch 1*, 59.

（24）注（8）参照。

（25）一七九四年六月八日付け書簡。*Aus Baggesen I*, 335ff.; *Fichte im Gespräch 1*, 117f.

（26）一七九四年一二月二五日付け書簡。*Aus Baggesen I*, 398f.; *Fichte im Gespräch 1*, 210f.

（27）Vgl. *Fichte im Gespräch 1*, 348-352.

（28）Vgl. GA, III/3, 31.

（29）*Aus Baggesen II*, 158f.; *Fichte im Gespräch 1*, 402f.

(30)《Versuch einer Beantwortung der von der erlauchten Königl. Ak. Der Wissensch. Zu Berlin aufgestellten Frage: Was hat die Metaphysik seit Wolff und Leipniz gewonnen?》in: *Preisschriften uber die Frage: Welche Fortschritte hat die Metaphysik der Leipnizens und Wollfs Zeiten in Deutschland gemacht?* Von Johann Christoph Schwab, Herzogl. Württemberg. Geheimen Rathe und vormaligem Professor der Philosophie auf der hohen Karls-Schulze zu Stuttgard. Karl Leonhard Reinhold, Professor in Kiel, und Johann Heinrich Abicht, Doktor und Professor der Philosophie zu Erlanngen. Hrsg. v. der Königl. Preuss. Akademie der Wissenschaften. Berlin: bei Friedrich Mauer 1796, 171-254.

(31) GA, III/3, 48.

(32) ibid., 49.

(33) ibid., 50.

(34) ibid.

(35) *Aus Baggesen II*, 166f.; *Fichte im Gespräch 1*, 404f.

(36) *Fichte im Gespräch 1*, 405f.

(37) ibid., 406.

(38) ibid., 406f.

(39) だが、このことは少なくともイェーナではすぐに噂で広まっていたようである。すでに三月一〇日に、フリードリッヒ・シュレーゲルはノヴァーリスに、「ラインホルトがフィヒテ主義に転向したことを、もう君は知っているだろう。これは、一大センセーションになるだろう」と書き送っているからである（*Fichte im Gespräch 1*, 411.）。

(40) この『混成論文選集Ⅱ』には、三篇の論文が収められている。「第一論文」が、形而上学の進歩に関する、当該の修正論文（S. 1-363）であり、「第二論文」は、すでにわれわれが本書第八章第三節に論究した、カント批判の「いくつかの見解表明」（S. 364-400）である。そして「第三論文」は「外的法一般、とくに憲法についての箴言集」（S. 401-430）である。以下、『混成論文選集Ⅱ』からの引用は*Auswahl II*と略記して、頁数を本文中に記す。

(41) これは、注（30）に挙げた「懸賞論文」の大幅改訂版である。

(42) いわゆる「第二序論」の第五節で、知識学のすべての出発点として要求される「知的直観」の能力の存在は「概念」によっては「推論」も例証もされず、その内実も「概念」からは展開されないと述べた上で、フィヒテはこう述べている。「一人ひとりがこの能力を直接的に自ら自身の中に見出さなければならない。そうでなければ、誰しもこの能力を知ることはけっしてないであろう」（GA, I/4, 217）（鈴木琢真訳「知識学への第二序論」『フィヒテ全集　第7巻　イェーナ時代後期の知識学』哲書房、一九九九年、四一〇-四一一頁）。

(43) たしかに、ラインホルトの引用によれば、ベック自身「空間は、同種的なものの総合を本質としている根源的な悟性使用である」（*Auswahl II*, 305）とか、「量のカテゴリーは、部分から全体へと進む同種的なものの根源的総合であり、空間それ自身である」（ibid., 286f.）とか、あるいはまた「空間、すなわち同種的なものの総合は、純粋な直観作用それ自身である。批判は空間を純粋な直観と呼んでいるが、しかし、私がこのカテゴリーを直観作用と呼ぶとしても、われわれの要請の真意に対応するものを表現しているのだと思っている」（ibid., 287f.）とか述べている。

(44) この時点までに『一般学芸新聞』の「哲学欄」が採り上げてきたフィヒテの著作物は、『あらゆる啓示の批判の試み』（Nr. 190/191 vom 18. Juli 1792 [Sp. 145-152, 153-160]）、同書増補第二版（Nr. 3 vom 3. Januar 1794 [Sp. 17-24]）、『フランス革命に関する公衆の判断を是正するための寄稿集』（Nr. 153, 154 vom 7. Mai 1794 [Sp. 345-352, 353-360]）、『学者の使命に関するいくつかの講義』（Nr. 224 vom 18. August 1795 [Sp. 353-360]）である。最初の二つの書評者はフーヘラント、第三番目の書の書評者はラインホルトである。

(45) *Allgemeine Literatur-Zeitung*, Nr. 5-9 vom 4.-8. Januar 1798, Sp. 33-39, 41-47, 49-56, 57-63, 65-69.この書評は、*J. G. Fichte in zeitgenössischen Rezensionen*, hrsg. v. E. Fuchs, W. G. Jacobs und W. Scheche, Bd. 1. Stuttgart-Bad Cannstatt 1995, 286-322に採録されている。以下、本書評からの引用は、*Fichte in Rezensionen 1*と略記して、この書評集の頁数を本文中に記すことにする。

(46) 『全知識学の基礎』の第四章のある箇所で、フィヒテは「われわれの精神の中に根源的に現れてくる事実（Faktum）」を、「われわれの反省能力の自発性によって」かつ「反省の規則に従って作為的に（künstlich）生み出された諸事実」、あるいは「哲学的思惟活動の自発性によって作為的に生み出された事実」だと述べている（GA, I/2, 363）。そして少し後の箇所では、「二つの反省系列」に言及し、この「作為的な哲学的反省」と対比される反省を「自然的な反省」と呼んでいる（ibid., 365）。ラインホルトは、フィヒテが付随的に言及したこの対比を、批判哲学と知識学における哲学的思惟一般の位相の違いを特質づける図式的概念として援用しているのだといえよう。

(47) 書評対象となった諸著作に限れば、フィヒテは『全知識学の基礎』での「表象の演繹 Ⅶ」で、いわゆる「純粋能動性」を「自ら自身へと還帰する能動性（die in sich selbst zurückgehende Thätigkeit）」と数回いい換えており（GA, I/2, 379f.）、また「第二序論」の第四節で自ら自身に還帰する自我の運動を主題的に論じて（GA, I/4, 213-216）、「自我と自らへと還帰する行為（in sich zurückgehendes Handeln）とは、まったく同一の概念である」（ibid., 216）と述べている。さらに、未完に終わった「新叙述」の第一章でも、引き続きこの術語を使用している（vgl. GA, I/4, 272f., 278, 280）。（隈元忠敬訳「全知識学の基礎、聴講者のための手稿」『フィヒテ全集　第4巻　初期知識学』哲書房、一九九九年、二五二頁、鈴木琢真訳「知識学への第二序論」『フィヒテ全集　第7巻』四〇五‐四一〇頁、千田義光訳「知識学の新叙述の試み」同上、四七七、四八五‐四八七頁）

(48) *GA*, I/4, 217.（鈴木琢真訳「知識学への第二序論」四一一頁）
(49) *GA*, I/4, 199-208.（鈴木琢真訳「知識学への第一序論」『フィヒテ全集　第7巻』三八五－三九五頁）
(50) vgl. *GA*, I/4, 203.（前掲邦訳書、三八九頁）
(51) この「二つの反省の系列」を区別するという考えが、ヘーゲル『精神現象学』の「緒論」での、「自然的意識」のなす「経験」の進展と、これに一切の「付加」を控え、それをただ「観望する」観察者の区別という叙述の方法に影響を与えていることは、つとに指摘されてきたところである。
(52) J. G. Fichte, Wissenschaftslehre nova methodo, in: *GA*, IV/2, 33.
(53) ibid., 33.
(54) *Fichte in Rezensionen 1* のテキストでは、「観察する自我（das beobachende Ich）」となっているが（S. 316）、*Allgemeine Literatur-Zeitung* の原文は「観察された自我（das beobachtette Ich）」であり（Sp. 62）、意味内容の上からも後者が正しく、前者は明らかな誤植である。
(55) *GA*, I/4, 184.（鈴木琢真訳「知識学への第一序論」前掲邦訳書、三六二頁）
(56) この間、以下のような「自然法」関連の諸著作が、集中的に書評対象として取り上げられているが、それらはみな、せいぜい二号にわたる程度の分量である。

ケーニヒスベルクの法学教授シュマルツ（Theodor Schmalz）『純粋自然法』改訂第二版（一七九五年）、同『自然的国家法』（一七九四年）、同『自然的家族法』（一七九五年）、同『自然的教会法』（一七九五年）―― Nr. 242, 243.

チュービンゲンの法学正教授タフィンガー（Willhelm Gottlieb Tafinger）『自然法の諸定理』（一七九四年）―― *ALZ*, Nr. 244.

ペルシュケ（Karl Ludwig Pörschke）『通俗的自然法のための準備』（一七九五年）―― Nr. 244, 245.

シャウマン（Johann Gottlieb Schaumann）『学問的自然法』（一七九二年）、同『自然権の新たな体系試論』（一七九五年）―― *ALZ*, Nr. 245, 246.

ステファーニ（Heinrich Stephani）『法学、いわゆる自然法の概要』（一七九七年）、同著第二部、同『カントの法論の形而上学的基礎に対する註解』（一七九七年）―― Nr. 246, 247.

フォイエルバッハ（Paul Johann Anselm Feuerbach）『自然権の学の予備学としての自然権批判』（一七九六年）―― *ALZ*, Nr. 325, 326.

ハレの哲学教授ホフバウアー（Johann Christoph Hoffbauer）『権利概念に基づいて展開された自然法』（一七九八年）、同『自然法の最も重要な諸主題に関する研究』（一七九五年）、同『全般的国家法』（一七九七年）―― *ALZ*, Nr. 331, 332.

ハイデンライヒ（Karl Heinrich Heydenreich）『批判的諸原理から見た自然法の体系』第一部（一七九四年）、第二部（一七九五

年）—— *ALZ*, Nr. 333.
メーリン（Georg Samuel Albert Mellin）『法あるいは実定的立法の形而上学的基礎づけ』（一七九六年）—— *ALZ*, Nr. 334
ヤーコプ（Ludwig Heinrich Jacob）『哲学的法論、すなわち自然法』（一七九五年）、同『講義用、ヤーコプ教授の自然法からの抜粋』（一七九六年）—— *ALZ*, Nr. 335, 336.

(57) I. Kant, Metaphysische Anfangsgründe der Rechtslehre. Metaphysik der Sitten, Erster Theil. In: *KA*, VI, 277f.（樽井正義・池尾恭一訳『人倫の形而上学』『カント全集 11』岩波書店、二〇〇二年、一一〇頁）

(58) ibid. S. 278.（上掲邦訳書、一一〇頁）。

(59) フィヒテも「この性的衝動は、女性にあっては必然的に別のかたちをとり、理性的であることと両立できるようになるためには、それ自身、活動に向かう衝動として現れることになる」と述べている（*GA*, I/4, 97f.）（藤澤賢一郎訳「自然法論第一補論　家族法要綱」『フィヒテ全集　第6巻　自然法論』哲書房、一九九五年、三五九－三六〇頁）。

(60) *GA*, I/4, 100.（上掲邦訳書、三六四頁）

(61) ibid.（上掲邦訳書、三六三頁）

(62) ibid. 101.（上掲邦訳書、三六五頁）

(63) ibid. 100.（上掲邦訳書、三六三－三六四頁）

(64) たとえば「あらゆる自然衝動のうちで最も高貴な愛という衝動は、女性だけに生得的である」。それに対して「男性には、根源的には愛はなく、性的衝動があるだけである。愛は一般に男性にあっては根源的衝動ではなく、愛する女性と結ばれることによって初めて発達するような、〔女性から〕伝達された派生的な衝動である」（ibid. 100. 上掲邦訳書、三六三頁）。

第十章　「信」と「知」、あるいは「生の立場」と「思弁の立場」（一七九九年）

前章第六節に取り上げたラインホルトによるフィヒテ『自然法の基礎』書評の掲載が始まったのと同じ日、一七九八年一一月一九日、ザクセン選帝侯国大公フリードリッヒ・アウグスト三世（Friedrich August III 1750-1827）は、『ドイツ学識者協会の哲学雑誌』（第八巻第一分冊、同年一〇月発行）に掲載された、フォアベルクの論文「宗教の概念の発展」とフィヒテの論文「神の世界統治に対するわれわれの信仰の根拠について」が危険な「無神論」を唱えるものであるとして、領内のライプツィヒ大学とヴィッテンベルク大学に上記雑誌の没収を命じる訓令を発した。フィヒテ「無神論」事件の発端である。(1) 一二月に入ると大公は、イェーナ大学を共同で扶養していた四つの領邦国家（ザクセン-ワイマール、ザクセン-コーブルク、ザクセン-アルテンベルク、ザクセン-マイニンゲン）のみならず、プロイセンやハノーファーの政府にも、論文の著者と出版社を厳重に処分するよう、要請文を送った。(2)

当該雑誌の共同編集者でもあるフィヒテは、この不当な決定に対して、一二月中旬から年始にかけて小冊子『ザクセン選帝侯国の没収訓令によって自分に帰せられた無神論的言明に関して公衆に訴える』（以下『公衆に訴える』）(3)を急遽執筆、印刷して、一月の中旬には一五〇〜二〇〇人ほどの学識者に送付することで、反撃に出た。この小冊子でフィヒテは、超感性的な「道徳的世界秩序」への信仰こそが「真の信仰」であると主張する一方で、自分を無神論者と決めつけようとする論敵たちが、「感性界から導出される実体的な神」を信じている「独断論者」であり、また「神」を「運命の主、幸福の付与者」とみなす「偶像崇拝者」「幸福主義者」であり、彼らこそが本当の無神論者だと激しい言葉で論難した。(4)『公衆に訴える』を受け取った知識人たちの多くは、ザクセン当局の措置を「学問の自由」への不当な介入と考え、フィヒテ自身の信仰理解には一定の理解を示しつつも、論敵に対するフィヒテのこの情け容赦ない論難口調には大なり小なり不快感を抱いた。シラーはやんわりと、そしてラファーターは厳しくこの論調をたしなめている。(5)それにもまして、フィヒテに多少なりとも同情的であった学識者たちがフィヒテに手を差し伸べるのを難しくしたのは、彼が三月二二日に、ワイマールの枢密顧問官でイェーナ大学の行政に強い影響力を持っていたフォン・フォイクトに、かなり挑戦的、挑発的な書簡を書き送ったことである。(6)結局、この書簡が禍となって、三月二九日にはフィヒテのイェーナ大学教授職の解任が決定されることになる。四月二〇日には、イェーナの学生全体のほぼ三割に相当する二六二名が、フィヒテを教授職に残すようにとの署名入りの嘆願書をワイマール公に提出したが、(7)政府の決定に何の影響も及ぼせなかった。

この「事件」は、フィヒテ自身が当初から見通していたように、偶発的事件ではなく「考え抜かれ、長く慎重に練られた計画の結果」(8)であった。「陰謀」を仕組んだ連中にとって、目障りで排除したかったのは「無神論者」フィヒテであるというよりも、むしろ「民主主義者」フィヒテ、「ジャコバン主義者」フィヒテであったというのがおそらく事の真相であろう。(9)だが、事の「政治的」背景と本質はそうであれ、この「事件」が――そして、これを契機にして生じたヤコービとの「論争」が――その後のフィヒテ自身の宗教‐信仰理解に、そして哲学的思惟のあり方にも大きな影響を及ぼしたということは、衆目の一致するところである。(10)本章が以下に取り扱おうとするのは、この「事件」を契機として引き起こされた、「思弁的知」と「信仰」の対立をめぐるヤコービ、フィヒテ、ラインホルトの三つ巴の論争の内実である。それは、理性的、思弁的知には把握不可能な「実的な真なるもの」としての「神」を、われわれ人間がいかにして覚知しうるのかという問題を中心軸に、「知」と「信」の関係、ひいては「思弁の立場」とある面では、ヤコービ・ラインホルト連合対フィヒテの論争であったことが以下で明らかになるであろう。思想史上有名な「ヤコービ‐フィヒテ論争」は、実はのは、この過程でラインホルトが果たした重要な役割である。以下、この論争過程を概括するにあたって強調しておきたい「生の立場」の関係をめぐる対立へと展開されていく。

第一節　「非知」の自覚としての「非哲学」——ヤコービのフィヒテ宛て書簡（一七九九年三月）

ヤコービが、短い手紙に同封された『公衆に訴える』を受け取ったのは一月一六日のことである。それ以降彼は、とにかく早くフィヒテに返信を書かなければとの思いをつのらせていた。なかなか手を着けられず、三月三日に書き出したその手紙がようやく完成したのは三月二一日のことである。この書簡に、短い「まえがき（Vorbericht）」と三つの「付録（Beylage）」および五つの「補遺（Anhang）」を加えて、公開書簡『ヤコービからフィヒテへ』が公刊されたのは、秋（おそらく一〇月）になってからである。[11]

1　フィヒテ宛て書簡執筆の背景と動機

返信への強い思いと書簡公刊の動機はいったいどこにあったのか。窮地に陥った旧友フィヒテに何らかの形で手を差し伸べたいという思いも、おそらくあったであろう。また、『公衆に訴える』の一節には付随的であれヤコービの名前が挙げられていたのも、その一因かもしれない。しかし、書簡執筆とその公刊には、もっと大きな思想的動機があった。それは、この時点でもなおヤコービ自身が計りかねていた、自分とフィヒテの思想との間の不可思議な同調性と軋轢の根源を、この際に明確にしたいという思いであったと推測される。

この時点に至るまでのヤコービとフィヒテの相互評価は複雑である。まず一七九四年六月、二週間ほど前にゲーテから送られてきた『知識学の概念について』を初めて読んだ後、ヤコービはゲーテに肯定的な読後感を送っていた。

この返信で、ラインホルトには少し不愉快な気にさせられるが、フィヒテは好感が持てると伝えていた[12]。その書簡は、聖書的比喩を使ってこう述べていた。「フィヒテは、世界に到来した新しい光を説いている点で、彼の先行者すべてよりもずっと、最初の一日に創造された光に対して限を開けている――私の思うに、少なくとも片目だけは開けているように見える[13]」。この謎めいた文言は何を指しているのか。敢えて推測するならば、これはフィヒテの哲学的思惟が従来の中途半端な知の根拠づけの企てを突き抜けて、その最根源（「最初の一日に創造された光」）にまで到達している点を評価しているのだと推測できる。ヤコービはこの思惟境位の根源性と思惟方法の徹底性という点で、かつてスピノザを「哲学者」として高く評価したように、同じ理由からフィヒテを評価し、そして自らの思索との共通性を感じ取っていたのだと考えられる[14]。だが次に、印刷全紙状態のまま届いた『全知識学の基礎』については、ゲーテからの評価の督促に半年も答えないまま放置し、ようやく一七九五年三月にこう返信している。「ラインホルトよりも、フィヒテとの方がずっとうまく折り合っていけるだろう、などということはほとんど疑わしい。この若い衆たちは両方とも、ある点では頭がおかしいのじゃないか[15]」。ヤコービは一七九五年一月末頃以降、フィヒテの自我論の「主観主義」に疑念を強めていた。その疑念は次第に強まっていく[16]。それにもかかわらず、同年一二月には、彼はフィヒテ自身に非常に好意的な（ヤコービからフィヒテへの）最初の手紙を書いている[17]。さらに、一七九七年二月には、「知識学」へのラインホルトの転向を早くも聞きつけたヤコービは、ラインホルトにこう書き送っている。「貴兄が哲学的思惟の上でフィヒテに近づくならば、貴兄は私にも近づくことになるのです。私に近づくことは、これはこれでまたフィヒテに近づくことなのです[18]」。

このようなフィヒテに対するヤコービの共感の背景として、もう一つの哲学史的事実を指摘しておかねばならない。それは、ヤコービがすでに一二年前に『ディビット・ヒューム』論の付録「超越論的観念論について」の末尾で、「われわれの外の事物」の存在理解をめぐるカント的批判哲学の不徹底さが「最も強烈な観念論（der kraftigste Idealismus）」によってやがて乗り越えられることになるだろうという「予言的」診断を下していたことに関わっている[19]。

ヤコービはこの「予言」が知識学の登場によって的中したと自負している。それゆえ、彼はフィヒテに共感を覚えているのである。この解釈が根拠なき憶測でないことは、ヤコービの一七九九年三月のフィヒテ宛て書簡が確証している。ここにも、一見意味不明な言葉が書きつけられている。すなわち「貴兄は私を認めたのです、貴兄の講義室のドアが開くずっと前から、そのドアの前で貴兄の登場を待っていた者、そして予言（Weißagungen）を語った者だと、私を認めたのです。今私は、この講義室の中で、特別待遇を与えられた異端者として〔中略〕特別な席に座っているのです」[20]。これまた謎めいたこの文言は、一二年前の「予言」を考慮に入れなければ解読不能である[21]。この「予言」の的中がヤコービのフィヒテに対する肯定的評価と「共感」の根底にある[22]。しかし、それでもヤコービは自分がこの講義室の中の「異端者」だと自認している。すなわち、彼は自分が「思弁的理性のユダヤ人たち」（合理的、超越論的哲学者たち）の一員ではなく、「異教徒の中のナタナエル（Nathanael unter den Heiden）」だと自認している（*Jacobi an Fichte*. 5f.）。この「偽りなきイスラエル人」ナタナエルは、宗教と道徳の本質的なことは「思弁的理性」の彼岸にしか存在せず、そこへの通路は「啓示」と「信仰」しかないと確信している[23]。この点において、彼はレッシングを中心とした「旧い同盟」とも、フィヒテを代表者とする「新しい同盟」とも一線を画している。

したがって、この期間のヤコービのフィヒテ哲学評価は、賛否両義的である。すなわち、ヤコービは、一方で「最初の一日に創造された光」を捉えうる哲学的思索の根源性に――具体的にいえば、スピノザの必然性の体系にフィヒテが自由の体系を対置し、人間の知と行為の最根源（「事行」）に光を当てたことに――、「共感」を寄せながら、もう一方で自らの実在論立場と対立するフィヒテの「主観主義」に「反感」を抱いていたのだと考えられる。しかし、フィヒテにおいてかの最根源への遡及は「主観主義」-「意識内在主義」の徹底によって初めて可能になったのだから、ヤコービのフィヒテ評価は単に両義的というより、むしろ矛盾を孕んでいるといわねばならないだろう。

これに対して、フィヒテの方は、自分の新著を次々とヤコービに送りつけては、一貫して奇妙とも思える「ラブコール」を送り続けている。こちらも時系列に従って確認しておこう。まず一七九四年九月、印刷全紙状態の『全知識学の基礎』の第一部と第二部を、まだ面識もないヤコービに送った際同封した添付文章で、フィヒテはこう書いている。「私が、私の特別な確信と一致していることを望み、期待する思索者がドイツに一人いるとすれば、それは、私の最も尊敬すべき人、貴方です[24]」。一七九五年八月には、フィヒテは「この夏」ヤコービの諸著作を再読したことを告げ、こう書いている。私は「至るところで、とくに『アルヴィル』のうちに、われわれの哲学的信念の顕著な同形性（Gleichförmigkeit）を見出し、驚きました。公衆はこの同形性をほとんど信じないでしょう。おそらく、貴方自身もそれを信じないと思います[25]」。フィヒテのこの確信は、いささか驚くべき理解に基づいている。すなわち、「アルヴィル」が実在論の側から観念論との「和平への期待」を提示しており、それに対して自分は観念論の側から実在論との「和平」あるいは「同盟」の期待をかなえる用意がある、という見解に支えられている[26]。つまり、観念論者フィヒテは実在論者ヤコービと、両者の立場の根本的対立にもかかわらず、根底においてどこか触れ合うものを感じ取っているのである。さらに、『自然法の基礎』第一部が同封された一七九六年四月の書簡では、今度は『ヴォルデマール』（第二版）を持ち上げて、こう書く。「私たちは完全に一致しています。そして貴方とのこの一致は、私にとっては、私が正しい道を歩んでいるということ以上のことを示すものです。貴方もあらゆる真理を、私がそれを探し求めているのと同じところに、すなわち私たちの本質の最も奥深い聖域に探し求めておられるのです[27]」。

以上のような書簡のやり取りから窺い知れるように、『知識学の概念について』公刊時（一七九四年）から問題のフィヒテへ宛て書簡執筆（一七九九年三月）までの五年余り、ヤコービは「知識学」における「主観主義」に反感を抱きながらも、一貫してどこかでフィヒテの思想に親近感を抱いており、他方フィヒテは両者の哲学的立場の対立を理解した上で、それでもなお思想の根底においてヤコービと触れ合うものを感じ取ってきたのだ、といえよう。ヤコービは問題の公開書簡において、無神論告発「事件」を契機にこの奇妙な「共感と反感の秘密」を自分なりに明らかにし、思想的な決着をつけようとしたのだと考えられる。

その間接証拠は、当該の書簡に着手できないまま思案を重ねていた一七九九年二月二六日に、彼がラインホルトに送った書簡に認められる。すなわち「私は少し前にそれ〔ラインホルトが読んだと伝えてきた、ヤコービの「エアハルト・O氏宛書簡」〕をもう一度読む機会があった、そして私が書いてきたもののうちでこの書ほど、私とフィヒテとの同一性と相違の秘密を、われわれの間の共感と反感の秘密を余すところなく含んでいるものはないことに気づいたのです」[28]。ヤコービ自身が三月三日にフィヒテ宛て書簡執筆に着手する直前に、フィヒテに対するこの「共感と反感の秘密」に思いをめぐらしていたのである。そして、この文章はほぼそのまま、公開書簡『ヤコービからフィヒテへ』の本文に採録されているのである[29]。さらに、採録された文章の少し前の箇所で、ヤコービはこう書いている。かつて『ヴォルデマール』を書評した「若者」(フリードリッヒ・シュレーゲル[30])は、「唯一哲学(Alleinphilosophie)と私の非哲学とがどのような形態で、最高度の反感を通して互いに触れ合うようになり、触れ合った瞬間にいわば互いに浸透し合うのかを、予感すらできなかったのです。私がこのことを感じ取ったように、貴兄もこのことを感じ取ったのです」(ibid., 9)。それは、まさに第三者には計りかねる、そして当事者二人にさえその根源を捉えかねていた「秘密」であった。ヤコービはフィヒテに対する無神論告発事件を契機に、この「秘密」を哲学的に解き明かそうとしたと考えられる[31]。ヤコービは書簡部分の最後を、こう結んでいる。「私がこの書簡のあちらこちらの箇所で、自分のことをあまりにも生々しく表現しすぎたと、もし貴兄が思うようならば、お許しください。私がわざと激しい描写をし、けばけばしい色で誇張したのは、際立った対照をなしているはずのものを際立たせるためなのです」(ibid., 57)。

2　無神論というフィヒテ非難をめぐって

では、無神論非難の渦中で執筆され、その余韻冷めやらぬ中で出版されたこの書簡で、ヤコービはフィヒテに対する無神論告発にどのような態度を取ろうとしているのか。まず、彼がフィヒテをこの不当な告発から守ろうとしていたのは明らかである。公刊時に付された「まえがき」の一節は、こう述べている。「彼の哲学は無神論の罪を着せられているが、それは不当である。というのも、超越論哲学それ自体は、幾何学や算数が無神論的でありえないのと同じように、無神論的ではありえないからです。同じ理由から、それはまったく有神論的でもありえないのですが」(ibid., viiif.)。哲学が幾何学のような価値中立的学問でないことを百も承知で、このようなレトリックを行使しているところに、フィヒテを守ろうとするヤコービの意図が読み取れる。しかしその直後には、微妙な文章が続けられる。だが「超越論哲学が有神論的たらんとすると、それも専一的にそうたらんとすると、超越論哲学は無神論的になるでしょう、少なくともそういう外見を呈することになるでしょう。超越論哲学が示すのは、神すらそれ自体現存してないものの所業にかすめ取られ、そのことによって哲学に対してだけ妥当するものになり、そればかりか実在的なものになるということだからです」(ibid.)。「知識学」もまた、そのような「外見」を呈しているとヤコービは考えている。それゆえ、こう苦言を呈している。「超越論哲学によって新しい唯一の有神論が導入されるかのごとき、そしてこの新しい有神論によって、自然的な理性のかの旧い有神論がまったく馬鹿げたものとして放逐されるかのごとき外観を呈さないように、どうしてフィヒテはもっと慎重に用心しなかったのか。このことによって彼は、まったく必要もないのに、自分と自分の哲学を悪意ある噂の中に投げ込んでしまったのです」(ibid., ix)。

この苦言は、直接的には『公衆に訴える』での論敵非難の激しすぎる論調への苦言であるが、だがそれ以上のことを含意している。ヤコービが続けて述べるところによれば、「神を知ることはできず、神はただ信じられうるだけである」(ibid., ix)。しかし、超越論哲学の唱える「信仰」とは、「作為による(künstlich)神への信仰」でしかなく、この種の「信仰」は「それが単に作為的で――いい換えれば、学的あるいは純粋に理性的で――あろうとする限り、自然な(natürlich)信仰を廃棄し、そのことによって、自ら自身を信仰としては廃棄し、したがって有神論全体を廃棄する」のである(ibid., ixf.)。フィヒテが問題の論文「信仰の根拠について」で主張した「道徳的世界秩序」への「信仰」も、ヤコービの限にはそのような「作為による信仰」と映っていたに違いない。するとその「信仰」もまた、上述した意味の脈絡では、無神論的といわざるをえないのである。かくして、ヤコービはここで、カント以降の「純粋に理性的な」道徳信仰に対して重大な疑義を唱え、「自然な信仰」と「作為による」理性的信仰の二者択一を主張していることになる。

さらに、三月六日付けの書簡で、彼は最初こう書いていた。「私はスピノザの教説を無神論的だと呼んだように、貴兄の教説もまたそう呼ばねばならないでしょう[32]」。とはいえ、ここでもまたヤコービの態度は両義的である。なぜなら、続けてこう書いているからである。スピノザやフィヒテのような深い宗教的精神を持ち、「神と面識のある者」の教説は、たとえ「人格的ではない神、存在していない神など馬鹿げている」と考えているにしても、よって「自然的な理性の判断からすれば、無神論的に見えるにしても、〔中略〕それでも彼の罪は、思想の上でのことにすぎず、作為的思索者（Künstler）の概念や言葉上の不手際であり、思案に沈潜する者（Grübler）の違反行為ではあっても、人間の違反行為ではない、といえるでしょう」（ibid., 41）。ここでもまた、「自然的」思惟と「作為的」思惟の対比が重要な意味を持っていることに留意しておかねばならない。「神と面識がある」者、したがってその精神の根底においては神を信じている者でも、「自然的」思惟を軽視、軽蔑し、「作為的」思惟にふけるならば、無神論的と呼ばれざるをえない。フィヒテもまたそうである、ヤコービはそう考えていたはずである。ヤコービは、「学問外的な」動機からフィヒテを無神論だと告発した連中に対しては彼を擁護する論を張る一方で、理論的にはフィヒテにおける「作為的にすぎぬ信仰」に強い疑念を抱き、これに自分の自然的、実在論的信仰を対置しているのである。

3　ニヒリズムとしての知識学

ヤコービによれば、フィヒテの体系は「純粋な哲学、すなわち完全に内在的な哲学、一元的な哲学（eine Philosophie aus Einem Stück）、真の理性‐体系」であり、これは「フィヒテ流の流儀によってのみ可能である」（ibid., 14）。しかし、そのような体系を可能にした哲学的思惟の「化学的プロセス」においては、「純粋な理性の外部のあらゆるものは無に変えられ、理性は純粋な精神だけを残存させる。だが、この精神は自分のこの純粋態のうちにあって、それ自身は存在しうるのではなく、ただあらゆるものを産出しうるだけであり、この産出されたあらゆるものもまた同じようにそれ自身で存在しうるのではなく、ただ精神の産出作用のうちにのみ直観されうるだけなのである。かくして、〔このプロセスの〕全体は、純然たる行の行（eine bloße That-That）なのである」（ibid., 14f.）。

ヤコービはこの直観的理解をさらに具体的にこう敷衍している。「或る実在がわれわれによって完全に概念把握された対象になるべきだとすると、われわれは、客観的に――それ自体として存立しているこの実在を、頭の中で（in Gedanken）廃棄し、無化しなければならず、その結果、その実在は完全に主観化され、われわれ自身の産物――純然たる図式――にされてしまうのである」（ibid., 15f.）。それゆえ、哲学的思惟のかの「化学的プロセス」は、「無から無へ、無に対して、無のうちで」、実在の産出作用と無化作用（「純粋で絶対的な出入活動」）を繰り返す「振り子運動」（ibid., 16）のごときものでしかない。かくして、一切の存在の実在性と現実性を奪い、それを無化するという点で、ヤコービは超越論的観念論の完成態である知識学を「ニヒリズム」（ibid., 39）と呼ぶのである。この「ニヒリズム」批判は、その文言のうわべだけを見れば、「非哲学者」ヤコービの素朴実在論的発想を背景にして、或る実在物は、それが思惟（「完全に概念把握」）されると、「生のままの」実在物ではなくなるということを指摘しているにすぎないように思える。だが、ヤコービは、もともと彼の「信仰」の対象が両義的であった――経験的実在物の存在も、実在一般の究極的根拠としての「神」も、彼にとってはともに「信仰」の対象であった――ように、彼は経験主義的な素朴実在論者であると同時に宗教的-形而上学的実在論者であった。彼は「ニヒリズム」批判によって、「素朴実在論者」としては、見る・触ることのできる「なまの」実在性が思弁的知によって変容され、無化されることに抗議しているのだが、それだけでなく、宗教的-形而上学的実在論者としては、超越論的、思弁的知には実在性の究極的根拠が欠けていることをも批判しているのである。つまり、彼のニヒリズム-批判は、一方で彼の素朴実在論的立場に発していると同時に、もう一方で宗教的、存在論的実在論的立場に発しているといわねばならない。

そもそも「ニヒリズム」を哲学的術語として使用したのは、ヤコービが最初ではない。ベルリンの牧師イェーニシュ（Daniel Jenisch 1762-1804）が、この四年前にこの術語を使用している。しかもその際彼は、「物自体」を抹殺することによって「われわれの認識の実在性」を完全に否定する「無制約的な超越論的、観念論的なニヒリズムという思想」を批判している。[33] 彼の「観念論的なニヒリズム」批判がヤコービのそれと完全に重なっているわけではないが、「ニヒリズム」を「われわれの認識の完全な非実在性（die gänzliche Irrealität unserer Erkentniß）」をもたらすものとして批判している点では、同じである。[34] イェーニシュにとって、われわれに認識の実在性を担保する究極の根拠は「物自体」であったとすれば、ヤコービにとって、それは彼が「真なるもの」とも呼んでいる「神」であった。したがって、ヤコービのニヒリズム‐批判は、単に認識論的問題だけに向けられていたのではなく、むしろ「神」の覚知をめぐる実存論的問題を核心としていたのではある。[35] この「認識の実在性」とその根拠をめぐる、実在論的立場からの超越論的観念論批判は、このニヒリズム‐批判を契機に急速に拡大し、ラインホルトに「再転向」を促しただけでなく、若きシェリングにも影響を及ぼすことになる。やがて、ラインホルトは実在論に与して「認識の実在性」問題に取り組むことになる（第十二章第一節参照）。

4 「真なるもの」の「非知」としての「非哲学」

後に公開された書簡に付された「まえがき」でヤコービは、「超越論‐哲学の観点」から見れば、カントは「フィヒテの先駆け」にすぎず、その完成者（「思弁的理性のメシア」）はフィヒテであるのだから、この点でフィヒテはカントに遠慮することはない、という趣旨のことを述べている。だがそれと同時に、この両者の関係を「別の光のもとで」眺めることもできるとも述べている。「すなわち、私は真なるものの非知の意識を人間における最高のものとみなし、この〔非知の〕意識の場を、学には到達できない真なるものの場とみなしています。ですから、カントがこの場の尊厳に対して罪を犯すぐらいなら、むしろ体系に対して罪を犯そうとした点では、私は彼を気に入らねばならないのです。だがフィヒテが、この場を学の圏域に閉じ込め、真理自身の立場として最高の立場と称している思弁の立場から、この場を見下すことに甘んじているとしたら、私の判断では、彼はこの場の尊厳に対して罪を犯している」

(ibid., viii) ことになる。周知のごとく、カントは「信仰」に場所を空けるために、「知識」を取り除かねばならなかった。それはヤコービからすれば、カントが学の体系性を犠牲にしても、「真なるもの」つまり「神」を覚知する「場の尊厳」を確保しようとしたことを意味している。それに対して、フィヒテは――ヤコービは条件文を使って断定することを慎重に避けてはいるが――「この場を学の圏域に閉じ込め」、そのことによって「この場の尊厳に対して罪を犯している」、もしくは犯そうとしているのではないか。ヤコービはそう疑っている。自らの「予言」通りに、批判哲学を強力に超越論的方向に徹底したフィヒテの功績を評価したヤコービは、今やその徹底化がその徹底のゆえに、「真なるもの」の確証のための「この場の尊厳」を冒していることに危惧を表明するのである。彼のフィヒテに対する「共感と反感の秘密」の源泉が、ここにあることが今やはっきりしたのである。

あるいはヤコービは、フィヒテがそのような「罪」を犯さないようにという予備的警告を上記の文に込めているのかもしれない。というのも、三月三日付けの書簡の最終部分は、こう述べているからである。私たち二人はともに、「知の学」を完全にしようと「同じように情熱と努力」を傾けてきた。だが「貴兄がそうしたいのは、一切の真理の根拠が知の学のうちに存在しているのを示すためであり、私がそうしたいのは、この根拠が、すなわち真なるもの(das Wahre) 自身が、必然的に知の学の外に存していることを明らかにするためなのです」(ibid., 11)。それでも、この対抗的な意図は両立可能であろう。なぜなら「貴兄の意図するところが私の意図するところの邪魔にはならないのと同じように、私の意図するところは貴兄の意図するところの邪魔にはけっしてなりません。私は真理 (die Wahrheit) と真なるもの (das Wahre) を区別しているからです。貴兄は、私が真なるものでもって考えていることをまったく気にとめていませんし、また知識学者としては、まったく気にとめる必要はないのです」(ibid.)。ヤコービは「真なるもの」の存在領域は、もとより学としての知識学の圏域の外にあるのだから、知識学者はこれに留意する必要もないし、またそうしてはならないといっているかのようである。「信」(「真なるもの」) と「知」(「真理」) の棲み分けを守り、相互の領域に干渉しないならば、かの正反対の意図は両立可能であると、フィヒテに助言、注意しているのである。

だが、ヤコービによれば、実際には「すべての哲学者は、事柄の持つ形態の背後を探り、事柄自身に至ることを、いい換えれば真理の背後を探り、真なるものに至ることを目指してきたのです。しかし、彼らは真なるものを知ろうとして、知れなかった。真なるものが人間に知られうるようになれば、それは真なるものであることを止めて、人間の案出した単なる産物になってしまう」(ibid., 26)からである。「真なるもの」は「知に先立って、知の外にある」(ibid., 27)がゆえに、原理上「知」によっては捉えられない。それゆえ「神を知ることはできず、神はただ信じられうるだけなのである」(ibid., ix)。「知」が捉えうるのは、せいぜい「真理」にすぎない。「一切の真理の根拠である」「真なるもの」が「知」には把捉不可能であるという意識、それが「非‐知(Nicht-Wißen)」の意識であり、これがヤコービの「非哲学(Unphilosophie)」の核心をなしている(vgl. ibid., 1)。この「真なるもの」(「神」)の存在確信の場は、「真なるものを自分が知らないという感情と意識、すなわち真なるものの予感」にほかならない(ibid., 28)。「真なるもの」は、ただ「予感」されるほかない。

ヤコービはさらに、この「真なるもの」こそ一切の実在性の源泉であり、かつまた「一切の真理の根拠」として「知と知の能力である理性に、初めて価値を与えるのである」と主張する。だから、理性の「聴従する働き(Vernehmen)は聴従されうるものを前提にしており、理性は真なるものを前提にしている。すなわち、理性とは真なるものを前提にする能力なのである」(ibid., 27f.)。かくして、ヤコービは「信仰の対象」としての「真なるもの」だけでなく、「一切の真理の根拠」にして「理性の前提をなしているもの」としての「真なるもの」もまた、「知に先立って、知の外にある」のだから、それは学としての知識学の埒外にあると主張していることになる[36]。ヤコービにとって、「信仰者の神」と「哲学者の神」を区分することは考えられないのである。

ヤコービはこの書簡で、「スピノザ論争」時とほぼ同じ主張を繰り返している。かつて、「間接知」にすぎない(スピノザ的)「論証知」では「真なるもの」(ヤコービにとっては、生の感覚的事物および神)は把捉不可能であり、その把捉は「直接知」つまり「信（Glauben）」によるしかないと主張していた（第二章第四節参照）とすれば、一五年経ってなお彼は、それは（フィヒテ的）「思弁的知」によっては捉えられず、「信」によるしかないと主張しているのだから。哲学的というよりむしろ文学的-聖書的メタファーに飾られたこのフィヒテ宛て書簡が、「付録」や「補遺」に以前の諸文章をそのまま使っていることからも分かるように、ヤコービはここで一五年前と何一つ「新しいこと」を述べていない。にもかかわらず、同じ主張がドイツ初期観念論の展開にとって（一五年前よりもいっそう）重大かつ切実な挑戦としての意味を持つようになったのは、哲学の「最前線」のこの間の状況変化——ヤコービの「予言」通りに、哲学的知が「経験の大地」との微妙な連接を断ち切って、「純粋に」自ら自身による根拠づけを推し進めるに至ったという変化——によるのである(37)。

5 ラインホルトの関与

さて、上に述べてきたヤコービのフィヒテ宛て書簡は、実はラインホルトとの緊密な打ち合わせ、あるいは意見調整の上で書かれていた。そのことは、一七九九年四月一日付けのヤコービからバッゲセン宛て書簡によって裏打ちされる。「三月二一日に、僕のフィヒテ宛て書簡は発送された。全紙四つ折版で九枚にもなった。この書簡では、フィヒテが自分で自分を理解しているのよりもっと上手く理解されているといえるでしょうと、ラインホルトが請け合ってくれている。彼は僕にそう書いてきたし、この書簡に限りない称賛を送ってくれた。彼は口頭で、もっとずっと多くのことを僕に語ってくれた。彼は復活祭の期間中、僕のところにいたからだ。ラインホルトは今や、僕の考えにまったく同意しており、彼もそう考えていると僕を確信させた(38)」。ラインホルト自身も三月二七日付けのフィヒテ宛て書簡で、「数日来個人的な用事でオイチンに来ている」こと、そしてヤコービと度々話し合う度に納得させられることがあると告げている(39)。そして、何よりこのラインホルトの書簡は、ヤコービの所在地であるオイチンから——キールとオイチンは至近距離にある——発送されているのである。すなわち、ヤコービとラインホルトが復活祭の期間中、から確実に推定されうるのである。

ヤコービの自宅でフィヒテ知識学について何度か話し合ったということ、この書簡がフィヒテに送られる前にラインホルトが書簡部分全体に目を通していること、そして、かの「真なるもの」や「信仰」の在り処の問題等に関して、フィヒテ的理解の問題点と限界について両者の見解が一致したということ、これらのことは、先に引いた二つの書簡から確実に推定されうるのである。

ヤコービとラインホルトの連携の証拠は、書簡の内容にも見出せる。一つには、ヤコービは書簡中に何度かラインホルトの名を挙げ、彼の見解を参照するように指示している。「まえがき」は、先に紹介した「作為的な信仰」と「自然的な信仰」を対比した後、この点については「ラインホルトのフィヒテ宛て書状を参照するように指示」(*Jacobi an Fichte*, x) している。[40] さらに続けて、「以下の文書のために、あれやこれやと私に異議が唱えられるはずであるが、その場合に備えてここであらかじめ、彼を、Rein=Holden〔純粋な召使〕を、すなわち真理のためには自ら自身と一切を捨てる勇気を持った男を参照するように指示しておく」(ibid.) と書いている。[41] これらの度重なる参照指示は、フィヒテ「批判」の基本的視点が、両者の間で打ち合わせ、談合済みであることを示唆している。さらに、書簡の本文でも、ヤコービはフィヒテに対して、「貴兄に対して誠実であり」、「その心に偽りのない」「公に知られたただ一人の人間」はラインホルトである、とも語っている (ibid., 6)。

またもう一つには、術語使用法の共通性が挙げられる。とりわけ、ヤコービが度々使用している「自然な」信仰ないし思惟様式と「作為による」信仰ないしは思惟様式の対比 (vgl. ibid., ixf., 2, 13, 21, 41) を、ラインホルトもこの時期の著作や書簡で頻繁に使用している。というより、そもそもこの概念対は、ラインホルトが「批判哲学」と「知識学」の思惟境位の相違を特質づけるために、(フィヒテの賛同も得て) 使用し始めたものである。一七九八年一月と一一月の一連の「知識学」および『自然法の基礎』書評で、彼は、批判哲学の境位を超えた知識学の「純粋に学的」、「超越論的」な思惟境位を特質づけるのに、「作為的」という術語を積極的、肯定的に用いていた (第九章第五節・第六節参照)。ところが、一七九九年には「作為的」という術語は、むしろ逆に「真なるもの」の存在確証に関する思弁的哲学の限界を指し示すために、もっぱら消極的、否定的な意味で使用されるようになっている。同様に、一年前には、その反省が結局は経験と「意識の事実」を超えていかないという意味で消極的・否定的に使用されていた「自然な」という形容詞は、ここではむしろ逆に、思弁的思惟には不可能な「真なるもの」への「通路」を与えるという意味で積極的、肯定的に用いられている。この術語の意味づけの転換を、ヤコービとラインホルトは共有している。これもまた、オイチンでの両者の「談合」の帰結の一つなのである。

かくして、ヤコービのフィヒテ宛書簡は、ラインホルトとの緊密な連携の上に成立したものであり、いわゆる「ヤコービ-フィヒテ論争」は、一面では実質上ヤコービ+ラインホルト対フィヒテ論争とさえいえるのである。この点は、次に紹介するラインホルトのフィヒテ宛て書簡に即して、より明白になるであろう。

第二節　思弁哲学の「運命」としての「逆説」(一七九九年三月)

1　ヤコービとフィヒテの「間の立場」

ヤコービの書簡がフィヒテに発送された一週間後の三月二七日と四月六日に、今度はラインホルトがフィヒテに書簡を書いている。前の便はオイチンから、後の便はキールから発信されている。(42) 前者で、彼は「個人的な用事で、数日来オイチンに来ている」ことを告げ、「ヤコービと話し合う度にますます納得いくようになったこと」があると告げている。その結果「私が貴兄と私自身とを同時に完全に理解すべきであるとするならば、私は私の立場を彼と貴兄との間に置かねばならないという」(*Sendschreiben*, 78; *GA*, III/3, 308) 結論に達した。ラインホルトは「彼が非知と呼んでいるものを理解し、それに心から共感した」とも述べている。しかしだからといって、彼が学としての思弁的知の立場をまったく放棄したわけではない。むしろラインホルトはフィヒテに、「非知」を理解することによって、「貴兄によって私に開示された思弁的知の途を、もっと自由に、もっと確固として歩んでいけるように今は思っている」

(ibid., 78f.; ibid.) と書いている。それゆえ、双方の「間の立場」を表明したのであろう。これに対して、フィヒテが四月二二日の返信で、「私の固く確信するところ、ヤコービ的な立場と私の立場の間には、哲学的思惟のいかなる立場も存在しません」(GA, III/3, 327) と、これを一蹴したことはよく知られている。

この「間の立場」表明にもかかわらず、ラインホルトは以下第三節に見る「フィヒテ宛て書簡」では、「信」と「知」の対立をめぐる重要な諸論点において、「間の立場」というより、明確にヤコービの立場に立ってこれを理論的に補強せんとしているように見える。「フィヒテ宛て書簡」は、ヤコービに与して「知」と「信」の区別、「知」に対する「信」の優位を強調しているからである。しかし、それは、ラインホルトが超越論的な思弁の立場それ自体を放棄して、ヤコービ的な「信仰の立場」あるいは「非哲学」に身を移したのだということを意味しない。このラインホルトの書簡が少し後に『ラファーターとフィヒテ宛ての書状』(一七九九年)の後半部として公刊されたとき、[43] その公開書簡の「まえがき」で彼はこう述べている。自分がフィヒテ宛て書簡で言及した、ヤコービとフィヒテの「間の立場」を、両者の「連立体系 (ein Coalitionssystem)」、中間物 (ein Mittelding)」を立てようとしていると誤解してはならない。「著者はむしろ、フィヒテの立場を、首尾一貫した真正の思弁的知のためには唯一可能な立場とみなしている」、そして、それと同様に、これに対置された「ヤコービの立場」を「良心の生き生きとした確信の根源的な立場と認識している」。もし「第三の立場」というものがあるとすれば、それは「人間の立場」というほかないであろう。この立場は、「思弁的知と生き生きとした信仰とが相互に独立であることを承認する」、したがって両者を比較する際には、どちらか一方の言い分だけを考慮することはない (*Sendschreiben*, 6f.)。つまり「間の立場」は、両者の立場の折衷的「中間」としての「中間の立場」を意味しない。

かくして、この時期ラインホルトは、一方でヤコービとともに、「知」によっては把握不可能な「真なるもの」の存在を承認し、「良心」を地盤とした「生き生きとした信仰」を主張しながらも、もう一方でフィヒテとともに、知識学における思弁的知の必然性と妥当性を依然として主張しようとしている。両者の主張は、本質的に異なった境位で、したがって同じ尺度をもってしては比較も、統合も不可能な境位で展開されている。しかし、それでも両者の主張を「並立」させることは可能である。一七九九年のラインホルトは、本質的に異なった、ヤコービの「自然な確信」の立場とフィヒテの「作為による思弁的確信」の立場双方の異なった境位での存立を可能にする包括的な「視座」を提示しようとしている。それが、「間の立場」の真意である。このことは、「フィヒテ宛て書簡」だけからでは、必ずしも明瞭にならない。彼がこの書簡に先立って書き上げていた小著『最新の哲学の逆説』(44)（以下、『逆説』と略記）の検討を通して、「間の立場」の内実がより判明になる。

2　「思弁的理性の運命」としての「逆説」

　この小著もまた「無神論告発」を機縁として急遽起草されたことは、その「まえがき」から明らかである(45)。だが、『逆説』はフィヒテの「信仰」や「神」の概念を直接吟味しようとしているのではない。むしろこの小著が企てているのは、フィヒテの（そしてシェリングの）「最新の哲学」に「特有の特性」を明らかにすることである。その「特有の特性」は、この哲学的思惟が「純粋な知」を求めて、無際限な抽象と反省を繰り返す「思弁的知」である点に求められる。だが、そのような哲学的‐思弁的主張は、「自然な確信（natürliche Ueberzeugung）」を基盤とした「自然な悟性」あるいは健全な常識にとっては、「逆説（Paradox）」としてしか映らない。そうラインホルトは主張する。

　この場合、「逆説」という語は厳密なあるいは本来的な意味で使用されてはいない。ラインホルトによれば、ある主張について、人がそれを「思惟しなければならない」が「思惟することができず」、この両者の間を「揺れ動くとき、その主張が逆説と呼ばれる」（*Paradoxien*, 43）。たとえば「自我の外の事物は、自我に対して、自我によってのみ存在している」という哲学的主張は、「自然な確信」にとっては逆説なのである。この主張は「まったく理解できないのでも、まったく辻褄が合わないのでもなく、むしろ逆説なのである」（ibid., 44）。これが「自然な悟性」に「まったく理解できないのでも、まったく辻褄が合わないのでもない」ことは、この思弁的‐哲学的主張と「自然な悟性」

の確信とが一面では連続していることを意味している。それに対して、この主張を完全には「思惟することができない」ということは、かの両者がもう一面では断絶していることを意味している。そして、「逆説」を認めるということは、この両方のことを同時に想定するということを意味する。両者の間のこうした「連続性」と「断絶」の関係の真意は、認識能力としての自然的な「悟性」と思弁的「理性」の一般的関係だけには還元されない、より広い脈絡において捉えられねばならない。

ラインホルトはこの「連続性」と「断絶」の関係を、かの両方の知がそれぞれ基盤としている「自然な確信（natürliche Ueberzeugung）」と「作為による確信（künstliche Ueberzeugung）」の「区別と連関」という観点から明らかにしようとしている。それゆえ、『逆説』の中盤以降、議論はもっぱらこの異なった「二つの様式の確信」の「区別と連関」の解明のために展開されている。

「自然な確信」が自然的であるのは、それが「人間の恣意に依存しておらず、人間の本性（Natur）の必然性によって人間のうちに存在している」（ibid., 56）ものだからである。たとえば、経験によって、経験のうちに自然に形成される「単なる経験の確信」は、「自然な確信」の特殊な一つの様式である（ibd., 52, 56）。それに対して、「純粋な知」に至るという「意図」から、「自然な確信」にとっての「現実的なもの」を抽象‐捨象する「作為的操作（Kunstoperation）」、「作為的活動（Kunstwerk）」（ibid., 56）によって生み出される確信が、「作為による確信」と呼ばれる。ラインホルトによれば、最新の思弁哲学は、こうした「作為」を本質的特性としている。それゆえ、その「思弁的確信」は常に「作為による確信」であり、「自然な確信」とは本質を異にしている。しかしこの双方の確信は、いわば内容上は相互に無限に接近し合うであろう。すなわち「思弁的確信は、この確信の進展を通じて、自然な確信の内容にますます無限に接近するし、自然な確信は、この確信の進展を通じて、理論的には自分には到達不可能な純粋な真理に無限に接近する」（ibid., 92）。それにもかかわらず「この両様式の確信は互いに、本質的かつ永遠に異なっている。それらは、互いに他方と取り替えることも、互いに他方を排除することもできない」。「他方と取り替えること」ができないのは、両確信がそれぞれ存在の境位を異にしているからであり、「他方を排除すること」ができないのは、両確信がともに人間にとって必要であるからである。それゆえ、なすべきことは、「本質的に異なった無限の進展の系列のうちに」、両方の確信を「混同も混合もせずに保持すること」でしかない。そのことによってのみ、両方の確信は「並存し、かつ互いを支え合う（sich gegenseitig unterstützen）のである」（ibid.）。したがって、「通約不可能な」この両方の確信を合一しようというなどというのは、まったく不条理な企てであろう。双方はあくまで、異なった境位で「並存」できるだけであり、しかし、この「並存」によって互いに他方を下支えし合っているのである。「自然な確信」が「作為による確信」を下支えし、逆にまた後者が前者を下支えしているのである。この危うい緊張的対置が、かの「逆説」の根源なのである。

ところで、この両者の関係について、ラインホルトは留意しておくべき二つの主張を付け加えている。一つには、彼はいわば「作為」に対する「自然」の原理的先在性を主張している。もう一つには、彼は実践的観点から「作為による確信」の限界を指摘し、この観点を考慮すれば「作為による確信」が「自然な確信」へと立ち戻る必要性があることを指摘している。最初の点について、こう述べている。「自然は一切の作為に先行しており、作為の根底に存在している。思弁的な自己思惟者といえども、彼が作為によって純粋な確信を生み出そうと努める前に、純粋な確信を自然に摸して自由に形成しようと努める前に、あらかじめ純粋な確信を自然な確信として知っていたに違いない」（ibid., 59）。二番目の点に関してはこうである。哲学者は「哲学者である限り」、「作為による確信」のうちに安住できる、すなわち「自ら自身によって規定可能な、無限に進展していく己れの自由」を追求し続けることができる。しかし、「彼も人間である限り、それ以上の絶対的な自己規定を放棄しなければならず、自分の作為的な抽象活動を終結し、自分の純粋な知をも放棄して、自ら自然的意識の立場へ戻っていく」（ibid., 87）。ここで、「哲学者」とは「思弁的知の主体」を指し、「人間」とは「良心の主体」を指している。理論的知だけを考慮すれば、彼も永遠に「哲学者」であり続けることができるし、「自然的意識の立場」、「自然な確信」へと戻っていく必要はない。それが必要なのは、道徳的-宗教的実践が視野に入ってくるときである。そのとき戻るべき「自然な確信」の場を、ラインホルトは「良心の確信」に指定している。

一番目の点についても、二番目の点についても、ラインホルトは「作為」に対する「自然」の優位を、主張しているといえる。この点に関連して、二つのことを述べておかねばならない。一つは、ラインホルトの思想の変転を貫いて通底している、思想上の「自然主義（Naturalismus）」がここに三度浮上してきているという点である。ウィーン時代の彼のラディカル啓蒙主義は、「超自然主義」に対抗する強い「自然主義」に支えられていた。この信念のもとでは、「理性」と「自然」と「真の宗教」は調和的一体をなすべきであった（第一章参照）。次に一七九二年の夏に企てられた「根元哲学」の改訂版において、彼は自然な常識の言い分を哲学体系の中に位置づけようと試みた（第六章第五節参照）。これもまた、「自然主義」から出てくる一つの帰結だといえよう。そして今彼は、次に見るように、実践的観点から人間が自然に具えている確信、信念に決定的な役割──「信仰」の「場」にして「神」への「通路」という役割──を担わせようとしているのである。もう一つは、すでに述べたように、ここでは「自然」と「作為」という対概念の意味づけが、ほぼ一年前のそれと逆転しているという点である。一七九八年に「知識学」関連諸著作と『自然法の基礎』を『一般学芸新聞』紙上で書評したとき、彼は「自然的な理性使用」と「作為的な理性使用」という術語を、批判哲学と「知識学」の哲学的思惟の境位の相違を特質づけるために使用していた。その際、「自然」は、前者が結局は「経験」と「意識の事実」を超えていないことを特質づけるために、消極的、否定的意味で用いられ、「作為」は、後者の反省的思惟の根源性、優位性を指示するために、積極的、肯定的意味で用いられていた（第九章第五節、第六節参照）。しかし、この『逆説』では、「作為」はむしろ理論的思弁知の限界を示唆し、逆に「自然な確信」の復権が企てられている。この意味づけの逆転は、ラインホルトがヤコービの思想を吸収したことに起因するとしか考えられないであろう。そして「自然」復権の企ての背景にあるのは、特別な「自然な確信」である「良心の確信」が担うべき重要な役割への注視である。

3　特別な「自然な確信」としての「良心の確信」

さて「良心の確信」も、「人間の本性の必然性によって、人間のうちに存在している」限り、「自然な確信」である(ibid., 56)。だが、同じ「自然な確信」だとはいえ、「良心の確信」は「単なる経験の確信」とは区別されねばならない。「単なる経験の確信」が「経験のうちで現実的であるもの」を対象としているのに対して、「良心の確信」は「経験のうちで現実的であるものすべてが、必然的に捨象されても」なお残るもの、すなわち「われわれの意志の自由によって引き起こされるものを対象としている」ような「自然な確信」なのである(ibid., 52f.)。「それは自然な確信である限り、たしかに経験と関わるが、しかし経験に直接的に関わっているのではない。それは、単なる経験と関わっているのではなく、経験のうちで自由によって生じるべきものに、その限りで経験に依存していないものに関わっている」。したがって、それは「意志の自由」によって可能になる「行為」にかかわる「実践的確信」である(ibid., 53)。それはまた、「経験に依存していないものに関わっている」限り、「純粋な確信」である。それゆえ「純粋な確信は、それが自然な確信である限り、ただ良心のうちにのみ存在するのであり、そして良心のうちにおいて、実践的真理という特性においてのみ可能であり、かつ現実的である」(ibid., 60)。かくして「良心」は、「常識」が抱く「単なる経験の確信」とは「自然性」を共有し、「哲学者」の「作為的、思弁的確信」とは純然たる「自己規定」としての「純粋性」を共有しているのである(vgl. ibid., 55f.)。つまり「良心」の抱く確信は、「自然的」であるにもかかわらず「純粋」である「実践的確信」である。この「純粋な実践的確信」としての「良心の確信」は、「意志の自由と直接関係しており、それゆえ、人格の意志活動という観点においてのみ人格にとって必然的なのであるが、しかし、およそ意志にこそ人格の本質が存するのだから」、この確信は「人格が人格である限り、人格にとって端的に必然的なのである」(ibid., 54)。

「良心」はこうしてまずは、「意志の自由」に基づいて「理念的なものと実在的なものの合一」(ibid., 96)、つまり当為と存在との合一という「実践的真理」がそこで実現される場である。その限り、それは道徳的「良心」である。そして、その実践的真理は「知」ではなく「感情を通じて告知される」(ibd., 60, 96)。しかし「良心」は「純粋な実践的確信」として、実践知の基礎をなすだけではない。その決定的重要性は、むしろ神への「信仰の現実態」が「良心」を介してのみ、「良心」のうちにのみ存在する点にある。「良心の確信」は、それが万人に対する「義務」の意識を介して、「神と不死性に対する、一切の経験を超えた崇高な信仰を自らのうちに含んでいる」(ibid., 54)。たしかに「この信仰の可能態についてはこれを、われわれは純粋な知に基づけて説明することはできるが、ただし、純粋な知に対してのみ説明できるだけである。それに対して、この信仰の現実態は、自然な確信に対してかつ自然な確信によってのみ、現存することができるだけであり、まさにそれゆえにこの現実態はいかなる哲学にも説明不能なのである」(ibid., 110)。「この信仰の現実態」を確保するためには、「作為による確信」に立脚している「哲学者」は、「哲学者」たることを中断して、すなわち「自分の作為的な抽象活動を終結し、自分の純粋な知をも放棄して、自ら自然的意識の立場へ戻って」(ibid., 87) こなければならないのである。かくして、「自然」で「純粋」な確信である「良心」は、義務としての当為が実在性を得る場であるだけでなく、「神」への信仰がそこでのみ現実に存立する本来的エレメントなのである。そしてこの「良心の確信」は、「知」による「思弁的確信」とは異質な境位で成立する。二つの「確信」は、現代的な術語でいえば、「通約不可能 (inkommensurabl)」なのである。したがって、後者から前者への転換は、思考様式を転換することによっては不可能で、いわば「魂全体を向け変える」ことによってしか成就されないということになろう。

さらに、『逆説』の最終部分は、この信仰が、われわれ人間の側からの働きかけだけでは不可能であることを説いている。「神の声はそれ自身、かの自由な行為を求める良心の要求である。私の内と外の自然を現存せしめ、しかも私の自己意識を介して私にその単なる自然を超えさせ、私を自由によるより高次な存在にし、神に似たようなものにするのは、神の声なのである」。「神の業である現実だけが、神に対するわれわれの信仰の根拠なのである」(ibid., 111)。

この最終部分においては、ラインホルトは、「神」に近づくには「思弁」に基づく「作為による確信」を棄てて、「自然な確信」に立ち返らなければならないと考えている点で、たしかにヤコービの教説にきわめて近いところにいる。しかし彼は、ヤコービのように「抽象と反省」に基づく「思弁的知」それ自体が「生き生きとした信仰」を必然的に台無しにするといった単純な論法をとらない。むしろ、「自然な悟性」を超えていく「思弁的知」の必然性と妥当性を認めている。また彼は、ヤコービのように「神」である「真なるもの」が「一切の真理の根拠」として「知と知の能力である理性に、初めて価値を与えるのである」と素朴に主張しはしない。彼にとって、哲学的、思弁的真理と「良心の確信」の持つ真理とは、もとより「本質的に異なった」境位にある。そうである限り、両者を同じ平面に置いて「思弁」を論難するヤコービもまた、両者を「混同」ないしは「混合」しているのだともいえる。

ラインホルトが要求しているのは、「作為による確信」に終始せず、ここから一種独特の「自然な確信」、「良心の確信」へと転換する必要性、必然性なのである。それは、かつてカントが行ったのともまた違う仕方で、「信」の場を確保するためであるといえよう。このことを『逆説』において、フィヒテに対して直接要求しているのか否かは定かではない。だが、ラインホルトは彼の「フィヒテ宛て書簡」に先立って、「無神論論争」の背後にある「知」と「信」の対立関係を、上述してきたような「両方の様式の確信」の「並存」と「交差」として捉え返し、両者の「間の立場」を展望していたのである。そして、『逆説』で使用された、「自然」と「作為」、「人間」と「哲学者」の対比や、「感情」としての「良心の確信」の決定的重要性を、彼は「フィヒテ宛て書簡」でも繰り返し主張することになる。

第三節　「信」と「知」の区別——ラインホルトのフィヒテ宛て書簡（一七九九年三～四月）

さて、三月二七日付けのフィヒテ宛て書簡冒頭で、ラインホルトもまた、『公衆に訴える』を読んで以来、「私が貴兄に語りたいと思ってきたこと」を書き下ろさなければならないという思いに急かされてきたこと、そのために書いた『逆説』を昨日印刷にまわしたことを伝えている。そして、「貴兄の哲学が自然な悟性にとって持つに違いない逆説について、キールで思いをめぐらせ」、「この逆説を解明し、それを縮減する」術を思案している間に、ヤコービがオイチンで書いた「貴兄宛ての類稀な書状」では、「かの逆説が最終的に取り除かれ、逆説が極論にまで推し進められることによって、おのずと廃棄されている」のを悟った、と続けている（*Sendschreiben*, 76ff.; *GA*. III/3, 307f.）。そしてさらに、ヤコービの「書状」と自分の『逆説』とは「もともとは、われわれが哲学者として考えを異にすることを、非常に明確に、可能な限り明確にするすることに狙いが置かれていた」のだが、（おそらくオイチンでの会談の結果）「われわれ両者は、これまでは実際にわれわれを分け隔ててきたのだが、これ以降はわれわれを永遠に合一させるであろうような点で出会ったのだ」（ibid., 77f.; ibid., 308）と書き送っている。両者を「合一」させた一点とは、おそらく、「端的に実的なもの」としての「神」は「知」によっては把握されず、ただ感じ取られるほかないという点であったのだろう。

1　「信」と「知」、あるいは「人間」と「哲学者」

かくして、ラインホルトはこのフィヒテ宛て書簡を、『逆説』での主張に基づいて、かつヤコービと軌を一にするように、改めて「信（Glauben）」と「知（Wissen）」の区別を説くことから始めている。すなわち、㈠「哲学的知は、それ自身にとってかつそれ自身によってまったく自立的であるとはいえ、それでも、この知からは完全に独立している信を欠くことはできないということ」、㈡「かの信とこの知との関係は、哲学的な思惟活動それ自体によってはけっして可能ではなく、私の意志が（中略）私の単に自然な知についてなすべき使用によってだけ、可能であるということ」、㈢「哲学的知は、かの関係を介して初めて、単なる思弁という特性を超えて、実的な実在性（reelle Realität）と結びつけられうるのだということ」、そして「この実的な実在性を欠けば、哲学的知は単なる虚構にとどまること」(ibid., 79f.; ibid.)。

「実的な実在性」とは、ヤコービが「真なるもの」と呼んだもののことである。ラインホルトはこれを、この書簡では実に多様に――「実的であるがまったく概念把握不可能な無限者」、「それ自身でかつそれ自身によって真なるもの」、「真なる存在それ自体」、「根源的に実在的である真なるもの(das ursprünglich Realwahre)」等々と――呼び換えている。いかなる哲学的思惟も、この根源的実在を生み出すことも、これを「知る」こともできない。それは、ただその存在を「信じる」しかないものである。「実的な無限者」に対する「信」は、ただ「自然な知」に対して「私の意志」を働かすことによってしか、すなわち――『逆説』が述べていたように――「自然な確信」としての「良心」においてしか可能にならない、つまり実践的‐宗教心の境位においてしか可能にならない。

「信」と「知」の対比を際立たせるために、書簡は『逆説』と同様に、「良心」の主体としての「人間」と、作為による「思弁的知」の主体としての「哲学者」の対比を繰り返し援用している。「哲学者」は、「自ら自身によって確実な真なるもの、かつ自ら自身によって真なる確実なもの」を実現すべく、「自分の作為的な意識の無際限な自己規定」を推し進める。だが、この無際限な規定の進展によっては、それは実現されない。それに対して、「人間」は、「それと同じものがすでに――自分の信じる働きのうちに――実現されていることに、すなわち、彼が良心と呼ぶ特殊な自己意識に対して実現されていることに気づくのです」。そのとき、いかなる知によっても不可能な「無限者」への接合を、人間は「良心に満ちた行為」によって実現する(ibid., 83f.; ibid., 309f.)。それゆえ、かの「無限者」は「哲学者にとっては存在せず、ただ人間にとってのみ存在するのです」。それは「知のうちに、知によって存在するのではなく、ただ信のうちに、信によって存在するだけなのです」(ibid., 86; ibid., 311)。かくして「人間は自ら自身の力によって、かの知から身をもぎ剥がし、人間を哲学者の上に高めるのです」(ibid., 83; ibid., 309)。

「信」は「知」とこのように対置されているにもかかわらず、「信」は「理性」と断絶されているわけではない、ラインホルトはそう主張しようとする。彼は『逆説』で説明していた「自然な確信」と「作為による確信」の対比を、この書簡では「自然的な理性」と「作為的な理性」の対比として展開しており（vgl. ibid., 85ff.; ibid., 310f.）、その結論部分でこう述べている。かの「実的な無限者」は、「信のうちに存在する」とはいっても、それはまた「理性を介して（durch Vernunft）」存在するのです。ただし、その理性は「単なる理性」ではなく、「自然的な理性」である。「この自然的な理性は――単に自ら自身を直観し、自ら自身を思惟する理性ではなく――自然と神との間にあって実働しており、――自然を無限に概念把握しながらも――神に聴従し（vernehmend）、神を介して自ら自身に聴従し、――そしてそれ自身において真なるものを感受し（empfangend）――それを真となす（WAHRMACHEND）のではなく、真として感得する（WAHRNEHMEND）理性なのです」（ibid., 86f.; ibid., 311）。かくして、この「自然的な理性」は、「自然」（「無際限に有限なもの」）と「神」（「無際限に無限なもの」）の間にあって、いわば両者に接している。

2　「私の自由」、「絶対的自由」、「根源的自由」

では「自然的な理性」を介した、「自然的なもの（有限なもの）」から「超自然的なもの（無限なもの）」への「移行」は、いかにして遂行されるのか。四月六日付けの書簡の冒頭は、こう述べている。「私は、私の自由によってのみ、自ら無限性に参与しています。私が根源的に良心のうちに見出すような私の自由は、私にとっては有限なものですが、しかし、それは無限なものと結合されており、たしかに不可解な仕方ではあれ、しかし不可分にそれと結合されています」（ibid., 89; ibid., 311f.）。自然な意識は、それが単に経験的である限り、「無限なもの」への通路を見出すことはない。その通路は、私の「決断」による行為への「自己規定」としての「私の自由」によってのみ開かれる。

この場合、有限な個体としての「私の自由」は、「哲学者」のいう脱人格的で思弁的な「絶対的自由」とは異なる。さらに、この二つの自由は、「神的自由」ともいうべき「根源的自由」とも区別されねばならない。まず、思弁的な自由は「私の自由」を不可能にしてしまう。というのも、それは「純粋な知のために、私の個体性を捨象し、したがって私の自由を私の自由としては、永遠に廃棄してしまう」（ibid., 87; ibid., 311）からである。「哲学者」が「思弁の立

「場」に立って、「自由な捨象によって不断に廃棄するものを、自由な反省によってまた不断に再興する」際の「絶対的自由」は、その捨象作用と反省作用の「作為性」のゆえに、「私の自由の有限性と無限なものの根源的結合」からむしろ私を「もぎ剥がしてしまう」(ibid. 89 ff.; ibid. 312)。それに対して、私は「良心の立場においてのみ、私の自由を、私の個別的自由として再認する」(ibid. 87; ibid. 311)。かくして「良心の立場」に身を移し置いて初めて可能になる「私の自由」によってのみ、私は私の有限性を無限性と接合しうる。そして、「神的自由」ともいうべき「根源的自由」は、いわば「私の自由」の限界的接点として、「良心を介してのみ、われわれに啓示される」がゆえに、「私の自由」は「良心」において「根源的自由」と接することになる。「哲学者」の「絶対的自由」は永遠に無際限に進展し、「限界」を知らないがゆえに「根源的自由」に触れることはない。それに対して、個別態としての「私の自由」は、その有限性の切実な自覚のゆえに、その限界点において「根源的自由」に接することができる。この自由の理解には、実存的な趣さえある。

この「良心を介してのみわれわれに啓示される根源的自由を、ただ思弁のうちで、思弁によって、思弁にとってのみ現実的であるような絶対的自由と混同すると、神はまったく考えられないものになる」。それで、「前者の自由に代えて後者の自由を立て、ここに神を思惟することになる」のだが、「このような誤解によって、最新の哲学は、信仰心の薄い人や誤った信仰心を持った人を無神論者にしてしまう可能性があるのです」(ibid. 104; ibid. 317)。「最新の哲学」とは、第一義的には「知識学」を指している。この文章はたしかに、フィヒテが「根源的自由」と「絶対的自由」を「混同」しているとは述べていない。しかし、「知識学」はそうした誤解を誘発しかねないとは述べているのである。いずれにせよ、「自然な有限者と「実的な無限者」を接合する唯一の「場」は、自然な個別態としての私の「良心」のうちに成立する「実存的」自由なのである。

3 「根源的感情」としての「良心」

ラインホルトは『逆説』でも、「良心」を「感情」と結びつけていた。だが、それはもっぱら「道徳的感情（das sittliche Gefühl）」であった。すなわち「理念的なものと実在的なものの合一」という「実践的真理」が、それを介して「告知される」ような感情であった（*Paradoxien*, 60, 96）。それに比べ、この書簡では「感情」は、「良心の根源」として、そして「人間のうちにある真理と理性の源泉」として登場している。それゆえ、かの「まったく概念的把握不可能であるが、しかし端的に実的なもの」つまり「神」もまた、「良心のうちに、感情を介して告知されるのである」（*Sendschreiben*, 84; *GA*, III/3, 310）。つまり、『逆説』での「道徳的感情」は、この書簡では「道徳宗教的な根源的感情（das sitttlich [moralisch] religiose ursprüngliche Gefühl）」（ibid., 93, 113; ibid., 313, 320）へと深化、拡張されているといえる。この「感情」は、もちろん人間の単なる喜怒哀楽の表出作用ではない。またそれは、フィヒテが『全知識学の基礎』で設定したような、自我の「外」と「内」との接点一般でもない。すなわち、フィヒテは『基礎』で、「感情」とくに強制ないし「必然性の感情」に、「非我の実在性」と、それを介した「すべての実在性の根拠」を見定めようとしていた(46)。それらの「感情」とは違って、この「根源的感情」は、有限な人間が自らと「無限なもの」との接合を感じ取る働きにほかならない。

ラインホルトはそれゆえ、この「根源的感情」に、（われわれの「知」と「信」の成立のための）多様な機能を託していると思える。というより、それにあまりにも過大な機能を託そうとしているように思える。まず、㈠この「根源的感情」は「良心の根源」として、およそ「信」一般がそこで成立するエレメントである。すなわち「信は、超感性的で根源的な、しかしその起源という点では不可解な感情に根差している」（ibid., 97; ibid., 314）。㈡「根源的感情」は、「実的な無限者」と接合される「私の自由」の成立基盤でもある。すなわち「私がかの感情のうちに自由を認めるのは、私が私の自由と並んで同時に神をも認める限りでのことです。――私は〔中略〕私の自由を介してのみ、かの感情のうちに神を認めるのです」（ibid., 100; ibid., 315）。㈢そればかりか、「根源的感情」は、ありとあらゆるものの成立基盤、エレメントにまで拡張されている。すなわち「かの根源的感情がなければ、〔中略〕私にとって、神や私自身が存在しなくなるのと同じように、経験的知も、自然も、純粋知も、自由も存在しなくなるであろう」(ibid., 99; ibid., 315)。ヤコービが、「神」の存在確信の場は「真なるものを自分が知らないという感情と意識、すなわち真なるものの予感」にほかならないと語っていた(*Jacobi an Fichte*, 28)のを思い起こせば、ラインホルトはここでヤコービの真横に立っているようである。「予感」もまた、「感情」の一種であるのだから。だが、それでもなお、ヤコービの「感情」とラインホルトの「根源的感情」は完全には重ならないように思える。前者の中核が、超越神、人格神に対する「自然な人間」の具体的で直接的な依存感情にあるとすれば、後者の中核を形成しているのは、なお「自然的な理性」を地盤に「私の自由」の限界を介して開示される「実的な無限者」との接合の意識である。ラインホルトは「根源的感情」によって、いわゆる「信仰者の神」と「哲学者の神」との亀裂を埋めようと試みているかのように見える。

この書簡の最終部分は、ヤコービとフィヒテ双方の信仰理解を対比しながら、結論をこう提出する。「哲学者である人間は、神について以下のことしか知りません。まず人間は神を信じなければならないということ、さらに、人間においてこの信仰は理性を介してのみ可能であること、そしてそうである限り、それは理性に矛盾するものを何一つ含むことができず、また含んでいてはならないということです」。だが、さらにこう付け加えられる。「そして、最後に、この信仰が単なる理性から導出されうる限り、それは道徳的世界秩序に対する信仰としてしか考えられないということです。哲学者である人間が、神について知るのはそこまでなのです」(ibid., 111f.; ibid., 320)。

それに対して、「良心」に基づく「信仰」は、「義務に基づく行為のうちに神を覚知する理性を介して、神自身によって現実的なのであり、そして現実的である限りでのみ、可能的であるのです。だが、哲学者は哲学者である限り、このことについては何も知らず、彼が人間である限りでそのことを信じるのです。というのも、彼の自然的な理性を思弁的な理性を超えて高める道徳的宗教的な根源的感情が、かの信仰をそのように考えるように彼に迫るからです。したがって、彼は人間である限り、ヤコービとともに次のことを信じるのです。すなわち、かの感情を欠けば、彼の純粋な知は単なる思弁にとどまらず〔中略〕空虚な思弁であるだろうということを、信じるのです」(ibid., 112f.; ibid., 320)。

フィヒテは問題の発端となった論文「信仰の根拠について」で、「生き生きと働いている道徳的世界秩序それ自身が神であり」、この秩序に対する信仰こそが「真の信仰」であると述べていた[47]。ラインホルトはここで、この信仰を「単なる理性から導出され」たものだと見ており、それに対して「良心」に基づく信仰は、「義務に基づく行為のうちに神を覚知する理性を介して、神自身によって現実的」なのだと主張している。この「神を覚知する理性」とは、先に述べられていた「自然的な理性」にほかならない。それは、「自然と神との間にあって実働しており」、「神に聴従し(vernehmend)」、それを「真として感得する(WAHRNEHMEND)」理性であった。それに対して、「単なる理性」は――先の表現に従えば――「単に自ら自身を直観し、自ら自身を思惟する理性」、「自然を無際限に概念把握」するだけの理性である。これは「神」に接することはない。この点と関連していえば、理性を介して覚知されるべき「神」は、フィヒテにとっては「信仰の根拠について」論文以来、「関係」ないし「秩序」(それも「秩序づけられた秩序」ではなく「秩序づける秩序」)であったのに対して、ラインホルトの(そしてヤコービの)「神」は、現実の実在物と一切の知との「根源」としての「端的に実的なもの(das Reelle)」であった。この相違にもかかわらず、両者はともに、それぞれ異なって理解された「神」が一切の実在性の、したがって「知の実在性」の根拠であると考えている。ここには、「実在性(Realität)」の理解に関して、深い溝が横たわっている。いずれにせよ、この最終部分でラインホルトは、ヤコービとフィヒテ両者の言い分に対して、まったく一方的にヤコービに軍配を挙げているとまではいえないにせよ、はっきりとヤコービに肩入れしているのは明白である。

第四節　フィヒテのラインホルト、ヤコービ宛て書簡（一七九九年四～五月）

ヤコービとラインホルトの軌を一にしたような、そして明らかに批判的な書簡に対して、フィヒテはどう応答したのか。彼は、まず四月二二日付けのラインホルト宛て返信で、自分の哲学が誤解されているのにいらだち憤慨しながら、まずこう書いている。「私はヤコービの述べていることを全面的に是認します。私は、彼がそこで述べていることすべてを、ずっと以前から知っていますし、明瞭に考えてきました。そして、ヤコービがこの卓越した書状を私のために書いてくれたことを、心から嬉しく思っていますが、同時にまた、彼がこの書状を私に対する反論だとどうして思い込むことができたのか、まったく不可解です。彼は思弁の本質を心底よく知っていますし、生の本質もまたよく知っています。それなのになぜ彼は、冷静にこの両方を見下ろし、相互に対比することすらできないのでしょうか」(GA. III/3, 325f.)。

たしかに、フィヒテのこの言い分はもっともである。彼からすれば、「信仰」や「神」や「生」について自分がこれまで述べてきたことは、ヤコービやラインホルトのそれと根本的に異なるものではない、少なくとも対立するものではない。たとえば、問題の発端となった論文「信仰の根拠について」でも、フィヒテは以下の諸点を明確に認めていた。㈠「神の存在」についての「道徳的証明」や「ある種の哲学的証明」が、「初めて人間に神への信仰をもたらす」などと考えるのは間違っている。「貧弱な哲学」だけがそう考えるのである。哲学は初めから信仰を前提にしなければならない[48]。㈡人間の「道徳的確信」が信仰の基盤をなしている。そして「道徳性」が「一切の確実性の基盤である限り」、「一切の確実性の基盤は信仰である」[49]。㈢「道徳的世界秩序」こそ「神的なもの」である[50]。かくして、フィヒテは――ヤコービが暗に批判しているように――「神」を「概念によって」構成しているのではなく、むしろそれを「学」の「外」に置いた上で、超感性的な「世界秩序」としての「神的なもの」への信仰こそが、「一切の確実性の基盤」であることを認めているのである。

さらに、この書簡以前に起草されていたと考えられる草稿『回想・応答・問題』[51]――その一部が抜粋されて、このラインホルト宛て書簡とヤコービ宛て書簡に同封された――では、フィヒテは「生」と「哲学」の区別を強調して、こう書いていた。(四)「自然的で常識的立場」に立って、「客観を直接に思惟すること」と、「特段に作為的と呼ばれる立場」に立って、「意図的意識的に自分の思惟の働き自身を思惟すること」は厳密に区別されねばならない。「日常的生」は前者に属し、「超越論的哲学」は後者に属する。後者における知は「実的で客観的な知」ではなく、それの「叙述と記述」にすぎない。[52](五)だから「私たちに一切の実在性が生じてくるのは、哲学的に思惟しないことによって(durch das Nichtphilosophiren)である。すなわち、哲学的抽象にまで高まっていないか、哲学的抽象の高みからもう一度生のメカニズムに降りてしまうか、どちらかによってである。純粋な思弁に上昇するやいなや、この実在性は必然的に消失する」。かくして「生が目的であって、けっして思弁が目的ではない、思弁は手段にすぎない」[53]。(六)「哲学者はいかなる神も持たず、また持ちえない。哲学者はただ神の概念ないし理念について捉えているにすぎない。神と宗教はただ生のうちにのみ存在するが、哲学者そのものは生きた人間全体ではない」[54]。こうしてフィヒテは、ヤコービと同じように、「生」と「思弁」を峻別し、「神と宗教」は「学」の外にあって、「生のうちにのみ存在」することを認めているのである。また、「一切の実在性」は、「非哲学」において生じ、思弁的知はその実在性を消去してしまうとまで述べている。さらにラインホルトと同じように、「哲学者」と「人間」を区別し、「哲学者」が思弁の高みから「生」の地平へともう一度降りてくる必要性を説いている。

こうして基本的見解が一致している(とフィヒテは思っている)にもかかわらず、よりにもよって自分が窮地に追い込まれているこの時期に、信頼を寄せてきたヤコービによってまるで「神の存在証明」に拘泥していたM・メンデルスゾーンのように、自分が批判、非難されねばならないのか。フィヒテの憤懣やるかたない思いはそこにある。その思いをもって、彼はこう続けている。ヤコービは、Fr・シュレーゲルが彼に求めた「論理的熱狂」[55]など真っ平御免だと述べているが、「しかし、彼には、私が現実の生の熱狂と呼びたいと思う反対の熱狂が巣くっているように思える。この熱狂のために、彼にはそれ〔現実の生〕を冷静かつこだわりなく捨象することを試みることすらできないのである」(GA. III/3, 326)。この「生の熱狂」のゆえに、彼は「思弁を忌まわしく思い、忌み嫌う」のである。

そして、次に矛先はラインホルトに向く。「私は、〔中略〕あなたの今回の転向を正しいものと思っていません、それは新しい逸脱を引き起こすものだと思っています」。彼は、自分宛ての書簡にラインホルトの「転向」――「知識学」支持の立場からヤコービ流の「信仰哲学」への転向――を読み取った。そして、自分とヤコービとの間には「中間の立場」など存在しないというかの宣言が続くのである(ibid., 326f.)。「中間の立場」を追い求めているラインホルトの姿勢の背後を探って、フィヒテはいく分皮肉を込めてこう続けている。ラインホルトは以前から、哲学的思惟のうちに「ある種の実践的熱意」を追い求めてきた。すなわち「あなたは、哲学を通して人間を改善し、回心させようという希望を常に抱いており、そして現世での人間の義務と来世での人間の期待について人間を教導するという希望を常に抱いてこられました」。しかし、そんなことはどんな哲学にも不可能であり、それればかりか、学的観念論に「混乱とスキャンダル」をもたらしかねない。ここでフィヒテは、言葉こそ丁重ではあれ、ラインホルトの啓蒙主義的で通俗哲学的な哲学理解を暗に批判しているのである。そして、この通俗的哲学観が、「厳密な学」としての超越論的観念論を離脱しようとする「転向」を促しているのだ、とフィヒテは見ている。当たらずといえども遠からず、であろう。「転向」を引き起こした少なくとも一つの動機は、かの思想上の「自然主義」の意義の再認にあると考えられる限り、そういえるだろうから。

『回想・応答・問題』から抜粋され、この書簡の最後に付された「断片」の結論は、こうである。「主幹＝客観の根源的二重性に根差した二重性が理性の体系全体を貫いているのであるが、その二重性がここでは最高の段階に達している。生は客観的な理性的存在者の統体(Totalität)であり、思弁は主観的な理性的存在者の統体である。一方はもう一方なしには可能ではない。〔中略〕生と思弁の両者は、互いにもう一方によってのみ規定されうる。生は本来的に非

=哲学的思惟（NICHT=PHILOSOPHIREN）であり、哲学的思惟は本来的に非=生（NICHT=LEBEN）である。〔中略〕ここには完全な反立（eine vollkommene Antithesis）があり、その合一点（＊）がありえないのは、主観=客観である自我の根底に存するXを把握することが不可能なのと同じことである。〔中略〕（＊）ラインホルトは――彼の最近の手紙を私が正しく理解しているとすれば――、思弁に対するヤコービの抗議にそそのかされて、そのような合一点を探求しているようである」（ibid., 333）。

「生」と「思弁」のこの「完全な反立」論はいくつかの問題を孕んでいると思われるが、問題の源泉は、「生」と「思弁」の対比が、依然として主知主義的色合いの残る主観-客観パラダイムのもとに理解されていることにあるだろう。たしかに、フィヒテがそう考えているように、「生」は自らを「生」と捉えることはなく、「哲学的思惟」だけが「生」を「生」として捉える。その意味では「生」は客体であり、哲学的思惟は主体である。しかし、「生」と「思弁」の対立は、フィヒテがここで述べているような意味で「主観」と「客観」の対立の映現態とは解されないし、ましてや「生」と「思弁」、「主観」と「客観」、この両方の対立はいかなる意味でも等置されえないだろう。ヤコービやラインホルトの主張する「予感」や「根源的感情」（これらは、いうまでもなく「生」に属し、「生」を基盤としている）は、何らかの客観態ではありえないであろう。上述したように、多くの個別的論点において双方の側の見解は実質上一致しているにもかかわらず、「生」の理解において、双方はなお隔たっているように見える。ヤコービ-ラインホルトにとっては、「生」は人間が「実的な無限者」、「神」と接合することを可能にする地盤であるとすれば、フィヒテにとっては、「生」はまだ「知の素材」としてしか理解されていないように見える。

さて、同じ四月二二日、フィヒテはヤコービにも比較的短い返信を発送しているが、その一部にはラインホルト宛ての書簡が転用されている。ここでは、「論理的熱狂」と「生の熱狂」それぞれの弊害が説かれているが、ラインホルト宛て書簡にはないような議論の新しい展開や深化は認められない。

その一〇日後の五月三日、フィヒテはもう一度ラインホルトに書簡を出している。ここでは、ラインホルトに対する姿勢がかなり変化している。その原因は、フィヒテがこの間に『逆説』を読んだことにある。『逆説』を目にすることによって、ラインホルトの立場に対するフィヒテの誤解と不信感は、かなりの程度解消した。書簡の冒頭で彼は、『逆説』について「心から嬉しく思っています」と述べるとともに、「私が前便であなたに投げつけた諫言、異議、忠告の数々を非常に恥ずかしく思っています」と書き、前便の内容を「心から陳謝し」ている。それは、『逆説』で述べられている「ほとんどすべてのこと」が「私の心からの考えを代弁するもの」であることを悟ったからである(GA. III/3. 341f.)。すなわち、フィヒテはラインホルトが『逆説』で「生の立場」と「思弁の立場」を明確に区別しており、「自然な確信」に基づく「信」だけでなく、「作為による確信」を地盤とした「思弁的知」の必然性と妥当性を認めていることを知り、安堵したのである。

それで、前便とは一転した調子でこう書いている。「要点自身については、私たちは考えがまったく一致しています。ただ、私たちはそれぞれの個性に応じて探求しているだけなのです。――貴方は思弁と生の連関を私より強調し、私は両者の対置関係を貴方より強調しようとしているのです」(GA. III/3. 342)。もちろん、両者の見解の相違、対立はこんな「きれいごと」では解消しない。そのことは、後に明らかになる。

これ以降も、フィヒテとラインホルトはかなり頻繁に手紙のやり取りを続けているが、そのほとんどは、無神論-非難に対する弁明書[56]の公開の仕方や、事件とフィヒテに対する「学者の世界」の反応などに関するものであり、上述の三月~四月の間に繰り広げられた三つ巴の議論と論点が深められることはなかった。たしかにこの間にも、両者の思想的立場の違いからくる見解の対立や齟齬が時折浮上し、いわば「鞘当て」が発生することもあったが、対立は深刻化せず、両者の間にはおおむね友好的関係が続いていく。ただ、ヤコービに対するフィヒテの強い不信感は一貫して持続している。そして、その不信感は、年も明けた一月八日付けのラインホルト書簡で一挙にぶちまけられることになるが、それは今や敵対者となった者への非難と断罪にすぎない。ここで、フィヒテ自身の「信仰」理解の新境地が開陳されているわけではない[57]。それが開陳されるのは、この一月八日付け書簡でも予告されている『人間の使命』においてである。[58]

フィヒテが、ヤコービ、ラインホルトとの論争を通して彼らの提起をどう受けとめ、自らの「信仰」理解をどう深めたかを追跡することは、本章の範囲を超えている。したがって、以下ではその新境地の輪郭を素描するにとどめなければならない。『人間の使命』は、哲学の専門家以外の公衆を読者に想定して書かれた「通俗的書物」とみなされている。それは、第一篇「懐疑」、第二篇「知」、第三篇「信」の三篇からなっている。問題は、第三篇でのフィヒテの「信（仰）」理解である。

さて、第三篇への序論で彼は、「知の外に在って、その存在に関して知から完全に独立したもの」でありながら、「知自身の究極目的を自らのうちに含んでいるもの」を探求して、それを「私のうちにある絶対的な自己活動への衝動」と同定している（GA, I/6, 254）。そして、この「それ自体は盲目的な衝動」の「実在態（Realität）」の在り処を求めて、彼はこう述べている。「私がこの〔衝動の〕実在態を把捉し、この実在態とともに同時におそらくその他の実在態すべてを把捉するときの器官（das Organ）」が、信（Glauben）である。この「信」こそが「知に初めて同意を与え、信を欠けば単なる錯覚であるかもしれないものを確実性と確信に高めるものである。信は知ではなく、知を妥当せしめようとする意志の決意である」（ibid., 257）。つまり「信」は「知」を超えており、かつ「知の確実性」の根拠である。だがこの「信」は、「意志の決意」という言葉が示しているように、自由な行為に関わる道徳的「信」であって、まだ宗教的信仰――ヤコービやラインホルトが求めていた「真なるもの」や「実的な無限者」への「信」――ではない。それは「われわれに自由と力への、われわれの現実の行為への、そして人間的行為の一定の諸法則への必然的信仰」（ibid., 264）である。それでも、この実践的、道徳的「信」こそが、それが私の内なる「良心の命令」への「聴従」を内実としていることによって、「私の表象に真理と実在性」をもたらし（vgl. ibid., 261）、「われわれの外に現存する実在性の全意識を根拠づけている」（ibid., 264）のだと、フィヒテはいう。第三篇の第一章から第三章で論じられている「信」は、このような道徳的「信」にほかならない。

だが、フィヒテもまた第四章では、道徳的「信仰」を基盤にして、いわゆる「神」に対する「信仰」への通路を開けようとしている。その移行は、「道徳法則」を「超感性界の法則」とみなして、この法則が「一つの意志」の表れ、すなわち「崇高で」「無限な意志」の表れであると解することから始まる（ibid., 291f.）。そうすると、「私の生がいかなる状況にあっても、その状況下で私がなすべきことを私に教える、私の内なる良心の声」を介して、「かの無限な意志が、これはこれで私に影響を」及ぼしていると考えることができる（ibid., 292）。すなわち、私の「良心の声」は、「私の環境を通じて感性化され、私の聴従を介して私の言語に翻訳された、永遠の世界からの神託」と解することができるのである。良心はこの「神託」として、「私自身がこの精神的世界の秩序である無限な意志にどのように適合すべきかを、私に告知する」（ibid.）のである。かくして「かの無限な意志は、精神的世界と私との仲保者である」（ibid., 293）。さて、ここではフィヒテもまた、ラインホルトと同じように、「無限なもの」との接点を「良心」に求めている。「無限な意志」と私との「仲保者」は「良心」であるのだから。ただし、ラインホルトの「良心」の本質が「生」を地盤とした「根源的感情」にあったのに対して、フィヒテの「良心」はより強く「意志」に根差しており、それゆえなお依然として道徳的「良心」であるように思える。

だが、「無限なるもの」への接点はこうして開示され、その限りでは宗教的「信仰」の可能性も開示されたように思える。しかし、フィヒテは第四章の最終部分では、さらにもう一歩踏み込んでいる。彼はいう。それ自体は把握しがたい、「感性界におけるわれわれの一致はすべて」、「一者の、永遠の無限な意志の働きの結果である」。「この一致に対する信」は「われわれの義務に対する信と同じように、本来的には無限な意志への信、無限な意志の理性への信であり、そしてこの意志の誠実さへの信である」（ibid., 295）。彼はここで、いわば「神」の「誠実さへの信」を語っている。それだけではない。かの無限な意志を、「汝（du）」と呼び、こう呼びかけるのである。「汝の声は私のうちに響き、私の声は汝のうちにこだまする」。「概念的に把握不可能なものたる汝のうちで、私は私自身にとって完全に理解できるものになり、世界は私にとって完全に理解できるものになる」。つまり、彼は「無限な意志」を「人格」

としての「神」のごとく語っているのである。そして「幼な児のような率直で純真な人が最もよく汝を捉えるであろう」とさえ語るのである（ibid., 296f.）。「人格神」への信仰を説くようなこのような文学修辞的表現は、ラファーターやヤコービにこそふさわしく、知識学者にはふさわしくないであろう[59]。最終部分でのこうした表現は、無神論者という「汚名」を拭い去ろうという意図に発しているというよりも、むしろ読者層のメインターゲットと想定された非哲学的な一般公衆へのリップサービスと解するほかない[60]。

さて、『人間の使命』の「信仰」理解には、「無神論論争」の影響が随所に認められる。ここでフィヒテも「知」の「外」にあって、「知」の実在性と確実性を保証しうるものを求めて格闘している。そのための場は、さしあたり「精神的世界の秩序である無限な意志」を私に告知する「良心の声」に求められた。しかし、「無限な意志」としての「無限者」が一体いかにして「知」に「実在性」を与えることができるのかという問題は、まだ説かれていないというべきであろう。それを解明する課題は、ベルリンでの知識学の推敲と彫琢に引き継がれることになる。「無神論論争」はそれへの機縁をフィヒテに与えたのである。

注

（1）「無神論争」全般については、美濃部仁「無神論論争」（大峯顯編『叢書ドイツ観念論との対話』第五巻、ミネルヴァ書房、一九九四年）が、事件の「経緯」の概略ほかに、信仰についてのフォルベルクとフィヒテの見解の一致点と相違点を論究している。久保陽一「『無神論論争』の訳者解説」（『フィヒテ全集　第11巻　無神論論争・人間の使命』哲書房、二〇一〇年）は、事件の「経緯」のほかに、この時期（一七九八～一八〇〇年）のフィヒテの各論文での宗教‐道徳‐哲学の連関と区別を解説している。両論文とも、簡明かつ啓発的である。

（2）一二月一八日付けのワイマール公宛ての要請文（in: *Fichte im Gespräch. Berichte der Zeitgenossen.* Bd. 2: 1798-1800, hrsg. v. Erich Fuchs. Stuttgart-Bad Cannstatt 1980（以下、*Fichte im Gespräch 2*と略記）, 25f.）参照。この「事件」とフィヒテについてのワイマール公の反応は、一二月二六日付けのフォン・フォイクト宛ての二つの書簡（in: *Fichte im Gespräch 2*, 29-32）に明白である。公は、論文の内容については「もうすでに何千回もいわれてきたこと」であり、印刷されただけなら抗弁するようなことはないが、これが「大学の講壇で講義されるとなると話は別である」と判断している。そして、フィヒテについては、「自らが革命家であると公言している人物を教師としてイェーナに招聘し」たのは失敗であったと述べ、「どういうことについて沈黙すべきか、あるいは少なくとも公には口を開くべきでないのか、分かっていないような人物は、まったく用いようがないし、有害であり」、「イェーナそのものにとってさえ脅威となりかねない」と考えている。また二番目の書簡では、超越論的哲学者たちに対するゲーテの対応の「甘さ」に立腹、憤慨している（伊古田理訳「〔無新論争に関する往復書簡〕」『フィヒテ全集　第11巻』二八五－二八七頁）。

（3）J. G. Fichte, *Appellation an das Publicums über die durch ein Kurf. Sachs. Confiscationsrescript ihm beigemessenen atheistischen Aeußerungen*. Hamburg 1799 (in: *GA*, I/5, 413-453).（久保陽一訳「無神論的言明にかんして公衆に訴える」前掲邦訳書、五一－一〇二頁）

（4）Vgl. *GA*, I/5, bes. 435-441.（前掲邦訳書、とくに七六－八四頁参照）

（5）シラーは一月二六日付けのフィヒテ宛て書簡で「何よりも私は、貴兄にはご自身の宗教についての信仰告白を、ザクセン宗教局会議に対する何らかの感情も交えずに、冷静に行ってほしかったと思っています」（*GA*, III/3, 183f. 伊古田理訳「〔無新論争に関する往復書簡〕」前掲邦訳書、二九二頁）と書き、ラファーターは二月七日・一二日付けのフィヒテ宛て返書で、フィヒテの辛辣な非難の口調に事細かく注文をつけ、「貴兄には無神論であるという非難が向けられていますが、貴兄の方でも、他人に向けて絶え間なく、偶像崇拝者、邪教崇拝者、無神論者、嘘つき、無慈悲な迫害者、救いがたい邪神の創造者、といった罵詈雑言を浴びせてもいいのだとお考えですね」と書き送っている（*GA*, III/3, 189. 前掲邦訳書、三〇二頁）。

（6）よく知られているように、三月二二日付けのフォイクト宛て書簡でフィヒテは、「公的な非難」が「法的なかたちで」決定され、それを甘受するくらいなら職を辞し、この書簡を「一般ジャーナリズム」に公表するとフォイクトを「脅し」、自分が大学を辞めるときには同僚の間に多くの同調者が出るであろう、と書き送った（Vgl. *GA*, III/3, 286. 前掲邦訳書、三四三頁参照）。

（7）Vgl. *GA*, III/3, 329, Anm. 13.

（8）J. G. Fichte, *Appellation an Pubicums*,in: *GA*, I/5, 417.（前掲邦訳書、五三頁）

（9）Vgl. J. G. Fichte, Der Herausgeber des philosophischen Journals gerichtliche Verantwortungs-schriften gegen die Anklage des Atheismus. In: *GA*, I/6, 72.（久保陽一訳「法的弁明書」前掲邦訳書、一五三頁参照）そこでフィヒテはこう書いている。「私は彼らにとっては民主主義者であり、ジャコバン主義者なのである。事態はそういうことなのである」。こうした評価を誘発した、その前兆的事件はいくつか挙げられる。第一に、彼がラディカルな政治体制批判とも解釈できる『フランス革命についての公衆の判断を是正するための寄稿集』（匿名、一七九三年）の著者であることは、イェーナへの就任以前から知れ渡っていた。第二に、イェーナ着任の二カ月後の六月には、彼が講義中に不穏な発言を繰り返している「ジャコバン主義者」であるという風評が拡がり、ワイマール政府は頭を悩ましていた。さらに、この年の一一月には、彼は「安息日訓令」違反のかどで、イェーナの「聖職者会議」から訴えられ、講義は一時中断された。その上、この頃彼が学生秘密結社の代表と秘密裏に「交渉」を持ったことからも、あらぬ噂が立てられていた。

(10) フィヒテの宗教理解の進展に関しては、クラウス・リーゼンフーバー「フィヒテの宗教哲学的思惟の発展」(日本フィヒテ協会編『フィヒテ研究』第一五号、晃洋書房、二〇〇七年)が、「無神論論争期」を挟んで「前カント期」から「後期著作」までの、六つの時期にわたる「宗教哲学的思惟の展開」を跡づけている。座小田豊「『真実の生』における人間――フィヒテ宗教論の射程――」(『フィヒテ研究』第一五号)は、イェーナ後期の知識学から一八〇六年の宗教論への展開の諸相を追い、フィヒテにおける「知識学と宗教論の間」を論究している。また、中川明才「無神論論争期における超越論哲学と宗教」(『フィヒテ研究』第一五号)も、「無神論論争」期のフィヒテの宗教理解とヤコービの批判点、それに影響を受けた『人間の使命』での知と信仰の関係を論じている。それぞれ、啓発的で有益である。

(11) J. H. Jacobi, *Jacobi an Fichte*. Hamburg, bei Friedrich Perthes 1799. In: *Friedrich Heinrich Jacobi Werke*, hrsg. v. K. Hammacher und W. Jaeschke. Bd. 2, 1, Hamburg 2004 (以下 *Jacobi Werke* 2, 1と略記), 187-258. この公開書簡は、アカデミー版『フィヒテ全集』の第三系列第三巻 (GA, III/3, 224-281) にも収められている。三月中に断続的に起草された書簡の草稿は現存していない。ヤコービは公開された書簡の「まえがき」で、公開書簡は元の書簡草稿に「手を加えていない」と述べているが、*Jacobi Werke* 2, 2の編集者による「成立史」の検証 (S. 467-480) によれば、書簡の最後の三分の一ほど (*Jacobi Werke* 2, 1, 216-225) は、フィヒテによる「無神論」関連箇所の削除要求を容れて書き換えられている。この書き換えによって、かえってフィヒテを怒らすことになった。

(12) K・ハマッハーは、「容易には理解できない」この肯定的評価の理由を、『概念について』における「『物自体』は、感情によって与えられるべきであるという見解」にあったのではないかと推測している (K. Hammacher, Jacobis Briefe >An Fichte< (1799), in: *Transzendentalphilosophie und Spekulation. Der Streit um die Gestalt einer Ersten Philosophie (1799-1807)*, hrsg. v. Walter Jaeschke. Hamburg 1993, 73f. (中島靖次訳「ヤコービの『フィヒテ宛』書簡(一七九九年)」ヴァルター・イェシュケ編/高山守・藤田正勝監訳『論争の哲学史』理想社、二〇〇一年、一三七頁)

たしかに、『概念について』第一版は冒頭部分の注で、「われわれの認識は、なるほど直接に表象によって物自体と関連するのではないが、しかし間接に感情によって物自体と関連しており」、「感情なしにはいかなる表象も可能ではないだろう」(GA, I/2, 109)と述べている(隈元忠敬訳「知識学の概念」、『フィヒテ全集　第4巻　初期知識学』哲書房、一九九七年、一一一―一一三頁)。しかし、この一文をもって「肯定的評価」の原因とするのは説得力に欠けるように思う。理由は、(後述するように)もっと全般的なものであろう。

(13) 一七九四年六月七日付けのヤコービからゲーテ宛て書簡（in: *Fichte im Gespräch. Berichte der Zeitgenossen*. Bd. 1: 1762-1798, hrsg. v. Erich Fuchs. Stuttgart-Bad Cannstatt 1978（以下、*Fichte im Gespräch 1*と略記）, 115）を参照。

(14) この謎めいた文言の解釈についてはRolf Ahlers, Fichte, Jacobi und Reinhold über Spekulation und Leben, in: Harmut Traub (hrsg.), *Fichte und seine Zeit: Fichte-Studien Bd. 21*. Amsterdam/New York 2003, 6f. 参照。

(15) 一七九五年三月一日付けのヤコービからゲーテ宛て書簡（*Fichte im Gespräch 1*, 252）参照。

(16) ゲーテへの二つの書簡の間に起こった評価の「転換」の誘因は、Ives Radrizzani, Jacobis Auseinandersetzung mit Fichte in den Denkbuchern (in: *Fichte und Jacobi*, hrsg. v. Klaus Hammacher. *Fichte-Studien Band 14*, Amsterdam-Atlanta 1998, 43-62) の推定によれば、ヤコービがこの間にフィヒテが『ホーレン』に寄稿した論文を読んだことにある。これを契機にヤコービは、非我にまったく依存しない自我の「絶対的に創造的な能力」への疑念と批判を強めていく。そして、一七九七年には、かつて評価していた『概念について』に対して、「ここには死せる犬がいる」とまで酷評している (vgl. ibid., 61)。

(17) 一七九五年一二月二四日付けのヤコービからフィヒテ宛て書簡。「貴兄の登場が私にとっては当初からどれほど好ましいことであったか、フンボルトやゲーテはそのことをよく知っています。私は貴兄のことをますます嬉しく思っており、私がそうなることを望んでいるほどにはすでに貴兄と近いところにいるのだと思います」(GA, III/2, 436)。

(18) 一七九七年二月二二日付けのヤコービからラインホルト宛て書簡（*Fichte im Gespräch 1*,408）参照。

(19) Friedrich Heinrich Jacobi, Ueber denTranssendentalen Idealismus. Beylage zu *David Hume über Glauben oder Idealismus und Realismus. Ein Gespräch*, in: *Jacobi Werke*, 2, 1. Hamburg 2004, 112. ヤコービはこう書いている。「超越論的悟性のうちにあるがわれわれの外にあるかのような事物」の存在を想定しようなどとすれば、「超越論的観念論は超越論的観念論を脱しなければならず、本当に筆舌に尽くしがたい自己矛盾に陥らねばならない。それゆえ、超越論的観念論者は、これまで教えられてきた中でも最も強烈な観念論を主張する勇気を持たねばならず、思弁的なエゴイズムであるという非難を恐れない勇気を持たねばならない」。ヤコービに従えば、フィヒテだけがこの「勇気」を実証したのだということになる。

(20) *Jacobi an Fichte*. Hamburg: bei Friedrich Perthes 1799, 9. 以下『ヤコービからフィヒテへ』からの引用は、*Jacobi an Fichte*と略記して、初版本の頁数を本文中に記すことにする。この初版の頁数は、このテキストを収めている『ヤコービ全集』(*Jacobi Werke* 2, 1, 187-258) とフィヒテ・アカデミー版『全集』の第三巻第三系列 (GA, III/3, 224-281) の両方ともに記されており、いずれの『全集』版を利用するにも便利だからである。本書簡はさらに、*Transzendentalphilosophie und Spekulation. Der Streit um die Gestalt einer Ersten Philosophie* (1799-1807), *Quellenband*, hrsg. v. Walter Jaeschke. Hamburg 1993に採録されている（これも、初版の頁を記している）。

(21) Vgl. Kommentar in *Fiedrich Heinrich Jacobi Werke*, 2, 2. Hamburg 2004, 664.

（22）ヤコービはすでに一七九八年一一月五日に友人ジャン・パウルに宛ててこう書いている。「批判哲学が初めて登場した際に、私は今日生じているような事態をまったく明確に予言しました。そのことによって、私は、新しい結合の創設者と彼の信奉者たちにとって、バプテスマのヨハネになったのです」（*Fichte im Gespräch. Berichte der Zeitgenossen.* Bd. 6. 1: Nachtrage zu den Banden 1-5, hrsg. v. Erich Fuchs. Stuttgart-Bad Cannstatt 1992, 302）。「新しい結合の創設者」とはフィヒテのことである。

（23）「思弁的理性のユダヤ人たち」、「異教徒の中のナタナエル」という聖書-神学的メタファーの哲学的意味についてはHartmut Traub, J. G. Fichte, der König der Juden spekulativer Vernunft — Überlegungen zum spekulativen Anti-Judaismus, in: Harmut Traub (hrsg.), *Fichte und seine Zeit. Fichte-Studien*, Bd. 21. Amsterdam-New York 2003を参照。

（24）一七九四年九月二九日付けのフィヒテからフンボルト宛て書簡での添付文章（GA. III/2, 202）を参照。

（25）一七九五年八月三〇日付けのフィヒテからヤコービ宛て書簡（GA. III/2, 391）参照。

（26）書簡の当該部分はこう述べている。「超越論的観念論者たちが自分たち自身の限界を覆い隠すことだけで満足し、この限界を都合のいいようにしたいと思うときには、アルヴィルは彼らに〔実在論と観念論の〕和平への期待をもたらし、それどころか一種の同盟への期待すらもたらします。私はすでにもうこの条件を満たした、と思っています。さらに私がこのことを超えて、今度は、敵対的とみなされている領国自身につまり実在論に、その領土を保証し、確定したならば、私は単に一種の同盟だけでなく、あらゆる種類の同盟を法的に当てにできるでしょう」（GA. III/2, 393）。

（27）一七九六年四月二六日付けのフィヒテからヤコービ宛て書簡（GA. III/3, 17f.）参照。

（28）一七九九年二月二六日付けのヤコービからラインホルト宛ての書簡（*Fichte im Gespräch* 2, 66）。

（29）ちなみに、採録された文章はこうである。「フィヒテと私との間の同一性と相違の秘密、われわれの哲学的共感と反感は、私の思うに、アルヴィルの書簡集の中のエアハルト・O氏への書簡だけでもまともに読み、完全に理解するだけの労をいとわない者になら誰にでも、明白になるに違いない」（*Jacobi an Fichte*, 13）。

（30）当時フィヒテの信奉者であったFr・シュレーゲルは、雑誌『ドイツ（*Deutschland*）』第三巻（ベルリン、一七九六年）誌上で、フィヒテ的精神を織り交ぜながら、ヤコービの『ヴォルデマール』の改訂新版を批判的に書評していた。

（31）神子上恵群「ヤコービのフィヒテへの手紙とニヒリズム」（龍谷学会編『龍谷大学論集』第四一一号、一九七七年）が、書簡執筆の動機について本章と同様の理解を示している。

（32）この文章（*Jacobi Werke* 2, 1, 216欄外注）は、フィヒテの要求を容れて公刊時には「たとえ仮に私が、スピノザの教説と同じように貴兄の教説を無神論的だと呼ばねばならないにしても」と書き換えられた。

（33）Daniel Jenisch, *Ueber Grund und Werth der Entdeckung des Herrn Professor Kant in der Metapysik, Moral und Aesthetik.* Berlin 1796 [Aetas Kantiana 1973], 200, 272, 274, 276.

(34) 超越論哲学批判としてのヤコービのニヒリズム理解の諸側面とその影響史については、Wolfgang Müller-Lauther, Nihilismus als Konsequenz des Idealismus. F. H. Jacobis Kritik an der Transzendentalphilosophie und ihre philosophiegeschichtlichen Folge. In: *Denken im Schatten des Nihilismus. Festschrift für Wilhelm Weischedel.* Darmstadt 1975が詳述している。

(35) Wolfgang Müller-Lauther, op. cit., 119f.

(36) 長町裕司「神的なものの在り処についての〈非知的〉な意識?・」(日本フィヒテ協会編『フィヒテ研究』第一八号、晃洋書房、二〇一〇年)が、公開書簡『ヤコービからフィヒテへ』でのヤコービのフィヒテ理解のいくつかの問題点を論じている。また、中川明才『フィヒテ知識学の根本構造』(晃洋書房、二〇〇四年)の第三章「ヤコービのフィヒテ批判」、栗原隆『ドイツ観念論からヘーゲルへ』(未来社、二〇一一年)の第五章「虚無への供物としての知――フィヒテのニヒリズムに対するヤコービの批判」が、この「論争」の主要な諸論点を論究している。

(37) 久保陽一『生と認識　超越論的観念論の展開』知泉書館、二〇一〇年、「序論」は、初期ドイツ観念論における「ヤコービ問題」の重要性と意義を強調している。

(38) *Aus Baggesen's Briefwechsel mit Karl Leonhard Reinhold und Friedrich Heinrich Jacobi. Zweiter Theil.* Leipzig 1831 (*Aus Baggesen II*と略記), 260; *Fichte im Gespräch 2*, 104.

(39) Vgl. GA, III/3, 308.

(40) 「ラインホルトのフィヒテ宛て書状」とは*Sendschreiben an J. C. Lavater und J. G. Fichte über den Glauben an Gott.* Hamburg, bei Friedrich Perthes 1799を指す(以下、*Sendschreiben*と略記する)。この「書状」は、五月一日付けのラファーター宛ての書簡(S. 9-75)と、三月二七日と四月六日付けのラインホルトからフィヒテ宛ての書簡(S. 76-142. in: GA, III/3, 307-320)をもとに公刊されたが、公刊時に付された「まえがき(Vorberict)」(S. 3-8)の日付が五月一五日であることを勘案すれば、『ヤコービからフィヒテへ』の公刊(おそらく一〇月)以前に、出版されていたと推定される。次の第二節で紹介するように、ラインホルトの書簡は、「自然的な信仰」と「作為的な信仰」の対比のほか、多くの論点でヤコービの主張と軌を一にしている。

(41) 「真理のためには自ら自身と一切を捨てる勇気」とは、ラインホルトが自らの「根元哲学」の欠陥を認め、「知識学」の優位さを公然と宣言し、その支持を公にした態度を指している。

(42) 両書簡とも、上掲*Sendschreiben*に収められ、アカデミー版『フィヒテ全集』第三系列第三巻にも収められている(*GA*, III/3, 307-320)。この両書簡には下書き断片が存在し、印刷公刊されたものと本質的に異ならないが、表現はかなり異なった部分がある(vgl. *GA*, III/3, 295-307)。以下、この書簡からの引用は、公開書状を*Sendschreiben*と略記し、その頁数と(フィヒテ宛て書簡の部分については)アカデミー版『フィヒテ全集』の頁数も本文中に併記する。

(43) 注(40)参照。

（44） *Ueber die Paradoxien der neuesten Philosophie* von C. L. Reinhold. Hamburg, bei Friedrich Perthes. 1799. 以下、この著作からの引用は*Paradoxien*と略記して、本文中に頁数を示す。

（45） この小冊子は、「まえがき」（S. 3-12）と章、節分けもなく、小見出しさえ記されてない「本文」（S. 13-112）からなっている。「まえがき」はこう述べている。フィヒテの「哲学は彼の精神のまったき本質からして、無神論という非難を超越している、〔中略〕なぜならば、この哲学にとっては、宗教は良心の信仰以上でも以下でもなく、そしてこの特性において、宗教は確実といわれうるすべてのもの中でも最も確実なものである。この哲学が心得ており、示しているのは、この信仰の確信がいかなる哲学によっても産出されることも、廃棄されることもできないということ、そして哲学はこの確信をその可能性の面から説明することを引き受けるのだということである」（*Paradoxien*, 8f.）。最近の事件が引き起こした思想的混乱のゆえに、「最近の哲学の精神に特有の特性を理解する必要が、それだけにますます緊急なものになっており、この特性を誤って理解する危険性は、それだけにますます憂慮すべきものになっている」。それゆえ、この小冊子は、「かの特性に関していくらかの解明を与え」、知識学をよく知らない、あるいはまったく知らない読者に、それを理解する途を照らしたいと願っている（ibid., 11f.）。「まえがき」はそう結ばれている。なお、「一七九八年三月二八日」という「まえがき」に記された日付は、明らかに誤植である。

（46） この点については、久保陽一、前掲書、第I部第二章を参照。

（47） J. G. Fichte, Ueber den Grund unseres Glaubens an eine göttliche WeltRegierung. in: *Philosophisches Journal* Bd. VIII, Heft 1. S. 1-20 (in: *GA*, I/5, 347-357, bes. 354).（久保陽一訳「神の世界統治に対する私たちの信仰の根拠について」『フィヒテ全集 第11巻』二五-四一頁、とくに三四-三五頁）

（48） ibid., *GA*, I/5, 348f.（前掲邦訳書、二五-二六頁）

（49） ibid., 351.（前掲邦訳書、三〇-三一頁）

（50） ibid., 354.（前掲邦訳書、三四頁）

（51） Rückerinnerungen, Antworten, Fragen. In: *GA*, II/5, 103-186.（久保陽一訳「回想・応答・問題」前掲邦訳書、一八一-二三〇頁）

（52） ibid., 111, 117.（前掲邦訳書、一八八、一九〇頁）

（53） ibid., 118.（前掲邦訳書、一九〇-一九一頁）

（54） ibid., 130.（前掲邦訳書、一九六-一九七頁）

（55） 注（30）に記したように、Fr・シュレーゲルがヤコービの『ヴォルデマール』を書評した際に、「真の哲学的思惟すべての第一の主観的条件」であり、「哲学的精神の最も本質的な構成要素」である「学的知への愛（Wissenschaftsliebe）」を支えている「論理的熱狂（logischer Enthusiasmus）」について語り、ヤコービにはこれが欠けていると批判していた。また「ヤコービは哲学的理性を憎まねばならなかった。彼の確信するところでは、首尾一貫した独断論は、彼の愛の対象すら否認するからである」とも書いている（*Kritische Friedrich-Schlegel-Ausgabe*. Bd. II. Paderborn 1967, 69, 71）。また、ヤコービ哲学の出発点は「客観的な命法」ではなくて、「個人的な祈願法」であり（ibid., 69）。彼の「論理的熱狂」は、「彼のおはこである願望」、神的なものの実在を「満たすこと」に向けられており、この願望を成就するためになら、彼は理性のあらゆる原理を投げ捨て、「思索する者誰もが服しており、そして実際の行為によって（市民誰もが国家の一員となることによって、そうしているように）服さねばならない、〔思考することの〕憲法」（ibid., 71）に違反しているのだ、とも評していた。

（56）この弁明書は、『哲学雑誌』第九巻第四分冊（一八〇〇年）に、Aus einem PrivatSchreiben (im Jänner 1800) として公表された（久保陽一訳「私的書簡から」前掲邦訳書、二三一-二五七頁）。

（57）それでもこの書簡には、フィヒテの注目すべきヤコービ批判がいくつか述べられている。一つは、ヤコービは「私があたかも生き生きとした力に満ちた神を持っておらず、私の神は徹頭徹尾概念による（durch und durch Begriff）ものだ」という「腹立たしい歪曲」を広めるのに関与しているのだが、私の主張する「道徳的世界秩序」は必ずしも「秩序づけられた秩序（ordo ordinatus）」ではなく、「秩序づける秩序（ordo ordinans）」を意味しているということである（GA, III/4, 180）。このことは、上記の「私的書簡から」でも繰り返されている（GA, I/6, 373f. 前掲邦訳書、二三七-二三八頁）。もう一つは、「私の哲学は、ヤコービの哲学と同じように、その本質を非知のうちに持っているということ」（ibid., 181）である。ただし、その真意はここではまったく説明されていない。

（58）J. G. Fichte, *Die Bestimmung des Menschen*. Berlin, in der Vossischen Buchhandlung 1800 (in: *GA*, I/6, 145-312).（量義治訳「人間の使命」前掲『フィヒテ全集　第11巻』三八七-五八五頁）フィヒテは以前から計画していたこの著作を仕上げるべく、ベルリンに移った一七九九年の夏から秋にかけて、精力的に草稿の仕上げに取り組んでいた。この書簡でフィヒテは、『人間の使命』をラインホルトとヤコービにもうすぐ送れると述べており、「その第三篇によって、ついに私の哲学のこの部門を」誰にでも分かるような「まぎれもない光のうちに据えた」と書いている（GA, III/4, 180）。だが、この著はラインホルトにもヤコービにも献本されなかった。

（59）一八〇〇年一月一八日付けのラインホルト宛て書簡で、フィヒテは「神の人格性にあくまで固執する」などという考えは、「現代の最も深遠な思想家にはふさわしくない見解」であるのに、ヤコービは『ディビット・ヒューム』では一旦放棄したこの考えを、「今回蒸し返しているのではないか」（*GA*, III/4,180）との疑念を述べている。

（60）ラインホルトは、一八〇〇年一一月二三日付けのフィヒテ宛て書簡で、「かの第三篇のこの箇所や、その他の似たような多くの箇所は、通俗的な考え方への単なるへりくだり（bloße Herablassung）」（*GA*, III/4, 379）だと述べている。

第十一章　ラインホルトとフィヒテの決裂（一八〇〇年）
――『第一論理学要綱』評価をめぐって――

「無神論論争」がフィヒテに知識学の新境地の展開の機縁を与えたように、一連の論争はラインホルトにもその哲学的思惟の新境地を拓くことを促すことになった。一七九九年の春、ヤコービとともに「真なるもの」が「知」を超えていることを確信したラインホルトは、三月の「フィヒテ宛て書簡」では、それを「実的な無限者」とか「根源的に実在的である真なるもの」とか呼び、「知の実在性」の根源にあってその「実在性」を保証するものと想定していた。そのような想定はすでに「実在論」への傾斜を含意していた。「フィヒテ宛て書簡」では、彼は「実的な無限者」への「信」と思弁的な「知」とが並立可能であることをまだ認めていた（「間の立場」）が、次第に「知識学」は「実的な無限者」への一切の通路を欠いているとの疑念を強め、実在論的傾向を強めていく。そして、一八〇〇年の初め頃から、両者の哲学的立場の分岐が次第に明瞭になってくる。

その誘因となったのが、C・G・バルディリ（Christoph Gottfried Bardili 1761-1808）の『第一論理学要綱（*Grundriß der ersten Logik*）』（以下、『要綱』と略記）[1]である。バルディリがこの著で唱えた「論理的実在論」の評価をめぐって、両者は袂を分かつことになる。ラインホルトは当初、この著作に「知識学」の補完、完成を見ようとしていたが、フィヒテがこれを拒否して、これを旧来の独断論的実在論と変わりないと断罪するに及んで、ラインホルトはバルディリの実在論的立場に与して、「知識学」のみならず超越論的観念論一般に対抗する論理的実在論の立場を打ち立てようと試みることになる。一七九七年には哲学的立場を共有したはずのラインホルトとフィヒテは、一七九九年の「無神論」をめぐる「論争」での軋轢を経て、一八〇〇年秋にはこの『要綱』の評価をめぐって決裂するのである。本章では、両者のこの思想的亀裂の深まり、決裂の経緯を追うことにする。

第一節 『第一論理学要綱』の概要

バルディリのこの著作の基本的狙いは、その副題に明瞭に示されている。すなわち、『従来の論理学一般の誤謬、とりわけカントの論理学の誤謬から浄化された第一論理学要綱。けっして批判ではなく、主にドイツの批判哲学者たちに役立つ精神の治療薬』。また、その根本性向は、この著作がヘルダー、エーベルハルト、シュロッサー（Johann Georg Schlosser 1739-99）といった筋金入りの反カント主義者に捧げられていることからもおおよそ推定されうる。[2]「ドイツの批判哲学者たち」が罹っている「病」とは、「論理的なもの」を、そして「思惟」一般や「思惟されたもの」を、「単なる主観的なもの」としかみなさない「主観性の病」のことである。『要綱』はその「病」の「治療薬」だというわけである。その人目を引く表題にもかかわらず、この著は——やや錯綜した展開の中に、「独創的」な思想を含んでいるとはいえ——、その理論体系の内実の重要性のゆえというよりも、むしろこの著が哲学界に引き起こした大きな反作用のゆえに——そして、超越論哲学のさらなる深化のための機縁となったがゆえに——注目されてきたといえる。本節では、その内実にあまり深入りせず、以下の論旨の展開に必要な限りにおいて、ほとんど紹介されてこなかったこの著作を概括しておこう。

さて、バルディリによれば、「従来の論理学一般の誤謬、とりわけカントの論理学の誤謬」は、純粋思惟、「思惟としての思惟（Denken als Denken）」（あるいは「思惟である限りでの思惟」）を「単なる主観性」の形式のもとに捉え、そのことによって論理学を「主観的なもの」にしてしまった点にある（vgl. *Grundriß*, xiii, 354）。彼はそれに対抗して、純粋に「論理的なもの」の唯一本来的圏域を形成している「思惟としての思惟」の超主観的な自立性、自存性を主張しようとする。この「思惟としての思惟」の内的特性は、彼によれば「AをAのうちでAによってAとして」無限に反復可能であるという意味での純粋な同一性にある（vgl. ibid., 15, 24）。この純粋な同一性を――後にフィヒテやシェリングが誤認して批判したように――「同一律」の形式的同一性や人間の思惟一般における抽象的同一性と混同してはならない。バルディリがこの一見奇妙な定式によっていい表そうとしているのは、超主観的である「思惟としての思惟」の本質が、主観と客観の区別や対立の成立に先立って、したがって特定の事物や観念の表象あるいは認識に先立って、自らを「一なるもの」として、それの無限な反復可能性において、常に「一」として思惟しうる点にあるということである。その限り、ここには純粋な思惟それ自体が、「内在的な無限界性、成就しつつある自己連関、形式的な構成能力、あるいは純粋なア・プリオリ性」を「不可欠な徴標」として含んでいることが示唆されている。[3] なぜなら、この純粋な思惟は、それ自体のうちに何の「限界」も持たず、しかも「AをAとして」思惟する点で原理上すでに自己連関を含み、そして一切の事物が構成される前提としてのア・プリオリな根源的能力と捉えられているからである。この純粋な同一性は、常に「肯定」としか考えられず、それ自体としてはいかなる「否定」も含まない（vgl. ibid., 6f.）。いい換えれば、この同一性のうちにはいかなる区別も対立も含まれていない。したがって、通常の論理学における、「質」、「量」、「様態」に関する諸判断の形式的区別でさえ、かの純粋な同一性には内属していない以上、それらの区別は「純粋に論理的なもの」（「純粋論理学」）には属さない。バルディリはその意味において、「思惟としての思惟は、質の区別も、量の区別も持っていない」（ibid., 63）という。それらの区別は、ただ純粋思惟を素材に「適用（Anwendung）」するとき、初めて生じてくるものである。バルディリは、通常の論理学が取り扱う論理的諸形式を超えた、あるいはそれらの諸形式の根底にあるこの純粋な同一性の圏域を発見したことが自分の論理学の功績であると誇り、この純粋同一性としての「論理的なもの」を取り扱うこの論理学を「第一論理学」と呼ぶのである。つまり、バルディリは、「客観（対象）」と関わる以前の、したがっていかなる「素材」も持たない思惟それ自身が――かつて「ロゴス」や「ヌース」がそうみなされていたように――それ自体で実在すると想定し、それの主観的思惟からの自立性、自存性を主張しているのである。その内的本性が、「一なるもの」の「無限の反復可能性」としての「純粋な同一性」と呼ばれる。

超越論的観念論の鏡に照らし合わせれば、いかにも理解困難な「思惟としての思惟」の超主観的な存在という問題について見通しを良くするには、バルディリの研究歴が古代哲学を出発点としていることを思い起こした方がよい。彼が『要綱』で度々プラトンをはじめとする古代の哲学者とその術語を援用して、自らの理説を説明しようとしている(4)ることからも分かるように、彼は「論理的なもの」としての「思惟としての思惟」を、かつて「ロゴス」や「ヌース」が占めていた地位に据えようとしているのだといってもよいだろう。それゆえ、「われわれのいう勝義の第一のもの（AによるAとしてのA）」が、Das Principium rationisとも表現されるのである（ibid., 204）。いうまでもなくこのratioは、近代的な主観のratioではなく、超主観的な存在論的ratioである。このような「思惟」の存在論的理解が、「思惟」の主観化への批判と表裏一体をなしている。「思惟としての思惟」の純粋な同一性が、認識におけるいかなる同一性とも、形式論理学の同一性とも決定的に異なるものとして理解されねばならないのも、そのように理解された「思惟」の特性の必然的帰結なのである。

だが、思惟の純粋形式がこのように存在論化され、思惟素材から切り離されて単離されるとなると、この形式には、この形式と同じくそれ自体としては絶対的な裸の素材（質料）が、絶対的に対置されざるをえない。この二元論的前提のもとで、思惟の純粋形式を素材と関連づけることを、バルディリは「素材への思惟の適用」と呼んでいる。「思惟の適用」とは、純粋思惟Aに、これに外在的な素材Cが「プラス」されることにほかならないが、この「適用」の概念的内実は、複雑で奇妙な理論構成に支えられている。すなわち、「適用」に際して「素材（質料）」としての素材（質料）」は、純粋思惟によって「無化（zernichten）され」ねばならないのに対して、それとは区別される「素材の形式」は——それが「形式」である限り——無化されえないのであり、これだけが「思惟の形式」と結合される（vgl. ibid., 80f.）。したがって、「素材」のうちに、一方では思惟の適用によって無化されるものが、もう一方では無化されえないものが前提にされていることになる。バルディリは「素材の形式」を「思惟内容としての（als Gedanke）現実態＝B」と表記し、「思惟の形式」を「思惟内容としての可能態＝-B」と表記する。すると「素材への思惟の適用」（A＋C）によって成立する「客観」は、この「現実態＝B」と「可能態＝-B」の「合成（Zusammen）」として叙述される（vgl. ibid., 68f.）。かくして「（A＋C）によって、客観＝B-Bが生じる」（ibid., 167）という定式が成立する。この「客観＝B-B」という定式には、「思惟の形式」に基づいて思惟されるものは単に「可能的なもの」として現れるにすぎず、「客観」が成立するには「素材の形式」たる「現実態＝B」を必要としていること、したがって「客観」の成立は、超越論的観念論の場合のように「思惟の形式」だけには還元されない「客観性」を有しているということを含意している。この点に関して、バルディリは論理学が「自然の本質を理解する鍵」だとも語っている（ibid., xiv）。したがって、バルディリにとっては、論理的思惟の諸形式や諸法則は同時に存在の諸形式や諸法則でもあるのである。

「思惟としての思惟」は「適用における思惟」（あるいは「適用された思惟」）と厳密に区別されねばならない。前者は超主観的であるだけでなく、「始まり」も「終わり」もない超時間的な働きであるのに対して、後者において初めて主観-客観関係、および「始まり」と「終わり」が生起するのである。したがって、「思惟としての思惟」を「適用」によって初めて可能になる「表象」、「判断」、「認識」としての思惟と混同してはならない。「適用」において、「思惟」は一方で「素材としての素材」を無化するのだが、まさにそのことによって「思惟」は、他方で「素材の形式」と結合されて、いわば自ら自身へと折れ曲がる。すなわち、「素材の形式」と接合されるたびに、「思惟の形式」は「一たること」を可能にする自らの規定へと送り返され、無限の反復において「A」が自己同一的であることをその都度、確証し続けるのだといえる。素材に適用された思惟がこのように自ら自身に還帰することによって、「思惟」は初めて「表象」になる。[5]

かくして「表象」が成立すると、「表象」は、分裂したものでありながら合成されたものであるという二重的本性を必然的に抱え込むことになる。その両側面は、「思惟の形式」と「物質の形式」とが一方では接合されながら、それと同時に他方では分離されているという根源的事態に由来している。そして「表象されること」の「根本様態」を、バルディリは「相互外在（Aussereinander）」と名づける。それゆえ、表象された「客観は、表象のうちに相互外在がなければ、けっして客観でありえない」（ibid., 72）。「継起（Nacheinander）」と「並存（Nebeneinander）」が、この「根本様態」の特殊態である（ibid., 73f.）。かくして、この「継起」に由来する時間とこの「並存」に由来する空間とが、およそ或るものが表象されうる可能性の制約として、有限な人間の思惟が「適用」可能であることの制約として導出される。さらに、思惟の諸様態が、「コプラ」によって「定言判断」、「仮言判断」、「選言判断」に即して表現され、「故に（ergo）」によって「推論」に即して表現されていく。

さて、先に表示された（A＋C）によって成立する客観（B－B）は、まだ「客観一般」を表示しているにすぎない。それは、およそ客観なるものが成立するということを表現しているにすぎない。「特定の客観」の成立を、バルディリは客観一般に特定の属性（これがbと表記される）が付け加わることによると考え、その成立を（B－B＋b）と表記する（vgl. ibid., 165ff.）。さらに彼は、客観全体を一つの「有機的編成体（Organismus）」と捉えている。「それゆえ、客観（B－B）のうちには、有機的編成体が（その可能態という面から見て）われわれに与えられている」（ibd., 170）。それで個々の客観は、低次なものから高次なものへと累乗化され、互いに有機的連関を形成するものとして示される。この事態は方法論的観点から次のように表現されている。すなわち「素材の形式自身は、形式としては、われわれの外にある思惟のもとでは、形式自身の乗数（Multiplikator）であるが、〔中略〕それと同時に、この乗数がわれわれの内にある思惟のもとでは、（B－B）のように、存立せるもの、同一のままで変化しないものとして、われわれに与えられる」（ibid., 171）。こうして「不変な一なるもののうちに多様なもの」の存立可能性が想定されているのだが、この基本的図式に沿って、『要綱』の終盤部分では、「客観」が様々な「展相（ポテンツ）」において取る諸様態を、最も基本的で普遍的なものが順次累乗化されていく系列――第一展相（ポテンツ）：$-B+b$、第二展相（ポテンツ）：$-B^2+b^2$、第三展相（ポテンツ）：$-B^3+b^3$――として表記し（vgl. ibid. 232-242）、さらにそれらを、様々な段階の「モナド」――「ある規則のもとに変遷している解放されたモナド」、「まどろんでいるモナド」（植物的生）、「夢見るモナド」（動物的生）、「覚醒せるモナド」（人間）（vgl. ibid., 295, 321ff.）――とも表現している。諸々の客観の生成は、変化する素材に即しながらも、同時に「不変なものに」よって規定されていることによって、単なる「変化」としてではなく、「展相」の上昇として呈示されうるのである。

　諸客観のそのような階層的秩序は、次のようなより包括的な階層的認識論と連関している。すなわち、かの「展相」の上昇は、異なった三つの境位にある「一なるもの（一者）」の階層的関係と関連づけられる。「第一の一者は勝義の第一のもの（das prius κατ' ἐξοχήν）であり、第二の一者は根拠（Grund）であり、〔中略〕第三の一者は原因（Ur-sache）である」（ibid., 171f.）。「われわれの認識においては、最後のものは勝義の一者の認識であるが、事物の本質においては、それは最初のものであり、諸実在の本質であり、AによってAのうちにAとしてあるAである。この一者のうちに、この一者の存在によって定在を得る一切のものの可能態（$-B$）が与えられているのである」（ibid., 256）。逆にいえば、われわれの認識における最初のものは、「特定の客観」の認識であるが、この認識を確固たるものにするためには、われわれは「思惟において」まずはその客観の「原因に、次にその根拠に、そして最後には勝義の第一のものに」連れ戻されねばならない。というのも「原因は根拠を欠けば、そして根拠は勝義の第一のものを欠けば、思惟としての思惟のうちに受け入れられない、すなわち明示的に認識されえない（もっと上手くいえば、絶対的に（schlechthin）認識されえない）」（ibid., 172）からである。かくして、かの三つの「一者」は順次上昇（あるいは下降）する依存関係をなして連接している。ここには、「思惟（Denken）」が「思惟内容（Gedanke）」を介して、「思惟されたもの（das Gedachte）」と連動した階層的秩序をなす形而上学的前提がいい表されているといってよい。

　以上のように、思惟の様々な領域と要素を一つにに詰め込んでいる観のあるこの「存在論的論理学」の基本構想を、

M・ボンデリは「少なくとも四つの異なった思惟領域と関係している」ものと総括している。[6] すなわち、

(1) バルディリはこの基本構想を、まず古典的論理学の思惟原理——同一律、概念、判断、推論など——と関連づけて展開しようとしている。

(2) 次に、彼が「適用された思惟」の論理的諸法則を展開しようとしている点では、カントの「超越論的論理学」との共通性を持っている。ただしこの場合も、彼が追求しようとしているのは「超越論的演繹」ではなく、一種の方法論、すなわち「制約」を「根拠」に連れ戻すことによって「認識の実在性」の根拠を究明する方法である。ラインホルトが後にこの方法論のさらなる展開と具体化を試みることになる。

(3) 彼は、思惟作用の累乗化という着想に依拠して、そして「適用」における「形式」と「素材」の総合を介して、非有機的、有機的自然の世界と人間の世界の諸段階を系統的、組織的に呈示しようとしている。その限り、この基本構想は存在するものすべての階層的秩序を明らかにしようとする試みを含んでいる。

(4) 最後に、この存在論的論理学の構想にうちには、神学的な反省的思惟が編み込まれている。論理的「思惟」と「存在」との最高の意味での統一は、「勝義の存在」「勝義の第一のもの」としての「神」に根差しているとされているからである。この観点から見れば、この「論理的実在論」の体系は、この体系のうちで、この体系によって自らを顕現する勝義の「存在」の体系である。われわれは後にラインホルトが、「神」はいかなるメカニズムのもとに「自然」に顕現しうるのかを主題とした「論理的実在論の現象学」を展開するようになるのを見るであろう（第十二章第三節参照）。

さて、『要綱』末尾に付された「補足（Nachtrag）」は、この論理学全体の狙いを改めてこう要約している。「思惟されたものが思惟されたものである限り、単なる（人間の）主観性の名において、これに存在の実在性を否認するのは」、根本諸概念について混乱した理解しか持っていない人のやることである。「思惟されたものは、それが思惟されている限り、存在しており、人間の主観性をまったく考慮せずとも、存在している。そもそも人間の主観性は、思惟され

たものである限りの思惟されたものに、まったく実在性を与えることはできず、またそうしたものから何一つ受け取ることもできない。たとえば、すべての実在の本質、勝義の第一のもの、つまり神は、思惟された限りでの思惟されたものである」以上、この本質、神には「存在が帰属しなければならない」(ibid., 354f.)。ここで「思惟されたものは、それが思惟されている限り」、存在し、実在性を持つと主張される場合、それは単に「われわれの主観的思惟」によって思惟されていることを意味していない。「思惟されたもの」はそれが「思惟としての思惟」の純粋な同一性へと「連れ戻される」ことによって、初めて実在性と真の意味での存在を得るのである。ここには、人間の主観の働き一切から独立した、「思惟」と「存在」の根本的同一性、あるいは「純粋思惟」と「思惟されたもの」の存在論的自存性の主張が明白にいい表されている。だが、このテーゼは後にフィヒテをはじめ多くの観念論者によって、旧来の「独断論的実在論」の復活だとして非難されることになる。たしかに、『要綱』の論理学構想は、超越論的観念論の「主観主義」に対する批判を動機としている。だが、それは単なる批判にとどまらず、その展開は後にシェリングやヘーゲルが展開する、同様の「主観主義」批判に発する「客観的観念論」とも相通じる側面を含んでいることにも留意すべきであろう[7]。総じて、『要綱』は、一方の独断論的な実在論的前提と、もう一方の「思惟の適用」の諸様態の精緻化に認められる超越論的‐観念論的傾向との奇妙なアマルガムを表している。このような立場から、バルディリは随所で批判哲学の「主観主義」を非難し、そして、彼がその最新形態と見ているフィヒテの自我論をも、論理学を主観性に基づけ、恣意に基づける試みとして、随所で批判している (vgl. ibid., xivf., 95, 98f., 111f., 209, 318)[8]。

第二節　ラインホルトの『要綱』理解――「往復書簡」と『要綱』書評から(一七九九年一一月〜一八〇〇年九月)

『要綱』を一一月初め頃から熱心に何度も読んでいたラインホルトは、まず一二月三日に親友バッゲセンにこの著作を推奨している[9]。その二週間後のフーフェラント宛て書簡でも、この著作を称賛している[10]。そして、一二月二〇日に、バルディリ本人に最初の書簡を送っている。この書簡を皮切りに、一八〇一年五月までの約一年半の期間に両者の間に一六通の往復書簡が交わされることになる。(11) これらの書簡で、彼は歳下で当時ほとんど無名のバルディリに、しばしば自分に新しい洞察を授けてくれた「私の尊敬する先生」と丁重に呼びかけている。本節では、まずこの往復書簡とラインホルトによる『要綱』書評の検証を通して、ラインホルト自身の『要綱』理解がいかなるものであったのかを確認しておこう。

1　『要綱』の革新的意義——「第一書簡」から

「第一書簡」の冒頭で、ラインホルトはこの「九週間来」、『要綱』を研究している、「もうこれまでに五回も読んだ」と書いている。続いて、この一〇年ほどの自分の知的キャリアを紹介している、すなわち、この間自分が何を問題にし、それをどう考えてきたのかをバルディリに伝えている。その際、彼は注目に値することをいくつか述べている。すなわち、第一に、「フィヒテによって」「意識や表象は、自分が長い間そう思ってきたように、哲学における第一のものではないこと、すなわち根拠を究明する認識における第一のものではない」ことを悟らされたのだが、それと同時に、「フィヒテとともに」「いわゆる絶対的な自己活動性、つまり純粋な自我性のうちに」、「純粋な理性の本来的特性」を見出すという「思い違いをしてきた」ということ（*Briefwechsel*, 2f.）。第二に、『逆説』や「フィヒテ宛て書簡」で問題にしたのは、「思弁や健全な悟性」を超えたところに、「それ自体で真なるものを予感すること」、「端的に絶対的なもの」を感得することであったのだが、それがバルディリの体系では、「神の認識」として把握されていることに気づいたということ（ibid., 3f.）。第三に、そのような認識を自分は当時から、「自ら自身によって端的に真なる認識」、「それがなければ、思弁自体が空虚で根拠を失うことになるような認識」として認めてきたのだが、「今や私の立場となった貴兄の立場からも、超越論的観念論という当時の私の見方が、当然登場してくるに違いない」ということ（ibid., 4）。つまり、第一の点で、ラインホルトはフィヒテ的自我論の核心からの離反を示唆しており、第二の点で、「無神論論争」時における「認識の実在性」の究極の源泉として「実的な無限者」を把握するという問題が、「神の認識」の可能性に途を拓いている『要綱』への傾斜と連動していることを告白しており、第三の点では、バルディリの「実在論」が同時に「超越論的観念論」の側面を含まなければならないと考えているのである。第一の点は、ラインホルトによるいわゆる「主観的観念論」からの脱却の開始点をなしており、第二の点は、「絶対的なもの」——少し後のラインホルトの用語でいえば「根源的に真なるもの（das Urwahre）」——の認識可能性の問題と連動している。第三の点について、彼は後の「第三書簡」や「第六書簡」でバルディリを説得しようとするするが、結果的にはいわば「返り討ちに合う」ことになる。

次に彼は、『要綱』に取り組むに至った理由を述べている。それは、「奇をてらったような表題」や「気晴らしによる元気づけ」のような「献辞」に誘われてのことでもなければ、（カントや自分に対する）「論難的な部分」に憤慨してのことでもない（ibid.）。「特別な期待も持たず」、というよりむしろ「本当は反感を抱きながらも」、『要綱』を通読しようと決心させたのは、バルディリが「思惟することと数えることを対比していること」に興味を持ったからである。そのほか、自分も大学での講義に際して、論理学が取り扱っている「多くの思惟法則」が曖昧な点、混乱した点を含んでいることを体験しながらも、その理由が分からず、それらの点を「解決不可能な難点」として放置してきたという事情もあった（ibid., 5）。

書簡の終盤には、ラインホルトは『要綱』に盛られた思想の積極的、革新的意義に言及し、その意義に特別な評価を与え、称賛している。すなわち、「非常に注目すべき見解」は、何よりも「思惟作用が本来的な仕方で思惟される」とどうなるかを、「まったく明瞭、かつ明快に把握していること」にある。そのことによって、「形式論理学だけでなく、およそ哲学なるものが、わけても哲学の基底がまったく新しい光のもとで私に明らかになったのです」（ibid., 6）。とくに「適用における思惟としての思惟」が、「厳密な学としての哲学の、本来的で思惟に固有なそして唯一可能な原理」であることが、「私にますますはっきりと納得できるようになったのです」。それは、もはや「単に予感され、漠然とした前提にされた」ものでもなければ、表象と混同され思惟のうちに捉え損なわれた」ものでもなく、哲学的思惟が確実な行程を歩むことを保証する「最も確固とした点」である（ibid.）。ここに「今や、悟性の理論としての論理学、本質の理論としての形而上学、量の理論としての数学が、同一の理性の理論から私の限前に出現したのです」（ibid.）。「論理学」と「形而上学」（存在論）の合体という構想がラインホルトを引きつけ、彼をバルディリの立場に赴かせたのは、彼の一貫した哲学的関心であった「認識の実在性の根拠を究明すること（die Realität der Erkenntniß zu ergründen）」が、この立場において最も確実に可能になると思われたからである。

2　知識学と「論理的実在論」を連携させる試み——「第三書簡」から

一月二三日付けの「第三書簡」は長大で、一つの論文に相当する分量がある。ここでラインホルトは、『要綱』の「中心点」である「思惟としての思惟」という「新しい概念」が、様々な哲学的党派によって誤解される恐れがあることを、具体的事例を挙げて縷々述べている。とくに「最近の最良のカント主義者」でさえ、その真意を誤解して、「形而上学的独断論への軽蔑すべき逆戻り」、あるいは「スコラ的屁理屈の再導入」と受け取る可能性がある、との危惧を表明している（ibid., 72）。そして、そうした誤解を予防するために、この「新しい概念」を論じている『要綱』の§1〜§12の論述を、「思惟としての思惟の解説（Exposition）」という見出しのもとに、自分流に説明し、定式化し、バルディリの判定を求めている。(12)

それに続いて、「貴兄の思惟としての思惟に関する私の熟考の若干の帰結」という見出しのもとに、以下のような自ら自身の理解を開陳している。まず、冒頭はこう書いている。「思惟としての思惟は、絶対的な立言（die absolute Thesis）（純粋な肯定）以外の何も含んでいません。絶対的な仮言（die absolute Hypothesis）は、思惟としての思惟には含まれておらず、そして適用における思惟としての思惟によってすら措定されておらず、むしろ前提にされているのです。両者が合わさって、思惟としての思惟の適用が生じるのですが、思惟としての思惟はこうした適用である限りで、絶対的に合一された反立と総合（die Antithesis und Synthesis）であり、したがって分析（Analysis）であるのです」（ibid., 79）。ここで「分析」という術語は特別な意味で用いられている。それはラインホルトの考える「哲学的思惟」の鍵概念である。彼はこの「分析」ということによって理解しているのは、「思惟の適用」によって、「絶対的な仮言」としての「非同一性」を「絶対的な立言」としての純粋な「同一性」のもとに明瞭に秩序づけることなのである。このことによって、「絶対的に合一された反立と総合」が生まれる。そう理解すれば、ここには、バルディリの三つの基本的諸概念を、すなわち「純粋な思惟」と「素材」、そしてその両者の「結合」としての「適用」を、フィヒテの『基礎』の原理論における三根本命題と関連づけようとするラインホルトの意向が読み取れるであろう。彼の理解では、「純粋な思惟」による「同一性」としての「絶対的な立言」は第一根本命題に相当し、「素材」のもたらす「非同一性」としての「絶対的な仮言」は第二根本命題に相当し、そして両者の「結合」としての「適用」は第三根本命題に相当する。この関連を彼は、同じ日に発信されたフィヒテ宛て書簡では、もっと明瞭に主張している（vgl. GA, III/4, 198）。

続いて、従来からの彼の関心に従って、「根源的あるいは自然的な認識」と「導出された作為的な認識」（強調点は引用者）の区別と連関に言及している。前者も「われわれのうちでの思惟の適用であるが、それは思惟の概念をまったく介さないような適用である」。たとえば「熟考（Nachdenken）」といえども、それが「自然的な熟考」である限り、「けっして思惟を思惟に適用することではなく、すでに思惟されたものへの適用なのです」。それに対して、――ラインホルトは依然超越論哲学者としてこう主張している――後者、すなわち「哲学的認識は、思惟としての思惟の概念を介して成立します。哲学的思惟は、自然的な認識において、思惟としての思惟であるものを突きとめることを目指すのです」（*Briefwechsel*, 80）。この課題を実現するために、すなわち「思惟が思惟に適用されうるためには」、「哲学的思惟にとっての客観となるべきであるような思惟は、根源的な適用された思惟それ自体であることを止めなければなりません」。かくして、「思惟の形式それ自体に到達するためには、哲学的思惟は、思惟の根源的な適用のうちにあって、思惟作用ではないものを抹消しなければならないのです」(ibid., 81)。それゆえ、「思惟の根源的適用のうちにのみ、唯一実的な確信を含んでいる真理が真なるものに即して与えられている」にもかかわらず、「哲学者」は、その「根源的適用を捨象しなければならないのです」。そしてラインホルトは注目すべきことに、こう書いている。「かくして、哲学者は必然的に観念論者なのです」(ibid.)。そして「哲学は、思惟の根源的適用ではない限り、観念論であり、その適用だけが実在論であり、そう呼ばれうるのです」(ibid., 81f.)。ここで、彼は超越論哲学者として――すなわち、「認識の認識」というカント的テーゼに沿って――、「思惟」を単に「素材」に「適用」するだけではなく、さらに「思惟」を「素材に適用された思惟」(「根源的あるいは自然的認識」)それ自身に「適用」して、そのことによって「思惟の形式それ自体」を究明する必要があることを説いている。そして、そのためには、「自然的な認識」としての「思惟の根源的適用」に対する「反省」と「捨象」が必要なことを説き、その意味で「観念論者」たることをバルディリに求めているのである。

この往復書簡の公刊時(一八〇四年)に挿入された「注解」では、彼はこの当時を回想してこう書いている。「当時の私の思惑は、バルディリの論理学と超越論哲学とを連携させることにあった。この連携によって、私は超越論的観念論と合理的実在論に代えて、合理的観念論を立てることを企てたのだ」(ibid., 82)。この企てられた「合理的観念論」とは、より一般的な名称でいえば、「主観的観念論」とは一線を画した「客観的観念論」のことだといってよい。だが、この企てはバルディリからもフィヒテからも拒絶され、挫折した。バルディリは「第四書簡」(二月三日、四日付け)で、「私の『要綱』を、これまでのどんな種類の観念論とも比較対照し(parallelisieren)ないこと、ましてやフィヒテ的観念論と比較対照しないこと」をラインホルトに強く求め、こう返答している。私の「哲学は、最高の、いや唯一可能な実在論です」。「私は、語の最も厳密な意味で実在論者であり、そうあり続けます」(ibid., 92)。また曰く「私はいかなる観念論者でも、汎神論者でもありません」(ibid., 105)。フィヒテはフィヒテで、七月四日付けのラインホルト宛て書簡で、次節に見るように、『要綱』の立場は独断論的実在論にほかならないと断罪した(vgl. GA, III/4,

272）。こうして、ラインホルトが構想した、論理的実在論と超越論的観念論の「連携」の企ては、当初から挫折を運命づけられていたのである。

前便への返信が届かないうちに発信された「第五書簡」（二月九日付け）は短いもので、「有機的編成体（Organisu-mus）」におけるポテンツ上昇による累乗化について、もう少し詳しい説明を求めている（ibid., 111f.）。書簡の末尾には、「おそらくフィヒテもちょうど今頃、貴兄の『要綱』を研究しているはずです。私が一二月一二日の手紙でそれを熱心に彼に勧めておいたからです」（ibid., 113）と伝えている。

3 哲学的思惟に不可欠な特性としての超越論的反省をめぐって――「第六書簡」から

前便への返信（二月三、四日付けの「第四書簡」）を受けた「第六書簡」（二月一二日付け）では、再び込み入った議論が展開されている。まず、ラインホルトは、前便で提出した「自然的な認識」と「作為的な認識」の区別に関連して述べた哲学的「反省」と「捨象」の意義に対するバルディリの詳細な反論[13]におおむね納得したことを告げた上で、こう書いている。「私はフィヒテとともに思弁的にものを考えるようになって以来、反省自体を、自らのうちに還帰する行為の形式と考えることに慣れきっており、哲学的反省を――この行為が哲学者の意識のうちで、哲学者の絶対的な自己活動によって実現される限り――まさにこの行為と考えることに慣れきってきました。ほんの少し前までは、私はかの思弁のたわごとを、知識学から第一論理学への移行を可能にする橋渡しとして利用できるものと思い違いをしていました」（ibid., 116）。ラインホルトはもはや超越論的自我の思弁的原理とはっきり手を切っている。そして、最後の一文は、すでにこの時点で、ラインホルトが「知識学」と「第一論理学」との架橋の企てを明確に断念したことを示している。

だが、ラインホルトは、バルディリが「自然的な認識」と「作為的な認識」の本質的区別を認めず、またこの区別に不可欠な哲学的・超越論的「反省」の意義を認めないことに[14]、完全に納得しているわけではない。それゆえ、バルディリの返答に対して、様々な疑念や反論を書き連ね、問題を蒸し返している。たとえば、「私にとって哲学的に思惟することとは、単なる思惟としての思惟の働きではなく、思惟を、適用されている思惟としての思惟に適用する働きである」(ibid., 117) と述べた上で、この「適用する」という概念に関するいくつかの疑問、疑念を提示している。「思惟」を実際に適用されている「思惟の働き」に適用すること(すなわち、「適用」それ自身を反省すること)としての哲学理解の根底には、バルディリとは異なって、認識における超越論的自己連関への性向を認めることができる。また「神の認識」に関しても、バルディリへの間接的な批判を次のように開陳している。「最後に私がいいたいのは、最も厳密な意味での哲学者だけが——認識するという語の最も本来的な意味で——神を認識するのだということです。哲学を欠いた実践的信仰者が単に感情によって神を認識しようとしても、実践的信仰を欠いた哲学者が単に概念によって神を認識しようとしても、神を認識することはできないのです」(ibid., 119f.)。この所見は、彼が「神の認識」に関して、ヤコービとも距離を置き始めていることを示している。彼はもはや「神の予感」ではなく、「神の認識」について語っているのだから。

かなり長い「第六書簡」の末尾で、彼は改めてこう述べている。「私が貴兄のいう意味では、あるいは言葉の真の意味では、思惟としての思惟という立場をしっかりと保持するには、なお哲学者には程遠いことを喜んで認めましょう。だが私は、敢えて哲学自身について哲学的に思惟することを選び取ります」(ibid., 123)。かくして、一旦『要綱』を全面的に肯定し、称賛したラインホルトは、「第一論理学」のうちで「哲学」が占めるべき位置と「哲学的思惟」の特質に関して、次第にバルディリ的思考との齟齬を感じ始めているのである。

バルディリの返信(二月二七日付けの「第七書簡」)では、相変わらず随所で独断論的実在論的見解が吐露され、[15]『要綱』の論述内容が改めて詳説されている。それにもかかわらず、非常に短い「第八書簡」(三月一七日付け)では、ラインホルトは返信の内容にほとんど反応を示さず、理論的内容と関係のない事柄だけを断片的に伝えている。まず、「先週」、『要綱』の書評原稿をイェーナに送付したこと、「もっと良いもの」を送りたかったのだが、何よりも他の書評誌に先を越されないことが肝要なので、起草を急いだこと（ibid., 140）、「もう長い間、一九世紀初頭のドイツ哲学の状態の観望者の所見についての構想を温めている」（ibid., 141）こと[16]、そして、『要綱』についてのフィヒテの判断を、首を長くして待っていること（ibid., 141f.）を伝えている。

4 「認識」における「概念」と「言葉」――「第一〇書簡」「第一二書簡」から

「第一〇書簡」（五月一七日付け）は、――バルディリの「第九書簡」（四月一九日付け）が、相変わらず長々と『要綱』における個々の理説を敷衍、詳述しているのに――もはやそうした個々の理説に立ち入らない。この書簡で注目すべきことは、ラインホルトがバルディリの「第一論理学」を「理性の理論（Vernunftlehre）」と特質づけ、これを「悟性の理論（Verstandeslehre）」としての一般論理学、講壇論理学と明確に区別する必要と説いている点である（ibid., 172）。後者が単に「（人間の）思惟の諸規則」を取り扱うにすぎないのに対して、「理性の理論」としての「論理学」は（すでに述べたように）「勝義の第一のもの」や「根拠」や「原因」を取り扱うのであるから、それは当然、事物の「本質」を論じる存在論的、形而上学的な学と考えられねばならない[17]。

もう一つ注目すべきことは、ラインホルトがここで初めて、「知」や「認識」の成立にとっての「言葉（Wort）」と「言語（Sprache）」の不可欠な意義に言及し、それらの重要性を強調していることである。よく知られているように、一八〇四年以降の彼の哲学的関心は、「言語」の問題へと傾斜していき、一種の言語批判の哲学を展開するようになる[18]。その関心の最初の兆候がここに表れているのである。

たとえば、バルディリが前便で「素材に対して形式を与えるための形式の使用は、人間が一切を言語にもたらすことができることに表される」と述べていることを捕らえて、ラインホルトは「思惟の本来的機能は、まさにこの言語にもたらすことにあり」、思惟の「論理的」機能もまたその点にあるのではないか、と主張する（ibid., 173f.）。そして彼は、自分がすでに前年に起草していた文章を持ち出し、認識における「概念」と「言葉」の区別と連関を説いている。すなわち「概念」は、「言語記号によって確定されて」初めて「認識」になる。「事象記号（Sachzeichen）は概念それ自身のうちにあり、対象を直接的に表示する」のに対して、「言語記号」としての「言葉は概念の外にあり、概念を直接的に表示し、概念を介してのみ対象をも表示するのである」。したがって、いかなる対象も「概念を通してしか」意識されないのと同じように、いかなる概念も「言葉を通してしか」意識されない（ibid., 174f.）。よって「知の真理は、言葉と概念との間に挟み込まれているのです」（ibid., 183）。彼は「言葉」についてのこのような理解を、「ヤコービの主張」から得たことも示唆している。続いて、哲学における「表象」と「叙述」の不可欠性について、そして「勝義の一者としての神」の認識について――ここでも、「信仰」における「感情」に相当するものが、「知」における「言葉」であるという主張が認められるのだが（ibid., 179）――、長い自説を展開した後、五月二五日に書かれた書簡の末尾でも、「言葉」の重要性を繰り返し強調している。

　しばらく間を措いて発信された、短い「第一二書簡」（九月一日付け）でも、同じ主題が論じられている。「言葉」の理解に対する、返信でのバルディリの反論に対して一応納得したと答えながらも、ラインホルトはこう反論している。「哲学が言葉によって制約された思惟の適用であり、哲学は概念に従っているよりももっと多く言葉に従っているという私の主張は、ヤコービの見解と一致しています」。私が「言葉によって制約されているということ」でいっているのは、認識の成立には「思惟内容が記号によって予表される（antitypirt werden）ことが意識には不可欠なのだ」（ibid., 248）ということなのである。実は、この哲学的思惟のうちでの「言葉」の意義の理解をめぐって、ラインホルトは後にバルディリとも袂を分かつことになるのであるが、その最初の兆候がこの書簡に読み取ることができるのである。[19]

　この書簡でラインホルトは、もう一つ、そしてもっと重要な留意すべきことに初めて言及している。それは、（その後の体系的思惟の遂行においても浮上し、周知のものとなった）哲学的思惟の遂行過程における、「端緒（Anfang）」と「究極点（Endpunkt）」との循環の問題である。この問題を、ここでは彼はこう表現している。「私がその端緒において知っていること、またその分析が完遂される究極点に至るまでの間で知っていること、〔中略〕これを、私はただ仮説的に（hypothetisch）、蓋然的に（problematisch）しか」知りえないのです。私はその「終局点」において「初めて、人間の意識のうちに適用された思惟としての思惟が、自然に即した神の顕現であることを認識でき、またそう知ることができる」のであって、「端緒」においてもその過程においても、それは、「私にとっては」仮説的で、蓋然的なものにとどまらざるをえない（ibid., 249）。ラインホルトは哲学的思惟の「端緒」が常に「暫定的（vorläufig）」であるにとどまることを、この後も繰り返し主張し続けることになる[20]。それに対して、後にヘーゲルがいわゆる「差異論文」で、そのような「暫定的」思惟の働きを「絶対的なもの」の把握への果てしない「助走」、「助走のための助走」にすぎないと揶揄、論難した[21]ことはよく知られている（第十四章第三節参照）。だが、そのヘーゲルも後年には、ラインホルトの名前を挙げて、彼の「哲学的端緒の思弁的本性に関する真の関心」を積極的に評価するに至るのである[22]。この「端緒」と「諸規定」の展開との循環問題――すなわち、暫定的に措定されるほかない「端緒」の諸規定は、その進展過程において絶えず究極的根拠と関係づけられることによってその規定の妥当性を獲得し続けていくのに対して、究極的根拠の方もかの諸規定の進展を介してのみ、それ自身が根拠たることを確証するしかないという問題――には、ヘーゲル的用語でいえば、哲学的、体系的思惟においては、ある規定の前方への進展（Vorwärtsschreiten）のどれもが同時に根拠への還行（Rückwärtsgehen）であるという周知の問題機制が懐胎されている。この問題機制を初期ドイツ観念論において最初に提起したのもラインホルトである。それにとどまらず、ここには――先に引いた「神の顕現」としての認識に示されているように――「絶対的なもの」の個々の「顕現態」しか知りえない有限な主体が、その「終局点」においてそれらを「絶対的なもの」の「顕現態」であったと知りうるのはいかにしてかという問題が、つまり「絶対知」の成立可能性の問題がすでに伏在しており、それはヘーゲルの『精神現象学』の「絶対知」章が「現象」の概念的再構成という手段を行使して解こうとした問題である。

以上、総じてラインホルトの一連のバルディリ宛て書簡から窺い知れるのは、当初彼は「認識の実在性の根拠究明」という観点から、それ自体自立的な実在性を持つ「思惟としての思惟」、およびわれわれの意識のうちにおけるそれの「適用」というバルディリの思想に惹かれ、彼に急接近したのだが、そして一時はこの論理的実在論と知識学の架橋が可能であると思い込んだのだが、バルディリにはその「思惟の適用」それ自身を思惟するという超越論的観点が弱いことに次第に気づくようになり、この観点から様々な異論をバルディリに提出するに至った、ということである。これ以降、ラインホルトはバルディリの「論理的実在論」をベースとしながらも、いくつかの点でそれに独自の変容を施し、自らの「合理的実在論」の諸原理の展開とその体系論的具体化の企てを通して、フィヒテ－シェリングの「純粋な」超越論的観念論との対決姿勢を強めていくことになる。

5　ラインホルトの『要綱』書評（一八〇〇年五月）

最後に、この書簡のやり取りの途中にすでに公にされていた、ラインホルトによる『要綱』の書評[23]を概観しておこう。書評は、総じて『要綱』自身の客観的な要約的叙述の枠内に収まっている。冒頭で「論理学」と「（超越論）哲学」の関係について、カント、フィヒテ、そしてブーターヴェク（Friedrich Bouterweck 1766–1828）の主張を紹介した後（*ALZ.* Nr. 127. Sp. 275）、書評者はそれらの理解と比較した『要綱』の論理学理解の独自性を次の点に認めている。すなわち、およそ「論理学」に本来不可欠であるにもかかわらず、従来の論理学には欠けてきた「思惟としての思惟の認識」こそ、バルディリにおいては「学としての哲学の単なる制約以上のもの」として、「哲学的に思惟すること自身の学的な根拠づけ」という機能を担うものである（ibid.）。

続いて、まず「思惟としての思惟」のいわば形而上学的、存在論的特性が解説される。ここでラインホルトはバルディリ自身の見解と理解を踏み越えて、それを改変した独自の理解を開陳している。バルディリにとって「思惟する働き」の本質は「数えること（Rechnen）」にあるのだが、ラインホルトによればこの「数えること」は「計算すること（Berechnen）」と厳密に区別されねばならない。「計算すること」では「思惟する働きは、その働きの外部の対象に即して現示される」のに対して、「数えること」では「同一のものが、それを同一のものとして無限に反復することができるという点に、そしてこの反復可能性によって叙述される」。この無限の反復から帰結する「同一のものの数多性」は、いわば「一切の多様なもの無き数多性」あるいは「数無き数多性（zahllose Vielheit）」であり、同じく無限の反復から帰結する「多なるものの単一性」は、「計ることのできない単一性（unermessliche Einheit）」といわねばならない（ibid., Sp. 275）。ラインホルトはここで、この年の一月のバルディリ宛て「第三書簡」で説いていた、形而上学的な「一」と「多」の理解と、経験的あるいは悟性的な「一」と「多」の理解の相違を、いささかこなれてない用語で表現しようとしているのである[24]。この区別と同じように、「思惟としての思惟」の「無限な反復可能性」に認められる「無限性」は、「際限なく進展する連なり」としての「数学的な無限性」とは区別されねばならない。後者の「無限性」は、「常に他のものによって制約されており、それゆえ端的に無限なのではなく、むしろ無際限に有限な（endlich ins Unendliche）だけである」（ibid., Sp. 277）。後者の無限性は、ヘーゲルが後にいう「悪無限」にほかならないが、無限性のこの区別づけはバルディリには認められず、ラインホルト独自の理解によるものである。

「判断論」、「推論」はテキストに忠実に、かつ明快に説かれている。「思惟の本質は、概念にも、判断にも、推論にもなく、端的にいって、思惟に即してコプラによって表現されるものにある」。コプラの表現するものだけが「純粋な論理的形式を形成している」のであり、「それ以外のものはすべて、単なる質料に属している」（ibid.）。この基本的観点から、「仮言的判断」、「選言的判断」、「定言的判断」の特性が、マース（Johann Gebhard Ehrenreich Maaß 1766–1823）やヤーコプ（Ludwig Heinrich Jacob 1759–1827）やキーゼヴェッター（Johann Gottfried Carl Christian Kiesewetter 1766–1819）らの論理学教科書での諸見解と対比しながら、そしてそれらの欠陥を指摘しながら、説明される。書評者の結論的判断だけを述べれば、彼らの共通の欠陥は、「真の第一のもの（Prius）」を欠いているところにある（ibid., Sp. 279）。

「推論」の解説に続いて、書評は核心的問いに移る。すなわち、「思惟としての思惟には、いかなる客観としての客観も含まれていない」とすれば、「思惟としての思惟はどのようにして客観としての客観に至るのか」。書評者によれば、『要綱』はこの重要課題を、カントやフィヒテとは「まったく異なった原理と帰結のもとに」解決している（ALZ, Nr. 128, Sp. 282）。その「原理」とは、すでに紹介したように（本章第一節）、「思惟としての思惟の素材への適用」、つまり「思惟の形式」と「素材の形式」の結合である。この「適用」によって、「客観一般」が成立し、そして「或る客観」が思惟されるのだが、その「適用」は「思惟されたもの」のうちに、「思惟された或るもの（B 現実態）」と「思惟されるもの（非B 可能態）」との「根源-分割（Ur-theilung）を必然的に引き起こす」。この「根源-分割」が「B-B」と表記される。すると「適用された思惟」は、この「根源的離接（ursprüngliche Disjunction）から始まり」、「一切の認識の働きは、その根源的離接に基づいている」（ibid., Sp. 283）のである。

「思惟としての思惟の適用」が、どのようにして「分析的思惟と総合的思惟」とに区分されるのかという問いは――書評者はこう強調している――「思惟についてのこの新しい見解において、カント学派やフィヒテ学派の場合とはまったく別の意義とまったく別の解答を手にする」。すなわち、「思惟としての思惟」には「絶対的な立言（absolute Thesis）」しか含まれておらず、いかなる「仮言（Hypothesis）」もいかなる「総合と反立（Synthesis und Antithesis）」も含まれていない。「仮言はもちろん思惟としての思惟の適用のうちには含まれているが、この適用のために仮言が必然的に伴うものは、適用における思惟としての思惟によってもけっして措定されず（観念論の偽りの第一者）、文字通り前提されるのである。前提と規定の両方が合わさったものが、思惟の適用――総合と反立――分析である」（ibid., Sp. 284）。

思惟の様態と質料の様態の対応関係についても、書評者は『要綱』に基づきながらも、原著者より説得力ある巧みな説明をしている。「思惟としての思惟の普遍的様態」（すなわち「AをAとして」思惟すること）には、「質料」の「普遍的様態として、相互外在」が対抗しており、それと同じように、「思惟」の「二つの特殊な様態」（すなわち「AをAのうちに」思惟することと、「AをAによって」思惟すること）には、「相互外在（Auseinander）」の「二つの特殊な様態」が、すなわち「継起」と「並存」が対抗している。「相互外在」は「思惟によっては抹消されえない、質料の形式に属しており」、「思惟がわれわれのうちで適用される際の思惟の制約」であり、したがって「一切の表象の制約」である(ibid.)。この「質料」の「特殊様態」としての「継起」を、「時間としての時間とけっして混同してはならない」。「時間」は「思惟の適用によって初めてわれわれのうちに生じてくる」のだが、この「継起」は、「われわれのうちでのかの適用に先行しており」、――『要綱』の特徴的な用語でいえば――客観全体としての「有機体のリズム」である「動物的な衝拍(animalischer Impuls)」のうちで起こる「継起」なのである。純粋な「思惟としての思惟」とそれの「適用態」とが厳密に区別されねばならないように、「質料」自体の「諸様態」とそれの「われわれのうち」での「適用態」とは区別されねばならないのである(ibid.)。前者が、「思惟の適用に先行しており」、「適用」の「制約」であると理解されている点に、この体系の明白な「実在論」的立場が表明されているといえるであろう。

この「動物的な衝拍」がどんな表象にも随伴しており、それを制約している。したがって、かの「衝拍は、内的知覚および外的知覚の制約であり、またそのことによって、思惟の人間への適用一切の制約」をなしている。逆にいえば、この適用は「かの衝拍によって覚醒され、また覚醒されねばならないのである」。そうすると、『要綱』の記述によれば、「動物的生は〔中略〕或る衝拍だけでなく、或る事象を必然的に生じさせる。すなわち、感情――把持――人が生きているという意識――統覚――衝動としての衝動――表象――欲求としての欲求。この総体〔が〕個体性〔を形成する〕」(*Grundriß*, 109; *ALZ*, Nr. 128, Sp. 285)。この順序づけは、たしかにフィヒテが後にその書評で批判するように「経験的」であり、論理的根拠づけを欠いている。そして、このような把握に従えば、「自我」もまた「一つの客体」であり、その限り「相互外在、継起、並存」にまとわりつかれている。たしかに「この客観態と動物的衝拍とが同時に捨象されても、なお思惟の働きは残り続けるが、しかし衝拍とそれと結合した客観態が、思惟の働きを欠けば、自我を形成しえないのと同じように、思惟の働きは、衝拍と客観態を欠けば、自我を形成しえないのである」(*ALZ*, Nr. 128, Sp. 285)。書評は、引き続き「様態の区別」を詳述している(ibid., Sp. 286ff.)。

書評の最終号（ALZ, Nr. 129）は、「質料の形式」の累乗化に伴って生じる「有機体（Organismus）」の「展相（ポテンツ）高揚」を説明している。ただし、書評者は以下の重要な諸論点については、テキストからの「抜粋、引用」でそれを解説することはほぼ不可能であり、ただその概略を指摘するにとどめると断っている。その諸論点とは、(1)「数えること」に関してバルディリが「加算と減算だけでなく、掛け算と割り算を利用しながら、より高次なポテンツへの高揚を」説明していること。(2)「有機的編成体」には、「思惟のもとにあって、われわれの外部で自ら自身を累乗化していく素材の形式」が認められるということ。(3)バルディリが「有機的編成体〔という考え〕によって、「有機体に即した神の顕現を論証している」こと、また「神」に「知においても存在においても最初の一者、勝義の第一のものという地位を指定している」こと。(4)この「最初の一者」との連関で、「第二の一者、現実態＝Bが根拠として立てられ」、「第三の一者、可能態によって規定された現実態＝bが原因として立てられ」、そして「この両者が、動物的な意識の成立のための単なる諸制約としての、素材としての素材が与えるものとは区別される」こと。(5)「–B＋b／B」という定式のうちに、「思惟としての思惟が適用される際に生じる直接的帰結のすべての総和」を表す「諸実在の普遍的定式」が定められるが、「論証活動のすべてが、そして人間と自然のうちに論証によって認識できるものすべて」が、この「普遍的定式に連れ戻される」ということ。そして最後に、(6)バルディリは「かつてライプニッツの慧眼が明るみに出したような諸実在の位階を、学的分析の規則に則った歩みの途上で発見している」ということ（ALZ, Nr. 129, Sp. 289–290）。(1)〜(5)の概略は、本章第一節ですでに見たところである。

『要綱』の内容に忠実に書評を記述してきたラインホルトは、ここでようやく、しかしやや控え目に『要綱』の哲学史上の意義に言及している。すなわち「これまで思弁哲学において、懐疑主義者と独断論者、経験論者と合理論者、批判主義者と反批判主義者、観念論者と実在論者の間で争われてきた諸々の係争点」は、「バルディリの打ち出した途のまったく外にあり」、「彼の体系が打ち立てられることによって、それらの係争点は、消えてなくなることになる」。書評者はこの主張を確証するために、一つの事例を、すなわち「道徳の純粋な本質」をめぐる「批判主義者」

と「幸福論者」との係争を取り上げている。『要綱』のテキストを引用して説かれている、この「係争点」の解消策の眼目は、詰まるところ、思惟されたものとしての「客観」の「現実態、B」と「可能態、-B」それぞれの段階的高次化という考えを考慮に入れるという点にある。この高次化の進展を考慮に入れれば、いわば「共時的」な対立と係争が「通時的」な観点の導入によって解消されるという点にあると主張されているように思える（ibid., Sp. 291f.）。だが、この解消策はまだ説得力を欠いているように思える。書評の末尾では、ラインホルトは、カントおよびカント学派に対するバルディリの礼を失したかなり乱暴な非難を何とか弁護しようとして苦労している（ibid., Sp. 291f.）。

以上、ラインホルトの『要綱』書評は総じて、テキストの内容を忠実に紹介することに重点が置かれており、その思想史的意義を強調することはかなり抑制されているように見える。そして、『要綱』には論理展開の紛糾、飛躍、重複がかなり認められ、容易に理解しがたい箇所が多く含まれているのに対して、書評の叙述は明快で、テキストよりはるかに理解しやすいものになっている。

第三節　フィヒテによる『要綱』批判（一八〇〇年一～一〇月）

1　ラインホルト宛て書簡から（一八〇〇年一～七月）

時間を少し巻き戻そう。ラインホルトは一七九九年末から春先にかけて、フィヒテに『要綱』をぜひ一度読むように再三再四要望し、懇願してさえいる。彼は一八〇〇年一月二三日付けのフィヒテ宛て書簡で、「バルディリは、彼がそう思っているほど貴兄の敵対者ではありませんし、ましてやカントの敵対者ではけっしてありません。〔中略〕彼はとくに貴兄の哲学との間に有している共通点に気づいていない」だけなのだと述べた上で、こう書いている。「私は彼の著作のうちに、超越論的観念論のまったく新しい叙述を見出しています――厳密にいえば、まったく新しい途を通って、新たに超越論的観念論が創案されているのを見出しています」（GA, III/4, 198）。そして、バルディリとフィヒテの「非常に異なった理論体系には、純粋な学という同一の精神が宿っており、早晩、あなた方が理論上の字句〔の相違〕を超えて、互いに理解し合うことは不可能ではない」と思っていると書く。そして、バルディリに宛てて書いたのと同じ表現を用いて、両者の理論体系の類似性をこう説いている。「思惟としての思惟という新しい概念」は「絶対的な立言」を表現しており、「思惟としての思惟の適用」は「絶対的な仮言」を表現しており、そしてこの両者の合一のうちには「分析の制約としての反立と総合」が表現されているのである。つまり、ラインホルトはバルディリの三つの根本概念のうちに『基礎』の原理論での三つの根本命題を読み取っているのである。たしかに、フィヒテの「第一根本命題」は、そのうちにいかなる区別も否定も含まないような、「絶対的自我」の端的な自己同一性の、したがって純粋で絶対的な同一性の措定を表現し、その限りではラインホルト的「絶対的立言」に相当するといえる[25]。「第二根本命題」は、「第一根本命題」の現実化に不可避的に要請される「非我」(「質料」)の端的な反措定を表現しており、その限りではラインホルトのいう「絶対的仮言」に相当し、そして「第三根本命題」は、両命題の「反立と総合」からなっている。フィヒテにとって、自我の現実的働きすべてが「第三根本命題」の基本構造に基づいているように、ラインホルトにとって、一切の「認識」は、「適用」におけるこの「反立と総合」の「分析」にかかっているのである。

　こうした読解に基づいて、次のような理解が出てくる。「貴兄の哲学における純粋な自我性」とは「純然たる理性それ自体」にほかならないが、「バルディリはこの純然たる理性を思惟としての思惟と呼んでいるのであり、貴兄が自我からかつ自我によって導出したすべてのことを、バルディリはこの思惟としての思惟から、思惟としての思惟によって導出しているのです」(ibid., 199)。ラインホルトはこの書簡の末尾に、バルディリ自身の手になる「バルディリ哲学の彼自身による主要諸契機」を一七箇条にわたって書き移して、添付している。この時点ではまだ彼は、「知識学」と『要綱』とを架橋することができると信じている。おそらく彼は、『要綱』こそが「知識学」の徹底化だと見ていたのであろう。

フィヒテは二月八日付けの返信で、『要綱』は当地（イェーナ）では入手できないので読んでいないと、素っ気ない返答をした（ibid., 211）のに対して、ラインホルトは三月一日付け書簡でも、ほんの「一、二度だけ」でも目を通してくれるよう重ねて「懇願」している（ibid., 237）。フィヒテは二月中旬に『要綱』を入手し、「彼なりの流儀に従って」それを読んだが、その評価についてはしばらく沈黙を続けていた。彼が『要綱』に対する全面否定的な評価をラインホルトに書き送ったのは、七月四日のことである。その書簡に曰く、すでに「序文」を読むだけでも分かるように、この「著者は論理学から実在的な対象を取り出す（herausklauben）というまったく新たな手品を実際に誇っています」（ibid., 272）。「論理学から実在的な対象を取り出す」というこの表現には、ほぼ一年前の八月、カントが公表した知識学の「無効宣言」が絡んでいる(26)。

さらにフィヒテの批判は続いている。ここで論じられている「われわれの思惟一切の基礎としての同一律についての」理解は周知のものであり、何ら新しいものではない（ibid., 272）。何よりも「この体系の眼目は、それと気づかれぬうちに、手のひらを返す間もなく、根源的-思惟（Ur-Denken）を根源的-存在（Ur-Sein）に転じ、主観的なものと客観的なものとの紐帯への問いを完全に無視するということにありますが、そのようなことは、批判主義というものがカントの頭の中に最初にひらめいて以来、根本的に否定されているものです」。著者は「周知の神の存在の存在論的証明を認める独断論者です」（ibid.）。これは、先述した『要綱』の「補足」での「神の存在」に関するバルディリの文章を捉えての批判であろう。フィヒテの批判は――「思惟としての思惟」の内的特性としての純粋な同一性を通常の論理学の「同一律」と混同している点を除けば――超越論的観点からすれば至極当然であるといえよう。たとえば、「思惟」から「存在」への転化という批判に関していえば、「根源的-思惟」、つまりバルディリの「思惟としての思惟」は、もとより一切の主観の働きから独立し、自存している存在論的性格を持っており、それゆえにその「適用」に際して生じる「思惟の諸様態」は、「存在の諸様態」とパラレルに、フィヒテ流にいえば「それと気づかぬうちに、手のひらを返す間もなく」一体となって累乗的に進展していくからである。ただし、バルディリからいわせれば、フィヒテは依然として「根源的-思惟」を「主観的なもの」と想定しているがゆえに、「思惟」の「存在」への「転化」という批判が出てくるのである。「主観的なものと客観的なものとの紐帯」も同じ理由から、少なくともフィヒテ的な意味では、バルディリでは問題にならないのである。

二月中旬に『要綱』を読んで以来沈黙を守ってきたフィヒテが、七月にラインホルトにその評価を伝えたのには、理由がある。ラインホルトが『要綱』についての好意的書評を公にしたことを、シェリングから伝え聞いたからである。彼は、おそらくその書評を読んで、自らの異論をはっきりとラインホルトに伝える必要を感じたのである。五月一四日付けのシェリングのフィヒテ宛て書簡は、こう述べている。「バルディリの論理学についての、おそらくもう公刊されているラインホルトの書評は、われわれに対して放たれた新たな一撃となるはずです。この風に漂う葦は、以前にはあなたの立場へと回心したのに、今度はバルディリへと回心しているという噂です。このことがどういう結果になるか、待ってみなければなりません。とにかく、あなたが予見していたように、バルディリに対するあなたの反論が今本当にぜひとも必要になっています」(G.A. III/4, 242f.)。

続いてフィヒテは、一一月一五日の短いラインホルト宛て書簡では、『エアランゲン学芸新聞』に掲載された自分の『要綱』書評（一〇月三〇日・三一日掲載）の見本刷りを送ったことを報告している。そしてその後、今度はラインホルト自身を激しい口調で非難している。それは、彼が七月の書簡執筆時にはまだ読んでいなかった『一般学芸新聞』(五月五日~七日)紙上でのラインホルトによる『要綱』書評にこの間に眼を通し、そこにかつての「根元哲学」の「焼き直し」を嗅ぎつけたからである。つまり彼は、ラインホルトが三年前には自分の「根元哲学」の限界と不十分性を認め、「知識学」を支持することを公にしたにもかかわらず、今となってそれをこっそり復活させようとしていると見て、憤慨しているのである。「あなたは自分自身の著作について間違いであると決めつけ、放棄した、そのどうしようもない哲学的思惟の様式を、今になって他人の著作を通して導き入れたがっているのです。なぜこういえるかといえば、バルディリの論理学とはあなたの根元哲学なのですから」(ibid., 358)。なるほど、フィヒテがその証拠に挙げているように「形式と素材」、「表象と純然たる表象」、「表象と表象されたもの」、あるいは形式の累乗化など、『要綱』の用語法は表面上「根元哲学」のそれと重なるものが多い。しかし、両者の用語法は、後便でラインホルトが反論しているように「ある意味では、まったく反対である」(GA, III/4,383) とまではいえないにしても、両者の意図していることは根本的に異なっている以上、フィヒテのかの断定は必ずしも的を射ているとはいえない。最後にフィヒテは意を決したようにこの書簡に書いている。「私たちは、たぶん哲学的に袂を分かたねばならないでしょうが、私たちが人間としてはそうならねばならないことを少なくとも私は望んでいません」(ibid., 356)。こうして、五月のラインホルトによる書評の公表、一〇月のフィヒテによる書評の公表によって、一八〇〇年晩秋には両者の哲学的立場の対立は決定的になったのである。

2 『エアランゲン学芸新聞』での『要綱』書評(一八〇〇年一〇月)

この年の夏頃、フィヒテは『エアランゲン学芸新聞』の編集部から哲学の新刊書を書評の依頼を受けた。彼はおそらく、ラインホルトによる書評に反撃するという目的を持って、『要綱』の書評を提供すると編集部に返事した。(27) 一〇月三〇、三一日に同紙に掲載されたその書評(28)は、バルディリに対する手厳しい批判を展開しているだけでなく、そこには、彼に与したラインホルトに対する不信感に満ちた揶揄、憤慨、非難が随所にちりばめられている。(29)

「超越論的観念論の明証性が十二分に説明され終わっている」のに、『要綱』のような「はなはだしい独断論」がいまだにあちらこちらを「漂流」しているという「奇妙な現象」がなぜ生じているのか、フィヒテはこう問いかけることから書評を始めている。その理由は、一言でいえば、それをもてはやす連中がいるからである。彼らは、『要綱』を「新しい解明に富んだもの、まったく新しい途を通って見出された超越論的観念論の発見」とみなしているばかりか、「超越論的観念論の体系の拡張と完全化」とさえ「偽称している」。そして、書評者はこういう。このような「珍事」の真実を解明するには、さしあたり以下の点に「留意する」だけで十分である。それは、第一に、ラインホルトのフィヒテ宛て公開書簡が公開されて以降、「事態を十分に見通すことのできず腰の定まらない人々の間に」、「フィヒテの哲学とヤコービの哲学の間の立場（後者の立場は、周知のごとく頑なな独断論なのだが）が求められるようになっているのではないかという憂慮」が広がっているということ。第二に、「どうやら、かの間の立場において生じてくると思われているらしいヤコービ流の純粋な客観的存在が、それも神の存在が、バルディリには見出される」と思われていること（GA. I/6, 434）。「そして、最後に、この著作はその最も際立った側面からすると、ラインホルトのかつての根元哲学の焼き直しであるということ」。なぜなら『要綱』と「根元哲学」の間には、（A＋Cとか、B－Bのような「同一の公式的方法」、「同一の形式と素材」、「同一の表象と純然たる表象」、「両者の対置に発する同一の証明」、「同一の証明様式」、「同一の無味乾燥な概念遊び」が見出せるからである（ibid., 434f.）。かくして、書評者は、かの「奇妙な現象」に責任を負うべき張本人がラインホルトであり、彼がなぜ『要綱』を高く評価しているのかの推測を、書評の最初に開陳しているのである。上記の三つの点すべてが、直接、間接にラインホルトを引き合いに出して語られている。これ以降も書評はほぼ毎頁で、直接、間接にラインホルトに批判的に言及している。

次いで、フィヒテは『要綱』の具体的内容の紹介と検討に入る前に、「バルディリの体系」の本質規定を提示する。すなわち、この体系は「形而上学的体系」であり、「その形式面から見れば、いくつかの超越的主張を伴った、日常的意識の諸事実の一覧表、健全な日常的悟性の哲学」にほかならない。ここには、「日常的意識を超えて高まることの痕跡すら、超越論的なものの痕跡すら存在しない」。この体系はまた、その「内容面から見れば、精神に対する身体の影響作用（Influxus physicus）を伴った、はなはだしい独断論的二元論である」。ここには「観念論の痕跡すらない」（ibid., 436）。その上で、的確にこう述べている。「この哲学の両極端は、純粋な思惟およびその諸法則の純粋な存在（S. 88-90）と、動物的衝拍を形成する相互外在および併存（S. 116）とである」（ibid., 436f.）。この二元論的体系の「主観的」極としてのこの「知性の上での（intellektuell）存在、あるいは純粋な存在」と、「客観的」極としての質料の「相互外在」とは、根元哲学の基本概念であった「純然たる表象」の「単純な形式」と所与としての「素材」との

「焼き直し」である――フィヒテはそう断罪している。

これ以降、『要綱』の個々の論述の批評に際しても、書評者は上記の基本的見解、すなわちこの体系が、①「形式」と「質料（素材）」の二元論に立脚した独断論であること、②累乗的連関のもとに配置される諸々の「客観」の導出が「経験」に基づいてなされており、論理的な「証明」の体をなしていないこと、③そこにはまったく超越論的思考が認められないことを、指摘している。

たとえば①について、書評者はこう批判している。「今やこの純粋な思惟は存在する、そしてその諸法則は――存在する」ということが、「われわれが思惟するがゆえに、それ（かの思惟）は思惟されねばならない」のだということ以上の何の証明もなく主張されている。このような主張は、まさに「独断論的混乱と癒合」の産物である（ibid., 438）。そして、に対置され」たままである（ibid.）。よって、二元論である。②については、こうである。バルディリが「人間の思惟における適用」と語る場合、その「『人間的』は、まったく経験的な概念である。継起と併存が三つの次元で表象されることも、彼は単に経験を通して（durch Empirie）得ているだけである。しかも、彼はそのことをあたかも必然的に論証しえたかのような外見をあちこちで与えているのである」。これは、かの三つの「展相上昇」に各種の「モナド」を対応させる際のやり方が、論証を欠いた経験的理解に根差していることへの批判である。そうした経験主義は、彼が「ラインホルトの方法に従って」、単に「意識の諸事実に立脚している」ことに由来している（ibid., 441）。③については、まず総論的にこう述べられる。「この著作では超越論的観念論のことはどこにも考えられていないということ、このことは明らかになったと思う。したがってまた、この種のことを主張している連中は、超越論哲学を認識することができなかったのだということもまた明白である」（ibid., 445）。その「連中」の一人がラインホルトを指していることは明白である。もっと具体的には、超越論的思惟（反省）の欠如への批判がこう指摘されている。「コプラ」のうちにあるのは、「（思惟行為としての）Aの単なる反復」ではなくて、「意識のうちに最初のAが措定されていることはとへの反省であり、それゆえ、意識の自ら自身への還帰、つまり自己意識なのである」。これの働きこそが「自我を成立させる行為(Akt)」であり、「勝義の知性活動」なのである。それに反して「バルディリは、純粋な思惟の働きを行為と捉えることにすら成功しておらず、それを出来事としてしか、純粋に思惟されて在ることとしてしか捉えていない」。彼はまた著作の全篇を通して、「自分が自分の体系を実現するために、自分自身が思惟しているのだということ」にすら気づいていない。かくして、バルディリのもとでは「超越論的観念論はまったく馬鹿げた体系に転化しなければならなかったのである」(ibid., 447)。以上の批判は、どの点においてもバルディリの「実在論的二元論」の弱点を的確に指摘している。後に、シェリングがこの書評を「まさしく息の根を止めるようなものであり、これ以上ありえない的確なもの」だと称賛した(GA. III/4, 368)のも当然であろう。

フィヒテの書評の基本的姿勢と狙いは明らかである。それは、先に挙げた三つの基本的見解を確証することによって、バルディリがというよりむしろラインホルトが、この独断論的実在論を超越論的観念論の「進展や完全化」とみなしていることを——よってまた、バルディリをカントの理性批判や自分の知識学の継承者あるいは完成者とみなしていることを——弾劾し、彼の超越論的観念論からの転落を白日の下にさらすことにあった。

第四節　フィヒテの『要綱』書評に対するラインホルトの反論(一八〇〇年一一月)

ラインホルトはたしかに一月のフィヒテ宛て書簡で、『要綱』には「超越論的観念論のまったく新しい叙述」が見出せる、そこには「まったく新しい途を通って、新たに超越論的観念論が創案されている」と語り、フィヒテとバルディリには「同一の精神」が宿っていると述べていた(GA. III/4, 198)。そのことをもって、フィヒテは書評で、ラインホルトがバルディリのうちに「超越論的観念論」を「発見」し、そこにその「拡張と完全化」を見て取っていると書いた。だが、このようなかたちで「私信」の内容を、しかも誇張して公にしたことにラインホルトは強く反発し、抗議する。彼は一一月二三日付けのフィヒテ宛て書簡で、このような書評の「やり口」を厳しく非難し、後にはこの書簡を自分の『概観-寄稿集』(一八〇一年)で公にすることになる。[30]

ラインホルトは、かの書評の不当な「やり口」を、事細かに事実を引き合いに出しながら執拗に非難している。それに続いて彼は、フィヒテが「留意」すべきだと述べていた「奇妙な現象」の背後にある三つの事柄——「フィヒテの哲学とヤコービの哲学の間の立場」が取りざたされていること、「ヤコービ流の純粋な客観的存在」が、「神の存在」の認識問題がバルディリの実在論と連動していること、そして『要綱』が根元哲学の「焼き直し」であると主張されていること(第三節2参照)——を取り上げ、順次反論を加えている。

まず、「間の立場」について彼は、公開書簡『ラファーターとフィヒテ宛ての書状』の「まえがき」で、この「間の立場」を両者の「連立体系(ein Coalitionssystem)」、中間物(ein Mittelding)」と誤解してはならない、とはっきり断っていたことを持ち出す(第十章第二節1参照)。そして、当時自分が求めていたこの立場は、フィヒテ自身が『人間の使命』第三篇で「知の外にあって、知にまったく対置されている或るもの」を「良心の声を通して」覚知すると語った立場(第十章第四節参照)と同じものにほかならない、と反論する(GA, III/4, 378)。その「或るもの」とは、「人間の意識の単なる現象」でもなければ、「自ら自身を産出する自我の産物」でもなく、「端的に実在的な源泉」のことである、と反論する(ibid., 379)。この点に関連して、彼はヤコービが——フィヒテがそう断言しているような——「頑なな独断論」に立っているのではなく、彼はむしろ「懐疑主義者」なのであると反駁している。ヤコービは「(彼の考えでは、哲学的思惟によっては根拠づけられない)認識の実在性のために前提にし」なければならないような「存在」を問題にしているのであり、それは「独断論的実在論」の主張する「純粋に客観的なもの」でもなければ、「独断論的観念論」が主張する「純粋に主観的なもの」でもない。その「存在」こそ、「主観態とも客観態とも考えられない、端的に崇高な絶対的なもの」であり、「実在的な行為(Thun)」と実在的な存在一切の実在的源泉」なのである(ibid., 381)。ただ、ヤコービはそうした「存在」はいかにしても「知る」ことはできないと主張しているのであり、それゆえ彼は「純粋な客観的存在」を前提にしている「頑なな独断論者」ではなく、「懐疑論者」なのである。ヤコービの哲学的立場の評価については、明らかにラインホルトの方が正鵠を射ている。

第二の問題、かの絶対的な「存在」とバルディリの実在論との連動問題については、ラインホルトはこう答えている。「これはもちろんバルディリに見出されるのと同じ存在である」。しかし「バルディリの立場は、フィヒテの哲学とヤコービの哲学のかの中間の立場ではけっしてない」ので、「私は、主観的なものでも客観的なものでもないかの純粋な存在を思惟することをバルディリの立場から学んだことによって、かの中間の立場を永久に放棄しなければならなかったのです」(ibid., 381f.)。もはや、ラインホルトは一年半前（一七九九年三月）とは違って、「かの純粋な存在」は単に「予感」され、漠然と感じ取られるべきではなく、それを「思惟すること」ができると考えているのである。この「予感」から「思惟」への移行が何ゆえ起こってのかは、節を改めて次節で見ることにする。

第三の問題、「焼き直し」問題については、ラインホルトはこれを全面否定している。まず、バルディリでは「表象、表象されたもの、純然たる表象等々の言葉」は、根元哲学の場合と「まったく対立する意味で」使われていることにフィヒテは気づいていない(ibid., 383)。それに、そもそも当初「私がバルディリの著作のうちに探し求めたのは、私の根元哲学なのではなく、貴兄の超越論的観念論なのです」(ibid., 384)。たしかに「私」は、「『要綱』を知るようになった当初」は、『要綱』と「知識学の連携を企図していました」。それで、バルディリに「彼自身が根本的には観念論者であること」、「およそ思弁哲学なるものは観念論でしかありえないこと」を納得させようと試みました。そして、ラインホルトはこう告白する。「しかし、彼の回答からは、最終的には私がいかにして観念論一般を放棄することを迫られたかが明らかになるでしょう」(ibid.)。かくして、ラインホルトは一八〇〇年の晩秋には、「観念論一般」からの離脱を表明しているのである。

「焼き直し」問題に関していえば、『要綱』と「根元哲学」の間には、たしかに単なる用語上の類似性にとどまらず、思考様式の類似性も認められる。たとえば、『要綱』が「適用された思惟」による「主観」と「客観」の生起に先立って、「思惟としての思惟」を設定しているのと同じように、かつてのラインホルトの「純然たる表象」は「主観」と「客観」に対する論理的先在性を有していた。また『要綱』において「思惟の形式」と「存在の形式」が累乗的に進展していくのと同じように、「表象能力理論」-「根元哲学」では、「感性」「悟性」「理性」は「表象」の累乗化の産物とみなすことができた。しかし、両者はその学としての根本性格において決定的に異なっている。『要綱』は「存在-論理学（Onto-Logik）」であり、「根元哲学」は意識（認識）のメタ理論である。したがって、ラインホルトは、フィヒテの非難しているように、かつての「根元哲学」の立場に舞い戻ろうとしているのではなく、この「存在-論理学」を基礎とした新たな実在論を主張、展開しようとしているのである。

第五節　「絶対的なもの」の「予感」から「思惟」へ——ヤコービ「信仰」論からの離脱

上記のフィヒテ宛て反論書簡では、バルディリの実在論への傾斜が「神」すなわち「絶対的に実的な存在者」を「信」の対象と理解することにいかなる変容をもたらしたのかは、必ずしも明瞭になっていない。ラインホルトは後に『概観-寄稿集』第五分冊（一八〇三年出版）の第二論文「私の体系の変転についての弁明」で、この当時を振り返って、「絶対者」が「信」の対象から「思惟」の対象へと転換していかなければならなかった事情を、おおよそこう説明している。ヤコービの主張する「それ自身において絶対的なもののこうした予感」は、「一切の思弁的知に対抗する対案を、唯一真なる確信をわれわれの内なる神的なものに連れ戻すことを」私に理解させた。だが、私はヤコービのいう「予感」を「誤解していた」。私はそれを「『実践理性批判』が要請し、知識学が演繹しているような実践的信仰」と同じものだと思い込んでいたからである（*Beyträge-U.*, H. 5, 38）。ヤコービの「予感」とは、以前から彼のいう「美しき魂」の中にいい表されており、私の「信」よりはるかに「生き生きとした」ものであることを知るに及んで——ここでラインホルトは、ヤコービ流の「信」の主観性を指摘しているように見える——ある疑念が湧いてきた。

この「信」には「本来の知」への移行がまったく閉ざされているのではないかという疑念である。

それに対して、バルディリの『要綱』は、「思惟としての思惟」の働きを「一切の主観性から浄化し」、それを存在論的に捉えることによって、「それ自身絶対的なものそのもの」が「顕現する」ことを、すなわち「根源的に真なるものが真なるものに即して」知られ、「真なるものが根源的に真なるものを介して」知られることを教えた(ibid. 39)。かくして、「予感」ないし「信」の対象でしかない「絶対的なもの」から、「知」ないし「思惟」の対象としての「絶対的なもの」への移行の途が示唆された。ラインホルトは、自分の「神への信」と「純粋な知」との間にこの時点まで隠されていた「矛盾」が存在したと告白している。すなわち「それ自体で絶対的なものに対する私の予感は、かの知から演繹された信のうちに、すなわち道徳的世界秩序という絶対的客観態のうちに、自然に即してある真なるものとしてのこの世界秩序を自然に即して告知される根源的に真なるものと区別することを、つまり自然を超えた神と区別することを、持ち込んでしまっていた」(ibid. 40)。ラインホルトによれば、この両者の「区別」および「連関」を説得力あるかたちで示しているのが、バルディリの「思惟としての思惟」の考えである。というのも、この思惟は「真なるものとしての客観態を、真なるものの仮象としての主観態から分離し、客観態に即して根源的に真なるものを提示しようと企てる」(ibid. 41)からである。この企てを通して、「道徳的世界秩序」への「信」に内在していたもう一つの矛盾、「知」の「主観態」と「信」の「客観態」との暗黙の共存という矛盾も解消される、とラインホルトは考えている。

かくして——彼はこの道筋をこう要約している——「それまでの知と矛盾していた、それ自身で絶対的なものに対する私の信が、知へと移行することによって、私の苦労は報われたのである」(ibid.)。一八〇〇年の春にはヤコービに与して、「信」の対象である絶対的なものは「思弁知」の外にしかないとフィヒテを批判していたラインホルトは、今度はバルディリの『要綱』を足がかりにして、ヤコービ流の「予感」と「信」にしか開示されない絶対的なものからも離脱し、それを「知」の対象として捉え直すに至るのである。それは、おそらく一七九九年の暮れから翌年の春にかけてのことである。ここにすでに言及されている「自然に即してある真なるもの」と「自然に即して告知される根源的に真なるもの」との相関関係が、どのようにして「神の自然への顕現」を可能にするかは、次章第一節で詳しく見る。

注

（1） C. G. Bardili, *Grundriß der Ersten Logik, gereiniget von den Irrthümmern bisheriger Logiken überhaupt, der Kantischen insbesondere; Keine Kritik sondern eine Medicina mentis, brauchbar hauptsächlich für Deutschlands Kritische Philosophie.* Stuttgart, bei Franz Christian Löflund 1800.（実際は、一七九九年秋に公刊）[Aetas Kantiana 1970]. 以下、本書からの引用は、*Grundriß*と略記して、頁数を本文に記入する。

シェリングのいとこに当たるバルディリは一七六一年五月一八日に、ヴュルテンベルクのブラウボイレン（Blaubeuren）に生まれ、一七七八年にチュービンゲン・シュティフト（神学院）を卒業している。同神学院の卒業生であるニートハンマーやディーツより五歳年長、ヘルダーリン、ヘーゲルより一〇歳ほど年長になる。彼は、チュービンゲンで修士号を得た（一七八〇年）後、一七八九年には同神学院の「補習教師」に任命された。当時、ヘルダーリンとヘーゲルはシュティフトの学生であり、バルディリの補習授業にも参加していた（vgl. Wilhelm G. Jacobs, *Zwischen Revolution und Orthodoxie? Schelling und seine Freunde im Stift und an der Universität Tübingen. Texte und Untersuchungen.* Stuttgart-Bad Cannstatt 1989, 65）。その後シュトゥットガルトのカール学院の哲学教授（一七九〇年）、同地のギムナジウムの文献学・哲学教授になった（一七九四年）。古代哲学の研究から出発した彼の研究は、一七九〇年代の中葉にはカントの実践哲学をベースにした道徳哲学研究に進み、対話形式の論文『ソピュルス、あるいは哲学の基底としての道徳と自然』（一七九四年）、『普遍的実践哲学』（一七九五年）などを著した。この時点まではバルディリはカント主義者であったとすれば、匿名で出版された『形而上学一般の起源についての書簡』（一七九八年）では、ラインホルト的立場に移行する。『第一論理学要綱』が出版されたのはその翌年である。

（2） 著作の中扉には、「病に罹っているドイツの講壇的悟性の救済者」としてこの三名の名前が挙げられているほかに、とくにF・ニコライにも感謝が捧げられている。ヘルダーの早くからの反カント主義はともかく、ヤコービ流の信仰哲学と軌を一にしたようなシュロッサーのカント批判に対して、カントは一七九六年の二つの論文で厳しく批判している。エーベルハルトは、旧来からカント哲学の敵対者であり、伝統的なライプニッツ-ヴォルフ学派の総帥として、この学派の機関誌『哲学雑誌』の編集者であった。『ドイツ百科叢書（*Allgemeine Deutsche Bibliothek*）』の発行者であるニコライは、すでに時代遅れになりかけていたベルリン啓蒙主義に属する「通俗哲学者」である。

（3） Vgl. Rebecca Paimann, *Das Denken als Denken. Die Philosophie des Christoph Gottfried Bardili.* Stuttgart-Bad Cannstatt 2009, 136. 現在までのところ、この研究書が『要綱』の思想的地盤、全体的構成、個々の理説等について、最も包括的な叙述を提示している。

（4） M・ボンデリによれば「バルディリの存在理解は、パルメニデス-ピュタゴラス化されたプラトンを拠り所としている」（M. Bondeli, *Das Anfangsproblem bei Karl Leonhard Reinhold. Eine systematische und entwicklungsgeschichtliche Untersuchung zur Philosophie Reinholds in der Zeit von 1789 bis 1803.* Frankfurt am Main 1995, 278）。

（5） Vgl. Manfred Zahn, Fichtes, Schellings und Hegels Auseinandersetzung mit den "Logischen Realismus" Christoph Gottfried Bardilis, in: *Zeitschriften für philosophische Forschung,* XIX/2, 216.

（6） Martin Bondeli, op. cit., 280ff.

（7） M・ボンデリは『要綱』が、「統一体系を体現している、客観的な観念的実在論」と「思惟と質料の二重性を体現している、実質的ないし経験的実在論」の両要素を含んでいることを説いている（M. Bondeli, op. cit., 283f.）。彼はこの両要素を、別の論文では、「思惟と存在の統一を体現している」「客観的に観念論的な統一体系」と、「思惟と質料の二元性を体現している」「経験的、実在論的な統一体系」といい直している（ders, Hegel und Reinhold, in: *Hegel-Studien* Bd. 3, Bonn 1995, 61）。

（8） 『要綱』の概要、カントおよびフィヒテに対するバルディリの論難、フィヒテのバルディリ批判等については、Manfred Zahn, op. cit. in: *Zeitschriften für philosophische Forschung,* XIX/2（201-223）, XIX/3（453-479）、およびRebecca Paimannの前掲書が詳しく論じている。

（9） 彼は、『要綱』には「すべての哲学の新たな革命と改革のためのまったく新たな根本理念」が提起されていると伝え、この新たな理念によって「カント哲学やフィヒテ哲学に、完全な転覆ではないにせよ、それでも避けがたい決定的な制限が引き起こされそうだ」と述べている。 *Aus Baggesen's Briefwechsel mit Karl Leonhard Reinhold und Friedrich Heinrich Jacobi. Zweiter Theil.* Leipzig 1831, 278.

（10） *J. G. Fichte im Gespräch. Bericht der Zeitgenossen,* hrsg. v. Erich Fuchs, Bd. 2: 1798-1800. Stuttgart-Bad Cannstatt 1980, 267f. ここでラインホルトは、こう書いている。学としての哲学の本来の場を発見することは、「カントによって哲学の実質を暫定的に確定することを介して、そしてその次にフィヒテによって哲学の形式を暫定的に規定することを介して、準備され、導入されたにすぎないのに対して、その発見それ自身はバルディリに取っておかれてきたのだ」。

（11） この往復書簡は、一八〇四年にラインホルトによって*C. G. Bardilis und C. L. Reinholds Briefwechsel über das Wesen der Philosophie und das Unwesen der Spekulation.* Hrsg. v. C. L. Reinhold. München, bey Joseph Lentner 1804として公刊された

（以下*Briefwechsel*と略記）。

ちなみに、ラインホルトから発信されたのは、「第一書簡」（一七九九年一二月二〇日付け）、「第三書簡」（一八〇〇年一月二三日付け）、「第五書簡」（二月九日付け）、「第六書簡」（二月二一日付け）、「第八書簡」（三月一七日付け）、「第一〇書簡」（五月一七日付け）、「第一二書簡」（九月一日付け）、「第一四書簡」（一八〇一年三月二三日付け）である。

（12） ラインホルトはこの部分で、「思惟としての思惟」の「無限な反復可能性」に認められる「絶対的な単一性」ないし「絶対的な同一性」と「相対的な単一性」ないし「相対的な同一性」を区別しなければならないこと、および「絶対的な一」と「数的な一」を区別しなければならないことを強調している。前者は「自らのうちで、自らによって」反復可能であるのに対して、後者は「ある他のもののうちで、他のものを介して」反復可能なだけであり、後者は前者によって規定されている。同じく、「絶対的な数多性」と「相対的な数多性」との区別も説いている（*Briefwechsel*, 73ff.）。この独自の区別の観点は、彼の『要綱』書評でも繰り返されている。

（13） バルディリはこう反論している。「己れの根拠を秘匿するものが作為的であるという点では、いわゆる常識のへ理屈だけが、作為的なものである。〔中略〕それに対して、真の哲学はまったく作為的なものではない。真の哲学は根拠と地盤を露わにするのであり、人間的で、自然的で、神的なものである」（*Briefwechsel*, 158）。ラインホルトとバルディリでは、「自然的」「作為的」の意味内実がまったく異なっているのである。

（14） バルディリの理解では、ラインホルトのいう「根源的で自然的な認識」とは、「まだ未成熟な」認識であり、「単に作為的な」認識である（vgl. *Grundriß*, 93, 95）。また、「反省」はラインホルトのいうように「意識のうちでの思惟の制約」ではなく、逆に「思惟によって端的に根拠づけられたもの」である（vgl. ibid., 100）。

（15） たとえば、「理念が真の意味で理念である（したがって、単なる表象ではけっしてない）とすれば、いい換えれば、理念が思惟されたものとしての思惟されたものであるとすれば、理念は一切の現実性の根源的根拠（*Urgrund*）であり、それゆえそれ自身存在を有しているだろう。理念が存在を有しているとすれば、理念は（単に主観的な）観念論以上のものを与える。理念は実的な実在論を与え、プラトンのいうオン・トス・オンを与える」（*Briefwechsel*, 125f.）。

（16） この「構想」は、『一九世紀初頭の哲学の状態を簡便に概観するための寄稿集（*Beyträge zur leichtern Uebersicht des Zustandes der Philosophie beym Anfange des 19. Jahrhunderts*）』（以下、『概観-寄稿集（*Beyträge-U.*）』と略記）全六分冊の公刊として実現された。その第一、第二、第三分冊は一八〇一年に、第四分冊は一八〇二年に、第五、第六分冊は一八〇三年に出された。

（17） 上掲『概観-寄稿集（*Beyträge-U.*）』の第三分冊で、ラインホルトは、この「理性の理論」としての「論理学」は「純粋な論理学であると同時に形而上学であり」、それゆえ「純粋な哲学、第一哲学（Philosophia prima）、あるいは本来の哲学の原理論（Elementarlehre）」と呼ばれねばならない、と述べている（*Beyträge-U.*, H. 3, 161）。

(18) この分野での著作として、『言葉の視点からの論理学批判の試み』（キール、一八〇六年）、『哲学的諸学における一般的語法のための同義論の基礎づけ』（キール、一八一二年）、『言葉によって媒介された、感性と思惟能力の連関という視点からの人間の認識能力』（キール、一八一六年）がある。この時期の言語哲学を論究した貴重な邦語文献に、山口祐弘「ラインホルトの言語哲学」（廣松渉・坂部恵・加藤尚武編『講座　ドイツ観念論　第三巻－自我概念の新展開』弘文堂、平成二年）がある。

(19) この点についてはValenza, Pierluigi, Reinhold Abschied vom logischen Realismus, in: M. Bondeli/A. Lazzari (hrsg.), *Philosophie ohne Beynamen*. Basel 2004を参照。

(20) ラインホルトは、上記の『概観－寄稿集』第一分冊所収の「第二論文」でも、「哲学的思惟においては、この探求の初めをなす概念上最初のものは、しばらくは単に蓋然的、仮説的に最初の概念的なものと想定されうるし、そう想定されねばならない」と書いている。また、その「第四論文」もこう繰り返している。「この暫定的な論究において見出され、そして後から思惟としての思惟の分析に際して、最初はただ仮説的にそして蓋然的に根底に据えられた、思惟としての思惟の特性は〔中略〕かの分析において初めて明らかになる」(*Beyträge-U.*, H. 1, 74, 101)。

(21) G. W. F. Hegel, *Differenz des Fichte'schen und Schelling'schen System der Philosophie*, in: *Georg Wilhelm Friedrich Hegel Gesammelte Werke*（以下、GWと略記）, Bd. 4, Hamburg 1968, 83. ちなみに、このヘーゲルの最初の哲学的著作の副題は「ラインホルトの一九世紀初頭の哲学の状態を簡便に概観するための寄稿集、第一分冊に関連して」である。

(22) ヘーゲルはいわゆる『大論理学』の第一巻「存在論」の初めに、「哲学の端緒」問題に触れてこう書いている。「哲学は仮説的、蓋然的な真なるものからしか始まることはできない」、「ラインホルトが彼の哲学的思惟の後年に多様なかたちで促進した」この見解の根底には、「哲学の端緒の思弁的本性に関する、純粋な関心」が横たわっている (GW. 21, 56f.)。また『哲学的諸学のエンチクロペディー』「序論」第一〇節は、こう記されている。「水に入る前に水泳を習おうとする」ような試みの「混乱を見抜いたラインホルトは、その混乱を除去するために、仮説的、蓋然的な哲学的思惟から暫定的に始めることを提案した」。よく考えると、そのような提案はごく「一般的なこと」しか述べていないのだが、それでもその提案には「正しい意識があることは、見まがうべくもない」(GW. 19, 37)。この「哲学の端緒」についてのラインホルト－ヘーゲルの主張の対比については、本書第十四章第三節を参照のこと。

(23) STUTTGART, b. Löflund: *Grundriß der Ersten Logik, gereiniget von den Irrthümern bisheriger Logiken überhaupt, der Kantischen insbesondere; Keine Kritik sondern eine Medicina mentis, brauchbar hauptsächlich für Deutschlands Kritische Philosophie*, von C. G. Bardili. 360 S. 8. In: Nrn. 127-129 der *Allgemeine Literatur-Zeitung* vom 5-7. Mai 1800, Sp. 273-279, 281-287, 289-293. この書評からの引用は、ALZと略記して「号（Nr.）」と「欄（Sp.）」の数を直接本文中に記入する。

(24) この「絶対的な単一性」と「相対的な単一性」の区別、および「絶対的な数多性」と「相対的な数多性」の区別は、後の『概観

-寄稿集』第一分冊でも説かれている（*Beyträge-U.*, H. 1, 104ff.）。

(25) ラインホルトは一年ほど後の『概観-寄稿集』第二分冊では、「思惟としての思惟」の特性が「己れ自身を無制約に措定する働き」にあると書いている（*Beyträge-U.*, H. 2, 181）。

(26) 事情はこうである。一年ほど前カントは、『一般学芸新聞』の「知的広報欄（Intelligenzblatt）」（一七九九年八月七日付け）で、知識学が「支持しがたい体系」であると公的に宣言して（「フィヒテへの反対声明（Erklärung gegen Fichte）」）こう述べていた。「純粋な知識学は、単なる論理学以上でも以下でもなく、単なる論理学はその諸原理によって思い上がって認識の質料に達することはなく、それは純粋な論理学である以上、それの内容を捨象するのだから、純粋論理学から実在的な客観を取り出す（herausklauben）などというのは、無駄な仕事であり、したがってそんなことは一度も企てられなかった仕事である」（*KA*, XII, 370）。つまり、カントは「認識の質料」を欠いている「知識学」は「純粋論理学」にすぎず、いかにしても客観の実在性には到達しえないと批判している。バルディリはこの「宣言」を受けて、そしてこの「宣言」に真っ向から対抗して、『要綱』の「序文」で「実在的な客観を純粋な論理学によって（論証的に）措定することは、たとえこれまで実際に一度も企てられなかった仕事であるにしても」、経験だけに満足できない者は「実在的な客観が純粋な論理学によって措定されたと考えるか、それともそもそも〔論理学によっては〕いかなるものも措定不可能であると考えるか」、二つに一つしかない（*Grundriß*, xi-xii）と反論しているのである。もちろん、バルディリの立場は前者である。フィヒテはこの文章を引き合いに出しているのである。だから彼は、カントが自分に罪を着せた「純粋論理学から実在的な客観を取り出す」という「無駄な仕事」をしているのは、自分ではなくバルディリなのだと弁明しているのである。このカントの「宣言」からほぼ一年後には、シェリングが同様のクレームを、すなわち単に論理学である純粋な知識学は認識の実在性を欠いているというクレームをつけるようになるのを、われわれは後に（第十二章第一節3参照）見ることになる。

(27) フィヒテは、同紙で『要綱』の書評が「まだ掲載されていないのならば」という条件で、同著の書評を提案したのだが、編集部は、それはすでに一度（六月二四日、二五日付けの第一二二号と第一二三号に）掲載されているが、二度目でも構わないと返答してきた。フィヒテは一〇月八日付けで、書評は「ほぼ一カ月で完成するはずだ」と書きながらも、一一日付け書簡に「完成した」書評を同封している。書評の成立史については、*GA*, II/5, 233-239, bes. 248を参照。

(28) 以下、この書評からの引用は、アカデミー版『全集』（*GA*, I/6, 433-450）の頁数を本文中に記入する。フィヒテはこの書評を起草するにあたって、『要綱』からの抜粋、要約、注釈などからなる膨大な準備稿を作成していた（vgl. *GA*, II/5, 240-318）。

(29) この当時、ラインホルトに対するフィヒテの「いらだち」が尋常ではなかったことは、一〇月一一日深夜に書かれた書評編集部宛ての文章に、次のようなあらぬ言葉を書きつけていることからも窺い知れる。すなわち「この善良な男を気の毒に思う。彼はどうして胡散臭い修道士のままでいなかったのか?」（vgl. *GA*, I/6, 429）。

（30） G.A, III/4, 372-383に収められているこの書簡は、『概観‐寄稿集』第一分冊（一八〇一年）の「第五論文：エアランゲン学芸新聞第二一四号、第二一五号でのバルディリの『要綱』についての二つめの書評に関するフィヒテ教授への書状」(S. 113-134) として公にされた。この書簡からの引用は、フィヒテのアカデミー版『全集』に基づく、頁数を本文中に記入する。

第十二章　合理的実在論の新たな展開（一八〇一〜〇二年）

一八〇〇年晩秋、根本的な哲学的立場をめぐってフィヒテと袂を分かったラインホルトは、それ以降も「認識の実在性の根拠」を究明し、それを知のうちに体系的に提示することに向けて、依然旺盛な理論的活動を展開している。そもそも、彼を知識学の立場から離脱させ、バルディリの実在論に赴かせたのは、「われわれの認識の実在性の根拠」がバルディリ的実在論の立場に立って初めて究明されうるという確信であった。実在論的立場のより詳細な展開と表裏一体をなして、彼はまた、超越論哲学による認識と究極的存在の「主観化」およびその「主観化」を生み出す問題機制をいっそう厳しく批判するようになる。こうした理論的活動の諸成果は、彼が一八〇一年から三年ほどの間に編集、公刊した『一九世紀初頭の哲学の状態を簡便に概観するための寄稿集（*Beyträge zur leichtern Uebersicht des Zustandes der Philosophie beym Anfange des 19. Jahrhunderts*）』（以下、『概観－寄稿集（*Beyträge-U.*）』と略記）に盛られている[1]。

本章は、『概観－寄稿集』所収の諸論文の検討を通して、まず第一節で、ラインホルトが新しい実在論の立場から、改めて哲学の課題と哲学的思惟の本質をどのように捉えているのかを見る[2]。われわれはここで、彼がバルディリの実在論を活かしながら、「根源的に真なるもの（神、あるいは絶対者）」の認識可能性について新たな問題機制を提示し、認識と存在の「実在性の根拠」を「知」のうちに究明しようとする新たな試みを見ることになる。次に第二節では、超越論哲学における思惟と思惟の根本原理の「主観化」に対する批判を検討する。[3] ここでラインホルトは、観念論への「原理的」批判を展開している。批判の標的となっているのが、超越論的主体の根源的原理としての「自ら自身への還帰の働き」と「自律」の概念である。批判の標的となっているのが、ラインホルト自身による「合理的実在論」の諸原理の体系的展開の新たな試みを紹介、検討することにする。[4] 第三節では、ここでは彼は、いわば「有限なもの」と「無限なもの」の「相関関係」論を介して、理性的認識の「昇り途」と「下り途」との相即的構造を示唆し、この「下り途」のために合理的実在論に「現象学（Phänomenologie）」という新たな部門を開拓しようとしている。総じて、合理的実在論のこの一連の新展開の試みにおいて、彼はバルディリの「論理的実在論の独断論的傾向を弱め、この実在論の方法論的潜在能力を掘り出そうと試みている」[5] といえる。最後に、この「現象学」構想との対比という視点から、一八〇四年のフィヒテの「現象学」を取り上げ、両者の「現象学」の体系上の位置、目的等の比較を素描してみたい。われわれはこの比較においても、表面上の類似性以上に、合理的実在論と超越論的観念論の根本的差異を確認することになるであろう。

そのほか、『概観-寄稿集』第三分冊以降には、この時期にシェリングがフィヒテとの批判的対決を通して生み出した「絶対的同一性の体系」に対するラインホルト自身の批判的諸論評が何篇か登場するが、[6] この主題の検討は第十三章に譲ることとする。

第一節　「認識の実在性」の「実在論的」根拠究明（一八〇一年）

1　「超越論的革命の終焉」宣言

ラインホルトは『概観-寄稿集』第一分冊への「まえがき（Vorrede）」を、大胆な宣言から書き出している。すなわち、「ドイツ哲学における革命も、その創始者と支持者たちが望み、その敵対者たちが恐れていたのとは別の結果になった。〔中略〕私がその革命の開始時に（『カント哲学についての書簡』で）告示したのとは別の結果になった。私がその革命の中頃に、私の表象能力の理論を通してその革命を推進しようと試みたのとは別の結果になり、その革命の終盤に、私が知識学によってその革命の目標が達成されたと思い込み、そしてこのことを小著『最近の哲学の逆説』や『神の信仰についてのラファーターとフィヒテ宛て書状』で主張したのとは、別の結果になった」（*Beyträge*-*U*., H. 1. iiif.）。「革命」に期待を抱くことができたのは、「革命の本当の動機が哲学の内的状態のうちに依然として存在していた」からであった。だが今や「その動機は、かつて現に存在していたのとはまったく別の領野で探し出され」、「実際にかの動機の覆いが取り除かれ、――同じことだが――かの動機が実質上廃棄された」ことによって、もはや「超越論的革命それ自身が終結したのである」。かくして「超越論的革命は終結した、しかしそれは、私が時代の全体を通して予測しえたものとは別のかたちで終結したのである」（ibid., iv）。

その「動機」とは、ごく一般的な表現をすれば、「経験の可能性の制約」を超越論的主体のうちにア・プリオリに根拠づけねばならないという動機であったといえよう。その制約開示の場は、「根元哲学」と「知識学」を経て、カントの場合よりいっそう「純粋に」、いっそうメタ・レベルに設定され、その原理は根源的・絶対的自我のうちに求められるようになった。認識の実在性も、この自我から演繹されるかのように思い込まれてきた。だが、それは幻想であった。認識の実在性を根拠づける場は、絶対化・原理化された超越論的主体とは「まったく別の領野」に求められねばならないことが明らかになった。超主観的な「思惟としての思惟」の想定とそれの「適用」という考えにこそ、その場は求められねばならない。これは「超越論的革命の終焉」であると同時に――バッゲセンに語っていたように――「新しい革命」の始まりでもある。この「まえがき」を、おそらくラインホルトはそのような思いで書いている。こうして彼は、一八〇〇年の晩秋には（この「まえがき」の日付は、一八〇〇年一一月である）、超越論的主体の絶対化、原理化の一切の試みと対決し、合理的実在論の立場に立つことを宣言する。

2　「真なるもの」と「根源的に真なるもの」の相関関係

　では、この新しい「革命」は、これまで果たされてこなかった「認識の実在性」の獲得をいかにして可能にするのか。『概観‐寄稿集』第一分冊の第二論文「哲学的に思惟するとは何を意味するか、それは何であったか、何であるべきか」は、この問題に答えようとしている。この論文によれば、「哲学的に思惟すること（philosophieren）」の本質は、真理と確実性への愛から出発しつつ、認識の根拠を究明し（ergründen）ようとする努力、同じことだが、認識の実在性それ自身を確証し、確実にしようとする努力」（ibid., 67）にある。この努力において哲学者が探求するのは、「それ自体で真にして確実なもの（das an sich Wahre und Gewisse）」であり、それはたしかに「真の信仰である限りでの真理への信仰のうちに、現に与えられている」（ibid., 70f.）のだが、「まだ知のうちには、知にとっては――それ自体で真にして確実なものとしては存在していない」。しかし、哲学者は哲学者である限り、「それを信のうちに、信のために探し求めるのでなく、知のうちに、知のために探し求め」なければならない（ibid., 71）。

　だが、それはどのようにして知のうちに現れてくるのか。その解明に際して、ラインホルトは「それ自体で真にして確実なもの」の、つまり「絶対者」の現象論とでも呼ぶべきものを提起する。それは、彼が――そして、この時点では他のどの哲学者も――まだ提示したことのないものであった。彼によれば「哲学者のかの探求が可能となるためには」、かの「真にして確実なるもの」を「哲学者はあらかじめ二つに区分しなければならない」、すなわち、真たることを「実証されるべき真なるもの（das zu bewährende Wahre）」と、真たることを「実証する真なるもの（das bewährende Wahre）」に分け、「真なるもの」をこの二相において思惟しなければならない。前者は、「暫定的に真なるもの」と解されねばならず、「たしかにそれ自体で真であるが、だがそれ自身によって真なるものではない」。これに対して、後者は「それ自体で真であるとともに、それ自身によって真なるもの」である。後者をラインホルトは「真であるすべてのものがそこから真理性を得るもの、他の一切の真なるものに先立って存在している根源的に真なるもの（das Urwahre）」と規定し、それをまた「勝義の第一のもの」とも呼んでいる（ibid.）。「勝義の第一のもの」とは、バルディリとラインホルトにとっては究極の実在である「神」の代名詞であったことを思い起こす必要がある。すると、ラインホルトは、ヤコービが「知」における「真理」と区別して「真なるもの」と呼んでいたものを、今や「根源的に真なるもの」と呼び換え、それがもはやヤコービのように単に「予感」されるべきものではなく、「知」のうちで哲学的思惟によって認識可能であることを証示しようとしているのだ、といってもよい。

この認識可能性の証示にとって決定的な鍵となるのが、上述した「真なるもの（das Wahre）」と「根源的に真なるもの（das Urwahre）」との「相関関係（Verhältnis）」の洞察である。たしかに、「根源的に真なるもの」それ自体は、直接的には思惟することも、認識することもできないが、しかしそれを「真なるものとの相関関係のうちに」置くならば、「根源的に真なるもの」も「哲学的に思惟することにおいて、哲学的に思惟することによって、探し求め」られうる（ibid. 73）。その探求が可能になるためには哲学的思惟は、「根源的に真なるものが真なるものに即して（das Urwahre an dem Wahre）」認識され、「かつ真なるものが根源的に真なるものを介して（das Wahre durch das Urwahre）認識されうるような知」（ibid. 72）を成立させねばならないのである。ラインホルトは『概観‐寄稿集』第一分冊の他の諸論文でも、この両者の「相関関係」の重要性を繰り返し強調している。たとえば、哲学は「根源的に真なるものを真なるものに即して証示することができ、かつ真なるものを根源的に真なるものから導出することができ」なければならない。あるいは、「思惟としての思惟の適用の分析」を通して、「根源的に真なるものが真なるものとともに、そして真なるものが根源的に真なるものを介して発見され、打ち立てられねばならない」（ibid. 91）。その「適用」の「分析において、真なるものに即して根源的に真なるものに到達し、根源的に真なるものを介して真なるものに到達し」（ibid. 101）なければならない、等々。第一分冊にとどまらず、他の分冊に所収の諸論文でも、彼は「根源的に真なるものを真なるものに即して、かつ真なるものを根源的に真なるものを介して」露わにするという表現を、多用している。[7] このことは、この「相関関係」論が彼の新たな実在論の展開にとって、決定的に重要な枢軸的思想であったことを示唆している。

ヤコービは「真理」と「真なるもの」とを切り離し、後者を「知」の圏域外に置いていた。ラインホルトは今や、その両者を「真なるもの」と「根源的に真なるもの」と呼び換え、両者の相互媒介的関係を「知」のうちに設定しようとしているのである。たしかに、「信仰のうちでも」両者は相互前提的関係のもとにある。すなわち、「真なるものは根源的に真なるものがなければ信じられず、また根源的に真なるものも真なるものがなければ信じられない。しかし、両者の相関関係は純然たる信においては、享受され、感じ取られるだけであって、認識されたり思惟されたりはしない」(ibid., 72f.)。

この「相関関係」は、「思惟としての思惟の適用が、必然的に〔一方で〕概念的には把握不可能な根源的に真なるものに連接しており、そして〔もう一方で〕この根源的に真なるものを介して、概念的に把握可能な真なるもの一切に連接している」(ibid., 91)という理解に基づいている。さらにいえば、この「相関関係」論は、バルディリの『要綱』での三つの「一なるもの〔一者〕」の相互連関、すなわち「勝義の第一のもの」、「根拠」、「原因」の相互連関の思想を基礎に可能になっていると考えられる。そこでは、この相互連関はこう表現されていた。客観はまずその「原因に、次にその根拠に、そして最後には勝義の第一のものに」連れ戻されねばならない。というのも「原因は根拠を欠けば、そして根拠は勝義の第一のものを欠けば、思惟としての思惟のうちに受け入れられない、すなわち論証的に認識されえない」からである(第十一章第一節参照)。そこでは、いわば「展相」の上昇方向だけが指摘されていたとすれば、ラインホルトは今や、「根源的に真なるもの」「勝義の第一のもの」が「真なるものに即して」啓示され、認識されると語ることによって、いわば「展相」の下降を語っているのであり、かくして「絶対的なもの」の現象論に触れているのである。たしかに、ラインホルトはこの「相関関係」を、認識の具体的諸過程に即してこれ以上に詳しくは叙述しておらず、ここではその基本的図式を説明しているにとどまっている。しかし、この「相関関係」論は、一方で彼が、「知」を超えた「予感」されるしかないヤコービ流の「真なるもの」という考えからすでに離脱していることをはっきりと示すとともに、他方で、この時期以降フィヒテやシェリングによって、そしてもっと後にはヘーゲルによって構想されることになる、「絶対者」の「知」への現象という主題をいち早く提起していることを示している。ラインホルトによるこの主題の展開がいかなるものかをわれわれは、以下で確認することになるであろう。

3 「認識の実在性」の「実在論的」究明

かの「相関関係」論はまた、「認識の実在性の根拠の究明」というラインホルトの懸案の課題（「哲学の第一課題」）解決の切り札になる、彼はそう考えている。その理由は、以下のごとくである。

まず「認識の実在性の根拠が究明されるべきだとすれば、認識可能なものの可能態と現実態」が、かの「根源的に真なるもの」から導き出されねばならない。この根源的に真なるものは、可能態と現実態の「絶対的根拠」、「根源的根拠（Urgrund）」だからである。そうすると「この根源的根拠は、可能態と現実態が真なるものであることを実証するとともに、自ら自身が根源的に真なるものであることを実証することができ、また現に実証するのである」。「したがって、かの導出に成功するならば、厳密な意味で実証された認識が生じることになるであろう、すなわち、根源的に真なるものが真なるものに即して認識され、かつ真なるものが根源的に真なるものを通して認識されるような知が生じることになるだろう」（ibid. 72）。かくして「知のうちで、かつ知にとって、認識の実在性が実証されるべきであるならば、その実在性は、根源的に真なるものを欠いた真なるもののうちにも、真なるものを欠いた根源的に真なるもののうちにも存しえず、両者のうちに同時に、両者の相互関係のうちに、存しているのでなければならない」（ibid.）のである。「認識の実在性」の在り処について、彼の主張は明快であろう。その「実在性」は、実在性の究極の根拠が認識活動の根底に単に前提にされることによっても、またその根拠自体が無媒介的に「知」のうちに持ち込まれることによっても十分には証示されず、概念把握可能な「真なるもの」と直接的には概念把握不可能な「根源的に真なるもの」との往還運動を介して、この往還運動のうちに証示されるべきである。そのためにも、「根源的に真なるもの」（「勝義の第一のもの」）が前提にされねばならない。かくして、第一論文はこう締めくくられている。バルディリの『第一論理学要綱』が打ち立てたこの企てにおいて、「プラトンによって導入され、ライプニッツによって継承された認識の実在性の探求が再興され、完成されたのである。その探求は、根源的に真なるものを真なるものに即して、そして真なるものを根源的に真なるものを介して露わにすることによって、認識の実在性を、知のうちで、かつ知によって真に実証するのである」(ibid., 89)。

だがそもそも「認識の実在性の根拠」究明ということで、いかなる事態が想定されているのか。そしてラインホルトは、なぜかくもその根拠究明にこだわっているのか。それは、彼がカント、フィヒテによって遂行されてきた、認識の客観的実在性の「観念論的」究明が、実在性の根拠究明に値しないと考えているからであり、これを自分の「実在論的」究明によって乗り越えようとしているからである。

カントは『純粋理性批判』で、われわれの表象が単に「主観的実在性」だけでなく、「客観的実在性」を持つのはなぜなのかとしばしば問い、それに自ら答えている。カントによれば、認識の客観的実在性の成立には、切り詰めていえば二つの制約がある。一つには、対象が「外的直観」によって与えられ、認識はこの与えられた対象に関係していなければならない。この関係を欠くならば、「概念は空虚であり」、その場合「概念によってなるほど思惟されたとしても、実際にはこの思惟活動によっては何一つ認識されておらず、ただ表象をもてあそんでいるにすぎないのである」[8]。もう一つには、直観における多様が「諸々の知覚からなる連関なき断片」にとどまることなく、一個の「客観」へと形成されるためには、「現象を総合的に統一する普遍的な規則」を、「全体にわたって結合された（可能的）意識の規則」を必要とし、この規則による多様の統一を必要としている[9]。後者の場合、かの「客観的実在性」は、主観のア・プリオリな「普遍的規則」、「秩序」によって保証される。かくしてカントの場合、認識の「客観的実在性」の源泉は二様である。先に挙げた第一のものは、認識の客観的実在性の「実質的」制約であり、第二のものはその「形式的」制約であるといえる。しかも、カントにおいてはこの両方の制約は相互に他を前提し合っている。それゆえ、実在性の根拠究明は、相対的なままにとどまっている。この点に関して、ラインホルトがカントを継承した自らの

「根元哲学」を放棄し、「知識学」の立場に転じた理由の一つが、「経験的なもの」（実質的制約）と「超越論的なもの」（形式的制約）とが互いに前提し合っているという批判哲学の方法論的不徹底さを悟ったことにあったのを思い起こす必要がある。ラインホルトは「転向声明」において、「外的直観の経験的質料」を前提にすることによって、意識の外の事物の存在を容認してきたことを、そしてかの両者を相互の前提としていたことを「自己批判」していた（第九章第三節参照）。したがって、ラインホルトからすれば、カントのこのような「客観的実在性」の根拠究明は承服できないものである。

先に引いた『概観‐寄稿集』第一分冊の第二論文でも、彼はこの観点から、カント的な「認識の実在性」の根拠づけを批判している。カントにおいては「実在的認識の実在性は、相対的でしかない。すなわち、その実在性の本質は、主観それ自体に根拠づけられた概念と直観の諸形式（経験の形式的制約）と、諸感覚（経験の実質的制約）との相互関係にしかなく、したがって、その実在性は、絶対的なものにはまったく帰されえない。それゆえ、認識は、〔中略〕経験的に実在的であり、そして超越論的に観念論的でしかありえないのである」（*Beyträge-U.*, H. 1, 79）。

では、フィヒテの場合はどうか。「純粋な」超越論的観念論である知識学は、いかなる意味でも「経験」を前提視することはできず、外的事物としての対象が与えられることを「実在性」の制約とすることはできない。実在性の根拠一切は、「自我」のうちに存在しなければならない。フィヒテはその根拠を、彼が「必然性の感情」と呼ぶものに求めようとする。これは、対象が自我の活動を特定の活動へと強制することを介して、自我の「受動性」によって自我のうちに生み出される「感情」である。ラインホルトもまたこう述べている。「フィヒテが探求し、説明し、根拠を究明しなければならない認識の実在性は、彼にとっては一定の表象に即してある必然性の感情であり、そして彼がこの実在性のために探し求めている根拠は、感じられた必然性の根拠にほかならない」（ibid., 83）。

フィヒテも――ラインホルトがこの論文で引用しているように――「知識学の第二序論」で、こう問うていた。「われわれは、単に主観的にすぎないものに、どのようにして客観的な妥当性を認めるに至るのか」（ibid., 84）。ただし、その際彼は、たしかに「客観的妥当性は存在によって特質づけられる」が、この「存在」とはあくまで「われわれにとっての存在（ein Seyn für uns）」である[10]、と断っている。しかしラインホルトからすれば、このような問題設定自体がすでに、容認しがたい前提に基づいている。すなわちそれは「認識は主観的にすぎない」という前提、および「この認識のうちで、われわれが主観的にすぎないものに客観的妥当性を付与する」という前提である（ibid.）。ラインホルトによれば、この誤った前提を基にしたフィヒテの解決策は、それ自体「純然たる観念性」である「純粋な自我」の「自由」と「無制限性」とに「観念性」を割り振り、そしてその「必然性と被制限性」とに「実在性」を割り振るという解決策である。すなわち、「純粋な自我」は「無制限である限りで、純然たる観念性を持ち、制限されるものである限りでのみ、実在性を持つ」にすぎない（ibid., 85）。たしかに、「実在性」の「根拠」とされた「必然性の感情」は、自我の「被制限性」、「受動性」の産物にほかならない。だが、ラインホルトからすれば、そのような実在性はあくまで「主観的な実在性」にすぎない。かくして、フィヒテの「実在性の根拠」はカントの場合と同様に、相対的にすぎず、「実在性」の絶対的な根拠は提示されていない[11]。

かくして「必然性の感情」は、たとえ自我の外の個々の実在物の存在に関する自我のうちでの「根拠」とはなりえても、ラインホルトが求めている一切の実在性の根源的根拠たりえないのである。彼にとって重要なのは、この一切の実在性の究極の根拠を「知」の外に実在し、自存するものとまずは認めた上で[12]、それでもなお、それが「知」にとって、「知」のうちにどのように位置づけられるかにある。ここでわれわれは、観念論に対するイェーニッシュやヤコービによるニヒリズム批判が、純粋な観念論はこの究極の根拠を「知」のうちに見定めることができないという批判に発していたことを思い起こす必要がある（第十章第一節3参照）。おそらくラインホルトは、カントやフィヒテによる「観念論的」な「実在性の根拠究明」はこのニヒリズム批判に応えることができないと考えている。それゆえ、彼は「観念論的」な「根拠究明」に対抗して、自存、実在する「実在性の究極的根拠」（「実的な（reell）真なるもの」）を、かの「相関関係」論を通して「知」のうちに間接的に位置づけ、実在論的立場からの「認識の実在性の根拠究明」を遂行しようとしたのである。そしてそのためには、「現象学（論）」が不可欠なのである。

この点と関連して、もう一つ指摘しておくべきことがある。それは、この頃フィヒテの立場とは次第に距離を置き始め、独自の「観念-実在論」を構築しつつあったシェリングが、知識学における「実在性」の欠如を批判し、独自の実在性理解を開陳していたことである。一八〇〇年一一月一五日付けの書簡で、フィヒテは、シェリングが超越論哲学と自然哲学を「対立」させていることにクレームをつけ、こう批判していた。「超越論哲学では、自然の実在性は、徹頭徹尾見出されるものとして、しかも出来上がった完成したものとして現れます。しかも、（自然の）自分自身の諸法則に従って、そうである（すなわち、見出される）のではなく、（観念的＝実在的なものとしての）知性の内在的な諸法則に従って、見出されるのです」。「自然だけを客体とするような学」が、「自然を絶対的なものとして措定せざるをえない」のは、知性を捨象しているからである。しかし、「超越論哲学」が「意識」を「ある虚構によって構成せざるをえない」のと同じように、「自然哲学」も「自然」を「同じ虚構によって構成せざるをえない」のだ。[13]

これに対してシェリングは、一一月一九日付けのフィヒテ宛て書簡でこう反論する。「実在性が超越論哲学においては見出されるものでしかないなどとは、たとえ知性の内在的な諸法則に従ってであれ、見出されるものでしかないなどとは、私にはとうてい考えられません」。「実在性」は「哲学者によってのみ」見出されるものであり、「哲学の客体によって見出されるものではないからです」。「それどころか、哲学者にとってさえ、実在性は単に見出されるものなのではなく、ただ通常の意識にとってそうであるにすぎません」。この点からすれば、フィヒテの「純粋な知識学」は「単にまったく論理的に作用しているだけであり、実在性とはおよそ何の関係も持っていないのです」。「純粋な知識学は、私の見るところ、観念論の形式論的（formell）証明でありますが、（中略）私が哲学と呼びたいのは、観念論の実質的（materiell）証明なのです」。[14] かくしてシェリングも「純粋な知識学」は実質を欠いていると見ている。それが「実在性」と「何の関係も持っていない」のは、彼によれば、それが単なる「論理学」と同様に、実質を持った客体（シェリングにとっては「自然」）を欠いているからである。もちろん、ここでのシェリングの「実在性」理解も、それが「観念論の実質的証明」に基づく限り[15]、ラインホルト的実在論のそれとはなお異なっている。

フィヒテとシェリングとラインホルトは、「認識の実在性」とその根拠について、それぞれ別のことを想定しており、そのことを無視して互いが自分の主張をぶつけ合うことで「混線状態」が生まれているといえる。事態を整序するために、スコラ－デカルト的術語を援用して問題の所在を単純化すれば、以下のように要約できるであろう。カントはrealitas objectiva（「表象的実在」）とrealitas formalis（「形相的実在」）双方の相補的な相互前提をもって「認識の実在性」を説明しようとした。ヤコービや知識学への「転向」時のラインホルトは、この相互前提に中途半端さを見て取った。進むべき方向は二つしかなかった。すなわち、ヤコービはrealitas objectivaにいかなる意味の実在性も認めず、「神」をrealitas folmalisの究極的根拠と主張したのに対して、フィヒテはrealitas formalisにいかなる意味の実在性も認めようとせず、一切の実在性はrealitas objectivaに発すると主張する。そして、ラインホルトとシェリングは今や、異なった仕方において、「形相的実在」を「表象的実在」の根拠あるいは前提に置こうとしているのだ、といえるだろう。ラインホルトは少し後の論文で、こう述べている。神の自然への「顕現を勝義の第一のもの〔の顕現〕と認識することを介して初めて、合理的実在論は認識と認識可能なものの実在性の根拠を究明したのであり、そして自ら自身をこの実在性の学として根拠づけ、哲学の第一課題の解決が成就されたものとして確証したのである。合理的実在論は、真なるものそれ自体を確証する根源的に真なるものを通して初めて」、そのことを解明したのである（*Beyträge-U.*, H.4, 221）。

この世紀の転換点を挟んで――イェーニッシュやヤコービによるニヒリズム批判＝実在性の欠如批判は、この数年前に提出されていた――、純粋な超越論的観念論の絶対化された主観性と、それが実在性を欠いていることに対する疑念と批判は、すでに多様なかたちで始まっており、ラインホルトの「認識の実在性」の「実在論的」究明もその流れの中にあったのである。

第二節　超越論的哲学による思惟の「主観化」批判（一八〇一年）

そのような「認識の実在性」の根拠究明の企てと並行して、ラインホルトは超越論哲学における思惟と認識の主観化、および主観の絶対化に対する批判を改めて展開している。その批判は、『概観-寄稿集』第一分冊の第六論文「純粋理性といわれている純粋な自我性の生成論（Heavtogonie）、あるいはその自然史の考案」、第二分冊の第三論文「カント学派の実践哲学の――そしてフィヒテ-シェリング学派の哲学全体の原理としての自律について」などに、展開されている。

1　「自らのうちに還帰する働き」の「絶対化」の「秘密」

前者の論文で、ラインホルトは、超越論哲学における主観の絶対化の「秘密（奥義）」が、「純粋な自我」の「自ら自身のうちに還帰する行為（das in sich selbst zurückgehende Thun）」の絶対化のうちにあると見立て、この絶対化を可能にしている仕組みを、したがっていわばその絶対化の「生成」過程を明らかにすることで、その不当性を暴こうとしている。

彼の叙述に従えば、この絶対化への途は、まずカントによる「実践理性」あるいは「純粋意志」の「発見」によって切り拓かれた。理論理性のうちにもたしかに「無制約的なものへの志向、絶対的なものへの内的傾向」が認められるが、理論理性によって想定されていた「無制約的なもの、あるいは絶対的なものは、〔中略〕感性的認識を結合するための主観的規則以外のいかなる実在性も持っておらず、また持つことはできなかった」（*Beyträge-U.*, H. 1, 137）[17]。この理性は「現象とだけ関わっている経験的諸概念を規則づけ、秩序づけ、組織化することに制限されている限りでのみ」真理を体現していたにすぎない（ibid.）。それに対して、実践理性は一切の「経験的意志の動因を純粋な意志活動から排除し、またそれが純粋な意志である限り、一切の経験的なものから独立している」。したがって、道徳法則が無条件に要求するのは「意志活動における主観と客観は、純粋な絶対的行為にほかならず、また絶対的な行が意志活動における主観と客観にほかならないということ」なのである(ibid.)。

さて、ラインホルトによれば、こうして「純粋な知」と「純粋な行為」を自らのうちで合一した「純粋な理性」が、フィヒテとシェリングにおいては「純粋に哲学する理性」、「純粋に思弁的な理性」として登場してくる。そしてここでは、「純粋な理性を絶対的な主観性あるいは純粋な自我性とみなす奥義(Geheimniss)は、〔純粋な自我の〕自らのうちに還帰する行為の全体に存する」(ibid. 141)。ところが、この自己内還帰の働きは、この行為を自ら遂行する「哲学者」にとってだけ開示されるにすぎない。ラインホルトは、この哲学的原理がいわば「秘教的」性格を帯びていることを暗に批判しているのである。すなわち、この原理を自ら直観するに至らない者には、かの自己内還帰の働きの絶対性は「一つの謎(秘密)にとどまり続ける」。そして、彼は「哲学者」としての資能に欠けると断罪される。それに対して、かの還帰の働きを一旦意識する状態に至った者は「自分がどのようにして絶対的な還帰の意識に到達したのかさえ、もはや謎(秘密)とは思わなくなる。自分と純粋な理性とを同一視することが一旦生起してしまえば、この同一視を介して、彼は次のことを知っているからである。すなわち、彼が哲学者として純粋な理性を措定したこと、そして純粋な理性は彼を哲学者として措定したこと、さらにこの両者が同一の措定作用であることを知っているのである」(ibid. 143)。この「不可解な同一視」は、ラインホルトによれば、かの還帰の行為への「哲学者」の参入が「彼の個人的自我の行為」であり「恣意に基づく行為」であったことを「忘れる」ことによって可能になっているのだ(ibid. 149)。

「哲学者」によるかの参入は、彼の自由な決意に基づいている。それは、自分の自我を反省するために、一切の客観を捨象せんとする決意である。だが「哲学者」は、客観一般を捨象することで、実は同時に「客観にとっての主観であることを止めてしまうのであり」、その結果「経験的、個別的自我一般という性格を取り去ってしまったのである」(ibid., 150)。さらに「哲学者」は、先行する捨象の働きさえも捨象することによって、自ら純然たる反省活動に、すなわち、何か或るものへと還帰、反照する働きになるのではなく、「ただ自ら自身へと還帰する働き、つまり純粋な自我に」なるのである(ibid., 151)。しかし、ラインホルトの考えるに、何ものにも制限されていないこの決意の「自由」は、実は「恣意」に基づいている。だとすれば、超越論哲学における主観の絶対化、そして「その秘密の鍵」である「自ら自身への絶対的な還帰の働き」は、こうした「恣意的自由」に支えられているということになる。

ラインホルトはこの論文で、知識学では超越論的知が経験的知を根拠づけることからさらに進んで、超越論的知が「いかなる客観も持たない」、あるいは自らの働きだけを客観とする、「純粋知」に純化していく過程と、この純化の過程に「哲学者」の哲学的反省が「不可思議なかたちで」一体化していく「秘密」を平易に説いているといえるだろう。この「純粋知」、「知自体」は、後期のフィヒテにおいては存在論化されていくことになる。

2 「心理的錯覚」の産物としての「自律」の原理

第二分冊の第三論文「カント学派の実践哲学の――そしてフィヒテ-シェリング学派の哲学全体の原理としての自律について」は、主観の絶対化のもう一つの源泉を超越論的主体の「自律」の思想に見定め、これが「ごく単純な心理学的錯覚」(*Beyträge-U.*, H. 2, 113)に基づいていることを暴こうとしている。そのことによって、ラインホルトは超越論的主体の原理に祭り上げられた「自律」が、奥深いところで「経験」を源泉としていることを明らかにしようとしている。

カント実践哲学においても、また「純化されたより高次な超越論哲学の全体」においても、「自律」は「自ら自身によって根拠づけかつ根拠づけられるもの」、「それ以上何の根拠づけも必要としないもの」、「端的に根源的なもの」とみなされてきた(ibid., 108)。しかし――ラインホルトはいう――自律の原理は「それ自体としては、理解不可能であるとともに概念的把握不能である。おおよそそれは、四角い円が思惟できるような仕方でしか思惟できない」(ibid.,

109）。この場合もまた先の事例と同様に、カントでは「真にして本来の意味での自律の単なる現れ（bloße Erscheinung）、前兆（Vorläuferin）」にすぎなかったものが、「フィヒテとシェリングによって初めて、真にして本来の意味での自律」そのものに仕立て上げられたのだが、それは、「自律」が「純粋なものに基づいている」ということを理由にしてなされた（ibid., 112）。ここでは、経験的意志の「当為」として語られたカント的「自律」が、「純化された」超越論哲学では超越論的主体の原理に「深化」したことが批判されているのである。

だが、事態は逆ではないのか。そうラインホルトは問うている。すなわち「純粋意志あるいは絶対的な自由とは、恣意の現れ以上のものでも以下のものでもなく、それにほかならないのではないか」。カント的な「純粋意志」が目指す「法則の全体」、シェリング的な「絶対的自由」が表現される際の「法則の全体」、それは「夢想せる恣意の働き方」でしかないのではないか（ibid., 112f.）。そして、ラインホルトはこう断定している。「カント学派およびフィヒテ-シェリング学派のいう超越論性の全体」とは、「ごく簡単な心理的錯覚」によって成立しているとみなしうる（ibid., 113）。というのも「思弁的に考える（spekulierend）恣意といえども、〔実は〕快と不快を動機としている」からである。その動機とは、「思い込みであっても自立していることを快く思い、思い込みであっても依存していることを不快に思うという、人間に非常に共通のもの」である（ibid., 115）。だが快、不快とは「自愛」の原理にほかならない。すると、かの「心理的錯覚」は、上記のような「自愛にとっては測りがたい自愛の深淵」（ibid., 131）から発現していることになる。それゆえ、「自律」の原理の「超越論性」は「仮象」にすぎないのである。[18]

そのような容易には見通せない「心理的錯覚」を源泉としながら、「思弁」は「自律」の原理に依拠して、経験的な客観一切と自我の経験性を捨象し、そのことを通して「絶対的な主観性」としての「純粋な哲学的な自己意識」を構想するに至ったのである。そして「この自己意識のうちでは、自我が一切のものにほかならず、一切のものが自我にほかならない。[19]——〔これは〕事物の新たな秩序であり、ここには哲学者を超えていくものは何一つ存在せず、そして万有（Universum）は単に自我に類したものではなく、自我の純粋な自己そのものにほかならない」（ibid., 124）とされるのである。かくして、「絶対的自由、あるいは自我の自律の名のもとに」(ibid., 139)、「思弁的に思惟する恣意」が絶対的な主観に変容されたのである。

第三節　合理的実在論の「現象学」の構想(一八〇二年)

ラインホルトはこの時期、合理的実在論をより詳細に叙述する論文を『概観 - 寄稿集』に毎号のように発表している。第二分冊の第五論文、第三分冊の第三論文、第四分冊の第二論文、そして第五分冊の第一論文がそうである。[20]

1　純粋な理性的認識における「上昇」の働きと「下降」の働きの相即構造

第一番目の論文は、「思惟としての思惟」から始まって「合理的実在論の諸原理(Elemente)」を改めて——A＋C、B - B、bなどのバルディリ的表記法を使って——以前より詳しく論じているが、総じてそれは「原理論」のより詳細な叙述ではあっても、「新たな」展開とは認めがたい。その続編とされている第二番目の論文も、「諸原理の新叙述」と謳われているものの、これもまた抜本的な「新叙述」ではない。だが、この論文には観点の全体性と叙述の具体性のゆえに、改めて確認を要する注目すべき論点がいくつか浮上してきている。すなわち、一つは、すでに指摘したように(第十一章第二節4参照)、ラインホルトはこの論文で、「純粋な理性理論」が「純粋な論理学にして形而上学である」と改めて述べて、三者の密接な連関を強調していることである(*Beyträge-U.*, H. 3, 161)。バルディリ流の「論理学」は単なる(悟性の)論理学ではなく、理性的認識論にしてかつ理性的存在論であることを改めて確認しておく必要がある。

もう一つの注目すべき点は、この理性的認識・存在論＝論理学が、神の「顕現」とその「認識」の体系的展開と一体に把握されている点である。次号第四分冊の第六論文はこう述べている。「根源的本質が事物の本質に顕現することは、合理論的実在論にとっては、純粋に理性的な認識それ自体とまったく同じことである、あるいは、そのことは合理的実在論にとっては、思惟としての思惟が適用において思惟されることと同じことである。合理的実在論はかの同一性を、適用における思惟としての思惟の分析を介してこの思惟されることから証明する。というのも、分析とは、この思惟されることを実際に遂行し、判明に展開することにほかならないからである」(*Beyträge-U.*, H. 4, 220)。かくして「純粋に理性的な認識は、その本質上、自然における神の顕現（Manifestation）にほかならない。そうした理性的認識は、現実的なものと可能的なものそのものを諸本質の本質へと連れ戻す――すなわち、根源的に真なるものを真なるものに即して、そして真なるものを根源的に真なるものを介して露わにする――、したがって、そのような認識は、神の顕現そのものから出発し、かつ神の顕現そのものを目指しているのだが、そうである限り、そのような認識は根拠を究明するものである（ergründend）。〔だが〕そのような認識は、それが神の顕現として認識されている限りでは、その認識の根拠は究明されたもの（ergründet）である」（*Beyträge-U.*, H. 3, 159）。

ここでは、同一の「純粋な理性的認識」の働きが、一面では――（「根源的に真なるもの」から「真なるもの」への方向に対応して）「根拠が究明されている」という側面からは――「勝義の第一のもの」たる「神」からの「下降」運動として捉えられ、他面では――（「真なるもの」から「根源的に真なるもの」への方向に対応して）「根拠を究明しつつある」という側面からは――それへの「上昇」運動として捉えられ、しかもその両運動は相即的に捉えられているといえよう。翻って考えるに、「根源的に真なるものを真なるものに即して」露わにするとは、「根源的に真なるもの」の「真なるもの」への現象的「現れ」を把握するということにほかならない。これはいわば「絶対者」の「下降」の働き――ハイデッガー流にいえば「神」の「現臨」せんとする働き――に支えられている。それに対して、「真なるものを根源的に真なるものを介して」露わにするとは、「真なるもの」を単に「真なるもの」の境位で捉えるにとどめずに、それの究極の根拠に照らし合わせて、この根拠と連関づけて把握するということである。これはいわば「真なるもの」から「絶対者」への「上昇」の働きである。この二方向の働きは、上に示唆されているように、同一の働きの二相であるといわねばならない。かくして、純粋に理性的な認識過程においては、「神」へと「昇ること」が即「神」から「降ること」であり、またその逆でもある。ラインホルトはそう明言してはいないが、上述したことからはそのような解釈が自然に引き出せる。

この論文には、もう一つ注目すべき点が述べられている。それは、純粋な思惟たる「思惟としての思惟」が、その「適用」の長い道程をくぐり抜けて、その終局点で「自ら自身に還帰する」という着想である。すなわち「適用における思惟としての思惟の適用そのものは、自然における神の叙述された顕現において、かつこの顕現を介して、さらにいえばこの顕現においてかつこの顕現を介してのみ、思惟されているのである。なぜならば、この適用においてかつこの適用を介してのみ、Cである限りでのCがA+Cそのもののうちで、Aである限りでのAによってまったく廃棄されており、そしてA+Cである限りでのA+Cは、AによってAのうちにAとしてあるAへと連れ戻されており、かくしてこのとき諸分析の分析は汲み尽くされており、理性的認識それ自体の根拠は究明され終わっているのである」(ibid., 158)。これは、上述の「上昇」過程とその終局をいい表そうとしている。「純粋な同一性」である「思惟としての思惟」(A)は、「適用」(A+C)において「素材あるいは質料」(C)との矛盾的関係――すなわち「連接(結合)」(同一性)と「離接(分離)」(非同一性)の共存――にいわば転落するのであるが、理性的認識はその都度の特定の「客観」(b)のうちに、より高次なポテンツにある「一なるもの(一者)」を――最初は「原因」、次に「根拠」、そして「勝義の一なるもの」を――認める上昇過程を歩み、その究極点において神の「顕現」にではなく、「神」(「勝義の第一のもの」)そのものに達する。そのとき、「適用された思惟」はAそのものへと「連れ戻されて」いるのであり、(ある制約のもとで)自らの同一性へと回帰したのである。つまり、純粋な思惟は「適用」によって、一旦「差異」と「現象」の圏域に転落し、そしてその「現象」を余すところなくくぐり抜けた末、「純粋な同一性」としての自ら自身に還帰するのである。[21] 合理的実在論の体系は、全体として見れば、――この時期以降の初期観念論の体系諸構想を思い起こさせるような――注目すべき自己還帰的構造を内包している、と解釈できる。

2 自然における「神」の「顕現の制約」の分節化

本節冒頭に挙げた四つの論文のうち第三番目の論文は、「絶対者」のかの現象論を、新たに「現象学（Phänomenologie）」という名のもとに総括し、合理的実在論の体系全体のうちでこの部門が持つ特有性を明らかにしようとしている。ここには、上記の他の諸論文とも異なる新たな観点が認められる。ラインホルトがこの「現象学」で解明しようとしているのは、一般的な言葉で表現すれば、かの「顕現の制約」あるいは「現象の構造」の段階的な分節化、精緻化である。

その第三論文は、冒頭に「第一定理」を掲げ、この定理の意味を多面的、具体的に開示するために、以下に多くの「証明」やその「補遺」、「説明」を配している。その意味では、これまでの論文とは叙述の形式を異にしている。「第一定理」はこうである。「事物の本質（Wesen）に即して根源的本質（Urwesen）の顕現（Manifestation）が思惟されるときには、本質それ自体から排除された純然たる質料としての質料が、原因と根拠を媒介にして勝義の第一のものによって規定された、本質の顕現の——したがってまた、原因と根拠と勝義の第一のもの顕現の——制約（Bedingung）の持つ特性（Eigenschaft）において思惟された本質それ自体に再び接合される」（*Beyträge-U.*, H. 4, 104）。この込み入った一文からなる「定理」をパラフレーズすれば、こうなる。事物のうちにより根源的なものの顕現を思惟する場合でも、当然その事物のうちには質料が同時に考え合わされている。その場合、その質料は「純然たる質料」ではなく、その顕現の特定のあり方によって規定されている。そして、その顕現の特定のあり方、つまり顕現の「制約の持つ特性」は——バルディリの『要綱』で最初に語られた——三種類の「一なるもの（一者）」、すなわち「原因」と「根拠」と「勝義の第一のもの」によって規定されている。最後のものがいわゆる究極の根拠であるとはいえ、これが事物の本質を無媒介に、かつ一様に規定しているわけではない。それは事物の本質を、より低次な「一なるもの」たる「根拠と原因を媒介にして」規定している。この「媒介」の度合いおよび様式によって、「顕現の制約」は特定のものになる。つまり、「顕現の制約」にはいわばグラデーションが認められねばならない。方法論的観点から見れば、この

「制約」の内的構造と段階的分節化を明らかにすることが、「合理的実在論の現象学」の枢要的課題となる。

したがって「第一定理」についての「証明」の項もまた、この「制約」という観点を強調している。「証明」によれば、すでに述べたように、思惟は「勝義の第一のものに到達したならば」、「自ら自身へと還帰し、自ら自身のもとに帰ってきた」のであるが、その際思惟は、もはや自らを「純然たる思惟」として見出すのではなく、「本質のうちに適用された思惟」として見出すのだ、とラインホルトは述べている。それと同じように、そのとき思惟は己れの「適用の制約」もまた、「純然たる思惟の純然たる制約」として見出すのではなく、「原因と根拠を媒介にして勝義の第一のものによって規定された制約」として見出すのである(ibid., 105)。ここに強調されているのは、「顕現の制約」の被規定性である。

「本質への顕現」は「本質に服従している質料なしには起こりえない」。それだけでなく、「質料」は常に「根拠と原因に媒介されて顕現する根源的本質に端的に服従せる制約としてのみ」存在するがゆえに、「延長せる可変的なもの」としての「質料」に存在が付与されるのも、この制約の特性のもとでのみ可能なのである(ibid., 107)。それと同じように、「事物の本質が本来的な意味で存在すること」の真意は、この「根源的本質の顕現の特性にある」。そして、ラインホルトはこう続けている。「それゆえ、事物の本質は、根源的本質の原像(Urbild)、原型(Archetypus)であり、またそう呼ばれる」。それに対して、「質料が本来的な意味で存在すること」の真意は、「本質の顕現の制約の特性にあり」、そうである限り「質料は、原像の模像(Nachbild)、その型(Typus)であり、またそう呼ばれる」(ibid., 107f.)。

「根源的本質」――それの「原像」である事物の「本質」――さらに、その「原像」の「模像」である規定された「質料」。ラインホルトはここで、事物の「本質」と「質料」の区別を、「顕現」と「顕現の制約」の区別に対応させ、さらにそれを「原像」と「模像」の区別に対応させているのである。かくして「制約」という概念は、ここでは常に「質料」と結びつけられていることが改めて確認できる。もちろん、それら両者は密接不可分であり、切り離すことはできない。

すると「質料」としての「延長し変化するもの」一般が「本質の模像」になることが、「現象（Erscheinung）」の内実をなす（ibid., 108）。この場合、留意すべきことは、「延長や変化」一般が「現象」の本質をなしているわけではないという点である。事物の本質のうちに根拠を持っていないような「延長し変化するもの」は、もとより「本質の模像」たりえない。したがって、厳密にはこういわれねばならないのである。「現象それ自体は、延長と変化のうちにある延長せざるもの、変化せざるものによって際立たされる限りでの延長し変化するものである」。「現象」として捉えられる「延長し変化するもの」は、常により根源的なもの（かの三つの「一なるもの」）によって規定されており、これらの顕現にほかならない。これらとの繋がりを断ち切られた延長と変化は、「現象」とは呼べず、「仮象」でしかない。この意味で「現象はけっして仮象（Schein）ではないし、仮象にならない」のである（ibid.）。

3　実在論の体系における「現象学」

かくして、「本質の顕現の制約の分析」は、「本質の模像である存在の型の明瞭な認識、つまり現象の明瞭な認識」を必要とするのだが、そうした認識は、その「模像」や「型」を「原像や原型に、つまり本質そのものに連れ戻すことによって」得られる。これが――ラインホルトによれば――「哲学の第二の課題の解明」であり、その解明には「現象学の原理論（Elementarlehre）」を必要とする（ibid., 108f.）。ところが、この合理的実在論の体系では「第二の課題の解明」は「第一の課題」（すなわち「認識の実在性の根拠究明」）の解明と不可避的に連動している。すなわち、「純粋な哲学そのものは、すべての哲学の第一の課題の完成された解明である限り、真なるものを根源的に真なるものへと連れ戻すことを介して、その真なるものを取り押さえたのだが、しかしまさにそのことを通して、現象それ自体を真なるものそれ自体へと連れ戻すことももたらしたのであり、したがって、第二の課題の解明ももたらしたのである。第一の課題の解明が無制約なもの自体と関わっているように、第二の課題の解明は、制約されたもの自体と関わっている」（ibid., 109）。では、両方の課題の解明は一体どのように連動しているのか。「第一の課題」の究明は、「真なるものを根源的に真なるものへと連れ戻すことを介して」なされるが、これは、上に述べられていたように、事物の本質を「根源的本質の原像、原型」と捉えることのほかならない。だが、このいわば〈第一の像化〉は、不可避的に〈第二の像化〉を、すなわち「質料」をこの「原像」の「模像」と捉えることを伴わざるをえない。〈第一の像化〉は、その「制約」である「本質に服従している質料なしには起こりえない」からである。この〈第二の像化〉が、すなわち、その都度規定された「質料」を事物の「本質」＝「真なるもの」の「模像」と捉えることが、「現象それ自体を真なるものそれ自体へと連れ戻すこと」と表現されているのである。かくして、そのような、「根源的本質」――その「原像」としての事物の「本質」――その「模像」という三者の連関を考慮すれば、「第一の課題」の究明は、その都度「第二の課題」の究明と必然的に連動して遂行されざるをえないのである。

さらに敷衍すれば、ラインホルトはここで――バルディリの『要綱』にすでにテーゼとして一般的に提起されていた（第十一章第一節参照）――「思惟の適用（A＋C）」における「素材の形式（B）」＝「現実態」と「思惟の形式（-B）」＝「可能態」の結合・対応関係（B‐B）の根拠を究明し、その結合の諸様態を規定しようとしているのだといってもよい。というのも、事物の「本質」を「根源的本質の原像」と捉えることは、その都度「思惟の形式」を規定することと考えられるし、特定の「質料」をその「原像」の「模像」と捉えることは、「素材の形式」を規定することだと考えられるからである。

さて、次にラインホルトは「自然」を、いわば「第一根拠」としての「神」の「顕現の制約」の総体と定義している。彼はこの場合も、「自然」が延長し変化する「現実的なもの」一般ではなく、「原因と勝義の第一のもののもとにある本質のうちに含まれている」限りでの「延長と変化」であることを重ねて強調している。すると「現象学は、自然を本質のうちにあるその根拠へと連れ戻さねばならず、そして、そのことによって普遍的な自然論の純粋な諸原理を打ち立てねばならない」。この意味では「現象学は、純粋な自然哲学である」（ibid. 110）。この場合「自然」は物理的自然に局限されず、質料的なもの、感性的なもの一般の存在領域を指している。「顕現の制約」の総体としての

「自然」の分析は、「本質そのものによって規定されている限りでの自然」の分析――これが、「普遍的現象学」の課題である――と、「三つの展相（ポテンツ）においてある本質によって規定されている限りでの自然」の分析――これが、「特殊現象学」の課題である――に分けられる（ibid., 111）。

続いて、ラインホルトはこの両種の「現象学」の課題たる「本質の顕現の制約」のあり方を、方法論的な観点からさらに、様々な概念――「現実態」と「可能態」、「現実態」の三つの「型」、「本質外存在」の三つの「様態」、「仮説」との「離接」としての「対立」と「仮説」との「連接」としての「親近性」、「個体性」等々――に着目して、分節化、細分化していく。その分節化の叙述は、精緻を究めるというより、むしろあまりにも複雑、煩雑であるといわざるをえないが、この精緻化にもかかわらずこの「現象学」は、まだどこまでも方法論的「原理論」の域にとどまっており、その「応用論」は展開されずに中断している。その意味では、この現象学は未完の現象学である。

そもそも、彼はこの「現象学」という特色ある注目すべき「部門」を、具体的にどのようなものとして構想していたのか。その「応用論」はどのような領域をカヴァーするはずであったのか。その答えの一端は、この論文が掲載された『概観‐寄稿集』第四分冊の「序文」に窺い知ることができる。そこで彼はこう述べている。合理的実在論の「存在論（純粋な論理学）」が「理性的なものの明瞭な認識を介して、人間の認識のもつれを解きほぐすこと」に着手したのに対して、「現象学」は「感性的なものそのものの明瞭な認識によって、そのもつれを解きほぐすことを完成しなければならない」。「現象学」は、合理的実在論の「諸原理を現象に適用することによって」、「現象」を「単なる仮象」と区別する（ibid., iv）。「現象学がそれに固有の内容と範囲を暫定的に確定し」、その方法論を仕上げていくならば、「現象学は、数学、普遍的宇宙論、身体論（Somatologie）、器官学（Organologie）、植物学（Phytologie）、動物学（Zoologie）の哲学的諸原理を打ち立てることになる。現象学は、やがて与えられる人間学で完結する」（ibid., v）。とくに「純粋に理性的な認識と感性的な認識との区別と連関に関する旧来の課題についてのこの体系に特有の解決の叙述もまた、現象学においてかつ現象学を通して初めて、完成されうるのである」（ibid.）。

先に紹介した「第三論文」が、「現象学」の「原理論」の任務である「本質の顕現の制約」の方法論的分節化の詳細な叙述を試みていたのに対して、この「序文」は「現象学」の「応用論」がカヴァーすべき学問諸領域を挙示している。そして「序文」では、本論でほとんど触れられていない――本論の「原理論」はそこにまで論が及ぶ前に中断されたということであろう――「感性的なものの明瞭な認識」、それと「理性的なものの明瞭な認識」の「区別と連関」の解明が、「現象学」の重要な課題と想定されていたことが分かる。そしてここからは、合理的実在論における「存在論（純粋な論理学）」と「現象学」との相補的関係を読み取ることができる。すなわち、前者は「理性的なものの明瞭な認識」を通して、かの「区別と連関」を明らかにし、後者は「感性的なものの明瞭な認識」を通して、かの「区別と連関」を明らかにする。両部門のこの相補的機能によって、「純粋に理性的な認識と感性的な認識との区別と連関に関する旧来の課題」が完全に解決されるのである。この相補的関係は、先に見た哲学の「第一の課題」と「第二の課題」が必然的に連動して遂行されることにすでに示唆されていた。その際、「現象学」は当然ながら、「質料」と「感性的なもの」を取り扱い、「第二の課題」の究明を任務とするのである。

だが、「現象学」の部門になぜ「数学」が挙げられているのか、またこの「人間学」にはいかなる内容が想定されていたのかは、不明なままである。ラインホルトは、この「現象学」が未完のまま中断された理由に次の第五分冊の「序文」で言及している。それは、それ以前の『概観‐寄稿集』所収の諸論文が説いてきた合理的実在論のより基礎的問題、（超主観的で純粋な）「思惟作用」と（主観の）「表象作用」の区別がこれまで読者にほとんど理解されておらず、この点を「通俗的」に解説して読者の理解を得るまでは、「第四分冊で着手された現象学の継続を保留すべきだ」という結論に達したからである（*Beyträge-U.*, H. 5, vi）。かくして、中断され未完に終わったこの「現象学」の構想は、おそらく当時の学問的世界でもほとんど注目されることなく、またその後も顧みられることはなかった。「実在論」的観点からとはいえ、「絶対者」（「神」）の自然的事物への現象（「顕現」）を焦点化して、その現象を方法論的観点から精緻化しようというこの野心的試みの意義は、今日までほとんど注目されることはなかった。

第四節　二つの現象学――一八〇二年のラインホルトと一八〇四年のフィヒテ

「現象学（Phänomenologie）」という名称は、当時は現在想定されているほどポピュラーではなかった。J・H・ランベルトが『新オルガノン』（一七六四年）で最初にこの術語を使用したとき、彼はそれを「仮象と仮象の及ぼす影響の理論」として使用した。次に、ヘルダーはランベルトのこの概念を継承しながらも、それを美学の新たな根拠づけのための「視覚の理論」として用いた[22]。その後、カントもランベルトを継承して、一時『純粋理性批判』の「超越論的弁証論」を「一般的現象学」として構想したが、この構想を断念した後に『自然学の形而上学的原理』（一七八六年）で、運動と静止を「様態のカテゴリー」の観点から規定する「純粋な運動理論」を取り扱う部門として「現象学」という術語を採用することになる[23]。ここでは「現象学」は、ランベルトの場合のように、仮象を真理にもたらすための「仮象の批判」ではなく、現象する運動の変化の説明に用いられている。これらのいずれにおいても、「現象学」は哲学の特殊な個別的領域を指しており、ラインホルトの場合ように、「絶対者（神）」の現象、顕現とその諸制約の解明という意味では用いられていない。したがって、「現象学」をそのような意味で用いることは、一八〇二年にラインホルトから始まったのだといえる。

1　一八〇四年の「知識学」における「真理論」と「現象論」

さて、ラインホルトの一八〇二年の「現象学」構想から、最もよく知られているヘーゲルの一八〇七年の「現象学」の間には、さらにもう一つの「現象学」構想が存在している。一八〇四年にフィヒテがベルリンで行った三回の私的講義のうちの第二回目の講義[24]で、「現象学」という術語を使用している。彼はその「序説」部分（第一講～第四講）に続く「第一部」（第五講～第一五講）を「真理論および理性論（Wahrheits-und Vernunftlehre）」、「第二部」（第一六講～第二八講）を「現象論および仮象論（Erscheinungs-und Scheinlehre）」と名づけ（GA, II/8, 206, 228, 242）、そして「第二部」を「現象学（Phänomenologie）」とも呼び換えている（ibid., 206, 234）。フィヒテの「知識学」構想の発展史において決定的な重要性を持つと評されており、非常に難解なこの「知識学」の概要の全体をここで対象にすることはとうていできない[25]。それゆえ本節は、とくにラインホルトの「現象学」構想との対比という観点を軸にして、ほぼ同時期に成立したこの「現象論」の特性と独自性を素描することにとどめざるをえない。

「序説」部分で、フィヒテは自ら「第一哲学（philosophia prima）」（ibid., 407）とも呼ぶこの「高次な知識学」のプログラムをあらかじめ提示している。すなわち「哲学の本質は、（生の通常の見方においてわれわれの心に浮かんでくる）多様なもの一切を絶対的統一に連れ戻すことにあるだろう」（ibid., 8）。それをなすためには、哲学者は「多様なものを一なるものによって、また一なるものを多様なものによって交互に把握し」（ibid.）なければならない。それは「絶対者を提示すること（Darstellung）」にほかならず、フィヒテはこれが「哲学の課題」である（ibid., 10）とも述べている。つまり、「一と多」の「統一」をこのように把握することが、哲学一般の根本課題である。

だがフィヒテは、もう一つの「統一」、すなわち「知識学」に特有の、「存在」と「思惟」の絶対的統一について語っている。この「絶対的統一」は「存在」のうちにも、また「存在」に対抗している「思惟ないし意識」のうちにも、措定されることはできず、ただ「その両者の絶対的統一と不可分性の原理」のうちに措定されねばならない（ibid., 14）。「絶対者」の在り処としてのこの絶対的統一の洞察が「第一哲学」の目標である。この統一をフィヒテは、「存在」と「思惟」の「絶対的紐帯（Band）」（ibid., 20）と呼び、また「いかなる客観も有しない知」としての「純粋知」「知自体」（ibid., 13f.）とも名づけている。したがってこの「純粋知」は、ラインホルト流にいえば、主客身分の「純粋な思惟」、「思惟としての思惟」に相当するだろう。さらに、注目すべきことは、フィヒテがこの「統一」・「紐帯」・「純粋知」を、一般的な用語では「真理にしてかつ確実性それ自体（Wahrheit und Gewißheit an und für sich）」（ibid., 20, 24）と呼んでもよいと述べていることである[26]。一見するとさりげなく語られているこの言葉は、けっして看過されるべきでない。このことは後に明らかになるであろう。さて、この「高次な知識学」は、「存在」と「思惟ないし意識」の「絶対的統一」のうちに「絶対者を措定」しようとするのであるが、実はこの「統一の原理」は「同時にまた両者の分離（Disjunktion）の原理でもある」（ibid., 14）。したがって、議論が進めば、「絶対者」の本質は、「存在」と「思惟」の単なる「統一」にあるのでなく、この「統一」と「分離」との「統一」（「絶対的統一」）にあることが判明する（ibid. 146）。

すると、二種類の「統一と分離（分裂）」が問題になっていることになる。一つは、「一」と「多」（すなわち、感覚的世界＝x、超感覚的世界＝z、両者の共通の根＝y）との「統一と分離」、もう一つは、「存在（S）」と「思惟（D）」との「統一と分離」である。そして、われわれはさしあたり、「現象学」の成立地盤は、前者の「一」と「多」との「統一と分離」にあると思い込んでいる。だが、事態はそう単純ではない。「絶対者」はこの双方の「統一」の統合点にあるとすると、当然のことながら、双方の「統一」の相互関係が問われるとともに、双方の「分離」の関係もまた問われることになる。すなわち、「一」と「多」との統一は「存在」と「思惟」との統一とどういう関係にあるのか、また「一」と「多」との分離は「存在」と「思惟」との分離とどう関係しているのか。「序説」部分では、フィヒテはそれらが密接不可分であるとだけ述べている。たとえば、双方の「分離」の関係について、こう述べている。「知識学の本質をなす洞察」は、「絶対者」が「存在」と「思惟」に分裂することの洞察にあるのでもなければ、「絶対者」が「多」へ分裂することの洞察にあるのでもなく、「それらの分裂の二つの仕方が密接不可分であることを洞察することにある。この二つの分裂は（中略）直接洞察されることはないが、それらの統一についてのより高次の洞察を介して、間接的に洞察されるのである」（ibid., 34. vgl. auch 90）。「存在」と「思惟」への分裂が、「一」の「多」への分裂と「密接不可分」であり、その不可分性の洞察にこそ「知識学の本質」があるというこのテーゼが、フィヒテの「現象学」の特性と独自性の根幹であることは、後に判明するであろう。

さて、「一」と「多」の関係に焦点を当てれば、「第一部」は「統一の原理」に依拠して、もっぱら「多様なもの一、切を絶対的統一に連れ戻す」「上昇行程（Aufsteigen, Heraufsteigen, Hinaufsteigen）」を描き、「第二部」は「両者の分離の原理」に依拠して、もっぱら「一なるものを多様なものによって把握する」ことで「多様性」を導出する「下降行程（Absteigen, Herabsteigen, Hinabsteigen）」を描くかのように予想される。[27] だがここでもまた、事態はそれほど単純ではない。

　実際フィヒテがしばしば「上昇過程」とも称している「第一部」は、いささか長い錯綜した議論を積み重ねている。それは、内容的には、「概念的に把握されえないもの」としての絶対者を「純粋な光」と解すること（第四講）から始まって、質的単一態としての「光」と分離の原理としての「概念」とのいわば相互否定的にして相互制約的関係を説き（第六講）、そして「光の間接的な存在」としての「像（Bild）」（第七講）、および「像」と「模像されるもの（Abgebildetes）」の相互制約関係を展開し（第九講）、さらに「光」の「内在的な実存形式」（内的生）と「外在的な実存形式」（外的存在）の区別を説いている（第十講）。この議論行程に、「絶対者」の把握に関する実在論的見解と観念論的見解双方の一面性を弁証法的、重層的に止揚していく議論が付け加わることで、展開はより複雑なものになっている。[28] だが、議論行程全体を通して、何らかの「事実性」にまとわりつかれた明証を、それが拠って起こってくる根拠と働きにまで遡って捉え返すことによって生じる「生成に基づく明証（genetische Evidenz）」にもたらし、そのことを繰り返し反復、深化させるという方法論的態度は一貫している。そして「第一部」は長い議論を経てその帰結として、次のような「根本命題」の洞察に到達する。すなわち、「存在は、直接的な生きた存在が自らのうちで閉じて完結している単一態であり、けっして自らの外へ出ていくことのありえないものである」(ibid., 242)。この自己内閉鎖的な単一態がいかにして多様態のうちに現象するのか、原理上不可能とも思える課題を解こうとするのが、第二部の「現象論」なのである。

2　「上昇」と「下降」、あるいは「統一の原理」と「分離の原理」

「第一部」は、「絶対者」についての不完全で多様な諸洞察を順次止揚し、その終局において「唯一の洞察」(ibid., 228) に到達した。そして、ここから「われわれが現象学へと降り下っていく最初の項」(ibid., 234) が始まる。しかし、このことをもって、「第二部」は「第一部」で巻いたねじの単純な「巻き戻し」、あるいは、いったん昇ったのと同じ途を降りることが問題になっているのだと考えるわけにはいかない。また、「第一部」すべてが統一の原理に依拠した「上昇」運動であり、「第二部」すべてが分離の原理に依拠した「下降」運動であると単純に考えるわけにはいかない。何よりも、フィヒテが「多様なもの一切を絶対的統一に連れ戻すこと」と「多様なもの一切を統一から導出すること」とは、「同じことである (was dasselbe gesagt ist)」と述べているからである (ibid., 84)。「同じことである」のは、双方の働きが事柄として同じであるわけではなく、両者が表裏一体の不可分な働きであるからである。いい換えれば「真の正しい統一は、現象する統一の原理であると同時に現象する分離の原理であるほかなく」、「同時かつ一挙に分離の原理であることなしには統一の原理であることはできない」(ibid., 86) からである。すでに「第一部」の他の多くの箇所でも、両原理の生起の同時的、共起的一体性が同じように強調されている。たとえば、「不変なものの構成と同時に可変的なものを構成するという二重の構成」(ibid., 52)。「真の統一は、(現象する) 統一の原理であると同時に分離の原理である。一方は他方がなければ存在しない」。したがって、議論の進行中にその都度立てられる「最高の原理」を「統一の原理と見るか分離の原理と見るかは、まったくどうでもよいこと (einerlei) なのである。双方とも一面的であり、われわれの必然的な考察様式にすぎないからである」(ibid., 86)。また曰く「総じて、原理は原理である限り、統一の原理であると同時に多様性の原理でもある」(ibid., 88)。すると、当然「単に第二部を立てることだけが問題なのではなく、それと同時に第二部を第一部と統合することも問題にしなければならない」(ibid., 256. vgl. auch 136) のである。

上述したように、この知識学はその行程の個々の段階においては、たしかに「上昇」(統一) と「下降」(分離) の

「往還二相」が一体をなしているとみなせる。それゆえ、第一部と第二部「両部門を通して、多様と統一の間を行きつ、戻りつする錯綜した『循環』の行程が存在し」、「そうした錯綜した行程のうちに、『事象そのものへ』肉薄しようとするフィヒテの現象学的精神を、看取すること」ができる。そして、「往還二相を含んだ根源的なものへの『立ち帰り』の思索、これが、フィヒテの上昇と下降という方法的意識の真の意味である」とする見解も成立する。[29] だが、フィヒテの「現象学」の真髄を、そのような現代的な「現象学的精神」や思索態度に還元・解消することはできない。このような理解は、かえってこの現象学が担っている体系論的位置と課題の独自性等を等閑視することになりかねない。このことは、次のような当然の問いを立てればおのずと明瞭になるだろう。すなわち、「第一部」と「第二部」の両部門にわたって、（ミクロ的には）「上昇」と「下降」の往還運動が貫かれているとすれば、フィヒテは何ゆえ両部門を区分し、「第二部」全体だけを「下降過程」と特質づけ（vgl. ibid., 264, 288）、そしてそれを「現象論（Erscheinungslehre）」、「現象学（Phänomenologie）」と呼んでいるのか。その理由はどこにあるのか。

この問いに答えるには、われわれはこの知識学が目指している「絶対的統一」が「存在」と「思惟」との絶対的統一であり、その「絶対的紐帯」が「絶対的な真理にしてかつ確実性（Wahrheit und Gewißheit an und für sich）」（ibid., 20, 24）と定式化されていたことを思い出さねばならない。単純化を承知で、結論を先取り的に述べるならば、「第一部」が最終的に明らかにしたのは、かの「絶対的統一」の一方のモメントである「存在」の「絶対的真理」なのであり――それゆえに、「第一部」は「真理論」なのである――、その「真理」の存在形式がかの自己内閉鎖的な単一態なのである。この単一態それ自体はけっして自らを二重化して外へ出ていくこともなければ、自ら自身を自らで分節化することもない。この洞察に至るまでには、様々な不完全な洞察（誤謬と仮象）が止揚され、「往還」の二相の開示を介して「存在」洞察が純化されねばならなかったのである。それに対して、「第二部」全体が最終的に明らかにしようとしているのは、もう一方のモメントである、その「存在」の「真理」を捉える「思惟」（あるいは「知」）の「絶対的確実性」なのだといえよう。この絶対的確実性は、「知」のうちで「知」を通して現象する「存在」の「真理」

を「知ること」の絶対的確実性なのだといい換えてもよい。ラインホルトとは違って、フィヒテにとって「絶対者」は、「知」のうちに「知」を通して「知」としてしか現象しない。「存在」の「真理」はすでに洞察された。だがこの「洞察」の「確実性」は、「第一部」＝「真理論」では等閑視されてきたのであり、まだ根拠づけられていないのである。それの絶対的確実性を確保すること、いい換えれば、すでに確定された知の絶対的「内容」（＝「存在」の真理態）に適合的な知の絶対的「形式」（絶対的確実性に裏打ちされた知）を打ち立てること、これが「第二部」の課題なのである。そして「絶対者」は、知のうちに知を通してしか現象しないことを踏まえれば、それ自身のうちに分離・分裂の根本原理を含んでいる「絶対知」の形成を目指すこの Wissenslehre が「現象論」「現象学」と呼ばれる理由が納得できるのである。われわれはここに、かの「往還二相を含んだ根源的なものへの『立ち帰り』の思索」だけに還元できない、一八〇四年の「現象学」の体系論的位置と特性を認めることができる。

3　高次な知識学の「現象学」の独自性

フィヒテは第一七講で「第一部」の行程を振り返り、こう述べている。「われわれはこれまで上昇過程においては常に、生み出された諸洞察の内容を拠り所とし、その諸洞察総体が現れてきたときの蓋然性の形式を反省してこなかった」（強調は引用者）。だが、そのとき「われわれは、ほかでもなく真理そのものの根源的内容に高まることを望んで」いたのだから、それはそれで致し方なく、また正しいことでもあった。「しかし、今やわれわれは下降過程にあるので、まさにこの無視されてきた〈べし〉（Soll）を拠り所としなければならないのである」（ibid., 264）。つまり、「上昇過程」ではもっぱら「知」の「内容」としての「存在の真理」が注視され、その結果この行程では「常に内容を指向する、実在論に支配的な格率」が偏重されてきた（vgl. ibid., 172, 264）のに対して、「下降過程」では、これまでなおざりにされてきた「洞察」の諸「形式」の「確実性」が改めて問題にされねばならないのである。したがって「第二部」は、本来的には「絶対知」であるはずのものにまとわりついている「蓋然性（Problematicität）」を、「確実性」

概念の構造的諸契機の分析を通して止揚し、「知」の絶対的確実性に到達しようとするのである。ここでは、「蓋然性」が「確実性」の対立概念である。その意味で「第二部」は、「存在」の「真理性」を一旦確保されたことを前提に、そこから「知」の「確実性」の根拠づけの道程を歩むのである。

かくして「第二部」は、第一六講の冒頭に掲げられたかの「根本命題」が「唯一の洞察」ではあれ、われわれの「洞察」であることを改めて指摘し(ibid., 242ff.)、そしてその「洞察」と「言明」が、(「云々であるべきならば、斯く斯くでなければならない」という)「蓋然的〈べし〉(das problematische Soll)」(ibid., 252)にまとわりつかれてきたことを改めて説き、それを克服することを課題に掲げることから始まるのである。そして、この「蓋然性の根絶」を目指すのである(ibid., 262)。これ以降の議論も非常に複雑であり、容易に見通しがきかない[30]。だが、以下においてわれわれは、(従来の研究史であまり注目されてこなかった)この「確実性」概念に焦点を絞って、「第二部」の議論の流れを整序しておくことにする。

「第二部」でフィヒテは、「光」や「見照(Sehen)」や「絶対知」の諸契機の構造分析の諸成果を、その都度「確実性」の概念に連れ戻し、この概念の勢位上昇と関連づけている。「蓋然性」の概念を集中的に主題としている第二三講で、フィヒテは「確実性を厳密に、まったく純粋に把握すること」、「まったく純粋に思惟する」ことを聴講者に要求する(ibid., 344)。〈べし〉によって結合されてきた「二つの付帯的な項」の蓋然性、そしてその二項の結合「連関」自身の蓋然性を超えて、「洞察の内的確実性」を明らかにするためには、このことが必要だからである。そして彼はこう解答を提示している。「確実性は、それを端的に、純粋にそれ自体として捉えるならば、端的に自ら自身に依拠しており、そして端的に自ら自身によってかつ自ら自身を通してある(beruht schlechthin auf sich selbst, und ist schlecht von, und durch sich selbst)」(ibid.)。さらに、この確実性の特性は、「絶対的な質的単一態」としての「光の特性」および自己内完結した単一態としてのかの「存在」の形式的特性と重ね合わされる(ibid., 346)。かくして、第一六講義の冒頭に掲げられた「存在」の「根本命題」について語ったのとまったく同じ口調で、「確実性は、絶対的であり、内在的であって、自ら自身のうちに閉じており、それゆえけっして外へと出ていくことはありえない」(ibid. 350)と主張される。続いて、「根源的光の三つの主要な変様態」(ibid. 352)が「確実性」の内的構造の分節化と関係づけて論じられたのを受け、「確実性すなわち光は、そのまま生きた原理であり、それゆえまさに光の純粋に絶対的な単一態なのである」(ibid. 352)という結論が引き出される。かくして、「確実性」は、かの「真理」としての「存在」と同様、自己内閉鎖的な単一態を本質としていることが明らかにされているのである。「生きた原理」とは、実定的な死せる原理とは対照的な「原理の発生活動(Principiiren)」を意味する。それゆえ、第二三講の末尾は、これ以降の課題をこう提示して終わっている。「生きた確実性が実在的な原理の発生活動であるべきである」という「知識学の前提」の「可能性を根拠づけ、この前提の真理と妥当性を正当化すること」が、以降の課題である(ibid. 356)。

そして第二六講の冒頭で、「絶対知は客観的に、その内容において打ち立てられた」と宣言したフィヒテは、今や「絶対知の表現」は「確実性の表現」であるという(ibid. 382)。なぜなら、先に述べたように「確実性」を「自ら自身のうちで完結していること」であると同時に「生動的であること」として記述することには、今や「見照活動」あるいは「知」の四つの要素の区別と連関(「項の四重性」)が含まれているからである(ibid. 388f.)。こうして明らかにされた「絶対知」と「確実性」の同一化は、「見照活動、観念性と直観そのもののより深い純然たる記述に基づいて」、「確実性」の内的構造を記述した成果である。かくして、「唯一の確実性を根源的に記述し、それを真のあり方で遂行すること」は、「知を根源的に記述し、それを真のあり方で遂行すること」(ibid. 392)と同じことだとみなされるのである。こうして、「第二部」は、「光」-「見照活動」-「絶対知」の構造的諸契機の分節化と統合の進展を、常に「確実性」の概念と結びつけているといえるのである。以上の叙述において、フィヒテが「光」や「見性活動」や「確実性」を、融通無碍に「存在」と「融合」し、それと「一体化」しようとしていると解するべきではない。フィヒテが説こうとしているのは、双方の根源的な構造的同一性なのである。

最後に、この「第二部」もまた、ある観点からすれば「昇り途」を歩むのだということを付け加えておかねばならない。現に、フィヒテは第一七講の末尾で「現在のわれわれの探求は、以前のそれと同じように上昇を目指します。それは、なおそれの原理を探求しているからです」(ibid., 270) と述べている。さらに、第一回講義の第二六講では、議論の行程全体についてこう述べられている。われわれは「上昇しては、また下降し、そして再び上昇してきたのですが、それは同じことを繰り返しているのではなく、まったく異なった観点においてなされてきたのです。一度目は、その形式的に質的な単一性においてある知へと上昇するためであり、もう一度は、二つの根本規定の同一性としての知へと上昇するためなのです」(GA, II/7, 211)。第二回講義の用語にいい換えれば、一度目の上昇の到達点が「質的な単一性」としての「存在」の「真理」の「洞察」であり、二度目の上昇の到達点が「存在」の「真理」と「思惟」の「確実性」という「二つの根本規定の同一性」を具えた「知」の「確実性」である。後者の過程は、同時にその都度「知」のうちに必然的な「分離の原理」を開示しては、それを発生論的に統合していくがゆえに、「現象論」とも呼ばれうるのである。それゆえ、この第二回目の上昇は、多様な世界を区分する「四つの根本原理」(「感性の原理」「適法性の原理」「道徳性の立場」「宗教の立場」)(GA, II/8, 416f.) を導出することを最終到達点としているのである。この地点からようやく、感性的世界、法的世界、道徳的世界、宗教的世界の「現象の諸形態」を導出するという意味での「本来の」「現象学」が始まるのである。第二回講義の「第二部」も、この導出の手前で終わっている。それは、その導出を可能とする「分離の原理」を「知」のうちに演繹することにとどまっており、その意味で「現象学」の「原理論」にとどまっているといえる。それゆえ、これもまた、ラインホルトの場合と同じように、未完の「現象学」なのである

4 「確実性」論の背景

上述のように、「知」の諸契機の分節化と統合のプロセスに絶えず「確実性」の概念を絡めて論じているのは、唯一、一八〇四年の第二回講義にだけ認められる特色である。同年の第一回講義にも、第三回講義にも(最終の第三〇講

の一部を除けば)、第二回講義のような「確実性」への執拗ともいえるこだわりは認められない。また、同じく「絶対者の現象」を主題としたそれ以降(一八〇七年と一八一〇年)の「知識学」にも、それは認められない。この点で、第二回講義の方法と叙述は特異なのである。それに、われわれの見るところ、「確実性」論を援用することによって、かの「第二部」の議論行程が説得力を増しているようにはとうてい思えない。むしろ、「確実性」論の挿入は、議論全体の進め方に疎遠な感じさえする。にもかかわらず、なぜフィヒテはこの「知識学」講義にだけこの議論を加え、そしてそれ以降それを放棄したのか。その理由として、われわれはやはりラインホルトとの関係を推測せざるをえない。

まず、かの「絶対的紐帯」としての「絶対的な真理にしてかつ確実性(Wahrheit und Gewißheit an und für sich)」(ibid., 20, 24)という表現が、強くラインホルトを意識したものである。彼は『概観‐寄稿集』第一分冊(一八〇一年)、第二論文で「それ自体で真なるものにして確実なものそれ自体(das an sich Wahre und Gewisse, als solches)」が存在することが哲学の前提であり、それを「知」のうちで究明することが哲学の課題であると主張して、この特異な用語を繰り返し使用していた(*Beyträge-U.*, H. 1, 70f.)。フィヒテの用語法は、明らかにこの用語の反映であると考えられる。両者はともに、この用語でもって、存在論的「真理」と認識論的「確実性」の一体性を主張している。

さらに、この講義の一、二年前、ラインホルトは、「自我」に基づけられたフィヒテ的「確実性」が根拠を欠いていると執拗に批判していた。すなわち、ラインホルト曰く、「もし絶対的主観性が根源的に真なるものであり、一切の確実性の源泉であるとすれば、その主観性は、『我、在り』が『一切の確実なもののなかでも最も確実なものである』ということによって、根源的に啓示されねばならない」。「しかし、『我、在り』が直接的に確実であるとすれば、しかも直接的に確実な唯一のものだとすれば、『我、在り』は、自ら自身によって確実であり、他のどんな確実性もこの確実性に媒介されている。『我、在り』の確実性の根底には、『我、在り』しか存在しない、〔中略〕他のどんな確実性の根底にあるのも、『我、在り』を媒介にしている。それ以外に何か確実なものが自我にとって存在するとしても、それが自我にとって確実でありうるのは、ほかでもなく自我が自ら自身にとって、自ら自身によって確実であるという理由以外にはありえない」。そして、ラインホルトはこう続けている。「しかし、自我のこの直接的な確実性は、真の確実性でもあるのか、この確実性の直接態は見かけにすぎないのではないか、自我が他のすべてのものに対して自ら自身に認めている、確実性の点での優先も単なる錯誤にすぎないのではないか、しかもありふれた様式の錯誤にすぎないのではないか」(*Beyträge-U.*, H. 2, 49f.)。

フィヒテは、おそらくこの批判を無視できなかった。それで彼は、「確実性」を主観的と解された「自我」の超越論的自己連関に基づけるのとは別の方法を、いわば「知」そのものの根源的原理の構造的事態として導出することをこの知識学で試みたのだ――とはいえ、この「構造的事態」もまた(確実性が「端的に自ら自身に依拠しており、そして端的に自ら自身によってかつ自ら自身を通してある(beruht schlechthin auf sich selbst, und ist schlecht von, und durch sich selbst)」という表現が示唆しているように)究極的には、超越論的自己連関を支えとしているのだが――と推測されるのである。それ以降フィヒテが「確実性」論を論じていないということは、かの第二回講義は、フィヒテがラインホルトを意識して講じた最後の「知識学」であるということを意味している。

さらに、これまた第二回講義でだけ例外的に使用された「現象学(Phänomenologie)」という術語の採用[31]に際しても、ラインホルトを強く意識していたと推察される。なぜなら、第一に、ランベルトからカントまでのかの術語使用法からは、「絶対者」の「現象論」を「現象学」と呼ぶことは出てこない。ラインホルトとフィヒテだけが、「絶対者」の「現象論」を「現象学」と名づけているのである。両者の「現象学」だけが、絶対的な存在の「単一態」――ラインホルトでは、「神」である「勝義の第一のもの」、フィヒテでは、「存在」の究極的「真理」――が、いかにして「多様なもの」として現れうるのかを根本主題としているのである。[32]第二に、フィヒテは、ラインホルトが「現象学」という術語を使用した『概観‐寄稿集』第四分冊(一八〇二年)の第二論文をよく知っていたはずである。というのも、この当時、フィヒテの主要な論敵は、集中的に公刊されていた『概観‐寄稿集』とシェリング‐ヘーゲルの『哲学批評雑誌』であったのだから。したがって、フィヒテはラインホルトの「現象学」に刺激されて、かの第二回講義で、「合理的実在論」の「現象学」に対抗して、これと根本的に異なった「超越論哲学」の「現象学」を構想しようとしたと考えるのが自然であろう。だが、それは一度限りのことであった。

5　二つの「現象学」の決定的相違

さて、ラインホルトの「現象学」構想とフィヒテのそれとの間に、表面上はいくつかの類似性を認めることができる。フィヒテに「上昇」と「下降」の「往還二相」の一体性を認めうるのと同じよう、ラインホルトにも「上昇」と「下降」の表裏一体性という思想が認められた。ラインホルトにせよ、フィヒテにせよ、およそ究極の「一なるもの」・「質的単一態」としての「絶対者」が、その「一性」を保持しながら、にもかかわらず「現象する」可能性を根拠づけようとするならば、「一」から「多」への分離の原理と、「多」から「一」への統合・単一化の原理とが、何らかの仕方で一体的に把握されねばならないのは事の必然である。かの類似性は、この原理的必然性に由来している。

また、フィヒテにおいて、総じて「上昇行程」と特質づけられる「第一部」を「下降行程」と特質づけられる「第二部」とを「統合する」ことが必然的課題あるのと同じように、ラインホルトにおいても、哲学の「第一の課題」（「根源的本質」の「顕現」を通した「認識の実在性の根拠究明」）と「第二の課題」（その「顕現の制約」の究明）とが表裏一体をなして連接されねばならなかった。ここにも類似性があるようにも見える。だが、これは、先の類似性とは事情が異なる。フィヒテにおける「第一部」と「第二部」の統合の必要性は――極端に切り縮めていえば――「存在」と「思惟」との、あるいは「真理」と「確実性」との「絶対的紐帯」を解明すべしという要請に発しているのに対して、ラインホルトの「第一の課題」と「第二の課題」の一体化は、いわば「形相」と「質料」の統合要請に発しているといえるからである。そして、ここにはすでに両者の「現象学」の果たすべき機能の相違が認められる。

そもそもラインホルトにおいては、「現象学」は、質料を具えた諸事物の「本質」とそれらのヒエラルキーを系統的に根拠づけるための理論であった。彼においては、「勝義の一なるもの（神）」が事物の「本質」に「顕現」すると き、その「顕現」の制約として、その都度規定された「質料」を必要とするのだが、その際いわば「形相」としての「一者」が「質料」と統合されるときのあり方の階層的差異を分節化し、精緻化するのが「現象学」の任務であったといえる。彼にとっては、「顕現の制約」の総体が「自然」である以上、「本質そのものによって規定されている限りでの自然」の分析が、「普遍的現象学」の課題であった。その限り、この「現象学」は「自然」のうちの統一的、階層的秩序を解明しようとしている。フィヒテの「現象学」は、これとまったく対照的である。彼にとって問題は、事物の「本質」を究極的「一者」の「顕現」であると、われわれがなぜ知りうるのかということにある。あるいは、「多」を「一」と捉え、「一」を「多」と捉えることを可能にする「知の諸原理」を「知」のうちに導出することこそが問題なのである。したがって、この「現象学」は、「絶対者」の現象の場である「知」のうちに、それを「絶対者」の「現象」と捉えることを可能にする知の諸原理の生成を解明しようとしている。ラインホルトにおいては、「現象学」は「自然の諸原理」の解明論であり、「多」は自然的事物の多様性であるのに対して、フィヒテにおいては、「現象学」は「知の諸原理」の解明論であり、「多」はこの諸原理の多様性である。つまり、ラインホルトの「現象学」は「自然」をその在り処としており、フィヒテの「現象学」の在り処は「知」である。こうした二つの「現象学」の決定的相違は、結局のところ、それらが「実在論」の立場から構想されたのか、「超越論的観念論」の立場から構想されたのかの違いに基づいている。

最後に、ヘーゲルの「現象学」にも一言触れておこう。彼もまたラインホルトの「現象学」に触発されて、最初の主著の表題に「現象学」という名称を冠するようになった可能性はけっして排除できない。主題内容の面からも、成立時期の面からも、ラインホルトの「現象学」よりもっと近いフィヒテの「現象学」を、おそらくヘーゲルは知ることはなかった。フィヒテのそれは、ごく少数の人々を対象に一度だけ口述されたものであり、それは以降出版されることはなかったからである。それに対して、ヘーゲルが（ラインホルトが「現象学」を論じた）『概観-寄稿集』の第四分冊に眼を通したことは大いにありうる。というより、そう考える方が自然である。彼はそのデビュー作『フィヒテ哲学体系とシェリング哲学体系の差異について』で、『概観-寄稿集』第一分冊を徹底的にやり玉に挙げていた（第十四章参照）。一八〇一〜〇二年の期間、シェリング-ヘーゲル連合の主要な論敵はラインホルト的「実在論」であったことを勘案すれば、彼がその第二分冊以降にも注目していたと考えるのが自然である。そうした外的事情を考慮し、また「絶対者」の現象論としての「現象学」という着想が当時けっしてポピュラーでなかったことを考え合わせるならば、彼がラインホルトの「自然の現象学」に「精神の現象学」を対置しようとしたと考えても、不思議ではない。[33]

注

（1）その第一、第二、第三分冊は一八〇一年に、第四分冊は一八〇二年に、第五、第六分冊は一八〇三年に、Hamburg の Friedrich Perthes から出版された。この『概観-寄稿集』には、バルディリ、ヤコービ、それにハーマンなども寄稿しているが、それは例外的事柄であって、所収された論文や書状のほとんどがラインホルトの手になるものであり、その意味ではこれは実質上ラインホルトの「個人雑誌」である。

各分冊に収められた論文題名（頁数）を挙げれば、以下の通りである。ラインホルト以外が論文の著者である場合は、〈　〉内に示す。

【第一分冊】（一八〇一年）

Ⅰ「哲学の第一課題、諸学問の復興以降のその最も注目すべき解決」（次号Ⅰに続く）（S. 1-65）

Ⅱ「哲学的に思惟するとは何であるか、それは何であったか、何であるべきか」（S. 66-89）

Ⅲ「哲学を本来の理性理論に暫定的に連れ戻すこと」（S.90-99）

Ⅳ「思惟としての思惟とは何であるか」（S. 100-112）

Ⅴ「『エアランゲン学芸新聞』第二一四号、第二一五号でのバルディリの『要綱』の二番目の書評に関するフィヒテ教授への書状」（S. 113-134）

Ⅵ「純粋理性といわれている純粋な自我性の生成論、あるいはその自然史の考案」（S. 135-154）

Ⅶ「フィヒテへの書状の補遺」（S. 155-164）

【第二分冊】（一八〇一年）

Ⅰ「哲学の第一課題、諸学問の復興以降のその最も注目すべき解決」（前号Ⅰからの続き）（S. 1-71）

Ⅱ「バルディリの第一論理学――カントの超越論的論理学――従来の一般論理学について、編集者へのバルディリの書状」（S. 72-103）〈Bardili〉

Ⅲ「カント学派の実践哲学の――そしてフィヒテ-シェリング学派の哲学全体の原理としての自律について」（S. 104-140）

Ⅳ「哲学の体系一般についての、とりわけ知識学についてのいくつかの考え」（S. 141-178）〈Köppen〉

Ⅴ「合理的実在論の諸原理、あるいは哲学的分析の諸原理」（S. 179-205）（次分冊のⅢに続く）

Ⅵ「カントの純粋理性批判についての二〇年前の、しかし未刊行の書評」（S. 206-212）〈Hamann〉

【第三分冊】（一八〇一年）

Ⅰ「理性を悟性にもたらし、哲学一般に新たな意図を与えようとする批判主義の企て」（S. 1-110）〈Jacobi〉

Ⅱ「哲学の低下しつつある威信について――バルディリの書状」（S. 111-127）

Ⅲ「合理的実在論の諸原理の新叙述」（S. 128-162）（前分冊Ⅴの続き、第四分冊のⅡへ続く）

Ⅳ「絶対的な同一性体系について、あるいはシェリング氏の最新の純粋な合理論、およびそれの合理的実在論に対する関係について」（S. 163-184）（第四分冊のⅢに続く）

Ⅴ「私の書状（第一分冊のN. V.）に対するフィヒテの返書」（S. 185-209）

Ⅵ「哲学の第一課題、諸学問の復興以降のその最も注目すべき解決」（S. 210-236）（第二分冊Ⅰの続き）

【第四分冊】（一八〇二年）

Ⅰ「誠実さに対する悟性の関係について」（S. 1-103）〈Bardili〉

Ⅱ「合理的実在論の現象論の諸原理、あるいは合理的実在論を現象に適用することによる、合理的実在論の解明」（S. 104-185）（第三分冊のⅢの続き）

Ⅲ「Philodoxie 一般の鍵、とくにいわゆる思弁的なるものの鍵」（S. 186-201）（第三分冊のⅣの続き）

Ⅳ「『批判雑誌』第一分冊でのシェリング氏の対話への注解」（S. 202-211）

Ⅴ「Philodoxieの二重性と対立する哲学の一重性」（S. 212-218）

Ⅵ「合理的実在論は一つ以上の原理を持つか?」（S. 219-224）

【第五分冊】（一八〇三年）

Ⅰ「合理的実在論の通俗的叙述」（S. 1-22）（第六分冊のⅠに続く）

Ⅱ「私の体系的転換に関する釈明」（S. 23-46）

Ⅲ「自然と神との混同および統合について。シェリングの『ブルーノ』に触発された一つの対話」（S. 47-68）

Ⅳ「F・H・ヤコービへの書簡。ヤコービの哲学、フィヒテの哲学、シェリングの哲学、バルディリの哲学の本質について」（S. 69–104）

Ⅴ「キリスト教の教義、イェーナの『一般学芸新聞』の哲学の書評者たちのための信仰と告白の定式の腹案として」（S. 115–126）

Ⅵ「思惟と表象の混同にまとわりつかれてきたこれまでの哲学すべての通俗的叙述の草案、ゾヒャー（Socher）教授の哲学の諸体系の歴史の要綱への付録として」（S. 127–148）

Ⅶ「哲学を信仰論に論証的に転換することについて。ヴータヴェックの『新ムゼウム』の第一分冊に触発されて」（S. 149–160）

Ⅷ「哲学におけるいわゆる実践的実在論について」（S. 161–169）

Ⅸ「すでに原理的には宗教であるような哲学について」（S. 170–179）

【第六分冊】（一八〇三年）

Ⅰ「哲学の旧来の諸課題に新たな解決」（S. 1–117）（第五分冊Ⅰの続き）

Ⅱ「対話。フランスの論理学とドイツの論理学。国立研究所によって提起された懸賞課題『認識応力の分解について』に触発されて」（S. 118–140）

Ⅲ「哲学的諸文献の概観、一八〇一年から一八〇三年まで」（S. 141–222）

Ⅳ「日常的悟性および思弁的理性に対する、健全な悟性および哲学的理性の関係について」（S. 223–250）

（2）この主題に関する諸論文として、上記第一分冊の第二論文、同第三論文、同第四論文などが挙げられる。

（3）この主題に関する諸論文として、第一分冊の第五論文、同第六論文、第二分冊の第三論文などが挙げられる。

（4）この主題に関す諸論文として、第二分冊の第五論文、第三分冊の第三論文、第四分冊の第二論文、第五分冊の第一論文などが挙げられる。

（5）Martin Bondeli, *Das Anfangsproblem bei Karl Leonhard Reinhold. Eine systematische und entwicklungsgeschichtliche Untersuchung zur Philosophie Reinholds in der Zeit von 1789 bis 1803*. Frankfurt am Main 1995, 267.

（6）この主題に関する諸論文として、第三分冊の第四論文、第四分冊の第三論文、同第四論文、同第五論文が挙げられる。

（7）たとえば、*Beyträge-U.*, H. 2, 140 や H. 3, 135, 159, 169, 174 および H. 4, 223 などを見よ。

（8）Immanuel Kant, *Kritik der reinen Vernunft*, B 194f. 続いてカントは「かくして、経験の可能性こそ、われわれのア・プリオリなすべての認識に客観的実在性を与えるものである」と述べている。別の箇所では、同じことがこう述べられている。「すべての概念」、「すべての原則」は「経験的直観に、すなわち可能的経験の所与（data）に関係している。このことがなければ、概念や原則はまったく客観的実在性を持たないことになり、それらの表象との構想力の戯れか、悟性の戯れにすぎなくなってしまう」

(B 298)。

(9) I. Kant, op. cit., B 195f. Vgl. auch B 150f.

(10) Johann Gottlieb Fichte, Zweite Einleitung in die Wissenschaftslehre, *GA*, I/4, 211. 原文には強調点は付されていない。

(11) この点に関するフィヒテ批判は、こう続けられている。フィヒテにとって「根源的に真なるもの」は「思弁にとって」の真なるものとしてしか存在せず、彼はこれから「実在的な絶対的なもの、単に思弁的ではない根源的に真なるものへの、つまり神への信仰を演繹しようと試みた」。そうなると、「絶対的なもの」は相対化され、「無限なもの」は有限化されざるをえないのだが、それでも、真に「無限なもの」は「廃棄されず、まったく不可能なものだとは説明されず、知の領域から信仰の領域へと追放されることになるだろう」(*Beyträge-U.*, H. 1, 85)。「根源的に真なるもの」と「知」の関係について、一年前の無神論論争時と比べて、ここではフィヒテとラインホルトの関係がまるで逆転しているかのようである。

(12) この論文は、その自存性についてこう述べていた。「それ自体で真なるものにして確実なものそれ自体は、〔中略〕探し求めることを通して初めて真で確実になるということなどありえないということ、それゆえそれは探し求められることを必要としてもいないし、探し求められうることもないということ、このことはおのずと明らかである。〔中略〕その真にして確実なものは、真の信仰である限りでの真理への信仰のうちにも実際に与えられている」(*Beyträge-U.*, H. 1, 70f.)。

(13) *GA*, III/4, 360f.（W・シュルツ解説、座小田豊・後藤嘉也訳『フィヒテ－シェリング往復書簡集』法政大学出版局、一九九〇年、一二一－一二二頁）

(14) *GA*, III/4, 363.（前掲邦訳書、一二五－一二六頁）

(15) 書簡はこう続けている。「この実質的証明においては、もちろん自然が演繹されねばならず、しかもその客観性、独立性において演繹されねばならないのですが、それは、それ自身が客観的であるような自我によってではなく、主観的な哲学する自我によって、そのすべての規定について演繹されるべきなのです」(*GA*, III/4, 363. 前掲邦訳書、一二六頁)。

(16) デカルトの『省察』や「諸根拠」での用例が示しているように、「形相的実在性（realitas formalis）」とは観念の実在性ではなく、物それ自身が持つ実在性のことであり、「観念の表象的実在性 realitas objectiva ideae とは、観念によって表現されたものの、観念においてある限りでの存在性 entitas のことである」。山田弘明訳『省察』ちくま学芸文庫、二〇〇六年、六六－六七、一三六、一八七頁（訳者注）を参照。

(17) 原本の入手が困難なラインホルトのこの論文は、*Transzendentalphilosophie und Spekulation. Der Streit um die Gestalt einer Ersten Philosophie (1799-1807), Quellenband* (Bd. 2. 1), hrsg. v. Walter Jaeschke, Hamburg 1993, 137-144 に採録されている。この資料集本にも初出版の頁数が記されているので、以下この論文からの引用は、初出版の頁数を本文中に記入する。

(18) この時期ラインホルトは、フィヒテによる自我の絶対化を、他の論文でもしばしば「単なる錯覚」「心理学的仮象」に基づいたものだと非難している。たとえば「自我が他のすべてのものにすぐれて自ら自身に認める確実性という点での優位でさえ、単なる錯覚、しかもごく普通の種類の錯覚、道徳的エゴイズムと同一の源泉から生まれる僭称ではないのか」(*Beyträge-U.*, H. 2, 50)。「フィヒテは彼が虚構した純粋な自我性から、心理学的な根源的仮象にまで突き進んだ。彼の知識学とその精神において著されたその著作すべては、われわれのごく普通の洗練された知識に含まれており、真理とみなされている心理学的仮象を、上の根源的仮象から演繹してみせる数多くの傑作である」(*Beyträge-U.*, H. 4, 192.)。

(19) シェリングは「わが哲学体系の叙述」(一八〇一年五月)で、「自我がすべてである」をフィヒテの立場、「すべてが自我である」を自らの立場として対比したことはよく知られている。この引用文中の「この自己意識のうちでは、自我が一切のものにほかならず、一切のものが自我にほかならない(das Ich nicht weniger als Alles, und Alles nicht mehr als Ich ist)」は、表現こそ違え、そして両者の立場を区別していないとはいえ、シェリングの表現を思い起こさせる。ちなみに、この第二分冊の序文の脱稿日は、一八〇一年三月三〇日である。

(20) 各論文の表題は、注(1)を見よ。

(21) 第四分冊第二論文は、この自己還帰について、次のように表現している。「思惟が、純粋な分析の完成を介して、思惟の適用の解析の完成を介して、この分析のうちに本質としての本質を発見し、取り出し、そして本質に即した根源的本質の顕現にまで至り、その限り勝義の第一のものに到達したならば、思惟自身はまた、その思惟としての機能において、分析において——自ら自身へと還帰したのであり、自ら自身のもとに帰ってきたのである」(*Beyträge-U.*, H. 4, 104f.)。

(22) Vgl. *Historisches Wörterbuch der Philosophie*, hrsg. v. Joachim Ritter und Karlfried Gründer, Bd.7, Basel 1989, 486-487. この辞典の「現象学」の項によれば、ランベルトでは「現象学」は、仮象の種類と諸源泉を区別すること、仮象が人間の認識に及ぼす影響を提示すること、真理の発見に際して仮象の影響から免れる方策を供給することに関わっていた。美を「現象(Phänomenon)」のうちに、眼に見える現れのうちに探し求めることを課題としたヘルダーにおいては、「現象学」の役割はそうした視覚の現象を記述することとみなされていた。Wolfgang Bonsiepen, Einleitung, in: G. W. F. Hegel, *Phänomenologie des Geistes*, Hamburg 1988 [PhB 414] も、Phänomenologieという術語の当時の使用例を解説している(vgl. S. IX-XVI)。

(23) カントはこの著で、運動を「量」「質」「関係」「様態」それぞれの観点から論じており、物質の運動あるいは静止を「様態」の観点から論じる部門を「現象学」と名づけている(*KA*, IV, 477)。それだけでなく、この著の第四章が「現象学の形而上学的原理」と題されている。

(24) Die Wissenschaftslehre [II. Vortrag im Jahre 1804], in *GA*, II/8, 2-421.(山口祐弘訳「一八〇四年 知識学第二回講義」『フィヒテ全集 第13巻 一八〇四年の「知識学」』哲書房、二〇〇四年、二三七頁-五二四頁)以下、このテキストからの引用は、アカデミー版(*GA*, II/8)を用い、その頁数を本文に記すことにする。邦訳書には、第一回講義、第三回講義も収められている。

第二回講義の邦訳の上欄にはアカデミー版の頁も記されている。

(25) この知識学については、すでに定評のある次のような古典的研究書が存在している。Wolfgang Janke, *Fichte. Sein und Reflexion — Grundlagen der kritischen Vernunft*, Berlin 1970; Ludwig Siep, *Hegels Fichtekritik und die Wissenschaftslehre von 1804*, Freiburg/München 1970; Peter Baumanns, *J. G. Fichte. Kritische Gesamtdarstellung seiner Philosophie*, Freiburg/München 1990. ヤンケは同著第三部で（ただし、前半部のみを）、ジープは同著第二部で、そしてバウマンスは同著第四章で、それぞれ一八〇四年の知識学第二回講義を論じている。その中では、バウマンスの評価が最も手厳しい。前二著には、以下の邦訳がある。隈元忠敬・高橋和義・阿部典子訳『フィヒテ　存在と反省――批判的理性の基礎（上）（下）』哲書房、一九九二年／一九九四年、山内廣隆訳『ヘーゲルのフィヒテ批判と一八〇四年の「知識学」』ナカニシヤ出版、二〇〇一年。

(26) アカデミー版編集者は、この「真理にしてかつ確実性それ自体」という語が、ラインホルトの『概観-寄稿集（*Beyträge-U.*）』第一分冊の第一論文中での「決定的な術語」に関連していることを指摘している（GA, II/8, 20f. Anm.）。当該箇所でラインホルトはこう述べている。「真理と確実性それ自体への純粋な関心から生じてくるような努力だけが唯一、認識の真の根拠を目指すことができる」（*Beyträge-U.*, H. 1, 67）。「それ自体で真にして確実なもの自身（das An sich Wahre und Gewisse als solches）は、すなわち、それ自体で確実である真なるものにしてそれ自体で真である確実なものは、探求を通して初めて真にして確実なものになることはありえない」（ibid., 70）。「哲学者はそれを探究するのだが、〔中略〕それを知のうちに、知にとって探求する。哲学者がそれを探究するのは、それが彼にとって、まだ知のうちにも、知にとっても存在していないからであり、またその限りでのことである」。哲学者はそれが「知のうちにも、知にとっても」生成し、「知それ自身のうちで確証されうるかどうか」を探究しなければならない（ibid., 71）。

同編集者が他の多くの箇所でも『概観-寄稿集』各分冊の諸論文への参照を指示していることから分かるように、当然ながらフィヒテはラインホルトのそれら論文を熟知していたはずである。

(27) 渡邊二郎「一八〇四年の『知識学』と現象学」（日本フィヒテ協会編『フィヒテ研究』第五号、晃洋書房、一九九七年、四一-五九頁）は、この講義中に出現する「上昇」と「下降」に相当する語の全事例を（I・H・フィヒテ版『全集』第一〇巻の頁づけに即して）挙げている。それによれば、「上昇」に関しては一四箇所、「下降」に関しては一〇箇所で使用されている。

(28) 「光」の概念の展開を中心にしたこの議論の歩みについては、渡邊二郎「フィヒテにおける光と生命――『一八〇四年の知識学』研究覚え書き――」（『フィヒテ研究』創刊号、一九九三年、五-二七頁）が説得的である。

(29) 渡邊二郎「一八〇四年の『知識学』と現象学」四四、四五頁。また、渡邊はこの論文で、ラインホルトの「現象学」があたかも「雑多な諸現象の導出を目指すもの」（四三、四四頁）であったかのように理解しているが、そうした見方は適切でない。われわれが本章第三節で見たように、ラインホルトの「現象学」構想は、現象の雑多な諸形態を導出しようとしているのではなく、フィヒテと同様に、いわば「現象の可能性の制約」を論理的、概念的に究明しようとしているのであり、とりわけ「神（絶対者）」の「顕現の制約」を系統的に分節化しようとしているのである。もちろん、両者の「現象の可能性の制約」の分析の主題と方法は、実在論的立場と観念論的立場の相違に応じて、決定的に異なっている。

（30）この行程については、山口祐弘「体系知の理念と現象論の可能性――ヘーゲルとフィヒテ――」（『フィヒテ研究』第一二号、二〇〇四年）、および隈元泰弘「後期フィヒテにおける現象論の構造――体系の構成原理としての蓋然的ゾル――」（同第一二号）を参照されたい。

（31）入江幸男「後期フィヒテの『現象論』について」（『フィヒテ研究』第一二号）が指摘しているように、その後フィヒテは『道徳論』（一八一二年）において、一回だけ Phänomenologie という語を――「自我の現象学」として――使用している（GA, II/13, 336）。

（32）注（22）に挙げた、当時の「現象学」という術語の用例に関するボンジーペンの解説は、この点で他の用法と区別されるラインホルトとフィヒテの術語使用法の際立った特性にまったく触れていない。

（33）ボンジーペンは「ヘーゲルの〈精神の現象学〉は、ラインホルトが意図しているような〈自然の現象学〉に対抗する立場と解釈しうるであろう」と書いている（W. Bonsiepen, op. cit., XVI）。

第十三章　シェリングvsラインホルト（一八〇〇〜〇三年）

今や実在論者となったラインホルトにとって、フィヒテとシェリングは「純化された」超越論的観念論者として同類の論敵であった。それゆえラインホルトは一八〇一年の前半頃までは、彼らを「フィヒテ-シェリング学派」と一括して批判の俎上に載せていた。しかし、シェリングが一八〇一年に、明らかにフィヒテの超越論的観念論とは異なる、というよりむしろ対立する側面を持った「同一性哲学の体系」を提唱するに及んで、彼はこれをフィヒテをも踏み越えた思弁哲学の極致とみなし、外見上はバルディリ-ラインホルト理論と類似した「絶対的同一性」の原理を掲げるシェリングのこの体系構想との批判的対決を強めていく。かくして『概観-寄稿集』第三分冊以降には、シェリング批判を主題とした諸論考が毎号のように掲載されるようになる。

本章は、この新たな体系の基底をなしている「絶対的同一性」原理の理解をめぐる両者のかなり激しい相互批判のやり取りを取り扱う（第三節、第四節）が、それに先立って、この時期に至るまでの両者の思想的関係の興味深い変転を概説しておく。まず、チュービンゲンでの学生時代のシェリングとラインホルトの関係を概括し（第一節）、次に、ラインホルトの手になる『超越論的観念論の体系』書評によって、両者の間の心情的軋轢と理論的対立が深まっていく過程を見る（第二節）。

第一節　チュービンゲン時代のシェリングのラインホルト受容と批判（一七九〇〜九五年）

1　シュティフトにおける習作（一七九〇〜九四年）

シェリングは一七九〇年一〇月一八日、ヘーゲルやヘルダーリンに二年遅れて、一五歳でチュービンゲンのシュティフト（神学院）に入学した。彼のチュービンゲンでの修業時代（一七九〇年〜九五年）は、ラインホルトの理論的影響力が最も強かった時期と重なっている。最初の哲学的主著『試論』（一七八九年）の後、ラインホルトは『寄稿集Ｉ』（一七九〇年）と『基底』（一七九一年）で「根元哲学」の立場を確立し、一七九二年には『書簡Ⅱ』において「意志の自由」をめぐってカントとの本格的な対決を開始していた。エーネジデムス-シュルツェによるカント-ラインホルト批判（一七九二年四月）をはじめ、これらの著作に対する批判的批評も続々と公表され（第六章参照）、一七九〇年代前半、ラインホルトは間違いなく哲学界の主役の一人であった。シェリングが入学する半年前、チュービンゲンの神学教授フラットが実在論の立場から『試論』に手厳しい書評を公刊し、同年一〇月には、ラインホルトがこれに『寄稿集Ｉ』で反論したこともあって（第四章第七節参照）、当時チュービンゲンでは、カントの批判理論はもちろん、その最新の形態と目されていたラインホルトの「表象能力理論」およびその後の「根元哲学」構想に、学生たちも少なからず関心を寄せていた。チュービンゲンで講じられていた神学は伝統的な正統派理論を立脚点としていたが(1)、その理論的弱点を補強するために、あるいはそれを新しい哲学的動向と融和させるために、カント批判理論やラインホルトの根元哲学を主題とする講義も講じられていた。フラットは、一七九一年の夏学期と次の学期に『純粋理性批判』に関する講義をしており（彼は前年の論理学・形而上学講義でも、頻繁にカント理論を論究していた）、シュトゥットガルトのカール学院からチュービンゲンに転じ、一七九一年から論理学および形而上学の正教授であったアーベル（Jacob Friedrich Abel 1751-1829）は、一七九二年の夏学期には「ラインホルトの理論に従った形而上学のプロレゴーメナ」

という題目の公的講義を行っている。(2)

当時チュービンゲンでは、学生が終業論文に先立って、スペシメン（specimen）と呼ばれる試行的参考論文を提出することが慣例になっていたが、シェリングが一七九二年に自ら起草して提出した二篇の参考論文の表題は、「異名なき哲学（Philosophie ohne Beyname）の可能性について、ラインホルトの根元哲学に関するいくつかの所見を付して」と、「理論的理性批判と実践的理性批判の一致について、とくにカテゴリーに使用に関して、および叡知的世界の理念を後者（実践的理性）における一つの事実によって実在化することに関して」であった。(3)「異名なき哲学」とは「根元哲学」の別称である。前者の論文は、その表題から推測して、「根本命題‐哲学」としての「根元哲学」が「学」の体系的樹立にとって持つポテンシャルを批判的に検討していたのだと推定される。シェリングは、上述のアーベルの講義を聴講する以前から、ラインホルトの理論を独自に研究していた。一七八五年から一〇年ほどの間のSpecimina の題目一覧表を見れば、ラインホルトの名前を単独で明示したものは他になく、この論文が主題設定において異例のものであったことも分かる。(4)それは、常に哲学の「最前線」に関心を寄せ、その動向を注視していたシェリングが、批判哲学の最新形態とみなされていた「根元哲学」に強い関心を寄せていたことを表している。また在学中に（おそらく、一七九四年の前半に）起草された「ティマイオス」論も、彼がラインホルトの表象能力理論によく通じていたことをはっきり示している。(5)

2 『哲学の形式』と『自我』論文（一七九四〜九五年）

公刊された彼の最初の哲学論文『哲学一般の形式の可能性について』（一七九四年九月公刊、以下『哲学の形式』と略記）もまた、その主題設定と目的においてきわめてラインホルト的である。たしかにこの論文は、数カ月前に公刊されたばかりのフィヒテの綱領的論文『知識学の概念について』に強く触発されて書かれ、そこにはシュティフト入学以来の彼のカント研究も活かされている。にもかかわらず、この処女作は全体として見れば、何よりもラインホルトによって開かれた「根本命題-哲学」としての「根元哲学」構想から最大の養分を吸収しており、その延長線上にありながら「根元哲学」の不十分点を超えて、この構想を完成させようとしている。ここでシェリングは、「哲学は学である」(SW, I, 89; AA, I/1, 268)、そして「およそ哲学が学であるべきだとすれば、哲学は端的に絶対的な一つの根本命題によって制約されていなければならず、その根本命題は一切の内容と形式の制約を含んでいなければならない」(ibid., 92; ibid., 273) と繰り返し断言している。(6) これは、まさに「根元哲学」構想の核心的主張にほかならない(第五章第三節参照)。また『哲学の形式』は、根本命題が有するべき「端的に無制約な内容」と「端的に無制約な形式」の相互規定関係を問い(ibid., 92ff.; ibid., 271ff.)、さらに根本命題から導出された「思惟の原形式(Urform)」が、その他の副次的諸形式をどのように制約しているかを、カントの「カテゴリーの形而上学的演繹」を大胆に改作することを通して、明らかにしようとしている(ibid., 105ff.; ibid., 291ff.)。第一根本命題が後続諸命題の「形式の面」でだけ規定するのか、「内容の面」でも規定するのかの問題にラインホルトが苦闘していたこと(第五章第三節2参照)、この問題が様々な書評での批判対象になったこと(第六章第一節参照)もわれわれは知っている。したがって、こうした論述主題もまた、すぐれてラインホルト的なのである。

　論文の序論に相当する第一パラグラフで、シェリングは、「すべての哲学の形式を根拠づける試み」がこれまでは、「すべての個別的形式の根底にある原形式自身」を欠いてきただけでなく、その「原形式」と個別的諸形式との「必然的連関」をも根拠づける「原理」を欠いてきたと判定している。そうした試みはこの欠陥ために、『エーネジデムス』をはじめとする反カント主義の側からの攻撃にさらされてきた。ラインホルトの「表象能力理論」といえども、「こうした懐疑主義者の異論から身を守ることができなかった」。というのも、「ラインホルトの根元哲学」は「すべての学に先行して確定されねばならない二つの問題のうち、一つだけに」、「すなわち、哲学の内容はいかにして可能かという問題」だけに答えただけであり、もう一方の問題、「哲学の形式の可能性についての問題」は答えられないままであったからである。それゆえ、著者は本論文で、「表象能力の理論が、根元哲学の将来の改作のためにやり残してきたこと」を、「フィヒテ教授の最新の著作」に強烈に刺激されて、完成させるつもりである（ibid., 87f.; ibid., 265f.）、と述べる。ここには、この論文の表題の真意と「根本命題‐哲学」的構想の完成という論文全体の目標が明白に表明されている。

さて、『哲学の形式』の本論は、フィヒテの根本諸命題に決定的に依拠しながらも、しかしフィヒテの表現とは異なって三つの根本命題それぞれを、「自我は自我である」（ibid., 97; ibid., 280）、「非我は自我ではない」（ibid., 98; ibid., 281）、「自我と非我によって共通に制約されている第三のもの」（ibid., 99; ibid., 283）と表現し、それぞれから「無制約性」、「被制約性」、「無制約性によって規定された被制約性」を「すべての学の原形式」として――いささか性急に――導出している（ibid., 101; ibid., 285）。その後半部は、この「原形式」から思惟の根本諸形式としてのカテゴリーを導出し、そのことによってカント的カテゴリーを再編しようとする。その際「関係のカテゴリー」が「原形式」と重ね合わされて特権視されており、他のカテゴリーは「関係のカテゴリー」を基礎に再編される。

第二パラグラフ以降の本文も、しばしばラインホルト理論の限界に言及しているが――「たとえば、意識律は実質的命題である以上、常に制約された命題にとどまっている」（ibid., 93; ibid., 275）、「意識と表象の理論」は改めて「かの三つの根本命題」によって根拠づけられねばならない（ibid., 99f.; ibid., 283f.）などなど――、結論部に相当する第五パラグラフでも、重ねてラインホルトが引き合いに出される。すなわち、ラインホルトは、かの「原形式」に基づけて「主観、客観、表象の形式全体を余すところなく演繹すること」ができなかった、もしそれができていれば、「エーネジデムスのその他の異論はみな遮断されていたことだろう」。「つまり、かの唯一の命題に基づければ、根元哲学のその他の諸命題はみな説得力を持って、そして表象能力理論の場合よりもっと容易な連関のうちに導出されるのである」。かくして、『哲学の形式』は首尾一貫して、ラインホルト（そしてフィヒテ）的問題圏のうちで動いているといえるのである。この特徴において、『哲学の形式』は次著『自我』論文と明らかに異なっており、むしろ先に挙げた二つのスペシメンと密接な連続性を示している。

シェリングは翌一七九五年の復活祭には、第二著『哲学の原理としての自我について』(以下、『自我』と略記)を公刊する。同著では、前著より一掃フィヒテの知識学の問題機制との同調性が強まり、「根本命題‐哲学」的問題機制を示す表現はほとんど拭い去られている。『自我』は、まず「われわれの知一般の究極的実在根拠」の在り処を問い(第一節)、それを「絶対的自我」のうちに見出す(第二節)。続いて、「無制約的なもの」の演繹に関連づけて、様々な「独断論」と「批判主義」の諸原理が開陳された(第四節〜第六節)後、「自我の原形式」としての「純粋な同一性」と「最高根本命題」(「自我は自我である」あるいは「自我は存在する」)が演繹される(第七節)。さらに「絶対的自由」によって自我が「措定されていること」が「知的直観」のうちに演繹され(第八節)、続いて「自我の従属的諸形式」が「量」、「質」、「関係」、「様態」に沿って導き出される(第九節〜第一五節)。『自我』の核心的テーゼは、「絶対的自我」こそが「究極的なものの存在の原理と認識の原理が合致する」場であり、したがって、それは「一切の実在性の根拠であり」、「一切の実在性を含んでいる」という点にある。「一切の実在性の根拠」としての「絶対的自我」という理解には、〈逆さまにされた方法論的スピノザ主義〉というべきものがすでに現れている。だが、「絶対的自我」がいかにして「一切の実在性の根拠」でありうるのか、すなわち「一切の実在性」がどのような仕方で「自我によって、自我に対して存在するのか」は、まだ十分に究明されているとはいえない。すでにわれわれが見たように(第十二章第一節3参照)、シェリングはこの五年後には自我を「一切の実在性の根拠」とは認めがたいと主張して、フィヒテに弓を引くことになる。

『自我』でのラインホルト評価は、総じて穏当で公正なものである。シェリングは、哲学の最高原理をラインホルトのように「一つの事実(Thatsache)」——それが「現象」としての「事実」であれ、「物自体」としての「事実」であれ——のうちに求めることはできない理由を詳論している(SW. I, 172ff.: AA. I/2, 95ff.)。また、ラインホルトの立場を「たしかに自我から根源的に独立していながら、しかし表象のうちに自我によって、自我にとってのみ存在している」非我を設定しようとする「超越的‐内在的な(不可解な)実在論」だと批判している(ibid., 212; ibid., 142)。しかし、彼はもう一方で、次のようにラインホルトの「功績」を讃えることも忘れてはいない。たしかに、彼は「経験的に制約された（意識に現れる）自我を哲学の原理に高めようとした」のだが、しかし、そのことを通してカントの「問いそのものを、より高度に抽象化された形で表現し、その問いに対する答えをより確実な方法で準備した」。ラインホルトは「意識律を打ち立てることによって、実際にこのような功績を手にしたのである」。彼の成し遂げた「この抽象化の究極の段階」の上に、初めて「絶対的自我」を「最高の根本原理」として立てることが可能になったのである（ibid., 175f.; ibid., 99）。

第二節　軋轢と対立の先鋭化（一七九六〜一八〇〇年）

1　『自我』書評をめぐって

『自我』について、かつてのラインホルト「学徒」——そして、今や彼から離れて「根本命題-哲学」に反対の立場にあった——J・B・エアハルトが『一般学芸新聞』（*ALZ*, Nr. 319, Sp. 89-91）に短い書評を公刊したのは、一七九六年一〇月一一日のことである。当初この書評の著者が、あるいは著者の背後にいるのがラインホルトであると思い違いをしたシェリングは、暗にラインホルトを標的にした反論を二週間後に書き上げ、それが一二月一〇日には同紙の「反批判（Anti-Kritik）」欄に公表されることになる。

エアハルトの書評は、その前半では『自我』論文の主要テーゼを、それぞれ非常に簡潔な文章で要約して提示している(7)。そして、その後半部を書評者はこう書き出している。「この体系の本当の対象は知的直観によってしか保証されないのだが、知的直観においては何も直観されない限り、それは直観という名前にすら値しない。書評子は〔こうした直観によって〕自らのうちに、絶対的自我の述語にふさわしいものを何一つ見出すことはできない」（*AA*, I/3, 181f.）。哲学は「インドのいくつかの宗派が最高の善と称賛しているような大いなる空無」のごときものを、「唯一の原理にして唯一の究極目的」とすべきではない。そして、書評の終わりはこう結ばれている。「純粋自我を原理とする場合、この自我は一切の客観的述語に関して無規定であるがゆえに、絶対的なものという仮象を帯びるのである。純粋自我はすべてであるとも、無であるとも規定できる。前者の規定を採るならば、一切を自我のうちに存在させる徹底した反スピノザ主義を立てることができるが、だがそれは後者の規定が、一切を自我の外の実体のうちに存在させることができるのと同じである」。かくして、両方の選択肢を前にすれば、「いく人かの経験的自我」は不可解な絶対的自我のうちに没入するよりは、むしろ「無限な実体」のうちに没入する方を甘受することだろう(ibid., 182f.)。かくして、この短い書評は「知的直観」の空虚さを批判し、――後にはラインホルトもそう主張するように――一切の原理にまで高められた「純粋自我」が「仮象」にすぎないと主張していた。

それに対してシェリングの「反批判」は、知的直観や自我の絶対性に対する批判にまったく反論せず、書評者が「知一般の対象(Objekt)」としての自我と「著作の対象」としての自我を混同していると批判した後、こう述べる。「著者の目的」は、「哲学がその第一根本命題についてのまずい探求によって不可避的に陥らねばならなかった麻痺状態から、哲学を解放すること」にあったのであり、そして「真の哲学は自由な行為からしか始まりえないこと、この学の頂点に抽象的な根本諸命題を据えるのは、すべての哲学的思惟の死であることを証明することにほかならなかった」(SW, I,242; AA, I/3, 192)。これは、明白なラインホルト批判である。ラインホルトへの揶揄とあてこすりは、さらに執拗に続く。「著者は、哲学を自由な人間の純粋な産物とみなし、いわば自由の一つの行為とみなしてきた」。そのことによって「著者は、哲学について、かの哀れな(weinerlich)哲学者よりも高次な概念を手にしていると思っている。何しろかの哲学者たるや、自分の同僚たちの意見の不一致からフランス革命の残虐行為や人類の不幸を導き出し、しかもこの不幸を、一つの空虚な――格別のこともない――根本命題によって取り除きたいと思ったのだから。彼はその根本命題に哲学の全体を箱詰めにできると考えたのだ」(ibid., 242f.; ibid., 192f.)。この揶揄にいささか理解に苦しむところがあるにしても、ラインホルトが最初の哲学的主著『試論』(一七八九年)でやや通俗的・啓蒙主義的な観点から、哲学の諸党派間の争いに終止符を打ち、「永遠の平和」を実現するためには、「遍く認められた（allgemeine-geltennd）原理」が不可欠なことを強調していた（第四章第三節参照）ことを思い起こせば、その矛先が暗に彼に向けられていることが分かるであろう。シェリングはさらにいう。彼の唱えるような「普遍妥当的な哲学」の主張は、「レッシングの風車のように、三二機の巻き揚げ機すべてと仲良く暮らし」たい（ibid., 243; ibid., 193）との願望――すなわち、すべての異なる哲学的立場との安楽な共存への願望――の表白にすぎないのだ。

シェリングに肩入れして読めば、この「反批判」にはたしかにラインホルトの哲学観に含まれていたある種の弱点が示唆されている。そしてシェリングに特有の精神の負けじ魂というべきものとともに、「自由の哲学」という彼の哲学観の真髄も率直に表明されている。しかし、この「反批判」は書評の批判的論点へのまともな反論になっていない。標的を取り違えているからである。それに、当のシェリング自身が一年前には『哲学の形式』で、「根本命題-哲学」の完成を目論んでいたことを勘案するならば、「根本命題」批判に集中している観のあるこの「反批判」は、彼が書評者と思い込んだラインホルトに対する、学問外的な動機に発するかなり的外れな鬱憤の発露に終わっているといわざるをえないであろう。

この騒動の翌年一七九七年の春には、シェリングは『自然哲学の考案』を上梓し、彼の自然哲学期が始まるが、この年の終わり頃、彼が「意志の自由」をめぐるカント-ラインホルト「論争」に介入して、卓越した調停案を作り上げたことをわれわれはすでに見てきた（第八章第四節参照）。一七九八年の六月には、シェリングのイェーナ招聘が本決まりになり、この冬学期から彼はイェーナで無給の員外教授として自然哲学を講じることになる。彼の講義開始一カ月後、今や同僚になったフィヒテに対する「無神論」疑惑が持ち上がり、翌一七九九年には哲学界全体が「無神論論争」に巻き込まれ、ヤコービ、ラインホルト、フィヒテの間に重要な書簡が交わされる（第十章参照）。一七九四～九六年がシェリングの自我哲学期だとすると、一七九七～九九年は彼の自然哲学期に当たる。

シェリングとラインホルトの間に再び軋轢と対立が顕在化するのは、一八〇〇年になってからである。その契機となったのが、ラインホルトによる知識学からバルディリの「論理的実在論」への立場の転換であった。この年の初め頃からすでにかの『第一論理学要綱』支持の腹を固め、フィヒテにも働きかけていたラインホルトが『一般学芸新聞』(Nr. 127-129)に『要綱』を積極的に支持する書評を公表するのが、五月五～七日である(第十一章第二節5参照)。この情報をいち早くキャッチしたシェリングは、五月一四日にフィヒテに書簡を送って、「風に吹かれてあちらこちらを漂う葦」のようなこの輩、ラインホルトによって「私たちに加えられた新たな一撃」にただちに反撃するようフィヒテに促す。「この葦を完膚なきまでに打ち砕くときが来ており」、書評に対する反論を自分に任せてほしいと申し出る[8]。この五月の時点では、フィヒテとシェリングの間にまだ哲学的立場の差異は顕在化しておらず、両者は共同してラインホルトの実在論を「打ち砕こう」としていたのである。

2　ラインホルトによる『超越論的観念論の体系』書評

この年、ラインホルトとシェリングの間の軋轢と対立を先鋭化するもう一つの出来事が起こる。八月一三日、シェリングの『超越論的観念論の体系』(同年春出版、以下『体系』と略記)に対するラインホルトの書評が『一般学芸新聞』に掲載されることになる。両者の立場の相違からすれば、当然ながらこの書評は手厳しいものであったが、おそらくシェリングの神経をいたく逆なでしたのは、書評の次のような結語であった。すなわち、「シェリング氏は、彼の超越論的観念論の体系によって、真なるものを創り上げる弁証法的芸術の傑作を生み出した。――それは、同一の精神的所産における思惟活動と詩作活動のアマルガムの極致であり、――『アテネウム』が表しているような、互いに浸透し合う哲学にしてポエジーのための真のオルガノンであるが、その哲学にしてポエジーは超越論的観念論の新しい宗教を完成するとされているのである」(*ALZ*, Nr. 232, Sp. 376)[9]。

『アテネウム(*Athenäum*)』は、(一七九八年五月に創刊され一八〇〇年までに全三巻六冊発行された)初期ロマン派の機関誌の名称であった。シェリングは、一七九八年の夏以来、ロマン派の面々と緊密な思想的交流関係を持っていた。上記の文言はそれへの当てこすりである。たしかに『体系』は、知のうちでの特別な位置を「美的直観」に付与し、そして諸学問のうちでの特別な位置を「芸術」ないし「ポエジー」に割り当てている。「遍く承認されそしていかなる方法によっても否認することのできない、知的直観の客観性が芸術そのものである。なぜならば、美的直観はまさに客観的となった知的直観であるからである」(SW. III, 625; AA. I/9. 1, 325)。そして「美的直観が客観的となった知的直観にほかならないとすれば、芸術は哲学の真にして永遠なる唯一のオルガノンであると同時に哲学の記録保管所である」。というのも、この保管所には「行為と産出活動における没意識的なものが、そしてこれと意識的なものとの根源的同一性が、絶えず新しく記録」され続けているからである。芸術作品には、「意識的なもの」と「没意識的なもの」の「根源的同一性」が客観的に体現されている。「まさにそれゆえに、芸術は哲学者にとって最高のものなのである」(ibid., 627f.; ibid., 328)。このような主張の背景にあるのは、数年前に書かれた「ドイツ観念論の最古の体系プログラム」と称されてきた短い文書に盛られていたのと同じような、諸学問の発生と行方についての次のような歴史哲学的理解である。すなわち「哲学は学問の幼年期にポエジーから生まれ、ポエジーによって育まれてきた」のであり、「哲学を通してその完成へと導かれてきたすべての学問」は、「それが完成したあかつきには」、「諸学問がそこから出発したポエジーという共通の大洋に流れ還ら」ねばならない(ibid., 629; ibid., 329)。ここに「哲学」あるいは学問的知は、再びポエジー化(poetisieren)され、「新しい神話(eine neue Mythologie)」(ibid.; ibid.)が創建されるであろう。そして、これはラインホルトが示唆しているように、『アテネウム』の基本的立場でもあった。[10]『体系』を支えているこのような構想を考慮すれば、上記のラインホルトの最終判定はあながち根拠のないものとはいえないのだが、しかし、そこには明らかに揶揄と皮肉が込められている。最終判定は『体系』は概念の分析と総合を本旨とする「厳密な学」としての「哲学」に値せず、概念的分析と詩的発想の勝手気ままな混合物にすぎないと断言しているのだから。そして、この表現はシェリングのプライドをいたく傷つけたはずである。

書評は、八つ折版五〇〇頁弱に及ぶこの大著の「序論」のみを、しかも実質はその最初の二節だけを取り扱っている。シェリングはこの「序論」で、さしあたり次のことだけを説明している。「哲学の全体」は、互いに他方を必要とするという意味で、ともに必然的な二つの「根本学（Grundwissenschaften）」、すなわち「自然学」と「超越論哲学」からなり、前者の場合は知における「客観的なものが第一のものとされ」、後者の場合は「主観的なものが第一のものとされる」のだが、「客観的なもの」と「主観的なもの」のどちらを「第一のもの」とすべきかは、「哲学の課題」からは「まったく規定されていない」(ibid. 342; ibid. 32)。つまり、その意味で両「根本学」は対等に並置される。著者が「われわれの知における単に客観的なもの一切の総体」を「自然」と呼び、「単に主観的なもの一切の総体」を「自我あるいは知性」と呼んでいるのを踏まえれば、「自然」から出発して、それがいかにして「自我あるいは知性」に至ることが可能になるか、またその逆がいかにして可能になるかを解明すること――つまり、反対の方向の運動によって成就されるべき二種類の「合致」を解明すること――が、「哲学の全体」の課題となる。前者の方向で到達されるべき「合致」は、『体系』に先立つ自然哲学期の諸著作において、とりわけ「能産的自然」と「所産的自然」の区別と連関を介して示されたとすると、『体系』は、後者の方向の運動を介した「合致」がいかにして実現されるのかを示さなければならない。そのため『体系』本論は、まず「理論哲学の体系」（第三章）で、理論的自我の「三つの段階」を通して「ただ一つの絶対的総合」を「継起的に合成する」ための「自己意識の歴史」を展開し、続いて「実践哲学の体系」（第四章）では、「知性の自ら自身に対する行為」による「自己規定」という実践的原理の発展的展開を叙述している。自我のこうした「発展」の終局に位置づけられているのが、自我が「芸術」のうちに自ら自身の行為の「客観態」を直観する「美的直観」である。「自然」の展開がその終局において、「自ら自身に対して完全に客観的になるという最高の目標」(ibid. 341; ibid. 31) を実現するのと同じように、「自我あるいは知性」はその発展の終局において、同様の最高の目標を「美的直観」において実現するのである。

　さて、書評の内容を少し詳しく検討してみよう。まず、ラインホルトの『体系』批判の基本的視角は、バルディリに連接した「哲学の課題」についての実在論的理解に基づいている。彼の理解では、哲学の「根本課題」は「人間の認識の実在性の根拠を究明すること」にある。それは、認識を「自ら自身によって端的に真にして確実なものへ連れ戻すことを介して」初めて可能になる。ラインホルトがこの時期頻繁に用いている「端的に真にして確実なもの」とは、すでに見てきたように「実的な（reell）絶対者」、「勝義の一者」としての「神」のことである。しかるに、シェリングは「探求されるべき認識の実在性を、もう初めから知一般に局限して」しまっている（ALZ, Nr. 231, Sp. 361）、書評者はそう批判している。ここにすでに、著者と書評者との立場の根本的違いがいい表されている。

次にラインホルトが問題にしているのが、『体系』での主観的なものと客観的なものの同一性の理解である。その際、書評者がとくにこだわっているのは、「序論」冒頭の次のような文章である。「私が知る働きを遂行している間は、知自身のうちで、客観的なものと主観的なものは、両者のどちらに先在性（Priorität）が帰されるのか問えないほど緊密に合一されている。ここでは第一のものも、第二のものもなく、両者は同時に存在しており、一つである。〔だが〕私がこの同一性を説明しようとすると、私はすでにそれを廃棄して（aufheben）いるのでなければならない」。それを説明しようとすれば「私は必然的に、一方を他方に先立て、一方から出発して他方へと進んでいかねばならない」からである（SW, III, 339f.; AA, I/9,1, 29）。「主観」と「客観」の「同一性」を——単に前提にしているだけでなく——「説明しようとすると」、どちらか一方を「廃棄」（すなわち、捨象）しなければならないということ、この論理矛盾をラインホルトは論難しているのである。

そして、通常の認識における主観と客観の関係をこう説明している。すなわち、経験的主体としての私は、たしかに知のうちに「客観と自分自身の同一性」を知っているが、「その客観は客観一般ではなく、特定の客観（このもの）である」（ALZ, Nr. 231, Sp. 363）。そして、この客観が「私のうちで変化すること」を知ることを通して、私は「客観一般とこの客観の必然的な相関関係」を意識せざるをえない。すなわち、ラインホルトによれば、そのことによって「私は、その知がそれ自身変化としてありながら変化しないものを含んでおり、——主観としてありながら客観に対応しているものを含んでいることを知る」のである。「この状態を想起するとき初めて、私のうちで私に対して起こる変化を介して」、私は「主観性を受け入れるようになった客観的なもの」を意識し、この客観的なものから「知における主観的なものへとたち還ることができるのである。かくして、主観的なものと客観的なものとの相関関係を追思惟できるのである」。「しかし、そのとき私は」――ラインホルトはここではっきりと自らの実在論を対置するのだが――「客観的なものに先在性を認め、その客観的なものに即した不変なるものを知の根拠と認めながら、もう一方では主観的なものに即した変化を知の純然たる制約（不可欠な必要条件）と考えなければならないことを知るのである」（ibid. Sp. 364）。つまり、私の現実的知のうちで生じる変化は、不変な「客観的なもの」を「根拠」とし、「主観的なもの」を「制約」としている。この構造のもとで、「主観的なもの」と「客観的なもの」とは、絶えず分離されていながら、変化が生起される度にその都度同一性を獲得していく、のである。

したがって書評者は、「知を説明しようとする者」は「客観的なものと主観的なものの同一性」をではなく、むしろ両者の「分離（Abscheidung）」を説明しなければならないのだと主張する。この「分離は、知のうちで客観的なものを介して根拠づけられており、主観的なものを介して制約されており」、しかもこの「根拠」と「制約」は「同等の位階」になく、「知の同等の要素ともいえない」のだから、「知を説明しようとする者」は、「この根拠づけと制約との区別と連関を（中略）より高次な原理から説明しなければならない」。「独断論的実在論者たちはかの分離を、したがって知を、諸客体の単なる作用結果だと説明し、独断論的観念論者たちはそれを、表象する主観の単なる作用結果だと説明してきた」。しかし「シェリング氏は知を、客観的なもの一切と主観的なもの一切の端的に根源的な同一性の作用結果だと説明する、いやむしろその同一性の行為だと説明することで、すべての独断論を凌駕したと思い込んでいる」（ibid.）。

「認識」あるいは「知」の「実在性」の究極的根拠を、単に「主観的なもの」や「客観的なもの」にでなく、それらを超えた「絶対的なもの」に求める点では、著者と書評者の立場は一致しているといえる。だが、その「絶対的なもの」の内実について、両者の見解は異なる。書評者によれば、『体系』ではほかならぬ「この根源的同一性が、自ら自身のうちで、自ら自身に基づいて、自ら自身に対して、自ら自身を通して、主観的なものと客観的なものを分離するのである」。それゆえ「彼の哲学的思惟は、客観的なものと主観的なものの同一性を説明すること以上にも、以下にも進んでいかず、この同一性は、まさにそれを説明するためには、すでにそれを廃棄していなければならないがゆえに、絶対的なのであり、そして絶対的である限り、一切の説明も必要としないものなのである」(ibid.)。ラインホルトがいいたいのは、シェリングの設定した究極的根拠は「根源的仮象」にすぎず、「実的な」絶対者にまで届いていない、それゆえその説明において自己矛盾に巻き込まれるのである、ということであろう。

以上のような批判において、ラインホルトは「この哲学の主題かつ原理」である「主観的なものと客観的なものの無制約な根源的同一性」が、「これからなされる一切の探求に先立って、まったく確実に知られうる」ものであるかのように誤解している。シェリングが根源的同一性を初めからそのように「完成し確定したもの」として前提していることを、ラインホルトは「哲学の課題を平板化する、恣意的で、したがって本来非哲学的な前提」(ibid. Sp. 363)だと非難する。だが、これはある意味ではラインホルトの誤解である。この誤解から、次のような批判が生まれてくる。すなわち「この哲学は、それがすでにその課題設定のうちに書き込んだもの以外何一つ成果を引き出すことができず、自然と自我を超えて、両者の絶対的同一性以上のものを何一つ思惟することができない」(ibid.)。シェリングに与して語れば、かの根源的同一性は「これからなされる一切の探求」を経て、すなわち「自然」と「自我」それぞれの諸段階の展開を通して、その終局において初めて生成し、実現されるべきものであり、展開の端緒(「序論」)においてはいわば「要請」されているにすぎない。「自然」はその展開において自らの内なる自己産出の働き(「主観的なもの」)をますます顕在化させ、「自我」はその展開において自らの働きによって、その働き自身の客観態を産出しそれを直観するに至る。かくして、「自然」と「自我」はそれぞれその展開の終局においてようやく、かの根源的同一性をそれぞれがいわば「片務的に」実現するのである。この「片務性」の統合的解消こそが、次の「同一哲学期」のシェリングの課題になる。書評者も一面では、この展開過程を承知している。彼はこう書いているからである。「この根源的な〔主観的なものと客観的なものへの〕分裂（Entzweyung）を余すところなく表示するためには、哲学者は自然学においては、絶対的客観態を思惟し、直観し、この思惟と直観が彼を絶対的主観態へと、純粋自我へと連れ戻すまで、思惟し、直観し続けなければならない。それに対して超越論哲学においては、絶対的主観態[11]を思惟し直観することが彼を絶対的客観態へと、純然たる自然へと連れ戻すまで、その絶対的主観態を思惟し、直観し続けなければならない」(ibid., Nr. 232, Sp. 369f.)[12]。

だが、その反面でラインホルトはこの展開過程を、端緒においてすでに完成している「無制約な根源的同一性」そのものの自動的自己展開とみなしている。すなわち、「哲学者」の意識のうちにある「この根源的同一性が、自ら自身のうちで、自ら自身に基づいて、自ら自身に対して、自ら自身を通して、主観的なものと客観的なものを分離する」(ibid., Nr. 231, Sp. 364) のであり、また同じようにして、「根源的同一性」そのものがこの分離を統合、止揚しもする。ラインホルトはそう理解している。

「絶対的同一性」は（「絶対的主観態」や「絶対的客観態」も）——先に述べたように——それが説明されるためには、一旦「廃棄」されねばならないという理解、しかも「説明の進行のうちで、この止揚が自ら自身を再び止揚し、したがって説明の完成によって、説明されるもの自体のうちに」かの同一性（ないし「根源的同一性」「絶対性」）が「打ち立てられねばならない」(ibid., Nr. 232, Sp. 372) のだというような理解は、実はそのような「根源的同一性」の自動的自己展開理解に基づいているといえる。そして、そのような理解はまた、次のような理解とも通底している。たとえば、自然学においてその終局は、すなわち「自然が自我のうちで自ら自身に還帰することは、あらかじめ見通される (voraussehen) べきことであった。客観態に押しつけられた絶対性は、客観態から主観態に押し戻され、そしてもう一度主観態から客観態へ押し戻されるのである」(ibid., Sp. 369)。

こうしたラインホルトの理解には、——本来『体系』が目論んでいたはずの——「自然」や「自我」の諸段階の展開を介した、「同一性の生成」という観点が欠けている。ラインホルトによれば根源的同一性は生成し、次第に現実化されるのではなく、「あらかじめ見通され」ており、展開過程で主観態や客観態に「押しつけられる」のである。この点で、ラインホルトはシェリングの「同一性」を誤解している。しかし、翻って考えるに、そのような誤解を誘発する誘因が、『体系』の叙述には認められるといえなくもないのである。『体系』は、自我の活動の諸段階をたしかに「継起的に（sukzessiv）」提示している。しかし「継起的」提示は、必ずしもかの同一性の「生成論的」展開・実現を意味しない。すなわち、前の段階の運動が、その運動自身を通して、その運動自身の内から、次の段階の運動を必然的に産出することを意味しない。『体系』では、そうした諸段階の区別は、いわばこの呈示過程自身に外在的な「哲学者」の超越論的視点に合わせて裁断されている。ここに、「哲学者」による同一性の「押しつけ」という誤解を誘発する余地があった。この点で、『体系』の段階的展開を支配している方法論的特徴は、後のヘーゲルの『精神現象学』のそれとはなお異なっている。それは、〈自己意識〉の究極的形態を、「根源的同一性」の「諸段階」の単なる「継起的」提示を介して実現しようとするか、あるいは「意識」の「諸形態」自身の内的「生成論的」運動を介してその実現を図ろうとするかの相違であるといえる。こうした観点から眺めれば、ラインホルトの誤解は、図らずもこの「継起的」展開の方法論的問題点を逆照射しているといえなくもないのである。

さて、当然シェリングはこの書評に猛反発し、その後随所でこの書評に言及している。それは、理論的批判というよりも、むしろ人格攻撃をも含む非難に近いものである。[13] ラインホルトとシェリングの間の心情的軋轢と理論的対立は、この『体系』書評をめぐって抜き差しならない段階に入るのである。

第三節　「絶対的同一性」をめぐって（一八〇一年）

1　『超越論的観念論の体系』と「わが哲学体系の叙述」の相違

翌一八〇一年、シェリングは歩をさらに一歩前へ進める、すなわち「わが哲学体系の叙述」（一八〇一年五月発行の

『思弁的自然学雑誌』第二巻第一分冊に所収、以下「叙述」と略記）において、「絶対的同一性の体系」を確立、提唱するのである。これは、それ以前の初期観念論的構想とは以下の二点で異なっている。一つには、ここで「哲学の全体」の体系構成法が「二分法」から「三分法」に変化する。もう一つには、以前には認識不可能とみなされていた「絶対者」の思弁的認識の可能性が打ち出される。(14)

第一の点に関して、『体系』では、哲学の全体は二つの「基礎学」（「自然学」と「超越論哲学」）から構成され、両者は並置されていた。そして「芸術」を論じる部分は「超越論哲学」の一部を形成していた。それに対して、一八〇一年には、この両「基礎学」の上に「第三の部門」（詩論（Poetik）、あるいは芸術の哲学）」が設けられ、「両者はこの第三の部門によってもう一度統合され」る（SW. IV. 92; AA. I/10, 96）。(15) 第二の点に関していえば、シェリングは『体系』では、「客観的活動と意識的活動とを予期せざる調和のうちに措定するもの」を、「この知られざるもの（dieses Unbekannte）」と呼んでいた。「意識的なものと没意識的なものとの間の予定調和の一般的根拠を含んでいる絶対的なもの」は、「知られざるもの」、「不可解なもの（das Unbegreifiche）」であり、「暗き知られざる力（Gewalt）」であった。したがって「いかなる意識にも現れえず、ただ所産から反射してくるだけのこの不変な同一的なもの」が「産出者」に対して持っている関係は、（古代ギリシャ悲劇における）「運命」が「行為者」に対してもっている関係と同じである（SW. III. 615f; AA. I/9,1, 315f.）。つまり、「絶対的なもの」は有限な人間の意識には、「運命」にも似て、「不可解な」いかんともしがたい「暗き知られざる力」として思い浮かべられていた。それが今や、「絶対的なもの」が主観的なものと客観的なものとの「量的無差別」としての「絶対的同一性」（絶対的理性）と捉えられ、それの「根源的認識」が企てられる。

以下の議論のために、ここで「叙述」の構想の輪郭を最小限で示しておけば、次のようになる。

「絶対的理性」は「主観的なものと客観的なものの全面的無差別」としか考えられない（第一節）。この「理性の外には、何も存在せず」（第二節）、この「理性は端的に一つであり、端的に自ら自身に等しい」（第三節）。この「理性は絶対的同一性と一つであり」(第九節)、「存在する一切のものは絶対的同一性そのものであり」、「自体的には一つである」(第一二節)。「絶対的同一性の根源的認識というものが存在する」が、「この根源的認識は、絶対的同一性の存在の形式に属する以上、命題A＝Aとともにすでに直接措定されている」(第一七節)。

「主観と客観の間には」いかなる「質的差別」も存在せず、ただ「量的差別」だけが考えられる(第二三節)。ただし、この「量的差別」は、「ただ個別的存在を顧慮するときにだけ思惟されうる」のであり(第二九節)、「ただ絶対的同一性の外部でのみ」思惟可能なだけである。「量的差別」は「自体的には、いい換えれば絶対的統体を顧慮するときには思惟されない」(第二九節)。よって、「絶対的同一性に関しては、量的差別はけっして思惟できず」(第二五節)、それゆえ「絶対的同一性は、ただ主観的なものと客観的なものとの量的無差別という形式でのみ存在する」(第三一節)。

「どの個別的存在もそれ自体は、絶対的同一性の存在のある規定された形式である」。すなわち「どの個別的存在」も「端的に存在する限りでの絶対的同一性によって規定されているのではなく、AおよびBのある規定された量的差別という形式のもとに存在する限りでの絶対的同一性によって規定されている」(第三八節)。この「ある規定された量的差別」を表示するのが、A＝Bという定式で表現される各々の「ポテンツ」である。それゆえ「ポテンツ」は「差別」の根拠なのであり、「絶対的同一性は、ただ一切のポテンツの形式のもとにのみ存在する」(第四三節)と一旦は語られるのであるが、しかし、ただちに(その意味を実質的に切り下げるように)「一切のポテンツは絶対的に同時的に存在する」(第四四節)と続けられる。「主観的なもの」と「客観的なもの」の「差別」の根拠である「ポテンツ」は、これはこれで多様に、互いに相違せるものとして存在している。しかし「一切のポテンツは絶対的に同時的に存在する」とは、それらが「絶対的同一性」のうちでは相違せるものとして存在せず、「永遠の相のもと」に「無差別的に」存在するということを意味する。かくして、各々の「差別」のみならず、それら諸「差別」間の「差異」もまた自体的には存在せず、自体存在の総体はこの意味でも無差別的で、絶対的に一様なのである。

かくして、「叙述」においてシェリングは、真に（「自体的に」）存在するのは、「全面的無差別」としての「絶対的同一性」だけであることを強調し続けている。彼は「差別（差異）」の存在を容認しその根拠も示しながら、いつもそれを「絶対的同一性」のうちにただちに回収している。A＝B（「相対的同一性、したがってまた「相対的差異」）は、真相においては（自体的には）常にA＝A（自体的同一性）である、とシェリングは度々語っている。

2　「絶対的同一性の体系」と合理的実在論の関係

このおそろしく「思弁的」な体系構想には、ロマン派の一部からは熱烈な支持が寄せられたが、多くの哲学的党派からは疑念と批判と非難が集中した(16)。ラインホルトもまた一八〇一年の『概観‐寄稿集』第三分冊（一八〇一年九月公刊）以降で、今度はこの「絶対的同一性の体系」に批判を集中することになる。『概観‐寄稿集』第三分冊の第四論文「絶対的な同一性体系について、あるいはシェリング氏の最新の純粋な合理論、およびそれの合理的実在論に対する関係について(17)」は、まず上述したような体系構想の変化に言及して、「叙述」が「まったく新しい学を打ち立てている」ことを認めている。それは「かの両根本学の根本学」であり、「フィヒテ氏のより高次な哲学をも超えた、完全に最高にして完全に究極の学」である（*Beyträge-U.* H. 3. 166）。「この絶対的な学において」シェリングは、以前から語ってきたことを、すなわち「知性である限りでの自然と自然である限りでの知性が、絶対的に同等な実在性を持つこと」を、「絶対的同一性の体系の名のもとに」打ち立てようとしているのである（ibid. 167）。

さて、ラインホルトによれば、シェリングはこの新たな体系をまったく異なった「二つの眼」を通して、すなわちスピノザの眼とフィヒテの眼――より正確にいえば「スピノザ化されたフィヒテ主義とフィヒテ化されたスピノザ主義」（ibid. viii）――を通して獲得したのだが、「この両眼にさらに一つの眼鏡が付け加わったに違いない」。「シェリング氏は彼の哲学体系の新叙述の入り口で、巧みに読者にこの眼鏡をかけさせることに成功しているのである」（ibid. 167f.）。そしてここで、ラインホルトはかなりきわどい言葉を発する。すなわち、バルディリの『要綱』をよく知っている者なら、「シェリング氏はかの眼鏡をバルディリから調達したのだと思いたい気にさせられるに違いないだろう」（ibid., 168）。もっとはっきりいうと、バルディリの合理的実在論とシェリングの新体系との「際立った類似点」を考慮するならば、「シェリング氏は彼の絶対的同一性の体系を構想する際に、バルディリの諸定理を発見的諸原理として利用したのだとみなすことを禁じえない」、つまり、彼もまた「私と一緒に〔バルディリの〕学校に通ったのだとみなすことを禁じえない」（ibid., 171）。(18) つまり、これは隠然たる「剽窃」非難にほかならない。

ラインホルトによれば、両者の間には「絶対的同一性」の理解に関して根本的な差異が認められるとともに、その反面で「いくつかの点で非常に際立った類似点」が見出される。

まず、両者は「絶対的同一性のもとにまったく別のことを理解している」。バルディリにとって、「絶対的同一性」は「思惟としての思惟が適用される際に顕現する、思惟としての思惟の特性」にほかならない。それは「意識に適用された思惟のすべての探求に先立って」前提にされているとはいえ、「それ自体は存在でもなく、原存在（Urseyn）でさえない」。それが「適用」される際の諸特性の探求こそが、そしてその探求だけが、「自然の本質を可能態と現実態における存在として純粋に認識」させるのであり、また「原存在」としての「神が自然に顕現することを純粋に認識」させるのである（ibid., 170f.）。それに対して、シェリングの体系では、「主観的なものと客観的なものの全面的無差別という輝かしい形態のもとに忍び込んでくる」絶対的同一性は、「次にはただちに存在の位階を伴って、しかも原存在という位階を伴って登場してくるのであり、この場合、絶対的同一性は、無限なものそれ自身である。それは存在しているものすべてであり、存在しているものすべては自体的には一つのものなのである。絶対的同一性は絶対的統体、すなわち全一の宇宙（Universum）なのである」（ibid., 171）。この批判は、われわれがすでに見たフィヒテのバルディリ批判（第十一章第三節1参照）を思い起こさせ、非常に興味深い。フィヒテは一八〇〇年七月のラインホルト宛て書簡で、バルディリの「体系の眼目は、それと気づかれぬうちに、手のひらを返す間もなく、根源的-思惟（Ur-Denken）を根源的-存在（Ur-Sein）に転じ、主観的なものと客観的なものとの紐帯への問いを完全に無視するということに」あると非難していた。つまりそこでは、バルディリにおいては「根源的‐思惟」が説明もなくいきなり「根源的‐存在」に転じていると非難されていたのとまったく同じように、ここでは、シェリングにおいては「理性」の本質としての「絶対的同一性」がいきなり「存在」、「原存在」へと転じている、と今度はラインホルトがシェリングを非難しているのである。バルディリ流の「純粋思惟」の存在論化とシェリング流の「絶対的理性」(「絶対的同一性」)の存在論化は、この点に限れば同質的なのである。フィヒテは前者を非難したのと同じ理由で、ラインホルトと同じように後者も非難しなければならないだろう。

だが、そのような全面的無差別としての絶対的同一性論は、ラインホルトからすれば、「無限なものと有限なものとのアマルガム」にすぎず、「相対的なものを絶対的なものへと昇華させること」にほかならない(ibid., 169)。「有限なもの」「相対的なもの」は常に「非同一性」ないし「差別」を含んでいる。「無限なもの」「絶対的なもの」はそれらを一切含まない「同一性」そのもの、ないし「無差別」である。両者が融通無碍に融合されている、あるいは「非同一性」と「差別」が、「同一性」と「無差別」のうちに融解されている、ラインホルトはそう非難しているわけである。

それに対して、バルディリの「思惟としての思惟の特性」である「絶対的同一性」は――これはこれで、明らかに存在論的ステイタスを有しているのであるが――、いきなりそれ自体としては認識されず、「現象」ないし「顕現」を介して――すなわち「真なるもの」と「根源的に真なるもの」とのかの「相関関係」の解明を通して――「存在」や「原存在」を認識可能にする原理として位置づけられている。したがって、後者の「絶対的同一性」は、「主観態を客観態から、仮象を真理から分離する手段」を具えており、「真なるものに即して根源的に真なるものを発見し、根源的に真なるものを介して真なるものを発見する手段」(ibid.)を具えている、とラインホルトは主張する。本書第十二章第三節での議論を思い起こせば、ラインホルトはここでシェリングの「絶対的同一性」論にはいわば「現象学」が欠けていると批判しているのだともいえる(もちろん「叙述」は第五〇節以降で、「ポテンツ」の上昇を基礎に「物質」、

「重力」、「光」、「磁気」、「電気」、「熱」などの諸現象を、「絶対的同一性」と関連づけて説明しているのだが)。

ラインホルトは第五分冊の別の論文では、「絶対的同一性」の共有という点での両体系の類似性は、「まったく表面的」なものであり、それゆえ「絶対的同一性」は両体系の「接点にしてかつ分離点」なのだとも述べている。相違は、双方の「絶対的同一性」がともに「要請」せざるをえない「他のもの」が何であるかによる。バルディリ的体系では、それは「素材」であり、シェリング的体系では「知的直観」である。前者では、「絶対的同一性」はこの「素材」のゆえに「自ら自身によって適用される」のに対して、後者では要請された「知的直観」のゆえに「絶対的同一性」は「それ自体としては廃棄される」(*Beyträge-U.* H. 5, 91f.)。後者では、それは一切の「無差別」となるからである。

しかし、それにもかかわらず両者の間には「際立った類似点」がいくつか認められる。ラインホルトに従えば、それは以下の四点に要約される。(1)両者とも「絶対的同一性」を、「存在」や「自我」などの「或るもの」に「凝集させ」ないことを求めている。(2)バルディリの「思惟としての思惟」のうちには、いかなる「質的区別」も、したがって「否定」も存在しないのと同様に、シェリングの「絶対的同一性」も「けっして廃棄されることなく」、いかなる「質的区別」も含まず「同一性の同一性という形式のもとにだけある」。(3)両者の「絶対的同一性」それ自体は、ともにいかなる(主観と客観の)「量的区別」も受け入れない。バルディリの「絶対的同一性」はそもそも主-客の区分以前にあり、シェリングのそれは、「主観的なものと客観的なものとの量的無差別という形式のもとにだけある」。(4)バルディリは「適用における思惟としての思惟の諸機能を表現するのに」、そしてシェリングは「量的差別において存在しているはずの絶対的同一性の存在の特定の形式を表現するために」、ともに同じように「同等(=)、肯定的なもの(+)、否定的なもの(-)、ポテンツ等々」の「数学的記号」や「公式的表現」を利用している(*Beyträge-U.* H. 3, 171ff.)。

だが、ラインホルトの思わせぶりに指摘にもかかわらず、こうした類似性は、両者の間の理論的影響関係の例証にはなりえないだろう。(1)~(3)はみな、「絶対的同一性」を「相対的同一性」から際立たせて特質づけようとすれば、実在論と観念論の相違を問わず、不可避的、必然的に生じてこざるをえない類似性である。実在論的立場からであれ、観念論的立場からであれ、哲学的思惟が一八〇〇年頃を境に「絶対者」の把捉を主題にするようになるまで進んだとき、「絶対的なもの」それ自体は、まずは、そのうちに質的差別も量的差別も含まない絶対的単一態と特質づけられねばならない。われわれがすでに見た一八〇四年のフィヒテの知識学「第二回講義」の第一部「真理論」の頂点が、究極の「存在」をけっして自らの外へ出ていくことのない「自己内閉鎖的な単一態」と特質づけたのも(第十二章第四節**1**参照)、その表れである。上記の(1)~(3)では、同じ事態が異なって表現されているにすぎない。(4)に関しては、さしあたり「永遠の相のもとに」捉えられたそのような「絶対的なもの」が、「差別の相のもと」に捉え返されるとき、いかなる表現形態を取るかという問題であるが、かの「数学的記号」や「公式的表現」の採用は、必ずしも両者だけに特別に認められる特徴であるとはいえない。(19) 改めていうまでもなく、肝要なのは「永遠の相のもと」での把握と「差別のもと」での把握が、どのように整合的に連関づけられうるかであろう。

3 「差別」と「無差別」の関係、あるいは「絶対的同一性」成立の「秘密」

上記の異論よりもっと重要なのは、「絶対的同一性」への「通路」と「絶対的同一性」それ自身の理解に関するラインホルトの異論である。その「通路」について、「叙述」「第一節」はこう説明していた。かの「全面的無差別」に、あるいは「絶対的理性」に到達するためには、「主観的なもの」と「客観的なもの」に対して無差別的であるものを「反省」しなければならない。そして「思惟するもの」と「思惟されるもの」とが捨象されねばならない。そのことを通して、「理性」は「主観的なものと客観的なものとの無差別点に属するような自体〔存在〕になる」(「叙述」第一節)。しかし、そうした捨象と反省の後に思惟に残されているのは、「絶対的同一性」ではなく、それ自身思惟活動である「純粋な、純然たる抽象と反省それ自身」にすぎないとラインホルトはいう(*Beyträge-U.* H. 3, 179f.)。そもそも、「思惟するものと思惟されるもの」を捨象すること、つまりそれらを「無いものと考えること(Wegdenken)」は、実際には「およそ思惟しないということ（Nichtdenken）」である。そうである以上「思惟するものと思惟されるものを思惟しないということによっては、まったく何一つ思惟されないであろう」（ibid., 180）。シェリングがこれら両者を捨象しようとするとき、「彼にとって重要なのは、ほかでもなく、思惟するものとしての主観的なものと思惟されるものとしての客観的なものに即して顕現してくる思惟作用の特性」が「見えなくなること（Unsichbarwerden）」、あるいはそれを「見えなくすること（Unsichtbarmachen）」であり、思惟作用の特性を「抹殺すること」なのである。「絶対的同一性」を「全面的無差別」として直観するために、このことが必要とされている。

同様の批判を『概観‐寄稿集』第五分冊第四論文は、こう表現している。「無差別に眼を向けること（Schauen）」と「差別に眼を向けないこと（Nichtschauen）」とが、あるいは「無差別を表象すること」と「差別を表象しないこと」とが表裏一体として要求されるのは、「差別を欠けば思惟されえない無差別を、差別ぬきに眺めるためである」（*Beyträge-U.* H. 5. 95）。それを可能にしているのが「知的直観」である。シェリングの「絶対主義（Absolutismus）」が「差別を無いものと考える」のは、「同一性を無差別として直観するためであり」、「しかる後に再びその同一性に眼をやる」のは、「その同一性を差別の無差別として直観し、思惟するためである」。したがってそれを、絶対主義が思惟と存在、無限なものと有限なものと呼んでいるものの同一性として直観し、思惟するためである」。「このように差別を一度は無いものと考え、そしてまたそれに眼をやるということが、この絶対主義における分離作用（Disjungiren）なのである」（ibid., 98）。このような作為的な操作によってのみ、絶対主義は同一性を差別から解放し、それを絶対的なものにしたのであり、絶対主義はこうして確保された「差別の絶対的無差別のうちで、差別を消したり、出現させたりしているのだが、それは自分自身と隠れんぼ遊びをしているようなものである」（ibid.）[20]。

しかし、シェリングは「絶対的理性を主観的なものと客観的なものとの全面的無差別と考えるためには、その両者を必要ともしている」のだから、彼は絶対的同一性を無差別として直観するために、主観的なものと客観的なものとを「思惟すると同時にまた思惟しないこと」を要求しているのである。かくして「このように思惟すると同時に思惟しないことに、シェリングの新しい根本原理の主たる秘密の本質がある」(*Beyträge-U*., H. 3, 181)。ラインホルトはそう断罪している。

このいささか形式論的な批判に対して、シェリングはおそらく次のように反論することができるであろう。ラインホルトは、そもそも境位を異にしている「経験的」思惟と「超越論的」思惟を区別しないまま混同しており、上記のような「思惟すること」と「思惟しないこと」の形式論的矛盾を論拠とした批判はこの混同に基づいているのだ、と。すなわち、主観的なものと客観的なもの(および両者の「差別(差異)」)を「思惟する」のは経験的思惟であり、それらを「思惟しない」のは超越論的思惟(直観)であるのだ、と。あるいはまた、経験的思惟は「主観的なもの」と「客観的なもの」との「相対的同一性」を(したがって、両者の「差別(差異)」を)思惟するにすぎないのに対して、超越論的思惟(というよりむしろ「知的直観」)は、両者を「無いものと考え」、両者の「絶対的同一性」、「全面的無差別」を思惟(直観)しうるのだ、と。したがって、「差別」と「無差別」、かの「思惟すること」と「思惟しないこと」は両立するのだ、と。とはいえ、「わが哲学体系の叙述」は、この双方の思惟作用の境位の「連関」を主題的には論じておらず、後者がいかにして前者の根拠たりうるかを十分には説明してはいない。いい換えれば、それ自体としてはいかなる「量的差別」も含まない「無差別的」「絶対的同一性」が、いかにして現存している「差別」の根拠たりうるのか、説明されていない。もちろん、その説明根拠として「ポテンツ」論を持ち出すことはできる。しかし、それでは問題がずらされているだけで、問題が解かれたことにはならない。なぜなら、その場合でも、すべての「ポテンツ」を自らのうちに「永遠の相」もとに存在させている「絶対的同一性」それ自身(「叙述」第四四節参照)が、いかにして諸「ポテンツ」の差別化と時間的現象の根拠でありうるのかは、説明されえないからである。ラインホルトの眼には、この絶対的同一性の体系での「差別」の再導入は——『体系』の展開の諸段階の区別づけがそうであったのと同様に——、事柄自体には外在的な、「超越論哲学者」自身の視点からなされていると映ったに相違ない。

4　「無」としての「絶対的同一性」

ラインホルトがこの論文で引用している、エアランゲン『学芸新聞』の書評者――彼は「叙述」を全面的に支持している――も、かの両思惟様式の境位の「区別と連関」に無頓着にこう述べている。かの量的差別を「頭の中で（in Gedanken）廃棄すれば、もはや何一つ区別されえない。主観的なものと客観的なものは、絶対的無差別点によって縒り合わされているからである」（ibid., 182）。そして「この無差別点に立つ者は、主観的なものと客観的なものが端的に一つであることを認めるのである」。ラインホルトはこれに反論していう。シェリングはその無差別点に「純粋に絶対的なもの、すなわちまったくの無を認めているだけである。というよりむしろ、無を純粋に絶対的なものと認め、純粋に絶対的なものを無と認めているだけである」（ibid., 183）。そのような無差別点には「無」しかない。その無差別を「絶対的なもの」と呼ぶならば、その「絶対的なもの」は「無」でしかない。そして、この書評者が認めているように、そのような「純粋に絶対的なものは、客観的なものと主観的なものとの間の実在的区別を放棄する限りでのみ、そして、そのことによって客観的なものと主観的なものそれ自身を廃棄する限りでのみ、存在するにすぎない」にもかかわらず、その純粋に絶対的なものが依然として両者の「同一性それ自体である」と主張される。これこそ「不条理中の不条理にほかならない」（ibid., 183f.）。

さて、ヘーゲルが『精神現象学』の「序文」で、この無差別としての「絶対的同一性」を、「暗闇の中では、すべての牛が黒く見える」といっているにすぎないと揶揄したことは有名である。そして、それに大きな哲学史的意義が帰されてきた。だが、シェリングの無差別的同一性に対するその種の批判は、一八〇七年に初めて顕在化したわけではない。同様の批判はすでに一八〇一年当初から、ラインホルトのみならずその他の多くの実在論者から発せられていたのである。ヤコービは『思弁的自然学雑誌』第二巻第一分冊の原本に「一切は無だ（Alles ist Nichts）」と書き込んでいる[21]。彼はまた一八〇一年一二月二一日のラインホルト宛て書簡で、ラインホルトの当該論文によってシェリングは「自分の体系の絶対的空無性」を得心させられたはずだと書いている[22]。さらに、一八〇二年八月二一日には、シェリングと同年の若きヤコービ学徒ケッペン（Friedrich Köppen 1775-1858）に、「絶対的同一性」のような根源的に措定された「単一性」は、「数多性」を根拠づけ、対立を内包するような原理にはけっしてなりえないと書き送っている。[23] 当のケッペンは、一八〇三年に著したシェリング批判書で、[24] シェリングの体系は「主観性の優勢」からも「客観性の優勢」からも始まらず、ただ「或るもののマイナス」から始まるがゆえに、それは「観念論」でも「実在論」でもなく、「ニヒリズム」だと非難している。[25] フリース（Jakob Friedrich Fries 1773-1843）もまた、同年に出版された著作『ラインホルト、フィヒテ、シェリング』において、シェリング的な絶対的同一性の原理がいかなる多様性も容れることができない点を批判している。[26]

こうして、おそらくヤコービの強い理論的影響力のもと、一八〇一～〇三年の期間にすでに、シェリングの「絶対的同一性」論に対して――かつてフィヒテの「絶対的自我」論に対してそうであったように――「ニヒリズム」という非難が浴びせられ、無差別的同一性は空無だと批判されていたのである。たしかに、「絶対的同一性」が――経験論的実在論者がそう考えがちなように――それ自体のうちに「差別（差異）」それ自身を内包することはありえない。それは背理であろう。しかし、「絶対的同一性」は、「差別（差異）」の「根拠」をどういうかたちでではあれ自らの内に含んでいなければならないだろう。さもなくば、それは「世界」や「宇宙」の「根拠」や「原理」たりえないであろう。ラインホルトのシェリング批判はいささか経験論的、形式論的であり的確に的を衝いているとはいい難いが、一切の差別を容れることのない「絶対的同一性」は「無」に等しいと断じている点では、後のヘーゲルの批判の先駆けをなすものとみなされてもよいであろう。

第四節　激しい相互非難の応酬（一八〇二～〇三年）

『概観‐寄稿集』第三分冊でのこうした「絶対的同一性」批判に対して、シェリングはヘーゲルと共同で創刊した

『哲学批評雑誌』創刊号（一八〇二年一月）で反撃に出る。この創刊号はラインホルトの『概観‐寄稿集』に対する「対抗機関誌」という性格をとくに色濃く持っている。[27] この創刊号の大半を費やしている「対話」形式の論文「絶対的同一性‐体系、およびそれの最新の（ラインホルトの）二元論に対する関係について。著者と友人との対話」は、部分的には自らの体系の解説を含みながらも、その紙幅のほとんどがラインホルト批判で埋め尽くされている。おおよそ最初の三分の一が、ラインホルトによる『超越論的観念論の体系』書評への異論、中盤の三分の一が『概観‐寄稿集』第三分冊での「絶対的同一性体系」への批判への応酬、そして最後の三分の一がバルディリの『第一論理学要綱』への批判からなっている。だが、この「対話編」は様々な論点を取り上げながらもそれぞれの論点が深められず、散漫で雑駁な批判ないし非難の連続であるという印象を否めない。「対話」という形式が、その傾向を加速させている。著者が自らの学説を読者に説得力あるかたちで説こうとする際には、「対話」や「書簡」の形式が効力を発揮することもあるが、もっぱら論敵の批判を目的にした「対話」形式の採用は、理論内在的、建設的批判よりも、薄弱な根拠に基づく断定や「問答無用」式の決めつけ、「批判」ではなく感情的「非難」を往々にして助長しがちである。「著者」が論敵批判と自説に都合の良い論点や話題を設定したり、恣意的に論点を移動させることを「対話者」の口を借りて誘導できるからである。その結果、「対話」の全体は断片的な非難を積み重ねた印象批評に終わる。「歪曲者（Verdreher）」、「偽造者（Verfälscher）」はまだしも、「うそつき（Lügner）」、「低能（Schwachkopf）」、「馬鹿者（Narr）」という言葉や、「厚顔無恥」、「愚鈍の典型」、「まったくひどい無知」、「恥知らずな言動」などの言葉を不用意に書き連ねているこの「対話編」[28]も、そうした欠陥を免れていない。

それゆえ、以下では、この「対話編」全体を検討するのでなく、先述してきた諸論点に関連した主題のいくつかだけを取り上げることにする。まず、バルディリとシェリングの両体系の類似性と差異について。対話者である「友人」が、「両体系とも、絶対的な同一性から出発している」とラインホルトはいっているが、と問いかけているのに対して、「著者」シェリングは、「そんなことはまったくひどい無知でないとすれば、きわめて恥知らずな言動であろう」という一行で片付けている。その同一性が異なったものとして理解されている点に関しても、「彼〔ラインホルト〕に好きなようにいわせておけばよい」という風に答えるだけである（*KJ*, 31f.）。「有限なものと無限なものとのアマルガム」というラインホルトの批判に対しても、「著者」は「最高の理念をそのように誹謗中傷も、彼の無知に免じて大目に見なければならない」と、まともに取り合っていない（ibid., 41）。方法論上の核心的問題、すなわち、絶対的同一性の体系では、「量的無差別（A^2）」に「差別（A＝B）が端的に対置されているのではないか。そうすると、意識でさえ、差別、特殊と無差別、普遍との総合に依拠しているのだから、意識はこのような二極分裂した思惟をけっして意識することはできない、ましてや、差別と無差別、特殊と普遍が絶対的に一つであるもの（A^3）にまで至ることはできない」のではないかという「友人」の問いかけに、これまたシェリングはこう返答している。「このような厚顔無恥が〔中略〕哲学を気取るなどということがどうして起こるのは、そんなことがどうして可能なのか、私は答える気はない」（ibid.）。おおよそ、「対話」はこの調子で進んでいる。

　もちろん、もう少し内実のある「対話」も交わされている。たとえば、「友人」がこう問いかける。「絶対的同一性」は「自ら自身から外へけっして出ていかない」と考えられているのに、それがバルディリの「思惟としての思惟」がいかなる「質的差異」や「否定」を含んでいないことと同一視されているのは、合点がいかない。なぜなら、シェリングの「絶対的同一性」論は、「二元論に最も直接的に対置されている」はずなのに、「思惟としての思惟」は、「絶対的同一性が自ら自身から外へ――多様性である素材へと出ていくこと」を容認している「二元論」を基礎としているからである。この誘導尋問に「著者」はこう返答する。「この二元論では、絶対的自我が自ら自身から外へ出ていくことを認めないということがほとんど顧慮されておらず、むしろ逆に、そのような外出作用についてまったく分かりやすい説明を与えることだけに長けているのだ」（ibid., 59f.）。「分かりやすい説明」とは、「思惟の適用」が思惟に「或るものを付け加えること」、「プラスすること」だというバルディリの説明を指している。「思惟の適用」を、シェリングが述べているように「思惟としての思惟」がその「同一性」を廃棄して、「自ら自身から外へ出ていくこと」と解釈するには無理があるといわざるをえない。だが、バルディリ-ラインホルトでは、「思惟としての思惟」が「適用」されるためには、「思惟」の外部に「多様性」を本質とする「素材」を前提としていることは間違いない。その意味では「二元論」批判は的外れではない。この「二元論」批判は、前年ヘーゲルがいわゆる「差異」論文で、すでに論難していたものである。

また「友人」は次のことにも合点がいかない、と問いかけている。それは、「絶対的同一性に関しては、いかなる量的差別も思惟されず、絶対的自我は主観的なものと客観的なものとの量的無差別という形式のもとでのみ思惟されうる」というシェリングの命題が、ラインホルトの理解では、「思惟としての思惟がいかなる量の区別も容れない」というバルディリ-ラインホルト的命題と等置されていることである（ibid., 61）。それに「著者」はこう応じている。「無限の多様性のうちに、質的差別を、それゆえ絶対的差別」だけを考えている彼らは「量的差別」についてまったく語ることはできないのだ。「ましてや、量的無差別について語ることはできない。彼らは、〔同一性ということで〕ある面では麻痺した抽象的同一性しか知らないからだ」。それに対して「私がかの〔量的無差別の〕命題によって、何よりも質的な無差別という考えすべてに反対しているのである」。そうした考えでは、「絶対的なもの」は「認識作用であると同時に存在、観念的であると同時に実的なもの」とは捉えられなくなる（ibid., 61f.）。「絶対的なもの」のこれら両契機の「区別されえない統一」こそ「私が量的無差別と呼んでいるものなのである。したがって私はここで、ラインホルトが私についてこれない運命にある領域にいるのである」（ibid., 62f.）。その「領域」とは、「知的直観」によって「主観的なものと客観的なものの絶対的同一性」を把握することを可能にする「思弁の領域」にほかならないであろう。「同一性」を悟性に基づく「抽象的同一性」としてしか理解できないラインホルト流の形式的思惟は、とうていこの「領域」に参入することはできない。シェリングは勝ち誇ったようにそう断言している。

しかしちょうどこの頃、この思弁の「秘教的」思惟によって創案される超越論的原理を、ラインホルトはPhilodoxieという名のもとに断罪し、シェリング的思弁哲学への批判を強めていた。『概観-寄稿集』第四分冊（一八〇二年）以降に頻出するこの聞きなれぬ術語(29)によって、彼は「単なる仮象」を原理として思惟の根底に据え、しかもその「仮象」を他のすべてのものを制約している「根源的仮象」にまで純化し、これを「真理」を産出する「原理」と錯誤しているような哲学的思惟を特質づけようとしている（vgl. *Beyträge-U.*, H. 4, vif., 186f）。そのとき、哲学は philo-sophia ならぬ philo-doxa に変質する。ラインホルトはそう非難している。すなわち「認識の真たることを確証しようとする思弁がその確証の際に用いるその原理自身が、真理の単なる仮象にすぎない場合には、またそうである限り、思弁は Philodoxie に転落する」のである（ibid., 189f.）。そうして錯誤に陥った思弁は、「仮象」である自らの「原理」をますます普遍的なもの、根源的なものへと純化していくことによって、自ら自身を完成の域に高めていく。シェリング流の思弁哲学こそ、まさしくそうした Philodoxie の最も完成された極致である（vgl. ibid., vif., 186f., 202ff.）。というのも、「主観的なものと客観的なものとの根源的同一性」という思弁的原理こそ、そのようにして完成され「根源的真理と目されている根源的仮象」にほかならないからである（ibid., vii, 187）。

純化された超越論哲学＝完成された Philodoxie 批判の背景に何があるのか、次の文章はそれをわれわれに告げ知らせている。すなわち「Philodoxie は自然を自我に帰し、自我を自然に帰し、そしてこの両者をはっきり両者の同一性に帰すのだが」、「自我と自然以上のものをまったく認めないような人は、もちろん自我の真実も自然の真実も認識しない。〔中略〕そういう人は、結局かのより高次なものを認識しないことを、自然と自我の真実の認識すべての制約と明確にみなすようになり、そのことを誇るまでになるのだが、そうなると、〔中略〕彼にとっては、自然は自我の単なる反映になり、自我は自然の単なる反映になり、そしてこの反映の二重性のうちにある同一性が、根源的本質になるに違いない」（ibid., 188）。「かのより高次なもの」とは、実在論者ラインホルトにとって「神」の代名詞である「勝義の一者」、「実的な根源的なもの」であり、これこそが一切の存在と認識の実在性の究極根拠であり、一切の実在性がそこから放射される「実焦点」なのである。ところが「自我と自然以上のものをまったく認めないような人」は、この「より高次なもの」を認めず、かの「反映の二重性のうちにある同一性」、かの「絶対的同一性」という「虚焦点」を「実焦点」かのごとく取り扱っている。そのことによって、philo-sophiaはphilo-doxaに変質する。Philodoxie非難のそのような背景を考慮すれば、シェリングがラインホルトの思惟を、超越論的原理に対する「無知」のゆえに「思弁」の「領域」に入ることのできない「非哲学」にすぎぬと論難し、ラインホルトがシェリングの「思弁的思惟」を、「虚焦点」を「実焦点」と誤認しているPhilodoxieだと論難するとき、両者の対立はもはや、副次的諸主題の論証と分析の曖昧さや欠陥に対する相互批判をはるかに超えて、哲学的思惟の究極的原理そのものをめぐる対立に煮詰まっていることが明白になる。一八〇二～〇三年頃、両陣営の対立はその域に達していたのである。

注

（1）当時のチュービンゲンの正統派神学についてはWilhelm G. Jacobs, *Zwischen Revolution und Orthodoxie? Schelling und seine Freunde im Stift und an der Universität Tübingen. Texte und Untersuchungen*, Stuttgart-Bad Cannstatt 1989, 93-112およびDieter Henrich, *Grundlegung aus dem Ich. Untersuchungen zur Vorgeschichte des Idealismus, Tübingen-Jena (1790-1794)*. Erster Band, Frankfurt am Main 2004のII. Die Tübinger Dogmatik: Storr und Flatt (S. 29-72)を参照。また、正統派神学とカント批判理論の関係については、同著のV. Theologiekritik mit den Mitteln Kants (S. 122-226)を参照。

（2）Vgl. Wilhelm G. Jacobs, op. cit., 74. und Dieter Henrich, op. cit., Zweiter Band, 1561. ヘンリッヒによれば、アーベルはこのラインホルトに関する講義で、フラットがそのカント講義で果たしていたのと同じ役割を果たしていた、すなわち、批判哲学が教義学の領域にもたらす諸帰結に反対して、哲学的方法によって教理神学を擁護するための予備的、補助的作業という役割を果たしていたのだろうと推測される（S. 1565）。

（3）Wilhelm G. Jacobs, op. cit., 259-293には、一七八五年から一七九五年までのSpeciminaすべての表題が提示されている。ちなみに、一七九〇年に提出されたヘーゲルの論文タイトルは「表象の客観性と主観性に関する常識の判断について」と「哲学史の研究について」であり、ヘルダーリンのそれは「ソロモンの箴言とヘシオドスの労働と日々との対比」と「ギリシャ人における芸術の歴史」である（W. G. Jacobs, op. cit., 278）。

（4）W. G. Jacobs, op. cit., 259-293に示されている、一七八五～九五年の間の約六〇〇篇弱の論文題目の一覧表からは、論文の主題が神学に限られず、きわめて多様な哲学的テーマが採り上げられていたことが分かる。論文題目にカントの名前とカント哲学的概念や主題はしばしば登場するが、ラインホルトの名前を単独で明示した論文はシェリングのものだけである。

（5）「ティマイオス」論で「たしかにシェリングは、ラインホルトの名前を直接挙げてはいないが、『表象能力』という概念をほとんど自明のごとく頻繁に使用していることは、〔中略〕彼がラインホルト的術語に確実に慣れ親しんでいたことを指し示している」（*F. W. J. Schelling „Timaeus" (1794)*. Schellingiana Bd. 4, hrsg. v. Harmut Buchner, Stuttgart-Bad Cannstatt 1994, 11）。

（6）本章でのシェリングの諸著作からの引用は、K. F. August Schelling編集の『全集』（*Friedrich Wilhelm Joseph Schellings sämmtliche Werke*）をSWと略記し、最新のバイエルン科学アカデミー版『全集』（*Historische-kritische Ausgabe*）をAAと略記し、それぞれの巻数、頁数を本文中に併記する。なお『哲学の原理としての自我について』の邦訳として、『シェリング初期著作集』日清堂書店出版部、一九七七年、一－一三〇頁（高月義照訳）がある。

（7）*Allgemeine Literatur-Zeitung*, Nr. 165, Sp. 1405-1408に掲載されたこの書評は、AA, I/3の「編集者の報告」（S. 180-183）に採録されている。したがって、引用箇所はこの版に即して示す。

（8）五月一四日付けフィヒテ宛て書簡（GA, III/4, 196-200）、（座小田豊・後藤嘉也訳『フィヒテ－シェリング往復書簡集』法政大学出版局、一九九〇年、七八－八〇頁）参照。フィヒテが反論をシェリングに任さず、一〇月にはベルリンで自ら反論の筆を執ったことは、すでにわれわれの見たところである（第十一章第三節2参照）。シェリングは一八〇〇年一一月一九日付けのフィヒテ宛て書簡で、フィヒテの『要綱』書評を「まさしく息の根を止めるようなものであり、これ以上ありえない的確なもの」だと称賛した（GA, III/4, 368. 前掲邦訳書、一三二頁）。

（9）『体系』書評は*Allgemeine Literatur-Zeitung*, Nr. 231, 232, Sp. 361-366, 369-376に掲載されたが、この書評からの引用は、*ALZ*と略記した上号数（Nr.）と欄数（Sp.）を直接本文中に記入する。

（10）たとえば、同誌第一巻第二号（一七九八年）に掲載された、いわゆる「アテネウム断章」の断章三〇四は、こう述べている。「最高の哲学は、もう一度ポエジーとなる必要があるだろう。〔中略〕哲学的思惟のこの化学的プロセスをもっとうまく表現すること、哲学的思惟の力動的諸法則を可能な限り純化すること、そして絶えず改めて有機化され、かつ脱有機化されねばならない哲学をその生き生きとした根本的諸力へと分け、哲学の起源へと連れ戻すこと、そのことこそシェリングの本来的使命だと私は思っている」（*Kritische Friedrich-Schlegel-Ausgabe*, hrsg. v. Ernst Behler. Zweiter Band: *Charakteristiken und Kritiken I 1796-1801*. Paderborn 1967, S. 216）。

（11）原文では「絶対的客観態」となっているが、明らかに「絶対的主観態」の誤植である。

（12）ただ、この引用文にもラインホルトの不正確な理解が忍び込んでいる。「哲学者」がこの展開過程で思惟し、直観するのは、「絶対的客観態」や「絶対的主観態」ではなく、個々の客観態や個々の主観態であろう。

（13）シェリングは、「我が哲学体系の叙述」（一八〇一年五月発行の『思弁的自然学雑誌』第二巻第一分冊に所収）の「序文」や、「絶対的同一性体系について、そして最新の（ラインホルト的）二元論に対するそれの関係について」（一八〇二年一月発行の『哲学批評雑誌』第一巻第一号に所収）の随所で、この書評に反論している。とくに前者では、ラインホルトは「けっして思弁的な頭脳の持ち主ではなく」、いつも「学校に通っては」他人の学説を「習得すること」ばかりにいそしんできた男で、「思弁全体の本来の核心に関しては、深い無知の中を生きてきた」「頭の弱い人間」なのだ、と酷評している（*SW*, IV, 112f.; *AA*, I/10, 113f. 北澤恒人訳「私の哲学体系の叙述」『シェリング著作集3　同一哲学と芸術哲学』燈影舎、二〇〇六年、一五－一六頁）。

（14）Vgl. Klaus Düsing, Die Entshtehung des spekulativen Idealismus. Schellings und Hegels Wandlungen zwischen 1800 und 1801, in: *Transzendentalphilosophie und Spekulation. Der Streit um die Gestalt einer Ersten Philosophie (1799-1807)*, hrsg. v. Walter Jaeschke, Hamburg 1993（以下、*TuS*と略記する）, 150ff.（高山守訳「思弁的観念論の成立――一八〇〇年から一八〇一年の間に生じたシェリングとヘーゲルの変化――」ヴァルター・イェシュケ編／高山守・藤田正勝監訳『論争の哲学史』理想社、二〇〇一年、二七〇頁以下、参照）

（15）シェリングはすでに一八〇〇年一一月のフィヒテ宛て書簡で、「真に客観的な観念＝実在論（芸術）」である「哲学体系の第三部門、芸術の哲学」に言及している（*GA*, III/4, 364. 前掲邦訳書『フィヒテ－シェリング往復書簡集』一二七頁）。

（16）「我が哲学体系の叙述」についての*AA*, I/10の「編集者の報告」（S. 3-76）は、「叙述」に対する当時の思想界の反響をおおよそ次のように伝えている。シュライエルマッヘル（Friedrich Daniel Ernst Schleiermacher 1768-1829）は、「哲学の限界について語っている」この論文を絶賛し、これはフィヒテとの「公然たる論争というスキャンダル」を引き起こすだろうと見ていた。それに対して、当時すでにシェリングとの間に亀裂が生じていたFr・シュレーゲルは一貫して否定的評価を下していた。「叙述」が掲載された「雑誌」に多くの書き込みを残しているヤコービは、年少の友人たちに厳しい評価を伝えている（vgl. *AA*, I/10, 50ff.）。

（17）この論文は*TuS*, 261-269に採録されており、初出版の頁も振られている。以下この論文からの引用は、雑誌初出版の頁数を直接本文に記入する。

（18）「学校に通った」という表現は、注（13）に紹介したシェリングの揶揄に対する意趣返しである。シェリングは、ラインホルトが独自の理論を創出することなく、いつも他人の――最初は、フィヒテの、次にはヤコービの、そして今やバルディリの――理論を習得すべく、彼らの「学校に通った」と揶揄していた。

（19）シェリングは注（13）に挙げた対話篇「絶対的同一性体系について」で、隠然たる「剽窃」非難に対して、諸概念の関係を表現するのに「数学的記号」や「公式」、「ポテンツ」という術語を使用することは、エッシェンマイアーがすでに一七九七年以来行ってきたことであり、自分もバルディリの『要綱』出版以前から、「ポテンツ」を使用していることを、具体例を挙げて反論している（*Kritisches Journal der Philosophie*. Bd. 1. St. 1, 66ff.）。

（20）この論文は「ヤコービ宛ての書簡（Briefe an F. H. Jacobi）」の体裁を取っており、「ヤコービ哲学、フィヒテ哲学、シェリング哲学、バルディリ哲学の本質について」という副題を持っている。「第一書簡」から「第四書簡」までそれぞれの書簡が、上記の四つの主題に充てられている。本文に引用したのは「一八〇二年九月一三日」付けの「第三書簡」である。なおこの論文も注(17)に挙げた*Transzendentalphilosophie und Spekulation* (S. 315-333) に採録されており、これにも初出版の頁数が振られている。

(21) 注(16)に挙げた、「わが哲学体系の叙述」についての*AA*, I/10の「編集者の報告」S. 52を参照。

(22) Vgl. *AA*, I/10, 51.

(23) Vgl. J. H. Jacobi, Drei Briefe an Friedrich Köppen, Zweiter Briefe (den 21.August 1802), in: *TuS*, 248.

(24) F・ケッペン『シェリングの理論、あるいは絶対的無の哲学の全体。関連した内容のヨハン・フリードリッヒ・ヤコービからの三通の書簡を付して』(*Schellings Lehre oder das Ganze der Philosophie des absoluten Nichts. Nebst drei Briefen verwandten Inhalts von Friedr. Heinr. Jacobi*. Hamburg 1803)。

(25) F. Köppen, op. cit., 85.(引用は*AA*, I/10, 64, Anm. 289より)

(26) J. Fr. Fries, *Reinhold, Fichte und Schelling*, Leipzig 1803, 114f.(引用は*AA*, I/10, 65, Anm. 294より)

(27) Martin Bondeli, Hegel und Reinhold, in: *Hegel-Studien* Bd. 30. Bonn 1995は、『哲学批評雑誌』全体が『概観-寄稿集』への「対抗機関誌(Gegenorganon)」であったかのようにみなしているが(S. 53, Anm. 28)、実際にその性格が強いのは創刊号だけである。

(28) この「対話篇」からの引用は、『哲学批評雑誌(*Kritisches Journal der Philosophie*)』を*KJ*と略記し、雑誌版の頁数を本文中に記入する。現在では、アカデミー版『ヘーゲル全集』第四巻(*GW*, 4, 117-173)がこの「対話篇」を収めているが、これには原本の頁数も付されている。

(29) ラインホルトはすでに第三分冊の第三論文で、Philodoxieという語を使用している(vgl. *Beyträge-U.*, H. 3, 160)。

第十四章　ヘーゲルvsラインホルト（一八〇一～〇三年）

ヘーゲルは、シェリングとは違って、チュービンゲンでの学生時代（一七八八～九三年）、ベルンとフランクフルトでの家庭教師時代（一七九三～一八〇〇年）を通して、総じてラインホルトの「根本命題‐哲学」に特別の関心を寄せることはなかった。この間のヘーゲルの関心は、シェリングの場合のように理論哲学の最新の形態やそれをめぐる論争の最前線にはなく、むしろ彼の関心と学問的教養は、自ら「人間のより下位の欲求」と呼んだ政治や宗教の現状に対する批判的検討によって形づくられていたからである。彼はこの時期ラインホルトの著作を読まなかったわけではなく、彼の当時の関心から推測して、おそらく『カント哲学についての書簡』第二巻での「意志の自由」についてのラインホルトの議論にはそれ相応の関心を寄せていたはずであるが、理論哲学の領域での「根本命題‐哲学」による超越論的革命の推進の企てにはそれほど多くの期待を寄せていなかった。(2)(1)

そのヘーゲルが、五歳年下の友人シェリングの誘いを受けて——最初は「イェーナの文芸騒動」に身を投じることに躊躇しながらも——この「知と学問の枢軸都市」にやってきたのは、一八〇一年一月のことである。彼は、いちばん「遅れて」イェーナに来た男であった。当時まだ無名の彼は、七月にはシェリングに与して『フィヒテ哲学の体系とシェリング哲学の体系の差異』（以下『差異』と略記）を書き上げ、これを上梓し哲学界にデビューする。この著の副(3)

題は「ラインホルトの『一九世紀初頭の哲学の状態を簡便に概観するための寄稿集』第一分冊に関連して」である。ヘーゲルのデビュー作もまた、ラインホルト批判を機縁に、あるいはそれを名目にして書かれたのである。彼はこの著で、ラインホルトがかの両体系の「差異」を看過し、両者の根本原理を同一視していることを批判するとともに、著作の最終部分ではラインホルト自身の哲学的思惟のあり方を批判している。翌年からは、シェリングとヘーゲルは『哲学批評雑誌』を共同で編集、刊行し（一八〇二年一月創刊）、一方ではラインホルトとの対決、もう一方ではフィヒテとの対決の「共同戦線」を形成していく(4)。

本章は、『差異』でのヘーゲルのラインホルト批判のいくつかの論点を取り上げて、その批判の意義を確認し、批判の妥当性を検証していく。まず、ラインホルトが両体系の「差異」を看過しているという批判の妥当性を検証する（第一節）。次いで、「絶対的同一性」の理解について、ラインホルトの所見とヘーゲルの批判を突き合わしながら、それをめぐる諸論点を明らかにする（第二節）。最後に、「哲学」の「端緒」の「暫定性」に対する批判の妥当性を検討する（第三節）。

第一節　「差異」の看過という批判について

『差異』の原著は八つ折版で一八〇頁強の小著である。その第一章に相当する部分には、非常に興味深いヘーゲル特有の哲学観と哲学の方法論が披歴されている。「近代」という時代の根本特質を「分裂（Entzweyung）」の極致と捉えるヘーゲルは、思想と文化の隅々にまで浸透し固定化したこの「分裂」を統合することこそが「哲学の課題」であると宣言する。「分裂」の統合による「統体性（Totalität）」の再興がもはや「慰安的遊戯」としかみなされていない時代の只中で、彼はかつて「宗教」や「芸術」が担ってきたこの分裂の統合という役割、「統体性」の再興という役割を「哲学」に負わせようとする。かくして、「分裂こそが哲学の欲求の源泉である」（GW, 4, 17）というテーゼ(5)が書きつけられる。また、「絶対者」の把握に関して、「反省」と「思弁」ないしは「超越論的直観」の相補的関係がシェリングの場合よりはるかに詳細に論じられている。本章では、残念ながらこれらの興味深い主題に深入りすることはできない。第二章に相当する部分が「フィヒテの体系の叙述」に充てられ、第三章相当部分が「シェリングとフィヒテの哲学原理の比較」に割かれている。最終部分が、表題なしで、ラインホルト理論の批判に充てられている。

さて、ヘーゲルは『差異』で、ラインホルトがフィヒテ-シェリング的体系の「思弁的」原理を理解しておらず、その上両者の体系の根本的差異を見逃している、すなわち、シェリング哲学の根底にフィヒテの場合と同様の「自我性」の原理(「主観的な主観-客観」)しか見ていないことを、度々批判している(*GW*. 4, 7, 77, 80)。だが、両体系の「差異」の看過という論点の検討に際しては、『差異』の執筆・公刊時期を考慮に入れておかねばならない。フィヒテとシェリングの間の体系論上の差異は、『超越論的観念論の体系』(一八〇〇年春出版)を契機に一八〇〇年秋頃から次第に表面化し、「わが哲学体系の叙述」の公表(一八〇一年五月)によって明白になっていた。(6)『差異』はその公表直後の五月から七月にかけて執筆され、九月に公刊された。(7)『差異』がラインホルト批判の典拠としている(そして、副題に記されている)『概観-寄稿集』第一分冊の出版は、おそらくその年の一月である(「まえがき」の日付は、一八〇一年一月三日)。それに対して、ラインホルトがシェリングの「叙述」の「絶対的同一性の体系」を主題的に批判するようになるのは、『概観-寄稿集』第三分冊(「まえがき」の日付は、一八〇一年九月一六日)以降である(第十三章第三節参照)。とくにシェリング的思弁哲学の特質に焦点を当てて、それが完成したPhilodoxieにほかならないとの集中的批判を浴びせている(第十三章第四節参照)のは、その第四分冊(一八〇二年春公刊)である。(8)『差異』は、これら両分冊以前に公刊されている。この時系列を踏まえるならば、一つには、かの「差異」の看過という批判は、この論点に関するラインホルトの本格的な見解表明以前になされており、それゆえ進行中の事態についての暫定的評価という限定が必要なのである。(9)もう一つには、そもそも『差異』公刊以前には、両体系の「差異」は哲学の世界でも広く認知されるに至っておらず、むしろ『差異』の公刊が人々にはっきりとその「差異」を知らしめたという事情も考慮しなければならない[10]。

さて、ラインホルトがフィヒテ-シェリング的体系の「思弁的」原理の意義を「理解」していないというのは、或る意味では当然である。われわれがすでに見てきたように、彼は『差異』公刊時点にはもう、「自ら自身に還帰する行為」という思弁的、超越論的原理が「恣意的な自由」に基づいており、「自律」の原理が実は「心理的な錯誤」によって生み出された「仮象」である、という「原理」的批判を展開していた（第十二章第二節参照）。その意味では、この一八〇一年の時点から、すでに純化された超越論哲学＝Philodoxieという批判は実質上始まっていたといえるのである。したがって、「実在論者」ラインホルトからいわせれば、そうした思弁的原理が「根源的仮象」である以上、それは拒絶すべきものであり、それの意義を「理解」できないのは当然である。

次に、両体系の「差異」の看過に関していえば、『差異』公刊と同時期に出された『概観-寄稿集』第二分冊で、ラインホルトは両者の体系論的、方法論的相違を十分に呈示している[11]。ヘーゲルは『差異』執筆時点でその論考をまだ知らない。だがこの件に関しては、タイム・ラグ問題よりももっと根本的な問題がある。それをラインホルトの側からいえばこうなる。すなわち、両体系の「差異」はPhilodoxie内部での違いとしては重大な意味を持つにしても、Philosophie対Philodoxieという根本的な対立の観点からすれば、その「差異」は大した意味を持たない。現にラインホルトは、第四分冊の第四論文――これは、『哲学批評雑誌』創刊号でのかの「対話篇」に対する注解である――において、そのことをはっきり述べている。すなわち、「根源的仮象」を哲学の「原理」にまで昇華させるPhilodoxieがその完成形態を得た今、「哲学それ自体にとっては、かの〔フィヒテとシェリングの〕相違はまったく重要な意味をもたない。なぜなら、シェリング氏がそれに着手したときには、哲学は〔フィヒテによって打ち立てられたそれの原理を介して、Philodoxieを適用することによって〕主要な点でPhilodoxieから分離されていたからである」（*Beyträge-U.* H. 4. 203）。たしかに「かの〔フィヒテとシェリングの〕相違は、Philodoxie自身にとってもますます重要な意味を持つようになっている」かもしれないが、「しかしまた、私には、絶対的同一性の体系の超越論的観念論に対する関係は、すでにフィヒテ氏によってその根源的原理に還元された哲学の新しい叙述としてしか重要性を持たないのである」。「思弁的なPhilodoxieはすべて汲み尽くされ、完成したという私の主張」からすれば、「かのPhilodoxieを、フィヒテのそれを超えて推し進めようとするシェリングの試みが、超越論哲学の本質と思弁的Philodoxie一般の本質が同一であることの新たな叙述とは別のものであった、と本当にいえるのか?」(ibid., 204)。ラインホルトは『差異』論文を指示した上で、この文章を書いている。したがって、これが、かの「差異」の看過というヘーゲルの批判を意識してなされたラインホルトの意図的返答である。当時のラインホルトの理解によれば、すでにカント哲学のうちに潜在していた「主観的なものと客観的なものの同一性」という「根源的仮象」は、フィヒテによって初めて明確に哲学の「原理」にまで高められたのであり、シェリングの思弁哲学は先鋭化されたその完成形態にほかならない。したがって、ヘーゲル(とシェリング)にとって、そして初期「観念論」の展開過程の評価にとって、重大な意味を持つかの「差異」は、すなわち「主観的な」超越論的観念論と「絶対的な」超越論的観念論との差異は、両者をひっくるめてPhilodoxieと断罪する「実在論者」ラインホルトにとっては、もはや付随的問題なのである。

第二節 「絶対的同一性」の理解をめぐって

1 悟性的「抽象的同一性」批判について

『差異』は最終部分やその他の箇所で、ラインホルト自身の哲学的思惟の特質や方法に言及し、様々な角度からそれを批判している。まず、その批判的論点の一つが、バルディリ-ラインホルトの主張している思惟の「同一性」が、「多様なものに対立した単一性、抽象的同一性」にすぎないという批判である。ラインホルト的思惟の主張している「同一性」は「絶対的同一性、すなわち、対置された主観と客観を止揚しかつ両者を自らのうちに包括している同一性ではなく、純粋な同一性にすぎない。すなわち、それは抽象によって生じ、対置関係によって制約されている同一性、いい換えれば、単一性の抽象的悟性概念、固定された両対置項の一方の概念にすぎない」(GW, 4, 18f.)。そうした「同一性」理解の抽象性、被制約性の根源は、「この思惟が、(a)思惟の適用と対立しており、(b)絶対的な素材性と対立している」ことにある(ibid., 18)。ヘーゲルに特徴的な理解に基づけば、「同一性」はそれが「非同一性」あるいは「差異」と対置されている限り、真の「絶対的同一性」たりえない。したがって、「絶対的なもの」の本質をなす「絶対的同一性」は「同一性と非同一性との同一性」(ibid., 64)と定式化されねばならない。[12]「非同一性」との「対置関係によって制約された同一性」という批判は、この観点からなされている。

この批判の成否を厳密に判断するには、以下のことを思い起こさねばならない。ラインホルトは、ここでヘーゲルが表記しているように、「思惟」をけっして単に「思惟」と表記することはなく、常に慎重かつ執拗に「思惟としての思惟(Denken als Denken)」(思惟である限りでの思惟)と表記してきた。この「思惟としての思惟」の「純粋な同一性」(ラインホルトは「絶対的同一性」とも呼んでいる)は、フィヒテが『全知識学の基礎』の第一根本命題の根底に据えたような根源的同一性を表しており、それゆえ、それは主観‐客観分離以前の境位に想定されている。そのような「同一性」は、バルディリの使っていた用語でいえば、「思惟」と「存在」の統一に定位されたprincipium rationisの根本法則と解されねばならない。したがって、それは——しばしば誤解されてきたように——思惟作用の根本法則である「同一律」や意識の明証的「事実」などと等置されえない。ラインホルトはそうした混同を避けるために、「思惟としての思惟」を「適用における思惟」(これが通常の「思惟」に相当する)と区別するように、また前者を「表象作用」一般と区別するように繰り返し求めてきた。たしかに容易に理解しがたいこの「思惟としての思惟」の特性としての「同一性」を、他の哲学者たちと同じようにヘーゲルもまた、最終的には、「表象作用」としての「思惟の同一性」、あるいは「多様なもの」に対置された悟性的「思惟の同一性」と等置している。

さらにいえば、ここでヘーゲルが主張しているように、「思惟としての思惟」は厳密には「(a)思惟の適用と対立して」はいないし、「(b)絶対的な素材性と対立して」もいない。ここでヘーゲルは「対立(Gegensatz)」という言葉をいささか安易に使っている。(a)に関していえば、「思惟としての思惟」と「適用された思惟」とはそもそもその境位を根本的に異にしており、同一の地平で「対立」してはいない。両者は、「対立」しているどころが、それぞれが固有の能作を現実化するためには互いに他を必要としており、その意味で、両者はむしろ一種の相関的相補関係をなしていると理解されねばならない。「思惟としての思惟」が存在しなければ、「適用された思惟」は「或るもの」を思惟できないし、「思惟としての思惟」は「適用」と無関係に超越的境地に静止しているわけではなく、「思惟の適用」によってのみ、かつ「思惟の適用」においてのみ発動し、自らを現実化すると考えられねばならない。(b)に関していえば、「思惟」と「素材」との「対立」なるものは、「適用」において初めて生じるのであり、そこで対置されているのは「思惟の形式」と「素材の形式」なのである。「思惟としての思惟」は「適用」以前に、「絶対的な素材性Stoffheit」つまり「質料」と厳密な意味で「対立」しているわけでもない。

たしかに、ヘーゲルはフィヒテやシェリングとは違って、一面では「思惟としての思惟」と「思惟の適用」の区別を認めている。彼はこう書いているからである。「思惟」が「適用において、適用によって、適用されたものとして、思惟になる」以前に、「思惟の内的特性」が考えられねばならない。その「特性」は、「同一のものが、同一のものにおいて、同一のものによって無限に反復可能であるということである。――〔それは〕純粋な同一性であり、一切の相互外在、継起、並存を自分のうちから排除している無限性である。思惟の適用は、思惟それ自身とはまったく別の事柄である。〔だが〕思惟それ自身はけっして思惟の適用ではないのは確かであるが、それと同様に、適用において、適用によって、思惟にはある第三のもの＝Cが付け加わらねばならないのも確かなのである。それは、思惟の適用の質料である」(ibid., 87)。ここまでは、バルディリ－ラインホルトの理説が正確に解釈されている(vgl. *Beyträge-U.*, H. 1. 100, 106f., 110)。では、ヘーゲルのいう「非同一性」に対置された「同一性」とは、「思惟としての思惟」の同一性(上記の「純粋な同一性」)を指すのか、それとも「適用された思惟」の同一性(「素材の形式」に対置された「思惟の形式」の同一性)を指すのか。結論的にいえば、ヘーゲルは、上記の「区別」の承認にもかかわらず、両方の「同一性」を結局は短絡的に同一視している。[13] というのも、ここでは「適用された思惟」と区別されている「思惟としての思惟」の特性としての「同一なもの」の無限な反復可能性としての「同一性」が、先の引用文（vgl. GW. 4, 18f.）に見られるように、ただちに「純粋な同一性」＝「対置関係によって制約されている同一性」＝「単一性の抽象的悟性概念」＝「固定された両対置項の一方の概念」と等置されているからである。ラインホルトの「同一性」理解に関していえば、ヘーゲルは、「A＝Aという定式」を介して例示される、根本命題による同一性の措定という意味での「同一性」と、区別されたもの（たとえば、「主観的なもの」と「客観的なもの」）の調和的統一としての「体系的統一」の基礎に置かれる「同一性」とを区別しないまま、融通無碍に一体視しているといえる。[14]

だが、ラインホルトの字義解釈という問題を離れれば、この批判にはヘーゲルに特有の積極的な思惟特徴が認められる。彼は別の箇所ではこう述べている。「思惟が適用されるとき、AをAとしてAのうちでAによって無限に反復可能であることとしての思惟は、たしかに二律背反的にもなる。適用においてAは実際にはBとして措定されるからである」（GW. 4, 82）。「二律背反的」であることは、ヘーゲルにとっては、否定的意味ではなく肯定的意義を持っている。なぜなら「この二律背反のうちに、通常の反省は矛盾しか認めないが、一人理性だけが、対置された両項が措定されていると同時に廃棄されており、存在すると同時に存在しないというこの絶対的な矛盾のうちに、真理を認める」（ibid. 76）からである。しかし、かくして「二律背反的」な表現において真理に一歩近づいているにもかかわらず、ラインホルトでは「この二律背反は、まったく意識されず、それとして承認されてもいない。なぜならば、思惟、思惟の適用、思惟の素材が、平穏に共存しているからである。それゆえ、思惟は抽象的統一の能力としてあり、また認識は単に形式的なのである」（ibid. 82）。もちろん、「二律背反」はヘーゲルにとって、悟性が「絶対者」を捉えようとするときに「知の消極的側面」であり、「絶対者」の真の把握には、この矛盾、背反を止揚・統合する「知の積極的側面」としての「超越論的直観」を必要とする。ヘーゲルからすると、ラインホルトの「悟性的」思惟は、「思惟の適用」においてもその「二律背反」を積極的に思惟できないまま、その手前にとどまっている。

ラインホルトが「矛盾」のうちに絶えず「不条理」、「非真理」だけを認め、それゆえシェリングの「知的直観」の「不条理」を——主観的なものと客観的なものとを「思惟すると同時にまた思惟しないこと」の矛盾として——非難してきた（第十三章第三節3参照）のに対して、ヘーゲルはここで「絶対的な矛盾」こそが「真理」であると断言している。かの「同一性と非同一性との同一性」という定式も、そのような「絶対的矛盾」の表現にほかならない。彼のいわゆる「就職テーゼ」の「第一テーゼ」もまた、「矛盾は真の規則であり、無矛盾は偽の規則である」（GW. 5, 229）と謳っている。たしかにここに、両者の哲学的思惟の根本特性上の差異に根差した、まったく対照的な「真理」観を見て取ることができる。二律背反的であることに偽しか認めないがゆえに、「非同一性」に対置されたままにとどまっているラインホルト的な「同一性」は、「絶対的同一性」に永遠に近づきえない——ヘーゲルはそう主張しているのである。そして彼は、ラインホルト的な思惟と認識が常に「形式的」であることの原因を、「思惟」と「思惟の適用」と「思惟の素材」それぞれが相互外在的であることに求めている。軋轢を生むことなく「平穏に（friedlich）共存している」とは、この「相互外在性」を指している。すると、「思惟」の抽象的「同一性」理解は、この外在性、とりわけ「適用された思惟」と「思惟の素材」が相互外在的であることの必然的帰結であるということになる。つまり、抽象的「同一性」はこの「二元論」を根源としている。

2 「二元論」批判について

『差異』は「二元論」という言葉こそ多用していないが、随所でバルディリ-ラインホルトにおける「思惟」と「素材」の二元性を批判している。『差異』公刊の一年ほど前、フィヒテがバルディリの『要綱』書評で、バルディリの哲学を「実在論的二元論」であると厳しく批判していたことを、われわれはすでに見てきた（第十一章第三節2参照）。ヘーゲルはこの批判をよく知っており、それを踏まえてここで二元論批判を展開している。[15]『差異』での「二元論」批判は、悟性的「抽象的同一性」批判とともに、後に『哲学批評雑誌』創刊号でのシェリングのかの「対話篇」でのラインホルト批判に受け継がれていく[16]。『差異』は、一〇年以上も前のラインホルトの『人間の表象能力の新理論試論』を引っ張り出し、またバルディリの『第一論理学要綱』も引き合いに出しながら、「思惟」と「素材」の「二元論」批判を展開している(bes. ibid., 89f.)。この「二元論」はたしかに、「表象能力理論」にまで遡ることができるラインホルト的思惟の弱点であり、ヘーゲルはこの弱点を暴き立てている。だが、まだ「超越論的観念論者」であった頃のラインホルトの(すでに『試論』に認められる)「二元論」よりも、「合理的実在論者」としてのラインホルトの理論が孕んでいる「二元論」はもっと深刻な問題を孕んでいるように思う。

問題の「二元論」批判をトータルに捉えるには、次の三つの位相の区別と連関を視野に入れなければならない。(I)「思惟としての思惟の適用」の枠組み内部での、「形式」と「素材」の二元性(正確には、適用された「思惟の形式」と「素材の形式」の二元性)。(II)全体としての「素材」概念に内在している二元性。(III)「思惟としての思惟」と、これが「適用」されうるためにその外部に「要請」されねばならない「質料」との二元性。

(I)の二元論は最も明瞭で一般的ではあるが、それほど深刻であるとはいえない。この枠組みのうちでの両者の関係は、――いささか乱暴にいえば――『全知識学の基礎』の第三根本命題での「自我」と「非我」の関係に相当する。そして、ラインホルトは「適用の分析」を通して、両者の連続的な連接、総合の方途を詳細に示しているからである。その総合の方途は、「思惟された或るもの(B＝現実態)」と「思惟されるもの(-B＝可能態)」との総合として表現されていた。この総合的統一を具体的に叙述し、根拠づけるために、「思惟」の「基本様態」・「特殊様態」が「素材」の「基本様態」・「特殊様態」と順次接合されていく道筋が示されていた。しかしそれにもかかわらず、ラインホルトが彼の『第一論理学要綱』書評で、この総合「B-B」が裏面では両者の構造的「分離」を前提にしていると指摘していたことを思い起こさねばならないだろう。「適用された思惟」は、「適用」によって引き起こされる「根源的離接(*ursprüngliche Disjunction*)から始まり」、「一切の認識の働きは、その根源的離接に基づいている」(*ALZ*, Nr. 127, Sp. 283)と述べられていたことを思い起こす必要がある(第十一章第二節5参照)。両者のこの「離接」(分離)がかくして

「根源的」であるとすれば、「適用」がその終局においてこの分離を止揚することは原理上不可能なのではないか。そうすると、かの連続的な連接、総合の終局においてなお、(I)のレベルでの「二元論」でさえ止揚不可能ということになろう。だが、これはまだ「観念論者」であったラインホルトも直面していた問題である。

さらにヘーゲルは、(I)のこの二元性が、(II)の「素材」そのものの「二元性(Zweiteiligkeit)」――すなわち「適用」において「無化(vernichten)される素材としての素材」と、「無化」されえず、「思惟の形式」と接合される「素材の形式」との二元性――と連動していることを的確に指摘している。ヘーゲルの表現では、前者は「絶対的な素材態(absolute Materiatur)」であり、思惟はこれと自らを「継ぎ合わすことはできず」、よってこれを廃棄するしかない。それに対して後者は、素材の「性質」の側面であり、これもまた「一切の思惟から独立に、客観に属するのであるが」、しかしそれは「客観を思惟されうるものとする形式」の側面であり、「思惟はこの側面と接合しなければならない」のである(GW, 4, 90. auch 88)。たしかに、バルディリは「素材」にそのような二元性を想定せざるをえなかった(第十一章第一節参照)。しかも、単に「素材」の両契機が区別されるだけでなく、「思惟の形式」と接合される「素材の形式」すらが――ヘーゲルが「一切の思惟から独立に、客観に属する」ものだと述べているように――、「適用」に先立って自存すると想定されている「質料」の「諸様態」(「動物的な衝拍(animarischer Impuls)」)に基づいていると考えられている。ラインホルトも『第一論理学要綱』書評(一八〇〇年五月)では、そうした理解に従っていた(第十一章第二節5参照)。かくして「質料」の諸様態は、「思惟」によって打ち立てられるのではなく、「思惟の適用」に「先行している」と主張される限り、「実在論的二元論」は否認されえないであろう。だが、『差異』と同時期に公刊された『概観-寄稿集』第二分冊以降では、ラインホルトはこの素朴な二元論に起因する難点を緩和すべく、次第に表現を修正しようともしている。すなわち、「無化する(Vernichtung)」という用語をなるべく避け、それに代えて、後にヘーゲルによって有名になった「止揚(Aufhebung)」という術語を使用するようになる。(17) すなわち、思惟の適用において、質料それ自体は「止揚されるのだが、しかしそれと同時に、質料について思惟のうちでは、思惟によっては抹消不可能なものが際立たされる」(*Beyträge–U.*, H. 2, 182)。別の箇所では、「止揚(Aufhebung)」、「際立たす(Heraushebung)」、「高める(Erhebubg)」という三対の概念を使用している(Ibid., 194)。だが、それにしても「素材」に即したこうした「二元性」は、実在論者だけが抱え込まねばならない問題であろう。

最も基礎的で、根底的な二元論は、当然(III)の二元性に基づいている。これは、いわば『基礎』の第一根本命題と第二根本命題との二元性に相当する。それはラインホルトの表現では、「絶対的な立言」と「絶対的な仮言」の二元性である。彼は、「思惟の適用」のためには「質料＝Cが要請される」、あるいはそれが「前提にされる」と度々述べている(*Beyträge–U.*, H. 1, 111)。それを捉えて『差異』は、「思惟とは本質的に異なった、思惟から独立している質料」を「要請」せざるをえないことの難点を繰り返し批判している(*GW*, 4, 87f.)。そして、「思惟」と「質料」のこの二元性は、いかにしても「超克不可能」であると述べているのは正当である。両者の根源的二元性は、両者の「諸様態」の「接合」の連続的遂行によっても埋められることはないからである。ヘーゲルはいう。「絶対的な総合は、単なる接合(ein bloßes Fügen)以上のものでなければならない」(ibid., 82)が、かの両者の「諸様態」の「接合」は「絶対的な総合」に到達しない。「接合」が単なる「接合」にとどまらざるをえないのは、――ヘーゲルがそう見抜いているわけではないのだが――「適用」において「連接(Conjunktion)」と「離接(Disjunktion)」が構造的に並存しており、しかも後者の方が基底的だと理解されているからである。そして、後者が基底的であるのは、「質料」の存在論的自立性と先在性が大前提になっているからである。そして、そうである限り「実在論的二元論」という批判から逃れることはできないであろう。つまり、この存在論的自立性と先在性に基づく(III)の二元論が、(II)の二元性を、とりわけ「質料」の「諸様態」の自律性と先在性という理解を引き起こし、それがまた(I)の二元論を根本的には「超克不可能」なものにしているといえよう。

それだけではない。この(III)の二元論は、「同一性」と「非同一性」、「単一態」と「多様態」の統合に際しての困難を引き起こす。というのも「思惟の内的特性は単一性であり」、「質料の内的特性はそれに対置された多様性である」

(ibid. 87) からである。[18] かくして、「思惟」と「質料」の統合の難点は、「単一性」(「同一性」)と「多様性」(「非同一性」)の統合の難点を引き起こす。それで、ヘーゲルはこういう。「思惟の適用」は一種の「総合」の試みであり、それは「単一態の多様態への移行、思惟と質料の統合」の要求を表現してはいるが、「適用という貧弱な総合」――いい換えれば、「連接」と「離接」の構造的並存――では、最終的にそれら両者を統合することはできない。「それらを総合しうるには、思惟と質料は絶対的に対置されていてはならず、根源的に一として措定されねばならないだろうが」、そのためには「超越論的直観」が必要なのである (ibid. 88)、とヘーゲルは主張する。『差異』の「二元論」批判は、ここに述べたような「二元性」の明確な分節化を伴っていないとはいえ、総じてラインホルトの「実在論的」思惟に不可避な弱点を衝いているといえるだろう。

3 「哲学」の「論理学」への還元という批判について

『差異』は、ラインホルトの哲学的思惟が悟性的、抽象的であるという批判に基づけて、彼が「哲学」を単なる「論理学」に還元しているという批判を繰り返している (vgl. GW, 4, 5, 81, 86, 91)。ヘーゲルは、ラインホルトに認められるような、「絶対的なもの」の認識に踏み込む前にその根拠を究明しようとする志向 (die Begründungs-und ergründungs-Tendenz) を「哲学する前に哲学すること」だと非難し、それは結局「哲学を認識活動の形式的なものに、つまり、論理学に変えること」にほかならない (ibid. 81) と断罪している。ヘーゲルにとって、「悟性」が固定化する対立や「二律背反」を、「思弁的理性」によってより高次な統一のうちに止揚、統合することが「哲学」の根本課題である。しかるに、ラインホルトの哲学的思惟は、この「根拠づけ」のために認識の形式的働きを分析、分解すること (すなわち「思惟の適用」の「分析」) に終始しており、[19] その結果「哲学」を、その本来的領域の「前庭 (Vorhof)」に位置する悟性の「論理学」に切り縮めている、というわけである。しかし、この点についても、われわれはヘーゲルの批判を鵜呑みにすることはできない。

まず、ラインホルトが「論理学」をどのような学として捉えていたのか、を見てみなければならない。たしかにラインホルトは、哲学の「第一課題」である「認識の実在性」の「根拠づけ、根拠究明」の方法論的論究を「純粋な論理学」と呼んでいる。たとえば、第三分冊（一八〇一年秋公刊）の第三論文「合理的実在論の諸原理（Elemente）の新叙述」を、彼は「純粋な論理学」と呼んでいる（*Beyträge-U.*, H. 4, iv）。だが、その内実は思惟の形式的法則としての「論理学」とは似ても似つかないものである。それは――バルディリ-ラインホルト用語で表現すれば――「思惟の適用」における「反立」と「総合」の諸段階を解明しており、総じて「適用において、適用によってのみ、A＋CにおけるCとしてのCが、AとしてのAによって端的に止揚されており、A＋CとしてのA＋Cが、AのうちでAによってAとしてあるAへと連れ戻されており、すなわち思惟されており、そのようにして分析の分析が余すところなく汲み尽くされ、理性的認識そのものの根拠が究明されている」（*Beyträge-U.*, H. 3, 158）ことを明らかにしようとする。つまり、「論理学」は悟性の形式を扱う「論理学」ではなく、「思惟」と「存在」の統一に定位された「理性的認識そのものの根拠究明」の学なのである。そして、こうした「理性的認識」の根拠究明のプロセスは、ラインホルトにとっては、同時に「自然における神の顕現」を証示するプロセスであり、したがって「理性的認識は、それが神の顕現として認識されている限りで、その根拠が究明されている」（ibid., 159）のである。それゆえ、彼にとって「論理学を、単なる思惟活動の学とか〔中略〕単なる思惟活動の形式の学とかみなすのは、馬鹿げたことであり」、「論理学は、思惟としての思惟の適用における学である以上、それの適用の学である以上、その第一の課題を扱う哲学、純粋な哲学、第一哲学（philosophia prima）、あるいは本来の哲学の原理論（Elementarlehre）以外の何ものでもありえない」（ibid., 161）。ヘーゲルは、ラインホルトが「論理学」に託したこのような特性をまったく理解していない。

　かくしてこの「論理学」は、通常「論理学」ということで理解されているものとはまったく異なっている。たしかに、この「論理学」は「合理的実在論」の体系の中では、「理性的認識の根拠究明」の学として、「本質」そのものを取り扱う「形而上学」への一種の導入的基礎論という役割を担っている。「第一の課題を扱う哲学」とか「本来の哲学の原理論（Elementarlehre）」という表現はそのことを示している。ヘーゲルはこの導入的基礎学という性格をもって、この「論理学」が「哲学する前に哲学すること」としての「認識の根拠究明」の学にすぎないと批判しているのである。それは、「絶対的認識」あるいは「絶対的なものの認識」それ自身ではなく、その「認識」の「根拠究明」にすぎない、というのがおそらくヘーゲルの言い分である。だがこの「根拠究明」は——おそらくヘーゲルがそう想定しているように——「絶対的なもの」と切り離されて、それを認識するための外在的「道具」をしつらえようとしているのではない。それは同時に「神の顕現」の根拠究明であるのだから。したがって、この「論理学」は、「絶対的認識」あるいは「理性的認識」の「根拠究明」の学であるにしても、ヘーゲルがいうように「認識活動の形式的なもの」の解明ではまったくない。ヘーゲルのそのような批判は、その「根拠究明」があくまで「前庭‐哲学（Vorhof-Philosophie）」であり、それが「形式的なもの」にすぎないという彼の思い込みに基づいているものでしかない。

この「純粋な論理学」は形式的であるどころか、それ自身が「存在論」でもある。バルディリ流の「論理学」が存在論的特性を有していることを、われわれはすでに何度も指摘してきた。ラインホルトもこの「論理学」と「存在論」を並置し、両者の「同一性」をはっきり主張している（*Beyträge-U.*, H. 4, iv, vi）。ラインホルト流の「純粋な論理学」は、事物の「本質」を認識すべく、事物の「原因」や「根拠」や、ひいては「勝義の第一のもの」（「神」）をもその射程に入れ、それらの連関を論じているのであるから、当然存在論的、形而上学的な本性を持っている。そのことも、『差異』執筆・公刊時のヘーゲルの視野にはまったく入っていない。興味深いのは、この時期にヘーゲルが構想していた「論理学」が、体系論上「形而上学」への導入的機能を持っている点で、ラインホルトの「論理学」の体系論上の機能と類似的であることである。ヘーゲルのイェーナでの最初（一八〇一／〇二年冬学期）の講義「論理学および形而上学」ための草稿断片は、「真の論理学の対象」を「Ｉ　有限性の諸形式を打ち立てること」、「Ⅱ　同一性の産出という点で理性を模倣するような悟性の試みを叙述すること」、「Ⅲ　悟性的諸形式自身を理性によって止揚する」ことに分けた上で、「思弁的側面」から見れば、この最後の部門において「論理学が哲学への導入として役立ちうる」と述べている（GW. 5, 272）。「論理学のこの第三の部分」は「理性の否定的側面、あるいは無化する側面」であるが、これから「本来の哲学への、形而上学への移行がなされる」（ibid., 274）のである。そして、すでに述べたようにラインホルトの「論理学」も、それが「第一の課題を扱う哲学」「本来の哲学の原理論（Elementarlehre）」である以上、「本質」そのものの学としての「形而上学」への導入的機能を持っている。

そしてもっと興味深いのは、体系期のヘーゲルの「論理学」が「存在」と「本質」と「概念」を取り扱う存在論的な「論理学」として完成されていったことである。この時期のラインホルトと約一〇年後のヘーゲルとは、「論理学」が人間の単なる「思惟の法則」一般を取り扱う形式的、悟性的「論理学」であってはならず、理性的な「論理学」は同時に「存在論」でなければならないという確信では一致しているのである。ただ、『差異』の著者はまだそのことを見通しておらず、もっぱら「理性的、絶対的」認識と「悟性的、反省的」認識（根拠究明）とをきっぱり裁断することにのみ熱心なのである。このことは、次に論じる、「哲学」の「端緒」がどのように設定されるべきかという問題に関する見解対立と連動しているのである。

第三節　「哲学」の端緒の「蓋然性」、あるいは「学」への「導入」問題をめぐって

われわれはすでに、ラインホルトがバルディリ宛ての「第一二書簡」（一八〇〇年九月）において、「哲学」と「哲学的思惟」の「端緒（Anfang）」はただ仮説的に（hypothetisch）、蓋然的に（problematisch）しか」設定できず、その「端緒」と思惟の遂行過程の成果は、その「終局点（Endpunkt）」に至るまでは常に「暫定的（vorläufig）」であるにとどまることを主張していたことを知っている（第十一章第二節4参照）。こうした理解の背景をなしているが、彼の「現象学」構想に認められる、「根源的に真なるもの」と「真なるもの」、さらにその「模像」としての規定された「質料」の三者の「相関関係」を介した「神の顕現」の諸制約の段階的、連続的解明という思想であった。それゆえ、彼はそ

こでこう述べていた。われわれは、その終局において「初めて、人間の意識のうちに適用された思惟としての思惟が、自然に即した神の顕現であることを認識でき、またそう知ることができる」のであって、「端緒」においてもその過程においても、それは、「私にとっては」仮説的で、蓋然的なものにとどまらざるをえない（*Briefwechsel*, 249）。その後、『差異』がラインホルト批判の典拠としている『概観-寄稿集』第一分冊の「第二論文」でも、ラインホルトはこう書いている。「哲学的思惟においては、この探求の初めをなす概念上最初のものは、しばらくは単に仮説的、蓋然的に最初の概念的なものと想定されうるし、そう想定されねばならない」（*Beyträge-U.*, H. 1, 74）。また、その「第四論文」もこう繰り返している。「この暫定的な論究において見出され、そして後から思惟としての思惟の分析に際して、最初はただ仮説的、蓋然的に根底に据えられた、思惟としての思惟の特性は〔中略〕かの分析において初めて明らかになる」（ibid. 101）。この一連の所見に表明されている思想とは、体系的思惟の「端緒」も、それの「根拠」をなしている哲学的「原理」も、さしあたりは「暫定的」妥当性しか持たないが、体系の進展過程を通してその完成において、初めて両者ともに「確然的」妥当性を持つようになるという思想である。

ヘーゲルはこの第一分冊での所見を捉えて、「仮説的に」「蓋然的に」思惟することによっては何も根拠づけられない（vgl. *GW*, 4, 82, 85, 86）、いい換えれば「仮説的、蓋然的な思惟」は、いかにしても「定言的、確然的な思惟」に転化しないと批判する。そのような「暫定的」思惟は、哲学の本来的領域に永遠に踏み入ることのできない「予行演習」あるいは「助走」、「助走のための助走」にすぎない（ibid., 82）と断罪している。『差異』だけでなく、『哲学批評雑誌』創刊号（一八〇二年一月）の「序論」もまた、同様の批判を展開している。[20] この批判は、ラインホルトが哲学の課題を「絶対者」を認識することに置かず、その「前庭」で「認識の実在性の根拠を解明する」という根拠づけの形式的手続きに終始しているという批判（vgl. ibid., 79）と表裏一体をなしている。すると、『差異』の筆者は、「哲学」の「端緒」はいきなり「絶対的なもの」の把握、「絶対的認識」から始まるべきであり、それゆえ「哲学」にはいかなる「助走」、すなわち「導入」も必要でないと主張しているかのように見える。ヘーゲルの最初の講義「哲学入門」（一八〇一／〇二年冬学期）のための草稿断片は、「学としての哲学は導入なるもの（Einleitung）を必要としないし、導入なるものとはそりが合わない」と断言している。だが「導入の問題」に関していえば、（『精神現象学』の著者でなく）『差異』の著者も、いかなる種類の「導入」も不必要とみなし、拒絶していると考えるのは早計であろう。彼が拒絶しているのはあるタイプの「導入」である。かの講義草稿はこう続けている。「哲学は、それを根拠づけるのに他のいかなる学も必要としないし、またある異他的な（fremd）道具も必要としない」（GW. 5, 259）。ヘーゲルが拒否しているのは、哲学以外の学問でもって「哲学への導入」をなそうとする考えや、「絶対的なもの」を認識するのに、それに先立ってそのための「道具」や「装置」をしつらえることを「導入」とみなすような考えであるといえよう。この「認識」＝「道具」説を理解するには、「絶対者」を捉えることを「もち竿で鳥を捕える」かのごとく考える素朴な考えを批判している『精神現象学』の「緒論（Einleitung）」冒頭の一節（vgl. GW. 9, 53）を思い起こせばよい。講義草稿はさらにこう続けている。「哲学自身の全体が導入の働きに転化したり、導入の働きが哲学とみなされること」は絶対避けなければならないが、「近年では、そのような導入的な哲学的思惟が、哲学の根拠づけ、批判主義、懐疑的方法、独断論の防止などの名のもとに、確実性をひけらかしてのさばっている」（ibid. 259f.）。「哲学の根拠づけ」はいうまでもなくラインホルトを指している。「懐疑的方法」はバウターヴェークを指しているのであろう。この時期のヘーゲルの「導入」拒否は、このような文脈全体の中で理解しなければならない。ヘーゲルは、ラインホルトの「根拠づけ、根拠究明の志向」を、「絶対者」を認識するのに、それに外在的な「道具、装置」づくりにすぎないとみなしているのである。だが、この場合も『差異』の批判は必ずしも的中しているとはいえない。

　ラインホルトの根拠づけは――「根源的に真なるもの」と「真なるもの」の「相関関係」に基づく「現象学」の方法に明瞭なように――「絶対的なもの」の認識と切り離されているどころか、逆に認識を絶えず「絶対的なもの」（「勝義の第一のもの」、「神」）と関連づけ、それの思惟可能性を根拠づけようとしている。そして、「絶対的なもの」は、「根源的に真なるもの」と「真なるもの」のかの「相関関係」のすべてが汲み尽くされることによって、初めて自らを現実的に真なるものとして証示することができる。それは、『精神現象学』でも「絶対知」は、「意識」と「精神」の「諸形態」のすべてを汲み尽くして、初めて自らをすべての知の究極の根拠として証示できる地平に立つのと同様である。この点に限れば、「合理的実在論の現象学」と『精神現象学』とは、類似的な方法によって同一の課題を実現しようとしているといっても過言ではない。すると、「哲学」の「論理学」への還元批判の場合だけでなく、この「端緒」-「導入」問題に関しても、『差異』の著者は、後に自らが構想し、実現していく課題に向かって批判の矢を放っているという印象は拭えない。

緊密に連関している「端緒の問題」と「導入の問題」の所在は、体系展開の「端緒」とその「終局点」との関係についてだけでなく、展開される個々の諸規定と〔その「根拠」をなしている〕「原理」との相関関係を考えてみれば、明瞭になる。この「原理」と諸規定の展開の相関関係を説くのに、『差異』は非常に興味深いメタファーを使っている。すなわち「学はその諸部分の一つ一つを絶対的に措定し、そしてそのことによって端緒において、また個々のどの点においても、同一性と知を構成するのだが、そのことによって学は自らを自らのうちに根拠づけると主張する」。その場合「知は自己形成を進めれば進めるほど、客観的な統体として、同時に自らをそれだけ根拠づけもするのだが、知の諸部分は、認識のこの全体と同時にしか根拠づけられていない。〔たとえば〕円とその中心点は互いに関係し合っているが、それは、円周上の最初の端緒〔起点〕がすでに中心点への関係であっても、中心点は、それの〔円周上の点への〕関係すべてが完成しないと、つまり円周の全体が完成しないと、完全なものにならないという具合に互いに関係し合っているである」(ibid. 82)。ここには、二種類の相関関係が語られている。

①円周上の諸々の点が表している「知の諸部分」と完成した円周たる「認識の全体」との関係。この場合、前者は後者の成就と「同時にしか根拠づけられていない」と明言されている。すると、円周の完成途上では、未完成な円周上の諸点たる「知の諸部分」は完全には「根拠づけられていない」のだから、——上記の引用文では「学はその諸部分の一つひとつを絶対的に措定」すると述べられているにもかかわらず——まだ「確然的」妥当性を有しておらず、

「暫定的」妥当性しか有していないといわざるをえない。「暫定的」妥当性が「確然的」妥当性に転化するのは、円周が「完成」するときである。このことは、「円周上の最初の起点」としての「端緒」にも当然当てはまる。かくして、体系的思惟の「端緒」は、さしあたり（「円周」が完成するまでは）「暫定的」にとどまるのである。

②円周上の諸々の点たる「知の諸部分」の進展と哲学的「原理」たる「中心点」との関係。この場合も、「中心点は、それの（円周上の点への）関係すべてが完成しないと、つまり円周の全体が完成しないと、完全なものにならない」と明言されている以上、円周の完成途上では、いい換えれば「知の諸部分」が余すところなく汲み尽くされるまでは、「中心点」は「中心点」として未完成なのである。よって、「中心点」によって表現されている「原理」はまだ、さしあたり「確然的」妥当性を有しておらず、「暫定的」妥当性しか有していないのである。「原理」たる「中心点」は、円周運動の完成に先立って完成した「中心点」（「原理」）として「在る」のではなく、その運動とともに「中心点」に「なる」のである。つまり「原理」もまた（「確然的」原理へと）「生成」するのである。

かくして、この「円周」と円の「中心点」のメタファー[21]が含意しているのは、体系的思惟の展開途上においては、その「端緒」はもちろん、「知の諸部分」も、そしてそれらを規定しているはずの「原理」自身すらが、厳密には「暫定的」妥当性しかもたず、体系の完成によって初めて、それらの「確然的」妥当性は証示されるということである。かのメタファーを字義通りに解釈すれば、『差異』の著者もそう考えていたはずだと想定せざるをえない。そして、このことは、われわれが先に確認したように、ラインホルトの「根拠づけ」のプロセスにもそのまま妥当する。そうである限り、体系的思惟の進展的方法に関して、ラインホルトとヘーゲルの見解は対立しているどころか、一致している、少なくとも軌を一にしているといわねばならない。しかし、にもかかわらず、ヘーゲルはこのメタファーをラインホルト流の「根拠づけ」への反論として持ち出しているのである。そして、かの「根拠づけ」では「暫定的なもの」は永遠に暫定的にとどまり、けっして「確然的なもの」に転化しないと、十分な理論的根拠を挙げないまま断罪している。そのような判断の根拠を、『差異』の著者が『概観‐寄稿集』の第二分冊以降を読むことができなかった点に求めても無駄であろう。そのような判断はむしろ、イェーナ初期のヘーゲルの哲学的方法論における一種の「原理主義」とでもいうべきものに根差しているといった方がよいだろう。この時期のヘーゲルは、「反省」と「思弁」を、「悟性」と「理性」を峻別し――さらにいえば「相対的認識」と「絶対的認識」を、「有限な認識」と「無限な認識」を峻別し――後者の立場から、前者をおしなべて排撃、断罪する傾向がきわめて強い。『哲学批評雑誌』第二巻第一号（一八〇二年七月）に掲載された「信と知」論文で、彼が「無限性」の立場から、カント、ヤコービ、フィヒテ哲学をひとくくりにして「有限性の反省哲学」と断罪しているのも、そのような傾向の典型である。そのような「原理主義」に囚われていた『差異』の著者には、かの「根拠づけ」「根拠究明」も、もっぱら形式的・悟性的思惟に基づく「前庭‐哲学（Vorhof-Philosophie）」にしか映らなかったのである。

だが、その「原理主義者」も後年になると、ラインホルトの「哲学的端緒の思弁的本性に関する真の関心」を積極的に評価するようになる。ヘーゲルはいわゆる『大論理学』の第一巻「存在論」の初めで、「哲学の端緒」問題に触れてこう書いている。「哲学は仮説的、蓋然的な真なるものからしか始まることはできない」、「ラインホルトが彼の哲学的思惟の後年に多様なかたちで促進した」この見解の根底には、「哲学の端緒の思弁的本性に関する、純粋な関心」が横たわっている（*GW*, 21, 56f.）。また『哲学的諸学のエンチクロペディー』「序論」第一〇節は、こう記されている。「水に入る前に水泳を習おうとする」ような試みの「混乱を見抜いたラインホルトは、その混乱を除去するために、仮説的、蓋然的な哲学的思惟から暫定的に始めることを提案した」。よく考えると、そのような提案はごく「一般的なこと」しか述べていないのだが、それでもその提案には「正しい意識があることは、見まがうべくもない」（*GW*, 19, 37）。ここに挙げられている「水に入る前に水泳を習おうとする」試みこそ、『差異』がラインホルト流の「根拠づけ」の傾向のうちに読み取っていた「哲学する前に哲学しようとすること」にほかならない。ヘーゲルは、『差異』から約一〇年後にようやく、限定つきながら「仮説的、蓋然的な哲学的思惟から暫定的に始めること」の意義と必然性を認めるに至ったのである。

最後に、ラインホルトの「合理的実在論」の全体系において、いかなる部門が「導入」的役割を果たすのかという問題に触れておこう。「論理学」が「導入」的機能を持っていることはすでに述べた。だが、「現象学」もまた「導入」的機能を持っていると考えなければならない。すると、「論理学」と「現象学」はそれぞれ、どのような固有の機能において、本来の哲学への導入的役割を果たすと考えられているのか。両学科はどのような区別と連関を有しているのか。

すでに述べてきたように（第十二章第三節3参照）、哲学の「第一の課題」の解明を任務とする「論理学」は、「真なるものを根源的に真なるものに連れ戻すこと」によって、いい換えれば、事物の「本質」を「根源的本質の原像、原型」と捉えることによって、「根源的本質」と「本質」（＝「原像」）との連関を明らかにする。それは「無制約的なもの」と関わっている「理性的なものの明瞭な認識」による。それに対して、「第二の課題」の解明を任務とする「現象学」は、「現象それ自体を真なるものへと連れ戻すこと」によって、かの「原像」＝「本質」とこの「原像」の「摸像」である規定された「質料」との連関を明らかにする。それは「制約されたもの」と関わっている「感性的なものの明瞭な認識」による。両方の課題の解明があいまって、全体としての「認識の実在性」の根拠が究明されるのだから、「論理学」と「現象学」はあいまってかの根拠究明作業の全体を相補的に遂行する。「論理学」は、いわばその「理性的」究明であり、「現象学」は、その「感性的」究明である。かくして、かの「根拠究明」全体がまだ本来の哲学への導入とみなされる限り、「合理的実在論」の「形而上学」は二重の導入部門を持っているといえる。[22] すると、この「現象学」は「感性的」領域における「導入」に限定されており、この点で「学への導入」としての「精神の現象学」とやはり決定的に異なっているのである。

注

（1） Martin Bondeli, Hegel und Reinhold, in: *Hegel-Studien* Bd. 30. Bonn 1995によれば、ヘーゲルは初期の諸断片ではラインホル

トの名にほとんど触れていないが、「典型的にラインホルト的な思想」には多くの箇所で言及している。たとえば、一七九四年の末頃になった「心理学のための草稿」では、「意識律」をそのまま引用している。「表象能力の普遍的威力――意識において、表象は主観によって、主観と客観から区別され、かつこの両者に関係づけられる――意識律――しかし、その他の諸分枝（Zweige）をこれから導出することはできない」（G. W. F. Hegel: *Gesammelte Werke*. Bd. 1: *Frühe Schriften I*, hrsg. v. F. Nicolin und G. Schüller, Hamburg 1991（以下 GW, 1と略記）, 169）。また、一七九五年の初めに書かれたある断片では、フィヒテの「クロイツアー書評」（本書第八章第一節参照）を利用しながら、「意志の自由」に関するラインホルト――フィヒテ的問題機制に言及している（*GW*, 1, 195f.）。

（2）一七九四年一二月二四日、ヘーゲルはまだチュービンゲンの学生であったシェリングにベルンから手紙を書き、シュティフトの学問の旧態依然さについて「ラインホルトやフィヒテのような人物がそちらの講壇に立たぬうちは、本当のものは出てこないね」と批判している。だが、それから間もない翌年一月の書簡では、カント研究に取り組んでいることを報告し、こう書いている。「カントの重要な帰結」を「もっと深く徹底しようとする最近の努力については、僕はまだ見たことがない。ラインホルトのものも同様だ。この人の思弁は、もっと幅広く利用できる概念に大々的に適用できるというよりも、ただ理論的理性に対してのみ、いくらかの意義を持っているにすぎない」（*Briefe von und an Hegel. Band I: 1785-1812*, hrsg. v. Johannes Hoffmeister, Hamburg 1952, 12, 18. 小島貞介訳『ヘーゲル書簡集』日清堂書店、一九七五年、一五、一八頁。この邦訳書では、残念ながら「ラインホルト」が「ラインハルト」になっている）。

これに対して、シェリングは二月四日の返信でこう書く。「哲学をその究極の諸原理へと還元しようとするラインホルトの試みについて、この試みが、純粋理性批判によって引き起こされた革命自身をそれほど前進させるものではないという君の推定は、たしかに間違ってはいない。しかしながら、それは、学が超えて進まなければならない一つの段階でもあったのだ。僕たちが今かくもたやすく〔中略〕哲学の最高の点に立つようになるのは、ラインホルトのおかげではないのかどうか、僕には分からない」（ibid., 21）。このやり取りは、当時の両者のラインホルト評価の微妙な違いを窺わせて、興味深い。

（3）一八〇〇年一一月二日付けのヘーゲルからシェリング宛て書簡（ibid., 59）参照。

（4）『哲学批評雑誌（*Kritisches Journal der Philosophie*）』は一八〇二年五月までの短い期間に、チュービンゲンのコッタ社から、全二巻合計六号を刊行して幕を閉じたが、掲載された序文、論文、覚書すべてに執筆者名が記入されておらず、編集者＝執筆者二人の「共同性」への強い意志が窺われる。この雑誌についての包括的な資料的研究にHermut Buchner, Hegel und das Kritische Journal der Philosophie, in: *Hegel-Studien, Bd.3*. hrsg. v. Fr. Nicolin und O. Pöggeler, Bonn 1965がある。

（5）以下、『差異』論文からの引用は、G. W. F. *Hegel Gesammelte Werke*. Bd. 4: *Jenaer Kritische Schriften*, hrsg. v. H. Bucher und O. Pägeler, Hamburg 1968（*GW*, 4と略記）の頁数を本文中に記入する。『差異』の邦訳には、山口祐弘・星野勉・山田忠

彰訳『理性の復権――フィヒテとシェリングの哲学体系の差異――』アンヴィエル、一九八二年のほか、最新の訳としては村上恭一訳「フィヒテとシェリングの哲学体系の差異」（G・W・F・ヘーゲル『ヘーゲル初期哲学論集』平凡社ライブラリー、二〇一三年）がある。

（6）両者の間の差異の顕在化の過程は、一八〇〇年一一月一五日付けのフィヒテからシェリング宛て書簡から、一八〇二年一月一五日付けのシェリング宛て書簡までの約一〇通の往復書簡に見て取れる（W・シュルツ解説、座小田豊・後藤嘉也訳『フィヒテ－シェリング往復書簡』法政大学出版局、一九九〇年、一一九－一八六頁参照）。

「叙述」の「序文」でシェリングが――直接法による断定を慎重に避けながらも――次のように記したことはよく知られている。「フィヒテは観念論をまったく主観的な意味で考えたのに対して、私は客観的な意味で考えたのであろう。フィヒテは観念論とともに反省の立場にとどまっているようだが、私は観念論の原理によって生産の立場に立ったのであろう。この対立を最も分かりやすく表現すれば、主観的な意味での観念論は〈自我がすべてである〉と主張し、客観的な意味での観念論は〈すべては＝自我であり、自我に等しいもの以外は何も存在しない〉と主張するに違いない。両者が観念論的であることは否定できないであろうが、それらが異なった見解であることは疑いようがない」（*SW*, IV, 109; *AA*, I/10, 111. 北澤恒人訳「私の哲学体系の叙述」『シェリング著作集3』一二頁）。

（7）『差異』は、シェリングの学説を紹介するのに、「叙述」を引用しているのはごくわずかな箇所であり、もっぱらそれ以前のシェリングの著作に依拠している。

（8）『概観 - 寄稿集』各分冊に収められた論文タイトルについては、第十二章の注（1）を参照。

（9）おそらく『差異』とほぼ同時期に公刊された『概観 - 寄稿集』第二分冊の「第一論文」で、ラインホルトは「哲学の形式の可能性」論文以降のシェリングの諸論文・諸著作すべてを時系列に沿って論評しているが、その叙述は『超越論的観念論の体系』まで終わっている。それでも、そこでラインホルトはフィヒテに対するシェリングの独自性を見逃しているわけではない。彼は「シェリングの偉大な固有の功績は、彼が考案した思弁的自然学、すなわち純粋な自然哲学にある」（*Beyträge-U.*, H. 2., 67）と述べた上で、フィヒテも「自然を絶対的客体として認識して」いたが、それをただ「認識を普通の意識の立場で、普通の意識に対して主張して」いたのに対して、「シェリングは、単に普通の非哲学的な見方のこの屈辱から自然学を解放し、自然学をいきなり哲学の根本学の地位に引き上げたのである」（ibid., 68）と、「純粋な自然哲学」の独自性を認めている。そのことによって、シェリングは「自然が自ら自身によるその永遠の生成のうちに自らを措定すること」、「自然が、世界直観において概念的に把握される叡知の没意識的で盲目的活動にほかならないこと」（ibid., 68f.）を認識したのである。さらに、方法論的観点からも、われわれが第十二章第三節で検討したような、いわば「超越論的反省」の深化の新たな発見がシェリングによってなされたことを、ラインホルトは認めている。

第一分冊の第一論文の続編であり、さらに第三分冊の第六論文へと継続される、この第二分冊第一論文は、「哲学の第一課題」の解決方法に関する一種の「近世哲学史」の体裁を取っており、第二分冊での論述対象は、§1　カント（S. 1-27）、§2　フリードリッヒ・ハインリッヒ・ヤコービ（S. 27-34）、§3　ラインホルトの根元哲学、エーネジデムスの反批判主義的懐疑論、ザロモン・マイモンの批判主義的懐疑論（S. 35-43）、§4　フィヒテ（S. 43-61）、§5　シェリング（S. 61-71）である。

（10）たとえば、一八〇一年一一月六日付けのシュトゥットガルトの『一般新聞』の「見本市報告」は、両体系の「差異」を知るには、一つには『概観-寄稿集』第三分冊を、もう一つには『差異』論文を読む必要があると述べた後、こう書いている。「これまで、シェリングは彼の観念論的な自然の殿堂をフィヒテの知識学の上に建設しているのだと、誰もが思い込んできたし、フィヒテもそう思い込んでいるように見えた。しかし今や、シェリングは血気盛んな一人の提灯持ち（einen rüstigen Vorfechter）を彼の故郷からイェーナに呼び寄せ、この提灯持ちを通して、フィヒテでさえ深いところでは彼の見解のもとにあるということを知らせて、公衆をびっくりさせた」（Vgl. *GW*, 4, 595. Anm.）。この記事は、『差異』の果たした役割についての一般的風潮の一端を窺わせて興味深い。この「見本市報告」に言及している『哲学批評雑誌』第一巻第一分冊の「彙報（Notizenblat）」欄の注は、ヘーゲルの署名入りで「この通知の書き手は嘘をいっている」と反論している（*Kritisches Journal der Philosophie*, Bd. 1, St. 1, 121; *GW*, 4, 190. 海老澤善一訳編『ヘーゲル批評集』梓出版社、一九九二年、四二-四六頁）。

（11）注（9）を見よ。

（12）この有名な定式は、一八〇〇年のいわゆる「体系断片」での「生は結合と非結合の結合である」（*GW*, 2, 344）という定式を引き継ぎ、一八〇二年の「自然法」論文での「絶対者は無差別と相関関係の統一である」（*GW*, 4, 433）という定式に継承されていく。この場合「相関関係」とは「相対的同一性」のことである。

（13）Vgl. Martin Bondeli, Hegel und Reinhold. 55ff.

（14）M・ボンデリは、ここではかの「純粋な同一性」という「同一性概念が、同一性の二番目の意味、合一哲学的な意味にずらされている」と指摘している（ibid. 57）。

（15）『差異』は、『要綱』書評でのフィヒテの断定、「『論理学要綱』は蒸し返された根元哲学にほかならない」という断定もそのまま受け継いでいる（*GW*, 4, 89）。

（16）第十三章第四節で言及した「絶対的同一性-体系、およびそれの最近の（ラインホルトの）二元論に対する関係について」で、シェリングは「ヘーゲルが非常にうまく表現したように」、ラインホルト的「同一性」は「類概念のまったく一般的な、単に論理的な同一性、抽象的な悟性-同一性以上のものではない」と語り、さらにラインホルトの体系では、「一方に概念の抽象的単一性、無限に反復可能なもの」が置かれ、「もう一方に、思惟の適用に必要な素材の特性としての非同一性、単なる多様性」が置かれ、両者がまったく対置されているがゆえに、その体系は「絶対的な二元論」であると批判している（*Kritisches Journal der Philoso-*

phie, Bd. 1, St. 1, 38f, 42)。その他の箇所でも、バルディリの『要綱』における「思惟」と「素材」の「二元論」、ラインホルトの「二元論」を批判している (ibid., 55, 60)。

(17) Vgl. Martin Bondeli, *Das Anfangsproblem bei Karl Leonhard Reinhold.Eine systematische und entwicklungsgeschichtliche Untersuchung zur Philosophie Reinholds in der Zeit von 1789 bis 1803*, Frankfurt am Main 1995, 297. Vgl. auch M. Bondeli, Hegel und Reinhold, 60.

(18) たしかにラインホルトは、『概観‐寄稿集』第一分冊の第四論文の末尾にこう書いている。「思惟の適用としての適用が自己矛盾に陥るべきでないとすれば、この適用としての適用においては、思惟としての思惟に質料が他なるものとして、したがって、けっして思惟ではないもの (kein Denken) として、非思惟 (Nichtdenken) として、付け加わらねばならない。思惟としての思惟の内的特性は、AをAとしてAのうちでAによって〔捉えること〕——純然たる同一性——であるので、そうである限り、非思惟としての質料の内的特性は（そして、思惟がそれに適用されている以前には）純然たる多様性でなければならない」(*Beyträge-U.*, H. 1, 111f.)。

(19) ヘーゲルはラインホルトの「分析」概念を、常識的理解に従ってもっぱら諸要素の「分離活動」、「分解活動」としてしか捉えていない (vgl. *GW*, 4, 79f.)。しかし、バルディリのそれとも異なる、ラインホルトに特有の「分析」は、合一されたものの分離と分離されたものの合一の両方を同時に含んでいる。「分析」はその意味で、「離接 (Disjunktion)」によって生じてくる「総合 (Synthesis)」と「反立 (Antithesis)」との「絶対的な統合」と定義される (*Beyträge-U.*, H. 2, 184)。この場合、おそらくヘーゲルが誤解しているように「総合と分析」が対をなすのではなく、「総合」と「反立」が対をなしているのだが、ラインホルトのそのような理解は、（総合的手続きの反対を分析的手続きではなく、反立的手続きと特質づけている）フィヒテの提案に従っているのである。彼は最終的に『概観‐寄稿集』第六分冊では、「分析」の定義をさらに修正し、「連接 (Conjunktion)」としての「総合」と「離接」としての「反立」との統合と規定している (*Beyträge-U.*, H. 6, 22f.; vgl. Martin Bondeli, *Das Anfangsproblem bei Karl Leonhard Reinhold*, 365f.)。

(20) 「序論。哲学批評一般の本質について、およびとくにそれと哲学の現状との関係について」(*Kritisches Journal der Philosophie*, Bd. 1, St. 1, XIVf.; *GW*, 4, 122f. G・W・F・ヘーゲル著／加藤尚武・門倉正美・栗原隆・奥谷浩一訳『懐疑主義と哲学との関係』未来社、一九九一年、一四一‐一四二頁。海老澤善一訳編『ヘーゲル批評集』三三‐三四頁)。

(21) イェーナ期のヘーゲルは、「円周（運動）」と「中心点」の相関関係のメタファーを他の様々な事態を説明するためにも用いている。たとえば、「信と知」論文では、「理性の理念、すなわち一と多との絶対的であるが、だが二肢的な同一性の理念」が、「中心点であると同時に円周でもある」ような「循環の中心」に擬せられている (*GW*, 4, 361)。一八〇四／〇五年のいわゆる「論理学および形而上学」草稿では、「霊魂」の運動が「同時に中心点としての霊魂に関係づけられているような円周の運動」によって象徴されている（GW, 7, 140f.）。『差異』での用例に比較的近いのが、同草稿の「根拠律」での「認識活動」に即した用例である。認識活動の「第一のモメントがすでに生成していることから出て、もう一度生成しなければならない必然性」は、「運動としての認識活動が円周であることによって、反省としての認識活動が〔中心〕点になるということのうちにある」（ibid., 135）。

（22）M・ボンデリは「現象学」を「論理学への導入」部門、そして「論理学」を「形而上学への導入」部門と捉えている。ただし「現象学から論理学への途は、継続という意味と合成という意味の両方において考えられうるのでなければならない」とも述べている（M. Bondeli, *Das Anfangsproblem bei Karl Leonhard Reinhold*, 411）。

おわりに

ラインホルトは『概観-寄稿集』最終分冊（一八〇三年）の後は、もうフィヒテやシェリング-ヘーゲルの超越論的観念論との直接的理論対決の戦線から身を引くようになる。一八〇四年以降のキールでの彼の理論活動は、もっぱら思惟において「言葉」と「言語」が果たしている役割の究明に収斂していく。したがってまたこの時期を境に、彼が哲学的理論上の重要論点をめぐって「論敵」と華々しく渡り合うことはなくなっていく。ドイツの哲学界の「最前線」から、彼の姿は次第にフェードアウトしていく。それで、われわれもまたここでひとまず彼の哲学理論の展開過程の追跡に終止符を打ち、最後にラインホルトの哲学思想の「展開」と「旋回」と「再展開」を振り返り、それらが初期ドイツ観念論の展開全体にとってどういう意義を持っていたのか、あるいは持っているのかに触れておきたい。

「カント哲学についての書簡」の「第一書簡」の発表時（一七八六年八月）を起点に取れば、そこから一八〇三年までの一七年の間、彼は実に様々な哲学上の主題と論点にコミットしてきた。われわれがこの間の歩みを追って触れてきた主な主題と論点だけを挙げても、以下のようになる。「批判」の実践的意義の確証、認識諸能力の統一的基底の創案と認識諸能力の一元論的体系化の企て、「表象」の素材と「物自体」問題、「学としての哲学」構想、その「第一根本命題」の資能と後続諸命題の導出の可能性、「自己意識」における自己連関の根拠づけ、「知的直観」の可能性、行為の基礎としての「衝動」-「欲求」-「意志」論、「理性の自由」と「意志の自由」の区別と連関、「批判哲学」と「純化された超越論的観念論」における「理性使用」の境位の区別と連関、超越論哲学の原理としての「自ら自身へと還帰する行」とそれへの批判、「信」と「知」の対立問題、「認識の実在性」の実在論的根拠の究明、その根拠（「絶対者」）の現象のための理論としての「現象学」の提唱、「無差別」としての「絶対的同一性」と「差別」の関係。

これらのいずれもが、ドイツ初期観念論にとってその生成、展開、発展に不可欠な主題と論点であった。その意味で、ラインホルトがこれらの主題と論点について語ったことを正確に知ることなしには、初期ドイツ観念論の展開過程は十分には語りえないのである。このことは、これらの主題と論点をめぐって彼が直接、間接に論戦を交えてきた相手を列挙してみても明らかであろう。すなわち、ヤコービ、M・メンデルスゾーン、カント、エーベルハルト、フラット、ハイデンライヒ、レーベルク、シュミート、シュルツェ、フィヒテ、マイモン、ベック、シェリング、ヘーゲル。

ラインホルトは、上記の期間のうち最初の一三年間、初期ドイツ観念論の生成と展開の推進動力であり、その推進媒体の役割を果たし続けてきた。シラーの美学思想の展開という土壌なしには、初期ドイツロマン派の独創的な芸術理論は生まれなかったように、ラインホルトの「根元哲学」という土壌なしには、フィヒテ以降の超越論的観念論の展開は生まれえなかった。とくに「学としての哲学」の理念ぬきにしては、その後の観念論哲学の生産性は想像できない。上記の期間の最後の三年間における彼の「合理的実在論」の展開は、たしかに初期観念論の裏面史ともいえる。だが、この裏面史は正面史にとってまったく否定的意味しか持っていないのではない。正面史を平板で予定調和的な理論の歴史に貶めないためにも、それを一度その裏面史を通して捉え返してみる必要がある。ラインホルトが問うたように、「自ら自身に還帰する行」という原理は、そして「自律」の超越論的原理化は本当に「根源的仮象」でないといい切れるのかどうか、またこれらの原理は超越論的観念論という哲学の特殊なフレームワークを外してなお有意義性を持つのかどうか、これらのことを真剣に問い直すには、かの裏面史を一度くぐらなければならないであろう。そのとき、われわれはカント、フィヒテ、シェリング、ヘーゲルのテキストだけを金科玉条のごとく取り扱い、それらだけを「正典」視する態度から抜け出せるであろう。ラインホルトの提起した諸問題は、初期ドイツ観念論を改めてそのように真剣に捉え直し、その意義をより深く捉え直すための格好の材料をわれわれに提供している。

ラインホルト関連事項年表（参照文献に関する略記法は「引用に際しての略記法一覧」を参照）

一七五七年一〇月二六日　**K・L・ラインホルト、兵器庫監視官の息子としてウィーンに誕生。**
一七七二年　晩秋　地元のギムナジウム修了後、イエズス会の聖アンナ修道院に入る。
一七七三年　九月　聖アンナ修道院が、イエズス会廃止令を受けて閉鎖される。
　　一一月一七日　ラインホルト、バルナバ会の聖ミカエル修道院（ウィーン）に入会申し込み。
　二二月　ラインホルト、ミステルバッハの聖マルチン修道院に入る。後に、ウィーンの聖ミカエル修道院に移る（両修道院で哲学を講義する）。
一七七六年　五月　一日　バイエルン唯一の大学、インゴルシュタットの教会法・実践哲学教授、アダム・ヴァイスハウプトによって「啓明会（Illuminatenorden）」創設。
一七七八年一一月一五日　ラインホルト、ミステルバッハの聖マルチン修道院で修道誓願式を行う。
一七八〇年　八月二七日　**ウィーンで司祭に叙せられる。**
　一一月一〇日　ラインホルト、教会史と説教術の教師としてミステルバッハへ赴く。
一七八一年　三月　七日　**ウィーンに「真の和合」ロッジが創設される。**
　五月　カント『純粋理性批判』初版出版。
　六月　ヨーゼフ二世、出版検閲制度の緩和政策を実施。
　一〇月　ヨーゼフ二世、宗教に関する「寛容令」を公布。
　一一月一四日　イグナッツ・フォン・ボルン、「真の和合」ロッジに入会。
一七八二年　三月　ワイマールの宮廷顧問官ヨーハン・ヨアヒム・クリストフ・ボーデ（「厳格な服従派」の財務長官）が啓明会に入会する。

五月二四日　A・ブルーマウアー、「真の和合」ロッジに入会、ボルンが「真の和合」ロッジの「棟梁」になる。
七月　J・v・ゾンネンフェルス、「真の和合」ロッジに入会。
八月　J・F・ラッシュキー、「真の和合」ロッジに入会。
七月〜九月　「厳格な服従派」の指導者、ブランシュヴァイク公フェルディナンドが主催するフリーメイソンのヴィルヘルムスバート大会が開かれる。
九月一四日　ラインホルト、聖ミカエル修道院の修練士の長に昇進。
一〇月　**ラインホルト、ウィーンの『現実新聞』で精力的な書評・評論活動を開始する**（この活動はウィーン脱出の翌年一一月まで継続される）。
一〇月二九日　ラインホルトの最初の書評が『現実新聞』第四四号に載る。

一七八三年　二月一一日　ワイマール公、カール・アウグスト啓明会に入会（ゲーテは翌日、ヘルダーは七月一日に入会。フォイクトも入会）。
春　カント、『将来の形而上学のためのプロレゴーメナ』出版し、ガルヴェとフェーダーによる「ゲッチンゲン書評」を論駁する。
四月三〇日　**ラインホルト、ブルーマウアーの推薦で「真の和合」ロッジに入会**（五月以降、定期的に「真の和合」ロッジに通う）。
七月　四日　ラインホルト、メイソンリーの第二位階に昇進。
七月一八日　ラインホルトの最初の「講話」、「生の術を楽しむことについて」が友人ブルーマウアーによって、ロッジで代読される。
九月　五日　ラインホルト、ロッジでの二番目の「講話」、「社会の価値は、その社会の構成員の質にかかっている」を自ら読み上げる。
一〇月　三日　ラインホルト、メイソンリーの第三位階に昇進。
一一月　三日　ラインホルト、「真の和合」ロッジで最後の講話「不可思議なものに惹かれる性癖、およびこの性癖の起源と作用について」を行う（この講話は翌年の『フリーメイソン雑誌』に掲載される）

	一一月一八日	**ラインホルト、ウィーンを密かに脱出し、ライプツィヒ大学の神学・論理学教授ペツォルトとともにライプツィヒへ向かう。**
	冬学期	ラインホルト、ライプツィヒ大学でE・プラットナーの講義を聴講。
一七八四年	復活祭	ヘルダー『人類史の哲学のための構想』第一部公刊。
	五月　一日	ラインホルト、ワイマールのヴィーラントのもとに到着（五月中にヘルダーによって、プロテスタントに改宗）。
	六月	ラインホルト、*TM*の告知欄でヘルダー『人類史の哲学のための構想』第一部を好意的に論評（*TM* 七月号）。
	七月一〇日	シュッツが初めてカントに宛てて書簡を送り、刊行予定の『一般学芸新聞（*ALZ*）』の寄稿者になってくれるよう依頼する。とくにヘルダーの『人類史の哲学のための構想』の書評を依頼する。
	七月	ラインホルト「啓蒙についての考え」を発表（*TM*七月号、八月号、九月号）。
	七月	ラインホルト「学問、その世俗化の以前と以後、一つの歴史的素描」を発表（*TM*七月号）。
	九月	M・メンデルスゾーン「啓蒙とは何か」を発表（*BM*）。
	一一月	カント「世界市民的見地における普遍史のための理念」を発表（*BM*）。
	一二月	カント「啓蒙とは何か」を発表（*BM*）。
一七八五年	一月　三日	**『一般学芸新聞』創刊号。**
	一月　六日	**カント、ヘルダーの『人類史の哲学のための構想』第一部を酷評**（*ALZ*, Nr. 4）。
	二月一八日	シュッツのカント宛ての書簡。*ALZ*のヘルダー書評の著者がカントであることがすでに知れ渡っていること、ヘルダーがこの書評に「激昂」していること、さらにヴィーラントのもとにいる「ラインホルトという名前の若い改宗者」が*TM*二月号に反批評を書く予定であること、を報告する。
	二月	**ラインホルト、匿名で「TM編集長への某所の牧師の書状。ヘルダーの人類史の哲学のための構想の書評について」を書き、カントのヘルダー批評に反論**（*TM*二月号）。
	三月	カント、ラインホルトの「牧師の書状」に対する「抗弁」を発表（*ALZ*三月号補遺）。

復活祭　カント『道徳の形而上学の基礎づけ』公刊。

五月一六日　**ラインホルト、ヴィーラントの長女ゾフィーと結婚**。

六月　ラインホルト「盲目的信仰の神学、素描」を発表（*TM*六月号）。

七月　ラインホルトがウィーンで啓明会の同志であったJ・B・アルクスィンガーの『全詩集』を書評する（*TM*七月号）。

七月一二〜三〇日　シュッツ、シュルツの『カント教授の純粋理性批判の解明』書評と抱き合わせのかたちで、「第一批判」『プロレゴーメナ』の書評を五回にわたって詳しく解説する（*ALZ*, Nr. 162, 164, 178, 179, 179補遺）（ラインホルトは、この書評に「宗教の根本的真理の道徳的認識根拠」を読み取る）。

秋　**シュッツのALZ紙上でのカント書評に触発されて、ラインホルトがカント哲学の研究を開始する**。

冬学期　C・Ch・E・シュミート、イェーナで最初の純粋理性批判の講義を行う。

九月　ヤコービ『スピノザの教説について』公刊。

一〇月　M・メンデルスゾーン『朝の時間、神の存在についての講義』公刊。

一七八六年　一月二／九日　シュッツがメンデルスゾーン『朝の時間』を書評（*ALZ*, Nr. 1, 7）。

二月一一日　シュッツがヤコービ『スピノザの教説について』を書評（*ALZ*, Nr. 36）。

三月　ラインホルト、ウィーンで啓明会の同志であったJ・F・ラッシュキーとA・ブルーマウアーが編集者である『ウィーン詩人年鑑　一七八六年版』を書評（*TM*三月号）。

四月　ラインホルト、ブルーマウアー『フリーメイソン詩集』を書評（*TM*四月号）。

五月　ヴィツェンマン『ヤコービの哲学とメンデルスゾーンの哲学の帰結』公刊。

五月二六／二七日　（おそらく）シュッツが、ヴィツェンマンの『ヤコービ哲学とメンデルスゾーン哲学の帰結』を書評（*ALZ*, Nr. 125, 126）。

八月　**ラインホルト「カント哲学についての書簡」第一書簡と第二書簡を発表**（*TM*八月号）。

一〇月　カント「思考において方位を定めるとはいかなることか」発表（*BM*一〇月号）。

一一月　**ラインホルト、自分の「カント哲学についての書簡」の趣旨を説明する、長文の書簡（「一一月書**

一七八七年　一月　四日　**簡」）をフォン・フォイクトに送る。**

一月　ヘルダーがカール・アウグスト公にラインホルトの推薦状（能力証明書）を書く。

二月　ラインホルト、カント哲学についての「第三書簡」発表（*TM* 一月号）。

三月　ラインホルト、同「第四書簡」発表（*TM* 二月号）。

五月一四日　ラインホルトのイェーナ招聘が確実になる（*Korrespondenz 1*, 200）。D・イェーニシュのカント宛ての書簡。ラインホルトの『カント書簡』が「きわめて強烈なセンセーションを巻き起こして」おり、この書簡によって「ドイツの哲学者たちが意識を覚醒させられ」カントの哲学に「生き生きとした関心」を持つようになっている、と報告（*KA*, X, 485）。

五月　ラインホルト、同「第五書簡」発表（*TM* 五月号）。

六月　カント『純粋理性批判』第二版出版。

六月二〇日　**ラインホルト、哲学部員外教授に招聘されイェーナへ転居**。

七月　ラインホルト、同「第六書簡」発表（*TM* 七月号）。

七月一七日　ラインホルト、A・ヴァイスハウプト編『啓明会の改善された体系』を書評（*ALZ*, Nr. 170）。

七月二一日　シラー、ワイマールに到着。カルプ夫人、ヴィーラント（七月二三日に訪問）、ヘルダー（七月二五日に訪問）らと交わる。

七月二四日　イェーナの哲学部学部長、C・G・シュッツが教授名簿にラインホルトを員外教授として登録する。

八月　四日　ラインホルト、A・ヴァイスハウプト『唯物論と観念論について』を書評（*ALZ*, Nr. 186b）。

八月　ラインホルト、カント哲学についての「第七書簡」発表（*TM* 八月号）。

八月二九日　*ALZ* 第二〇七a号、ラインホルトの哲学員外教授への招聘を報知する。

八月二九日　**ラインホルトを訪れ六日間滞在した様子を、シラーがケルナーに報告**（*NA*, 24, 142ff.）。

九月　ラインホルト、カント哲学についての「第八書簡」発表（*TM* 九月号）。

九月二〇日　ラインホルト、イェーナの哲学部にマギステルの申請書を出す。

一〇月一二日　**ラインホルトが初めてカントに宛てた書簡**。「牧師の書状」の著者が自分であると名乗り、非礼を詫びる。*ALZ*でのシュッツによる書評（一七八五年七月）で「自分に理解できた唯一の箇所」が「宗教の根本的真理の道徳的認識根拠」であったこと、さらに青年期の「盲信と不信仰」およびその「不幸な二者択一」という「魂の病」から逃れる手段を「『批判』の中に予感し、探し求め、見出した」こと、「カント書簡」はそうした「病」の「治癒手段」に役立てようと書かれたことなどを伝える（*KA*, X, 497ff.）。

一〇月二二日　**ラインホルト、イェーナ大学就任演説「趣味が学問と道徳の陶冶に及ぼす影響について」を行う。**

冬学期　**イェーナ大学でラインホルトの講義始まる。**
「初心者用批判入門のためのカント認識能力論」（一〇月二六日から）。
「エーベハルトを手引きとした美学理論および若干の補足」。

一二月二八日　カントが初めてラインホルトに書簡を送る。両者の「理念」が「正確に一致している」ことを請け合い、「カント書簡」がこの理念の普及に果たした功績に謝意を述べる（*KA*, X, 513ff.）。

年末　**カント『実践理性批判』を出版。**

一七八八年

一月一九日　ラインホルトのカント宛ての書簡。『実践理性批判』を読んで、自分の「カント書簡」が「まだ宗教の根本的真理の道徳的根拠の真の究明には立ち入ってはいなかった」のを理解したと告げる（*KA*, X, 523ff.）。

夏学期　**ラインホルト、公開講義「ヴィーラントの〈オーベロン〉について」を始める**（聴衆約四〇〇人）。

七月　二日　ラインホルト、A・ヴァイスハウプト『時間・空間のカント的概念についての疑念』を書評（*ALZ*, Nr. 158a）。

七月二二日　ラインホルト、『啓明会との密かな結合関係についてのフリードリッヒ・ニコライの公式釈明』を書評（*ALZ*, Nr. 175）。

八月　六日　**レーベルク、『実践理性批判』を書評し、「純粋理性は実践的たりえない」と批判する**（*ALZ*, Nr. 188a, 188b）。

九月　七日　シラー、レンゲフェルト家で初めてゲーテと顔を合わす。

	一〇月	ヴォルフ主義者、エーベルハルトの機関誌『哲学雑誌（*Philosophisches Magazin*）』が創刊される（第一巻第一号）。
	一〇月	**ラインホルト「満足の本性について」を*TM*一〇月号に掲載**（一一月号、一七八九年一月号まで連載）。
	一〇月二一日	ラインホルト、C・Ch・E・シュミート『講義用、純粋理性批判要綱』改訂第二版を書評（*ALZ*, Nr. 266b）。
	一〇月二七日	〔ヘーゲル、ヘルダーリンらとともに、チュービンゲン神学院に入学〕
	一二月一五日	シラー、ゲーテを通してイェーナ大学員外教授の辞令を受け取る。
一七八九年	一月　三日	**ラインホルト、チュービンゲンのフラットの『因果性の概念の規定と演繹、および自然神学の基礎づけのための断章的論集』を書評**（*ALZ*, Nr. 3）。
	復活祭	『哲学雑誌』第一巻第二、三、四号刊行。 ヤコービ『スピノザの教説について』第二版公刊。
	四月	**ラインホルト、論文「カント哲学のこれまでの運命について」を発表**（*TM*四月号、五月号）。
	四月　七日	M・ヘルツがカント宛ての書簡に、S・マイモンの『超越論哲学についての試論』の原稿を同封し、これの検討を依頼する（*KA*, XI, 14ff.）。
	四月　九日	ラインホルト、上記論文「運命について」を独立の小冊子として出版する。これを書簡に同封してカントに送る。「ミカエル祭の見本市」までには仕上がる予定の『人間の表象能力の新理論試論』が、カント哲学を正しく理解するのに「いく分か寄与するはず」だと、書く（*KA*, XI, 17ff.）。
	五月一一日	シラー、イェーナに赴任。
	五月一二・一九日	カント、ラインホルト宛て書簡でエーベルハルト批判の論点を事細かく指示する（*KA*, XI, 33ff., 40ff.）。
	五月二六日	**シラー、就任講演「普遍史とは何か、何のためにこれを学ぶか」**（多数の聴講者が押し寄せラインホルト講堂が満員になり、会場を急遽グリースバッハ講堂に移す（*NA*, 25, 256f.））。

六月一一日～一三日　**ラインホルト、五月のカントからの書簡の文章を転用して、三日連続で『哲学雑誌』第一巻第三、四号のエーベルハルト論文を批判する**（*ALZ*, Nr. 174–176）。

六月一四日　ラインホルト、カント宛ての書簡。自分の表象能力の理論がカントの認識理論の「前提」であり、「批判哲学の鍵」であることを認めてくれるよう頼む（*KA*, XI, 59ff.）。

一〇月下旬　**ラインホルト、「カント哲学のこれまでの運命について」を「序文」とした単行本『人間の表象能力の新理論試論』を公刊**。「純然たる表象」を基底に、「直観」「概念」「理念」を「表象」の特殊な複合体とみなす、表象一元論を提唱。

晩秋　『哲学雑誌』第二巻第一、二号刊行。

一一月一九／二〇日　**レーベルク、『人間の表象能力の新理論試論』を書評**（*ALZ*, Nr. 357, 358）。

一二月　**S・マイモン、『超越論哲学についての試論』の序文を脱稿**（出版は翌年）。

一二月一六日　『ゴータ学術新聞』（100. St.）がラインホルトの『試論』書評を掲載。

一七九〇年　一月二三日　フェーダー、『ゲッチンゲン学芸報知』（14. St.）でラインホルトの『試論』を書評する。

三月一三日　ラインホルト、ヤコービ宛て書簡（*Korrespondenz 2*, 253f.）。「批判の体系をまったく別のやり方で新たに根拠づけ」ねばならないと書く。

三月一六日　C・Ch・E・シュミート、『道徳哲学の試論』初版の序文を脱稿。

復活祭　カント『判断力批判』出版、カント、エーベルハルト論駁論文「発見について」を発表。

ラインホルト、単行本『カント哲学についての書簡』第一巻公刊。初出の『ドイツ・メルクーア』版の各書簡に加筆修正を加えて成立。書簡の数も八から一二に増える。

四月中旬　F・I・ニートハンマー、ラインホルトのもとでカント哲学を研究するために、チュービンゲンからイェーナに到着。五月七日に大学の学籍簿に登録する。

五月一七日　**フラット、『チュービンゲン学術報知』（39. St.）でラインホルトの『試論』を書評する。**

六月　七日　**K・H・ハイデンライヒ、『ライプツィヒ新学術報知』（Nr. 46）でラインホルトの『試論』を書評する。**

八月以前　ヤコービ『スピノザの教説について』（増補第二版）公刊。

九月二九日　**ラインホルト、『哲学者たちの従来の誤解を是正するための寄稿集』第一巻の「序文」を脱稿（一〇月中には出版される）**。「意識律」を「第一根本命題」とする「根元哲学」を「厳密な意味での学としての哲学」として確立する構想の提唱。

一〇月一八日　〔シェリング、一五歳でチュービンゲン神学院に入学〕

一〇月二三日　〔ノヴァーリス、イェーナ大学の入学手続きをする〕

一二月二二日　『ゴータ学術新聞』に、ラインホルトの『寄稿集Ⅰ』の最初の書評が掲載される（第一〇二号、書評続編は一七九一年一月五日付第一号に掲載）。

一七九一年　一月　三日　シラー、強烈な胸の痙攣に襲われる。中旬には再吐血し、生死の境をさまよう。夏の終わりまで講義を免ぜられ、ルードシュタットに赴く。

一月初め　**J・B・エアハルト、ラインホルトのもとで研究するために、イェーナに到着**。

一月　ラインホルト、「最近の哲学の名誉回復」を*NTM*一月号に発表（後に『書簡Ⅱ』の「第一書簡」に）。

一月二八日　**レーベルク、『寄稿集Ⅰ』を書評する**（*ALZ*, Nr. 26, 27）。

二月一八日　**ラインホルト、『純粋理性批判』第二版（一七八七年）と第三版（一七九〇年）を書評する**（*ALZ*: Nr. 54, 55）（この書評は、後に改作されて『寄稿集Ⅱ』の第七論文「純粋理性批判の基底について」に採録された）。

三月　ラインホルト、「道徳の根本真理、およびそれと宗教の根本真理との関係について」を*NTM*三月号に公表（後に『書簡Ⅱ』の「第一〇書簡」に）。

四月　ラインホルト、「自然法の名誉回復」を*NTM*四月号に発表（後に『書簡Ⅱ』の「第二書簡」と「第三書簡」に）。

五月　二日　フェーダー、『ゲッチンゲン学芸報知』（71. St.）で『寄稿集Ⅰ』を書評。

五月一七日　**ラインホルト、『哲学知の基底について』の序文脱稿。**

六月二七日　単行本『カント哲学についての書簡』第一巻の書評が*ALZ*（Nr. 175）に掲載される。

七月　七日　『チュービンゲン学術報知』（54. St.）がラインホルトの『基底』を書評。

七月二〇・二七日　『ゴータ学術新聞』（57. und 59. St.）が『基底』を書評。

七月末　**S・マイモンがラインホルト宛て最初の書簡を書き、根元哲学を批判する。**これ以後、八月末まで五通の書簡が交わされ、一旦中断した後一七九二年五月から書簡のやり取りが再開され、冬まで続く。マイモンは、この往復書簡での「論争」を一七九三年に一方的に公刊する。

八月一八日　**フィヒテ、『あらゆる啓示の批判の試み』を書き上げ、カントに送る。**

九月　ラインホルト、「実定法の名誉回復」を*NTM*九月号に公表（後に『書簡Ⅱ』の「第四書簡」に）。

一一月　ラインホルト、「実定法の名誉回復（続き）」を*NTM*一一月号に発表（後の『書簡Ⅱ』の「第五書簡」に）。

一二月二四日　ブール、『ゲッチンゲン学芸報知』（206. St.）で『基底』を書評。

一七九二年　一月　七日　ラインホルト、マイモンの『哲学辞典』を*ALZ*（Nr. 7）で書評する。

二月二四日　ニートハンマー、チュービンゲンでの学位（マギスター）がイェーナで承認されると同時にイェーナでの講義許可を得る。

三月　ラインホルト、「三つの身分。或る対話」を*NTM*三月号に発表（後に『書簡Ⅱ』の「第一二書簡」の一部分に）。

三月二二日　**C・Ch・E・シュミート、『道徳哲学の試論』第二版の序文を脱稿。**

三月二八日　**ラインホルト、バッゲセンへの書簡で、カントによる実践理性と意志の同一視を初めて批判する**（*Aus Baggesen I*, 166ff.）。「僕は意志の概念においては、カントやカント主義者とまったく考えを異にしている。意志の概念を僕は、理性の因果性とも、表象された法則に従って行為する能力ともみなさず、理性とも感性とも等しく異なる人格の能力、すなわち欲求（利己的衝動の要求）を満たしたり、満たさなかったりするように自ら自身を規定する能力とみなすからだ」。

四月二一〜二三日　**ラインホルト、C・Ch・E・シュミートの『経験心理学』を書評する**（*ALZ*, Nr. 86–87）。**ここで、**

意志と実践理性の分離の必要性を初めて公然と提唱する。

四月九～一〇日　**C・Ch・E・シュミート、ラインホルトの『基底』をALZ（Nr. 92-93）で書評。**

四月　**G・E・シュルツェ、『エーネジデムス、あるいはイェーナのラインホルト教によって展開された根元哲学の基底について。理性批判の越権に対する懐疑主義の擁護を付して』**序文脱稿（出版）。

四月　**カント「人間本性の根本悪について」をBM四月号に発表**（後に『単なる理性の限界内における宗教』の第一編に採録）。

四月　ラインホルト、「世界市民。前号での対話の続き」を*NTM*四月号に公表（後に『書簡Ⅱ』の「第一二書簡」の一部分に）。

復活祭　**フィヒテ『あらゆる啓示の批判の試み』（匿名）出版**、以後大反響。

四月二〇日　**I・C・ディーツ、チュービンゲンからイェーナに到着。二七日には学生登録を行い、ラインホルトやシラーの講義を聴く。**

五月三一日　ニートハンマー、イェーナの哲学部の第四番目の助手ポストを得る。

六月初め　（フィヒテ、ドイツ各地を遍歴した後、チューリッヒに到着）

六月　ラインホルト、「道徳と自然法の根本諸概念をより精確に規定するための寄与。世界市民たちの対話のための付録として」を*NTM*六月号に発表（後に『書簡Ⅱ』の「第六書簡」に）。

六月一八日　**ラインホルトがエアハルトに書簡を送り、根元哲学についてのディーツの疑念とシュミートの『基底』書評での異論が、今後の「根元哲学」のさらなる展開のための「素材」として有益であると告白する。**あわせて、シュミートの『道徳哲学の試み』新版は意志の自由を「台無しにしてしまった」と批判する。

六月三〇日　フーフェラント、*ALZ*紙上（*IB*. Nr. 82）で『あらゆる啓示の批判の試み』の著者を暗にカントであると示唆する（カントは、八月二二日（*IB*. Nr. 102）自ら訂正文を寄せ、著者がフィヒテであることを明らかにする）。

七月　四日　ラインホルト、ハレの教授L・H・ヤーコプの翻訳・解説書『デイビット・ヒューム、人間の本性について』を書評（*ALZ*, Nr. 174, 175）。

七月一八日　フィヒテ『あらゆる啓示の批判の試み』の書評が*ALZ*（Nr. 190, 191）に掲載。

九月一五日　イェーナ哲学部でフォアベルク（Forberg）の教授資格取得の討論が行われる（反対討論者は、ラインホルト、ディーツ、キルステン）。

一〇月　**ラインホルト『カント哲学についての書簡』第二巻公刊**。とくにその「第八書簡」で、ライプニッツ学派、カント学派の「意志決定論」を批判し、「実践理性」と「意志」の概念上の分離を主張する。「人間の意志の自由」が「選択意志」の自由にあることを強調する。

一七九三年　二月四・五日　ラインホルト、ヤーコプ『一般論理学要綱、および一般形而上学の批判的原理』を書評（*ALZ*, Nr. 30, 31）。

二月二七日　J・B・エアハルト、『ヴュルツブルク学芸報知』（一七九三年第一号）に、『エーネジデムス』を書評する。

三月　**フィヒテ『フランス革命に関する公衆の判断を是正するための寄与（第一部）』（匿名）出版**。

四月　ラインホルト「フランス革命についてのドイツ人の判定について。編集者への書状」を*NTM*四月号に公表（後に『混成論文選集Ⅰ』の第二論文に収録）。

復活祭　**カント『単なる理性の限界内における宗教』出版**。

フィヒテ『あらゆる啓示の批判の試み』改定増補第二版が出版される。新しく加えられた第二節で、ラインンホルトの「意志の自由」論を批判する。

五月二五日　フィヒテ、*ALZ*でのエーネジデムス書評の執筆受諾をシュッツに伝える。

七月一〜二日　**ラインホルト、ALZ（Nr. 192, 193, 194）で『判断力批判』を書評する**（この一連の書評の美的判断力に関する部分、すなわちNr. 192, 193は、翌年の『寄稿集Ⅱ』に所収の第六論文「趣味論の基底について」に採録）。

七月一七日　フォイクトからゲーテ宛て書簡（*FiG 1*, 52f.）。ラインホルトの後任について「シュミートもニートハンマーもそうでしょうが、マギステル・フォアベルクならきっとカント的真理を発展させられるでしょう。その他、『啓示の批判』の著者であるマギステル・フィヒテは今スイスへの旅行の途上にありますが、彼ならたぶん員外教授の資格で、それほど多くない手当て金でいけるでしょう」。

七月二七日　ゲーテからフォイクト宛て書簡（*FiG 1*, 53）。「カント理論は至るところで真似されており、その最新のものが最も安価に入手できる流行の工業製品のようです。ですから、それは簡単に買えるでしょう。ラインホルトが残らないといっているとしても、手立ては見つかるでしょう」。

一〇月三〇日　**フィヒテ、クロイツァーの『意志に自由に関する懐疑的考察』を書評する**（ALZ, Nr. 303）。ラインホルトの主張する「選択意志の自由」が理性的根拠を欠いていることを批判する。

一〇月末　**フィヒテ、ベルンの自宅を訪れたバッゲセンに「意識律」は哲学の第一命題たりえないと、話す。**

一一月初旬　**フィヒテ、「根元哲学に関する我が省察」「実践哲学」を書き始める**（九四年二月まで）。

一一月　フィヒテ、ヴレーマー（Wloemer）宛て書簡の草案（GA, III/2, 14ff.）。「ある筋金入りの懐疑論者の著作を読むことによって、私は哲学が学という状態からはいまだ程遠いことをはっきり確信させられ、またこれまでの私自身の体系を放棄し、もっと確固たる土台の上に思惟せざるをえなくなった」と書き記す。

一一月一五日　ニートハンマーをイェーナ哲学部の員外教授に任命する公布が出される。

一一月／一二月　フィヒテのフラット宛て書簡の下書き（GA, III/2, 17f.）。「哲学は、唯一の根本命題から展開されて初めて学になりうる、そのような根本命題は存在するのだが、まだそのようなものとしては樹立されていません。私はそれを見出しました」。

一二月　六日　フィヒテのニートハンマー宛て書簡（GA, III/2, 19ff.）。「カントは道徳法則の拠り所を事実に求めており、彼の後継者たちは、厄介なことにその証明や説明が問題になるといつでも、他人を信じて、事実を頼りとすることで自分たちが正当化されると思い込んでいるのです」。「理論哲学と実践哲学、哲学のこの両分野を基礎づけるような、人間精神のただ一つの根源的事実が存在します。カントはそれに気づいてはいたが、それを一度も語りはしなかったのです。この根源的事実を見出す者は、哲学を学として叙述することになるでしょう」。

一二月中旬　フィヒテ、シュテファニて宛書簡（*GA*, III/2, 27ff.）。「エーネジデムス」が「長い間私を混乱に陥れ、私のもとにあったラインホルトを打ち倒し、カントも胡散臭いものだと思わせ、そして私の体系は根底から覆されました」。「この六週間というもの」私は、わが体系の再構築に没頭してきました。そして、ついに「私は全哲学が容易にそこから展開されうる新しい基礎を発見しました」。カント哲学は、「結果」は正しいが「根拠」を欠いている。ラインホルトのように「表象を、人間精神のうちで生起するものの類のごときものに仕立て上げる者は、その論理を徹底すれば、自由や実践的命法については何一つ知ることができない。彼は経験的宿命論者にならざるをえない」。

一二月二〇日　フォイクトからフーフェラント宛て書簡（*FiG 1*, 77f.）。フィヒテは「自分の民主主義的夢想を抑制できるほどには賢明なのか？」。

一二月二六日　**フィヒテ、「二〇〇ターレルの俸給」で「正規の員外教授」としてイェーナへの招聘が最終的に確定。**

一七九四年　一月一二日　ラインホルトからフィヒテ宛ての最初の書簡（*GA*, III/2, 35ff.）。「フランス革命論」を称賛した上で、「クロイツァー批評」での意志の自由規定への批判に、若干の注文をつける。

一月一五日　フィヒテからラインホルト宛て書簡（*GA*, III/2, 52f.）。「最も功績ある、私の著作上の師匠に常に尊敬の念を抱いてきた」。「それぞれの途が相違していても、双方は仕事の目標を一つにできる」と書く。

一月一五日　**フィヒテ、イェーナへの招聘を受諾する。**

一月　ラインホルト、「これまでの形而上学の可能な体系すべての系統的叙述」を*NTM*一月号に、その「続編と結論」を*NTM*三月号に公表（後に『寄稿集Ⅱ』の第三論文に）。

二月一一・一二日　**フィヒテの「エーネジデムス批評」がALZ, Nr. 47, 48, 49に掲載される。**単なる「事実」としての「意識律」はより根源的な「事行」によって基礎づけられねばならない、と主張。「自我は、自我に対して、自我であるところのものであり、かつ自我が在るが故にそれであるところのものである」の定式を書きつける。

二月二四日　フィヒテ、チューリッヒのラファーターの自宅で私的講義を始める（四月まで）。

三月　一日　フィヒテ、ラインホルト宛て書簡（*GA*, III/2, 77ff.）。両者の意見の「相違」は、自分がラインホルトの「体系を今日までまだ完全に理解してないことに基づいて」おり、「哲学的反省の一般的な方法に関して」は完全に一致している、と譲歩しながらも、「私は意識律に、第一根本命題というメルクマール（これに関してはわれわれはまったく一致しています）を認めることができません。私からすれば、意識律は、より高次な諸命題によって証明され、規定される定理です」と改めて「意識律」を批判。

三月一三〜一五日　**ラインホルト、ALZ (Nr. 86, 87, 88, 89, 90) で『単なる理性の限界内における宗教』を書評**（この書評は、以下の『寄稿集Ⅱ』に所収の第五論文「道徳的宗教の基底について」に採録された）。

三月二六日　**ラインホルト、『寄稿集Ⅱ』の序文脱稿。「根元哲学」の方法論的一元論を実質上放棄する。**

三月二八日　ラインホルト、満杯のグリースバッハ講堂で最終講義。

三月二九日　**ラインホルト、多くの市民、学生に見送られてキールへ出立。**

夏学期　ラインホルト、キールで「わが人生で初めての道徳と自然法の講義をする」（*Aus Baggesen I*, 395）。

春　**ラインホルト『哲学者たちの従来の誤解を是正するための寄稿集』第二巻公刊。**

五月　七日　ラインホルト、フィヒテ（匿名）の『フランス革命に関する公衆の判断を是正するために寄与』を *ALZ* (Nr. 153, 154) で書評。

五月一一日頃　**フィヒテ『知識学、あるいはいわゆる哲学の概念について』公刊。**

五月一八日　フィヒテ、夜遅くイェーナに到着。

五月二六日　**フィヒテ、イェーナで「全知識学の基礎」の就任講義始める。**

六月一四日　**フィヒテの『全知識学の基礎』印刷全紙の体裁で、未完のまま公刊され始める**（*GA*, III/2, 130）。

六月　フィヒテが「不穏なジャコバン主義者」であるという噂がイェーナで急速に広がる（*FiG I*, 121, 123, 126）。

七月一日　ラインホルトからバッゲセン宛て書簡（*Aus Baggesen I*, 353）。「根元哲学に対するフィヒテの異論が、次の復活祭に出版される『寄稿集Ⅱ』の第一論文のうちに、予見され、答えられているのを、君は理解するだろう」。

九月　九日　**シェリング、『哲学一般の形式の可能性について』を書き上げ、二六日にフィヒテ送る**（*GA*, III/2, 201）。

秋　**フィヒテ『全知識学の基礎』の前半部が公刊される。**

一一月初旬　ヘルダーリン、教え子とともにイェーナに転居して、フィヒテの「論理学・形而上学」講義を聴く。

一一月一六日　フィヒテ、安息日訓令違反のかどでイェーナの聖職者会議から訴えられる（講義は一時中断。一月二八日には無罪の決定布告、二月一日に講義再開）。

一二月　六日　ラインホルト、バッゲセン宛て書簡（*Aus Baggesen I*, 395f.; *FiG* 1, 202）。「フィヒテが純粋哲学を純粋自我から導出していることを、僕は非常に目的に適ったことで、考えうることだと思っている」、自分も『寄稿集Ⅱ』の第一論文で、前からの主張としてフィヒテと同じことを述べている、と伝える。

一七九五年　一月　七日　ラインホルトからフィヒテ宛ての「抗議」書簡（*GA*, III/2, 245-248, 277-282）。フィヒテが講義中に、機会あるごとに前任者たる自分を批判しているという確実な情報があると述べ、釈明を求める。自分は、キールで一度も講壇上でフィヒテを批判したことはない。そのことを証言するキールの学生（W. J. Kalmann）の「証明書」を同封。また、知識学は、自分が「より高次な認識」へと進むための「一つの階段」になるとの見解を伝える。

一月二五日　ラインホルトからバッゲセン宛て書簡（*Aus Baggesen II*, 4ff.; *FiG* 1, 230f.）。自分の理性理論は「多くの点で、フィヒテの理論と合致するだろう」。自分の根元哲学をさらに推し進める際には、フィヒテの説は「大きなかつ決定的な側面援助」となるだろう、と書く。

三月　**シェリング、『哲学の原理としての自我について』を仕上げる**（印刷は五月）。

五月初め　**ニートハンマー編集の『ドイツ学識者協会の哲学雑誌』第一巻公刊される。**

五月二七日　イェーナで学生騒乱事件起こる。

	七月末～八月	**フィヒテの『全知識学の基礎』後半部、『知識学の特性要綱』出版される。**
	八月二九日	フィヒテからラインホルト宛て書簡（*GA*, III/2, 384-389）。『基礎』と『特性要綱』を送り、ラインホルトの評価を求める。
	一二月	ラインホルトからフィヒテ宛て書簡（*GA*, III/2, 437-439）。フィヒテの「絶対的自我」が、自分のいう「純然たる理性によって表象される純粋な自我」と同じだと伝え、『寄稿集Ⅱ』の第一論文で開陳した「「超越論的自己意識」の意義を説明する。
一七九六年	三月二〇日	**ラインホルト『混成論文選集』第一部の「序文」脱稿。**
	三月二一～二三日	Fr・シュレーゲル、*ALZ*（Nr. 90-92）に、ニートハンマーの『哲学雑誌』第四巻を書評し、「哲学の舞台へのデビュー」を果たす。
	四月	〔W・シュレーゲル、イェーナ大学教授資格試験に合格〕
	四月一五日	シェリング、家庭教師になるためシュトゥットガルトからライプツィヒに到着（途中、フランクフルトでヘルダーリンと会談）。
	四月一七日	〔リッター、イェーナ大学入学〕
	五月	**フィヒテ『自然法の基礎——知識学の諸原理の応用による』（第一部）出版。**
	五月二〇日	バッゲセンがフォスの雑誌に掲載する、フィヒテの自我論の風刺詩（Der Ichlehrer と Die gesamte Trinklehre）をフォスに送る（*FiG 1*, 348ff.）。
	七月一七日	フィヒテからラインホルト宛ての「抗議」書簡（*GA*, III/3, 31）。ラインホルトが風刺詩に関するバッゲセンの嘲笑的な手紙を、ハンブルクのいくつかの会合の折に披瀝したことに対する抗議。
	八月　六日	Fr・シュレーゲル、イェーナに到着（翌年の七月三日まで、第一回イェーナ滞在）。この時点では熱心なフィヒテ信奉者であったシュレーゲルは、秋以降ロマン主義の立場に移行していく。
	一〇月一一日	**エアハルト、シェリングの『哲学の原理としての自我について』を酷評する**（*ALZ*, Nr. 319）。
一七九七年	一月一九日	**カント『人倫の形而上学、第一部、法論の形而上学的原理』出版。**
	二月　三日	ラインホルトがバッゲセンに手紙を書き、知識学の立場を支持することを初めて伝える（*Aus*

Baggesen II, 158f.; *FiG 1*, 486)。

二月一四日　**ラインホルト、フィヒテ宛て書簡で、知識学の立場を支持すること、そこに至った理由を表明する**（*GA*, III/3, 48ff.）。

二月末　フィヒテ、ニートハンマーと共同編集の『ドイツ学識者協会の哲学雑誌』（第五巻第一分冊）に「知識学の新叙述の試み」（「第一序論」）を発表。

三月二五日　**ラインホルト、『混成論文選集』第二部の「序文」脱稿。この「序文」で、知識学の立場を支持すること、その理由を初めて公に公表する。**同著の第一四節、第一五節で、自分とベックの正反対の誤りをフィヒテが止揚し、「経験的なものと超越論的なものの区別と連関」を初めて確立したと述べる。

八月上旬　フィヒテ、『ドイツ学識者協会の哲学雑誌』（第五巻第四分冊）に「第二序論」の前半部を発表（後半部は一一月上旬に同誌に発表）。

八月　カント『人倫の形而上学、第二部、徳論の形而上学的原理』出版。

九月　フィヒテ『自然法の基礎——知識学の諸原理の応用による』（第二部）出版。

一七九八年　一月四～八日　**ラインホルト、フィヒテに与する立場からALZに『知識学の概念について』『全知識学の基礎』『知識学の特性要綱』『哲学雑誌』を書評**（Nr. 5–9）。この書評で、カント-ラインホルトの超越論哲学と知識学とを対比するのに「**自然的な理性使用**」と「**作為的、哲学的な理性使用**」という用語を援用する。

三月　フィヒテ『道徳論の体系——知識学の諸原理の応用による』出版。

三月下旬　フィヒテ、『哲学雑誌』第七巻第一分冊に、「知識学の新叙述の試み」を発表。

五月　シュレーゲル兄弟『アテネーウム』を創刊（一八〇〇年八月までに三巻全六号発行）。

六月　シェリングのイェーナ招聘が決まる（八月にはイェーナ赴任のため、ライプツィヒを離れる）。

一〇月　**シェリング、イェーナで講義を始める。**

一〇月　**『ドイツ学識者協会の哲学雑誌』（第八巻第一分冊）にF・K・フォアベルク「宗教の概念の発展」、**

フィヒテ「神の世界統治に対するわれわれの信仰の根拠について」を掲載、無神論論争の原因となる。

一一月一九日　ザクセン選帝侯国政府、自国のライプツィヒ大学、ヴィッテンベルク大学に対して『哲学雑誌』の没収命令を出す。

一一月一九～二一日　**ラインホルト、フィヒテ『知識学の諸原理に従った自然法の基礎』を書評**（ALZ, Nr. 351, 352, 353, 354）。

一二月　**フィヒテ、『フィヒテによる公衆への訴え――ザクセン選帝侯国の没収訓令によって無神論的であるとされた彼の言説について』を執筆。**

一二月二七日　ワイマール公カール・アウグスト、イェーナ大学評議会にフィヒテとニートハンマーを審問するように要請。

一七九九年　一月初め　ワイマール政府は事を穏便に済まそうとしたにもかかわらず、フィヒテは強硬な調子の「公衆への訴え」を発表し、中旬にはこれを一五〇～二〇〇人のドイツ中の学識者に送りつける。

一月一六日　ヤコービにフィヒテの「公衆への訴え」と同封された手紙が届く。

三月　三日　**ヤコービ、後に出版されるフィヒテ宛て書簡（後に公開書簡）の執筆を開始する。**フィヒテを無神論の嫌疑から救おうとの側面援助的配慮を示す一方で、知識学を「逆さまのスピノザ主義」、超越論哲学を「ニヒリズム」だと規定する。

三月二二日　フィヒテ、無神論の嫌疑がかけられたことについて、ワイマール政府の枢密顧問官フォイクトに強硬な手紙を出す。

三月二八日　**ラインホルト、『最近の哲学の逆説について』の「まえがき」脱稿。**

三月二九日　フォイクト宛て書簡が禍して、訓令によってフィヒテの解任が告知される。

三月二七日～四月七日　**ラインホルト、フィヒテ宛ての連続書簡**（GA, III/3, 295-307）。ヤコービの「非知」の真意を理解できたこと、自分の立場をフィヒテ（「思弁の立場」）とヤコービ（「現実的生の立場」）の「間」に置くことを表明する。「自然的な理性」と「作為的な理性」の対比、「人間」と「哲学者」の対比を展開し、「実的な無限者」への通路が「根源的感情」としての「良心」にあると主張する（後に、『神の信仰についてのラファーターとフィヒテへの書状』として公刊）。

四月二二日　**フィヒテ、ラインホルト宛て書簡**（GA, III/3, 324-333）。ヤコービの「生の熱狂主義」を批判し、「ヤコービと私の中間には、いかなる哲学的思惟の立場も存在しない」とラインホルトに反論する。

春　シェリング『自然哲学の体系の最初の構想』公刊。

五月一五日　**ラインホルト、公開書簡『神の信仰についてのラファーターとフィヒテへの書状』の「まえがき」脱稿。**

七月　一日　フィヒテ、イェーナを去りベルリンへ。

八月二八日　カント、*ALZ*（IB, Nr. 109）での「フィヒテの知識学についての声明」において、知識学を「まったく根拠のない体系」「単なる論理学にすぎない」と批判。

九月一二日　シェリング、ベルリンのフィヒテ宛て書簡（GA, III/4, 68-71）。もはや時代についていけなくなり、「哲学的には死んでしまっている」老カントとの「曖昧な関係」を清算し、「カントの代わりに、彼自身が理解しているより、もっと良く彼を理解する後代がすでに登場していること」を宣言すべし、とけしかける。

九月二八日　シェリングによって、*ALZ*（IB, Nr. 122）に、フィヒテのシェリング宛て書簡が、カントに対する反論として公表される。

九月末　**C・G・バルディリの『第一論理学要綱』公刊。**

一〇月　**ヤコービのフィヒテ宛て公開書簡『ヤコービよりフィヒテへ』として刊行される。**

一一月一三日　W・シュレーゲル、*ALZ*編集部との絶縁声明を同紙（IB, Nr. 145）に公表。

一一月一九日　フィヒテ、シェリング宛て書簡（GA, III/4, 158-159）。ラインホルトも「*ALZ*ではもはや、カント主義に厳格に服従するような信奉者しか発言権を持たなくなるだろう」と述べていると紹介し、「シュッツは老人ぼけで無駄口を叩く、絞り糟のような過去の人になっており、フーフェラントは後光を横領するだけの、生来頭の鈍い男なのだ」と批判。

一二月　三日　〔シラー、イェーナを離れワイマールへ転居〕

一二月　三日　**ラインホルト、バッゲセン宛て書簡**（*Aus Baggesen II*, 277f.）。バルディリの『第一論理学要綱』を、「すべての哲学の新しい革命と改革のためのまったく新しい根本理念」として推奨する。

一二月二〇日　**ラインホルト、バルディリ宛ての最初の書簡**（*Briefwechsel*, 1-7）。フィヒテの自我を「現実的なもののすべてを人為的に捨象することによって、自分自身を隔離する単なる理性」にすぎぬと非難し、自分の従来の立場を自己批判し、バルディリの立場に与する。この書簡以降、一八〇〇年の九月まで集中的な書簡の往復がなされる。ラインホルトからの最後の書簡は、一八〇一年三月二三日付けである。

一二月二六日　ラインホルト、フィヒテ宛て書簡でバルディリの『第一論理学要綱』を読むように勧める（*GA*, III/4, 175）。

一八〇〇年　一月二三日　ラインホルト、フィヒテ宛て書簡でバルディリの『第一論理学要綱』をぜひ読んでほしいと再度推奨。「バルディリによる主要諸契機」の付録付き（*GA*, III/4, 196–200）。

三月中旬　ラインホルト、『第一論理学要綱』の書評原稿を*ALZ*編集部に送る。

復活祭　**シェリングの『超越論的観念論の体系』出版**。

四月二二日　シェリング編の『思弁的自然学雑誌』第一巻第一分冊に掲載論文の「補遺」として、*ALZ*での二つの批評および編集者に対するシェリングの批判載る。

五月五～七日　**ラインホルト、ALZ (Nr. 127-129) の書評で、バルディリの『第一論理学要綱』を高く評価**。

五月一四日　**シェリングのフィヒテ宛て書簡**（*GA*, III/4, 196–200）。「風に吹かれてあちらこちらに漂う葦」のような輩、ラインホルトによって「私たちに加えられた新たな一撃」にただちに反撃するようフィヒテに促す。

七月　四日　フィヒテ、ラインホルト宛て書簡で『第一論理学要綱』を厳しく批判する（*GA*, III/4, 271–273）。

八月一三日　**ラインホルト、ALZ (Nr. 231-232) でシェリングの『超越論的観念論の体系』を批判的に書評**。

九月～一〇月　フィヒテとシェリングの間に、計画されていた共同の雑誌創刊の構想について、ロマン派の連中の人間的評価をめぐって意見対立が顕在化。

一〇月三〇・三一日　**フィヒテ、『エアランゲン学芸新聞』（第二一四・第二一五号）に、バルディリの『第一論理学要綱』の批判的書評を発表し。これによって、ラインホルトとフィヒテの対立は決定的になる。**

一一月一五日　**フィヒテのラインホルト宛て書簡**（GA, III/4, 356-358）。「われわれは、おそらく哲学的立場において袂を分かたねばならないでしょう」。

一一月一五日　フィヒテのシェリング宛て書簡（GA, III/4, 359-361）。フィヒテとシェリングの意見分岐、亀裂が顕在化する。「貴兄が〔『体系』において〕、超越論的哲学を自然哲学と対立させていることには、まだ賛成できません。一切は、観念的活動と実在的活動との混同に基づいているように思われます」。「意識」と「事象」の「両者は、自我において、観念的＝実在的な、実在的観念的な自我において、直接に合一しているのです……超越論哲学では、自然の実在性は、徹頭徹尾見出されるものとして、しかも出来上がった完成したものとして現れます。しかも、〔自然の〕自分自身の諸法則に従って、そうである（すなわち、見出される）のではなく、（観念的＝実在的なものとしての）知性の内在的な諸法則に従って、そうなのです」。

一一月一九日　**シェリングのフィヒテ宛て書簡**（GA, III/4, 362-369）。「実在性は超越論哲学では、見出されるものでしかないなどとは、また知性の内在的な諸法則に従って見出されるものだなどとは、私にはとうてい考えられません」。「知識学（すなわち、貴方が打ち立てられたような純粋な知識学）は、まだ哲学そのものではありません。……純粋な知識学は、まったくただ論理的な働きをしているだけで、実在性とはおよそ無関係なのです。純粋な知識学は、私の見る限りでは観念論の形式的証明であり、それゆえに勝義の学なのです。ところが、私が哲学と名づけたいのは、観念論の実質的（materiell）証明なのです」。

一一月二三日　**ラインホルト、フィヒテ宛て書簡**（GA, III/4, 372-393）。**フィヒテの『要綱』書評に対する全面的反論**（後に、『一九世紀初頭の哲学の現状を簡単に展望するための寄稿集』第一分冊の第五論文、「バルディリの要綱についての二つ目の書評に関するフィヒテ教授への書状」として公開）。

一八〇一年	一月　三日	**ラインホルト『一九世紀初頭の哲学の現状を簡単に概観するための寄稿集』。第一分冊の「序文」を脱稿**（おそらく一月中に発行）。
	一月	**ヘーゲル、シェリングの勧めでイェーナに転居する。**
		シェリング『思弁的自然学雑誌』第二巻第一分冊発行。
	三月三〇日	ラインホルト、『一九世紀初頭の哲学の現状を簡単に概観するための寄稿集』第二分冊の「序文」を脱稿。
	五月	**シェリング「わが哲学体系の叙述」を掲載した『思弁的自然学雑誌』第二巻第二分冊発行。**
	五月二四日	シェリング、フィヒテ宛て書簡（GA, III/5, 39-42）。「一切はすなわち自我にほかならない」と語り、またラインホルト－バルディリの主張する「論理的な一般性と反復可能性」に「絶対的認識」を対置する。
	九月	**ヘーゲル『フィヒテの哲学体系とシェリングの哲学体系の差異、ラインホルトの「一九世紀初頭の哲学の現状を簡便に概観するための寄稿集」第一分冊に関連して』を出版**（「序文」脱稿は七月）。
	九月一六日	**ラインホルト、『一九世紀初頭の哲学の現状を簡便に概観するための寄稿集』第三分冊の「序文」を脱稿。**
一八〇二年	一月	シェリング、ヘーゲル共同編集の『哲学批判雑誌』第一巻第一分冊出版（「哲学的批判の本質について」、シェリング「絶対的同一性－体系、およびそれの最近の（ラインホルトの）二元論に対する関係について」を所収）。
	三月	『哲学批判雑誌』第一巻第二分冊出版（ヘーゲル「懐疑主義」論文を所収）。
	三月二一日	**ラインホルト、『一九世紀初頭の哲学の現状を簡単に概観するための寄稿集』第四分冊の「序文」を脱稿。**
	七月	『哲学批判雑誌』第二巻第一分冊出版（ヘーゲル「信と知」論文所収）。
	八月	シェリング『新思弁的自然学雑誌』第一巻第一分冊に、「哲学体系のさらなる叙述」を掲載。
	九月	ラインホルト、一連の「ヤコービ宛て書簡、ヤコービ、フィヒテ、シェリング、バルディリ哲学の

本質について」(『概観‐寄稿集』第四分冊に所収)を起草する。「第一書簡」(九月九日付け)、「第二書簡」(九月一一日付け)、「第三書簡」(九月一三日付け)、「第四書簡」(九月二〇日付け)。

一一月以降　『哲学批判雑誌』第一巻第三分冊と第二巻第一分冊が出版(「哲学一般に対する自然哲学の関係」/ヘーゲル「自然法」論文前半を所収)。

一八〇三年　一月一三日　**ラインホルト、『一九世紀初頭の哲学の現状を簡単に概観するための寄稿集』第五分冊の「序文」を脱稿。**

五月〜六月　『哲学批判雑誌』第二巻第三分冊(最終分冊)出版(ヘーゲル「自然法」論文後半を所収)。

一〇月　シェリング、パウルス、ニートハンマーらイェーナ大学の有力教授陣がヴュルツブルク大学に転出する。

一八〇四年　**ラインホルト編集『哲学の本質と思弁がつまらぬことに関するC・G・バルディリとC・L・ラインホルトの往復書簡』**(Munchen: bey Joseph Lentner 1804) **出版。**

ラインホルト『矛盾に関するいくばくかのこと』(Hamburg: bey Friedrich Perthes in Commission 1804) 出版。

一八〇六年　ラインホルト『言語の視点から見た論理学の批判の試み』(Kiel: Akademische Buchhandlung 1806) 出版。

一八一二年　ラインホルト『哲学的諸学問における一般的言語使用のための同義語論の基礎づけ』(Kiel: bey August Schmidt 1812) 出版。

一八一六年　ラインホルト『言葉によって媒介された、感性と思惟能力の連関という視点から見た人間の認識能力』(Kiel: im Verlage der academishen Buchhandlung 1816) 出版。

一八二三年　四月一〇日　ラインホルト、キールで没する。

あとがき

自分の最初の単著がラインホルトになるとは、少し前までは私自身が想像もしていなかった。それがこういう次第になったことの弁明をまずしなければならない。本書の前半のかなりの部分は、もともと、〈一七八五年～一八〇三年のイェーナの精神史〉の類のものを仕上げるべく、その一部として書き出された。そのかなりの部分はすでに発表してきた。ところが、それらの原稿が、近年の世界的なラインホルト研究の隆盛に煽られて、ついつい長大なものになってしまった。結果、当初予定していた著作には収まりきれず、単著として切り出すことになった。これが、いわば消極的弁明である。

もう少し積極的な弁明もなくはない。ある学会でラインホルトについて少ししゃべった後、加藤尚武先生から「日本ではラインホルトの全体を扱ったものがないから、一度書いてみたらどうか」とお声をかけていただいたことがある。その時は真剣に受けとめていなかったのだが、少し時が経つにつれて徐々に、日本の研究状況を考えればラインホルトの全体像を明らかにしておくのも意味のないことではない、と思い始めた。だが、その気になってからがなかなか難航した。彼のイェーナ時代については原稿はほぼ完成していたが、キール時代のラインホルト、とくに本書の第九章以降については、必要なテキストの一部が手元になかった上、先行研究も少なく予想外に時間を費やしてしまった。後半部分も、すでにその一部は紀要などに発表している。

本書各章と既出の発表論文の対応関係は以下の通りである。もちろん、初出原稿にはそれぞれかなり加筆、修正が施されている。

第一章　K・L・ラインホルト、「哲学以前」（上）――ドイツ・オーストリア啓蒙主義の一断面――（同志社哲学

会編『同志社哲学年報』特別号、一九九五年三月）

第二章　スピノザ論争と「カント哲学についての書簡」――ラインホルト「カント哲学についての書簡」論（一）――（同志社大学文化学会編『文化学年報』第四九輯、二〇〇〇年三月）

〃　宗教と道徳の「再統合」と「理性の自己認識」――ラインホルト「カント哲学についての書簡」論（二）――（同志社大学哲学会編『哲学論究』第一五号、二〇〇〇年三月）

第三章　K・L・ラインホルトのイェーナ講義における「趣味」・「満足」論（同志社大学文化学会編『文化学年報』第五八輯、二〇〇九年三月）

第四章　K・L・ラインホルトの表象能力理論とその意義（同志社大学哲学会編『哲学論究』第二六号、二〇一一年三月）

〃　「表象」―「意識」―「認識」――K・L・ラインホルトの表象理論における「意識論」（同志社大学文化学会編『文化学年報』第六二輯、二〇一三年三月）

第七章　実践理性と意志の分離論――ラインホルトのカント批判――（同志社哲学会編『同志社哲学年報』第三六号、二〇一三年九月）

第九／十章　理性の「自然的使用」から「作為的使用」へ、そして「作為的な確信」から「自然的な確信」へ――ラインホルト、ヤコービ、フィヒテの関係（一七九七年～一七九九年）――（同志社大学文化学会編『文化学年報』第六四輯、二〇一五年三月）

わが国では読まれること少ないラインホルトの全体像を提示するという本書の目的から、まずテキストを正確に紹介するために、本文中にかなり頻繁に引用文を入れざるをえなかった。そのために読みづらい箇所が多くなったかもしれないが、本書の目的を勘案し読者にご寛容願いたい。また、彼を取り巻く思想と理論の配置関係を明らかにするために、ラインホルトのテキスト以外に書簡や書評を多用せざるをえなかった点もご理解を願いたい。そして、ラインホルトをしてラインホルトを語らすことを旨とし、自分の勝手な解釈は慎むつもりであったが、一部で悪い癖が出て、必要以上に「論じてしまった」箇所もある。これまた、ご寛容願いたい。

この拙い著が出来上がった今、改めて振り返ってみるに多くの人々に感謝しなければならない。まず、栗原隆先生をはじめとする、数少ないわが国のラインホルト研究のパイオニアワークに感謝しなければならない。これらの仕事に接することがなければ、私はラインホルトに取り組むことはなかったかもしれない。記して、感謝申し上げる次第である。また、過去と現在の同志社大学哲学科の同僚の先生方に感謝を申し上げる。先輩の先生方には、怠惰な私の研究生活をいつも温かく叱咤、激励していただいた。また現在の同僚たちには、「渡世の義理」とはいえ長い間研究生活から離れ、遅々として進まない私の研究の進捗を黙って見守っていただいた。当時ミュンヘン在住の中川明才先生には、今回入手困難ないくつかのテキストを手配していただいた。そのテキストがなければ、第九章と第十章の一部は仕上がらなかったであろう。記して感謝申し上げる。今後は、残り少なくなった研究生活の中で、私の研究上の「空白の一〇年」のいくばくかを埋められるよう努力したいと思う。

本書を、突然逝った故川島秀一教授の霊前に捧げる。

二〇一五年四月

田端信廣

■著者略歴

田端 信廣（たばた　のぶひろ）

1948年　三重県に生まれる

1982年　同志社大学文学研究科博士課程後期中退

現　在　同志社大学文学部教授

雑誌論文

「〈認識〉の生成論とその運命（上）」(『哲学論究』第9号，1991年)

「精神の究極的な自己知としての『絶対知』」(『同志社哲学年報』第14号，1992年)

「〈認識〉の生成論とその運命（下）」(『哲学論究』第10号，1993年)

著作論文

「ヘルマン・シュミッツのヘーゲル解釈の特徴」(小川・梶谷編『新現象学運動』世界書院，1999年)

「思想としての戦後――『近代』と『現代』の相克――」(茅野・藤田編『転換期としての日本近代』ミネルヴァ書房，1999年)

「戦後思想のゆくえ――丸山眞男と鶴見俊輔の〈欲望〉否定/肯定論を超えて――」(藤田正勝編『知の座標軸』晃洋書房，2000年)

ラインホルト哲学研究序説

2015年10月20日　初版第1刷発行

著　者　田端信廣

発行者　白石徳浩

発行所　有限会社 萌《きざす》 書 房

〒630-1242　奈良市大柳生町3619-1

TEL（0742）93-2234 / FAX 93-2235

[URL] http://www3.kcn.ne.jp/~kizasu-s

振替　00940-7-53629

印刷・製本　シナノ パブリッシング プレス

ISBN978-4-86065-096-4

人名索引（本文のみ）

ア　行

アウグスティヌス（Aurelius Augustinus 354-430）　329
アウグスト公（Carl August, Herzog von Sachsen-Weimar-Eisenach 1757-1828）　103-105
アウグスト三世（Friedrich August III 1750-1827）　439
アビヒト（Johann Heinrich Abicht 1762-1816）　247
アーベル（Jacob Friedrich Abel 1751-1829）　574
アルクスィンガー（Johann Baptist Edler von Alxinger 1755-97）　17, 27, 117
イェーニシュ（Daniel Jenisch 1762-1804）　448f., 536
ヴァイスハウプト（Adam Weishaupt 1748-1830）　37f.
ヴィツェンマン（Thomas Wizenmann 1759-87）　61, 63, 65, 67
ヴィーラント（Christoph Martin Wieland 1733-1813）　3, 16, 25, 38, 39, 49, 104, 108, 133
ヴォルフ（Christian Wolff 1679-1754）　22, 122f., 214
ウルリッヒ（Johann August Heinrich Ulrich 1746-1813）　110, 306f., 362, 379
エアハルト（Johann Benjamin Erhard 1766-1827）　106, 197, 243, 247, 261, 264, 283, 393, 396, 400, 579
エーベルハルト（Johann August Eberhard 1739-1809）　107f., 111, 113, 486
エルヴェシウス（Claude Adrien Helvétius 1715-71）　38, 124f.

カ　行

カッシラー（Ernst Cassierer 1874-1945）　150
カント（Immanuel Kant 1724-1804）　3-7, 9, 25, 33, 51, 59, 63, 66-70, 72, 75, 78f., 86f., 89f., 113, 118f., 133, 136, 137-142, 144, 163-166, 176, 177, 199-202, 218, 304, 308-314, 363-372, 381f., 389, 402-406, 428, 449f., 462, 506, 509, 534-538, 552, 563
キーゼヴェッター（Johann Gottfried Carl Christian Kiesewetter 1766-1819）　505
クルジウス（Christian August Crusius 1715-75）　305f.
クレメンス一四世（Clemens XIV 1706-74）　15
ケッペン（Friedrich Köppen 1775-1858）　600
ゲーテ（Johann Wolfgang von Goethe 1749-1832）　104-106, 442
ケルナー（Christian Gottfried Körner 1756-1831）　16
コロフラートークラコフスキー伯爵（Leopold Reichsgraf von Kolowrat-Krakowsky 1727-1809）　28

サ　行

シェリング（Friedrich Wilhelm Joseph von Schelling 1775-1854）　6, 7, 8, 10, 134, 216, 217, 261, 372-379, 389, 487, 528, 532, 537-542, 563, 566, 573-605, 609-613, 615f.
シャルフ（Anton von Scharf 1753-1815）　27
シュヴァーブ（Johann Christoph Schwab 1743-1821）　171, 197
シュッツ（Christisn Gottfried Schütz 1742-

1832)　30, 49f., 58, 106, 145, 414
シュテファーニ(Heinrich Stephani 1761-1850)　391
シュミート(Carl Christian Erhard Schmid 1761-1812)　5f., 239-244, 264, 304-307, 325-330, 332f., 339f., 362, 381f., 391
シュルツ(Johann Friedrich Schulz 1739-1805)　49f., 145
シュルツェ(Gottlob Ernst Ludwig Schulze 1761-1833)　5, 177, 178, 211, 239, 245-257, 265, 268, 274-283, 391f., 574
シュレーゲル(Friedrich von Schlegel 1772-1829)　445, 471
シュロッサー(Johann Georg Schlosser 1739-99)　486
シラー(Friedrich von Schiller 1759-1805)　3, 106, 119, 262, 440
スピノザ(Baruch de Spinoza 1632-77)　82, 443
ズルツァー(Johann Georg Sulzer 1720-79)　123-125
ゾンネンフェルス(Joseph von Sonnenfels 1733-1817)　25, 27, 29

タ　行

ディーツ(Immanuel Carl Dietz 1766-96)　175, 176, 177, 184, 239, 245, 258-264, 398, 407
デカルト(René Descartes 1596-1650)　82, 121
デッダーライン(Johann Christoph Döderlein 1746-92)　116
デーニス(Johann Nepomuk Cosmas Michael Denis 1729-1800)　17, 117
ドルバック(Paul Henri Thiry d'Holbach 1723-89)　32, 38

ナ　行

ニコライ(Christoph Friedrich Nicolai 1733-1811)　36
ニートハンマー(Friedrich Immanuel Niethammer 1766-1848)　106, 175, 261-263, 372
ノヴァーリス(Novalis : Friedrich von Hardenberg 1772-1801)　107

ハ　行

バイサー(Frederick C. Beiser 1949-)　61
ハイデンライヒ(Karl Heinrich Heydenreich 1764-1801)　134, 171, 179-184, 264
バッゲセン(Jens Immanuel Baggesen 1764-1826)　113, 243, 290, 325, 331-334, 393-400, 493, 529, 549
バルディリ(Christoph Gottfried Bardili 1761-1808)　7, 485-520, 527f., 532f., 573, 582, 592-595, 601-603, 613-618
ピストリウス(Hermann Andreas Pistorius 1730-95)　173, 176, 177
ヒュレボルン(Georg Gustav Fülleborn 1769-1803)　247
フィヒテ(Johann Gottlieb Fichte 1762-1814)　4, 6f., 9, 10, 205, 215-217, 223, 226, 228, 239, 247-257, 265, 290, 304, 357-362, 373f., 389-405, 419-431, 439-456, 466-477, 485-487, 493-498, 504-516, 527, 532-542, 552-565, 575, 578, 581f.
フェーダー(Johann Georg Heinrich Feder 1740-1821)　136, 171
フォアベルク(Friedrich Carl Forberg 1770-1848)　106, 197
フォイクト(Christian Gottlob von Foigt 1743-1819)　54, 58f., 64, 66-68, 104f., 440
フォルスター(Johann Georg Adam Forster 1754-94)　28
ブーターヴェク(Friedrich Bouterweck 1766-1828)　504
フッサール(Edmund Husserl 1859-1938)　150
フーフェラント(Gottlieb Hufeland 1760-1817)　416, 494
フラット(Johann Friedrich Flatt 1759-1821)　134, 171, 173, 176, 184, 574

プラットナー(Ernst Plattner 1744-1818) 107, 126
フランツ一世(Franz I 1708-65) 26
フリース(Jakob Friedrich Frries 1773-1843) 600
フリードリッヒ大王(der Grosse Friedrich II 1712-86) 26
ブルーマウアー(Johann Aloys Blumauer 1755-98) 17, 19, 27, 117
プレッシング(Friedrich Victor Plessing 1749-1808) 35
ヘーゲル(Georg Wilhelm Friedrich Hegel 1770-1831) 8, 9, 23, 75, 88, 106, 134, 216, 217, 227, 261, 503, 532, 552, 563-566, 574, 599, 609-629
ペツォルト(Christian Friedrich Petzold 1743-88) 16, 39
ベック(Jakob Sigismund Beck 1761-1840) 177, 178, 265, 373, 408-411
ベック(Lewis White Beck 1913-1997) 343f.
ヘニングス(Justus Christian Hennings 1731-1815) 110
ペパーマン(Johannes Jakob Nepomuk Pepermann 1745-88) 17, 117
ヘルダー(Johann Gottfried von Herder 1744-1803) 103-105, 486, 552
ヘルダーリン(Johann Christian Friedrich Hölderlin 1770-1843) 106, 261, 574
ヘルベルト(Franz de Paula Freiherr von Herbert 1759-1811) 107, 393, 396
ヘンリッヒ(Dieter Henrich 1927-) 262-264, 407
ボルン(Ignatz Edler von Born 1742-91) 24f., 27-29, 38f., 133
ボンデリ(Martin Bondeli 1954-) 492

マ　行

マイモン(Salomon Maimon 1753-1800) 9, 177, 239, 247, 265-283
マイネルス(Christoph Martin Meiners 1747-1810) 136
マイヤー(Joseph Ernst Mayer 1751-1822) 27
マース(Johann Gebhard Ehrenreich Maaß 1766-1823) 505
マリア・テレジア(Maria Theresia 1717-80) 17f., 26
ミカエラー(Karl Joseph Michaeler 1735-1804) 34
メンデルスゾーン(Moses Mendelssohn 1729-86) 56, 60-62, 66, 67-70, 73, 80, 87, 122f., 471
モーリッツ(Karl Phillipp Moritz 1757-93) 267

ヤ　行

ヤコービ(Friedrich Heinrich Jacobi 1743-1819) 7, 9, 56, 60-70, 73, 80, 307, 440-456, 459, 462-464, 468-475, 500, 502, 517-520, 531f., 536, 538, 581, 599
ヤーコプ(Ludwig Heinrich Jacob 1759-1827) 505
ヨゼフ二世(Joseph II 1741-90) 17f., 20, 24

ラ　行

ライプニッツ(Gottfried Wilhelm von Leipniz 1646-1716) 15, 305, 534
ライマルス(Elise Reimarus 1735-1805) 61
ライマルス(Hermann Samuel Reimarus 1694-1768) 76
ラインホルト(Ägidius Karl Johannes Nepomuk Reinhold 1724-79) 15
ラウト(Reinhard Lauth 1919-2007) 38f..
ラツシュキー(Joseph Franz Ratschky 1757-1810) 17, 27
ラファーター(Johann Kaspar Lavater 1741-1801) 396, 440, 529
ラ・メトリ(Julien Offroy de La Mettrie 1709-51) 32
ランベルト(Johann Heinrich Lambert 1728-77) 214, 552, 563

レッシング(Gotthold Ephraim Lessing 1729-81)　61f., 76, 581
レーベルク(August Wilhelm Reberg 1757-1836)　197, 219, 239-241, 264, 303, 305, 308-314, 362

文 献 一 覧

I. 1. ラインホルトの著作（単行本）

Versuch einer neuen Theorie des menschlichen Vorstellungsvermögens. Mit Churfürstl.Sächs. gnädigsten Privilegio, Prag und Jena: bey C. Widmann und L.M.Mauke 1789. (2. Aufl., Jena 1795)（***Versuch***と略記）

[ND:] *Versuch einer neuen Theorie des menschlichen Vorstellungsvermögens.* Theilband 1: Vorrede. Erstes Buch, hrsg. v. Ernst-Otto Onnasch, Hamburg 2010. [PhB 599a]

[ND:] *Versuch einer neuen Theorie des menschlichen Vorstellungsvermögens.* Theilband 2: Zweites und Drittes Buch, hrsg. v. Ernst-Otto Onnasch, Hamburg 2012. [PhB 599b]

[ND:] *Versuch einer neuen Theorie des menschlichen Vorstellungsvermögens,* hrsg. v. Martin Bondeli, Basel 2013. K.L.Reinhold, Gesammelte Schriften. Bd. 1.

Briefe über die Kantische Philosophie. Erster Band, Leipzig: bey Georg Joachim Göschen 1790. (***Briefe I***と略記)

[ND:] *Briefe über die Kantische Philosophie.Erster Band,* hrsg. v. Martin Bondeli, Basel 2007. K. L. Reinhold, Gesammelte Schriften. Bd. 2/1.

Anonymus: *Briefe über die Kantische Philosophie von Hn. Karl Leonhard Reinhold Rat und Professor der Philosophie zu Jena,* Mannheim 1789.

Beyträge zur Berichtigung bisheriger Missverständnisse der Philosophen. Erster Band, das Fundament der Elementarphilosophie betreffend, Jena: bey Johann Michael Mauke 1790. (***Beyträge I***と略記)

[ND:] *Beiträge zur Berichtigung bisheriger Mißverständnisse der Philosophen. Erster Band, das Fundament der Elementarphilosophie betreffend,* hrsg. v. Faustino Fabbianelli, Hamburg 2003 [PhB 554a] .

Ueber das Fundament des philosophischen Wissens, nebst einigen Erläuterungen über die Theorie des Vorstellungsvermögens, Jena: bey Johann Michael Mauke 1791. (***Fundament***と略記)

[ND:] *Über das Fundament des philosophischen Wissens. Über die Möglichkeit der Philosophie als strenge Wissenschaft,* hrsg. v. Wolfgang H. Shcrader, Ham-

burg 1978. [PhB 299]

[ND:] *Ueber das Fundament des philosophischen Wissens, nebst einigen Erläuterungen über die Theorie des Vorstellungsvermögens,* hrsg. v. Martin Bondeli, Basel 2011. K. L. Reinhold, Gesammelte Schriften. Bd. 4.

Briefe über die Kantische Philosophie. Zweiter Band, Leipzig: bey Georg Joachim Göschen 1792. (***Briefe II*** と略記)

[ND:] *Briefe über die Kantische Philosophie. Zweiter Band,* hrsg. v. Martin Bondeli, Basel 2008. K. L. Reinhold,Gesammelte Schriften. Bd. 2/2.

Beyträge zur Berichtigung bisheriger Missverständnisse der Philosophen. Zweitter Band, die Fundamente des philosophischen Wissens, der Metaphysik, Moral, moralischen Religion und Geschmackslehre betreffend, Jena: bey Johann Michael Mauke 1794. (***Beyträge II*** と略記)

[ND:] *Beiträge zur Berichtigung bisheriger Mißverständnisse der Philosophen. Zweiter Band, die Fundamente des philosophischen Wissens, der Metaphysik, Moral, moralischen Religion und Geschmackslehre betreffend,* hrsg. v. Faustino Fabbianelli, Hamburg 2004. [PhB 554b]

Auswahl vermischter Schriften. Erster Theil, Jena: bey Johann Michael Mauke 1796. (***Auswahl I*** と略記)

Auswahl vermischter Schriften. Zweiter Theil, Jena: bey Johann Michael Mauke 1797. (***Auswahl II*** と略記)

Ueber die Pradoxien der neuesten Philosophie, Hamburg: bei Friedrich Perthes 1799. (***Paradoxien*** と略記)

Beyträge zur leichtern Uebersicht des Zustandes der Philosophie beym Anfange des 19. Jahrhunderts, Hamburg: bey Friedich Perthes, 1.-3. Heft, 1801; 4. Heft, 1802; 5.-6. Heft, 1803. (***Beyträgen-U.*** と略記)

C. G. Bardilis und C. L. Reinholds Briefwechsel über das Wesen der Philosophie und das Unwesen der Spekulation, München, bey Joseph Lentner 1804. (***Briefwechel*** と略記)

I. 2.　ラインホルトの雑誌論文，書評

Der Teutsche Merkur, Weimar. Hrsg. v. Christoph Martin Wieland, 1788, Bd. I, II, IV. 1789, Bd. I. [Mikro Film: Harald Fischer Verlag (Erlangen 1993)]

Allgemeine Literatur-Zeitung, Leipzig und Jena 1785ff. [Olms Microform System,

Hildesheim・New York]

Batscha, Zwi (hrsg.) : *Karl Leonhard Reinhold, Schriften zur Religionskritik und Aufklärung 1782–1784,* Bremen 1977.

Gottschalk, Friedrich (hrsg.) : *Bibliotheca Masonica. Dokumente und Texte zur Freimaurerei,* Graz 1988.

Starnes Thomas C.: *Der Teutsch Merkur. Eine Repertorium,* Sigmaringen 1994.

Alexander von Schönborg, *Karl Leonhard Reinhold. Eine annnotierte Bibliographie,* Stuttgart-Bad Cannstatt 1991.

Thomas C. Starnes, *DER TEUSCHE MERKUR. Ein Repertorium,* Sigmaringen 1994.

Faustino Fabbianelli (hrsg.), *Die zeitgenössichen Rezensionen der Elementarphilosophie K. L. Reinholds,* Hildesheim 2003.

I. 3. ラインホルト関連の書簡、その他の資料

Karl Leonhald Reinhold, Korrespondenzausgabe der Österreichischen Akademie der Wissenschaften. Bd. 1. *KORRESPONDENZ 1773-1788,* hrsg. v. R. Lauth, E. Heller und K. Hiller, Stuttgart-Bad Cannstatt, Wien 1983. (***Korrespondenz 1*** と略記)

Bd. 2. *KORRESPONDENZ 1788–1790,* hrsg. v. F. Fabbianelli, E. Heller, K. Hiller, R. Rauth, I. Radrizzani und W. H. Schrader, Stuttgart-Bad Cannstatt 2007. (***Korrespondenz 2*** と略記)

Bd. 3. *KORRESPONDENZ 1791,* hrsg. v. F. Fabbianelli, E. Heller, K. Hiller, R. Rauth, I. Radrizzani und W. H. Schrader, Stuttgart-Bad Cannstatt 2011. (***Korrespondenz 3*** と略記)

Sendschreiben an J.C.Lavater und J.G.Fichte über den Glauben an Gott, Hamburg: bei Friedrich Perthes 1799. (***Sendschreiben*** と略記)

Aus Baggesen's Briefwechsel mit Karl Leonhard Reinhold und Friedrich Heinrich Jacobi. Erster Theil, Leipzig 1831. (***Aus Baggesen I*** と略記) *Zweiter Theil,* Leipzig 1831. (***Aus Baggesen II*** と略記)

Kant's gesammelte Schriften Bd. X, XI, Kant's Briefwechsel, hrsg. v. der KoniglichPreussischen Akademie der Wissenschaften, Berlin und Leipzig 1922. (***KA, X, XI*** と略記)

Friedrich Heinrich Jacobi Briefwechsel. Gesamtausgabe hrsg. v. M. Brüggen, H.

Gockel und P.-P.Schneider. Reihe I Bd. 3, Stuttgart-Bad Canststt 1987.

Schillers Werke. Nationalausgabe, Bd. 26. Schillers Briefe 1790–1794, hrsg. v. Edith Nahler und Horst Nahler, Weimar 1992. (***NA*, *26***と略記)

J. G. Fichte-Gesamtausgabe der Bayerischen Akademie der Wissenschaften, hrsg. v. Reinhard Lauth und Hans Jacob. Briefeband 2. *Briefwechsel 1793–1795*, Stuttgart-Bad Cannstatt 1970. (***GA*, III/2**と略記); Briefeband 3. *Briefwechsel 1796–1799*, Stuttgart-Bad Cannstatt 1972. (***GA*, III/3**と略記); Briefeband 4. *Briefwechsel 1799–1800*, Stuttgart-Bad Cannstatt 1973. (***GA*, III/4**と略記)

J. G. Fichte im Gespräch. Bericht der Zeitgenossen, hrsg. v. Erich Fuchs, Bd. 1: 1762–1798, Stuttgart-Bad Cannstatt 1978. (***Fichte im Gespräch 1***と略記); Bd. 2: 1798–1800, Stuttgart-Bad Cannstatt 1980. (***Fichte im Gespräch 2***と略記); Bd. 6. 1: 1771–1799, Stuttgart-Bad Cannstatt 1992. (***Fichte im Gespräch 6.1***と略記)

J. G. Fichte in zeitgenossischen Rezensionen, hrsg. v. Erich Fuchs, Wilhelm G. Jacobs und Walter Schieche, Bd. 1 (Nr.1–43), Bd. 2 (Nr.44-93), Stuttgart-Bad Cannstatt 1995.

Philosophisches Journal einer Gesellschaft teutscher Gelehrten. Hrsg. v. J. G. Fichte und F. I. Niethammer (***PJ***と略記), Bd. 6, 3. Hf., Jena und Leipzig 1797. [ND: Hildesheim 1969]

II. 1. 同時代の哲学者の著作（全集）

Kant's gesammelte Schriften Bd. III, IV, V, VI, hrsg. v. der KoniglichPreussischen Akademie der Wissenschaften, Berlin und Leipzig 1911, 1913, 1914. (***KA*, III, IV, V, VI**と略記)

Moses Mendelsohn. Gesammelte Schriften. Jubliaumausgabe (***JubA***と略記), Bd. 3, 2: *Schriften zur Philosophie und Ästhetik,* Stuttgart-Bad Cannstatt 1974.

Friedrich Heinrich Jacobi Werke, Gesamtausgabe, hrsg. v. Klaus Hammacher und Walter Jaeschke (***Jacobi Werke***と略記), Bd. 1, 1, Hamburg 1998; Bd. 2, 1, Hamburg 2004; Band 2, 2, Hamburg 2004.

J. G. Fichte-Gesamtausgabe der Bayerischen Akademie der Wissenschaften, hrsg. v. Reinhard Lauth und Hans Jacob. Werke Bd. 1 (1791–1794), Stuttgart-Bad Cannstatt 1964. (***GA*, I/1**と略記); Werke Bd. 2 (1793–1795), Stuttgart-Bad Cannstatt 1965. (***GA*, I/2**); Werke Bd. 3 (1794–1796), Stuttgart-Bad Cannstatt 1966. (***GA*, I/3**); Werke Bd. 4 (1797–1798), Stuttgart-Bad Cannstatt 1970. (***GA*,**

I/4) ; Werke Bd. 5 (1798–1799), Stuttgart-Bad Cannstatt 1970. (***GA*, I/5**) ; Werke Bd. 6 (1799–1800), Stuttgart-Bad Cannstatt 1970. (***GA*, I/6**) ; Nachgelassene Schriften Bd. 3 (1799–1800), Stuttgart- Bad Cannstatt 1971. (***GA*, II/3**) .

Friedrich Wilhelm Joseph Schelling Historisch-Kritische Ausgabe, hrsg. v. Hans Michael Baumgartner, Wilhelm G. Jacobs, Hermann Krings und Hermann Zeltner. Reihe I. Werke 1, Stuttgart 1976. (***AA*, I/1**と略記) ; Reihe I. Werke 2, Stuttgart 1980. (***AA*, I/2**) ; Reihe I. Werke 3, Stuttgart 1982. (***AA*, I/3**) ; Reihe I. Werke 4, Stuttgart 1988. (***AA* I/4**) ; Reihe I. Werke 8, Stuttgart 2004. (***AA*, I/8**) ; Reihe I. Werke 9, Stuttgart 2005. (***AA*, I/9**) ; Reihe I. Werke 10, Stuttgart 2009. (***AA*, I/10**)

Kritische Friedrich-Schlegel-Ausgabe, hrsg. v. Ernst Behler. Zweiter Band: *Charakteristiken und Kritiken I 1796–1801*, Paderborn 1967.

Georg Wilhelm Friedrich Hegel Gesammelte Werke, hrsg. im Auftrag der Deutschen Forschungsgemeinschaft, Bd. 4, Hamburg 1968. (***GW*, 4**と略記) ; Bd. 9, Hamburg 1980. (***GW*, 9**) ; Bd. 19, Hamburg 1989. (***GW*, 19**) ; Bd. 21, Hamburg 1985. (***GW*, 21**)

Salomon Maimon. Gesammelte Werke, Bd. I. ～ V. hrsg. v. Valerio Verra, Hildesheim 2003.

II. 2. 同時代の哲学者の著作 (単行本, 発行年順)

Jacobi, Friedrich Heinrich:*Ueber die Lehre des Spinoza in Briefen an den Herrn Moses Mendelssohn,* Breslau 1785. [Aetas Kantiana 1968]

Eberhard, Johann August: *Allgemeine Theorie des Denkens und Empfindens.* Neue verbesserte Auflage, Berlin 1786. [Aetas Kantiana 1968]

Eberhard, Johann August (hrsg.), *Philosophisches Magazin*, Erster Band, Zweyter Band und Dritter Band, bey Johann Jacob Gebauer, 1789, 1790 und 1791. [Aetas Kantiana 1968]

Schulze, Johann: *Erläuterungen über des Herrn Professor Kant Critik der reinen Vernunft*, Königsberg 1791 (1784). [Aetas Kantiana 1968]

Maimon, Salomon, *Versuch über die Transzendentalphilosophie mit einem Anhang über die symbolische Erkenntniß und Anmerkungen*, Berlin 1790. [Aetas Kantiana, 1969], [ND: Hrsg. v. Florian Ehrensperger, Hamburg 2004, PhB 552]

Maimon, Salomon, *Philosophisches Wörterbuch, oder Beleuchtung der wichtigsten*

Gegenstände der Philosophie, in alphabetischer Ordnung, 1. Stück, Berlin 1791. [Aetas Kantiana 1969]

[***Schulze, Gottlob Ernst***], *Aenesidemus oder über die Fundamente der von dem Herrn Professor Reinhold in Jena gelieferten Elementar-Philosophie. Nebst einer Verteidigung des Skepticismus gegen die Ausmassungen der Vernunftkritik,* Ohne Ort 1792. [ND: Hrsg. v. Manfred Frank, Hamburg 1996, PhB 489]

Maimon, Salomon, *Salomon Maimon's Strefereien im Gebiet der Philosophie, Erster Theil,* Berlin 1793. [Aetas Kantiana 1790]

Fülleborn, Georg Gustv (hrsg.), *Beyträge zur Geschichte der Philosophie,* Drittes Stück, Züllichau und Frystadt 1793. [Aetas Kantiana 1968]

Maimon, Salomon, *Versuch einer neuen Logik oder Theorie des Denkens. Nebst angehängten Briefen des Philaletes an Aenesidemus,* Berlin 1794. [ND: Neudruckte seltener philosoph.Werke, hrsg. v. der Kantgesellschaft, Berlin 1912]

Abicht, Johann Heinrich, *Hermias oder Auflösung der die gültige Elementarphilosophie betreffenden Aenesidemischen Zweifel,* Erlangen 1794. [Aetas Kantiana 1968]

Beck, Jacob Sigismund: *Erläuternden Auszug aus den critischen Schriften des Herrn Prof. Kant, auf Antrahten desselben, Bd. 3. Einzig-möglicher Standpunct, aus welchem die critische Philosophie beurteilt werden muß,* Riga 1796. [Aetas Kantiana 1968]

Jenisch, Daniel: *Ueber Grund und Werth der Entdeckungen des Herrn Professor Kant in der Metaphysik, Moral und Aestetik. Nebst einem Sendschreiben des Verfassers an Herrn Professor Kant,* Berlin 1796. [Aetas Kantiana 1973]

Bardili, Christoph Gottfied: *Grundriß der Ersten Logik, gereiniget von den Irrthümmern bisheriger Logiken überhaupt, der Kantischen insbesondere; Keine Kritik sondern eine Medicina mentis,brauchbar hauptsächlich für Deutschlands Kritische Philosophie,* Stuttgart 1800 (facto 1799). [Aetas Kantiana 1970]

Schmid, Carl Christian Erhard, *Versuch einer Moralphilosophie. Erster Band, Einleitung. Kritik der praktischen Vernunft,* Vierte verbesserte und vermehrte Ausgabe, Jena 1802. [Aetas Kantiana 1981]

Schmid, Carl Christian Erhard, *Versuch einer Moralphilosophie. Zweyter Band, Metaphysik der Sitten und Angewandte Moral,* Vierte verbesserte und vermehrte Ausgabe, Jena 1802. [Aetas Kantiana 1981]

III. 各章の内容に関連する研究文献（各章ごとに発行年順，邦語文献は単行本に限る）

●第一章　ウィーンからの逃亡者（1780〜83年）

van Dülmen, Richard: *Der Geheimbund der Illuminaten, Darstellung, Analyse, Dokumentation,* Stuttgart-Bad Cannstatt 1975.

Sauer, Werner: *Österreichische Philosophie zwischen Aufklärung und Restauration. Beiträge zur Geschichte des Frühkantianismus in der Donaumonarchie,* Würzburg u. Amsterdam 1982.

Reinalter, Helmut (hrsg.) : *Freimaurer und Geheimbünde im 18. Jahrhundert in Mitteleuropa,* Frankfurt am Mein 1983.

Vierhaus, Rudolf: Aufklärung und Freimaurerei in Deutschland, in: Reinalter, Helmut (hrsg.), *Freimaurer und Geheimbünde im 18. Jahrhundert in Mitteleuropa,* Frankfurt am Main 1983.

Krivanec, Ernest: Die Anfänge der Freimaurerei in Österreich, in: Reinalter, Helmut (hrsg.), *Freimaurer und Geheimbünde im 18. Jahrhundert in Mitteleuropa,* Frankfurt am Main 1983.

van Dülmen, Richard: *Die Gesellschaft der Aufklärer.* Frankfurt am Main 1986.

丹後杏一『オーストリア近代国家形成史』山川出版社，1986年。

Rosenstrauch-Königsberg, Edith (hrsg.) : *Literatur der Aufklärung 1765-1800,* Wien 1988.

Lauth, Reinhard: Reinholds Weg durch Aufklärung, in: ders (hrsg.), *Transzendentale Entwicklungslinien,* Hamburg 1989.

Reinalter, Helmut (hrsg.) : *Aufklärung und Geheimgesellschaften* (Ancien Regime, Aufklärung und Revolution Bd. 16), München 1989.

Reinalter, Helmut: Ignaz von Born — Aufklärer, Freimaurer und Illuminat. In: ders. (hrsg.), *Aufklärung und Geheimgesellschaften,* München 1989.

Huber, Eva: Zur Sozialstruktur der Wiener Logen im Josephinischen Jahrzehnt. In: H. Reinalter (hrsg.), *Aufklärung und Geheimgesellschaften,* München 1989.

Reinalter, Helmut: Freimaurerei und Demokratie im 18. Jahrhundert, in: ders (hrsg.), *Aufklärung und Geheimgesellschaften,* München 1989.

Wilson, W. Daniel: *Geheimräte gegen Geheimbünde. Ein unbekanntes Kapitel der klassische-romantischen Geschichte Weimars,* Stuttgart 1991.

Reinalter, Helmut (hrsg.) : *Die Aufklärung in Österreich. Ignaz von Born und seine Zeit,* Frankfurt am Main 1991.

Hiller, Kurt: Wieland, der Förderer Reinholds, in: *Wieland – Studien I*, hrsg. vom Wieland – Archiv Bieberach und von Hans Radspieler, Sigmaringen 1991.

Alexander von Schöborn: *Karl Leonhard Reinhold. Eine annotierte Bibliographie*, Stuttgart-Bad Cannstatt 1991.

Fuchs, Gerhard W.: *Karl Leonhard Reinhold — Illuminat und Philosoph. Eine Studie über den Zusammenhang seines Engagements als Freimauer und Illuminat mit seinem Leben und philosophischen Werken*, Frankfurt am Main 1994.

Irmen, Hans-Josef (hrsg.) : *Die Protokoll der Wiener Freimaurerloge "Zur wahren Eintracht" (1781-1785)*, Frankfurt am Main 1994.

N. Hinske/E. Lange/H. Schröpfer (hrsg.) : *Der Aufbruch in den Kantianismus*, Stuttgart-Bad Cannstatt 1995.

Klueting, Harm (hrsg.) : Der *Josephinismus. Ausgewählte Quelle zur Gesichte der theresianisch- josephinischen Reorm*, Darmstadt 1995

Yun Ku Kim: *Religion, Moral und Aufklärung. Reunholds philosophischer Werdegang*, Frankfurt am Main 1996.

Zöller, Günter: Die „Notwendigkeit von politischtheologischen Geheimnissen". K. L. Reinhold über Theokratie und Freiheit. in: Violetta Stolz, Marion Heinz, Martin Bondeli (Hrsg.), *Wille, Willkür, Freiheit. Reinholds Freiheitskonzeption im Kontext der Philosophie des 18. Jahrhunderts*, Berlin/Boston 2012.

●第二章　ラディカル啓蒙思想と「批判」の精神の結合（1784～87年）

Röttgers, Kurt: Die Kritik der reinen Vernunft und Karl Leonhard Reinhold. Fallstudie zu Theoriepragmatik in Schulbildungsprozessen. In: *Akten des 4. Intenationalen Kant-Kongresses*, vol. II, pt. 2, Berlin 1974.

Christ, Kurt: *Jacobi und Mendelssohn.Eine Analyse des Spinozastreits*, Würzburg 1988.

Vallée, Gérard: Introduction to *The Spinoza Conversations between Lessing & Jacobi*, Lanham 1988.

Wilson, W. Daniel: *Geheimräte gegen Geheimbünde. Ein unbekanntes Kapitel der klassische-romantischen Geschichte Weimars*, Stuttgart 1991.

Ameriks, Karl: Reinhold über Systematik, Popularität und die „historische Wende", in: M. Bondeli/A. Lazzari (hrsg.), *Philosophie ohne Beynamen, System, Freiheit und Geschichte im Denken Karl Leonhard Reinholds*, Basel 2004.

Ameriks, Karl: Introduction, in: Karl Leonhard Reinhold, *Lettters on the Kantian Philosopy*, Cambridge UP 2005.

Ameriks, Karl: Reinhold's First Letters on Kant.,in:Pierluigi Valenza (hrsg.), *K. L. Reinhold. Am Vorhof des Idealismus. Biblioteca dell' <Archivo di Filosofia>35,* Pisa/Roma 2006.

Heinz, Marion: Grundzuge der Geschichtsphilosophie in Reinholds Briefen zur Kantischen Philosophie, in: Pierluigi Valenza (hrsg), *K. L. Reinhold. Am Vorhof des Idealismus. Biblioteca dell' <Archivo di Filosofia>35,* Pisa/Roma 2006.

Bondeli, Martin: Einleitung, in: derselben (hrsg.) :Karl Leonhard Reinhold, Gesammelte Schriften. Kommenteirte Ausgabe. Bd. 2/1. *Briefe über die Kantische Philosophie. Erster Band*, Basel 2007.

Heinz,Marion/Stolz,Violetta: Vernunft und Geschichte: Von Kant zu Reinhold, in: Wolfgang Kersting/Dirk Westerkamp (hrsg.), *Am Rande des Idealismus. Studien zur Philosophie Karl Leonhard Reinholds*, Paderborn 2008.

Breazeale, Daniel: Reason's Changing Needs: From Kant to Reinhold, in: George di Giovanni (ed.), *Karl Leonhard Reinhold and the Enlightenment*, Heidelberg/London/New York 2010.

Marx, Karianne J.: Reinhold a Kantian? "Practical Reason" in Reinhold's "Briefe über die Kantische Philosophie" und *Versuch einer neuen Theorie des menschlichen Vorstellungsvermögen*, in: George di Giovanni (ed.), *Karl Leonhard Reinhold and the Enlightenment*, Heidelberg/London/New York 2010.

●第三章　ラインホルトのイェーナ招聘と最初期の美学講義（1787〜88年）

Gadamer, Hans-Georg: Wahrheit und Methode. Grundzüge einer philosophischen Hermeneutik, in: *Hans-Georg Gadamer, Gesammelte Werke* Bd. 1, Tübingen 1986.

Bondeli, Martin: Geschmack und Vergnügen in Reinholds Aufklärungskonzept und philosophischem Programm während der Phase der Elementarphilosophie, in:Strack, Friedrich (hrsg.), *Evolution des Geistes: Jena um 1800. Natur und Kunst, Philosophie und Wissenschaft im Spannungsfeld der Geschichte*, Stuttgart 1994.

Fuchs, Gerhard W.: *Karl Leonhard Reinhold—Illuminat und Philosoph*, Frankfurt am Main 1994.

Frackowiak, Ute: *Der gute Geschmack. Studien zur Entwicklung des Geschmacksbegriffs*, München 1994.

Amann, Wilhelm: *Die stille Arbeit des Geschmacks,* Würzburg 1999.

Pollok, Anne: Einleitung, in: Anne Pollok (hrsg.), *Moses Mendelssohn, Ästhetische Schriften*, Hamburg 2006. [PhB Bd. 571]

Lazzari, Alessandro: K. L. Reinhold: Die Natur des Vergnügens und die Grundlegung des Systems. in: Pierluigi Valenza (hrsg.), *K. L. Reinhold. Am Vorhof des Idealismus.Biblioteca dell' <Archivo di Filosofia>35,* Pisa/Roma 2006.

Fuchs, Erich: Reinholds Vorlesungen 1792-1794 über die Kritik der reinen Vernunft und über Logik und Metaphysik: Kollegnachschriften Schmid, Kalmann, Krause, in: *Karl Leonhard Reinhold and the Enlightenment* by George di Geovanni, Heidelberg/London/New York 2010.

●第四章　批判的「認識理論」の「前提」としての「表象」(1789年)

Beiser, Frederick C.: *The Fate of Reason: German Philosophy from Kant to Fichte*, Harvard UP. 1987.

Lazzari, Alessandro: *«Das Eine,was der Menschheit Not ist». Einheit und Freiheit in der Philosophie Kaarl Leonhard Reinhols (1789-1792)*, Stuttgart-Bad Cannstatt 2004.

Fabbianelli, Faustino: Von der Theorie des Voestellungsvermögens zur Elementar-Philosophie. Reinholds Satz des Bewusstseins und Auseinandersetzung über das Ding an sich, in: M. Bondeli/A. Lazzari (hrsg.), *Philosophie ohne Beynamen. System, Freiheit und Geschichte im Denken Karl Leonhard Reinholds,* Basel 2004.

Bondeli, Martin: Das《Band》von Vorstellung und Gegenstand. Zur Reinhold-Kritik von Jacob Sigismund Beck, in: Martin Bondeli/Alessandro Lazzari (hrsg.), *Philosophie ohne Beynamen.System, Freiheit und Geschichte im Denken Karl Leonhard Reiholds*, Basel 2004.

Ottinen, Vesa: Über einige phänomenologische Motive in Reinholds Philosophie, in: Pierluigi Valenza (hrsg.), *K. L. Reinhold. Am Vorhof des Idealismus.Biblioteca dell' <Archivo di Filosofia>35,* Pisa/Roma 2006.

Bondeli, Martin: Reinholds Kant-Phase. Ihre Entwicklungslinien, ihre Wirkung und Bedeutung, in: Wolfgang Kersting/Dirk Westerkamp (hrsg.), *Am Rande des*

Idealismus. Studien zur Philosophie Karl Leonhard Reinholds, Paderborn 2008.

Rumore, Paola: Reinholds ursprüngliche Einsicht. Die Theorie des Vorstellungs-vermögens und ihre zeitgenössische Kritiker, in: Wolfgang Kersting/Dirk Westerkamp (hrsg.), *Am Rande des Idealismus. Studien zur Philosophie Karl Leonhard Reinholds,* Paderborn 2008.

Onnasch, Ernst-Otto: Einleitung, in: Reinhold, Karl Leonhart, *Versuch einer neuen Theorie des menschlichen Vorstellungsvermögens.* Theilband 1: Vorrede. Erstes Buch. (hrsg.), Ernst-Otto Onnasch, Hamburg 2010. [PhB Bd. 599a]

Marx, Karianne J.: *The Usefulness of the Kantian Philosophy. How Karl Leonhard Reinhold's commitment to enlightenment influenced his reception of Kant,* Berlin/Boston 2011.

Bondeli, Martin: Einleitung, in: *Versuch einer neuen Theorie des menschlichen Vorstellungsvermögens,* hrsg. v. Martin Bondeli, Basel 2013. K. L. Reinhold, Gesammelte Schriften. Bd. 1.

●第五章　「厳密な学としての哲学」――根元哲学の構想（1790～91年）

Stolzenberg, Jürgen: *Fichtes Begriff der intellektuellen Anschauung. Die Entwicklung in den Wissenschaftslehren von 1793/94 bis 1801/02,* Stuttgart 1986.

Bondeli, Martin: *Das Anfangsproblem bei Karl Leonhard Reinhold. Eine systematische und entwicklungsgeschichtliche Untersuchung zur Philosophie Reinholds in der Zeit von 1789 bis 1803,* Frankfurt am Main 1995.

Stolzenberg, Jürgen: Selbstbewusstsein.Ein Problem der Philosophie nach Kant, in: *Revue Internationale de Philosophie* 3/1996, number 197.

Fabbianelli, Faustino: Einleitung, in:derselben (hrsg), *Die zeitgenössischen Rezensionen der Elementarphilosophie K. L. Reinholds,* Hildesheim 2003.

Fabbianelli, Faustino: Einleitung. In: Karl Leonhard Reinhold, *Beiträge zur Berichtigung bisheriger Mißverständnisse der Philosophen. Erster Band, das Fundament der Elementarphilosophie,* Hamburg 2003 [PhB 554a] .

Bondeli, Martin: Reinholds Kant-Kritik in der Phase der Elementarphilosophie, in: Bondeli, Martin/Schrader, Wolfgang H. (hrsg.), *Die Philosophie Karl Leonhard Reinholds. Fichte-Studien-Supplementa Bd.16,* Amsterdam-New York 2003.

Lazzari, Alessandro: Zur Genese von Reinholds<Satz des Bewusstseins>, in: M. Bondeli/A. Lazzari (hrsg.), *Philosophie ohne Beynamen, System, Freiheit und*

Geschichte im Denken Karl Leonhard Reinholds, Basel 2004.

Fabbianelli, Faustino: Von der Theorie des Vorstellungsvermögens zur Elementarphilosophie. Reinholds Satz des Bewußtseins und die Auseinandersetzung über das Ding an sich, in: M. Bondeli/A.Lazzari (hrsg.), *Philosophie ohne Beynamen, System, Freiheit und Geschichte im Denken Karl Leonhard Reinholds,* Basel 2004.

Breazeal, Daniel: Reflection, intellctual intuition, and the fact of consciousness: remarks on the method of Reinhold's Elementarphilosophie (1789-1791), in: Pierluigi Valenza (hrsg.), *K. L. Reinhold. Am Vorhof des Idealismus. Biblioteca dell' <Archivo di Filosofia>35,* Pisa/Roma 2006.

Franks, Paul: Reinholds systematische Ambiguität und die Ursprünge der Fichteschen *Wissenschaftslehre,* in: Wolfgang Kersting/Dirk Westerkamo (hrsg.), *Am Rande des Ideakisumus. Studien zur Philosophie Karl Leonhard Reinholds,* Paderborn 2008.

Breazeale, Daniel: Zwischen Kant und Fichte. Karl Leonhard Reinholds "Elementarphilosophie ", in: Wolfgang Kersting/Dirk Westerkamp (hrsg.), *Am Rande des Idealismus. Studien zur Philosophie Karl Leonhard Reinholds,* Paderborn 2008.

Bondeli, Martin: Einleitung, in:derselben (hrsg.) : Karl Leonhard Reinhold, Gesammelte Schriften. Kommenteirte Ausgabe. Bd. 2/2. *Briefe über die Kantische Philosophie. Zweyter Band,* Basel 2008.

Bondeli, Martin: Einleitung, in:derselben (hrsg.) :Karl Leonhard Reinhold, Gesammelte Schriften. Kommenteirte Ausgabe. Bd. 4. *Ueber das Fundament des philosophischen Wissens,nebst einigen Erläuterungen über die Theorie des Vorstellungsvermögens,* Basel 2011.

●第六章　根元哲学の「運命」(1792〜94年)

Henrich, Dieter: *Konstellationen. Probleme und Debatten am Ursprung der idealistischen Philosophie (1789-1795),* Stuttgart 1991.

Bondeli, Martin: *Das Anfangsproblem bei Karl Leonhard Reinhold. Eine systematische und entwicklungsgeschichtliche Untersuchung zur Philosophie Reinholds in der Zeit von 1789 bis 1803,* Frankfurt am Main 1995.

Henrich, Dieter (hrsg.) : *Immanuel Carl Diez. Briefwechsel und Kantische Schriften. Wissensbegründung in der Glaubenskrise Tübingen-Jena (1790-1792),* Stuttgart

1997.

Lazzari, Alessandro: Fichtes Entwicklung von der zweiten Auflage der Offenbarungskritik bis zur Rezeption von Schulzes Aenesidemus, in: Wolfgang H. Schrader (hrsg.), *Fichte-Studien* Bd. 9. *Anfänge und Ursprüngen. Zur Voegeschichte der Jenaer Wissenschaftslehre*, Amsterdam-Altana 1997.

Bondeli, Martin: Zu Fichtes Kritik an Rainholds《empirischen》Satz des Bewußtseins und ihrer Vorgeschichte, in: Wolfgang H. Schrader (hrsg.), *Fichte-Studien* Bd. 9. *Anfänge und Ursprüngen. Zur Voegeschichte der Jenaer Wissenschaftslehre*, Amsterdam-Altana 1997.

Frank, Manfred: *>Unendliche Annäherung<. Die Anfänge der philosophischen Frühromantik*, Frankfurt am Main 1997 (stw 1328).

Frank, Manfred: Von der Grundsatz-Kritik zur freien Erfindung, in: *ATHENÄUM*, 8. Jahrgang 1998.

Berger, Andreas: Systemwandel zur einer<neuen Elementarphilosophie> ? Zur möglichen Rolle vom Carl Christian Erhard Schmid in der Entwicklung von Reinholds Elementarphilosophie nach 1791, in: *ATHENÄUM*, 8. Jahrgang 1998.

Breazeale, Daniel: Reinhold gegen Maimon über den Gebrauch der Fiktionen in der Philosophie, in: Bondeli, Martin/Schrader, Wolfgang H. (hrsg.), *Die Philosophie Karl Leonhard Reinholds. Fichte-Studien- Supplementa Bd.16*, Amsterdam-New York 2003.

Fabbianelli, Faustino: Einleitung. In: *Karl Leonhard Reinhold, Beiträge zur Berichtigung bisheriger Mißverständnisse der Philosophen. Zweiter Band, das Fundament des philosophischen Wissens, der Metaphysik, Moral, moralischen Religion und Geschmackslehre betreffend*, Hamburg 2004. [PhB 554b]

Henrich, Dieter: *Grundlegung aus dem Ich. Untersuchungen zur Vorgeschichte des Idealismus Tübingen-Jena (1790-1794)*. Erster Band und Zeiter Band, Frankfurt am Main 2004.

栗原隆『ドイツ観念論からヘーゲルへ』未来社，2011年。

●第七章　意志の自由をめぐる諸論争と『カント哲学についての書簡』第二巻（1788～93年）

Schulz, Eberhard Günter: *Rehbergs Opposition gegen Kants Ethik. Eine Untersuchung ihrer Grundlage, ihrer Berücksichtigung durch Kant und ihrer Wirkungen auf Reinhold, Schiller und Fichte*, Köln/Wien 1975.

Bitter, R./Cramer K. (hrsg.) : *Materialien zu Kants>Kritik der praktischen Vernunft<*, Frankfurt am Main 1975 (stw 59).

新田孝彦『カントと自由の問題』北海道大学図書刊行会，1993年。

川島秀一『カント倫理学研究——内在的超克の試み——』晃洋書房，1995年。

Lazzari, Alessandro: K. L. Reinholds Behandlung der Freiheitsthematik zwischen 1789 und 1792, in: Bondeli,Martin/Schrader, Wolfgang (hrsg.), *Die Philosophie Karl Leonhard Reinholds. Fichte-Studien-Supplementa Bd. 16*, Amsterdam-New York 2003.

Goubet, Jean-Francois: Die Streit zwischen Reinhold und Scmid über die Moral, in: M. Bondeli/A. Lazzari (hrsg.), *Philosophie ohne Beynamen, System, Freiheit und Geschichte im Denken Karl Leonhard Reinholds,* Basel 2004.

Zöller, Günter: Von Reinhold zu Kant. Zur Grundlegung der Moralphilosophie zwischen Vernunft und Willkür, in: Pierluigi Valenza (hrsg.), *K. L. Reinhold. Am Vorhof des Idealismus.Biblioteca dell' <Archivo di Filosofia>35,* Pisa/Roma 2006.

Bondeli, Martin: Einleitung, in:derselben (hrsg.) : Karl Leonhard Reinhold, Gesammelte Schriften. Kommenteirte Ausgabe. Bd. 2/2. *Briefe über die Kantische Philosophie. Zweyter Band*, Basel 2008.

Lazzari, Alessandro: K. L. Reinhold und der Glaube der Vernunft, in: George di Giovanni (ed.), *Karl Leonhard Reinhold and the Enlightenment*, Heidelberg/London/New York 2010.

Bondeli, Martin: Zu Reinholds Auffassung von Willensfreiheit in den *Briefe II*, in: Violetta Stolz, Marion Heinz, Martin Bondeli (hrsg.), *Wille, Willkür, Freiheit. Reinholds Freiheitskonzeption im Kontext der Philosophie des 18. Jahrhunderts,* Berlin/Boston 2012.

Lazzari, Alessandro: Reinholds Auseinandersetzung mit Rehberg im zweiten Band der Briefe über die Kantische Philosophie, in: Violetta Stolz,Marion Heinz und Martin Bondeli (hrsg.), *Wille, Willkür, Freiheit. Reinholds Freiheitskonzeption im Kontext der Philosophie des 18. Jahrhunderts*, Berlin/Boston 2012.

●第八章　「意志の自由」をめぐる論争の継続・展開とその波及（1793～97年）

Brittner, R.* und *Cramer, K. (hrsg.) : Materialien zu Kants >Kritik der praktischen Vernunft<. Frankfurt am Main 1975 (stw 59).

Piché, Claude: Fichtes Auseinandersetzung mit Reihold im Jahre 1793. Die Trieblehre und das Problem der Freiheit, in:M.Bondeli/A.Lazzari (hrsg.), *Philosophie ohne Beynamen,* Basel 2004.

Stolzenberg, Jürgen: Die Freiheit des Willens. Schellings Reinhold-Kritik in der Allgemeinen Übersicht der neuesten philosophischen Literatur, in: M. Bondeli/ A.Lazzari (Hrsg.), *Philosophie ohne Beynamen,* Basel 2004.

Schönborn, Alexander v.: <Intelligibler Fatalismus>: Reinhold mit und gegen Kant über Freiheit, in: Pierluigi Valenza (hrsg.), *K. L. Reinhold. Am Vorhof des Idealismus.* Biblioteca dell' <Archivo di Filosofia>35, Pisa/Roma 2006.

Zöller, Günter: Von Reinhold zu Kant. Zur Grunlegung der Moralphilosophie zwischen Vernunft und Willkür, in: Pierluigi Valenza (hrsg.), *K. L. Reinhold. Am Vorhof des Idealismus.Biblioteca dell' <Archivo di Filosofia>35,* Pisa/Roma 2006.

Breazeale, Daniel: The fate of Kantian freedom: One cheer (more) for Reinhold, in: Violetta Stolz/ Marion Heinz/Martin Bondeli (hrsg), *Wille, Willkür, Freiheit. Reinholds Freiheitskonzeption im Kontext der Philosophie des 18. Jahrhunderts,* Berlin/Boston 2012.

Baum, Manfred: Kants Replik auf Reinhold, in:Violetta Stolz/Marion Heinz /Martin Bondeli (hrsg.), *Wille, Willkür, Freiheit. Reinholds Freiheitskonzeption im Kontext der Philosophie des 18. Jahrhunderts,* Berlin/Boston 2012.

●第九章　「根元哲学」から「知識学」へ（1794～98年）

Radrizzani, Ives: Reinholds Bekehreng zur Wissenschaftslehre und das Studium von Fichtes Grundlage des Naturrechts, in: Bondeli, Martin/Schrader, Wolfgang (hrsg.), *Die Philosophie Karl Leonhard Reinholds. Fichte-Studien-Supplementa Bd.16,* Amsterdam-New York 2003.

Bernecker, Sven: Reinhold's Road to Fichte: The Elementary-Philosophy of 1795/96, in: George di Giovanni (ed.), *Karl Leonhard Reinhold and the Enlightenment,* Heidelberg/London/New York 2010.

●第十章　「信」と「知」，あるいは「生の立場」と「思弁の立場」（1799年）

Hammacher, Klaus: *Die Philosophie Friedrich Heinrich Jacobis,* München 1969.

Müller-Lauther, Wolfgang: Nihilismus als Konsequenz des Idealismus. F. H. Jacobis

Kritik an der Transzendentalphilosophie und ihre philosophiegeschichtlichen Folge. In: *Denken im Schatten des Nihilismus. Festschrift für Wilhelm Weischedel,* Darmstadt 1975.

Schneider, Peter-Paul: *Die „Denkbücher" Friedrich Heinrich Jacobis,* Stuttgart-Bad Cannstatt 1986.

Hammacher, Klaus: Jacobis Brief >An Fichte<. in: *Transzendentalphilosophie und Spekulation. Der Streit um die Geist einer Ersten Philosophie (1799-1807),* hrsg. v. Walter Jaeschke, Hamburg 1993.（中島靖次訳「ヤコービの『フィヒテ宛』書簡（1799年）」ヴァルター・イェシュケ編『論争の哲学史――カントからヘーゲルへ――』高山守・藤田正勝監訳，理想社，2001年所収）

Zöller, Günter: ≫Das Element aller Gewißheit≪―Jacobi, Kant und Fichte über den Glauben, in: Klaus Hammer（hrsg.）, *Fichte und Jacobi.Fichte-Studien Bd. 14,* Amsterdam-Atlanta 1998.

Radrizzani, Ives: Jacobis Auseinandersetzung mit Fichte in den *Denkbüchern,* in: Klaus Hammer（hrsg.）,*Fichte und Jacobi. Fichte-Studien Bd. 14,* Amsterdam-Atlanta 1998.

Traub, Harmut: Über die Grenzen. Das Problem der Irrationalität bei Jacobi und Fichte, in: Klaus Hammer（hrsg.）, *Fichte und Jacobi. Fichte-Studien Bd. 14,* Amsterdam-Atlanta 1998.

Giovanni, George di: 1799: The Year of Reinhold's Conversion to Jacobi, in: Bondeli, Martin / Schrader,Wolfgang（hrsg.）, *Die Philosophie Karl Leonhard Reinholds. Fichte-Studien- Supplementa Bd.16,* Amsterdam-New York 2003.

Ahlers, Rolf: Fichte, Jacobi und Reinhold über Spekulation und Leben, in:Harmut Traub（hrsg.）, *Fichte und seine Zeit. Fichte-Studien,Bd.21,* Amsterdam-New York 2003.

Kahlefelt, Susanna: Standpunkt des Lebens und Standpunkt der Philosophie. Jacobis Brief an Fichte aus dem 1799, in:Harmut Traub（hrsg.）, *Fichte und seine Zeit. Fichte-Studien,Bd.21,* Amsterdam-New York 2003.

Traub, Hartmut: J.G.Fichte, der König der Juden spekulativer Vernunft―Überlegungen zum spekulativen Anti-Judaismus, in:Harmut Traub（hrsg.）, *Fichte und seine Zeit. Fichte-Studien, Bd.21,* Amsterdam-New York 2003.

久保陽一『生と認識　超越論的観念論の展開』知泉書館，2010年。

Valenza, Pierlugi: Reinholds Freiheitskonzeption im Atheismusstreit, in:Violetta

Stolz/Marion Heinz/Martin Bondeli (hrsg.), *Wille, Willkür, Freiheit. Reinholds Freiheitskonzeption im Kontext der Philosophie des 18. Jahrhunderts,* Berlin/Boston 2012.

●第十一章　ラインホルトとフィヒテの決裂（1800年）

Karsch, Fritz: Christoph Gottfried Bardilis Logischer Realismus, in: *Kant-Studien* 30 (1925).

Zahn, Manfred: Fichtes, Schellings und Hegels Auseinandersetzung mit dem >Logischen Realismus< Christoph Gottfried Bardilis, in: *Zeitschrift für philosophische Forschung* XIX/2 (1965) und XIX/3 (1965).

Schrader, Wolfgang H.: C.L.Reinholds „Systemwechsel" von der Wissenschaftslehre zum rationalen Realismus Bardilis in der Auseinandersetzung mit J. G. Fichte, in: *Transzendentalphilosophie und Spekulation. Der Streit um die Geist einer Ersten Philosophie (1799-1807)*, hrsg. v. Walter Jaeschke, Hamburg 1993.（竹島尚仁訳「C・L・ラインホルトの『体系転換』」ヴァルター・イェシュケ編『論争の哲学史——カントからヘーゲルへ——』高山守・藤田正勝監訳，理想社，2001年所収）

Zöller, Günter: Die Unpopularitat der Transzendentalphilosophie: Fichtes Auseinandersetzung mit Reinhold (1799-1801), in: Bondeli, Martin/Schrader, Wolfgang (hrsg.), *Die Philosophie Karl Leonhard Reinholds. Fichte-Studien-Supplementa Bd. 16*, Amsterdam-New York 2003.

Valenza, Pierluigi: Reinhold Abschied vom logischen Realismus, in: M.Bondeli/A. Lazzari (hrsg.), *Philosophie ohne Beynamen,* Basel 2004.

Paimann, Rebecca:*Das Denken als Denken. Die Philosophie des Christoph Gottfried Bardili*, Stuttgart-Bad Cannstatt 2009.

●第十二章　合理的実在論の新たな展開（1801〜02年）

Siep,Ludwig: *Hegels Fichtekritik und die Wissenschaftslehre von 1804*, Freiburg/München 1970.（山内廣隆訳『ヘーゲルのフィヒテ批判と1804年の「知識学」』ナカニシヤ出版，2001年）

Janke, Wolfgang: *Fichte. Sein und Reflexion — Grundlagen der kritischen Vernunft,* Berlin 1970.（隈元忠敬・高橋和義・阿部典子訳『フィヒテ　存在と反省——批判的理性の基礎（上）（下）』哲書房，1992年／1994年）

Baumanns,Peter: *J. G. Fichte. Kritische Gesamtdarstellung seiner Philosophie,* Freiburg/München 1990.

Ahlers, Rolf: Reiholds weicher Monismus — und Hegel: Reinholds Systemkonzeption in Auseinandersetzung mit Jacobi, Fichte und Bardili, in: M. Bondeli/A. Lazzari (hrsg.), *Philosophie ohne Beynamen,* Basel 2004.

Giovanni, George di: Reinhold's Criticism of Fichte and Schelling: The Commonality at a Distance between Reinhold's Late Thought and Hegel's Logic, in: Pierluigi Valenza (hrsg.), *K. L. Reinhold. Am Vorhof des Idealismus.Biblioteca dell' <Archivo di Filosofia> 35,* Pisa/Roma 2006.

●第十三章　シェリングvsラインホルト（1800〜03年）

Jacobs, Wilhelm G.: *Zwischen Revolution und Orthodoxie? Schelling und seine Freunde im Stift und an der Universität Tübingen. Texte und Untersuchungen,* Stuttgart-Bad Cannstatt 1989.

Düsing, Klaus: Die Entshtehung des spekulativen Idealismus.Schellings und Hegels Wandlungen zwischen 1800 und 1801, in: *Transzendentalphilosophie und Spekulation. Der Streit um die Gestalt einer Ersten Philosophie* (*1799-1807*), hrsg. v. Walter Jaeschke, Hamburg 1993.（高山守訳「思弁的観念論の成立——1800年から1801年の間に生じたシェリングとヘーゲルの変化——」ヴァルター・イェシュケ編，高山守・藤田正勝監訳『論争の哲学史』理想社，2001年）

Buchner, Harmut (hrsg.) : *F. W. J. Schelling „Timaeus“* (*1794*). Schellingiana Bd. 4. Stuttgart-Bad Cannstatt 1994,

Henrich, Dieter: *Grundlegung aus dem Ich.Untersuchungen zur Vorgeschichte des Idealismus, Tübingen – Jena* (*1790-1794*). Erster Band, Frankfurt am Main 2004.

Ahlers, Rolf: Differenz, Identitat und Indifferenz im Gespräch des Deutschen Idealismus um 1802, besonders bei Reinhold und Schelling, in: Pierluigi Valenza (hrsg.), *K. L. Reinhold. Am Vorhof des Idealismus. Biblioteca dell' <Archivo di Filosofia>* 35, Pisa/Roma 2006.

●第十四章　ヘーゲルvsラインホルト（1801〜03年）

Buchner, Hermut: Hegel und das Kritische Journal der Philosophie, in: *Hegel-Studien, Bd.3.* hrsg. v. Fr. Nicolin und O. Pöggeler, Bonn 1965.

Bondeli, Martin: Hegel und Reinhold, in: *Hegel-Studien* Bd. 30, Bonn 1995.

Bondeli, Martin: *Das Anfangsproblem bei Karl Leonhard Reinhold. Eine systematische und entwicklungsgeschichtliche Untersuchung zur Philosophie Reinholds in der Zeit von 1789 bis 1803,* Frankfurt am Main 1995.